विद्युत उत्पादन प्रणाली का परिचय

लेखक

डॉ. ललित चंद्र सैकिया
सह–प्राध्यापक,
राष्ट्रीय प्रौद्योगिकी संस्थान,
सिलचर, असम

डॉ. नलिन बिहारी देब चौधरी
प्रोफेसर,
राष्ट्रीय प्रौद्योगिकी संस्थान,
सिलचर, असम

अनुवादक

डॉ. मोनिका वर्डिया
एसोसिएट प्रोफेसर,
विद्युत अभियांत्रिकी विभाग,
गीतांजली इंस्टीट्यूट ऑफ टेक्निकल स्टडीज,
डबोक, उदयपुर, राजस्थान

भाषा समीक्षक

डॉ. सीमा सक्सेना
प्रोफेसर,
विद्युत अभियांत्रिकी विभाग,
आर.जी.पी.वी., भोपाल

KHANNA BOOK PUBLISHING CO. (P) Ltd.
4C/4344, Ansari Road, Darya Ganj,
New Delhi, India

All India Council for Technical Education
Nelson Mandela Marg, Vasant Kunj,
New Delhi, India

Dear Readers,

To prevent the piracy, this book is secured with HIGH SECURITY HOLOGRAM on the front title cover. In case you don't find the hologram on the front cover title, please write us to at contact@khannabooks.com or whatsapp us at +91-99109 09320 and avail special gift voucher for yourself.

Specimen of Hologram on front Cover title:

Moreover, there is a SPECIAL DISCOUNT COUPON for you with EVERY HOLOGRAM.

How to avail this SPECIAL DISCOUNT:

Step 1: Scratch the hologram

Step 2: Under the scratch area, your "coupon code" is available

Step 3: Logon to www.khannabooks.com

Step 4: Use your "coupon code" in the shopping cart and get your copy at a special discount

Step 5: Enjoy your reading!

ISBN: 978-93-5538-676-2

Book Code: DIP715HI

विद्युत उत्पादन प्रणाली का परिचय

ललित चंद्र सैकिया, नलिन बिहारी देब चौधरी

First Edition: 2026

Originally Published by:

All India Council for Technical Education, Ministry of Education, GOI

Exclusively Published & Distributed by:

Khanna Book Publishing Co. (P) Ltd.

4C/4344, Ansari Road, Daryaganj,

New Delhi (INDIA)

Visit us at: **www.khannabooks.com**

Write us at: **contact@khannabooks.com**

To view complete list of books, Please scan the QR Code:

Printed in Bharat.

Copyright © Reserved

No part of this publication may be reproduced, stored in a retrieval system or transmitted, in any form or by any means, electronic, mechanical, photocopying, recording or otherwise without prior permission of the publisher.

This book is sold subject to the condition that it shall not, by way of trade, be lent, re-sold, hired out or otherwise disposed of without the publisher's consent, in any form of binding or cover other than that in which it is published.

Disclaimer: The website links provided by the author in this book are placed for informational, educational & reference purpose only. The Publisher do not endorse these website links or the views of the speaker/ content of the said weblinks. In case of any dispute, all legal matters to be settled under Delhi Jurisdiction only.

प्रो. टी. जी. सीताराम
अध्यक्ष
Prof. T. G. Sitharam
Chairman

अखिल भारतीय तकनीकी शिक्षा परिषद्
(भारत सरकार का एक सांविधिक निकाय)
(शिक्षा मंत्रालय, भारत सरकार)
नेल्सन मंडेला मार्ग, वसंत कुंज, नई दिल्ली–110070
दूरभाष : 011–26131498
ई–मेल : chairman@aicte-india.org

ALL INDIA COUNCIL FOR TECHNICAL EDUCATION
(A STATUTORY BODY OF THE GOVT. OF INDIA)
(Ministry of Education, Govt. of India)
Nelson Mandela Marg, Vasant Kunj, New Delhi-110070
Phone : 011-26131498
E-mail : chairman@aicte-india.org

FOREWORD

Engineers are the backbone of any modern society. They are the ones responsible for the marvels as well as the improved quality of life across the world. Engineers have driven humanity towards greater heights in a more evolved and unprecedented manner.

The All India Council for Technical Education (AICTE), have spared no efforts towards the strengthening of the technical education in the country. AICTE is always committed towards promoting quality Technical Education to make India a modern developed nation emphasizing on the overall welfare of mankind.

An array of initiatives has been taken by AICTE in last decade which have been accelerated now by the National Education Policy (NEP) 2020. The implementation of NEP under the visionary leadership of Hon'ble Prime Minister of India envisages the provision for education in regional languages to all, thereby ensuring that every graduate becomes competent enough and is in a position to contribute towards the national growth and development through innovation & entrepreneurship.

One of the spheres where AICTE had been relentlessly working since past couple of years is providing high quality original technical contents at Under Graduate & Diploma level prepared and translated by eminent educators in various Indian languages to its aspirants. For students pursuing 2nd year of their Engineering education, AICTE has identified 87 books, which shall be translated into 12 Indian languages - Hindi, Tamil, Gujarati, Odia, Bengali, Kannada, Urdu, Punjabi, Telugu, Marathi, Assamese & Malayalam. In addition to the English medium, books in different Indian Languages are going to support the students to understand the concepts in their respective mother tongue.

On behalf of AICTE, I express sincere gratitude to all distinguished authors, reviewers and translators from the renowned institutions of high repute for their admirable contribution in a record span of time.

AICTE is confident that these outcomes based original contents shall help aspirants to master the subject with comprehension and greater ease.

(Prof. T. G. Sitharam)

लेखक - अभिस्वीकृति

लेखक एआईसीटीई के अधिकारियों, विशेष रूप से प्रो. टी. जी सीताराम, अध्यक्ष डॉ. अभय जेरे, उपाध्यक्ष प्रो. राजीव कुमार और प्रिशक्षण और शिक्षण ब्यूरो के निदेशक डॉ. सुनील लूथरा ने विद्युत उत्पादन प्रणाली का परिचय योजना का प्रकाशन किया। हम पुस्तक के समीक्षक **डॉ. संदीप हाजरा**, सहायक प्राध्यापक, न्यू होराइजन्स इंस्टीट्यूट ऑफ टेक्नोलॉजी, गांधी मोर, दुर्गापुर-713208, पश्चिम बंगाल। इसे छात्रों के अनुकूल बनाने और कलात्मक तरीके से बेहतर आकार देने के लिए हम पी. एच. डी. स्कॉलर्स श्री. सतीश कुमार रामोजी, श्री. विश्वनाथ देवराज और श्री. संजीव कुमार भगत, इलेक्ट्रिकल इंजीनियरिंग विभाग, नेशनल इंस्टीट्यूट ऑफ टेक्नोलॉजी सिलचर को भी धन्यवाद देते हैं जिन्होंने इस पुस्तक के लिए कुछ विषयों और आंकड़ों को तैयार करने में सहायता प्रदान की तथा अंत में, श्रीमती कृष्णा दत्ता सैकिया को धन्यवाद देना बुद्धिमानी होगी जिन्होंने इस पुस्तक के लेखन के दौरान पूर्ण समर्थन दिया।

यह पुस्तक एआईसीटीई के सदस्यों, विशेषज्ञों और लेखकों के विभिन्न सुझावों का परिणाम है, जिन्होंने अपनी राय साझा की और हमारे देश में इंजीनियरिंग शिक्षा को और विकसित करने पर विचार किया। इस क्षेत्र के योगदान कर्ताओं और विभिन्न श्रमिकों के कारण है जिनकी प्रकाशित किताबें, समीक्षा लेख, पेपर, फोटोग्राफ, फुटनोट, संदर्भ और अन्य मूल्यवान जानकारी ने हमें पुस्तक लिखने के समय समृद्ध किया।

डॉ. ललित चन्द्र सैकिया,
डॉ. नलिन बिहारी देब चौधरी

अनुवादक - अभिस्वीकृति

अखिल भारतीय तकनीकी शिक्षा परिषद् नई दिल्ली की इंजीनियरिंग की द्वितीय वर्ष की पुस्तकों को अंग्रेजी भाषा से हिंदी भाषा मे अनुवाद करने के लिए मुझे एआईसीटीई एवं राजीव गाँधी प्रौद्योगिकी विश्वविद्यालय भोपाल द्वारा अनुवादक के रूप मे यह अवसर प्रदान किया गया इसके लिए मैं एआईसीटीई की अनुवाद परियोजना के सभी अधिकारीगण, विश्वविद्यालय के कुलपति एवं अनुवाद परियोजना के हिंदी भाषा के समन्वयक डॉ. शशिरंजन अकेला (राजीव गाँधी प्रौद्योगिकी विश्वविद्यालय भोपाल) का हृदय से आभार व्यक्त करती हूँ। समन्वयक एवं अनुवाद टीम के सतत संवाद एवं समन्वय के कारण यह कार्य समय पर पूर्ण हो पाया है।

इस पुस्तक के अनुवाद की बहुत अच्छी प्रकार से और विचारपूर्वक समीक्षा करने के लिए मैं डॉ.सीमा सक्सेना, प्रोफेसर इलेक्ट्रिकल इंजीनियरिंग, यू.आई.टी, आर.जी.पी.वी भोपाल को धन्यवाद ज्ञापित करती हूँ। पुस्तक के सुधार के लिए उनका योगदान अत्यधिक उल्लेखनीय है।

मै उड़ान प्रोजेक्ट टीम (https://www.udaanproject.org/) की भी सराहना करती हूँ, जिसका नेतृत्व आई.आई.टी. बोम्बे के प्रो.गणेश रामकृष्णन कर रहे है, जिन्होंने पोस्ट एडिटिंग प्लेटफोर्म सहित अपना इनोवेटिव एंड-टू-एंड मशीन ट्रांसलेशन फ्रेमवर्क प्रदान किया है। प्रोजेक्ट उड़ान टीम के सदस्यों सुश्री प्रणिता हरपाले एवं सुश्री अनुजा दुमाडा ने समन्वयक के रूप में बहुत मदद की है।

अनुवाद कार्य हेतु प्रत्यक्ष एवं अप्रत्यक्ष रूप से मार्गदर्शन एवं सहयोग करने वाले सभी सहयोगियों का भी हृदय से आभार व्यक्त करती हूँ।

मुझे प्रदान की गई पुस्तक का अंग्रेजी भाषा से हिंदी भाषा मे अनुवाद करते समय उसकी गुणवत्ता एवं पठनीय बनाने के लिएऔऔर मेरी ओर से पूर्ण प्रयास किया गया है जिसमे मेरे साथ समीक्षक की भी महत्वपूर्ण भूमिका रही है। यदि अनुवाद कार्य मे त्रुटिवश कुछ अपूर्णता रह गई हो तो अनुवादक के रूप मे मेरा आग्रह रहेगा कि आप सभी पुस्तक के अगले संस्करण हेतु अपने सुझाव एआईसीटीई को अवश्य प्रेषित करें।

सादर

डॉ.मोनिका वर्डिया

(अनुवादक)

प्रस्तावना

"**विद्युत उत्पादन प्रणालियों का परिचय**" नामक पुस्तक विद्युत इंजीनियरिग में विद्युत प्रणाली से संबंधित बुनियादी पाठ्यक्रमों के हमारे शिक्षण के समृद्ध अनुभव का एक परिणाम है। इस पुस्तक को लिखने का आरंभ विद्युत इंजीनियरी के छात्रों के लिए विद्युत उत्पादन प्रणाली के मूल तत्वों को उजागर करने के लिए किया गया है। बिजली संयंत्र अर्थशास्त्र और इंटरकनेक्टेड पावर सिस्टम की मूल बातें भी प्रस्तुत की जाती हैं। छात्रों को इस विषय में समर्थकरण करने के प्रयास किए गए हैं।

व्यापक कवरेज के उद्देश्य को ध्यान में रखते हुए और आवश्यक पूरक सूचना प्रदान करने के लिए, हमने पूरे पुस्तक में एआईसीटीई द्वारा अनुशंसित विषयों को एक व्यवस्थित और व्यवस्थित तरीके से शामिल किया है। इस विषय की मूल अवधारणाओं को सरल संभव तरीके से समझाने के प्रयास किए गए हैं।

पांडुलिपि की तैयारी की प्रक्रिया के दौरान, हमने विभिन्न मानक पाठ्यपुस्तकों पर विचार किया है, और तदनुसार, हमने महत्वपूर्ण प्रश्नों, हल की गई और पूरक समस्याओं आदि जैसे वर्गों को विकसित किया है। विभिन्न खंडों को तैयार करते समय ऊर्जा रूपांतरण की परिभाषाओं और सिद्धांतों और बुनियादी सिद्धांतों के त्वरित संशोधन के लिए फॉर्मूला के व्यापक सारांश पर भी जोर दिया गया है। इस पुस्तक में सभी प्रकार की मध्यम और उन्नत स्तर की समस्याओं को शामिल किया गया है और इन्हें बहुत ही तार्किक और व्यवस्थित तरीके से प्रस्तुत किया गया है।विभिन्न प्रकार के छात्रों को पढ़ाने के कई वर्षों के दौरान उन समस्याओं के क्रम का परीक्षण किया गया है।

आवश्यकतानुसार उदाहरणों और उदाहरणों के अलावा, हमने संबंधित विषयों की उचित समझ के लिए प्रत्येक इकाई में कई हल की गई समस्याओं के साथ पुस्तक को समृद्ध किया है। यूनिट 5 को छोड़कर, एआईसीटीई द्वारा अनुशंसित प्रयोगशाला प्रैक्टिकल को इकाइयों में शामिल किया गया है।

इसके अलावा, 'Know More' शीर्षक के तहत उपयोगकर्ताओं के लिए कुछ आवश्यक जानकारी के अलावा हमने परिशिष्ट और अनुलग्नक अनुभाग में कुछ आवश्यक बुनियादी जानकारी को स्पष्ट किया है।

यह पुस्तक तापीय संयंत्रों, पनबिजली संयंत्रों, सौर ऊर्जा संयंत्रों, पवन ऊर्जा संयंत्रों और बायोमास संयंत्रों का उपयोग करके बिजली उत्पादन के मूल सिद्धांतों से संबंधित है। सभी को अलग-अलग इकाइयों में बांटा गया है। अंतिम यूनिट में पावर प्लांट इकोनॉमिक्स, इंटरकनेक्टेड पावर सिस्टम और ब्लैक आउट और ब्राउनआउट जैसे मुद्दों पर चर्चा की गई है।

हमें पूरी उम्मीद है कि यह पुस्तक इलेक्ट्रिकल इंजीनियरिग के छात्रों को विभिन्न स्रोतों से बिजली उत्पादन के विचारों को सीखने और चर्चा करने और निश्चित रूप से इस विषय के लिए एक ठोस नींव के विकास में योगदान देगी। हम सभी लाभदायक टिप्पणियों और सुझावों के लिए आभारी होंगे जो पुस्तक के भविष्य पृष्ठित संस्करणों में सुधार में योगदान देंगे। इस पुस्तक को शिक्षकों और विद्यार्थियों के हाथों में सौपना हमारे लिए बहुत खुशी की बात है। पुस्तक में शामिल विभिन्न पहलुओं पर कार्य करना वास्तव में बहुत खुशी की बात थी।

डॉ. ललित चन्द्र सैकिया,

डॉ. नलिन बिहारी देब चौधरी

परिणाम आधारित शिक्षा

परिणाम आधारित शिक्षा के कार्यान्वयन के लिए पहली आवश्यकता, परिणाम आधारित पाठ्यक्रम विकसित करना और शिक्षा प्रणाली में परिणाम आधारित मूल्यांकन को शामिल करना है। परिणाम आधारित मूल्यांकनों के माध्यम से, मूल्यांकनकर्ता यह मूल्यांकन करने में सक्षम होंगे कि क्या छात्रों ने विशिष्ट और मापने योग्य परिणामों को प्राप्त किया है या नहीं। परिणाम आधारित शिक्षा के उचित समावेश के साथ सभी शिक्षार्थियों के लिए एक न्यूनतम मानक प्राप्त करने के लिए एक निश्चित प्रतिबद्धता होगी। परिणाम आधारित शिक्षा की सहायता से चलने वाले कार्यक्रम के अंत में, एक छात्र निम्नलिखित परिणामों पर पहुंचने में सक्षम होगा।

कार्यक्रम परिणाम (पीओ) ऐसे बयान होते हैं जो बताते हैं कि छात्रों से यह अपेक्षा की जाती है कि वे कार्यक्रम से स्नातक होने के बाद क्या कर सकते हैं। यह उन कौशलों, ज्ञान, विश्लेषणात्मक क्षमता और व्यवहार से संबंधित है जो छात्रों को कार्यक्रम के माध्यम से प्राप्त होते हैं। पीओ अनिवार्य रूप से इंगित करता है कि छात्र कार्यक्रम के दौरान उनके द्वारा हासिल किए गए विषय-वार ज्ञान से क्या कर सकते हैं। इस प्रकार, पीओ (Program Outcomes)एक इंजीनियरिग डिप्लोमा स्नातक के पेशेवर प्रोफाइल को परिभाषित करते हैं।

राष्ट्रीय प्रत्यायन बोर्ड (एनबीए) ने इंजीनियरिग डिप्लोमा स्नातक के लिए निम्नलिखित सात (Programme Outcomes पीओ) परिभाषित किए हैं

पीओ 1. **बुनियादी और अनुशासनात्मक विशिष्ट ज्ञानः** इंजीनियरिग समस्याओं को हल करने के लिए मूल गणित, विज्ञान और इंजीनियरिग बुनियादी और इंजीनियरिग विशेषज्ञता के ज्ञान को लागू करें।

पीओ 2. **समस्या विश्लेषणः** संहिताबद्ध मानक तरीकों का उपयोग करके अच्छी तरह से परिभाषित इंजीनियरिग समस्याओं की पहचान और विश्लेषण करता है।

पीओ 3. **समाधान का डिजाइन/विकासः** अच्छी तरह से परिभाषित तकनीकी समस्याओं के लिए डिजाइन समाधान और निर्दिष्ट आवश्यकताओं को पूरा करने के लिए सिस्टम घटकों या प्रक्रियाओं के डिजाइन का विकास।

पीओ 4. **इंजीनियरिग उपकरण, प्रयोग और परीक्षणः** मानक परीक्षण और माप के संचालन के लिए आधुनिक इंजीनियरिग उपकरण और उपयुक्त तकनीक लागू करें।

पीओ 5. **सस्टेनेबिलिटी समाज के लिए इंजीनियरिग प्रक्रियाएंः** समाज, सस्टेनेबिलिटी, पर्यावरण और एथिकल प्रैक्टिस के संदर्भ में उपयुक्त प्रौद्योगिकी लागू करें।

पीओ 6. **परियोजना प्रबंधनः** परियोजना प्रबंधन के लिए एक टीम सदस्य या एक प्रबंधक के रूप में व्यक्तिगत रूप से इंजीनियरिग प्रबंधन सिद्धांतो का उपयोग करें और प्रभावी रूप से अच्छी तरह से परिभाषित इंजीनियरिग गतिविधियों के बारे में संवाद करें।

पीओ 7. **जीवन भर की शिक्षाः** व्यक्तिगत जरूरतो का विश्लेषण करने और तकनीकी परिवर्तनों के संदर्भ में अद्यतन करने में संलग्न होने की क्षमता।

कोर्स नतीजे (Source Outcomes)

कोर्स खत्म होने के बाद छात्र यह काम कर सकेंगे

सीओ-1:	सभी बिजली संयंत्रों के हिस्सों की पहचान कर सकेंगे।
सीओ-2:	विभिन्न विद्युत संयंत्रों के कार्य की व्याख्या करना और बिजली संयंत्रों के संचालन का संयोजन कर सकेंगे।
सीओ-3:	विद्युत संयंत्रों और उनके घटकों को वर्गीकृत कर सकेंगे।
सीओ-4:	विद्युत संयंत्रों से संबंधित विभिन्न घटकों और फाल्टो को समझ सकेंगे और पावर जेनरेशन के अर्थशास्त्र को समझ सकेंगे
सीओ-5:	विद्युत ऊर्जा उत्पादन और पावर प्लांट अर्थशास्त्रसे जुड़ीविभिन्न समस्याओं का विश्लेषण कर सकेंगे।

कोर्स नतीजे	कार्यक्रम परिणामों के साथ अपेक्षित प्रतिचित्रण (1-कमजोर सहसंबंध 2-मध्यम सहसंबंध 3-मजबूत सहसंबंध)											
	पीओ-1	पीओ-2	पीओ-3	पीओ-4	पीओ-5	पीओ-6	पीओ-7	पीओ-8	पीओ-9	पीओ-10	पीओ-11	पीओ-12
सीओ -1	3	1	3	3	-	-	-	-	-	-	-	-
सीओ -2	3	3	3	3	-	-	-	-	-	-	-	-
सीओ -3	3	1	3	1	-	-	-	-	-	-	-	-
सीओ -4	3	2	3	1	1	-	-	-	-	-	-	-
सीओ -5	3	3	2	3	1	-	-	-	-	-	-	-

शिक्षकों के लिए सलाह

परिणाम आधारित शिक्षा (Outcome Based Education)

शिक्षकों को परिणाम आधारित शिक्षा (OBE) के उचित कार्यान्वयन के लिए एक बड़ी जिम्मेदारी लेनी चाहिए। (OBE) प्रणाली में शिक्षकों के लिए कुछ जिम्मेदारियां (केवल यहाँ तक सीमित नहीं) निम्नलिखित हो सकती हैं:

- विषय के ज्ञान स्तर को लागू करने और छात्रों के कौशल स्तर को बढ़ाया जाना चाहिए
- उचित अवरोध के भीतर, उन्हें सभी छात्रों के सर्वोत्तम लाभ के लिए समय निकालना चाहिए।
- अंतर करने के लिए किसी अन्य संभावित अयोग्यता पर विचार किए बिना केवल कुछ निर्धारित मानदंडों पर छात्रों का
- मूल्यांकन करना चाहिए।
- उन्हें छात्रों के संस्थान छोड़ने से पहले उनकी की सीखने की क्षमता को एक निश्चित स्तर पर बढ़ाने की कोशिश करनी चाहिए।
- उन्हें यह सुनिश्चित करने का प्रयास करना चाहिए कि सभी छात्र अपनी शिक्षा पूरी करने के बाद गुणवत्ता ज्ञान और योग्यता से भरपूर हों।
- उन्हें हमेशा छात्रों को अपनी अंतिम प्रदर्शन क्षमताओं को विकसित करने के लिए प्रोत्साहित करना चाहिए।
- उन्हें नए दृष्टिकोण को मजबूत करने के लिए समूह कार्य को सुविधाजनक बनाना और प्रोत्साहित करना चाहिए।
- उन्हें मूल्यांकन के हर हिस्से में ब्लूम्स वर्गीकरण (Bloom's texonomy) का पालन करना चाहिए।

ब्लूम का वर्गीकरण

स्तर	ऐसे करें शिक्षक जांच	छात्रों को करना चाहिए	आकलन का संभावित तरीका
बनाएँ	छात्रों में सृजन करने की क्षमता	डिज़ाइन करना या बनाना	छोटी परियोजना
मूल्यांकन करें	विद्यार्थियों में औचित्य सिद्ध करने की क्षमता	बहस करें और बचाव करें	कार्यभार
विश्लेषण करें	छात्रों में अंतर करने की क्षमता	अंतर या अंतर करना	परियोजना/प्रयोगशाला पद्धति
विधिशास्त्र	छात्रों की जानकारी का उपयोग करने की क्षमता	संचालन या प्रदर्शन	तकनीकी प्रस्तुति/प्रदर्शन
प्रदर्शन व्याख्या करें या वर्गीकृत करें	छात्रों में विचारों को समझाने की क्षमता,	समझाना या वर्गीकृत करना	प्रस्तुति/संगोष्ठी छात्रों द्वारा याद करने (या याद रखने) की क्षमता

छात्रों के लिए दिशा निर्देश

- ओबीई को लागू करने के लिए छात्रों को समान जिम्मेदारी लेनी चाहिए। कुछ जिम्मेदारियां ओबीई प्रणाली में छात्रों के लिए (सीमित नही) इस प्रकार हैं:
- छात्रों को प्रत्येक पाठ्यक्रम में एक इकाई की शुरुआत से पहले प्रत्येक यूओ (UO) के बारे में अच्छी तरह से पता होना चाहिए।
- पाठ्यक्रम शुरू होने से पहले छात्रों को प्रत्येक सीओ के बारे में अच्छी तरह से पता होना चाहिए।
- छात्रों को कार्यक्रम शुरू होने से पहले प्रत्येक पीओ के बारे में जानकारी होनी चाहिए।
- छात्रों को उचित विचार और कार्रवाई के साथ गंभीर और उचित रूप से सोचना चाहिए।
- छात्रों की शिक्षा व्यावहारिक और वास्तविक जीवन से एकीकृत होनी चाहिए।
- छात्रों को ओबीई के हर चरण में अपनी योग्यता के बारे में अच्छी तरह से पता होना चाहिए।

संक्षिप्तीकरण और प्रतीक

संकेताक्षर की सूची

संक्षिप्ताक्षर	पूरा रूप	संक्षिप्ताक्षर	पूरा रूप
आरसीसी	रिइनफोर्स्ड कंक्रीट सीमेंट	डीसी	प्रत्यक्ष धारा
एमकेएस	मीटर-किलोग्राम सेकेंड	डब्ल्यू	वाट
सी. एच. यू.	सेंटीग्रेड ताप इकाई	केडब्ल्यूएच	किलोवाट घंटा
केडब्ल्यूपी	किलोवाट पीक	टीआई	टर्बुलेन्स सूचकांक
आरएससी	रोटर साइड परिवर्तक	fig	आकृति
बीटीयू	ब्रिटिश थर्मल यूनिट	केवी	किलोवोल्ट
केवीए	किलो वोल्ट एम्पीयर	एमवीए	मेगा वोल्ट एम्पीयर
वीएडब्ल्यूटी	ऊर्ध्वाधर-अक्ष पवन टर्बाइन	पी. एफ.	शक्ति कारक
डब्ल्यूपीपी	पवन टरबाइन बिजली संयंत्र	एसी	अल्टरनेट धारा
बीडब्ल्यूआर	उबलते पानी का रिएक्टर	ब्रिटेन	यूनाइटेड किंगडम
एमईवी	मिलियन इलेक्ट्रॉन वोल्ट	वी	वोल्ट
एससीआईजी	क्विरल-केज इंडक्शन जनरेटर	पीओ	कार्यक्रम का नतीजा
डब्ल्यूआरएसजी	घाव रोटर सिंक्रोनस जनरेटर	डब्ल्यूपीडी	पवन ऊर्जा घनत्व
डब्ल्यूपीडी	पवन ऊर्जा घनत्व	आरपीएम	रोटेशन प्रति मिनट

संक्षिप्ताक्षर	पूरा रूप	संक्षिप्ताक्षर	पूरा रूप
एमडी	उच्चतम भार या अधिकतम मांग	टीएसआर	टिप गति अनुपात
एसएएफई	सौर स्वचालित लक्षण निष्कर्षण	पीवी	फोटोवोल्टायिक
डीएफआईजी	डबल फीड इंडक्शन जनरेटर	आईजी	प्रेरण(इंडक्शन) जनरेटर
एसजी	तुल्यकालिक (सिक्रोनस)जनरेटर	आईएम	प्रेरण मोटर
पीएमएसजी	स्थायी चुंबक सिक्रोनस जनरेटर	पीएमएसजी	स्थायी चुंबक सिक्रोनस जनरेटर
एच ए डब्ल्यू टी	क्षैतिज-अक्ष पवन टर्बाइन	मेगावॉट	मेगावॉट
एल डब्ल्यू टी	बड़ी पवन टरबाइन	सीओ	कोर्स का नतीजा
एस डब्ल्यू टी	छोटी पवन टरबाइन	kCal	किलो कैलोरी
पी डब्ल्यू आर	दाबित जल रिएक्टर	एल सी	वक्र लोडकर्व
एल डी सी	लोड अवधि वक्र	एल एफ	लोड फैक्टर
Cal.	कैलोरी		

प्रतीकों की सूची

प्रतीकों	वर्णन	प्रतीक	वर्णन	
m	मीटर	kg	किलोग्राम	
η	कार्यक्षमता	%	प्रतिशत	
^0C	डिग्री सेंटीग्रेड	λ	क्षय स्थिरांक/टिप गति अनुपात	
σ	सॉलिडिटी	ρ	वायु घनत्व कारक	
Pw	पवन-शक्ति	N_s	तुल्यकालिक गति	
Cp	शक्ति गुणांक	s	सरकन Slip	
f	आवृत्ति	R_b	किरण विकिरण	
R_d	अपव्य विकिरण	R_r	जमीन से परावर्तित विकिरण	

चित्रो की सूची

यूनिट 3: सोलर और बायोमैस-आधारित पावर प्लांट 121-211

विषय-सूची

1. थर्मल पावर संयंत्र (Plants): कोयला, गैस/डीजल और नाभिकीय(Nuclear)-आधारित

इकाई स्पेसिफिक्स

इस इकाई के माध्यम से हमनें निम्नलिखित पहलुओं पर चर्चा की है:

- *ताप विद्युत संयंत्रों के लिए परिचय।*
- *कोयला आधारित बिजली संयंत्रो का संक्षिप्त परिचय।*
- *डीजल आधारित बिजली संयंत्र और उसके घटक।*
- *गैस टरबाइन बिजली संयंत्र और उनके घटक।*
- *परमाणु ऊर्जा भौतिकी-संलयन और विखडन।*
- *परमाणु ऊर्जा संयंत्र-वर्णन और प्रकार।*
- *कोयला आधारित, डीजल आधारित, गैस टरबाइन और नाभिकीय* (Nuclear) *पावर संयंत्र पर व्यावहारिक प्रयोग।*

ताप विद्युत उत्पादन की अवधारणा और अन्य विषयों की तुलना में इसके लाभ और हानि और विषयों के व्यावहारिक अनुप्रयोग पर आगे जिज्ञासा और रचनात्मकता पैदा करने के साथ-साथ कुछ संख्यात्मक समस्याओं के साथ समस्या समाधान क्षमता (capacity) में सुधार किया जा सके।

इस पुस्तक में बहुविकल्पीय प्रश्नों के साथ-साथ ब्लूम टैक्सनॉमीके आधार पर निम्न और उच्च कम की श्रेणियां में चिह्नित करते हुए लघु और दीर्घ उत्तर के प्रकार के प्रश्न संख्यात्मक समस्याओं के माध्यम से असाइनमेंट के लिए दिए गए हैं,जिससेछात्र इनके अभ्यास से विषय को अच्छी तरह समझ सके। पुस्तक के अंत में संदर्भों की एक सूची एवं पठान के लिएअन्य सामग्री का भी सुझाव दिया गया है।

इकाई-1 में शामिल पाठ्यक्रम से संबंधित कुछ प्रायोगिक प्रयोग इस इकाई के अंत में विद्यार्थियो को इन विषयों पर व्यावहारिक रूप से जागरूक करने के लिए संलग्न हैं। थर्मल और परमाणु ऊर्जा संयंत्र के लिए, बिजली संयंत्र के विभिन्न भागों पर कुछ विशिष्ट वीडियो और नियमित रखरखाव पर भी कुछ वीडियो जोड़े गए हैं।

विषय पर संबंधित प्रयोग के बाद, सामग्री के आधार पर, एक "अधिक जानें" खड (section) जोड़ा गया है। इस खड को विषय पर अतिरिक्त जानकारी और उच्च शिक्षण कौशल के पूरक के लिए डिज़ाइन किया गया है।

औचित्य

ताप विद्युत उत्पादन की मौलिक इकाई विद्यार्थियो को तापीय ऊर्जा (energy) को विद्युत ऊर्जामें बदलने और विभिन्न प्रकार के बिजली संयंत्रो के बारे में एक प्राथमिक (fundamental) विचार प्राप्त करने में मदद करती है। तापीय बिजली संयंत्र मुख्य रूप से कोयला आधारित, गैस आधारित, परमाणु और डीजल संयंत्र हैं। कोयला आधारित और गैस आधारित संयंत्र, टर्बाइनो

का उपयोग करते हैं और इसलिए यहां विभिन्न प्रकार के टर्बाइनो पर भी चर्चा की गई है।परमाणु ऊर्जा उत्पादन और विभिन्न प्रकार के परमाणु रिएक्टरों के उपयोग और भौतिकी पर भी विस्तार से चर्चा की गई है ताकि बिजली संयंत्रों के बारे में मूलविचार विकसित किया जा सके। इसके अलावा, आधुनिक समय में थर्मल पावर संयंत्र का सुरक्षित अभ्यास और उपयोग और इसके फायदे और नुकसानभी इस विषय पर अद्यतन जानकारी देते हैं।

प्रत्येक खड के बाद विषयसे संबंधित समस्याएं और उनके समाधान दिए गए हैं, जो ताप विद्युत उत्पादन पर समवर्ती विषय का स्पष्ट विचार प्राप्त करने में मदद कर सकता है। ऊर्जा का एक रूप से दूसरे रूप में रूपांतरण (conversion) और इसका संबंध निश्चित रूप से छात्रों को संख्यात्मक समस्या-समाधान में मदद करेगा।

विद्युत इंजीनियरिग के क्षेत्र (field) में एक छात्र के रूप में, तापीय विद्युत उत्पादन पर यह इकाई छात्रों को विभिन्न प्रकार की ऊर्जाउत्पादन के बुनियादी और मूल ज्ञान को समझने में मदद करती है।

पूर्वाकांक्षित

इलेक्ट्रिकल और इलेक्ट्रॉनिक्स इंजीनियरिग के मूल तत्त्व (ES104)

इकाई परिणाम

यूनिट-1 के पूरा होने के बाद विद्यार्थी निम्न जानकारी के लिए सक्षम होंगे :

यू1-01: ताप विद्युत संयंत्रों और उनके घटकों की कार्यप्रणाली का वर्णन कीजिए।

यू1-02: परमाणु भौतिकी और परमाणु ऊर्जा उत्पादन को समझाएं।

यू1-03: विभिन्न प्रकार के बॉयलरों के कार्य सिद्धांत को समझाइए।

यू1-04: बिजली उत्पादन में सुरक्षित प्रक्रियाओं के महत्व को समझें।

यू1-05: विभिन्न तापीय संयंत्रों के नियमित रखरखाव भागों की पहचान करें।

इकाई-1 परिणाम	पाठ्यक्रम के परिणामों के साथ अपेक्षित नतीजे (1-कमजोर सहसंबंध 2-मध्यम सहसंबंध 3-मजबूत सहसंबंध)				
	सीओ-1	सीओ-2	सीओ-3	सीओ-4	सीओ-1
यू 1-01	3	3	3	1	2
यू 1-02	3	3	2	2	2
यू 1-03	3	2	2	1	---
यू 1-04	3	2	--	2	-
यू 1-05	3	2	-	-	-

1.1 परिचय

विद्युत ऊर्जा, सभी ऊर्जाका श्रेष्ठ रूपहै। यह उसकी स्वच्छता, सस्ते, लचीलेपन, कुशल संचरण और आसान नियंत्रणके कारण है। ऊर्जाका यह रूप प्राकृतिक स्रोतों से प्राप्त होता है जैसे, वायु की गतिज ऊर्जा (kinnetic energy), सौर ऊर्जा (solar energy), जल के शीर्ष दाब (pressure), ईंधन की रासायनिक ऊर्जा (chemical energy), और परमाणु ऊर्जा (Nuclear energy) हैं।

मुख्य रूप से बिजली उत्पादन के दो तरीके होते हैं।

- पारंपरिक
- गैर-पारंपरिक

पारंपरिक विधि में प्राइम मूवर (Prime Mover) का उपयोग किया जाता है। दूसरी ओर, गैर-पारंपरिक विधि में किसी भी प्राइम मूवर का उपयोग नहीं किया जाता है। प्राइम मूवर, प्राकृतिक स्रोतों की ऊर्जा को यांत्रिक ऊर्जामें परिवर्तित करता है और जनरेटर मशीन यांत्रिक ऊर्जाको विद्युत ऊर्जामें परिवर्तित कर देती है।

विद्युत संयंत्रों में विद्युत ऊर्जाका उत्पादन होता है। बिजली संयंत्र में ऊर्जारूपांतरण के लिए अनेक उपकरण जैसे प्राइम मूवर, जनरेटर, ट्रांसफार्मर ओर संबंधित नियंत्रण गियर आदि शामिल हैं।

1.2 थर्मल / तापीय संयंत्रों का वर्गीकरण

तापीय संयंत्रों को वर्गीकृत करने के दो तरीके हैं। वे संयंत्र में उपयोग किए जाने वाले ईंधन और प्राइम मूवर पर आधारित हैं। उपयोग किए गए ईंधन के अनुसार, उन्हें निम्न में वर्गीकृत किया गया है

(क) **जीवाश्म ईंधन आधारित ताप विद्युत संयंत्र:** इस प्रकार के संयंत्र भाप का उत्पादन करने के लिए कोयले या प्राकृतिक गैस या तरल जीवाश्म ईंधन (डीजल) का उपयोग ईंधन के रूप में करते हैं। स्टीम टर्बाइन नामक एक प्राइम मूवर का उपयोग भाप ऊर्जा को यांत्रिक ऊर्जा में बदलने के लिए किया जाता है।

(ख) **परमाणु ऊर्जा संयंत्र:** इस प्रकार के बिजली संयंत्र परमाणु सामग्री का उपयोग ईंधन के रूप में करते हैं। परमाणु रिएक्टर में नाभिकीय विखडन के कारण ऊष्मा उत्पन्न होती है। टर्बाइनों को चलाने के लिए इस ऊष्मा का उपयोग भाप का उत्पादन करने के लिए किया जाता है।

(ग) **नवीकरणीय ऊर्जा संयंत्र या बायोमास ईंधन बिजली संयंत्र:** इस प्रकार के संयंत्र ऊष्मा पैदा करने के लिए ईंधन के रूप में अपशिष्ट पदार्थ का उपयोग करते हैं। इस ऊष्मा का उपयोग विद्युत ऊर्जा के उत्पादन के लिए किया जाता है।

इस्तेमाल किए गए प्राइम मूवर के अनुसार

(क) भाप टर्बाइन पावर स्टेशन या स्टीम पावर संयंत्र: इस प्रकार का पावर स्टेशन भाप टर्बाइन को प्राइम मूवर के रूप में उपयोग करता है।

(ख) गैस टर्बाइन आधारित बिजली संयंत्रः यह संयंत्र गैस टरबाइन का उपयोग करता है।

(ग) कम्बाइंड साइकिल पावर संयंत्र: इस तरह के संयंत्रमें गैस और भाप टर्बाइनो का इस्तेमाल किया जाता है।

(घ) डीजल पावर संयंत्र (diesel power plant): इस संयंत्र में डीजल इंजन को प्राइम मूवर के रूप में उपयोग करता है।

इस यूनिट में कोयला आधारित, गैस आधारित, डीजल आधारित और परमाणु आधारित जैसे विभिन्न ताप संयंत्रो पर चर्चा की जाएगी।

1.3 कोयला आधारित थर्मल पावर संयंत्र

1.3.1 परिचय

कोयले के जलने से प्राप्त ताप ऊर्जा को विद्युत ऊर्जा में परिवर्तित करने वाले जनरेटिग स्टेशन या बिजली संयंत्र को कोयला आधारित थर्मल प्लांट कहा जाता है। यह संयंत्र रेइन्काइन्न चक्र पर काम करता है और भाप पैदा करने वाले संयंत्र में पानी को भाप में बदला जाता है। बॉयलर भाप पैदा करने वाले संयंत्र का मुख्य भाग है। जब भी भाप टरबाइन में फैलती है और उसे चलाती है। परिणाम स्वरुप,टरबाइन के शाफ्ट में यांत्रिक ऊर्जा विकसित होती है औरनिकास भाप अंत में कंडेनसर को भेजी जाती है, अंततः, संघनन के बाद, इसे फिर से बॉयलर में फीड किया जाता है।

1.3.2 ईंधन और इसके गुण

कोयला: कोयला एक ठोस ईंधन है। इसका उपयोग कोयला आधारित बिजली संयंत्रो में किया जाता है। कोयला कार्बन, हाइड्रोजन, ऑक्सीजन, नाइट्रोजन, सल्फर, नमी और राख जैसे तत्वों से मिलकर बनता है।कोयले के निम्नलिखित विशेषताएं हैं।

(क) ऊर्जा सामग्री या केलोरिफिक मान।

(ख) सल्फर की मात्रा।

(ग) जलने की विशेषताएं।

(घ) पीसने की क्षमता

(ङ) उच्च क्षमता

(च) ऐश मृदुकरण तापमान।

अच्छे कोयले की विशेषता निम्न प्रकार से होना चाहिए:

(क) कम राख सामग्री और उच्च केलोरिफिक मान

(ख) सल्फर का छोटा प्रतिशत

(ग) अच्छी ज्वलनशीलता

(घ) उच्च पीसने योग्यता सूचकांक

(ङ) उच्च मौसम क्षमता

1.3.3 एक विशिष्ट कोयला आधारित थर्मल संयंत्र

चित्र 1.1 में कोयला आधारित थर्मल प्लांट की एक सरल योजना को दर्शाया गया है। थर्मल संयंत्र के पूर काम को चार सर्किटो में विभाजित करके समझाया जा सकता है।

(क) कोयला और राख सर्किट

(ख) वायु और गैस सर्किट

(ग) फ़ीड पानी और भाप सर्किट

(घ) शीतलक जल सर्किट

(ङ) विद्युत सर्किट।

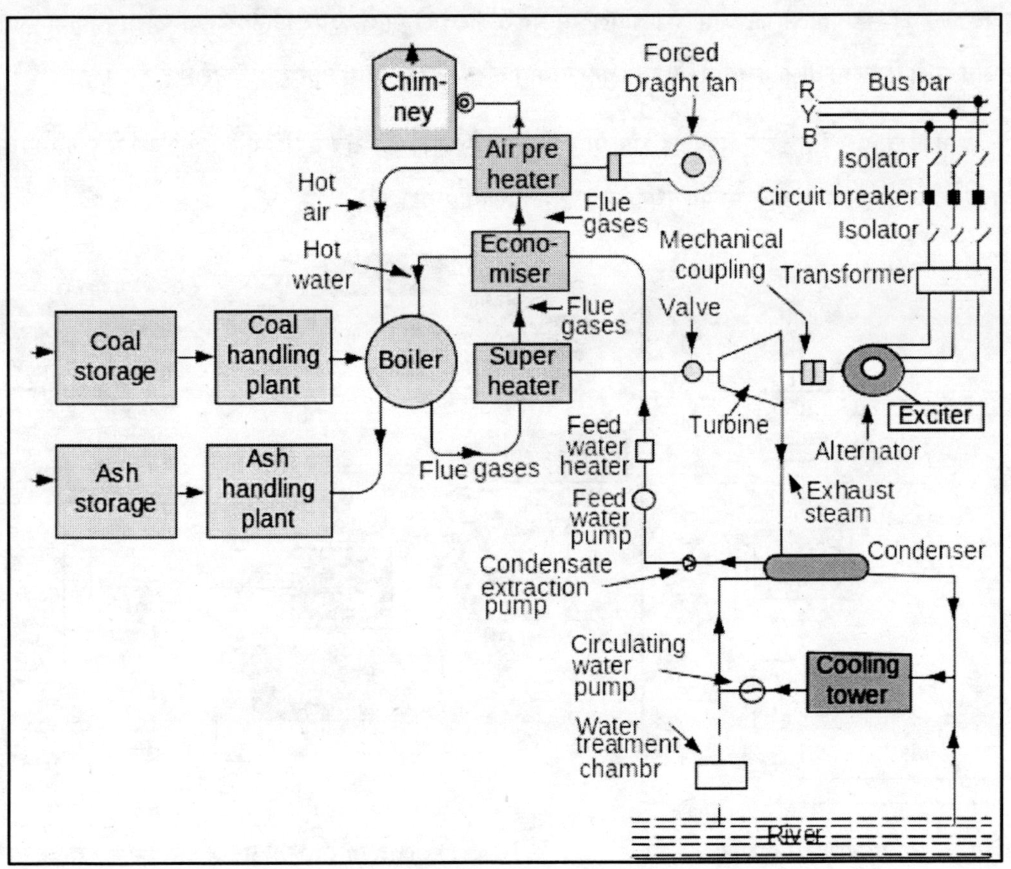

चित्र 1.1 कोयला आधारित थर्मल संयंत्र का एक आरेख।

(क) ईंधन और राख परिपथ

कोयला आधारित ताप संयंत्रों में प्रयुक्त ईंधन, कोयला है। कोयले को प्लांट तक ले जाया जाता है और कोल्ड स्टोरेज प्लांट में स्टोर किया जाता है। भंडारण संयंत्र सेकोयले को एक संयंत्र में स्थानांतरित किया जाता है जिसे कोयला प्रबंधन संयंत्र कहा जाता है। इस संयंत्र में कोयले को आसानी से जलाने के लिए छोटे-छोटे टुकड़ों में पीसदिया जाता है। इस पीसे हुए कोयले को बॉयलर में जलाया जाता है और गर्मी पैदा की जाती है। जब कोयले को पूरी तरह जला दिया जाता है तो राख बनती है। इस राख को बॉयलर से निकाल दिया जाता है और राख प्रबंधन संयंत्र में स्थानांतरित कर दिया जाता है और अंत में, इसे निपटान के लिए राख भंडारण में रखा जाता है।

(ख) वायु और गैस परिपथ

बॉयलर में एक दहन कक्ष होता है जहां पीसे हुए कोयले को जलाया जाता है। इस कक्ष में वायुमंडलीय हवा की आपूर्ति फोर्स ड्राफ्ट फैन की सहायता से की जाती है। बॉयलर में प्रवेश करने से पहले, एयर प्रीहीटर हवा को गर्म किया जाता है। एयर प्रीहीटर बॉयलर से निकलने वाली फ्लू गैस की गर्मी का उपयोग करता है। फ्लू गैस फिर सुपरहीटर से होकर गुजरती है।

उसके बाद, फ्लू गैस इकोनोमाइज़र और एयर प्रीहीटर में जाती है। अंत में, चिमनी के माध्यम से फ़्लू गैस वातावरण में उत्सर्जित कर दीजाती है। वायु और गैस परिपथ चित्र 1.2 में दिखाया गया है

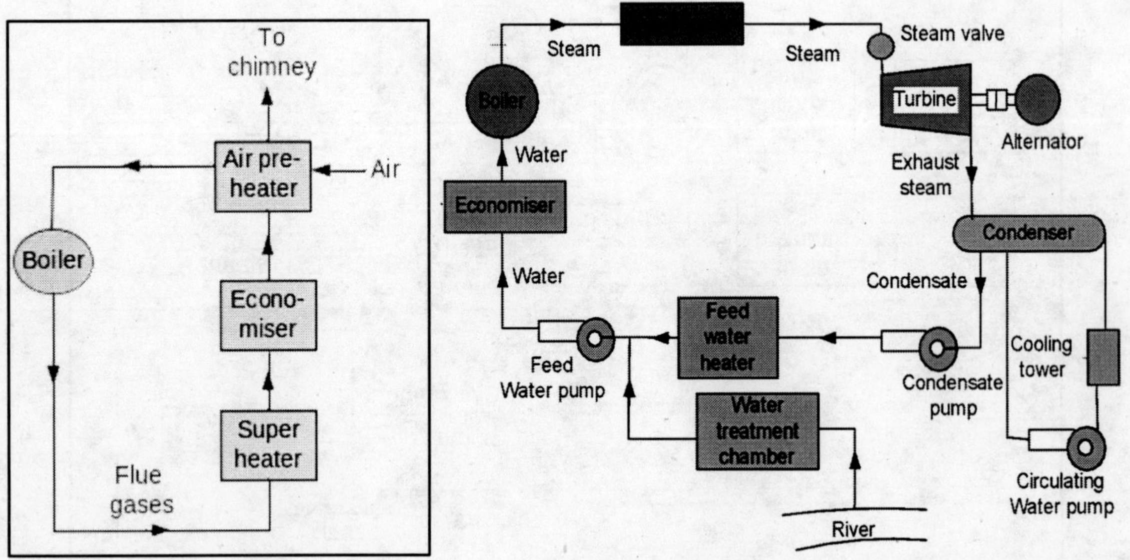

चित्र. 1.2 वायु और गैस परिपथ

चित्र. 1.3 फीड पानी, भाप प्रवाह और कूलिग वाटर सर्किट

(ग) फीड पानी और भाप सर्किट

टर्बाइन में भाप का विस्तार होता है और टरबाइन को घुमाते हुए टर्बाइन के सबसे कम दबाव निष्कर्षण (extract ion) बिदु से संघनित्र में उत्सर्जित हो जाता है। संघनित्र में संघनन के बाद, वह पानीके रूप में बॉयलर में चला जाता है। बॉयलर में प्रवेश करने से पहले यहपानी, फीड वाटर हीटर और इकोनामिजर से होकर गुजरता है। इकोनामिजर फ्ल्यू गैसों कीगर्मी का उपयोग बॉयलर में पानी को गर्म करने के लिए करता है। जल और वाष्प का एक छोटा प्रतिशत (लगभग 1%) विभिन्न घटकों से होकर गुजरता है। इस प्रकार, उन पानी को मेक-अप पानी के रूप में फ़ीड जल प्रणाली में जोड़ा जाता है। वाटर पंप द्वारा यह फीड किया जाता है। बॉयलर में, पानी को भाप का उत्पादन करने के लिए कोयले को जला कर गर्म किया जाता है। इसके बाद भाप को सुपरहीटर और स्टीम वाल्व के माध्यम से टरबाइन में भेजा जाता है। इस परिपथ (circuit) को रेखा चित्र 1.3 में दिखाया गया है।

(घ) कूलिग वाटर परिपथ

संघनित्र, शीतलन प्रणाली का मुख्य भाग़है। यह टरबाइन से निकलने वाली भाप को संघनित करता है।यहाँ कंडेनसर निकास पर कम दबाव बनाए रखता है। यह टरबाइन में भाप के विस्तार की अनुमति देता है। इससे थर्मल प्लांट की दक्षता में सुधार होता है। संघनन के बाद, पानी को फीड वाटर पंप और इकोनामिजर के माध्यम से प्लांट में भेजा जाता है। एक संघनित्र को भाप को संघनित करने के लिए भारी मात्रा में पानी की आवश्यकता होती है। ठंडे पानी के लिए आवश्यक पानी पास की नदी या झील से लिया जाता है। एक थर्मल प्लांट के पास पानी का एक स्रोत उपलब्ध नहीं होने की स्थिति में, अधिकांश प्लान्ट एक ठंडा पानी का कूलिग सिस्टम उपयोग करते हैं। इस कूलिग सिस्टम में एक कूलिग तालाब या कूलिग टॉवर का उपयोग किया जाता है। कूलिग टॉवर या तालाब में, गर्म पानी वायुमंडल में अपनी गर्मी खो देता है और फिर से उपयोग किया जाता है। इस परिपथ कोरेखाचित्र 1.3 में दिखाया गया है।

(ङ) विद्युत परिपथ

भाप टर्बाइन यंत्र अल्टरनेटर के साथ संलग्न होता है। अल्टरनेटर यांत्रिक ऊर्जा को विद्युत ऊर्जा में परिवर्तित करता है। अल्टरनेटर से विद्युत उत्पादन होता है और ट्रांसफॉर्मर की मदद से विद्युत वोल्टजस्टेप अप होता है। सर्किट ब्रेकर और आइसोलेटिग स्विच के माध्यम से ट्रांसफॉर्मर के सेकेंडरी से इलेक्ट्रिकल बस बार कोआपूर्ति की जाती है।

1.3.4 थर्मल प्लांट के घटक

थर्मल प्लांट में मुख्य और सहायक (auxiliary) उपकरण निम्नलिखित हैं।

(क) बॉयलर

(ख) इकोनामायजर

(ग) एयर प्रीहीटर

(घ) सुपरहीटर और रिहीटर

(ङ) भाप टरबाइन

(च) संघनित्र

(छ) स्प्रे तालाब

(ज) कूलिग टॉवर

(झ) अल्टरनेटर या A.C जनरेटर

(ञ) ट्रांसफार्मर

(ट) विद्युत स्थिर अवक्षेपक (प्रेसिपिटेटर)

उपर्युक्त कार्यों का वर्णन निम्नलिखित अनुच्छेदों में संक्षेप में किया गया है।

(क) बॉयलर

बॉयलर कोयला आधारित थर्मल प्लांट का मुख्य घटक है। यह एक बंद बड़ा पात्र होता है। इस उपकरण में, कोयले के जलने से उत्पन्न गर्मी का उपयोग करके पानी को भाप में परिवर्तित किया जाता है। बॉयलरको इस तरह से डिजाइन किया गया है कि यह कोयले के दहन से पैदा होने वाली गर्मी को अवशोषित करलेता है। ऊष्मा, स्थानांतरण के सभी तरीकों के माध्यम से गर्मी स्थानांतरित की जाती है। ऊष्मा स्थानांतरण के तीन प्रकार हैं। वे ताप चालन (conduction), संवहन (convection) और विकिरण (radiation) हैं। बॉयलर को दो प्रकार के में वर्गीकृत किया गया है।

1. फायर टयूब
2. पानी ट्यूब

फायर ट्यूब बॉयलर:

इस प्रकार के बॉयलर में कोयला दहन से उत्पन्न गर्मी ट्यूब के माध्यम से प्रवाह करते हैं।ट्यूब या नलियाँ चारो तरफ से पानी से घिरी होती हैं। इन इन नलियों को क्षैतिज या ऊर्ध्वाधर रूप में रखा जा सकता है। यदि ट्यूब ऊर्ध्वाधर हैं तो बॉयलर को ऊर्ध्वाधर ट्यूब बॉयलर कहा जाता है और यदि ट्यूब क्षैतिज है, तो बॉयलर को क्षैतिज ट्यूब बॉयलर कहा जाता है।

ट्यूब को आंतरिक रूप से या बाहरी रूप से फीड किया जाता है। फायर ट्यूब बॉयलरों की तस्वीरें चित्र में दिखाई गई हैं। 1.4 (क) और 1.4(ख)

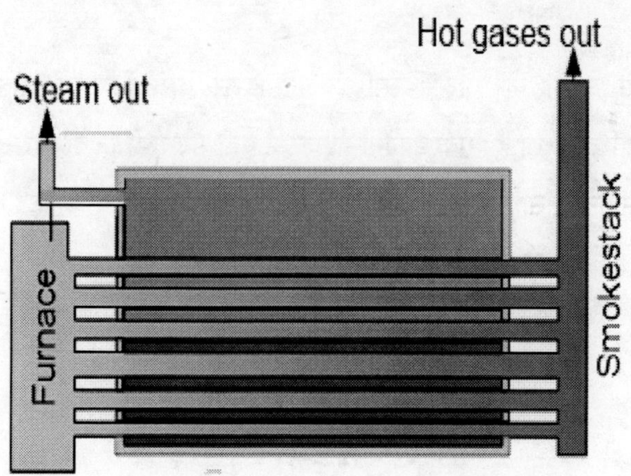

चित्र. 1.4 (क) क्षैतिज प्रकार के फायर ट्यूब बॉयलर

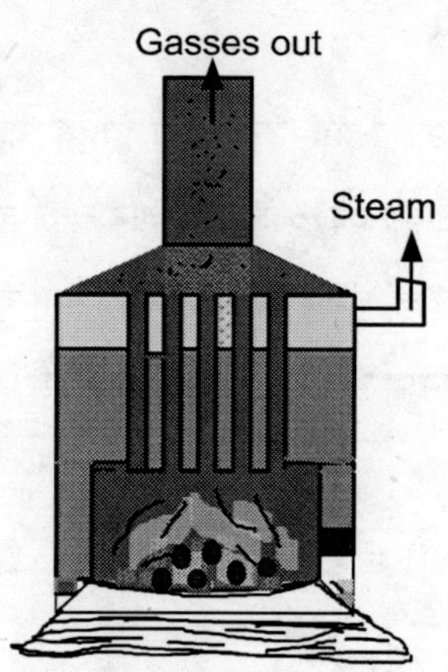

चित्र. 1.4 (ख) ऊर्ध्वाधर प्रकारका फायर ट्यूब बॉयलर

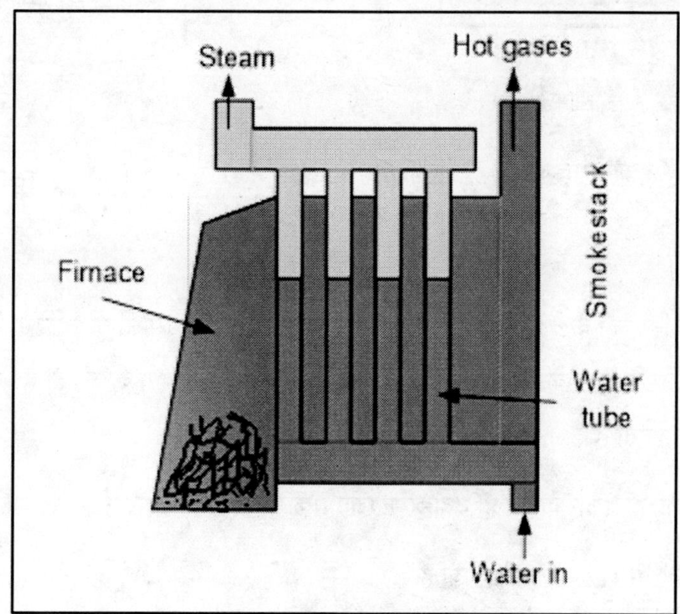

चित्र. 1.5 वॉटर ट्यूब बॉयलर

पानी ट्यूब बॉयलर: इस प्रकार के बॉयलर में पानी नलियों के अंदर परिचालित होता है और गर्म गैसें नलियो के बाहर होती हैं। ट्यूब एक जल चैनल से जुड़े हुए होतेहैं। वाटर ट्यूब बॉयलर तीन प्रकार के होते हैं, वे लंबवत प्रकार, क्षैतिज प्रकार और झुका हुआ/ Incl Ined प्रकारके होते हैं। पानी को ट्यूब के माध्यम से एक जल चैनल के माध्यम से प्राकृतिक या बलपूर्वक परिचालित किया जाता है। चित्र 1.5 में एक ऊर्ध्वाधर प्रकार का जल नली बायलर दिखाया गया है।

(ख) ईकोनोमाइजर

फ्ल्यू गैस, ऊष्मा ऊर्जा को वहन करती है। इस ऊष्मा का एक हिस्सा ईकोनोमाइजर द्वारा निकाला जाता है।ईकोनोमाइजर ऊष्मा को टर्बाइन में जाने वालेपानी में स्थानांतरित करता है। एक ईकोनोमाइजर में बड़ी संख्या में ट्यूब और दो हीटर होते हैं। ट्यूबों को हीटर के बीच रखा जाता है। मोटाई कमहोने के साथ ट्यूबों का व्यास भीछोटा होता है। पानी एक हीटर से प्रवेश करता है और दूसरे हीटर से निकल जाता है। चित्र 1.6 में ईकोनोमाइजर और 1.7 एयर प्रीहीटर कीतस्वीर है।

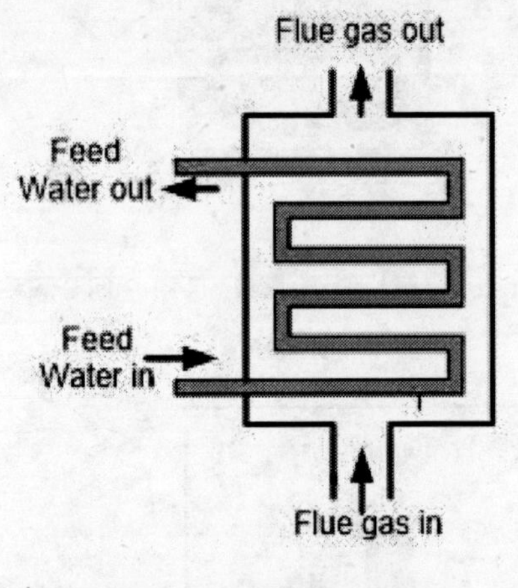

चित्र 1.6 इकोनोमाइजर

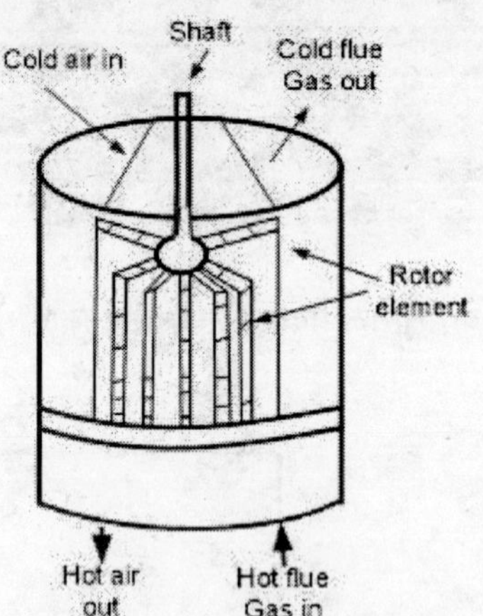

चित्र 1.7 प्रिहीटर

(ग) एयर-प्रीहीटर

इकोनॉमीज़र से निकलने के बाद, एयर प्रीहीटर का उपयोग करके फ़्लू गैसों से कुछ ऊष्मा निकाली जाती है। अपवादित या निकाली हुईऊष्मा बायलर के दहन के लिए फ़ीडवायु को गर्म करने के लिए उपयोग करीजाती है। यह प्रक्रिया बिजली संयंत्र की दक्षता को लगभग 1% बढ़ा देती है।

एयर प्रीहीटर, विभिन्न प्रकार केहोते हैं, उदाहरण: प्लेट प्रकार, पुनर्योजी प्रकार, ट्यूबलर प्रकार।

एयर प्रीहीटर काचित्र 1.7 में दिखाया गया है

(घ) सुपरहीटर और रीहीटर

सुपरहीटर, भाप को गरम करने के लिए काम करताहै। टरबाइन द्वारा अत्यधिक गर्म वाष्प के उपयोग से टरबाइन ब्लेड का कम संक्षारण होता है। इसके अलावा, अत्यधिक गर्म वाष्प का उपयोग समग्र दक्षता को बढाता है। रीहीटर वाष्प से नमी बाहर निकलता है।

(ङ) भाप टरबाइन

भाप टर्बाइन, बायलर द्वारा उत्पादित भाप की ऊर्जा को यांत्रिक ऊर्जा में परिवर्तित करता है। भाप टरबाइन में पिस्टन और स्लाइड वाल्व नहीं होते हैं। भाप टर्बाइन को 1000 मेगावाट के बड़े आकार में बनाया जा सकता है। भाप टर्बाइन दो प्रकार के होते हैं। वे हैं -

1) **आवेग या इम्पल्स टर्बाइन** आवेग टर्बाइनो में स्थिर नोजल होते हैं और भाप नोजल में विस्तारित होती है। विस्तारित भापउच्च वेग से चलतीहै।नोजल से गुजरते समय, दबावकी स्थिति में भाप कीस्थितिज उर्जा,गतिज ऊर्जा में परिवर्तित हो जाती है। इसके ब्लेड दो प्रकार के होते हैं। इसमें कुछ स्थिर होतेहैं और कुछ गतिमान होते हैं।

2) **प्रतिक्रिया या रिएक्शन टर्बाइन** प्रतिक्रिया टरबाइन नोज़ललेस होतीहै।इसमें ब्लेड दो तरह के होते हैं। कुछ स्थिर होते हैं और कुछ गतिमान होते हैं। दबावमें थोड़ी गिरावटकोभापको ब्लेड की और प्रवाहितकरने में उपयोग कियाजाता है ।

चित्र 1.8 और चित्र 1.9 क्रमशः आवेग और प्रतिक्रिया टर्बाइनों को दर्शाते हैं।

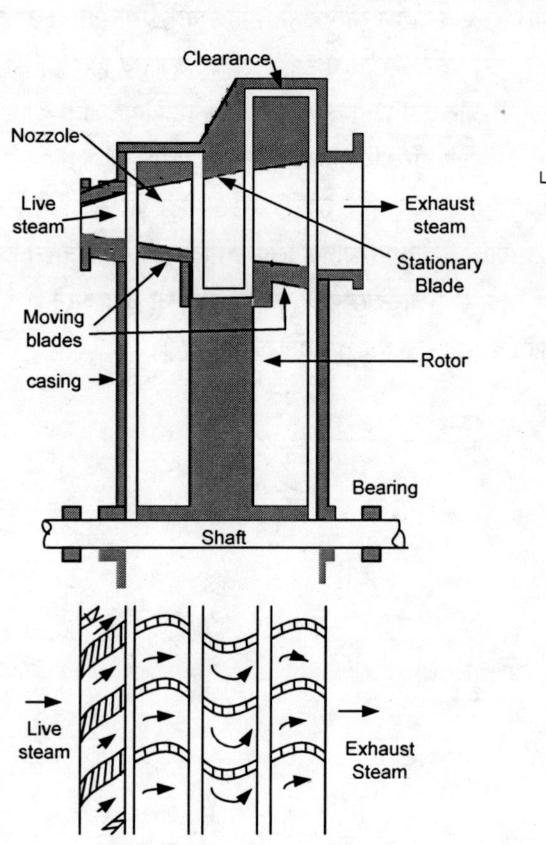

चित्र. 1.8 आवेग टरबाइन

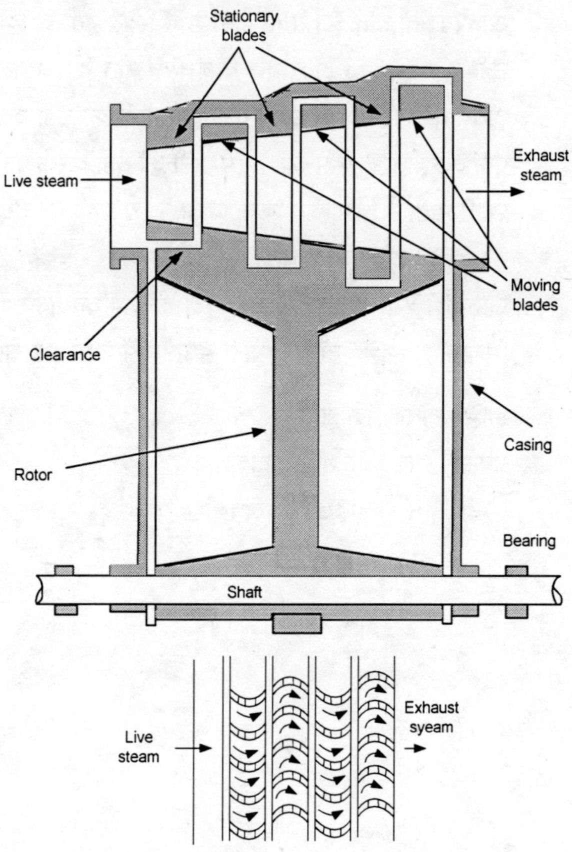

चित्र. 1.9 प्रतिक्रिया या रिएक्शन टर्बाइन

(च) संघनित्र

यह उपकरण, निकास वाष्प को संघनित करताहै। इसके दो उद्देश्य हैं।

(1) यह टर्बाइन के निकास पर कम दबाव बनाता है इसलिए, संघनित्र टरबाइन में भाप कोफैला देता है।

(2) संघनित्र में संघनन भाप, का उपयोग बॉयलर को फीड वॉटर के रूप में किया जा सकता है।

इस प्रकार पानी की काफी बचत होती है। यह भाप से हवा और गैर-संघनित गैसो को भी हटा देता है।

(छ) स्प्रे तालाब

इसमें एक टैंक होता है। इस टैंकमें गर्म पानी को ठंडा करके पाइपो द्वारा वितरित किया जाता है। इसमें टोंटी से पानी का छिड़काव हवा में किया जाता है। तालाब के ऊपर पानी का छिड़काव किया जाता है और इसमेंवायुमंडल से संपर्क की काफी सतह होती है।

(ज) कूलिग टॉवर्स

तापीय संयंत्रो में ठंडे पानी की आवश्यकता अधिक होती है। इसलिए सतत जल आपूर्ति के लिए पानी के स्रोत की आवश्यकता होती है। संयंत्र के पास में स्थित नदी या झील का एक अच्छा स्रोत होनी चाहिए।यदि ऐसी सुविधा उपलब्ध नहीं है, तो कूलिग टॉवर एक वैकल्पिक स्रोत है। आमतौर पर, प्रत्येक संयंत्र में कूलिग टॉवर उपलब्ध होते हैं। कूलिग टॉवर्स कॉनडेंसर से निकलने वाले गर्म पानी को ठंडा करते हैं और ठंडा पानी कॉनडेंसर को फीड किया जाता है। इसमें एक टैंक होता है। इस टैंकमें गर्म पानी को ठंडा करके पाइपो द्वारा वितरित किया जाता है। एक कूलिग टॉवर में, पानी को छोटी मात्रा में विभाजित किया जाता है। ये पानी की बूंदें कूलिग टॉवर के नीचे तक 8 से 10 मीटर की ऊंचाई से गिरती हैं। कूलिग टॉवर की ऊंचाई और इसकी वाटर हैंडलिग क्षमताको विशेष मामलो के लिए उपयुक्त रूप से डिजाइन किया जाता है। इसमें पानी की छोटी बूंदो को बड़े वाष्पीकरण सतह से गुज़ारने से पानी को बहुत जल्दी ठंडा करने में मदद मिलती है। कूलिग टॉवर से पानी संघनित्र में पंप किया जाता है। यह चक्र बार बार दोहराया जाता है।

कूलिग टॉवर दोके होते हैं।

प्रकार (1) वेट कूलिग टावर

(2) ड्राई कूलिग टावर।

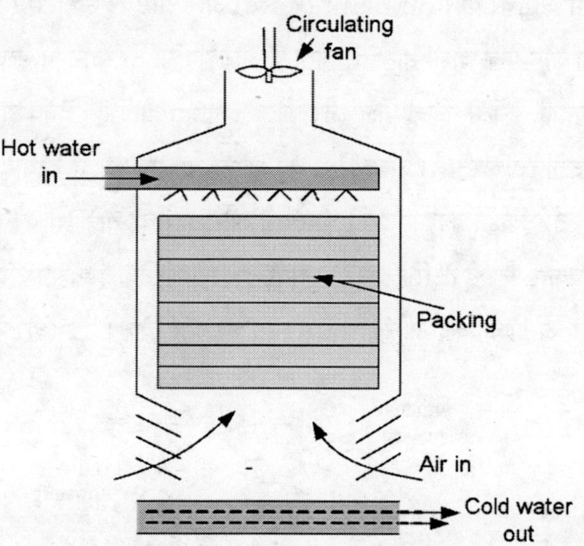

चित्र 1.10 एक वेटकूलिग टॉवर का योजनाबद्ध आरेख।

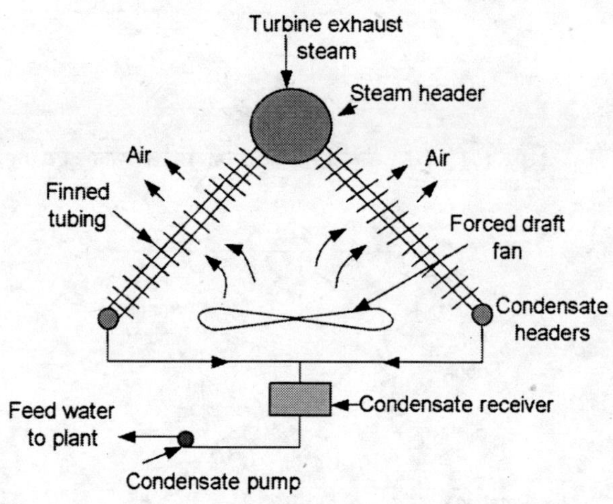

चित्र 1.11 ड्राई कूलिग टॉवर का आरेख।

(झ) अल्टरनेटर या ए सी (AC) जनरेटर या सिक्रोनस जनरेटर

अल्टरनेटर एक एसी (AC) इलेक्ट्रिकल मशीन है। इसे सिक्रोनस जेनरेटर भी कहा जाता है। यह यांत्रिक ऊर्जा को विद्युत ऊर्जा में परिवर्तित करता है। इसके दो भाग होते हैं जिन्हें स्टेटर और रोटर कहा जाता है। स्थिर भाग स्टेटर

कहलाताहै और इसमें आर्मेचर कोर (armature core) और आर्मेचर वाइंडिग (armature w ınd ıng) शामिल है। आर्मेचर वाइंडिग तीन फेज वाली वाइंडिग होती है और यह या तो स्टार या डेल्टा कनेक्शन में जुड़ी होती है।घूमने वालाभागरोटरकहलाताहै, इस में फील्ड पोल और फील्ड वाइंडिग होती है। चुंबकीय ध्रुव बनाने के लिए डी सी के साथ फील्ड वाइंडिग को उत्तेजित करते है। अल्टरनेटर का शाफ़्ट यांत्रिक रूप से टरबाइन के शाफ़्ट से जुड़ा होता है। जब अल्टरनेटर घूमता है तो टर्बाइन काशाफ़्ट भी घूमता है और आर्मेचर वाइंडिग का कंडक्टर बदलते चुंबकीय प्रवाह के साथ जुड़ता है। इस प्रकार, फैराडे के सिद्धांत के अनुसार इलेक्ट्रोमैग्रेटिक इंडक्शन आर्मेचर वाइंडिग में, ई.एम.एफ. प्रेरित करता है। अल्टरनेटर का योजनाबद्ध आरेख चित्र 1.12 (क) और चित्र 1.12 (ख) में दिखाया गया है।

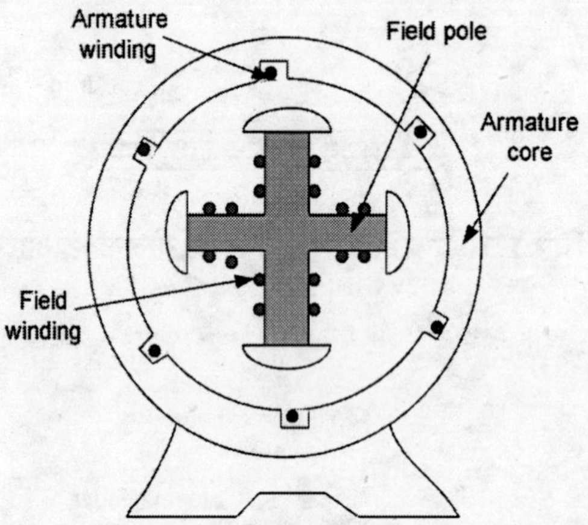

चित्र 1.12 (क) अल्टरनेटर का क्रॉस सेक्शनल दृश्य

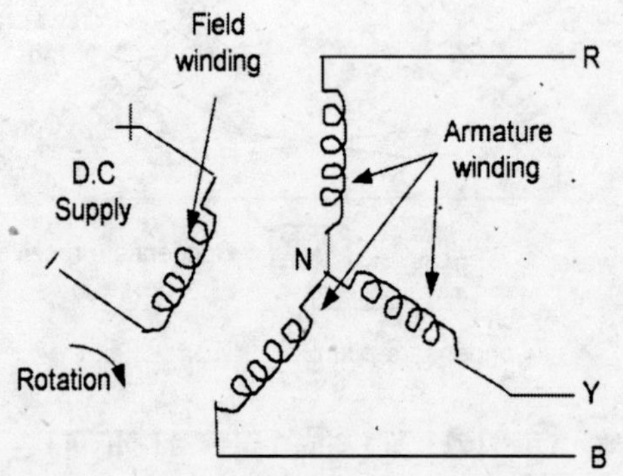

चित्र 1.12 (ख) अल्टरनेटर फील्ड और आर्मेचर वाइंडिग

(ञ) ट्रांसफार्मर

इस प्रकार उत्पन्न विद्युत शक्ति एक संचरण प्रणाली के माध्यम से ट्रांसफार्मर को प्रेषित की जाती है। जनरेटर टर्मिनल पर वोल्टेज का स्तर आम तौर पर कम होता है और इसे स्टेप-अप ट्रांसफॉर्मर का उपयोग करके ट्रांसमिशन लेवल वोल्टेज (हाई वोल्टेज) में बदल दिया जाता है। ट्रांसफॉर्मर एक स्थिर ए.सी. विद्युत मशीन है अर्थात इसमें घूमने वाले पुर्जे नहीं होते हैं। यह आवृत्ति को बदले बिना विद्युत ऊर्जा को एक सर्किट से दूसरे सर्किट में स्थानांतरित करता है। यह वोल्टेज स्तरको स्टेप-अप या स्टेप-डाउन करता है और तदनुसार धारा स्तरको स्टेप-डाउन या स्टेप-अप करता है। जब यह वोल्टेज स्तर को ऊपर ले जाता है, तो इसे स्टेप-अप ट्रांसफॉर्मर कहा जाता है और जब यह वोल्टेज स्तर को स्टेप-डाउन करता है, तो इसे स्टेप-डाउन ट्रांसफार्मर कहा जाता है।

(ट) इलेक्ट्रोस्टैटिक प्रेसिपिटेटर

यह एक फिल्ट्रेशन डिवाइस है। इसका उपयोग (flue) फ्लूगैस से राख, धुआं और महीन धूल जैसे महीन कणों को हटाने के लिए किया जाता है ताकि वे वातावरण में प्रवेश न कर सकें। यह प्रेरित ड्राफ्ट पंखे और दहन कक्ष के बीच स्थित होता है। इलेक्ट्रोस्टैटिक प्रेसिपिटेटर का आरेख चित्र 1.13 में दिखाया गया है।

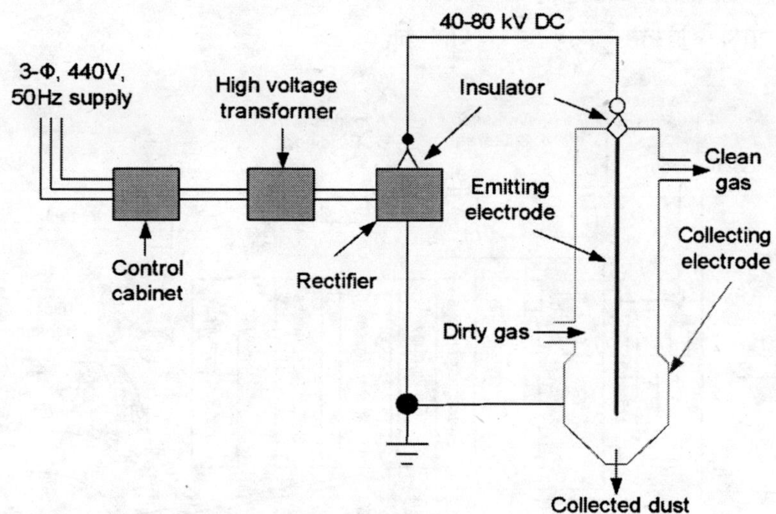

चित्र 1.13 इलेक्ट्रोस्टैटिक प्रेसिपिटेटर का आरेख

1.3.5 कोयला आधारित बिजली संयंत्र का लेआउट

कोयला आधारित बिजली संयंत्र की साइट का लेआउट इस प्रकारहोना चाहिए कि यह न्यूनतम समग्र लागत, आसान संचालन और कोयले की अच्छी उपलब्धता की पुष्टि करे।चित्र 1.14 कोयला आधारित थर्मल पावर प्लांट का एक नमूना ले आउट दिखाता है। (यह आरेख किसीविशिष्ट संयंत्र क्षमता के लिए नहीं बनाया गया है)। इसके लिए निम्नलिखित बातों का ध्यान रखना चाहिए।

1. परिसंचारी जल प्रणाली, मुख्य भाप और पाइप फीडिग, कोयला कन्वेयर फ्लू गैस सर्किट घटकों, और विद्युत कनेक्शन जैसे विभिन्न प्रणालियों के बीच मुख्य संबंध।
2. टर्बाइन और जनरेटर की व्यवस्था।
3. बॉयलर का स्थान ऐसा होना चाहिए कि जल शोधन संयंत्र उसके करीब हो।
4. आसपास व्यक्ति केचलने के लिए स्थान को बनाए रखा जाना चाहिए ताकि रख-रखाव आसान हो।
5. साइट पर पर्याप्त परिवहन सुविधा हो।
6. कूलिग टॉवर को समूहीकृत किया जा सकता हो। आमतौर पर, एक या दो की व्यवस्था की जा सके।
7. जल शोधन संयंत्र कॉम्पैक्ट हो सकता है।
8. इसमें भूमि के पर्याप्त क्षेत्र की आवश्यकता होती हैइसलिए उपकरणों, कार्यालयों और कार्यशालाओं के लिए भूमि का इष्टतम उपयोग किया जाना चाहिए।
9. संयंत्र में भविष्य के विस्तार के प्रावधान रखे जाने चाहिए।

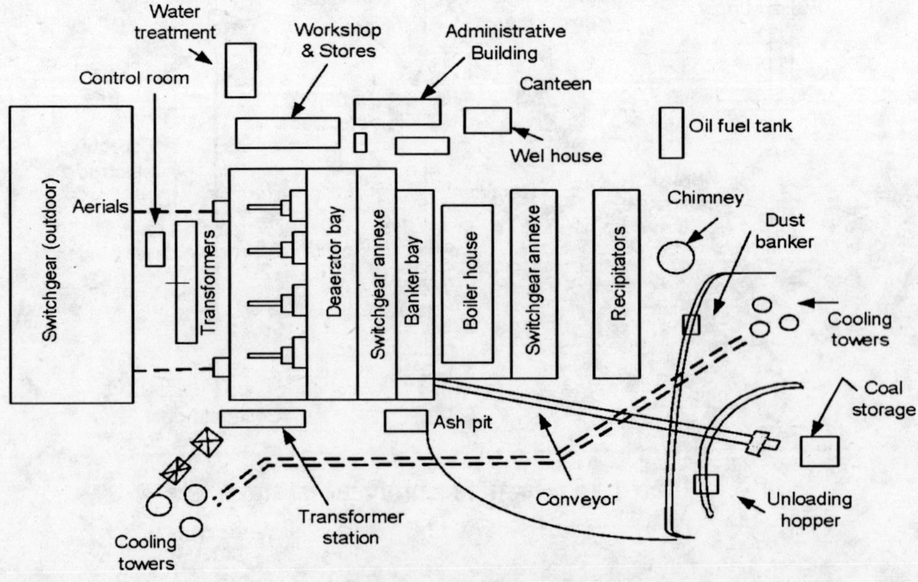

चित्र 1.14-कोयला आधारित थर्मल संयंत्र की लेआउट

1.3.6 कोयला आधारित थर्मल संयंत्र की सुरक्षित प्रक्रियाएं

कोयला आधारित ताप संयंत्रों की सुरक्षित पद्धतियां निम्नलिखित हैं।

1. **धूल:** उत्पन्न धूल कम से कम होनी चाहिए क्योंकि यह स्वास्थ्य के लिए खतरा पैदा कर सकती है।
2. **वायु उत्सर्जन:** यहसंयंत्र कई गैसो का उत्सर्जन करता है। इन गैसो के उत्सर्जन को नियंत्रित किया जाना चाहिए क्योंकि ये स्वास्थ्य के लिए खतरनाक हो सकते हैं। इसके लिए कोयले के चयन में सावधानी बरतनी चाहिए ।कोयले में उष्मा की मात्रा अधिक होने के साथ-साथ राख और गंधक की मात्रा भी कम होनी चाहिए।
3. **ऊष्मा:** ऊष्मा के नुकसान को रोकने और सुरक्षित कार्य स्थितियों को बनाए रखने के लिए और भाप ले जाने वाले बॉयलरों और पाइपलाइनों को अलग किया जाना चाहिए।
4. **शोर (No ıse):** मशीन और सहायक यंत्रों द्वारा उत्पन्न शोर सुरक्षित स्तर पर होना चाहिए।
5. **कंपन:** यह उपकरण और मशीनरी द्वारा उत्पन्न होता है और सुरक्षित स्तर पर होना चाहिए।
6. **विकिरण:** विशेष रूप से फ्लाई ऐश से विकिरण के खतरे न्यूनतम होने चाहिए।
7. बिजली के झटके या बिजली के उपकरण से आग लगने जैसे खतरों पर ध्यान दिया जाना चाहिए।
8. **आग और जोखिम:** आवश्यक अग्निशमन उपाय किए जाने चाहिए।
9. **रासायनिक नुकसानः** संयंत्र में उत्पन्न रासायनिक खतरों के लिए आवश्यक सावधानी बरतनी चाहिए।

1.3.7 ऊर्जा की इकाइयाँ

ऊर्जा विभिन्न रूपों में हो सकती है। वे विद्युत रूप, यांत्रिक रूप और तापीय (गर्मी) रूपों में हो सकती है ।विभिन्न संख्यात्मक समस्याओं को हल करने में, उर्जा को एक रूप से दूसरे रूप में बदलने की आवश्यकता होती है। इन रूपों की इकाइयाँ इस प्रकार हैं।

1. **यांत्रिक ऊर्जा:** MKS इकाई में, यांत्रिक ऊर्जा की इकाई एक न्यूटन-मीटर (N-m) है
2. **विद्युत ऊर्जा :** MKS इकाई में विद्युत ऊर्जा की इकाई वाट-सेकंड या जूल होती है।
3. **ऊष्माः** ऊष्मा ऊर्जा की कई इकाइयाँ होती हैं। वे कैलोरी, ब्रिटिश थर्मल यूनिट (B.Th. U), सेंटीग्रेड हीट यूनिट (C.H.U) हैं।

विभिन्न इकाइयो के बीच संबंध इस प्रकार हैं।

1. इलेक्ट्रिकल और मैकेनिकल: $1kWh = 36 \times 10^5$ जूल
2. हीट और मैकेनिकल

   1 कैलोरी = 4.18 जूल

   1 C.H.U = 1896 जूल

1 B.Th.U = 1053 जूल

3. इलेक्ट्रिकल और हीट

1 kWh = 860 कैलोरी या $860 * 10^3$कैलोरी

1 kWh = 1898 C.H.U

1 kWh = 3418 B.Th.U = $36 * 10^5$ जूल

1.3.8 थर्मल पावर संयंत्र की दक्षता

किसीसंयंत्र, उपकरण, आदि की दक्षता उसके आउटपुट से इनपुट का अनुपात है। विद्युत ऊर्जा उत्पादन के मामले में, इनपुट और आउटपुट शक्ति या ऊर्जा हो सकती है। दक्षता को आम तौर पर η (ईटा) द्वारा निरूपित किया जाता है।

1.3.8.1 बॉयलर दक्षता

बॉयलर इनपुट और बॉयलर आउटपुट के बीच के अनुपात को बॉयलर दक्षता कहा जाता है। आम तौर पर, ऊर्जाकी ऊष्मा इकाइयों में बॉयलर के इनपुट और आउटपुट दोनों को व्यक्त किया जाता है। इनपुट ताप ऊर्जाकोयले को जलाने से प्राप्त गर्मी ऊर्जाहै। बॉयलर दक्षता को समीकरण (equat ıon) (1.1) के रूप में व्यक्त किया जाता है।

$$\eta_{\text{बॉयलर}} = \frac{\text{बॉयलर आउटपुट (तुल्य)}}{\text{बॉयलर इनपुट (तुल्य)}} \qquad (1.1)$$

1.3.8.2 टर्बाइन दक्षता

टरबाइन आउटपुट और टरबाइन इनपुट के बीच अनुपात को टरबाइन दक्षता कहा जाता है। आम तौर पर, टरबाइन के इनपुट और आउटपुट,ऊर्जाकी ऊष्मा इकाइयों में व्यक्त किए जाते हैं। टरबाइन के लिए इनपुट भाप ऊर्जा(जो की बायलर का आउटपुट भी है) है और आउटपुट शाफ्ट में प्राप्त यांत्रिक ऊर्जाहै। टरबाइन दक्षता को समीकरण (equat ıon) (1.2) के रूप में व्यक्त किया जाता है।

$$\eta_{\text{टरबाइन}} = \frac{\text{यांत्रिक शक्ति शाफ्ट को प्रेपित (ऊष्मा तुल्य)}}{\text{टर्बाइन इनपुट या बॉयलर आउटपुट के तुल्य ऊष्मा}} \quad \text{.....} (1.2)$$

1.3.8.3 तापीय दक्षता

टरबाइन आउटपुट और बॉयलर इनपुट के बीच अनुपात को थर्मल दक्षता कहा जाता है। आम तौर पर, टर्बाइन के बॉयलर और आउटपुट को इनपुट ऊर्जाकी हीटिग यूनिट में व्यक्त किया जाता है। बॉयलर के लिए इनपुट ताप ऊर्जाकोयले को जलाने से प्राप्त गरमऊर्जाहै। टर्बाइन आउटपुट एक यांत्रिक ऊर्जाहै जो शाफ्ट में संचरित होती है। तापीय दक्षता ($\eta_{\text{थर्मल}}$) को यांत्रिक दक्षता ($\eta_{\text{मैकेनिकल}}$) भी कहा जाता है। तापीय दक्षता समीकरण(1.3) या (1.4) द्वारा दर्शाईजाती है।

$$\eta_{\text{थर्मलया}} \left(\eta_{\text{मैकेनिकल}}\right) = \text{टरबाइन के शाफ्ट को प्रेषित करी गई यांत्रिक (ऊष्मा तुल्य) / बॉयलर इनपुट (ऊष्मा तुल्य)} \quad ..3$$

या

$$\eta_{\text{थर्मल}} = \eta_{\text{बायलर}} \text{ X } \eta_{\text{टर्बाइन}} \quad ......(1.4)$$

1.3.8.4 विद्युत दक्षता

अल्टरनेटर के विद्युत उत्पादन आउटपुट (हीट समतुल्य) और अल्टरनेटर केमैकेनिकल पावर इनपुट के बीच का अनुपात विद्युत दक्षताकहलाता है।गणितीय रूप से, यह समीकरण (1.5) द्वारा दिया जाता है।

$$\eta_{\text{विद्युत}} = \frac{\text{अल्टरनेटर का विद्युत उत्पादन(ऊष्मा के बराबर)}}{\text{यांत्रिक शक्ति शाफ्ट को प्रेषित(ऊष्मा के बराबर)}} \quad .....(1.5)$$

1.3.8.5 समग्र दक्षता:

अल्टरनेटर (गर्मी समतुल्य) के विद्युत उत्पादन आउटपुट(हीट समतुल्य) और बॉयलर में इनपुट (हीट समतुल्य) के बीच का अनुपात समग्र दक्षता कहलाता है।यह समीकरण (1.6) द्वारा दिया जाता है।

$$\eta_{\text{कुल मिलाकर}} = \frac{\text{अल्टरनेटर का विद्युत उत्पादन (उष्मा समतुल्य)}}{\text{बॉयलर में इनपुट (उष्मा समतुल्य)}} \quad ...(1.6)$$

उपर्युक्त समीकरणों से, यह देखा गया है कि समग्र दक्षता यांत्रिक और विद्युत दक्षता का गुणनफलहै। गणितीय रूप से, इसे समीकरण (1.7) के रूप में व्यक्त किया जाता है।

$$\eta_{\text{कुल मिलाकर}} = \eta_{\text{यांत्रिक}} \text{ X } \eta_{\text{विद्युत}} \quad ...(1.7)$$

1.3.9 कैलोरिफिक वैल्यू

यह ईंधन की 1 इकाई के वजन के दहन से उत्पन्न ऊष्मा की मात्रा है। जब किसी ईंधन का कैलोरिफिक मान अधिक होता है, तो ईंधन ऊष्मा उत्पन्न करने में अधिक सक्षम होता है। कोयला जैसे ठोस ईंधन इसे सामान्य रूप से किलोकैलोरी (या किलो कैलोरी)/kg या कैलोरी (या कैलोरी)/kg के रूप में व्यक्त किया जाता है। गैसीय ईंधन के मामले में, यह kcal/m^3 या cal/m^3 होता है और तरल ईंधन के लिए इसे kJ/kg में व्यक्त किया जाता है।

1.4 डीजल आधारित बिजली संयंत्र

1.4.1 परिचय

डीजल-बेस पावर संयंत्र में, डीजल इंजन को विद्युत ऊर्जा उत्पन्न करने के लिए प्राइम मूवर के रूप में उपयोग किया जाता है। हालांकि डीजल पावर संयंत्र पूर्व में प्रचलित संयंत्र था, लेकिन वर्तमान में उत्पादन की उच्च लागत के कारण, इसका उपयोग आपातकालीन बिजली उत्पादन या मोबाइलसंयंत्रों के लिएही किया जाता है। डीजल इंजन मेंडीजल तेल का इस्तेमाल किया जाता है।

1.4.2 डीजल बिजली संयंत्र के लिए ईंधन और उसके गुण।

डीजल तेल एक पेट्रोलियम उत्पाद है। पेट्रोल और डीजल क्रूड कॉइल के परिष्कृत रिफाइंड रूप हैं। डीजल इंजन पावर संयंत्र में डीजल तेल का प्रयोग किया जाता है।

तरल ईंधन के गुण निम्नलिखित हैं –

(क) विशिष्ट गुरुत्व
(ख) फ्लैशपॉइंट
(ग) फायर प्वाइंट
(घ) शीघ्र वाष्पशीलता
(ङ) प्रवाह बिंदु
(च) कार्बन अवशेष
(छ) चिपचिपाहट
(ज) ऑक्टेन संख्या
(झ) सीटेन संख्या
(ञ) राखकी मात्रा
(ट) संक्षारक संपत्ति
(ठ) गोंद की मात्रा
(ड) हीटिंग मान
(ढ) सल्फर की मात्रा

इसके लिए अपेक्षित गुण एक उपकरण से दूसरे उपकरण में भिन्न होते हैं जो ऊर्जा उत्पन्न करने के लिए ईंधन का उपयोग करते हैं। सामान्य रूप से तरल ईंधन में निम्नलिखित गुण होने चाहिए।

(क) कम राख की मात्रा

(ख) उच्च ताप मूल्य

(ग) कमगोंद की मात्रा

(घ) कम संक्षारक (corrosive) प्रवृत्ति

(ङ) कम सल्फर की मात्रा

(च) कमप्रवाह बिंदु

1.4.3 डीजल बिजली संयंत्र का अनुप्रयोग

डीजल बिजली संयंत्र आकार में छोटे होते हैं। इसमे ईंधन और रखरखाव की उच्च लागत के कारण बिजली उत्पादन की लागत बहुत अधिक है। इसलिए इस संयंत्र का इस्तेमाल निम्नलिखित स्थानों पर किया जा सकता है:

(क) कई उद्योगों, अस्पतालो, स्कूलों और कॉलेजों के लिए आपातकालीन संयंत्र।

(ख) बडे कोयला आधारित बिजली संयंत्र की सहायकइकाइयां शुरू करने के लिए सहायक संयंत्र

(ग) मोबाइल संयंत्र

(घ) शिखर लोड संयंत्र

(ङ) स्टैंडबाय के रूप में उपयोग किया जासकता है।

1.4.4 डीजल विद्युत संयंत्रों के लाभ

(क) सिपल डिजाइन

(ख) लेआउट, डिजाइन और कंस्ट्रक्शन ऑफ फाउंडेशन और बिल्डिंग्स सरल और सस्ता है।

(ग) इसे जल्दी शुरू किया जा सकता है।

(घ) कम ईंधन भंडारण स्थान की आवश्यकता है

(ङ) राख प्रहस्तन से मुक्त

(च) लोड सेंटर के पास स्थित किया जा सकता है

(छ) कम पूंजी लागत

1.4.5 डीजल बिजली संयंत्रों की हानियाँ

(क) ईंधन की ऊंची कीमत

(ख) अल्पकालीन जीवन

(ग) मरम्मत और रखरखाव का अधिक खर्च

(घ) प्रदूषण बढाता है

(ङ) छोटी अतिभार क्षमता

1.4.6 योजनाबद्ध चित्र और डीजल पावर संयंत्र का कार्य

चित्र 1.15 आरेख एक डीजल इंजन बिजली संयंत्र के योजनाबद्ध आरेखको दर्शाता है। डीजल इंजन और अल्टरनेटर डीजल पावर संयंत्र में प्रमुख उपकरण हैं। इसके अलावा, कई सहायक उपकरण जैसे कि ईंधन प्रणाली, वायु सेवन प्रणाली, निकास प्रणाली, शीतलन प्रणाली, स्नेहक प्रणाली, इंजन नियंत्रण प्रणाली, इंस्ट्रूमेंटेशन और स्विचगियर तथा नियंत्रण हैं।इनमें से प्रत्येक का संक्षिप्त वर्णन(description) नीचे दिया गया है।

(क) **डीजल इंजिनः** यह एक आंतरिक दहन इंजन है। यह चार स्ट्रोक या दो स्ट्रोक इंजन हो सकता है। चार स्ट्रोक इंजन में, संचालन का चक्र(cycle) चार स्ट्रोक या दो चक्रोंमें पूरा होता है। चार स्ट्रोक में सक्शन, संपीड़न, कार्य और निकासकार्य होते हैं। दो स्ट्रोक इंजनों में, सभी चार ऑपरेशन दो स्ट्रोक या एक चक्रमें पूरे होते हैं। दो स्ट्रोक इंजन एक ही गति, एक ही पिस्टन विस्थापन और लागत के साथ चार स्ट्रोक इंजन की तुलना में अधिक शक्ति (power) विकसित करते हैं। हालांकि, चार स्ट्रोक इंजन की क्षमतादो स्ट्रोक इंजन से अधिक है। यह कम विशिष्ट ईंधन खपत और एक प्रभावी लूब्रिकेटिग प्रणाली के कारण होता है। ईंधन का प्रज्वलन, संपीड़न प्रज्वलन या स्पार्क प्रज्वलन के माध्यम से हो सकता है। एक संपीड़न-प्रकार(type)के प्रज्वलन इंजन में, दहन ईंधन और हवा सेके सहज प्रज्वलन से शुरू होता है क्योंकि हवा के संपीड़न द्वारा विकसित उच्च तापमान होता है। दूसरी ओर, स्पार्क प्रज्वलन इंजन मेंईंधन और वायु मिश्रण को प्रज्वलित करने के लिए स्पार्क प्लग का उपयोग करता है। यह पहला सबसे आम प्रकार(type)का प्रज्वलन है।

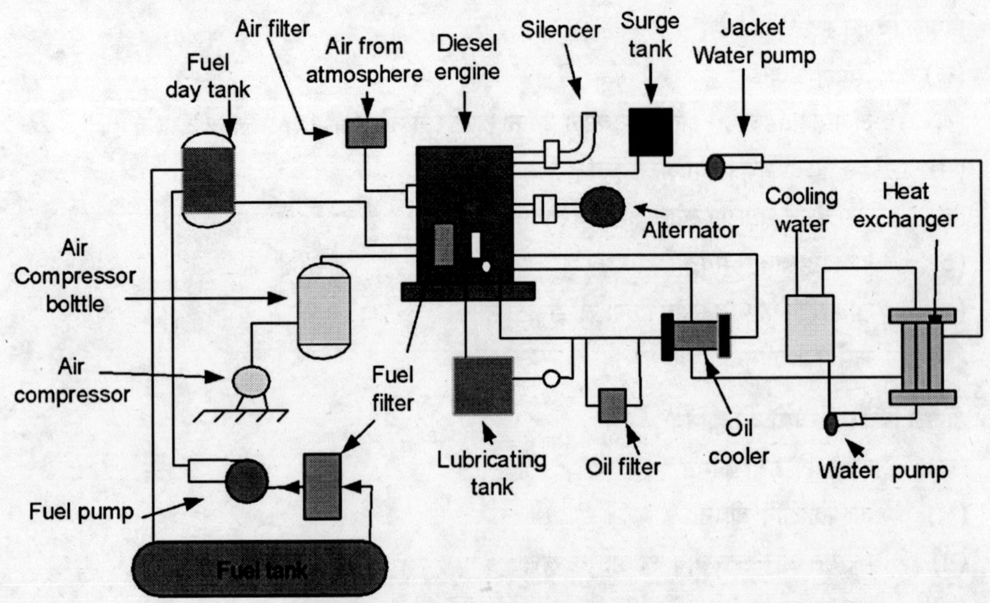

चित्र 1.15 डीजल इंजन संयंत्र का आरेख

(ख) **प्रत्यावर्ती (आल्टरनेटर) :** इंजन का शाफ्ट मेकैनिकली आल्टरनेटर के साथ युग्मितहोता है। आल्टरनेटर एक विद्युत मशीनहै, जो डीजल इंजन के यांत्रिक आउटपुटको विद्युत ऊर्जा में परिवर्तित करती है। इस संयंत्र के लिए रोटेटिग फील्ड सेलिएंत पोलप्रमुख संरचना है। मशीन के ध्रुवों की संख्या 6 से 28 तक हो सकती है। अल्टरनेटर की क्षमता0.8 पावर फैक्टर लैगिग पर 25 से 500 केवीए तक हो सकती है। एक छोटी मशीन के लिए वोल्टेज रेटिग 440V के क्रम में है और यह बडी मशीनों के लिए 2.2kV के क्रम में हो सकता है। टर्मिनल वोल्टेज को एक निर्दिष्ट सीमा पर रखने के लिए एक स्वचालित वोल्टेज रेगुलेटरप्रदान किया जाता है। आल्टरनेटर का विवरण सेक्शन 1.3 में दिया गया है।

(ग) **ईंधन प्रणाली:** इसमें स्टोरेजटैंक, स्ट्रेनर, फ्यूल ट्रांसफर पंप, ईंधन इंजेक्शन पंप और आल डे फ्यूल टैंक होते हैं। स्टोरेज टैंक सुरक्षा के लिए परिसर के बाहर स्थित होता है। एक स्थानांतरण पंप का उपयोग दैनिक रूप से या स्ट्रेनर मीटर के माध्यम से उपयुक्त अंतराल पर डीजल को दैनिक रूप से टैंक में स्थानांतरित करने के लिए किया जाता है। अशुद्धियों को दूर करने के लिए छलनी का प्रयोग किया जाता है। ईंधन इंजेक्शन पंप के माध्यम से स्वच्छ तेल इंजन में पंप किया जाता है। डीजल बिजली संयंत्र की ईंधन प्रणाली चित्र 1.16 में दिखाई गई है

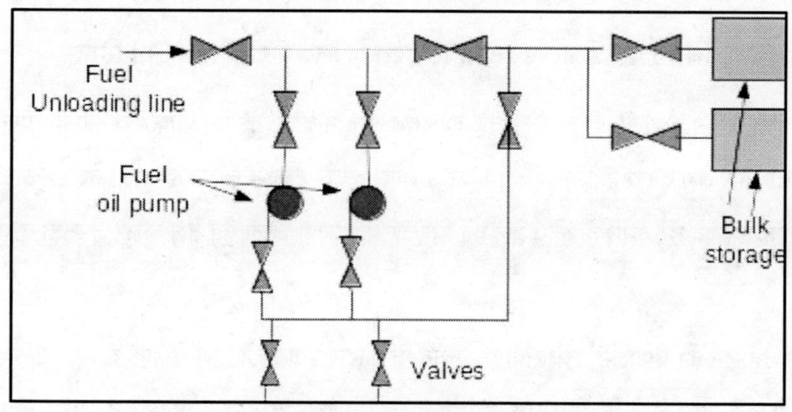

चित्र 1.16 एक डीजल बिजली संयंत्र के लिए ईंधन प्रणाली

(घ) **एयर इनटेक प्रणाली**ः इस प्रणाली का उपयोग ईंधन के दहन के लिए इंजन को आवश्यक हवा की आपूर्ति करने के लिए किया जाता है। इसमें वायुमंडल से ताजी हवा की आपूर्ति करने के लिए पाइप होते हैं और फिल्टर (f ilter) का उपयोग हवा से धूल कणों को हटाने के लिए किया जाता है।

(ङ) **निकास प्रणाली**ः यह प्रणाली इंजन की गैस को वायुमंडल में छोड़ती है। एक अच्छी निकास प्रणाली मेंno ise का स्तर कम होना चाहिए, प्रदूषण कम करना चाहिए और कंपन को कम करना चाहिए। ध्वनि (no ise) स्तर को कम करने के लिए आमतौर पर सिस्टम में एक साइलेंसर शामिल किया जाता है।

(च) **कूलिग प्रणालीः** इंजन के हिस्सो के तापमान को सुरक्षित सीमा (limit) के भीतर रखने के लिए कूलिग प्रणाली का उपयोग किया जाता है। इसमें एक पानी का स्रोत, पंप और कूलिग टॉवर होता है। पंप का उपयोग करके, ठंडे पानी को इंजन सिलेंडर जैकेट में भेजा जाता है। यह पानी, इंजन की गर्मी कम करता है और स्वयं गर्म हो जाता है। गर्म पानी को कूलिग टॉवर्स से ठंडा किया जाता है। बंद लूप कूलिग सिस्टम को चित्र 1.17 में दिखाया गया है ।

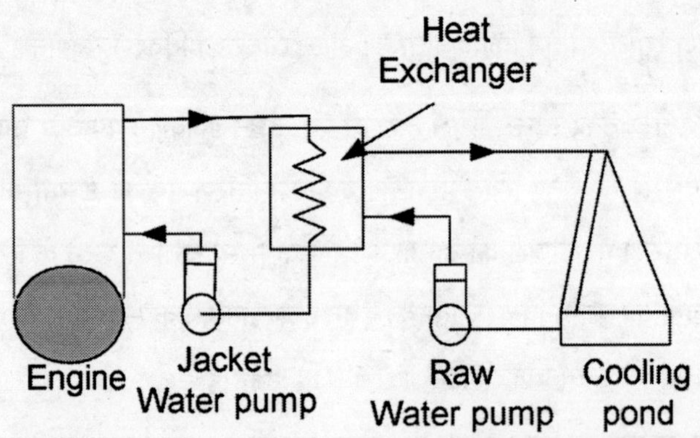

चित्र 1.17 डीजल इंजन पावर संयंत्र के लिए बंद सर्किट कूलिग सिस्टम

(छ) **स्नेहन प्रणालीः** स्नेहन प्रणाली, इंजन की सतह को रगड़ से होने वाले नुक्सान कोकम करती है। प्रणाली में स्नेहक तेल टैंक, पंप, फ़िल्टर और तेल कूलर शामिल हैं। पंप का उपयोग करके टैंक से चिकनाई वाला तेल निकाला जाता है। इस तेल में मौजूद अशुद्धियों को दूर करने के लिए तेल को फिल्टर से गुजारा जाता है। तेल कूलर तेल का तापमान कम करके रखता है।

(ज) **इंजन प्रारंभ करने की प्रणालीः** उच्च संपीड़न दबाव के कारण इंजन को हाथ से क्रैंक करके शुरू नहीं किया जा सकता है। आमतौर परइसे शुरू करने के लिए एक संपीड़ित वायु प्रणाली उपयोग की जाती है। एयर टैंक से संपीड़ित हवा, जो वायुमंडलीय दबाव से लगभग 20 गुना होती है, उसे इंजन सिलेंडरों के लिए काम में लिया जाता है। जिससे वे इंजन शाफ्ट को चालू करने के लिए एक पारस्परिक वायु मोटर की तरह काम करते हैं। एक मोटर चालित कंप्रेसर का उपयोग संपीड़ित वायु टैंक में हवा की आपूर्ति के लिए किया जाता है।

(झ) **इंस्ट्रूमेंटेशन:** डीजल इंजन का संतोषजनक संचालन सुनिश्चित करने के लिए कई उपकरणों का उपयोग किया जाता है। निकास के तापमान को मापने के लिए थर्मामीटर (या पिरोमीटर) जैसे उपकरण, जैकेट पानी, ल्यूब्रिकेटिग ऑयल, ईंधन तेल, एयर कंप्रेसर, वाटमीटर, वोल्टमीटर और एमीटर, और सिंक्रनाइज़ उपकरण, दृश्य और ऑडियो अलार्म का उपयोग डीजल इंजन संयंत्र में किया जाता है।

(ञ) **स्विचगियर और नियंत्रण उपकरणः** इसमें बस बार(Bus Bar), स्टेशन ट्रांसफार्मर, सर्किट ब्रेकर, ओवरकरंट और वोल्टेज रिले आदि शामिल हैं। स्विच गियर को स्विच बोर्ड के रूपमें समूहीकृत किया गया है। इसे इंजन हॉल में वैकल्पिक कक्ष में रखा जाता है। इंजन गवर्नरों को स्विचबोर्ड से नियंत्रित किया जा सकता है ताकि अल्टरनेटर को आसानी से सिंक्रनाइज़ किया जा सके।

1.4.7 डीजल आधारित बिजली संयंत्र के सुरक्षित तरीके

ये उपाय डीजल-आधारित ताप संयंत्रों के लिए सुरक्षित हैं।

1. **वायु उत्सर्जन:** डीजल संयंत्र कार्बन डाइऑक्साइड (CO2) जैसी कई गैसों और ग्रीनहाउस गैसों का उत्सर्जन करता है। इन गैसों के उत्सर्जन को नियंत्रित किया जाना चाहिए क्योंकि ये स्वास्थ्य के लिए खतरनाक हो सकते हैं। ऐसे केस में तेल की गुणवत्ता श्रेणी के चयन में सावधानी बरतनी चाहिए।
2. **हीटः** काम की सुरक्षित स्थिति बनाए रखने के लिए निकास पाइपलाइनों को अलग किया जाना चाहिए।
3. **शोर (No ise):** मशीन और सहायक यंत्रों द्वारा उत्पन्न शोर सुरक्षित स्तर पर होना चाहिए।
4. **कंपन:** यह उपकरण और मशीनरी द्वारा उत्पन्न होता है और एक सुरक्षित स्तर पर होना चाहिए।
5. बिजली के खतरों और बिजली के झटके की तरह, और सक्रिय उपकरणों से जलने से सावधानी बरतनी चाहिए।
6. **अग्नि और एक्सपोजर:** अग्निशमन के आवश्यक उपाय किए जाने चाहिए।
7. **रसायनिक नुकसानः** संयंत्र में उत्पन्न रासायनिक खतरों के लिए आवश्यक सावधानी बरतनी चाहिए।

1.5 गैस टर्बाइन पावर संयंत्र

1.5.1 परिचय

इस संयंत्र का प्राइम मूवर गैस टर्बाइन है। इस संयंत्र में गैसीय ईंधन का उपयोग किया जाता है। पहले इस संयंत्र को केवल पीक लोड प्लांट के तौर पर इस्तेमाल किया जाता था।आजकल सामान्य रूप से बिजली उत्पादन के लिए गैस टरबाइन संयंत्र अधिक प्रयोग में लाए जाते है।

1.5.2 गैसीय ईंधन और उनके गुण

गैस टरबाइन संयंत्रों में विभिन्न प्रकार के ईंधन का उपयोग किया जाता है। यह ठोस, तरल या गैस हो सकती है। प्राकृतिक गैस का उपयोग गैस क्षेत्र के पास के संयंत्रों में ईंधन के रूपमें व्यापक रूप से किया जाता है। प्राकृतिक गैस में 80% मीथेन और अन्य गैसों के छोटे अंश होते हैं।संयंत्रों में केरोसीन, डीजल तेल और अवशिष्ट तेल जैसे तरल ईंधन का उपयोग किया जा सकता है लेकिन आम तौर पर यहमहंगा होता है।

प्राकृतिक गैसः प्राकृतिक गैस के मुख्य घटक मीथेन (CH_4) और इथेन (C_2H_6)हैं। इसका कैलोरी मान लगभग 21000 kJ/m^3 है। प्राकृतिक गैस का उपयोग आंतरिक दहन इंजनो के लिए तेल के साथ बारी-बारी से या एक साथ किया जाता है।

गैसीय ईंधन के गुण

(क) हीटिग वैल्यू या कैलोरी वैल्यू

(ख) श्यानता (Viscosity)

(ग) विशिष्ट गुरुत्वाकर्षण

(घ) घनत्व

(ङ) प्रसर्यता (Diffusibility)

1.5.3 गैस टरबाइन संयंत्र का अनुप्रयोग

निम्नलिखित गैस टरबाइन संयंत्र के अनुप्रयोग हैं।

1. गैस टरबाइन संयंत्र को बहुत जल्दी शुरू किया जा सकता है और इसलिए शिखर लोड संयंत्र के रूप में उपयोग किया जा सकता है।
2. गैस टरबाइन संयंत्र की परिचालन लागत अधिकहोती है। इसलिए बेस लोड संयंत्र के रूप में कम उपयोग किया जाता है। यदि प्राकृतिक गैस किसी स्थान पर उपलब्ध है, तो इसका उपयोग बेस लोड के लिए किया जा सकता है।
3. इस संयंत्र का उपयोग कोयला आधारित संयंत्रों की सहायक सामग्री की आपूर्ति के लिए किया जा सकता है। सहायक इकाइयां शुरू करने के लिए कोयला आधारित बिजली संयंत्रों में छोटे आकार के गैस टरबाइन संयंत्रों (लगभग 25 मेगावाट) का उपयोग किया जाता है। इसे कोयला आधारित संयंत्र की मुख्य इमारत या अलग इमारत में स्थापित किया जाना चाहिए।
4. इसका उपयोग कभी-कभी कोयला आधारित थर्मल संयंत्र में स्टैंडबाय संयंत्र के रूप में भी किया जाता है।

1.5.4 गैस टर्बाइन संयंत्रों की कार्य प्रणाली

गैस टर्बाइन संयंत्र में एक कंप्रेसर, गैस टरबाइन, दहन कक्ष, अल्टरनेटर और अन्य सहायक उपकरण जैसे ईंधन प्रणाली, नलिका प्रणाली और लुब्रिकेटिंग सिस्टम शामिल हैं।

1.5.4.1 कार्य सिद्धान्त (principle)

गैस टर्बाइन संयंत्र में कम्प्रेसर वायुमंडलीय हवा लेता है और इसे संपीडित करता है। कम्प्रेसर को टरबाइन के एक ही शाफ्ट पर लगाया जा सकता है या टरबाइन में जोडा जा सकता है। यह दहन कक्ष को संपीडित हवा की आपूर्ति करता है। ईंधन को दहन कक्ष में डाला जाता है और कंप्रेसर द्वारा आपूर्ति की जाने वाली हवा की उपस्थिति मेंइसे जला दिया जाता है। इससे हवा के तापमान में वृद्धि होती है और लगातार दबाव में, हवाअपनी मात्रा को बढाता है। गर्म दबाव वाली गैस, टरबाइन में फैलती है और टरबाइन रोटर चला कर मैकेनिकल पावर का उत्पादन करती है। टर्बाइन के शाफ्ट से जुडा हुआ एक अल्टरनेटर,यांत्रिक ऊर्जाको

विद्युत ऊर्जामें परिवर्तित करता है। टरबाइन आउटपुट, दहन की प्रक्रिया में उत्पादित उच्च तापमान के कारण कंप्रेसर के इनपुट से अधिक हो जाता है। इस प्रकार, टरबाइन कंप्रेसर को चलाता है और सरप्लस पावर अल्टरनेटर को चलाता है। इसलिए, गैस टरबाइन को संपीडक के साथ-साथ अल्टरनेटर को भी ड्राइव करना पड़ता है। एक चर गति तुल्यकालिक मोटर (variable speed motor) का उपयोग टरबाइन शाफ्ट और अल्टरनेटर में टॉर्क को संतुलित करने के लिए एक प्रारंभिक मोटर के रूप में किया जाता है। मोटर टरबाइन से असंतुलित टॉर्क के लिए संकेत प्राप्त करता है। गैस टरबाइन संयंत्रों दो प्रकारके होते हैं ओपन-लूपगैस टरबाइन संयंत्र और बंद-लूप गैस टरबाइन संयंत्र जिनकी चर्चा आगे के अनुभाग में की गई है।

1.5.4.2 ओपन लूप गैस टर्बाइन संयंत्र

टर्बाइन के माध्यम से विस्तार के बाद दहन के उत्पाद अर्थात जले हुए उच्च तापमान की गैसें अंततः वायुमंडल में उत्सर्जितहो जाती हैं। यहां का तापमान 475°- 550° सेल्सियस तक पहुंच सकता है। ऐसे संयंत्रों को ओपन-साइकिल गैस टरबाइन संयंत्र के रूप में जाना जाता है। चित्र. 1.18 एक टरबाइन के साथ खुले चक्र गैस टरबाइन संयंत्र को दर्शाता है।

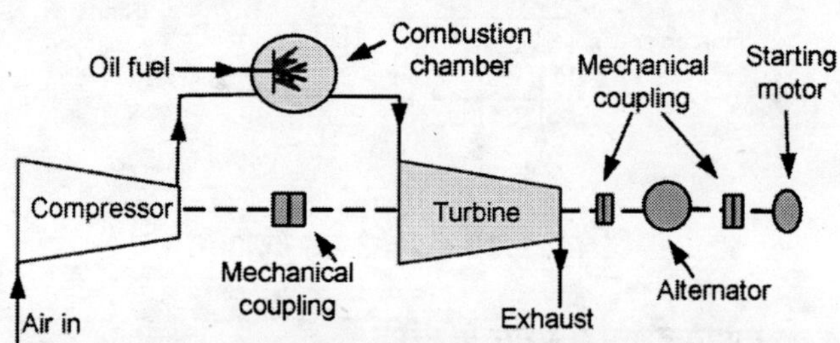

चित्र. 1.18 ओपन साइकिल गैस टरबाइन संयंत्र

कभी-कभी दो गैस टर्बाइनों का उपयोग भी किया जाता है। एक उच्च दबाव (एचपी) टरबाइन होती है और दूसरा एक कम दबाव (एलपी) टरबाइन है। उच्च दबाव वाली टरबाइन कंप्रेसर को चलाता है और कम दबाव वाली टरबाइन अल्टरनेटर को चलाता है।चित्र. 1.19 दो टर्बाइनों एचपी और एलपी टर्बाइनों के साथ व्यवस्था को दर्शाता है।

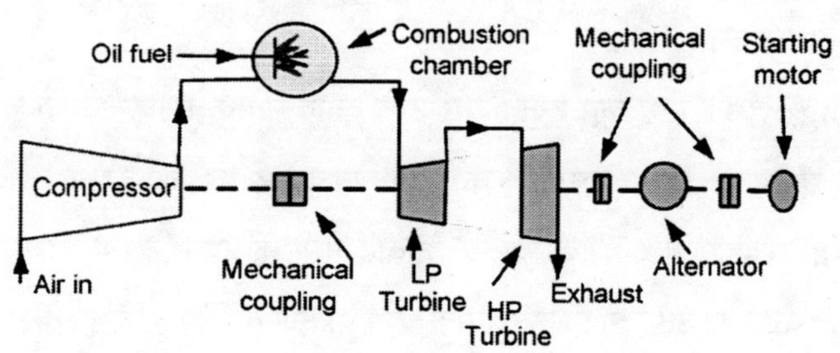

चित्र. 1.19 ओपन सायकिल गैस टरबाइन संयंत्र

1.5.4.3 बंद सायकिल गैस टर्बाइन संयंत्र

एक ओपन-साक्लिल गैस टरबाइन संयंत्र के मामले में, दहन का उत्पाद वातावरण में समाप्त हो जाता है। जब दहन का उत्पाद वायुमंडल में समाप्त नहीं होता है और इसका उपयोग बार-बार किया जाता है, तो संयंत्र को बंद चक्र गैस टरबाइन संयंत्र कहा जाता है। चित्र. 1. 20 बंद चक्र गैस टरबाइन संयंत्र को दर्शाता है।

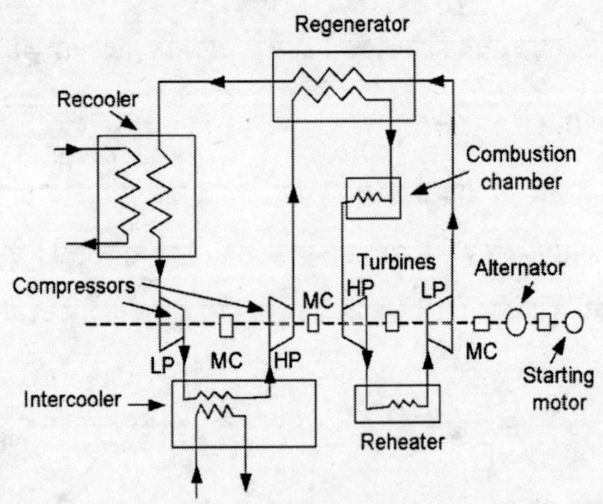

चित्र. 1.20 बंद चक्र गैस टरबाइन

1.5.4.4 गैस टरबाइन संयंत्र की तापीय दक्षता में सुधार के तरीके

गैस टरबाइन संयंत्रो की तापीय दक्षता में सुधार के तीन तरीके हैं। वे हैं -

1. पुनर्जनन (Regeneration)
2. इंटरकूलिग
3. पुनः तापन (Reheating)

पुनर्जनन (Regeneration): टरबाइन के निकास गैस की ताप ऊर्जाको कम्प्रेसर से बाहर आने वाली हवा में स्थानांतरित करने की प्रक्रिया को पुनर्जनन कहा जाता है।

इंटरकूलिग (intercooling): इसके लिए कम दबाव और उच्च दबाव नामक संपीड़न के दो चरणों की आवश्यकता होती है। इंटरकूलिग का अर्थ होता है, संपीड़न के विभिन्न चरणों के बीच संपीडित हवा से गर्मी को हटाना।

पुनः तापन (Reheating): टरबाइन में आंशिक विस्तार के बाद गैसो को फिर से गर्म किया जा सकता है ताकि उन्हें आगे बढायाजा सके और अतिरिक्त कार्य का उत्पादन किया जा सके। इस प्रक्रिया के लिए टरबाइन के एक संयुक्त चक्र की आवश्यकता होती है।

उपरोक्त सभी विधियो की व्यवस्था चित्र 1.20 में दिखाई गई है।

1.5.5 मिश्रित चक्रगैस टर्बाइन संयंत्र

इस संयंत्र में,गर्मी की निकास सामग्री का उपयोग पुनर्जनन के लिए नहीं किया जाता है, बल्कि इसका उपयोग भाप संयंत्र चक्र के लिए एक स्रोत के रूप में किया जाता है। कई देशों में इस तरह के संयंत्रों का उपयोग बिजली उत्पादन के लिए सफलतापूर्वक किया जाता है।चित्र. 1.21 में, एक संयुक्त चक्र गैस और स्टीम संयंत्र दिखाया गया है। यहां गैस टरबाइन निकास एक हीट एक्सचेंजर से होकर गुजरती है ताकि बॉयलर का पानी गर्म किया जा सके। दूसरी ओर, एक संयुक्त चक्र संयंत्र जिसमें बॉयलर के लिए हवा को प्रीहीट करने के लिए निकास का उपयोग किया जाता है, उसे चित्र 1.22 में दिखाया गया है।

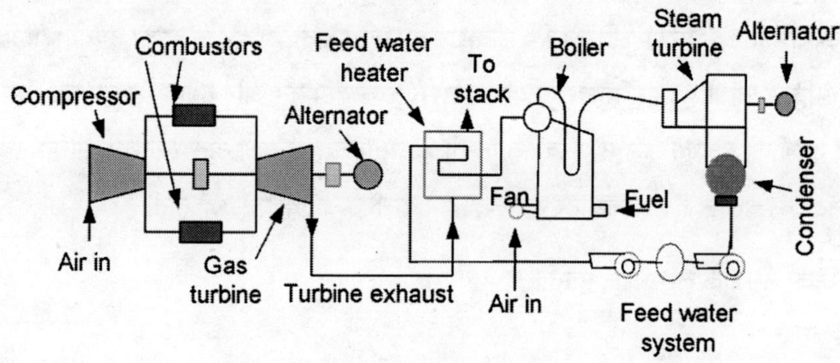

चित्र. 1.21 संयुक्त गैस और वाष्प संयंत्र

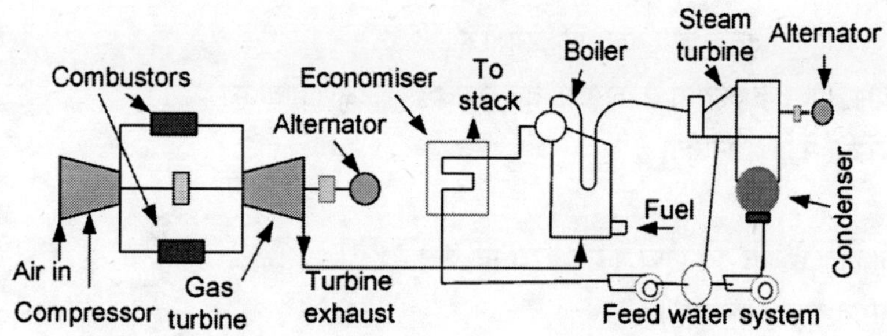

चित्र. 1.22 मिश्रित गैस और वाष्प संयंत्र

1.5.6 गैस टर्बाइन संयंत्र के सुरक्षित तरीके

गैस टरबाइन संयंत्रों की सुरक्षित पद्धतियां निम्नलिखित हैं।

1. **हीटः** काम की सुरक्षित स्थिति बनाए रखने के लिए निकास पाइपलाइनों को अलग किया जाना चाहिए।
2. **शोर (Noise):** मशीन और सहायक यंत्रों द्वारा उत्पन्न शोर सुरक्षित स्तर पर होना चाहिए।
3. **कंपन:** यह उपकरण और मशीनरी द्वारा उत्पन्न होता है और एक सुरक्षित स्तर पर होना चाहिए।
4. बिजली के खतरों और बिजली से सक्रिय उपकरणों के जलनेकी सावधानी बरतनी चाहिए।

5. **अग्नि और एक्सपोजर:** अग्निशमन के आवश्यक उपाय किए जाने चाहिए।
6. **रसायनिक नुकसानः** संयंत्र में उत्पन्न रासायनिक खतरों के लिए आवश्यक सावधानी बरतनी चाहिए।

1.6 परमाणु ऊर्जा संयंत्र

1.6.1 परिचय

नाभिकीय ऊर्जामें नाभिकीय ऊर्जाको विद्युत ऊर्जामें परिवर्तित कर दिया जाता है। इस संयंत्र में यूरेनियम (U_{235}) या थोरियम (Th_{232}) जैसे भारी तत्वों को एक विशेष उपकरण में परमाणु विखडित किया जाता है। इस उपकरण को एक परमाणु रिएक्टर के रूप में जाना जाता है। परमाणु विखडन में ऊष्मा ऊर्जा उत्पन्न होती है। इस ऊर्जा का उपयोग पानी को भाप में रूपांतरण (convert) के लिए किया जाता है। इस प्रकार उत्पादित वाष्प, उच्च तापमान और दबाव पर होती है। भाप टरबाइन, भाप का उपयोग करके भाप ऊर्जा को यांत्रिक ऊर्जामें परिवर्तित करती है। भाप टरबाइन को अल्टरनेटर के साथ यंत्रवत् रूप से जोडा जाता है। टर्बाइन अल्टरनेटर को चलाता है। अल्टरनेटर से उत्पन्न होने वाली ऊर्जा,विद्युत ऊर्जा होती है।

1.6.2 परमाणु ऊर्जा संयंत्र के लाभ और हानि।

लाभ-

1. इसमें ईंधन की मात्रा बहुत कम होती है, इसलिए परिवहनऔर भंडारणकी कोई आवश्यकता नहीं है।
2. अन्य पारंपरिक संयंत्र की तुलना में इसमें कम भू- क्षेत्र की आवश्यकता होती है।
3. यह थोक बिजली उत्पादनके लिए बहुत किफायती है।
4. इसमें परमाणु संयंत्रों के उपयोग से कोयला, तेल आदि का संरक्षण होता है।
5. इसके ऑपरेशन में विश्वसनीयता है

नुकसान-

1. ईंधन महंगा होता है और इसे प्राप्त करना बहुत मुश्किल है।
2. पूंजी की लागत बहुत अधिक है।
3. सुदृढ़ीकरण और कमीशनिग के लिए अधिक तकनीकी ज्ञान की आवश्यकता होती है।
4. परमाणु विखडन के उपोत्पाद से खतरनाक रेडियोधर्मी प्रदूषण होता है।
5. उच्च अनुरक्षण लागत होती है।
6. इसका उपयोग केवल बेस लोड के लिए किया जा सकता है।
7. परमाणु विखडन के उप-उत्पादों का निपटान, एक बड़ी समस्या है।

1.6.3 स्थल का चयन / परमाणु ऊर्जा संयंत्र के स्थान

परमाणु ऊर्जा संयंत्र का स्थान निम्नलिखित बिन्दुओं के आधार पर चुना जाता है

1. **पानी की उपलब्धता:** कूलिग प्रक्रिया के लिए भारी मात्रा में पानी की आवश्यकता होती है। संयंत्र की साइट ऐसी होनी चाहिए कि उस स्थान पर पर्याप्त पानी उपलब्ध हो। नदी या समुद्र के पास किसी स्थान का चयन करना बेहतर है।
2. **अपशिष्ट निपटान:** परमाणु विखडन सेरेडियो धर्मी अपशिष्ट उत्पाद निकलते हैं। सेहत को होने वाले नुकसान से बचने के लिए इसका निपटान करना चाहिए। इसे या तो एक गहरी खाई में दफनाया जाना चाहिए या समुद्र तट से पर्याप्त दूरीपर समुद्र में फेंकाजाना चाहिए।
3. **आबादी वाले क्षेत्र से दूरी:** इसे आबादी वाले क्षेत्र से दूर रखा जाना चाहिए क्योंकि यह रेडियोधर्मिता की उपस्थिति के कारण खतरनाक है।
4. **परिवहन सुविधा:** संयंत्र में भारी उपकरणों को ले जाने के लिए पर्याप्त परिवहन सुविधा होनी चाहिए।
5. **मेट्रोलॉजिकल गणना** :परमाणु ऊर्जा संयंत्र के लिए स्थल का चयन करते समयमेट्रोलॉजिकल गणना पर विचार किया जाना एक महत्वपूर्ण कारक है। हवा और वायुमंडलीय स्थिरता दो मुख्य मौसम संबंधी कारक हैं। ये कारक वायुमंडलीय परिवहन और वायुजनित प्रदूषण को कम करने में शामिल हैं। किसी निर्दिष्ट स्थिति में एक निर्दिष्ट दूरी पर प्राप्त अधिकतमईंधन को खोजने के लिए मेट्रोलॉजिकल गणना का उपयोग किया जाता है।
6. **भूकंप विज्ञान (Seismology):** किसी भी स्थान या उसके आसपास के क्षेत्र का भूकंपीय इतिहास परमाणु ऊर्जा संयंत्र के स्थल के चयन से पहले ज्ञात होना चाहिए। तदनुसार, संयंत्र भवन का डिजाइन और मशीनरी की नींव आदि डिजाइन करते हैं।

4. परमाणु ईंधन और न्यूक्लियर फिजिक्स

परमाणु ऊर्जा संयंत्र में यूरेनियम या थोरियम जैसी भारी सामग्री से निकलने वाली परमाणु ऊर्जाको परमाणु विखडन के द्वारा विखडित किया जाता है। इन नाभिकीय पदार्थों के गुण इस प्रकार होने चाहिए कि वे नाभिकीय विखडन से गुजर सकें और चेन रिएक्शन को बनाए रख सकें।

परमाणु भौतिकी

1. **परमाणु की संरचना:** प्रत्येक पदार्थ परमाणुओ से बना होता है। परमाणु केंद्र में नाभिक से बना होता है। प्रत्येक परमाणु में प्रोटॉन, न्यूट्रॉन और इलेक्ट्रॉन नामक तीन कण होते हैं। प्रोटॉन को पॉजिटिव चार्ज किया जाता है। इलेक्ट्रॉनो को नेगेटिव चार्ज करते हैं और न्यूटॉन का कोई चार्ज नहीं होता है। इलेक्ट्रॉन एक निर्दिष्ट कक्षा में नाभिक के आसपास घूमतेहैं। परमाणु का द्रव्यमान नाभिक में केंद्रित होता है। इलेक्ट्रॉनो की संख्या प्रोटॉन की संख्या के बराबर होतीहै और इस संख्या को **परमाणु**

संख्या कहा जाता है। प्रोटॉन और न्यूट्रॉन की संख्या के योग को **मास संख्या** कहा जाता है। एक परमाणु को इसके द्रव्यमान संख्या और इसके प्रतीक द्वारा पहचाना जाता है।

2. **आइसोटोप:** ऐसे परमाणु जिनमें परमाणु संख्यासमान होती है लेकिन विभिन्न मास संख्या होती है, को आइसोटोप कहा जाता है।

3. **रेडियोएक्टीविटी (Radioactivity):** यह अस्थिर आइसोटोप के नाभिक के टूटने की प्रक्रिया है। रेडियम, यूरेनियम और थोरियम जैसे कुछ तत्वों के आइसोटोप अस्थिर होते हैं। नाभिक क्षय एक या अधिक अवस्थाओ में होता है। रेडियोधर्मिता प्राकृतिक या कृत्रिम हो सकती है। कृत्रिम रेडियोधर्मिता अक्सर न्यूट्रॉन बमबारी द्वारा उत्पादित की जाती है। रेडियोधर्मिता की प्रक्रिया में कुछ विकिरण उत्सर्जित होते हैं। ये कण α अल्फाकण, β बीटा कण और गामा किरण और न्यूट्रॉन हैं। α अल्फाकण हीलियम ($_2He^4$) परमाणु के नाभिक कण होते हैं,बीटा कणपरमाणु के इलेक्ट्रॉन कण और गामा किरणें, एक्स-रे के समान होती हैं।अल्फा कण धनात्मकआवेश के भारी कण होते हैं और प्रकाश वेगके लगभग दसवें वेगपर यात्रा करते हैं। जब रेडियोधर्मिता के कारण α अल्फाकण उत्सर्जित होते हैं, तो रेडियोधर्मिता, आइसोटोप का नाभिक अन्य परमाणुओ के नाभिक में बदल जाता है। कुछ उदाहरण इस प्रकार हैं।

$$_{92}U^{238} \rightarrow {}_2He^4 + {}_{90}Th^{234} \quad (1)$$

$$_{94}Pu^{239} \rightarrow {}_2He^4 + {}_{92}Th^{235} \quad (2)$$

समीकरण(1) में, यूरेनियम ($_{92}U^{238}$) के आइसोटोप को रेडियोधर्मिता के अधीन किया जाता है, और हीलियम ($_2He^4$) और थोरियम ($_{90}Th^{234}$) नामक दो आइसोटोप का उत्पादन किया जाता है।

समीकरण (2) में, प्लूटोनियम ($_{94}Pu^{239}$) का आइसोटोप रेडियोधर्मिता के अधीन होता है और दो आइसोटोप-हीलियम (($_2He^4$ और थोरियम ($_{92}U^{235}$) का उत्पादन किया जाता है। जब एक β कण उत्सर्जित होता है, तो नाभिक सकारात्मक चार्ज की एक इकाई प्राप्त करता है और इसलिए, यह आवर्त सारणी में एएक इकाई ऊपर का तत्व बन जाता है। जब रेडियोधर्मिता के कारण "α" कणया "β "कण उत्सर्जित होते हैं तो γ किरणें उत्पन्न होती हैं। उत्पादित छोटे नाभिक एक उत्तेजित अवस्था में होते हैं और अतिरिक्त ऊर्जा को"γ किरणों"के रूप में उत्सर्जित करते हैं।

4. **रेडियोधर्मीक्षय, अर्ध-जीवन और औसत जीवनकाल:** रेडियोधर्मी क्षय की प्रक्रिया अनियमित है। क्षय या क्षय दर की गतिविधि या दर किसी भी पल में परमाणुओ की संख्या के आनुपातिक है। क्षय दर को क्षय स्थिरांक और नाभिक की संख्या के संदर्भ में व्यक्त किया जाता है। क्षय स्थिरांक, समय की प्रति इकाई क्षय की संभाव्यता है। इस प्रकार, क्षय दर या गतिविधि को (1.8) के रूप में व्यक्त किया जा सकता है। ऋण चिह्न(s।gn) नाभिक के क्षय का निरूपणहै।

$$\text{Activity} = \text{decay rate} = \frac{-dN}{dt} = \lambda N \quad (1.8)$$

समाकलन समीकरण(1.8)के इंटीग्रेशन से, हम समीकरण (1.9) प्राप्त करेंगे, जिसमेंN_0=नाभिक की संख्या

t = 0 पर नाभिक की संख्या

$$N(t)=N_0e^{-\lambda t} \quad (1.9)$$

एक बहुत ही उपयोगी शब्द जिसे अर्ध-जीवन($t_{1/2}$) कहा जाता है, आमतौर पर उस समयको मापने के लिए प्रयोग किया जाता है जिस समय तक विलंब प्रक्रिया होती है। आधा जीवन वह समय है जिसमें आधा जीवन नाभिक किसी भी क्षण मौजूद रहता है। ऊपर समीकरण (1.9),में,$N=N_0/2$, t = अर्द्ध-जीवन में. इस प्रकार अर्द्ध-जीवन समीकरण के रूप में व्यक्त किया जा सकता है (1.10)

$$\boxed{\text{Half life} = 0.693/\lambda} \quad (1.10)$$

एक आइसोटोप का औसत जीवनकाल समीकरण (1.11) द्वारा दिया जाता है।

$$\boxed{T_{AV} = \frac{1}{\lambda} = \frac{\text{Half life}}{0.693}} \quad (1.11)$$

5. **ऊर्जा-मास (द्रव्यमान) संबंधः** आइंस्टीन के सापेक्षता के सिद्धांत के अनुसार द्रव्यमान और ऊर्जा विनिमेय हैं। यदि द्रव्यमान नष्ट हो जाता है तो ऊर्जा का उत्पादन होता है और यदि ऊर्जा खर्च की जाती है तो द्रव्यमान का उत्पादन होता है। गणित में, (1.12) द्वारायह संबंध(relation) दिया जाता है, जहां ऊर्जा, जूल्स में, m = द्रव्यमान kg में और सी(C) = वेगप्रकाश (3 x108 मी/सेकंड) में होता है।

   $\text{Energy}=mc^2$(1.12)

   परमाणु ऊर्जा का उत्पादन द्रव्यमान को नष्ट करके किया जाता है।

6. **परमाणु विखडन और संलयन (Fission and Fusion):** परमाणु ऊर्जा प्राप्त करने के दो तरीके Fission और Fusion (विखडन और संलयन) है। विखडन के मामले में, भारी तत्व विभाजित होते हैं और संलयन के मामले में, हल्के तत्व संयोजित होते हैं। दोनों ही मामलों में ऊर्जा की भारी मात्रा जारी की जाती है। परमाणु विखडन प्रक्रिया का उपयोग परमाणु ऊर्जा संयंत्रों में किया जाता है। भारी तत्वों का विखडन एक धीमी गति वाले न्यूट्रॉन के साथ तत्व (element) पर बमबारी करके शुरू किया जाता है। परमाणु ऊर्जा संयंत्रों में यूरेनियम नाभिक के विखडन से बडी ऊर्जा और न्यूट्रॉन निकलता है। इस न्यूट्रॉन को विखडन न्यूट्रॉन कहा जाता है। ये विखडन न्यूट्रॉन अधिक विखडन का कारण बनते हैं तथा

ऊर्जा की एक विशाल मात्रा विकसित होती है। इस प्रक्रिया को चेन रिएक्शन कहा जाता है। चित्र. 1. 23 परमाणु विखडन दिखाता है।

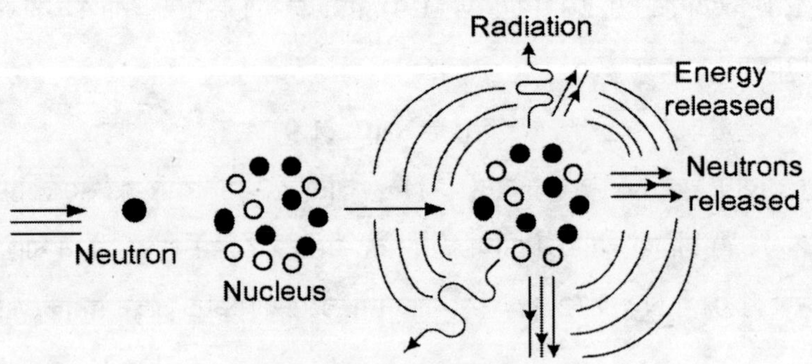

चित्र. 1.23 परमाणु विखडन

1.6.5 परमाणु ऊर्जा संयंत्रों का बेसिक लेआउट और कार्य

यह संयंत्र कोयला आधारित ताप संयंत्र के समान है, सिवाय इसके कि परमाणु रिएक्टर और ताप विनिमायक बॉयलर की जगह लेते हैं। कुछ सहायक उपकरण कोयला आधारित ताप संयंत्र के समान हैं। परमाणु संयंत्र का मूल लेआउट आरेखचित्र 1.24 में दिखाया गया है जिसमें मुख्य भागो को दिखाया गया है

निम्नलिखित परमाणु ऊर्जा संयंत्र के मुख्य उपकरण हैं

(क) परमाणु रिएक्टर.

(ख) हीट एक्सचेंजर

(ग) भाप टरबाइन.

(घ) अल्टरनेटर.

(ङ) संघनित्र

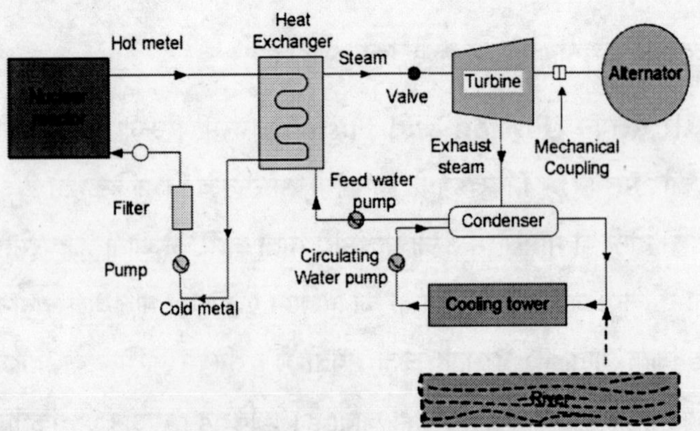

चित्र. 1.24 परमाणु ऊर्जा संयंत्र का मुख्य भाग दिखाते हुए मूलभूत लेआउट

(क) **परमाणु रिएक्टर (Nuclear reactor):** परमाणु रिएक्टर एक उपकरण है जिसमें परमाणु ईंधन का विखडन होता है। यह चेन रिएक्शन को नियंत्रित करता है। यह एक बेलनाकारबर्तन है। इसमें फ्यूल रॉड, मॉडरेटर और कंट्रोल रॉड होते हैं। ईंधन प्राकृतिक यूरेनियम, समृद्ध यूरेनियम औरप्लूटोनियम हो सकता है। ईंधन रॉड ईंधन सामग्री है। मॉडरेटर का कार्य बमबारी से पहले न्यूट्रॉन को धीमा करना है। विभिन्नदक के रूप में विभिन्नदक सामग्री का प्रयोग किया जाता है। इनमें हल्के पानी या शुद्ध प्राकृतिक पानी, ग्रेफाइट, भारी पानी, बेरिलियम और ऑर्गेनिक मैटेरियल शामिल हैं। विश्व के लगभग 75% परमाणु रिएक्टरों में हल्के जल या लाइट वाटर या शुद्ध प्राकृतिक जल का प्रयोग एक मध्यस्थ के रूप में किया जाता है। दुनिया के लगभग 20% परमाणु रिएक्टरो ने एक मॉडरेटर के रूप में ग्रेफाइट का उपयोग किया जाता है। दुनिया के लगभग 5% परमाणु रिएक्टरों में भारी पानी का उपयोग किया जाता है। कुछ परमाणु रिएक्टरों में, बेरिलियम और कार्बनिक सामग्री को भी एक मॉडरेटर के रूप में इस्तेमाल किया जाता है। ईंधन की छड़ मॉडरेटर के अंदर होती है। नियंत्रण रॉड कैडमियम से बना होता है। कैडमियम न्यूट्रॉन का एक बहुत मजबूत अवशोषक है। कैडमियम रॉड द्वारा अंदर की दूरीको नियंत्रित करके, न्यूट्रॉन के अवशोषण को नियंत्रित किया जा सकता है। एक परमाणु रिएक्टर का एक योजनाबद्ध आरेख चित्र 1.25 में दिखाया गया है। एक मॉडरेटर का एक योजनाबद्ध चित्र 1.26 में दिखाया गया है।

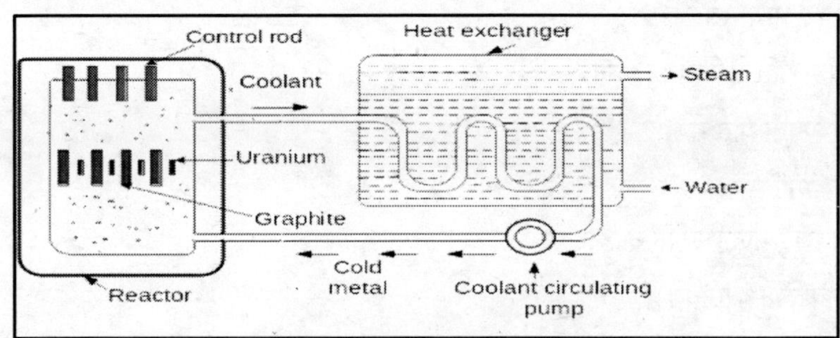

चित्र. 1.25 परमाणु रिएक्टर

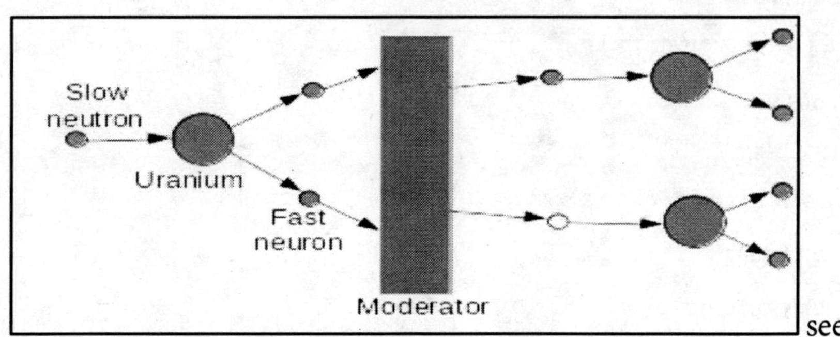

see

चित्र. 1.26 एक मॉडरेटर फंक्शन का योजनाबद्ध आरेख

(ख) **हीट एक्सचेंजर:** कूलेंट, रिएक्टर से निकलने वाली ऊष्मा को वहन करता है और हीट एक्सचेंजर में आने वालापानी इस ऊष्मा का उपयोग करके पानी को भाप में बदल देता है।कूलेंट परिसंचारी पंप के माध्यम से कूलेंट हीट एक्सचेंजर सेरिएक्टर में फिर से परिचालित किया जाता है।

(ग) **भाप टरबाइन:** ताप विनिमायक (Heat Exchanger) में उत्पादित भाप को भाप वाल्व के माध्यम से भाप टरबाइन में भेजा जाता है। टरबाइन शाफ्ट में यांत्रिक ऊर्जा (energy) का उत्पादन करने के लिए भाप ऊर्जा का उपयोग करता है।

(घ) **अल्टरनेटर:** यह टरबाइन के साथ यंत्रवत् रूप से युग्मित है। यह यांत्रिक ऊर्जा को विद्युत ऊर्जा में परिवर्तित करता है।

(ङ) **संघनित्र:** यह भाप टरबाइन की गर्म वाष्प को संघनित करता है। संघनित्र, टरबाइन के भाप आउटलेट में एक बहुत कम दबाव बनाता है। यह कम दबाव टरबाइन में भाप के विस्तार की सुविधा प्रदान करता है। इसके अलावा, संघनित्र के संघनन को फिर से बॉयलर के लिए इस्तेमाल किया जा सकता है।

1.6.6 परमाणु रिएक्टर के प्रकार

परमाणु रिएक्टरों को कई तरीकों से वर्गीकृत किया गया है। इसका वर्गीकरण नीचे दिया गया है।

1) विखंडन पर आधारित
- कम गति से विखडन होना
- मध्यवर्ती गति से
- तेज गति से

2) इस्तेमाल किए गए ईंधन के आधार पर
- प्राकृतिक यूरेनियम
- समृद्ध यूरेनियम
- प्लूटोनियम

3) ईंधन की स्थिति के आधार पर
- ठोस प्रकार
- द्रव प्रकार

4) ईंधन चक्र के आधार पर
- बर्नर प्रकार
- परिवर्तक प्रकार
- ब्रीडर प्रकार

5) जीवाश्म और उपजाऊ सामग्री की व्यवस्था के आधार पर

- एक क्षेत्र
- दो क्षेत्र

6) मॉडरेटर और फ्यूल की व्यवस्था के आधार पर

- सजातीय
- विषम

7) मॉडरेटर सामग्री के आधार पर

- खारा पानी
- ग्रेफाइट
- साधारण पानी
- बेरिलियम
- जैविक

8) कूलिग सिस्टम के आधार पर

- प्रत्यक्षशीतलन
- अप्रत्यक्षशीतलन

9) शीतलक पर आधारित

- गैस
- पानी
- भारी पानी
- लिक्विड धातु

10) उद्देश्य के आधार पर

- अनुसंधान और विकास
- उत्पादन
- शक्ति

हालांकि परमाणु रिएक्टरों को ऊपर वर्णित प्रकारके रूपमें वर्गीकृत किया गया है, पर फिर भी एक रिएक्टर दूसरे प्रकारका हो सकता है।

विजातीय प्रकारके रिएक्टर के मामले में, उनके चारो ओर परिसंचारी शीतलक के साथ बडी संख्या में ईंधन की छड़े होती हैं।परमाणु विखडन द्वारा उत्पन्न गर्मी को शीतलक आगे ले जाते हैं। सजातीय प्रकारके रिएक्टर के मामले में, ईंधन और मॉडरेटर

को मिश्रित किया जाता है, उदाहरण के लिए यूरेनियम सल्फेट (या नाइट्रेट) जैसे यूरेनियम का एक विखडन योग्य साल्ट को मॉडरेटर में भंग कर दिया जाता है जैसे कि H_2O या D_2O. लेकिनरखरखाव, प्रेरित रेडियोधर्मिता, क्षरण, और संक्षारण

जैसी कठिनाइयों के कारण, रिएक्टरों के एक सजातीय वर्ग का आमतौर पर उपयोग नहीं किया जाता है। आजकल के परमाणु रिएक्टर विषम वर्ग के हैं।

ब्रिटेन, फ्रांसऔर जर्मनी जैसे देशों में, उच्च ताप के गैस से ठंडा होने वाले रिएक्टरों का उपयोग किया जाता है। एक तेज परमाणु रिएक्टर, विखडन के लिए उच्च ऊर्जा न्यूट्रॉन का उपयोग करता है और इसके लिए किसी मॉडरेटर की आवश्यकता नहीं होती है। फास्ट न्यूक्लियर रिएक्टर एक तरल धातु का उपयोग एक शीतलक के रूपमें करता है और ईंधन के लिए प्लूटोनियम या एक प्लूटोनियम-यूरेनियम मिश्रण का उपयोग करता है। एक ब्रीडर रिएक्टर अपने उपभोग की तुलना में अधिक विखडनीय आइसोटोप का उत्पादनकरता है। लाइट वॉटर कूल्ड रिएक्टरों और संबंधित बिजली संयंत्रों का विवरण नीचे प्रस्तुत किया गया है।

1.6.6.1 लाइट वॉटर-कूल्ड रिएक्टर

थोड़ा समृद्ध यूरेनियम ईंधन का उपयोग करने वालेलाइट वॉटर कूल्ड (LWR) और मॉडरेटर रिएक्टर बिजली उत्पादन में सबसे अधिक उपयोग किए जाने वाले रिएक्टर हैं॥ इन रिएक्टरों को दो श्रेणियों में विभाजित किया गया है।

(क) दाबित जल रिएक्टर (PWR)

(ख) उबलते जल रिएक्टर (BWR)

दाबित जल रिएक्टर (PWR)

दाबित जल रिएक्टर का योजनाबद्ध आरेखचित्र 1.27 (क) में दिखाया गया है। एक शीतलक और मॉडरेटर के रूपमें पानी के उत्कृष्ट गुणों के कारण, यह पावर रिएक्टरों के लिए प्राकृतिक विकल्प है। चित्र 1.27 (बी) एक पीडब्ल्यूआर बिजली संयंत्र को दर्शाता है। यह श्रृंखला में दो लूपसे बना है। पहला, शीतलक लूप हैं जिन्हें प्राथमिक लूप कहा जाता है और दूसरा जल वाष्प लूप है जिसे कार्यशील द्रव लूप भी कहा जाता है। शीतलक, रिएक्टर की उष्मा को भाप जनरेटर में काम करने वाले तरल पदार्थ में स्थानांतरित करता है। इसके बाद भाप का प्रयोग रैनकाइन- चक्रमें बिजली उत्पादनके लिए किया जाता है। PWR में ईंधन पतली छड़ या प्लेट के रूपमें थोड़ा समृद्ध यूरेनियम होता है। स्टेनलेस स्टील या जस्ता मिश्रधातु का प्रयोग आवरण के लिए किया जाता है। स्टील का प्रेशर टैंक 20-30 सेंटीमीटर मोटा होना चाहिए। एक विशिष्ट पीडब्ल्यूआर में लगभग 200 ईंधन असेंबली होती हैं। प्रत्येक असेंबली छडो की एक श्रंखला होती है। व्यावहारिक ईंधन संयोजन में, नियंत्रणरॉड के लिए 264 ईंधन रॉड और 24 गाइड ट्यूब होती हैं।

उबलते जल कारिएक्टर (BWR)

एक उबलते पानी के रिएक्टर (BWR) का योजनाबद्ध आरेखचित्र 1.28 (क) में दिखाया गया है और बीडब्ल्यूआर का उपयोग करने वाला बिजली संयंत्र चित्र 1.28 (ख) में दिखाया गया है। बीडब्ल्यूआर में भाप का उत्पादन सीधे रिएक्टर कोर में होता है। वाष्प को एक यांत्रिक उपकरण की सहायता से अलग किया जाता है और सुखाया जाता है जो प्रेशर वेसल असेंबली के ऊपरी भाग में स्थित होता है। सूखे भाप को सीधे उच्च दबाव टरबाइन में भेजा जाता है और वही टरबाइन को चलाता है। इस प्रकार, यह एक भाप जनरेटर की आवश्यकता को समाप्त कर देता है। इस प्रकार कूलेंट, मॉडरेटर,कूलेंट, और वर्किंग फ्लूड के तीन काम को पूरा करता है।

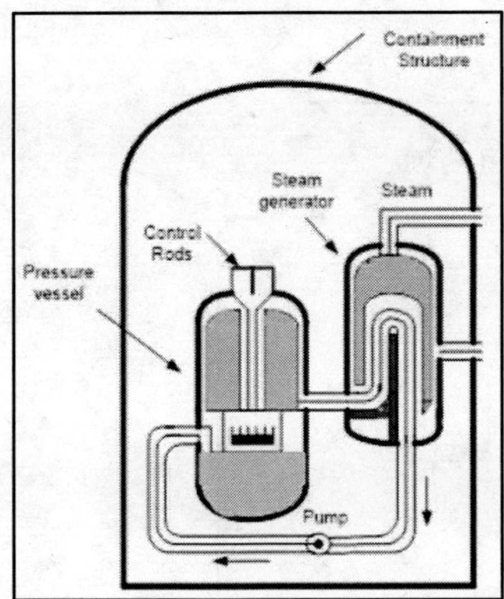

चित्र 1.27 (क) PWR का योजनाबद्ध आरेख

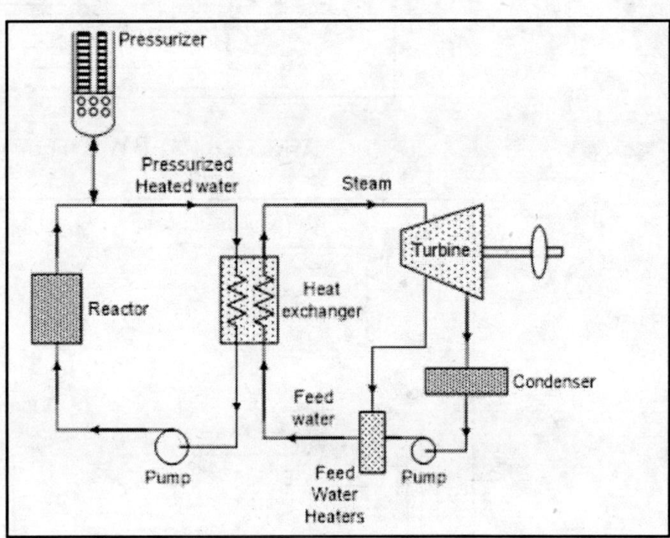

चित्र 1.27 (ख) PWR पावर प्लांट का योजनाबद्ध आरेख

1.6.7 परमाणु ऊर्जा संयंत्र का निपटान, परिरक्षण और सुरक्षित अभ्यास

परमाणु विकिरण के खतरे के कारण परमाणु निपटान पर विशेष ध्यान देने की आवश्यकता होती है। रेडियोधर्मी कचरे की उत्सर्जन तीव्रता काफी अधिक होती है। यह अपशिष्ट गामा किरणों को उत्सर्जित करता है जो जीवित जानवरों और जीवों के लिए जोखिम पैदा करतेहैं। ठोसअपशिष्ट पदार्थों को परिरक्षित भंडारणमें रखा जाता है। इस प्रकारके भंडारण में बोरोसिलिकेट ग्लास होते है ग्लासों को लीक-प्रूफ टाइट कैप्सूल में संग्रहीत किया जाता है। ये कैप्सूल गहरे नमक की खानों में संग्रहीत किए जाते हैं। कभी-कभी बडे कंटेनरों को समुद्र के तल पर रखा जाता है।

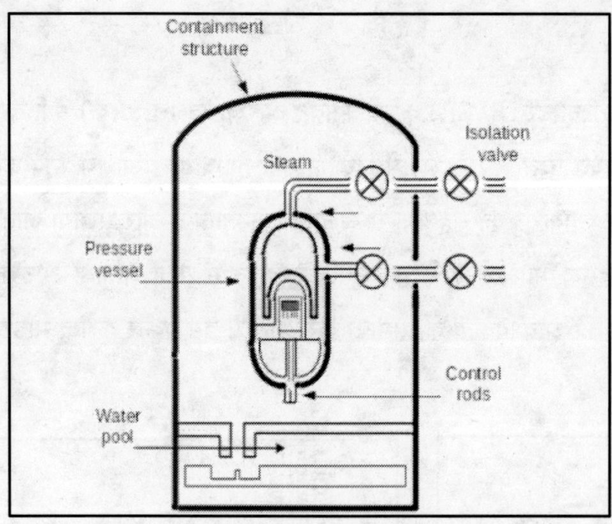

चित्र 1.28 (क) BWR का योजनाबद्ध आरेख

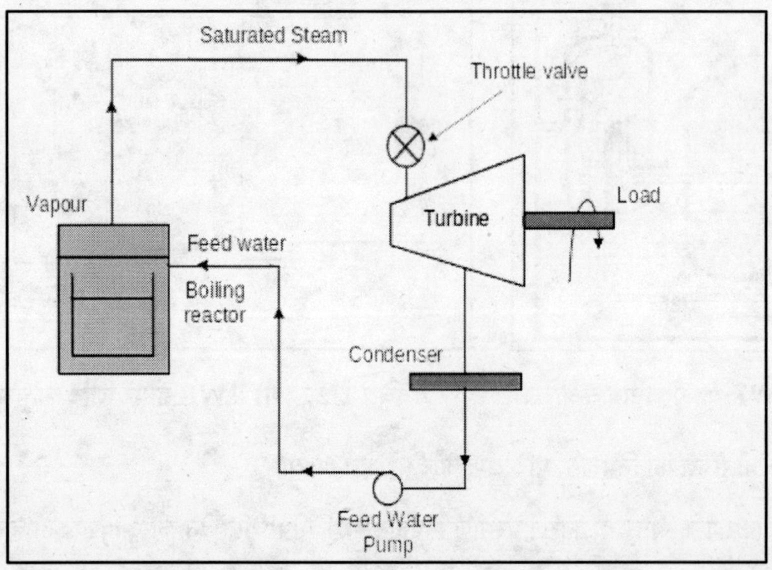

चित्र 1.28 (ख) BWR रिएक्टर-आधारित बिजली संयंत्र का योजनाबद्ध आरेख

1.6.7.1 परमाणु कचरे का निपटान

परमाणु संयंत्रों के ठोस,तरल और गैसीय उपोत्पाद खतरनाक स्वास्थ्य जोखिम पैदा करते हैं। ये उत्पाद रेडियोधर्मी होते हैं। वातावरण में समाप्त करने से पहले गैसीय उत्पादों को फ़िल्टर करने की आवश्यकता होती है। रिएक्टर के ईंधन चैनल में आग की संभावना कम होती है। यदि किसी तरह आग लग जाती है, तो बड़ी मात्रा में गैसीय संलयन उत्पाद के निकलने की संभावना

होती है। इसलिए, वहाँ सफाई संयंत्र होना चाहिए जिसके माध्यम से ये गैसीय उत्पाद जब उसमें से गुजरे तो रेडियोधर्मी पदार्थ अलग कर सके सके। रिएक्टर के पास कार्बन डाइऑक्साइड की कमी की संभावना हो सकती है। रिएक्टर के पास वातावरण में कार्बन डाइऑक्साइड को मापना बहुत आवश्यक है। इन जहरीले और रेडियोलॉजिकल खतरों के खिलाफ सावधानी बरतनी चाहिए।

तरल अपशिष्ट में रेडियो धर्मी अपशिष्ट हो सकता है। रेडियो धर्मिता को तरल अपशिष्ट से हटा दिया जाना चाहिए। इसके लिए उचित अभिलेखो को बनाए रखा जाना चाहिए ताकि अपशिष्टों से स्वास्थ्य को खतरा न हो। तरल पदार्थों के रिसाव को रोकने के लिए विशेष सावधानी बरतनी चाहिए।

कुछ ठोस अपशिष्ट पदार्थ भी हैं जैसे कि अस्वीकृत नियंत्रण छड़, ईंधन सामग्री के छोटे टुकडे आदि। इन्हें ढाले हुए कंक्रीट के स्ट्रांग रूम में रखा जाना चाहिए। अपशिष्ट पदार्थों को लगभग 100 दिनों के लिए पानी के नीचे संग्रहीत किया जाता है ताकि रेडियोधर्मिता स्तर कम हो जाए। इन्हें एयर कूल्ड शील्ड एरिया में भी स्टोर किया जा सकता है। इसके भंडारणकक्ष को ठंडा किया जाना चाहिए और कुछ वर्षों के लिए अपशिष्ट सामग्री कोसुरक्षित डाल देना चाहिए। जिसके बाद उनका निपटानभूमिगत स्थानोंपर किया जाना चाहिए।

1.6.7.2 परिरक्षण (Shielding)

परमाणु संयंत्र में कर्मियों, उपकरणों आदि की रक्षा के लिए सुरक्षा कवच प्रदान किया जाता है। सीसा, स्टील, कैडमियम और कंक्रीट जैसी कुछऐसी ही परिरक्षण सामग्री है, जोरेडियोधर्मिता के खिलाफ प्रभावीहैं। इनका प्रभावपरिरक्षण सामग्री के घनत्वपर निर्भर करता है। हालांकि, उपरोक्त में से कोई भी, सभी प्रकार के विकिरण के खिलाफ पूरी तरह से प्रभावी नहीं है।

सीसा, कैडमियम, कंक्रीट और स्टील का घनत्व क्रमशः $11.3 g/m^2$, $8.65 g/m^2$, $2.4 g/m^2$, और $7.8 g/m^2$ है।इनमें से सीसा अधिक प्रचलन में और सस्ता पदार्थहै। कैडमियम धीमी न्यूट्रॉन को अवशोषित कर सकता है। कंक्रीट, लेड से कम कुशल पदार्थ है। स्टील में अच्छे संरचनात्मक गुण हैं लेकिन यह एक अच्छी परिरक्षण सामग्री नहीं है।

हर एक परमाणु रिएक्टर के पास एक शील्ड होना चाहिए. इस शील्ड में कई सेंटीमीटर मोटा स्टील होता है जो कुछ मीटर (लगभग 3 मीटर) कंक्रीट से घिरा होता है।

1.6.7.3 परमाणु ऊर्जा संयंत्र के सुरक्षित तरीके

परमाणु ऊर्जा संयंत्रों की रक्षित पद्धतियां निम्नलिखित हैं

1. **न्यूक्लियर हैज़र्डः** ठोस,तरल, और गैसीय उपोत्पाद खतरनाक स्वास्थ्य जोखिम पैदा करते हैं। संयंत्र में इस प्रकार की सामग्री के निपटान के लिए एक आवश्यक व्यवस्था होनी चाहिए। उपकरणों और कार्मिकों की सुरक्षा के लिए उपयुक्त बचाव की व्यवस्था की जानी चाहिए।

2. **हीटः** काम की सुरक्षित स्थिति बनाए रखने के लिए वाष्प ले जाने वाली निकास पाइपलाइनों को अलग किया जाना चाहिए।
3. **शोरः** ध्वनि-यंत्र और सहायक यंत्र द्वारा उत्पन्न शोर सुरक्षित स्तर पर होना चाहिए।
4. **कंपन या वाइब्रेशनः** उपकरण और मशीनरी द्वारा उत्पन्न कंपन एक सुरक्षित स्तर पर होना चाहिए।
5. **आकाशीय बिजली या लाइटनिग** : बिजली के झटके याबिजली के खतरों का ध्यान रखना चाहिए।
6. **अग्नि और अग्नि एक्सपोजर (exposure):** अग्निशमन के आवश्यक उपाय किए जाने चाहिए।
7. **अन्य रासायनिक जोखिमः** संयंत्र में उत्पन्न रासायनिक खतरों के लिए आवश्यक सावधानी बरतनी चाहिए।

1.7 भारत में ताप विद्युत संयंत्र (महाराष्ट्र)

महाराष्ट्र राज्य भारत में ताप विद्युत का सबसे बड़ा उत्पादक राज्य है। भारत के ताप विद्युत उत्पादन में राज्य की हिस्सेदारी लगभग13 प्रतिशत है। महाराष्ट्र में कोयला खदानों की बहुतायत संख्या है, इससे पूरे राज्य में कोयला आधारित ताप विद्युत सुविधाओं के विकास में मदद मिली है। इसमें 75 ताप विद्युत संयंत्र हैं। 28 फरवरी, 2022 तक राज्य में थर्मल प्लांट की स्थापित क्षमता 28766.91 मेगावाट (परमाणु ऊर्जा उत्पादन को छोड़कर) है। तालिका 1 में महाराष्ट्र में विभिन्न बिजली संयंत्रों की स्थापित क्षमताको दर्शाया गया है।

Table.1 महाराष्ट्र में विभिन्न बिजली संयंत्रों की स्थापित क्षमता

स्वामित्व/क्षेत्र	मोड-वार ब्रेकअप संरेखण									
	थर्मल (MW)	थर्मल (MW)	थर्मल (MW)	थर्मल (MW)	थर्मल (MW)	नाभिकीय (MW)	नवी करणीय (MW)	नवी करणीय (MW)	नवी करणीय (MW)	
	कोयला	लिग्नाइट	गैस	डीजल	कुल		हाइड्रो	RES* (एमओआर)	कुल	
राज्य	9540 .00	0.00	672.00	0.00	10212.00	0.00	2850.84	388.13	3238.97	13450.97
निजी	10856.00	0.00	568.00	0.00	11424.00	0.00	481.00	10121.56	10602.56	22026.56
केंद्रीय	4858.18	0.00	2272.73	0.00	7130.91	690.00	0.00	123.00	123.00	7943.91
कुल	25254.18	0.00	3512.73	0.00	28766.91	690.00	3331.84	10632.69	13964.33	43421.44

बिजली संयंत्रों का रखरखाव राज्य के साथ-साथ अन्य एजेंसियों द्वारा भी किया जाता है। महाराष्ट्र स्टेट पावर जनरेशन कंपनी के तहत चंद्रपुर सबसे बड़ा थर्मल पावर प्लांट है। इस स्टेशन की क्षमता 2920 मेगावाट है। इसकी 7 इकाइयां हैं, जिनमें से दो, 210 मेगावाट की हैं और पांच 500 मेगावाट की हैं।

इकाई सारांश

कोयला आधारित थर्मल पावर प्लांट पूरे विश्व में बड़े पैमाने पर पाए जाते हैं। महाराष्ट्र में भारत के थर्मल पावर प्लांट उत्पादन का 13% हिस्सा है।

भाप टर्बाइनों का उपयोग कोयला आधारित और परमाणु ऊर्जा संयंत्रों में प्रमुख प्रेरक के रूप में किया जाता है। डीजल-आधारित और गैस-आधारित थर्मल प्लांट के लिए डीजल इंजन और गैस टरबाइन प्राइम मूवर हैं। सभी संयंत्र में अल्टरनेटर प्रयोग किया जाता है। बॉयलर का उपयोग कोयले से चलने वाले संयंत्रों में भाप उत्पादन के लिए किया जाता है। बॉयलर दो प्रकार के होते हैं जैसे फायर ट्यूब और वॉटर ट्यूब॥ बॉयलर में उत्पन्न ऊष्मा का उपयोग परमाणु संयंत्र के ताप विनिमायक में भाप उत्पन्न करने के लिए किया जाता है। भाप टरबाइन को आवेग और प्रतिक्रिया टर्बाइन के रूप में वर्गीकृत किया जाता है। वह संघनित्र कोल्ड-फायर और परमाणु-आधारित संयंत्रों में उपयोग किए जाने वाले टरबाइन के भाप के आउटलेट पर कम दबाव बनाता है।

डीजल आधारित तापीय संयंत्रों की परिचालन लागत अधिक होती है और हल्के लोड पर कम दक्षता होती है। आजकल बेस लोड सप्लाई के लिए डीजल आधारित प्लांट और गैस आधारित थर्मल प्लांट का भी इस्तेमाल किया जाता है। एक परमाणु ऊर्जा संयंत्र बेस लोड प्लांट के लिए उपयुक्त है।

परमाणु ऊर्जा संयंत्र में परमाणु अपशिष्ट सामग्री का निपटान और व्यक्तिगत और अन्य उपकरणों की सुरक्षा के लिए पर्याप्त सुरक्षा बहुत महत्वपूर्ण है।

अभ्यास

उदाहरण. 1.1

कोयला आधारित थर्मल प्लांट की समग्र दक्षता 24% है, प्लांट में 1kWh ऊर्जा उत्पन्न करने के लिए 800 ग्राम कोयले की आवश्यकता होती है। कैलोरिफिक मान ज्ञात कीजिए।

समाधानः

कोयले को जलाने से उत्पन्न ऊष्मा 800g (=0.80 kg) = ऊष्मा इकाइयों में उत्पादन / समग्र दक्षता

$=1\times860/0.24 =3583.33$ kcal

जैसे, 1 kWh = 860 kcal, इसलिए

कोयले का कैलोरी मान = 3583.33 / 0.80 = 4479.17 kcal उत्तर।

उदाहरण. 1.2

कोयला आधारित संयंत्र में अधिकतम मांग 30,000 MW है। संयंत्रका लोड फैक्टर 45% होता है। बॉयलर और टर्बाइन की दक्षता क्रमशः 83% और 92% है। 1 kWh ऊर्जा उत्पन्न करने के लिए 800 ग्राम कोयले को जलाया जाता है। संयंत्र 1000 किलोग्राम कोयले के लिए 300 रुपये खर्च करता है।निम्न ज्ञात करे।

(क) थर्मल दक्षता

(बी) प्रति वर्ष कोयले के बिल।

समाधान:

(ए) थर्मल या यांत्रिक दक्षता= 0.83* 0.92 =0.763 or 76.3% उत्तर।

(बी) यूनिट जनरेशन / वर्ष = पीक लोड * लोड फैक्टर * एक वर्ष में घंटा

वार्षिक कोयले का बिल = रु. 250*94608 = रु. 23,652,000 उत्तर।

उदाहरण. 1.3

कोयला आधारित थर्मल संयंत्र के एक वर्ष में कोयले का खर्च ₹40 लाख है। प्रति टन कोयले की कीमत ₹ 400 है। कोयले का उष्मीय मान 6.000 किलो कैलोरी/किग्रा है। संयंत्र की तापीय और विद्युत क्षमता क्रमशः 34% और 85% है। संयंत्र पर औसत भार क्या है?

समाधान:

समग्र दक्षता, $\eta_o = 0.34 * 0.85 = 0.289$

प्रयुक्त कोयला/वर्ष = $40*10^3/400 = 10^4$ टन = 10^7 किग्रा

दहन की ऊष्मा = प्रयुक्त कोयला/वर्ष * कैलोरी मान

$= 10^7 * 6000$

$= 6 * 10^{10}$ kcal

संयंत्र से गर्मी उत्पादन = η_o * संयोजन की गर्मी

$= 0.289 * 6 * 10^{10}$

= 1734 * 10 kcal

इकाई उत्पादन / वर्ष = $1734 * 10^7/860$ kWh

स्टेशन पर औसत भार = (इकाई उत्पादन / वर्ष) / वर्ष में घंटा = $1734 * 10^7 / 860*8760 = 2301.68$ kW उत्तर।

उदाहरण. 1.4

1 kWh ऊर्जा उत्पन्न करने के लिए डीजल पावर प्लांट की ईंधन खपत 0.26 KG है। वैकल्पिक दक्षता 92% है। ईंधन का कैलोरी मान 10000 किलो कैलोरी / किग्रा। गणना करें।

(ए) समग्र दक्षता

(बी) इंजन दक्षता।

समाधान:

0.26 किलो तेल द्वारा उत्पादित गर्मी =10,000 * 0.26 =2600 किलो कैलोरी

हम जानते हैं कि 1 kWh = 860 kcal के बराबर ऊष्मा

समग्र दक्षता η_{o} = विद्युत उत्पादन (गर्मी समतुल्य) / इंजन इनपुट (गर्मी समतुल्य)

=860 /2600 =0.3307 * 100 =33.07% उत्तर

इंजन दक्षता $\mu_{\text{इंजन}}$ = समग्र दक्षता / विद्युत दक्षता या अल्टरनेटर दक्षता

=33.07* 100% / 92 =35.95% उत्तर

उदाहरण. 1.5

एक डीजल पावर प्लांट में प्रतिदिन डीजल की खपत 750 किलोग्राम है। प्रति दिन उत्पन्न इकाई 3000 kWh है। डीजल तेल का कैलोरी मान 12000 किलो कैलोरी होता है। अल्टरनेटर और इंजन की दक्षता क्रमश: 94% और 92% है। ज्ञात कीजिए।ज्ञात कीजिए।

(क) विशिष्ट ईंधन की खपत

(ख) संयंत्र की समग्र दक्षता

(ग)इंजन की थर्मल दक्षता

समाधान:

(क) विशिष्ट ईंधन की खपत = 750 / 3000 = 0.25 kg/kwh उत्तर

(ख) प्रति दिन ईंधन द्वारा उत्पादित गर्मी = कोयले की खपत / दिन * कैलोरी मान

=750 * 12000 = 9 * 10^6 किलो कैलोरी

ताप इकाइयों / दिन में विद्युत उत्पादन = 3000 * 860

= 258 * 102 किलो कैलोरी।

$$\text{Overall efficiency } = \frac{258\times10^4}{9\times10^6}\times100 = 28.66\%$$

समग्र दक्षता =28.66%

इंजन दक्षता = समग्र दक्षता / अल्टरनेटर दक्षता

=28.66*100 /94

=30.49 %

(ग) थर्मल दक्षता = इंजन दक्षता * इंजन यांत्रिक दक्षता।

$$\frac{\text{Engine efficiency}}{\text{Engine mech. efficiency}} = \frac{30.49}{92} \text{x}100\% = 33.14\%$$

=30.49*100

=33.14% उत्तर

उदाहरण. 1.6

एक परमाणु संयंत्र में, रिएक्टर ने 400 मेगावाट बिजली की आपूर्ति की। प्रति घंटा यूरेनियम विखडन का द्रव्यमान ज्ञात कीजिए। यह दिया गया है कि परमाणु संलयन के कारण निकलने वाली ऊर्जा प्रत्येक $_{92}U^{235}$ परमाणु 300 MeV है।

समाधान:

रिएक्टर से प्राप्त ऊर्जा = 400 MeV

= $4 * 10^8$ W (जूल/सेकंड)

ऊर्जा प्राप्त / घंटा = $(4 * 10^8) * 3600$

= $144 * 10^{30}$ जूल

ऊर्जा प्राप्त / संलयन = 300 MeV

= $300 * 10^6 * 1.6 * 10^{-19}$

= $4.8 * 10^{-11}$ जूल

परमाणु संलयन का परमाणु/घंटा = $(144 * 10^{10}) / (4.8 * 10^{-11}) \text{ m}^2$

= $3 * 10^{22}$

$_{92}U^{235}$का द्रव्यमान =$(235 * 3 * 10^{22}) / (6.023 * 10^{23})$

= 11.70 g

बहु-विकल्पीय प्रश्न

1. थर्मल प्लांट में कोयले को किसकी मदद से भंडारणसे प्लांट तक स्थानांतरित कर दिया गया है।

   (अ) होस्टिग hosting तंत्र, (ब) कन्वेयर बेल्ट (स) हाइड्रोलिक क्रेन (द) ट्रॉली कार

2. एक कोयला आधारित संयंत्र से 1000 मेगावाट बिजली का उत्पादन होता है। कोयले के जलने से $900\text{x}10^7$ किलो जूल प्रति घंटा बिजली पैदा होती है। तापअस्वीकृति की दर है

   (अ) 600 मेगावाट (ब) 900 मेगावाट (स) 1500 मेगावाट (द) 2200 मेगावाट

3. कोयले से चलने वाले थर्मल प्लांट पुनर्जनन में वाष्प चक्र में उपज दक्षता अधिक होती है।
(अ) बॉयलर के अंदर दबाव में वृद्धि,
(ब) LP टरबाइन के लिए प्रवेश पर भाप के लिए गर्मी के अलावा,
(स) ऊष्मा जोड़ का औसततापमान बॉयलर में बढ़ता है,
(द) टरबाइन द्वारा कुल कार्यमें वृद्धि

4. भाप को अतिताप कहा जाता है, जब
(अ) वास्तविक आयतन (volume) संतृप्त वाष्प आयतन (volume) से अधिक है ।
(ब) वास्तविक आयतन (volume) संतृप्त वाष्प आयतन (volume) से कम है ।
(स) वास्तविक आयतन (volume) संतृप्त वाष्प आयतन (volume) के बराबर है ।
(द) उपर्युक्त में से कोई नहीं।

5. एक भाप टरबाइन में, डायाफ्राम को संदर्भित करता है
(अ) रोटरों के बीच अलग-अलग दीवार
(ब) गाइड ब्लेड की रिग
(स) निम्न तथा उच्च दबाव पक्ष के बीच विभाजन
(द) टर्बाइन आउटलेट (भाप) और संघनित्र को जोड़ने वाला फ्लैंज।

6. कूलिग टॉवर का काम है
(अ) भाप चढ़ाना (ब) निकास वाष्प के तापमान को कम करना
(स) निकास गैस की कूलिग (द) संघनित्र के लिए उपयोग किए जाने वाले पानी के तापमान को कम करना

7. कोयले के दहन के लिए अतिरिक्त हवा की मात्रा
(अ) 100% और 200%, (ब) 30% और 70% के बीच है।
(स) 15 प्रतिशत और 40 प्रतिशत, (द) 3 प्रतिशत और 10 प्रतिशत

8. कूलिग टॉवर्स में प्रेरित ड्राफ्ट फैन के प्रकारहैं
(अ) अक्षीय प्रवाह (ब) रेडियल प्रवाह (स) सन्त्रिफ्युगल (द) प्रोपेलर

9. दहन प्रणाली के लिए अधिकतम अतिरिक्त हवा की आवश्यकता होती है
(अ) कोयला दहन, (ब) तेल बर्नर, (स) गैस बर्नर, (द) चेन ग्रेट स्टोकर

10. सामान्य रूप से, प्रेरित ड्राफ्ट पंखा स्थितहोता है
(अ) धूल संग्राहक के सामने भाप जनरेटरके आउटलेट में (ब) धूल संग्राहक के बाद भाप जनरेटरके आउटलेट में
(स) एयर प्रिहीटर से पहले भाप जनरेटर के प्रवेश में (द) एयर प्रिहीटर के बाद भाप जनरेटर के प्रवेश में

11. संघनित्र से निकासित वाष्प को संघनित करता है

(अ) टर्बाइन, (ब) बॉयलर (स) अर्थशास्त्री (द) सुपरहीटर

12. गैस टरबाइन संयंत्र में, हीट एक्सचेंजर्स और रिहीटिग में सुधार होता है

(अ) तापीय दक्षता, (स) तापऔर विशिष्ट बिजली उत्पादन दोनों

(ब) विशिष्ट बिजली उत्पादन (द) न तो थर्मल दक्षता और न ही विशिष्ट बिजली उत्पादन

13. गैस टरबाइन निम्नपर काम करता है

(अ) ब्रेटन चक्र (ब) रेनकाईन चक्र (स) स्ट्रिलिग चक्र (द) ओटटो otto चक्र

14. पुनर्जननके साथ गैस टरबाइन चक्र

(अ) प्रेशर रेशियो बढ़ता है (ब) दबाव का अनुपात घटाता है

(स) कार्यआउटपुट घटाता है (द) गर्मी इनपुटबढ़ताहै

15. गैस टरबाइन संयंत्र में पुनर्जनन

(अ) कार्यकुशलता बढाता है लेकिन आउटपुट पर कोई प्रभाव नहीं पड़ता है ।

(ब) उत्पादन बढाता है लेकिन कार्यकुशलता पर कोई प्रभाव नहीं पड़ता है ।

(स) कार्यक्षमता और उत्पादन दोनों में वृद्धि ।

(द) कार्यक्षमता बढ़ती है लेकिन उत्पादन घटता है।

16. यूरेनियम 238 को $_{92}U^{238}$ द्वारा दर्शाया जाता है, यह क्या दर्शाता है?

(अ) 92 न्यूट्रॉन और 238 प्रोटॉन (ब) 92 प्रोटॉन और 238 न्यूट्रॉन

(स) 92 न्यूट्रॉन और 146 प्रोटॉन (द) 92 प्रोटॉन और 146 न्यूट्रॉन

17. एक परमाणु संयंत्र के रिएक्टर में भारी पानी के रूप में इस्तेमाल किया जाता है

(अ) एक शीतलक (ब) एक विमंदक

(स) एक विमंदक(moderator) औरशीतलक (द) न्यूट्रॉन अवशोषक

18. एक परमाणु रिएक्टर में आमतौर पर इस्तेमाल किया जाने वाला विमंदक (moderator) का नाम है

(अ) भारी पानी (ब) कंक्रीट (स) स्टील (द) ग्रेफाइट

19. संरक्षणके लिए परमाणु परिरक्षण

(अ) अतिरिक्त इलेक्ट्रॉन, (स) α और β

(ब) एक्स-रे (द) नाइट्रोन और गामा किरणो

20. परमाणु संयंत्र में विमंदक

(अ) विखडन में उत्पन्न न्यूट्रॉन को धीमा करता है (ब) परमाणु प्रदूषण में कमी करता है

(स) तापमान नियंत्रण करता है (द) भाप को नियंत्रित करता है

21. भारत का पहला परमाणु ऊर्जा संयंत्र है
(अ) कोटा (ब) तारापुर (स) कलपक्कम (द) नरोरा

22. पुनर्योजी चक्र (cycle)में फीड पानी गर्म किया जाता है।
(अ) हीटर (ब) वाष्पीकृत भाप (स) निकास गैसें (द) ऊपर के सभी से

23. थर्मल पावर प्लांट की दक्षता लगभग
(अ) 30 से 40% (ब) 45 से 50% (स) 20 से 25% (द) 60 से 70% है

24. थर्मल प्लांट के वर्किंग फ्लूड चक्र में दबाव इसके द्वारा विकसित किया जाता है
(अ) संघनित्र (ब) सुपरहीटर (स) फीड वाटर पंप (द) टरबाइन

25. इकोनोमाइजर के पास आने वाला पानी द्वारा गर्म किया जाता है
(अ) एचपी स्टीम, (ब) एलपी स्टीम, (स) फर्नेस, (द) फ्ल्यू गैस

26. सही अनुक्रम चुनें जिसमें बॉयलर से समाप्त होने के बाद गैस बहती है
(1) आईडी फैन, (2) एयर प्रीहीटर, (3) इकोनोमिजर, (4) इलेक्ट्रॉनिक प्रीसीपिटर
(अ) 4,3,2,1 (ब) 3,2,4,1, (स) 2,1,4,3, (द) 1,4,3,2

27. ईकोनोमाइजर का कार्य है -
(अ) आने वाले पानी को भाप में गर्म करें। (ब) वाष्पीकृत कोयला को निकास गैसो के साथ गर्म करें।
(स) आने वाली हवा को गैस से गर्म करें। (द) आने वाले पानी को गैस से गर्म करें।

28. कोयले से चलने वाले बिजली संयंत्र का एयर प्रीहीटर
(अ) फ्ल्यू गैसो से गर्मी को वापस लेता है (ब) दहन की दर में सुधार करता है
(स) फर्नेस गैसो के तापमान को बढाता है (द) ऊपर के सभी

29. नाभिकीय ऊर्जा संयन्त्र के रिएक्टर में तापऊर्जा से प्राप्त की जाती है।
(अ) परमाणु ईंधन का विखडन (ब) परमाणु ईंधन का संलयन
(स) ऑक्सीजन में ईंधन की छड़ को जलाना (द) ऊपर के सभी

30. एक आदर्श डीजल चक्र में, काम करने वाले पदार्थ है
(अ) वायु (ब) डीजल (स) डीजल और एयर का मिश्रण (द) कोई भी दहन गैसें

31. डीजल इंजन की तापीय दक्षता की सीमा है
(अ) 10-20%, (ब) 20-30%, (स) 30-40%, (द) 40-50%

32. एयर फिल्टर का प्रयोग किया जाता है
(अ) भाप बिजली संयंत्र (ब) नाभिकीय ऊर्जा संयंत्र (स) जलविद्युत संयंत्र (द) डीजल इंजन पावर प्लांट

33. गैस टरबाइन बिजली संयंत्र का व्यापक रूप से उपयोग नहीं किया जाता है

(अ) पीक लोड प्लांट (ब) आपातोपयोगी स्टैंडबाई संयंत्र के रूप में,

(स) बेस लोड प्लांट, (द) एक भाप बिजली संयंत्र के साथ संयोजनमें

34. जब हम कोयले से चलने वाले और गैस आधारित संयंत्रों की तुलना करते हैं, तो गैस आधारित संयंत्र होते हैं

(अ) कम शुरुआती लागत लेकिन अधिक परिचालन लागत (ब) उच्च प्रारंभिक लागत लेकिन कम परिचालन लागत

(स) प्रारंभिक और परिचालन लागत अधिक (द) शुरुआती और परिचालन लागत कम

35. गैस टरबाइन संयंत्र का उपयोग किया जाता है

(अ) कोयला और पीट (ब) केरोसिन तेल, डीजल तेल, अवशिष्ट तेल

(स) गैस का तेल (द) प्राकृतिक और तरल पेट्रोलियम ईंधन

36. बंद चक्र गैस टरबाइन संयंत्र का कार्यअनुपात इस पर निर्भर करता है

(अ) केवल दबाव अनुपात पर

(ब) चक्र और स्पेसिफिक हीट रेशो का तापमान अनुपात

(स) दबाव अनुपात, तापमान अनुपात और विशिष्ट गर्मी अनुपात

(द) दबाव और विशिष्ट ताप (temperature) अनुपात

बहुविकल्पीय प्रश्नों के उत्तर

1 (ब), 2 (स), 3 (स), 4 (अ), 5 (अ), 6 (द), 7 (द), 8 (द), 9 (द), 10 (ब), 11 (अ), 12 (अ), 13 (अ), 14 (ब), 15 (अ), 16 (द), 17 (स), 18 (अ), 19 (द), 20 (अ), 21 (ब), 22 (स), 23 (अ), 24 (स), 25 (द), 26 (ब), 27 (द), 28 (द), 29 (अ), 30 (स), 31 (स), 32 (द), 33 (स), 35 (स), 36 (द), 36 (स), 36 (स)।

संक्षिप्त और दीर्घ उत्तर प्रकार के प्रश्न

1. कोयला आधारित थर्मल पावर प्लांट (thermal power plant) के लिए साइट (site) के चयन के लिए किन फैक्टरों पर विचार करने की आवश्यकता है?
2. एक कोयला आधारित थर्मल प्लांट के योजनाबद्ध आरेखको आरेखित करें और उपकरणऔर सहायक के प्रत्येक भागके कार्यको समझाएं।
3. कोयला आधारित थर्मल प्लांट के प्रत्येक भाग, तापीय संयंत्र तथा संयंत्र की कार्यप्रणाली का संक्षेप में वर्णन कीजिए।
4. संक्षिप्त टिप्पणी लिखें।

   (क) कोयला आधारित थर्मल संयंत्र (ख) इकोनोमिजर, (ग) सुपरहीटर, (घ) एयर प्रीहीटर,

   (ड.) टर्बाइनो के प्रकार, (च) थर्मल संयंत्रों का सुरक्षित कार्य, (छ) बॉयलर के प्रकार
5. डीजल विद्युत संयंत्रों के लाभ और हानियों की चर्चा कीजिए।
6. डीजल पावर संयंत्र के योजनाबद्ध आरेख को आरेखित करें और प्रत्येक हिस्से के कार्य को समझाएं.

7. डीजल बिजली संयंत्र के मुख्य घटकों का संक्षेप में वर्णन करें।
8. डीजल बिजली संयंत्रों और गैस टरबाइन संयंत्रों के अनुप्रयोगों पर चर्चा की जाएगी।
9. गैस टरबाइन संयंत्र के क्या फायदे हैं?
10. गैस टरबाइन संयंत्र के घटकों की सूची।
11. गैस टरबाइन संयंत्र के कार्य का संक्षेप में वर्णन करें।
12. संक्षिप्त टिप्पणी लिखें।
    (1) गैस टर्बाइन संयंत्रों को खोलना और बंद करना।
    (2) गैस टरबाइन दक्षता में सुधार की विधि।
13. परमाणु विखडन का वर्णन करें. परमाणु विखडन के दौरान उत्सर्जित कण कौन से हैं?
14. द्रव्यमान दोष और बाइंडिग एनर्जी को परिभाषित करें।
15. परमाणु श्रृंखला प्रतिक्रिया को समझाएं।
16. परमाणु ऊर्जा संयंत्र के मुख्य भागों का नाम दें।
17. किसी प्रकार के परमाणु रिएक्टर का नाम बताइए।
18. एक परमाणु संयंत्र के काम की व्याख्या करें.
19. पुनर्जनन, इंटरकूलर और रिहीटिग के साथ खुले चक्र टरबाइन संयंत्र को दिखाने के लिए एक आरेखबनाएँ.
20. टिप्पणी लिखें।
    (1) गैस टरबाइन ईंधन
    (2) संयुक्त गैस और स्टीम चक्र पर नोट लिखें।

संख्यात्मक समस्याएं

1. कोयला आधारित ताप विद्युत संयंत्र की क्षमता17 प्रतिशत है और उत्पादित ऊर्जा के प्रति किलोवाट घंटा कोयले को जलाया जाता है। कोयले के कैलोरी मूल्य की गणना करें।

2. एक वर्ष में कोयला दहन के लिए कोयला आधारित संयंत्र 25 लाख रुपये खर्च करता है। कोयले का कैलोरी मूल्य 5000 किलो प्रति किलो है। प्रति टन कोयले की कीमत रु. 500. संयंत्र की तापीय और विद्युत दक्षता क्रमशः 35% और 90% है। औसतभार की गणना करें.

3. कोयला आधारित ताप संयंलका उत्पादन 500 मेगावाट है।कोयले का कैलोरी मूल्य 6400 किलो प्रति किलो है। तापीय दक्षता 30% है और विद्युत दक्षता 92% है। जब संयंत्र पूर्ण लोड पर काम कर रहा हो तो प्रति घंटे इस्तेमाल किए गए कोयले का निर्धारण करें।

4. एक डीजल-आधारित पावर स्टेशन की ईंधन खपत 0.28 किलोग्राम/किलोवाट प्रति घंटा है। डीजल का कैलोरी मूल्य10000 किलो कैलोरी प्रति किलो है। अल्टरनेटर की कार्यक्षमता 95% है। गणना करें.

   (क) समग्र दक्षता, और (ख) इंजन दक्षता.

5. एक डीजल बिजली संयंत्र के एक दिन में ईंधन की खपत 1000 किलोग्राम है। इस संयंत्र से प्रतिदिन 4000 किलोवाट घंटा बिजली का उत्पादन होता है। डीजल तेल का कैलोरी मूल्य10000 किलोकैलोरी है। वैकल्पिक और इंजन की दक्षता क्रमशः 96% और 95% है। गणना करें.

   (क) विशिष्ट ईंधन
   (ख) संयंत्र की समग्र दक्षता
   (ग) इंजन की तापीय दक्षता।

6. एक डीजल बिजली संयंत्र में तीन उत्पादन इकाइयां हैं। एक इकाई की क्षमता700 किलोवाट है और अन्य दो इकाइयो की क्षमता500 किलोवाट है। डीजल की खपत प्रति किलोवाट प्रति लीटर 0.28 है। ईंधन का कैलोरी मूल्य10200 किलोकैलोरी प्रति किलो है। संयंत्र क्षमताफैक्टर40% है। गणना करें.

   (क) 30 दिनों के एक महीने के लिए आवश्यक ईंधन का पता लगाएं

   (ख) संयंत्र की समग्र दक्षता।

   [संकेत :- एक महीने में अधिकतम ऊर्जा = एक महीने में संयंत्र की क्षमता X घंटा।

   संयंत्र क्षमता = उत्पादित वास्तविक ऊर्जा / अधिकतम ऊर्जा जो उत्पादित की जा सकती थी।

7. एक परमाणु रिएक्टर ने 300 मेगावाट बिजली की आपूर्ति की। यह प्रत्येक $_{92}U^{235}$ परमाणु के विखडन के द्वारा ऊर्जा के 200 MeV ऊर्जा उत्सर्जित करता है। यूरेनियम विखडन प्रति घंटा निर्धारित करें.

8. एक आइसोटोप का आधा जीवन 41 दिन का होता है। निर्धारित करें (1) क्षय स्थिरांक, और (2) औसतजीवन.

व्यावहारिक

प्रयोग (experiment) नंबर 1

टाइटल (Title): वीडियो कार्यक्रम देखने के बाद कोयले से चलने वाले थर्मल पावर संयंत्र के नियमित रखरखाव वाले हिस्से की पहचान करें।

प्रयुक्त उपकरण: वीडियो देखें,

1. https://www.youtube.com/watch?v=ct ।L3yDfcjg
2. https://www.youtube.com/watch?v=WM81b ।FkCLY
3. https://www.youtube.com/watch?v=eqn0VBWS50

उद्देश्यः कोयले से चलने वाले थर्मल पावर संयंत्र का नियमित रखरखाव करने वाले हिस्सों की पहचान करना।

सिद्धांतः कोयले से चलने वाले थर्मल संयंत्र में, निम्नलिखित मुख्य भाग हैं।

(1) कोयला भंडारण (2) ऐश भंडारण (3) बॉयलर (4) सुपरहीटर

(5) इकोनोमाइजर (6) टर्बाइन (7) अल्टरनेटर (8) संघनित्र

(9) कूलिग टॉवर (10) चिमनी (11) विद्युत स्थिर अवक्षेपक

संयंत्र का योजनाबद्ध आरेखचित्र 1.1 में दिखाया गया है।. सभी भागों का संक्षिप्त विवरण धारा 1.3.3 में दिया गया है और छात्रों को प्रत्येक भाग का संक्षिप्त विवरण देने की सलाह दी जाती है। संयंत्र का नियमित रखरखाव नीचे दिया गया है।

1. **कोयला भंडारण :** कोयला एक बंकर में संग्रहीत किया जाता है। खाली होने पर बंकर को साफ किया जाना चाहिए। बंकर को नियमित अंतराल पर वार्निश के साथ पेंट किया जाना चाहिए।

2. **ऐश भंडारण:** ऐश भंडारणके लिए इस्तेमाल की जाने वाली कन्वेयर बेल्ट को नियमित रूप से साफ किया जाना चाहिए ताकि यह हमेशा काम करने की स्थिति में रहे। राख भंडारणको भी नियमित अंतराल पर साफ किया जाना चाहिए ताकि नई राख के लिए जगह बनाई जा सके।

3. **बॉयलर**-बॉयलर को नियमित रूप से साफ किया जाना चाहिए। पानी की नलियों की भी नियमित रूप से जांच की जानी चाहिए और उन्हें साफ किया जाना चाहिए। वाष्प पाइपों के इन्सुलेशन की भी कर्मियों की सुरक्षा के लिए जांच करनी चाहिए।

4. **सुपरहीटरः** सुपरहीटर सैचुरेटेड भाप को सुपरहीट करता है। इस उपकरण का उचित कार्य करना महत्वपूर्ण है। इससे तापमान स्थिर रहना चाहिए। इसके कार्य की नियमित रूप से जांच करना आवश्यक है और यदि यह ठीक से काम नहीं करता है तो आवश्यक उपाय किए जाने चाहिए।

5. **इकोनोमाइजरः** इकोनोमाइजर या तापविनिमायकों का छह महीने में एक बार नियमित रूप से निरीक्षण किया जाना चाहिए और यदि आवश्यक हो तो मरम्मत की जानी चाहिए। इसे जांच के दौरान साफ किया जाना चाहिए ताकि उपकरणका जीवन बढ़ सके।

6. **टरबाइनः** टरबाइन के जीवन को बढ़ाने के लिए यह सुनिश्चित किया जाना चाहिए कि उचित गुणवत्ता वाली भाप टरबाइन में भेजना चाहिए। टरबाइन में भाप के उचित विस्तार को बनाए रखा जाना चाहिए और इसे नियंत्रित किया जाना चाहिए। भाप पाइप पर किया गया इंसुलेशन भी उचित होना चाहिए।

7. **अल्टरनेटर:** अल्टरनेटर के शाफ्ट को साफ किया जाना चाहिए और बीयरिग का ग्रीसिग एक महीने में किया जाना चाहिए। अल्टरनेटर की वायरिग का नियमित आधार पर निरीक्षण किया जाना चाहिए।

8. **संघनित्र (condenser):** संघनित्र को टरबाइन में वाष्प के उचित विस्तार के लिए टरबाइन के निकास पर कम दबाव बनाए रखना चाहिए। संघनित्र के प्रत्येक भाग की नियमित रूप से जांच की जानी चाहिए ताकि यह टरबाइन के निकास पर निरंतर कम दबाव बनाए रख सके।

9. **कूलिग टॉवर:** कूलिग टॉवर से जमा किए गए स्केल को हटा दिया जाना चाहिए। इसमें उचित वायु प्रवाह सुनिश्चित किया जाना चाहिए। नलियों को साफ किया जाना चाहिए। पानी के पंप का निरीक्षण करना चाहिए। उपरोक्त सभी गतिविधियों को नियमित रूप से किया जाना चाहिए।

10. **चिमनी:** चिमनी पर स्मोकस्टैक जरूर लगाना चाहिए। यह धुएं और गैसों को आसानी से बाहर निकालने की सुविधा प्रदान करता है।

11. **इलेक्ट्रोस्टैटिक अवक्षेपक:** अवक्षेपक के घटकों की नियमित रूप से जांच की जानी चाहिए।

12. ट्रांसफार्मर वाइंडिग के इन्सुलेशन की नियमित अंतराल पर जांच की जानी चाहिए।

निष्कर्ष: कोयले से चलने वाले थर्मल पावर संयंत्र का हिस्सा नियमित रखरखाव के लिए पहचाना जाता है।

प्रयोग (experiment) नंबर 2

टाइटल- एक वीडियो प्रोग्राम देखने के बाद गैस-फायर थर्मल पावर संयंत्र के नियमित रखरखाव भागों की पहचान करें।

प्रयोग किया गयाः वीडियो देखें,

1. https://www.youtube.com/watch?v=wn4O7WLMf-M

2. https://www.youtube.com/watch?v=ZnOtJMleU

3. https://www.youtube.com/watch?v=usnKAOvNM

सिद्धांतः गैस टरबाइन संयंत्रों के मुख्य और सहायक भाग इस प्रकार हैं।

1. गैस टरबाइन
2. संपीडित्र

3. दहन कक्ष
4. अल्टरनेटर
5. स्टार्टिंग मोटर
6. ईंधन प्रणाली
7. ईंधन पंप
8. लूब्रिकेटिंग पंप

संयंत्र का योजनाबद्ध आरेखचित्र 1. 18 में दिखाया गया है।,चित्र. 1.19, और चित्र. 1.20. सभी भागो का एक संक्षिप्त विवरण अनुभाग 1.5.4 में दिया गया है और छात्रो को इस खड से ऊपर के सभी भागों का एक संक्षिप्त सिद्धांत लिखने की सलाह दी जाती है। भागों का नियमित अनुरक्षण नीचे दिया गया है।

1. **गैस टरबाइन:** टरबाइन में गैस के उचित विस्तार को बनाए रखा जाना चाहिए और इसे चेक और रिकॉर्ड किया जाना चाहिए। गैस पाइपो पर दिए गए इन्सुलेशन की भी जांच की जानी चाहिए।

2. **संपीडक (कम्प्रेसर):** वायु पाइपों की नियमित रूप से जांच की जानी चाहिए। संक्षारण से बचने के लिए इसे नियमित रूप से पेंट किया जाना चाहिए। सभी वाल्व और उनके इनलेट और आउटलेट दबावों के पठन को रिकॉर्ड किया जाना है।

3. **दहन कक्ष:** दहन कक्ष में ईंधन का दहन होता है। गर्म गैसें कक्ष के अंदर उत्पादित की जाती हैं। इसका नियमित अंतराल पर निरीक्षण किया जाना चाहिए।

4. **अल्टरनेटर :** निर्देश और रूटीन मेंटेनेंस चेकलिस्ट का पालन करते हुए अल्टरनेटर का शाफ्ट साफ किया जाना चाहिए और ग्रीसिग किया जाना चाहिए। केबलट्रे सहित अल्टरनेटर की वायरिग का नियमित आधार पर निरीक्षण किया जाना चाहिए।

5. **स्टार्टिंग मोटर:**टर्बाइन से नियंत्रणटर्मिनलो और कनेक्शन टर्मिनलो और अल्टरनेटर के साथ यांत्रिक युग्मन की नियमित रूप से जांच की जानी चाहिए। नियमित अनुरक्षण(ma ıntenance) जांच सूची के अनुसार ग्रीसिग की जानी चाहिए।

6. **ईंधन प्रणाली और फ्यूल पंप:** यह सुनिश्चित किया जाना चाहिए कि ईंधन भंडारण में उचित और स्वच्छ ईंधन शामिल हो। रासायनिक खतरों से बचने के लिए ईंधन का रिसाव नहीं होना चाहिए। पम्प की नियमित रूप से जांच की जानी चाहिए।

7. **लूब्रिकेटिंग पम्प:** उचित कार्य के लिए लूब्रिकेटिंग पम्प की जांच की जानी चाहिए।

निष्कर्ष: गैस टरबाइन संयंत्र का हिस्सा नियमित रखरखाव के लिए पहचाना जाता है।

प्रयोग (experiment) नंबर 3

टाइटल-एक छोटे डीजल जनरेटर पावर संयंत्र को असेंबल और डिसमेंटल करें।

उपकरण : वीडियो देखें,

1. https://www.youtube.com/watch?v=6gvMn3eu8jw

सिद्धांतः डीजल जनरेटर पावर संयंत्र के पुर्जों और उनके कार्यशैली को अनुभाग 1.4.6 में समझाया गया है। छात्रो को इस खड से संक्षेप में इस प्रयोग(exper ıment) के सिद्धांत को लिखने के लिए कहा जाता है।

निस्तारण की प्रक्रिया

1. बिजली कनेक्शन काट दें। प्रत्येक के कनेक्शन चित्र को कागज पर आरेखित करें और प्रत्येक को चिह्नित करें.
2. बैटरी चार्जिंग लाइनों को डिस्कनेक्ट करें और उन्हें कागज पर चिह्नित करें।
3. बैटरी हटाएं, केबलटर्मिनलो को कागज पर चिह्नित करें.
4. एक ही कवर के दोनों ओर के बोल्ट को खोलकर एक कागज या प्लेट पर साइट के करीब रखें।
5. नियंत्रणस्क्रीन के सभी तारों को हटाएँ और एक साथरखें.
6. डीजल इंजन और एसी जनरेटर को एक साथ निकालें।
7. डीजल इंजन और जनरेटर को स्वतंत्र रूप से लगाया जा सकता है। इस मामले में, सेट को पकड़ने वाले बोल्ट को हटा दिया जाना चाहिए.

डीजल जनरेटर सेट की असेंबली केवल विघटन के लिए अपनाए गए चरणों को उलट रही है। इस केस में निम्न प्रक्रियाओं का पालन किया गया।

1. डीजल इंजन और जनरेटर को असेंबल करें। फ्रेम पर बोल्ट को मजबूत करें।
2. नियंत्रण स्क्रीन के सभी तारों को कनेक्ट करें.
3. एक ही कवर के दोनों ओर बोल्ट स्क्रू करें
4. बैटरी कनेक्ट करें.
5. बैटरी चार्जिंग लाइनों को कनेक्ट करें.
6. बिजली आपूर्ति के सभी कनेक्शन कनेक्ट करें.

निष्कर्ष: उपरोक्त प्रक्रियाका पालन करते हुए, यह सीखा जाता है कि एक छोटे डीजल इंजन सेट को कैसे असेंबल और विघटित किया जाए।

प्रयोग (experiment) नंबर 4

टाइटल (Title): एक वीडियो कार्यक्रम का अवलोकन करने के बाद परमाणु-चालित थर्मल पावर संयंत्र का नियमित रखरखाव भाग का पता लगाएं। प्रयोग किया गयाः वीडियो देखें,

1. https://www.youtube.com/watch?v=E lPpoCeMSXM
2. https://www.youtube.com/watch?v=1U6Nzcv9
3. https://www.youtube.com/hashtag/moderator
4. https://www.youtube.com/watch?v=A ly5zbMjf9o
5. https://www.youtube.com/hashTag/Nuclear_power

सिद्धांतः परमाणु ऊर्जा संयंत्र बिजली पैदा करने के लिए परमाणु विखडन की प्रक्रिया का उपयोग करते हैं। वे रैनकिन चक्र के साथ संयोजनमें परमाणु रिएक्टरों का उपयोग करके ऐसा करते हैं, जहां रिएक्टर द्वारा उत्पन्न गर्मी, पानी को भाप में परिवर्तित करती है, जो एक टरबाइन को चलाता है। टरबाइन को यंत्रवत् रूप से एक जनरेटर के साथ जोड़ा जाता है। परमाणु ऊर्जा संयंत्र के मुख्य उपकरणनिम्नलिखित हैं।

1. परमाणु रिएक्टर.
2. हीट एक्सचेंजर
3. भाप टरबाइन.
4. वैकल्पिक.
5. संघनित्र
6. कूलिग टॉवर।

संयंत्र का योजनाबद्ध आरेखचित्र 1.24 में दिखाया गया है। संयंत्र के हिस्सों को खड 1.6.6 में समझाया गया है। छात्रों को इस खड को पढ़ने और उपर्युक्त सभी के लिए संक्षेप में सिद्धांत लिखने के लिए कहा जाता है। भागों का नियमित अनुरक्षण नीचे दिया गया है।

(1) **परमाणु रिएक्टर (nuclear reactor):** परमाणु ईंधन का परमाणु विखडन, रिएक्टर के अंदर होता है। उचित परिरक्षण के लिए ध्यान दिया जाना चाहिए क्योंकि ये सामग्री रेडियोधर्मी है। रेडियोधर्मी सामग्री के लिए सेंसर रिएक्टर साइट पर लगाए जाते हैं और इसे देखने की आवश्यकता होती है।

(2) **हीट एक्सचेंजर:** किसी भी तरह की खराबी और रिसाव के लिए पानी के परिसंचारी पंप का निरीक्षण किया जाना चाहिए।

(3) **भाप टरबाइनः** टरबाइन के जीवन को बढ़ानेके लिए इसे यह सुनिश्चित करना चाहिए कि उचित गुणवत्तावाली भाप टरबाइन में भेजना चाहिए। टरबाइन में भाप के उचित विस्तार को बनाए रखा जाना चाहिए और इसकी जांच की जानी चाहिए। सभी वाल्व और प्रेशर मापने वाले डिवाइसो की नियमित रूप से जांच की जानी चाहिए। भाप पाइप पर प्रदान किया गया इंसुलेशन भी उचित होना चाहिए और जांच की जानी चाहिए।

(4) **अल्टरनेटर अनुमतिः** विनिर्देश और रूटीन मेंटेनेंस चेकलिस्ट का पालन करते हुए अल्टरनेटर का शाफ्ट साफ किया जाना चाहिए औरग्रीसिग किया जाना चाहिए। **अल्टरनेटर** केबल सहित केबल ट्रे का निरीक्षण किया जाना चाहिए।

(5) **संघनित्र (condenser):** संघनित्र को टरबाइन में वाष्प के उचित विस्तार के लिए टरबाइन के निकास पर कम दबाव बनाए रखना चाहिए। संघनित्र के प्रत्येक हिस्से की नियमित रूप से जांच की जानी चाहिए ताकि यह टरबाइन के निकास पर निरंतर कम दबाव बनाए रख सके और सभी दबाव वाल्व और इसके पठन को नोट किया जाए और दर्ज किया जाए।

(6) **कूलिग टॉवरः** कूलिग टॉवर से जमा किए गए स्केल को हटा दिया जाना चाहिए। इसे उचित वायु प्रवाह सुनिश्चित किया जाना चाहिए। नलियों को साफ किया जाना चाहिए। पानी के पंप का निरीक्षण करना चाहिए। उपर्युक्त सभी गतिविधियों को नियमित रूप से जांच सूची के अनुसार किया जाना चाहिए।

निष्कर्ष: उपरोक्त प्रक्रिया का पालन करते हुए, छात्र परमाणु ऊर्जा संयंत्र के नियमित रखरखाव भागों की पहचान कर सकते हैं।

जानें और भी बातें

1. विद्युत शक्तिप्रणाली को तीन खडो में वर्गीकृत किया गया है अर्थात उत्पादन, पारेषण और वितरण। बिजली उत्पादन प्रणाली में उत्पन्न होती है, पारेषण प्रणाली लोड सेंटर को बिजली का पारेषण करती है तथा वितरण प्रणाली ग्राहकों को बिजली का वितरण करती है।

2. पहली बिजली प्रणाली का निर्माण न्यूयॉर्क शहर में थॉमस संस्करण द्वारा किया गया था। इस प्रणाली ने 1982 में काम करना शुरू किया और 110V DC पर 1.5 किमी के दायरे में 59 ग्राहकों को बिजली की आपूर्ति की। इसमें एक भाप इंजन संचालित डीसी जनरेटर, केबलफ्यूज आदिशामिल हैं। भारमें इन्कन्डेसन्ट लैंप होते हैं। 1886 में, ट्रांसफार्मर का वाणिज्यिक रूप से परीक्षण किया गया था और 1888 में पॉलीफेज एसी ट्रांसमिशन सिस्टम विकसित किया गया था। 1888 तक टेस्ला ने एसी मोटर्स, जनरेटर और एसी ट्रांसमिशन पर कई पेटेंट दर्ज कराए हैं।

3. भाप इंजन एक पहला व्यावहारिकमशीन है जो तापीय ऊर्जा को यांत्रिक ऊर्जा में रूपांतरण करता था। पहला व्यावसायिक रूप से सफल भाप इंजन थॉमस न्यूकोमेन द्वारा 1712 में विकसित किया गया था। आधुनिक भाप टरबाइन का आविष्कार चार्ल्स पार्सन्स ने 1984 में किया था। गैस टरबाइन 1903 में बनाया गया था।

4. अल्टरनेटर एक डबल फीड विद्युत मशीन है जो यांत्रिक ऊर्जा से एसी उत्पन्न करती है। इसमें दो वाइंडिग होते हैं। वे आर्मेचर वाइंडिग और फील्ड वाइंडिग हैं। फील्ड वाइंडिग की आपूर्ति DC को की जाती है और आर्मेचर वाइंडिग सेA. C. प्राप्त किया जाता है। वैकल्पिक विद्युत चुम्बकीय प्रेरण के फैराडे के नियम(law) पर काम करता है।

5. कोयले से चलने वाला थर्मल प्लांट रेनकिन चक्र पर काम करता है। वाष्प शक्तिचक्र की चार प्रक्रियाएं हैं। वे (1) बॉयलर में वाष्प में पानी को परिवर्तित करने के लिए एक निरंतर दबाव तापन प्रक्रिया है, (2) बॉयलर में वाष्प का एक प्रतिवर्ती adiabatic expansion (रुद्धोष्म विस्तार), (3) संघनित्र में एक प्रतिवर्ती स्थिर दबाव ताप अस्वीकृति(4) पंप के लिए प्रारंभिक दबाव पर समाप्त होने वाले तरल का एक प्रतिवर्ती एडियाबेटिक संपीड़न है। जब ये सभी प्रक्रियाएं आदर्श होती हैं, तो चक्रआदर्श होता है और इसे रैंकिन चक्र कहा जाता है।

6. ऊर्जा की मांगदिन-प्रतिदिन बढ़ती जा रही है। भारत सरकार का लक्ष्य 2032 तक 63 गीगावॉट परमाणु ऊर्जा का उत्पादन करना है।

7. गैसीय ईंधन की उपलब्धता को देखते हुए, शिखर लोड की आपूर्ति के लिए अधिक गैस टरबाइन संयंत्रों की स्थापना पर ध्यान देना आवश्यक है।

संदर्भ और सुझाव पठन

1. राष्ट्रीय व्यावसायिक स्वास्थ्य संस्थान, पर्यावरण, स्वास्थ्य तथा कोयले से भरे थर्मल परिवेश में सुरक्षा मुद्दे...
2. यह पोर्टल https://www.pib.gov. |n/WriteReadData/2018/
3. https://cea.nic.in/wp-content/uploads/pdm/2021/06/l1st_power_ station_2021.pdf
4. https://cea.nic.in/wp-content/uploads/installed/2012/02/installed _ capacity.pdf
5. https://en.wikipedia.org/wiki/Steam_Engine
6. नाग. यूपी वीके पावर प्लांट इंजीनियरिग, मैकग्रा हिल, नई दिल्ली, आईएसबीएन-978-9339204044 2. तन्मय देब, इलेक्ट्रिकल पावर जेनरेशन, खन्ना पब्लिशिग हाउस, दिल्ली (एड. 2018)
7. गुप्ता, बीआर, विद्युत ऊर्जा उत्पादन, एस. चंद और कंपनी नई दिल्ली।
8. सोनी, गुप्ता, भटनागर, ए कोर्स इन इलेक्ट्रिकल पावर। - धनतयी और संस 11. सिस्टम, एस. चंद और कंपनी नई दिल्ली, 2005, आईएसबीएन-9781219244962
9. गुप्ता, जेबी. इलेक्ट्रिकल पावर में कोर्स-एस. के. कटारिया और सन्स, नई दिल्ली 2014

2. बड़े और सूक्ष्म जलविद्युत संयंत्र

इकाई विशिष्टता

इस इकाई के माध्यम से हमने निम्नलिखित पहलुओं पर चर्चा की है:

- जलविद्युत संयंत्रों का परिचय;
- जलविद्युत संयंत्र के लिए साइट के चयन का फैक्टर ;
- जलविद्युत संयंत्र की ऊर्जा रूपांतरण प्रक्रिया;
- जल संयंत्रों के प्रमुख घटक और उनके कार्य;
- जलविद्युत संयंत्रों और टर्बाइनों का वर्गीकरण;
- जलविद्युत संयंत्रों के लिए सुरक्षित अभ्यास;
- सूक्ष्म जलविद्युत संयंत्र और उनकी कार्यप्रणाली;
- जल विज्ञान;
- महाराष्ट्र में बड़े और छोटे जलविद्युत संयंत्र;
- जलविद्युत संयंत्रों पर कुछ प्रयोग;

इस इकाई के माध्यम से जलविद्युत उत्पादन की अवuधारणा और बड़े और सूक्ष्म जलविद्युत संयंत्रों में ऊर्जा रूपांतरण की प्रक्रिया पर चर्चा की गई है। जलविद्युत संयंत्रों के विभिन्न घटकों का संक्षिप्त विवरण प्रस्तुत किया गया है। इस इकाई में बड़े और सूक्ष्म जल विद्युत संयंत्रों के लिए जलविद्युत संयंत्रों और हाइड्रो टर्बाइनों के वर्गीकरण और कार्यप्रणाली का विस्तृत विवरण प्रस्तुत किया गया है। आगे की जिज्ञासा और रचनात्मकता के साथ-साथ छात्रों की समस्या को सुलझाने की क्षमता में सुधार के लिए कुछ संख्यात्मक उदाहरण दिए गए हैं।

बड़ी संख्या में बहुविकल्पीय प्रश्नों के साथ-साथ लघु और दीर्घ उत्तरीय प्रकार के प्रश्नों को चिह्नित करने के अलावा दो श्रेणियों में ब्लूम की वर्गीकरण के निम्न और उच्च क्रम, सर्वल संख्यात्मक समस्याओं के माध्यम से असाइनमेंट, संदर्भों की एक सूची और सुझाए गए रीडिग इस में दिए गए हैं इकाई ताकि छात्र अभ्यास के लिए उनके माध्यम से जा सके।

यूनिट-2 में शामिल पाठ्यक्रमों से संबंधित कुछ व्यावहारिक प्रयोग भी इस यूनिट के अंत में शामिल किए गए हैं ताकि छात्रों को इन विषयों पर जानकारी दी जा सके। कुछ प्रयोगों में, कुछ विशिष्ट वीडियो प्रदान किएगए हैं।

विषय पर संबंधित प्रयोग के बाद, सामग्री के आधार पर, एक "अधिक जानें" खड जोड़ा गया है। इस खड को विषय पर अतिरिक्त जानकारी और उच्च शिक्षण कौशल के पूरक के लिए डिज़ाइन किया गया है।

औचित्य

एक बड़े सूक्ष्म जलविद्युत संयंत्र पर यह इकाई छात्रों को जलविद्युत ऊर्जा को विद्युत ऊर्जा में बदलने के पीछे एक मौलिक विचार प्राप्त करने में मदद करेगी। इसमें विभिन्न प्रकार के बड़े और सूक्ष्म जलविद्युत संयंत्र, हाइड्रो टर्बाइनों का वर्गीकरण और उनकी कार्यप्रणाली पर चर्चा की गईहै। जलविद्युत संयंत्र के लिए स्थल का चयन करते समय विचार किए जाने वाले फैक्टर को भी प्रस्तुत किया गया है। जल विद्युत संयंत्रों के लिए जल विज्ञान भी प्रस्तुत किया गया है। इसके अलावा, आधुनिक समय में जलविद्युत संयंत्रों का सुरक्षित अभ्यास और उपयोग और इसके गुण और दोष भी इस विषय पर अद्यतन ज्ञान देते हैं।

कुछ संबंधित समस्याओं को उनके समाधान के साथ इंगित किया गया है जो जलविद्युत उत्पादन पर संबंधित विषयों का स्पष्ट विचार प्राप्त करने में मदद कर सकता है।

पूर्वाकांक्षित

इलेक्ट्रिकल और इलेक्ट्रॉनिक्स इंजीनियरिग के मूलतत्त्व (ES104)

इकाई परिणाम

यूनिट-2 के पूरा होने के बाद विद्यार्थी निम्न जानकारी के लिए सक्षम होंगे:

यू 2-01: जलविद्युत संयंत्रों की कार्यप्रणाली और उनके घटकों का वर्णन कर सकेंगे।

यू 2-02: बड़े और सूक्ष्म जलविद्युत संयंत्रो, बड़े और सूक्ष्म जलविद्युत संयंत्रो के लिए टर्बाइनों का वर्गीकरण कर सकेंगे।

यू 2-03: विभिन्न प्रकार की टर्बाइनों के साथ कार्य करने के सिद्धांत की व्याख्या कर सकेंगे।

यू 2-04: जलविद्युत संयंत्रों में विद्युत उत्पादन में सुरक्षित पद्धतियों के महत्व को महसूस कर सकेंगे।

यू 2-05: विभिन्न जलविद्युत संयंत्रों के नियमित रखरखाव भागों की पहचान कर सकेंगे।

यूनिट-2 नतीजे	**प्रतिचित्रण (mapping) के साथ प्रतिचित्रण (1-कमजोर सहसंबंध 2-मध्यम सहसंबंध 3-मजबूत सहसंबंध)**				
	CO-1	CO-2	CO-3	CO-4	CO-5
U2-01	*3*	*3*	*3*	*2*	*2*
U2-02	*3*	-	*3*	*2*	-
U2-03	*3*	-	*1*	-	*2*
U2-04	*3*	*1*	-	-	-
U2-05	*3*	*2*	*3*	-	-

2.1 परिचय

हाइड्रोपावर, जल चक्र (cycle)की उपलब्धता पर निर्भर करता है जैसा कि चित्र 2.1 में दर्शाया गया है।

जल चक्र (cycle)में तीन चरण होते हैं

(क) सौर विकिरण नदियों, झीलों और महासागरों की सतह के पानी को गर्म करता है, जिससे यह वाष्पीकृत हो जाता है।

(ख) जल वाष्प संघनित होकर बादल का निर्माण करती है जोबारिश के रूप में वापस जल बनाकर धरती पर नदी तालाब और समुद्रों में भर जाता है

(ग) यह अवक्षेपित जल (precipitated water) नालों और नदियों में जमा हो जाता है, जो समुद्रों और झीलों में बह जाता है, जहाँ यह वाष्पित हो जाता है और यह चक्र फिर से शुरू हो जाता है।

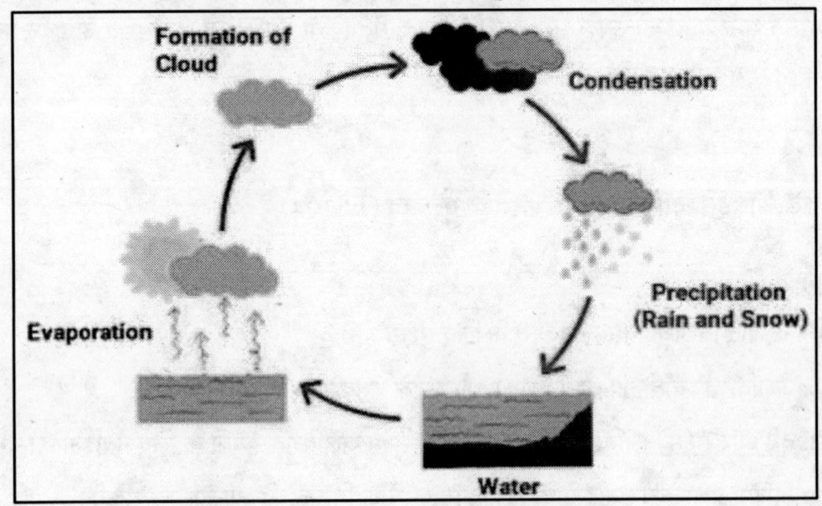

चित्र. 2. 1 जल चक्र

किसी भौगोलिक क्षेत्र में नदियों और झरनों पर गिरने वाले वर्षा का स्तर जलविद्युत उत्पादन के पानी की मात्रा को प्रभावित करता है। जलविद्युत उत्पादन करने की क्षमता वर्षा में अल्पकालिक तरीकों के साथ-साथ वर्षा के रुझानों में दीर्घकालिक विविधताओ, जैसे कि सूखे आदि से काफी प्रभावित हो सकती है।

2.1.1 जलविद्युत संयंत्र की क्षमता और आवश्यकताएं

एक बिजली संयंत्र,जो विद्युत ऊर्जा के उत्पादन के लिए पानी की संभावित ऊर्जा का उपयोग करता है, उसे हाइड्रोइलेक्ट्रिक पावर संयंत्र या हाइड्रोइलेक्ट्रिक पावर स्टेशन कहा जाता है।

हाइड्रोइलेक्ट्रिक पावर प्लांट, एक नदी की हाइड्रोलिक ऊर्जा को स्वच्छ, नवीकरणीय बिजली में परिवर्तित करता है, चाहे वह प्राकृतिक रूप से उपलब्ध हो या कृत्रिम रूप से बनाई गई हो।इस प्रक्रिया में चरणों की एक श्रृंखला होती है जो उच्च ऊंचाई पर स्थित पानी के द्रव्यमान में संभावित ऊर्जा के रूपांतरण के साथ शुरू होती है, जहां संयंत्र की टर्बाइन स्थित होती हैं।

सामान्य तौर पर, इस तकनीक में एक अवरोध शामिल होता है जो पानी के प्रवाह को अवरुद्ध करता है, जैसे कि बांध या क्रॉसबीम, जो पानी का एक स्रोत पैदा करता है और जलाशय या जलविद्युत बेसिन के रूप में काम कर सकता है। पानी को चार्ज बेसिन में ले जाया जाता है और फिर सुरंगो (tunnel) और adduction एडक्शन चैनलो के माध्यम से पेनस्टोक से जलविद्युत टर्बाइनों में ले जाया जाता है।

आवश्यक ऊर्जा की मात्रा के आधार पर, प्रवाह-विनियमन उपकरण (वितरक) और इंजेक्शन वाल्व दोनों का उपयोग यहां किया जाता है। पानी जब टर्बाइनों के ऊपर से बहता है, तो वह यांत्रिक ऊर्जा उत्पन्न करता है। जो पानी स्पिल -वे में बहता है, वो इसे वापस जलमार्ग में निर्देशित करता है। टर्बाइन तुरंत एक परिक्रामी विद्युत जनरेटर (अल्टरनेटर) में परिवर्तित हो जाता है, जो टर्बाइनों की यांत्रिक ऊर्जा को विद्युत ऊर्जा में परिवर्तित करता है। इस शक्ति को लंबी दूरी तक पहुँचाने के लिए वोल्टेज परिवर्तन की आवश्यकता होती है। ट्रांसमिशन लाइन पर भेजे जाने से पहले विद्युत ऊर्जा को ट्रांसफॉर्मर (step up) ले जाया जाता है,यह विद्युत वोल्टेज को बढ़ाते हुए विद्युत करंट को कम करता है।

एक बार जब ऊर्जा अपने गंतव्य तक पहुंच जाती है, तो यह एक बार फिर ट्रांसफॉर्मर (Step-down) के माध्यम से यात्रा करती है, जो धारा के मान को बढ़ाती है और वोल्टेज को कम करती है, जिससे यह औद्योगिक, वाणिज्यिक और आवासीय उपयोग के लिए आदर्श बन जाती है।

2.1.2 विभिन्न प्रकार के जलविद्युत संयंत्र

जल विद्युत संयंत्रों को, उपयोग की जाने वाली प्रणाली के आधार पर तीन प्रकार में वर्गीकृत किया गया हैः

1. रन-ऑफ-रिवर पावर स्टेशन,
2. पारंपरिक जलविद्युत स्टेशन और
3. पंप स्टोरेज पावर स्टेशन.

रन-ऑफ-रिवर पावर प्लांट: इस में, दो अलग-अलग स्तरो के बीच एक नदी के प्राकृतिक प्रवाह का उपयोग बिजली बनाने के लिए किया जाता है। पेन्स्टॉक का उपयोग किए बिना, पानी को एक डायवर्सन चैनलद्वारा टर्बाइनों में ले जाया जाता है। इस संयंत्र की शक्ति ज्यादातर नदी के प्रवाह से प्रभावित होती है।

पारंपरिक जलविद्युत स्टेशन: एक पारंपरिक जलविद्युत संयंत्र एक अपस्ट्रीम बेसिन, surge chamber का उपयोग करता है, जो की प्राकृतिक रूप से भी प्राप्त हो सकता है जैसे एक झील, या बांध। बांध से पानी, पेन्स्टॉक सेहोता हुआ हाइड्रोलिक टर्बाइनों की ओर बहता है, जो यांत्रिक ऊर्जा बनाते हैं। इसके बाद अल्टरनेटर इस यांत्रिक ऊर्जा को विद्युत ऊर्जामें परिवर्तित कर देती है।यहां एक पूल डाउनस्ट्रीम होता है जहां नदीमें सामान्य प्रवाह में बहाल होने से पहले टर्बाइनों से अशांत पानी को शांत किया जाता है। रन-ऑफ-रिवर सिस्टम के विपरीत, एक अपस्ट्रीम जलाशय,, जल नियंत्रणको सक्षम बनाता है और, इसके परिणामस्वरूप, संबंधित नवीकरणीय ऊर्जा उत्पादन को सक्षम बनाता है।

पंप स्टोरेज पावर संयंत्र इस में अलग-अलग ऊंचाइयो पर दो जलाशय होते हैं यानी, अपस्ट्रीम और डाउनस्ट्रीम। डाउनस्ट्रीम, एक ऊर्जा भंडार के रूप में कार्य करता है। ऐसे समय में जब ऊर्जा की मांग कम होती है, पंपिग स्टेशन पानी को डाउनस्ट्रीम बेसिन से अपस्ट्रीम बेसिन में धकेलता है। इससे सिस्टम को ऐसे समय को संभालने में मदद मिलती है जब ऊर्जा की अधिक मांग होती है। कुछ संयंत्रइस तथ्य का उपयोग कर सकते हैं कि फ्रांसिस टर्बाइनों को पंप में बदलने और पानी को बेसिन के ऊपर की ओर वापस भेजने के लिए घुमाया जा सकता है।

2.2 एक जल विद्युत संयंत्र के लिए स्थल के चयन के लिए फैक्टर

एक जलविद्युत संयंत्र के साइट के चयन के लिए निम्नलिखित बिदुओं पर विचार किया जाता है।

(a) **पानी की उपलब्धताः** किसी विशेष स्थान पर बिजली की संभावना का अनुमान लगाने के लिए, कई वर्षों का नदी अपवाह डेटा उपलब्ध होना चाहिए। इन आंकड़ों में अधिकतम और न्यूनतमप्रवाह शामिल हैं और औसतप्रवाह एक विशेष अवधि में होता है।

(b) **जल का भंडारणः** जल का भंडारण करने के लिए पर्याप्त सुविधा उपलब्ध होनी चाहिए। उच्च प्रवाह अवधि के दौरान पानी का भंडारण किया जाता है। कम प्रवाह अवधि के दौरान पानी की आपूर्ति के लिए लगभग सभी जल विद्युत संयंत्रों के लिए भंडारण महत्वपूर्ण है।

c) **पानी का शीर्षः** जब **पानी का** शीर्ष बढ़ता है, तो रिजर्वॉयर में कम मात्रा में पानी जमा करने की आवश्यकता होती है, और पानी की कम मात्रा को पेनस्टॉक, स्क्रीन और टरबाइन द्वारा नियंत्रित किया जाता है। यह संयंत्र की पूंजीगत लागत (capital cost को कम करता है।

d) **भूमि की लागतः** इसके लिए कई मशीनें स्थापित करने की आवश्यकता है। ऐसी मशीनों के लिए भूमि की वहन क्षमतापर्याप्त होनी चाहिए।

e) **भार (load) केंद्रों से दूरीः** यदि साइट लोड सेंटर के निकट है, तो स्थानान्तरण की लागत कम होती है। इसलिए, यह प्रति यूनिट लागत को कम करता है।

f) **परिवहन (transportation) सुविधाः** साइट में भारी मशीनों को ले जाने के लिए पर्याप्त परिवहन सुविधाएं होनी चाहिए।

2.3 जलविद्युत प्लांट(हाइड्रोइलेक्ट्रिक) की ऊर्जा रूपांतरण प्रक्रिया

जलाशय के पानी में पोटेंशियल (स्थितिज) ऊर्जा होती है, जो जलाशय से बाहर निकलने पर पानी की गतिज ऊर्जा में बदल जाती है। टरबाइन के माध्यम से बहने वाले पानी की गति टरबाइन को घुमाने का कारण बनती है, जो बाद मेंजनरेटर को बिजली पैदा करने का कारण बनती है। इस प्रकार, पानी की गतिज ऊर्जा यांत्रिक ऊर्जा में बदल जाती है। यांत्रिक ऊर्जा को फिर एक अल्टरनेटर या जनरेटर का उपयोग करके विद्युत ऊर्जा में परिवर्तित किया जाता है।

क्योंकि जलविद्युत प्लांट, बिजली बनाने के लिए पानी का उपयोग करती है, जलविद्युत संयंत्रों को आमतौर पर पानी के स्रोत पर या उसके निकट स्थान पर बनाया जाता है। पानी के बहाव से उपलब्ध ऊर्जा, जल प्रवाह की मात्रा और चेंज इन एलिवेशन, जिसे हेड के नाम से भी जाना जाता है दोनों पर निर्भर करती है। बिजली की शक्ति की मात्रा जो उत्पादित की जा सकती है, प्रवाह और हेड के साथ बढ़ जाती है। संयंत्र स्तर पर, पानी एक पाइप के माध्यम से यात्रा करता है, जिसे पेनस्टॉक के रूप में भी जाना जाता है, और एक टरबाइन के ब्लेड को गति प्रदान करता है, जो अंततः एक जनरेटर बन जाता है जो बिजली उत्पन्न करता है।

चित्र 2.2 पारंपरिक जलविद्युत संयंत्र का लेआउट है। अधिकांश पारंपरिक जलविद्युत सुविधाएं, जिनमें नदी का पानी और पंप भंडारणप्रणालियां शामिल हैं,इसी तरह से कार्य करती हैं। एक जलविद्युत संयंत्र का योजनाबद्ध आरेख भी चित्र 2.3 में दिया गया है।

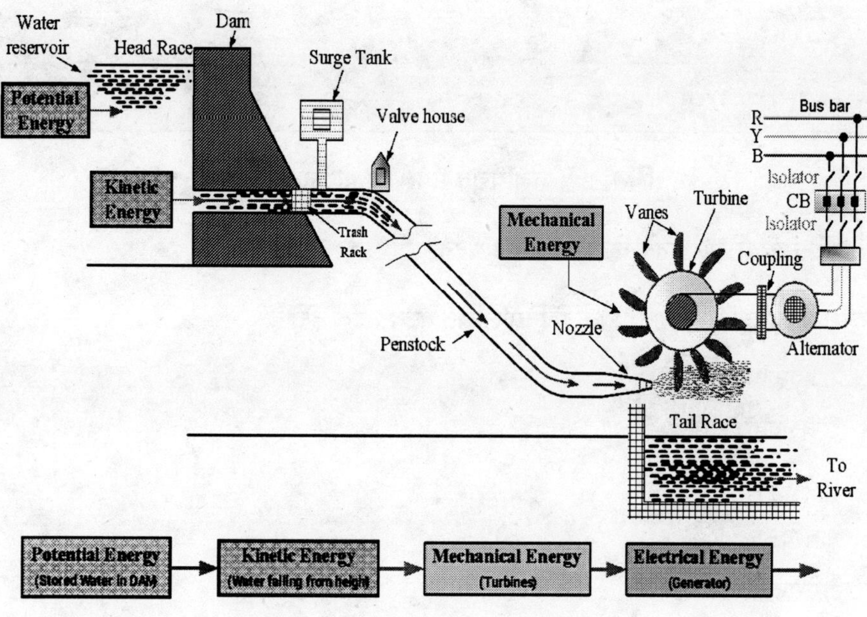

चित्र 2.2 हाइड्रोपावर प्लांट का लेआउट

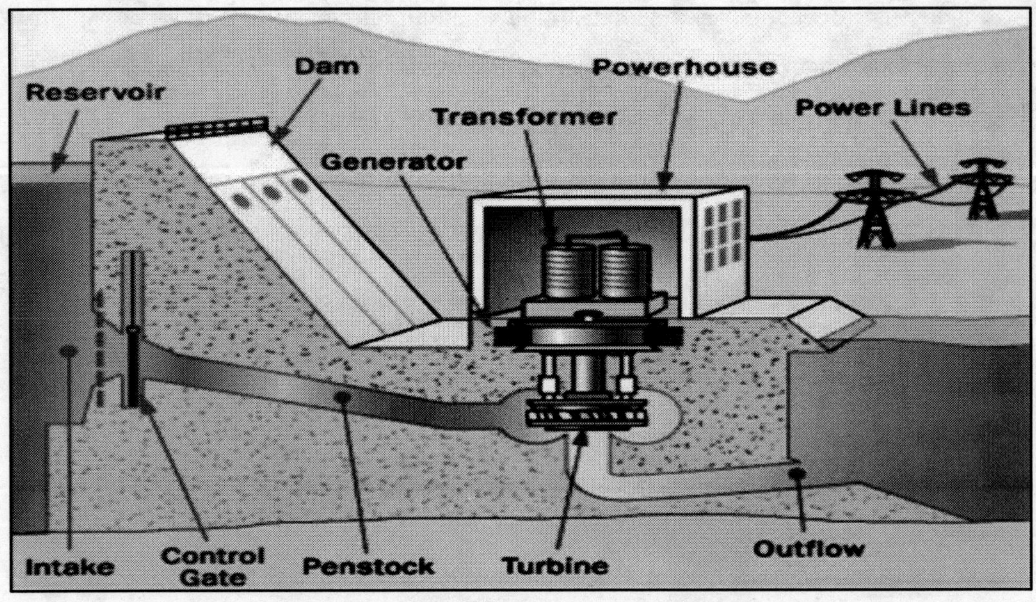

चित्र. 2.3 जलविद्युत संयंत्र का योजनाबद्ध आरेख

2.3.1 हाइड्रोइलेक्ट्रिक संयंत्र और उनके कार्यों के प्रमुख घटक

अधिकांश पारंपरिक जलविद्युत संयंत्रों में निम्नलिखित मुख्य घटक होते हैं।

(क) Forebay, फोरबे

(ख) जलग्रहण क्षेत्र

(ग) ट्रैश रैक

(घ) बांध

(ङ) पेन्स्टाक

(च) सर्ज चैंबर

(छ) हाइड्रोलिक टर्बाइन

(ज) पावर हाउस

(झ) ड्राफ्ट ट्यूब

(ञ) ट्रेल रेस

(क) फोरबे

एक जलविद्युत संयंत्र में आम तौर पर एक बेसिन क्षेत्र होता है जिसे फोरबे के रूप में जाना जाता है, जो अस्थायी रूप से पानी को इनटेक कक्ष में पंप करने से पहले अस्थायी रूप से रखने के लिए उपयोग किया जाता है। किसी क्षेत्र मे, फोरबे में कितना पानी संग्रहीत किया जा सकता है, यह उसकी आपूर्ति की जाने वाली पानी की मात्रा पर निर्भर करता है। यह तब भी प्रयोग किया जाता है जब इनटेक लोड की आवश्यकता कम होती है। हम जानते हैं कि जलाशयों का निर्माण नदियों के अतिरिक्त जल को रखने के लिए किया जाता है और कि पेंस्टॉक का उपयोग संग्रहीत पानी को बांध के अपस्ट्रीमसे बिजली संयंत्र तक ले जाने के लिए किया जाता है। यहां जलाशय फोरबे के रूप में कार्य करता है।

(ख) कैचमेंट क्षेत्र

जब भी किसी नदी या धारा पर बांध का निर्माण किया जाता है, तो बांध के पीछे की पूरी भूमि जल संयंत्र के लिए जलग्रहण क्षेत्रका हिस्सा बन जाती है। इसे कैचमेंट क्षेत्र कहते हैं।

(ग) ट्रैश रैक

फोरबे से पेन्स्टॉक में पानी को निर्देशित करने के लिएएक संरचना जिसे इनटेक संरचना के रूप में जाना जाता है, जिम्मेदार है। विभिन्न प्रकारकी इनटेक संरचनाएं हैं, जिनका उपयोग करने के लिए चुना जाना क्षेत्र की स्थितियों पर निर्भर करता है। ट्रैश रैक इनटेक संरचना के सबसे महत्वपूर्ण हिस्सों में से एक है। पेन्स्टॉक के प्रवेश द्वार पर, पानी में समाप्त होने वाले कचरे को पकड़ने के लिए कचरा रैक होती हैं। अगर पानी के साथ कूड़ा आएगा तो पेन्स्टॉक, विकेट गेट, टरबाइन रनर और अन्य घटक सभी को काफी नुकसान होगा। इन ट्रैश रैक को बनाने के लिए स्टील रॉड का उपयोग किया जाता है। छड़ 10 से 30 से. मी. की दूरी पर होती हैं, और रैक बहते पानी से मलबे को अलग कर देती हैं, जिसकी अधिकतम स्वीकार्य वेग 0.6 से 1.6 मी./सेकंड है। ठंडे मौसम वाले क्षेत्रों में पानी के जमने की संभावना है।वहां, बर्फ को पेनस्टॉक में जाने से रोकने के लिए, ट्रैश रैक को बिजली से गर्म किया जाता है, जो ट्रैश रैक तक पहुंचने पर बर्फ को पिघला देता है। ट्रैश रैक के अलावा, इनटेक संरचना रैक, ट्रॉली की व्यवस्था और पेनस्टॉक क्लोजिग गेट से लैस होती है, जिसका उपयोग ट्रैश रैक को साफ करने के लिए किया जाता है।

(घ) बाँध

बांध का उद्देश्य एक कृत्रिम शीर्ष स्थापित करने के लिए जलधारा की जल सतह को ऊपर उठाने के अलावा तालाब, भंडारण, या जल को नालियों में मोड़ने की क्षमता प्रदान करना है। एक हाइड्रो परियोजना का सबसे महंगा और महत्वपूर्ण घटकएक बांध है। बांधों का निर्माण मिट्टी या चट्टान को भरने, कंक्रीट, या पत्थर की चुनाई का उपयोगकरके किया जाता है। साइट का भूगोल, बांध के प्रकारऔर अरेंजमेंट को निर्धारित करता है।एक छोटी सी घाटी में, एक मेसन बांध बनाया जा सकता है। एक

विशाल घाटी,बांध का सबसेबड़ा स्थान हो सकता है। नीव की विशेषताएं, स्थानीय पारगमन विकल्प, भूकंप की संभावना और अन्य खतरे सभी बांध की पसंद को प्रभावित करते हैं।

मेसन बांधों के तीन मुख्य वर्गीकरण हैं। ठोस गुरुत्व, बट्रेस, और आर्क बांध.

कंक्रीट गुरुत्व बांध चित्र 2.4 में देखा गया है जो अधिकांश स्थानों के लिए पर्याप्त है। मिट्टी की ताकतनिर्धारित करता है कि बांध कितना ऊंचा हो सकता है, जो बहुत अधिक करना संभव नहीं है। चित्र 2.5 में दर्शाया गया आर्क बांध, एक घुमावदार बांध है जो अपने पानी के दबाव का एक बड़ा प्रतिशत क्षैतिज रूप से एबटमेंट्स तक भेजने के लिए आर्क क्रिया का उपयोग करता है। जब एक प्रतिबंधित घाटी की चौड़ाई उपलब्ध होती है, तो एक आर्च बांध को प्राथमिकता दी जाती है।

यह बांध स्वाभाविक रूप से स्थिर होता है और फिसलन का विरोध करता है। पानी के दबाव से नीचे की ओर एक बड़ी मात्रा में नीचे की ओर बढ़ने वाला बल या डेक डैम के धीमे अपस्ट्रीम फेस को पलटने या फिसलने से बचाता है। इस तरह का बांध जैसा कि चित्र 2.6 में दिखाया गया है,घनी नीव वाले स्थानों और उच्च भूकंप जोखिम वाले स्थानों के लिए बेहतर अनुकूल है। एक भू(earth)-बांध की ऊंचाई की तुलना में आधार बहुत बड़ा होता है। विशाल आधार के कारण जो एक लंबा रिसाव मार्ग बनाता है, ये बांध फाउंडेशन के लिए आदर्श हैं।

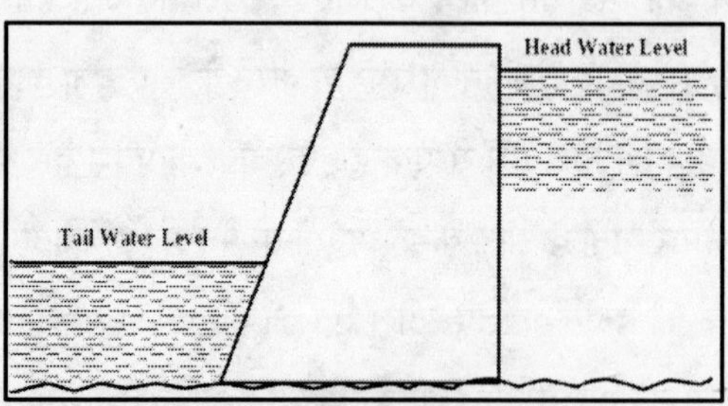

चित्र 2.4 ठोस गुरुत्व बांध

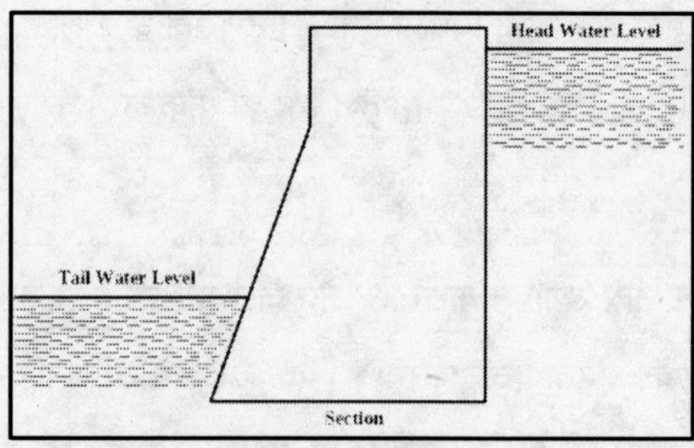

चित्र 2.5 आर्क बांध

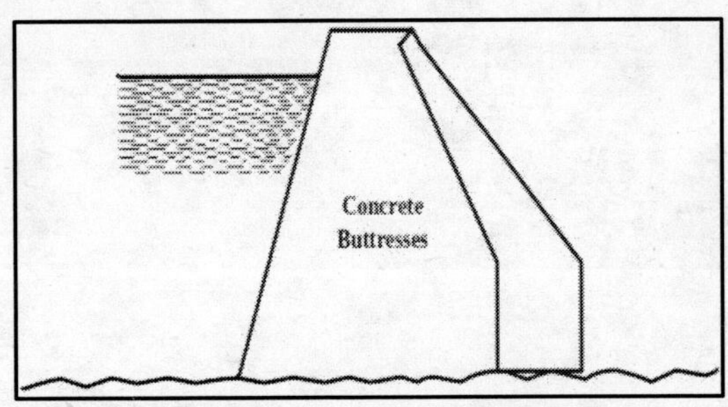

चित्र 2.6 बटरस बांध

भू- बांधों के निम्नलिखित लाभ हैं,

(क) उनकी लागत पत्थर से बने बांधों से कम है।

(ख) वे प्राकृतिक रूप सेटिके रहते हैं।

(ग) यदि इसे कटाव से बचाया जाता है, तो इस तरह के बांध निर्माण की सबसे लंबे समय तक चलने की संभावना होती है ।

भू-बांधों की भी निम्नलिखित सीमाएं हैं

(क) मेसन बांधो की तुलना में भू बांधो से पानी अधिक बहता है।

(ख) वे जल क्षरण के प्रति संवेदनशील होते हैं।

(ग) वे एक स्पिलवे के लिए आदर्श नहीं हैं, इसलिए पर्याप्त क्षमताके साथ एक अतिरिक्त स्पिलवे की आवश्यकता है।

(ड़) पेन्स्टाक

पेनस्टॉक्स बड़े, ढलान वाले पाइपों के रूप में कार्य करते हैं जो जलाशयों या सेवन संरचनाओं से टर्बाइनों तक पानी पहुंचाते हैं। वे एक निश्चित दबाव के तहत काम करते हैं, इसलिए अचानक बंद होने या पेन्स्टाक गेट को खोलने से पेन्स्टाक पर पानी का प्रहार हो सकता है। तो, इस तथ्य को छोड़कर कि पेनस्टॉक एक नियमित पाइप की तरह है, इन्हें वाटर हैमर प्रभाव का सामना करने के लिए बनाया जाता है। इस दबाव को दूर करने के लिए, लंबी पेन्स्टॉक के लिए सर्ज टैंक उपलब्ध हैं और शॉर्ट पेन्स्टॉक के लिए मजबूत दीवारें उपलब्ध हैं। पेंस्टॉक, स्टील या रीइनफोर्स्ड कंक्रीट सीमेंट (आरसीसी)का उपयोग करके बनाया जाता है। प्रत्येक टरबाइन के लिए, लंबाईकम होने पर एक अलग पेनस्टॉक का उपयोग किया जाता है। इसी तरह, यदि लंबाई बहुत अधिक है, तो एक बड़े पेनस्टॉक का उपयोग किया जाता है, और इसे अंत में शाखाओं में विभाजित किया जाता है। पेन्स्टाक रेखाचित्र 2.7 में नीचे दिखाया गया है।

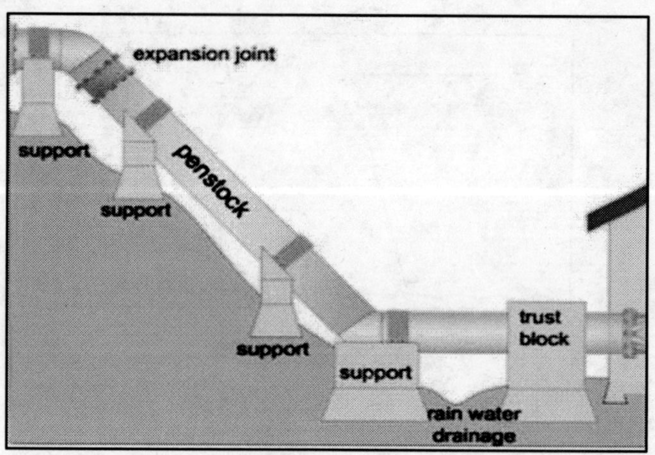

चित्र 2.7 पेन्स्टॉक

(च) सर्ज चैंबर

एक सर्ज चैंबर, जिसे कभी-कभी सर्ज टैंक के रूप में भी जाना जाता है, एक बेलनाकार(cylindrical) टैंक होता है, जिसमें एक ओपन टॉप होता है जो पेनस्टॉक में दबाव को नियंत्रित करता है। यह पावर हाउस के करीब स्थित होता है क्योंकि यह व्यावहारिक है और पेन्स्टॉक से जुड़ा होता है। जब भी बिजलीघर पेन्स्टाक से आने वाले पानी के भारको अस्वीकार करता है तो पानी का स्तर बढ़ जाता है औरपेनस्टॉक में दबाव को नियंत्रित करता है। उसी तरह, जब पावर हाउस में एक बड़ी मांगहोती है, तो सर्ज टैंक पावर हाउस में पानी के प्रवाह को तेज कर देता है, और फिर पानी का स्तर नीचे चला जाता है। जब बिजलीघर का रिसाव सुसंगत हो तो पानी का स्तर स्थिर हो जाता है। सर्ज टैंक विभिन्न किस्मों में आते हैं, और उन्हें प्लांट की जरूरतों, पेन्स्टाक की लंबाईआदि के आधार पर चुना जाता है।

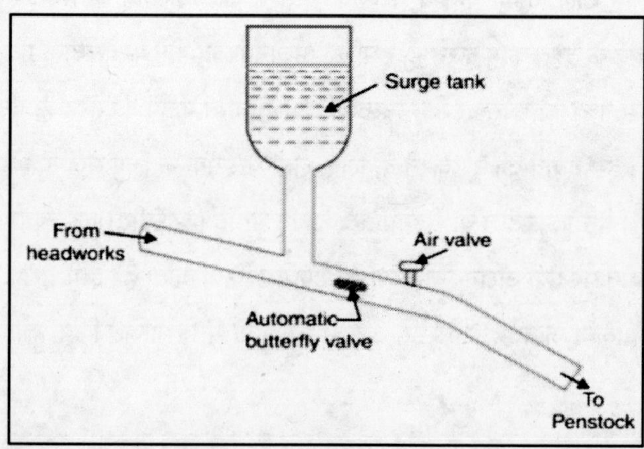

चित्र 2.8 सर्ज चैंबर या सर्ज टैंक

(छ) हाइड्रोलिक टर्बाइन

हाइड्रोलिक टरबाइन एक उपकरण है जो हाइड्रोलिक ऊर्जा को यांत्रिक ऊर्जा में परिवर्तित करता है, जिसे बाद में टर्बाइन के शाफ्ट को जनरेटर से जोड़कर विद्युत ऊर्जा में परिवर्तित कर दिया जाता है। इस उदाहरण में सिद्धांत यह है कि जब भी पेन्सस्टॉक से पानी रिवॉल्व ब्लेड या उच्च दबाव के तहत रनर के संपर्क में आता है तो जनरेटर बिजली उत्पन्न करता है। सामान्य तौर पर, हाइड्रोलिक टर्बाइनो दो प्रकार होते हैं। (क) इंपल्स (वेग) टरबाइन और (ख) रिएक्शन (प्रतिक्रिया) टरबाइन। वेग टरबाइन एक आवेगटरबाइन के लिए एक अन्य नाम है। एक आवेग टरबाइन (impuse turbine)का एक उदाहरण पेल्टन व्हील टरबाइन है। एक दबाव टरबाइन (Pressure Turbine) एक प्रतिक्रिया टरबाइन के लिए एक अन्य नाम है। फ्रांसिस टरबाइन और कपलान टरबाइन इस समूह के अंतर्गत आते हैं।

(ज) पावर हाउस

पावर हाउस (बिजली घर) के रूप में जानी जाने वाली एक सुविधा को विद्युत और हाइड्रोलिक मशीनरी की सुरक्षा के लिए स्थापित किया जाता है। अधिकांश मामलों में, पावर हाउस के लिए बनाया गया सबस्ट्रक्चर या फाउंडेशन उपकरण के सभी हिस्सों को सपोर्ट करता है। रिएक्शन टर्बाइनों के मामले में, कुछ मशीनरी जैसे ड्राफ्ट ट्यूब, स्क्रॉल आवरण आदि को फाउंडेशन के भीतर तय किया जाता है, जैसा कि इसे रखा जा रहा है। नतीजतन, एक बड़े पैमाने पर नींव रखी जाती है। जब सुपरस्ट्रक्चर की बात आती है, तो ग्राउंड फ्लोर पर जनरेटर लगाए जाते हैं, जिसके नीचे वर्टिकल टर्बाइन्स लगाए जाते हैं। इसके अतिरिक्त, क्षैतिजटर्बाइनों की पेशकश की जाती है। इसमेंएक नियंत्रणकक्ष भी उपलब्ध है।

(झ) ड्राफ्ट ट्यूब

टर्बाइन डिस्चार्ज को टेलरेस से जोड़ने के लिए रिएक्शन टर्बाइनों के मामले में ड्राफ्ट ट्यूब की आवश्यकता होती है। यह सुनिश्चित करने के लिए कि पानी टेलरेस में सुरक्षि गति से प्रवेश करे,ड्राफ्ट ट्यूब का व्यासधीरे-धीरे बढ़ता है।ड्राफ्ट ट्यूब के अंत में आउटलेट गेट लगाया जाता है और मरम्मत के समय इसे बंदकिया जा सकता है।

(ञ) टेलरेस

नदियों से निकलने वाले पानी को टेलरेस के रूप में जाना जाता है। यदि विद्युत संयन्त्र धारा के निकट स्थित है तो यह अधिमान्य है। हालांकि, यदि इसे धारा से बहुत दूर रखा जाता है, तो पानी को धारा में ले जाने के लिए एक चैनलबनाया जाना चाहिए। अन्यथा, पानी का प्रवाह कई तरीकों से संयंत्र को नुकसान पहुंचा सकता है, जिसमें कैविटेशन, टरबाइन ब्लेड को नुकसान पहुंचाना और टरबाइन प्रदर्शन को कम करना शामिल है। यह पावरहाउस से अत्यधिक पानी के प्रवाह द्वारा उत्पादित गाद या घर्षणके कारण होता है। इसलिए, सही टेलरेस डिजाइन को अधिक प्राथमिकता दी जानी चाहिए।

2.3.2 एक जलविद्युत संयंत्र में कितनी बिजली पैदा करने की क्षमता है?

दो फैक्टर निर्धारित करते हैं कि एक जलविद्युत संयंत्र कितना बिजली उत्पन्न करता हैः

(क) झरने की ऊँचाई

झरने की ऊंचाई जितनी अधिक होगी, उतना ही अधिक बल इसके पास होगा।झरने की ऊंचाई अक्सर उस बांध की ऊंचाई के समानुपाती होती है जहां से यह शुरू होता है। इसलिए, बांध की ऊंचाई यह निर्धारित करती है कि पानी कितनी दूर तक बहेगा और कितनी बिजली पैदा करेगा।

(ख) जल-प्रपात की मात्रा

यदि अधिक पानी टरबाइन के माध्यम से गिरता है तो टरबाइन अधिक बिजली पैदा करेगी।उपलब्ध जल की मात्रा नदी में बहने वाले पानी की मात्रा पर निर्भर करती है। बड़ी नदियाँ अधिक मात्रा में पानी वहन करती हैं और इसलिए वे अधिक मात्रा में बिजली पैदा करने में सक्षम हैं। ऊर्जा उत्पादन शक्तिनदी के प्रवाह के सीधे आनुपातिक है। जिस नदी में पानी की मात्रा दूसरी नदी की तुलना में दोगुनी हो, वह दोगुनी ऊर्जा दे सकती है।

2.4 हाइड्रोपावर संयंत्रों का वर्गीकरण

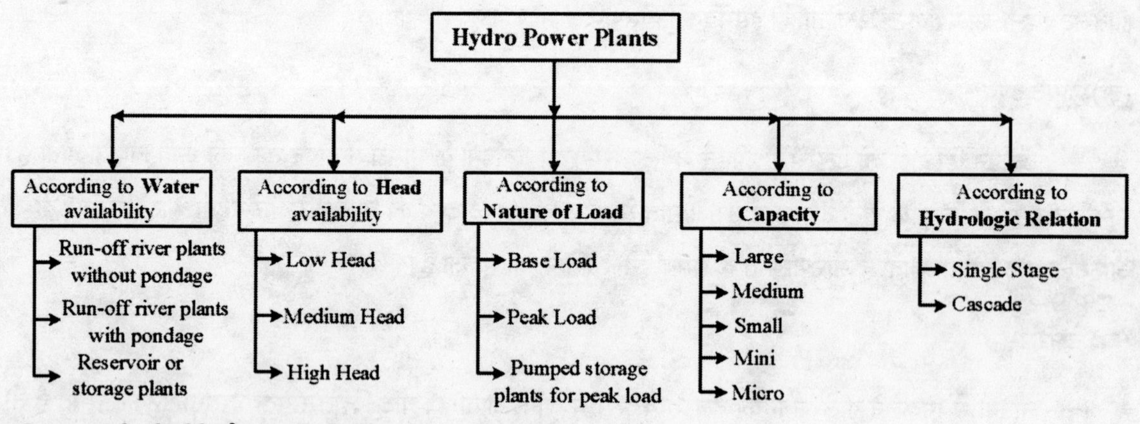

जलविद्युत संयंत्रों को मोटे तौर पर निम्नलिखित रूप में वर्गीकृत किया गया है।

2.4.1 जल उपलब्धता के अनुसार जलविद्युत संयंत्र का वर्गीकरण

इस श्रेणी में तीन प्रकार के जलविद्युत संयंत्र हैं

(क) रन-ऑफ रिवर संयंत्र बिना तालाब के

कुछ जलविद्युत संयंत्र, नदियों के ठीक निकट होते हैं, इसलिए वे पानी को जमा या एकत्र नहीं करते हैं, इन सुविधाओं को तालाबों के बिना रन-ऑफ रिवर पावर प्लांट के रूप में जाना जाता है। ये प्लांटपानी उपलब्ध होने पर ही कार्या कर सकते हैं। जब भी चाहें तब उनका उपयोग नहीं कर सकता है। यह लोड वक्र के किसी भी हिस्से को फिट नहीं किया जा सकता है। इस तरह के प्लांट में पानी के प्रवाह का कोई नियमन नहीं है। उच्च प्रवाह और कम भार की अवधि के दौरान, पानी बर्बाद होता है, जबकि कम प्रवाह की अवधि के दौरान, संयंत्र की क्षमता बेहद कम होती है। नतीजतन, इन संयंत्रों की क्षमता काफी कम है। इन स्थानों में, पानी का उपयोग अक्सर कृषि प्रयोजनों या नेविगेशन के लिए किया जाता है। बिजली का उत्पादन सबसे अच्छी तरह से एक माध्यमिक चिंता का विषय है। इन संयंत्रों को बहुत कम कीमत पर बनाया जा सकता है, लेकिन उनके द्वारा बनाई गई बिजली की मात्रा आमतौर पर बहुत कम होती है। बाढ़ के दौरान, टेल का जल स्तरचरम स्तरपर पहुंच सकता है, जो प्लांट को निष्क्रिय कर देता है। इस तरह के संयंत्रों का प्राथमिक उद्देश्य किसी भी उपलब्ध प्रवाह से ऊर्जा उत्पन्न करना है। इस तरह के प्लांट थर्मल पावर प्लांट के लोड को काम करते हैं और उसके लिएआवश्यक कोयले की मात्रा को कम करते है। उच्च प्रवाह के दौरान, इन प्रकार के प्लांट को उपयोग करने के लिए रखा जाता है जो बेस लोड की एक पर्याप्त मात्रा प्रदान कर सकते हैं। रन-ऑफ रिवर संयंत्र बिना तालाब को चित्र 2.9 में दर्शाया गया है।

बिना तालाब के रन ऑफ रिवर संयंत्र को चित्र 2.10 में दिखाया गया है। तालाब बहते हुए नदी के बिजली संयंत्रों को और भी उपयोगी बनाता है। शब्द "जलाशय" उस भंडारण को संदर्भित करता है जो संयंत्र में उपलब्ध है। यह भंडारण संयंत्र के लिए एक सप्ताह या एक लंबी अवधि के दौरान होने वाले भार में घंटे-दर-घंटे अंतराल का प्रबंधन करना संभव बनाता है।

यदि तालाब में पर्याप्त पानी है, तो बिजली संयंत्र अधिक बिजली बना सकता है। इस तरह का बिजली संयंत्र एक ऐसे संयंत्र की तुलना में अधिक सहायक होता है जिसमें पोंडेज शामिल नहीं होता है क्योंकि इसे आवश्यकता के अनुसार लोड वक्रके खडों पर नियोजित किया जा सकता है यद्यपि इसकी भी कुछ सीमाएं हैं।ये बिजली संयंत्र अधिक विश्वसनीय हैं और उनकी बिजली बनाने की क्षमताइस बात पर कम निर्भर करती है कि पानी कितनी तेजी से बहता है। धारा के प्रवाह के आधार पर, इन बिजली संयंत्रों का उपयोग बेस लोड या पीक लोड पावर प्लांट के रूप में किया जा सकता है। उच्च प्रवाह के दौरान, इन संयंत्रों का उपयोग बेस लोड का समर्थन करने के लिए किया जा सकता है, जबकि कम प्रवाह के दौरान, इनका उपयोग केवल मांग को पूरा करने के लिए किया जा सकता है। पौंडेज प्रदान करते समय, टेलरेस की स्थिति ऐसी होनी चाहिए कि बाढ़ टेलरेस जल स्तरको ऊपर नहीं उठाती है, इसलिए प्लांटके शीर्ष को कम करना और इसकी प्रभावकारिता को कम करना चाहिए। जब इन संयंत्रों का उपयोग भाप बिजली संयंत्रों के साथ किया जाता है, तो वे सबसे अधिक कोयले की बचत करते हैं।

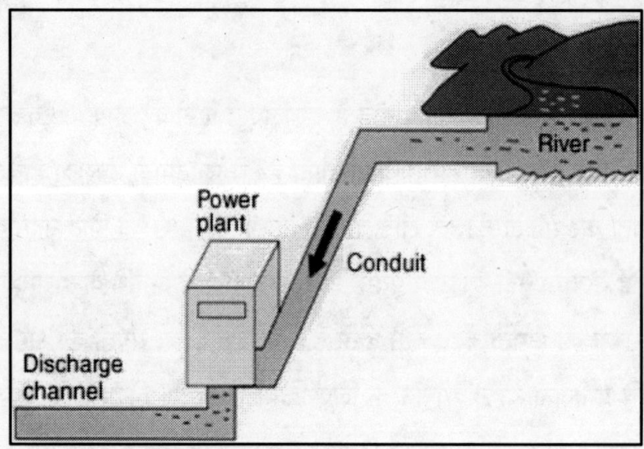

चित्र 2.9 रन ऑफ रिवर संयंत्र बिना तालाब के

(ख) रन ऑफ रिवर संयंत्र तालाब के साथ

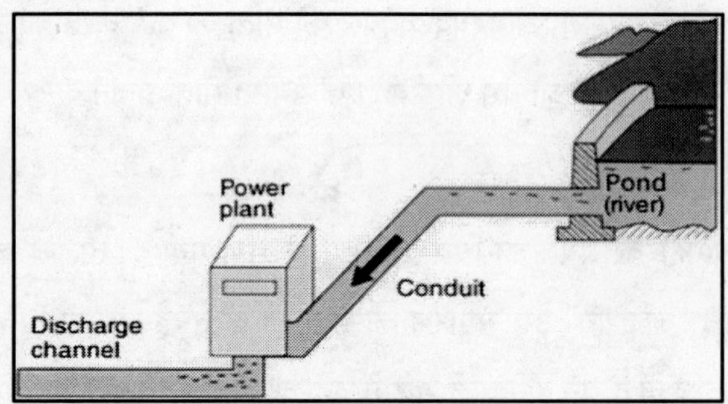

चित्र 2.10 रन ऑफ रिवर संयंत्र तालाब के साथ

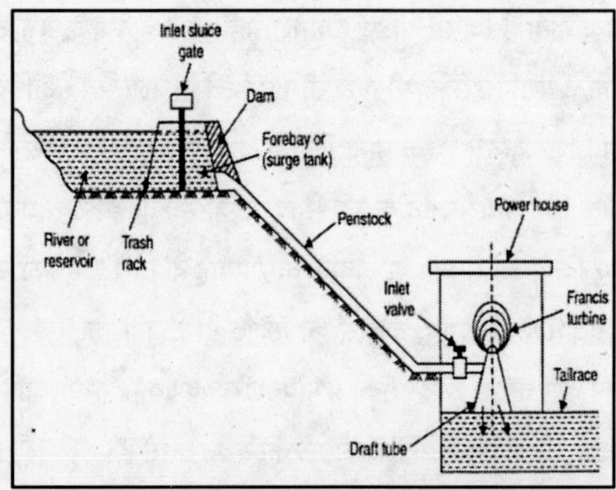

चित्र 2.11 जलाशय या भंडारण संयंत्र

(ग) जलाशय या भंडारण संयंत्र

जलाशय में पानी के प्रवाह पर नियंत्रण रखना संभव है और बांध द्वारा संरक्षित एक बड़े जलाशय में रखे जाने पर इसका सबसे कुशल उपयोग करना संभवहै। भंडारण क्षेत्र संयंत्र की फर्म क्षमता में वृद्धि करता है, और इसका पूरे वर्ष उपयोग किया जा सकता है। इस प्रकारके संयंत्र का उपयोग या तो बेस लोड या पीक लोड प्लांट के रूप में किया जा सकता है जो स्थिति की आवश्यकताओं पर निर्भर करता है। इसके अतिरिक्त, इसे ग्रिड प्रणाली में लोड वक्र के किसी भी क्षेत्र पर लागू किया जा सकता है। इस प्रकार के विश्व के जलविद्युत संयंत्रों का एक बड़ा प्रतिशत है।जलाशय या भंडारणसंयंत्रों को चित्र 2.11 में दर्शाया गया है।

2.4.2 हेड प्राप्यता (availability) के अनुसार

इस श्रेणी में तीन प्रकार के जलविद्युत संयंत्र हैं। जल विद्युत संयंत्र का **हेड**चित्र 2.12 में दिखाया गया है।

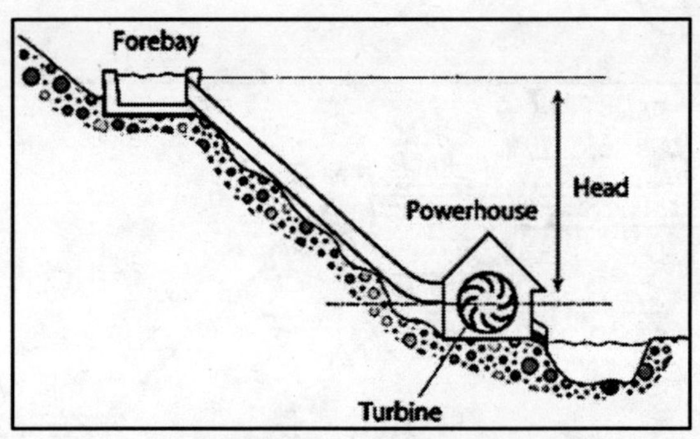

चित्र 2.12 जल विद्युत संयंत्र

2.4.2.1 लो-हेड

नदियों पर अधिकांश लो-हेड (<30 मीटर) बांध का निर्माण करना शामिल है, जिसमें टरबाइन के माध्यम से पानी कोउत्पादन करने के लिए बहता है और बांध के नीचे से नदी में वापस लौटता है। यहाँ चित्र 2.13 में एक विशिष्ट लो-हेड इंस्टॉलेशन दिखाया गया है। आवश्यक हेड नदी पर बांध या बैराज बनाकर बनाया जाता है। चूंकि बिजली संयंत्र बांध के करीब है, इसलिए एक सर्ज टैंक की जरूरत नहीं है। यह संयंत्र या तो नदी के किनारे बनाया जाताहै। बैराज के आधे हिस्से में अतिरिक्त पानी को छोड़ने के लिए गेट को विनियमित करना शामिल है, जबकि एक संयंत्र दूसरे के सामने होते है। फ्रांसिस, प्रोपेलर, या कपलान टर्बाइनों का उपयोग लो -हेड वाले बिजली संयंत्रों में किया जाता है। लो-हेड प्लांट को एक बड़े व्यास और एक छोटी लंबाई वाले पाइपों की आवश्यकता होती है क्योंकि उन्हें एक दिए गए आउटपुट का उत्पादन करने के लिए उच्च मात्रा में पानी की आवश्यकता होती है। इस तरह के संयंत्रोकी संरचनाएं जटिल और महँगी होती हैं। इन संयंत्रों में कम गति वाले बड़े व्यास के जनरेटर का उपयोग किया जाता है।चित्र 2.13 में लो-हेड हाइड्रोइलेक्ट्रिक पावर प्लांट का लेआउट आरेख दिखाया गया है।

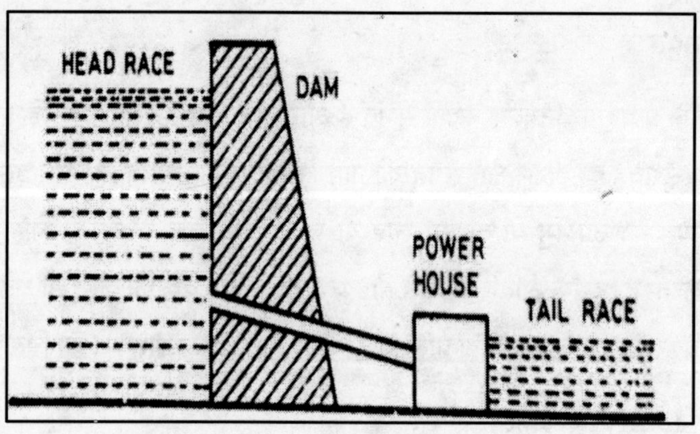

चित्र 2.13 लो-हेड जलविद्युत संयंत्र

2. 4.2.2 मध्यम शीर्ष

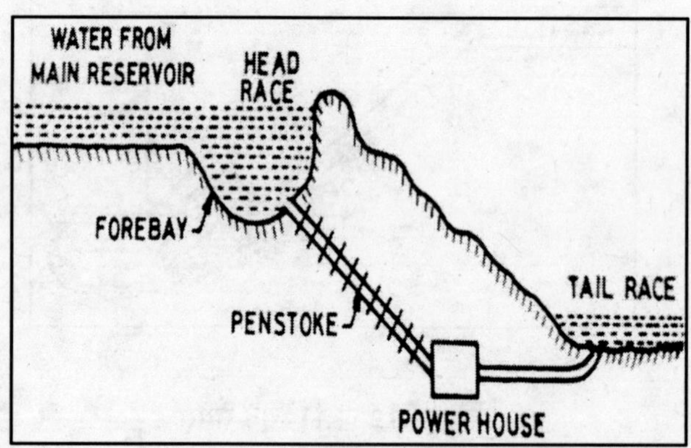

चित्र 2.14 मीडियम हाइड्रो पावर प्लांट

इन प्रकार के बिजली संयंत्रों में, धारा के पानी को आम तौर पर एक फोरबे में डायवर्ट किया जाता है जो नदी के एक किनारे पर स्थित होता है, जैसा किएक लो-हेड प्लांट की स्थिति में होता है। पेन्स्टॉक का उपयोग पानी को टर्बाइनों तक ले जाने के लिए किया जाता है। इस तरह के बिजली संयंत्र एक जलाशय के रूप में पेन्स्टाक की शुरुआत में आपूर्ति की जाने वाली फोरबेका उपयोग करते हैं। इन प्रकार के संयंत्र में, पानी को मुख्य जलाशय से फोरबे में ले जाने और अंततः पेन्स्टाक के माध्यम से टर्बाइनों में ले जाने की प्रक्रिया अक्सर एक ओपन चैनल में होती है। फ्रांसिस, प्रोपेलर या कपलान क्षैतिजशाफ्ट टर्बाइनों को इन सुविधाओं में नियोजित किया जाता है। चित्र 2.14 में, मध्यम शीर्ष संयंत्र (30 मीटर से 100 मीटर) का विन्यास(conf ।gurat ।on) प्रदर्शित किया गया है।

2.4.2.3 उच्च शीर्ष जल विद्युत संयंत्र

चित्र 2.15 में उच्च शीर्ष जलविद्युत संयंत्र का लेआउट आरेख(100 मीटर से 2000 मीटर) दिखाया गया है। इस बिजली संयंत्र का हेड आम तौर पर 300 मीटर से अधिक है। एक बांध उस स्तरपर बनाया ज ।ता है जो उच्चतम संभव आरक्षित जल स्तर पर होता है। वाल्व हाउस एक प्रेशर टनल से जुड़ा हुआ होता है । इस प्रेशर टनल के माध्यम से, पानी जलाशय से वाल्व हाउस तक यात्रा करता है और पेनस्टॉक में जाता है।इसके अतिरिक्त, यदि जल टरबाइन के स्थिर द्वार अचानक बंद हो जाते हैं तो पेनस्टॉक में पानी के दबाव को कम करने के लिए वाल्व हाउस से पहले एक सर्ज टैंक बनाया जाता है। अतिरिक्त पानी के कारण, यह टरबाइन को आपूर्ति करेगा, सर्ज टैंक कुछ अतिरिक्त पानी भी संग्रहीत करता है जो पिक-लोड मांग को पूरा करने के लिए उपयोगी है। वाल्व हाउस में मुख्य वाल्व, स्लुइस गेट और ऑटोमैटिक आइसोलेटिग वाल्व होते हैं, जो पेन्स्टाक के फट जाने पर संचालित होते हैं और पानी का प्रवाह रोक देते हैं। पेन्स्टॉक नामक एक कनेक्टिग पाइप वॉल्व हाउस से टरबाइन तक पानी का परिवहन करता है। फ्रांसिस टरबाइन कम स्थान के लिए फायदेमंद है जबकि पेल्टन व्हील टरबाइन 500 मीटर से अधिक ऊंचे स्थान के लिए उपयुक्त है।

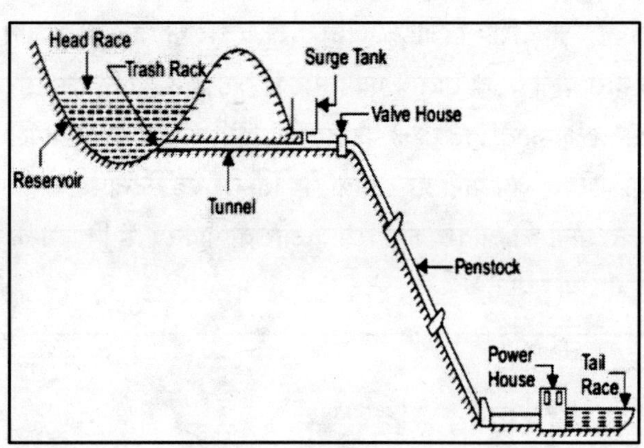

चित्र 2.15 हाइड्रो पावर प्लांट

2.4.3 भार की प्रकृति के अनुसार

इस श्रेणी के तहत तीन प्रकार के जलविद्युत संयंत्र हैं जैसे,बेस लोड, पीक लोड और शिखर लोड के लिए पंप स्टोरेज प्लांट।

2.4.3.1 बेस लोड प्लांट

जो बिजली संयंत्र बेस लोड की आपूर्ति कर सकते हैं, उन्हें बेस लोड पावर प्लांट के रूप में जाना जाता है। इन संयंत्रों में अक्सर विशाल क्षमताहोती है। इस तरह के संयंत्रो का लोड फैक्टर अधिक होता है क्योंकि उन्हें अनिवार्य रूप से ब्लॉक लोड पर चलाया जाता है (यानी, लोड जो अनिवार्य रूप से स्थिर होता है)। बेस लोड प्लांटों में जलाशय और रन-ऑफ रिवर प्लांटो को बिना

तालाबों के रखा गया है। महत्वपूर्ण भंडारण क्षमता वाले संयंत्र को आधार भारसंयंत्रों के रूप में सबसे अच्छी तरह से नियोजित किया जाता है, विशेष रूप से बरसात के मौसम के दौरान जब वर्षा का पानी जलाशय के जल स्तर को बढ़ाता है। संयंत्र द्वारा उत्पादित ऊर्जा की प्रति इकाई लागत अपेक्षाकृत कम होनी चाहिए ताकि संयंत्र को आधारभारसंयंत्र के रूप में उपयोग के लिए विचार किया जा सके।

2.4.3.2 शिखर लोड प्लांट

पीक लोड प्लांट वे होते हैं जो सिस्टम शिखर लोड की आपूर्ति के लिए उपयोग किए जाते हैं, जो लोड वक्र के शिखर पर लोड के अनुरूप होते हैं। शिखर लोड प्लांट को तालाब के साथ रनऑफ रिवर प्लांटस का उपयोग करके बनाया जा सकता है। यदितालाब पर्याप्त है, तो आवश्यकता पड़ने पर ऐसे संयंत्र द्वारा लोड का पर्याप्त प्रतिशत प्रदान किया जा सकता है। प्राकृतिक रूप से, जलाशय संयंत्रों को शिखर लोड संयंत्रों के रूप में भी नियोजित किया जा सकता है। शिखर भारसुविधाओं संयंत्र की सुविधाओं मेंबड़ेबड़े मौसमी जलाशय शामिल है। वे कम मांग की अवधि के दौरान पानी का संरक्षण करते हैं और उच्च मांग की अवधि के दौरान काम करते हैं। इस तरह के संयंत्र में कम लोड फैक्टरकम होता है।

2.4.3.3 पीक लोड के लिए पंप स्टोरेज संयंत्र

इस पीक लोड प्लांट का एक विशिष्ट डिजाइन है। यहां दो प्रकार के पानी के तालाब हैं ऊपरी शीर्ष जल तालाब और अंतिम जल तालाब। पेनस्टॉक द्वारा पानी के दो तालाब एक दूसरे से जुड़े होते हैं। निचला सिरा मुख्य उत्पादक पंपिग संयंत्र है। ऑफ-लोड अवधि के दौरान, संयंत्र की अतिरिक्त ऊर्जा का उपयोग पानी को पंप करने के लिए किया जाता है। इसका उपयोग बिजली पैदा करने के लिए किया जाता है जब पानी प्रचुर मात्रा में होता है। यह सेटअप एक ही पानी के बार-बार उपयोग के लिए अनुमति देता है। केवल अतिरिक्त पानी की आवश्यकता रिसाव और वाष्पीकरण से निपटने के लिए है। शिखर लोड के लिए पंप भंडारणसंयंत्रों को चित्र 2.16 में दर्शाया गया है।

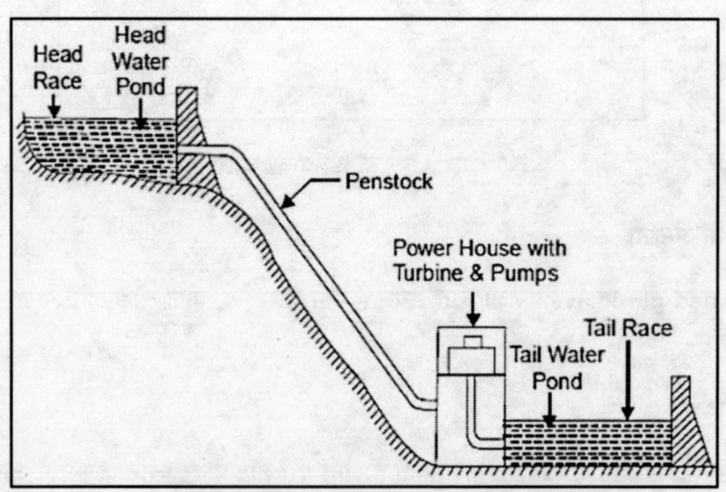

चित्र 2.16 पीक लोड के लिए पंप स्टोरेज संयंत्र

2.4.4 क्षमता के अनुसार

ऊपर प्रस्तुत किए गए वर्गीकरण के अलावा, जलविद्युत संयंत्रों को भी उनकी क्षमताओं के आधार पर वर्गीकृत किया जा सकता है। वे इस प्रकार हैं।

(1) बड़े जलविद्युत संयंत्र

(2) मध्यम जलविद्युत संयंत्र

(3) लघु जलविद्युत संयंत्र

(4) मिनी जलविद्युत संयंत्र

(5) सूक्ष्म जलविद्युत संयंत्र

(6) पिको जलविद्युत संयंत्र

"मिनी," "सूक्ष्म," और "पिको" हाइड्रो प्लांट्स को आमतौर पर "छोटे हाइड्रो प्लांट्स" के रूप में समूहीकृत किया जाता है।

हालांकि, जब छोटे हाइड्रो की बात आती है, तो प्रत्येक देश के पास शब्द को परिभाषित करने के लिए एक अलग ऊपरी और कम सीमा होती है। दुनिया भर में किलोवाट में इसके उत्पादन द्वारा छोटे जलविद्युत को आम तौर पर परिभाषित किया जाता है। विभिन्न देशों में अलग-अलग नियम हैं, लेकिन ऊपरी सीमा हमेशा 5 से 50 मेगावाट के बीच होती है। यह वर्गीकरण तालिका 1 में दिखाया गया है।

तालिका.1 क्षमता के आधार पर जलविद्युत संयंत्रों का वर्गीकरण

बड़े जलविद्युत	100 मेगावाट से अधिक, और आम तौर पर एक बड़ई बिजली ग्रिडसे जुडाहुआ
मध्यम जलविद्युत	15 से 100 मेगावाट, आम तौर पर एक ग्रिडके लिए कनेक्ट।
लघु जलविद्युत	1 से 15 मेगावाट, आमतौर पर एक ग्रिडसे जुडाहोता है।
मिनी जलविद्युत	100 किलोवाट से अधिक, लेकिन 1 मेगावाट से कम या तो स्टैंडअलोन या अधिक बार ग्रिडसे ग्रिडको ग्रिडसे जोड़ने के लिए।
सूक्ष्म जलविद्युत	5 किलोवाट से लेकर 100 किलोवाट तक, वे आम तौर पर ग्रिडसे दूर एक क्षेत्र (area) में छोटे शहरों या ग्रामीण व्यवसायों को संचालित करते हैं।
पिको जलविद्युत	कुछ सौ वाट से लेकर 5 किलोवाट तक।

2.4.5 हाइड्रोलॉजिकल रिलेशन के अनुसार

इस श्रेणी में दो प्रकार के जलविद्युत संयंत्र हैं।

2.4.5.1 एकल चरण

एक एकल-चरण जलविद्युत सेटअप वह है जिसमें एक एकल जलविद्युत संयंत्र से डिस्चार्ज को एक नदी में वापस कर दिया जाता है या बिजली उत्पादन के अलावा किसी अन्य उद्देश्य के लिए उपयोग किया जाता है।

2.4.5.2 कैस्केड

जब दो या दो से अधिक जलविद्युत संयंत्र इस तरह से जुड़े होते हैं कि एक जलविद्युत संयंत्र के रनऑफ डिस्चार्ज का उपयोग दूसरे जलविद्युत संयंत्र के इनटेक डिस्चार्ज के रूप में किया जाता है, तो सिस्टम को कैस्केड जलविद्युत संयंत्र कहा जाता है।

2.5 जलविद्युत संयंत्रों के लिए टर्बाइनों का वर्गीकरण

ऊर्जा विभिन्न प्रकार के टर्बाइनो द्वारा उत्पन्न होती है जो हाइड्रोलिक ऊर्जा को यांत्रिक ऊर्जा में रूपांतरण करते हैं। विभिन्न प्रकार के टर्बाइनो का वर्णन करने के कई तरीके हैं। वर्गीकरण विधियो में द्रव और टरबाइन के बीच संवेग विनिमय की विधि, द्रव प्रवाह पथ टरबाइन, टरबाइन की हाइड्रोलिक गतिविधि सीमा और टरबाइन की विशिष्ट गति शामिल है। कई अन्य प्रकार के टर्बाइन भी मौजूद हो सकते हैं। टर्बाइनो को विभिन्न पहलुओ में वर्गीकृत किया गया है जैसा कि नीचे दिखाया गया है।

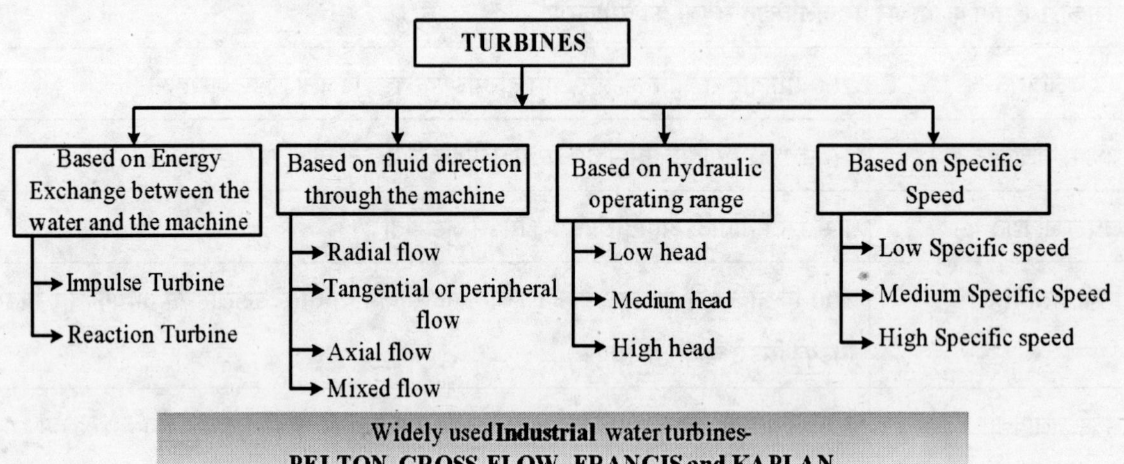

Widely used **Industrial** water turbines-
PELTON, CROSS-FLOW, FRANCIS and KAPLAN

2.5.1 जल और मशीन के बीच ऊर्जा आदान-प्रदान पर आधारित

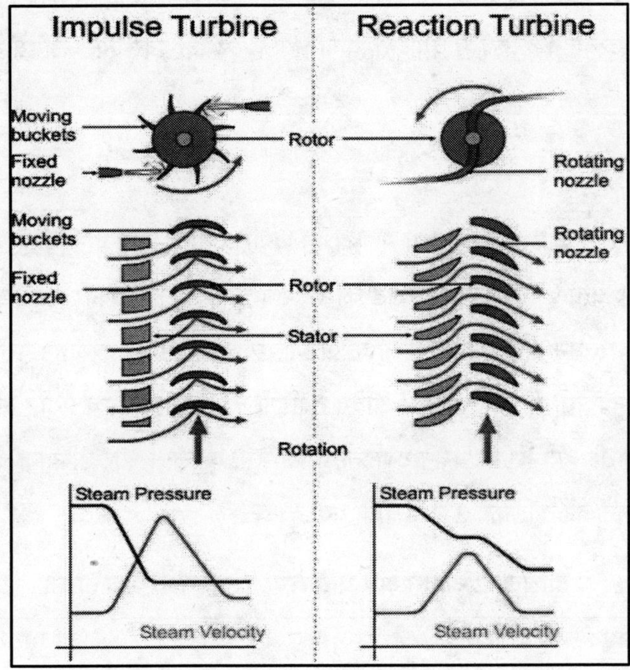

चित्र 2.17-इंपल्स और रिएक्शन टरबाइन के बीच अंतर

हाइड्रो टर्बाइनों को दो समूहों में विभाजित किया जा सकता है जो इस बात पर निर्भर करता है कि द्रव प्रवाह टरबाइन ब्लेड को कैसे प्रभावित करता हैः आवेग (impulse) और प्रतिक्रिया (Reaction)। एक आवेगटरबाइन और एक प्रतिक्रिया टरबाइन के बीच मुख्य अंतर यह है कि गतिज ऊर्जा को गतिज ऊर्जा में कैसे बदल दिया जाता है ताकि टरबाइन पहिया को घुमाया जा सके। एक काम करने वाले तरल पदार्थ का दबाव प्रमुख संभावित ऊर्जा को संग्रहीत करता है, जबकि वेग (velocity) प्रमुख गतिज ऊर्जा को संग्रहीत करता है। द्रव संपीड़ित या असंपीड्य हो सकता है। इस ऊर्जा का उपयोग करने के लिए आवेग और प्रतिक्रिया टर्बाइनो द्वारा विभिन्न भौतिक (physical) अवधारणाओं का उपयोग किया जाता है। एक आवेग टरबाइन और एक प्रतिक्रिया टरबाइन के बीच मुख्य अंतर यह है किआवेगटरबाइन में भाप नोजल के माध्यम से प्रवेश करती है, जबकि एक प्रतिक्रिया टरबाइन मेंभाप घूर्णनब्लेड में प्रवेश करने से पहले मार्गदर्शन तंत्र के माध्यम से प्रवेश करती है जो चित्र. 2.17 में दिखाया गया है।

(क) आवेगटर्बाइन

आवेगटरबाइन एक प्रकारका टरबाइन है जिसमें द्रव नोजल के माध्यम से टरबाइन ब्लेड को चलाता है औरकिसी अन्य तरीके से टरबाइन पहिया को चलाता है। इन प्रकार के टर्बाइनों में वायु मंडलीय दाबपर घूर्णनतंत्र चलता है। जब हेडऊंचा होता है और फ्लो रेट कम होता है तो आवेगटर्बाइन सबसे अच्छा काम करता है। तीन अलग-अलग प्रकारके आवेग टर्बाइनों में पेल्टन,

टर्गो (पेल्टन व्हील का एक संशोधित रूप) और क्रॉस-फ्लो (बैंकी-माइकेल टरबाइन, या ओस्बर्गर टरबाइन) शामिल हैं। पेल्टन और टर्गो टर्बाइनों का निर्माण भी इसी तरह किया गया था। दूसरी ओर, क्रास-प्रवाह टरबाइन एक संशोधित प्रकारकी आवेग टरबाइन है जिसे एक आवेग टरबाइन के रूप में वर्गीकृत किया गया है क्योंकि रनर एक जलमग्न टरबाइन के बजाय वायुमंडलीय दबाव पर घूमता है।

(ख) रिएक्शन टर्बाइन

टरबाइन को एक प्रतिक्रिया टरबाइन के रूप में संदर्भित किया जाता है, यदि पानी की संभावित ऊर्जा और गतिज ऊर्जा, जो दबाव और वेग के कारण होती है, तो टरबाइन ब्लेड का रोटेशन होता है। इन प्रकारके टर्बाइनों में, ऊर्जा विनिमय पानी के दबाव और गतिज एनर्जी में परिवर्तन और गतिज एनर्जी के परिणामस्वरूप होता है। टरबाइन पूरी तरह से पानी में डूबी होती है। रिएक्शन टर्बाइनों के लिए अनुप्रयोगों में आम तौर पर आवेग टर्बाइनों की तुलना में उच्च प्रवाह दर और कम हेडशामिल होते हैं। रिएक्शन टर्बाइन विभिन्न प्रकारके होते हैं। रिएक्शन टर्बाइनों में फ्रांसिस, कपलान और डेरियाज टर्बाइन्स शामिल हैं। आवेगऔर रिएक्शन टरबाइन के बीच तुलना को तालिका. 2 में दिखाया गया है।

तालिका 2 आवेग और प्रतिक्रिया टरबाइन के बीच तुलना

S.No.	रिएक्शन टर्बाइन	आवेगटर्बाइन
1.	यहां, शुरुआत में, धारा गाइड तंत्र के माध्यम से बहती है और फिर घूर्णन ब्लेड के माध्यम से बहती है।	यह धारा एक नोजल के माध्यम से एक आवेगटरबाइन में प्रवेश करती है और घूर्णन ब्लेड को आवेशित करती है।
2.	दबाव और गतिज ऊर्जा के साथ, भाप फैले हुए ब्लेड पर आसानी से चलती है।	गतिज ऊर्जा रूपगतिज ऊर्जा के रूपमें गतिज बकेट को स्पर्श करता है।
3.	भाप का दबाव कम हो जाता है क्योंकि यह घूर्णन ब्लेड के बीच से गुजरता है।	एक स्थिर दबाव बनाए रखते हुए भाप घूर्णन ब्लेड के माध्यम से बहती है।
4.	भाप को पूरे परिधि को परिचालित करने की अनुमति दी जानी चाहिए।	भाप को पूरे परिधि में रखा जा सकता है या नहीं भी किया जा सकता है।
5.	रिएक्शन टरबाइन में असममित ब्लेड होते हैं।	आवेगटरबाइन में सममितीयब्लेड होते हैं।
6.	भाप का सापेक्ष वेग बढ़ जाता है क्योंकि यह रिएक्शन टरबाइन के ब्लेड पर आच्छादित होता है।	भाप एक स्थिर सापेक्ष वेग बनाए रखती है क्योंकि यह ब्लेड के ऊपर से गुजरती है।
7.	समान मात्रा में बिजली प्राप्त करने के लिए और अधिक चरणों की आवश्यकता होती है।	समान मात्रा में बिजली का उत्पादन करने के लिए कम चरणों की आवश्यकता होती है।

S.No.	रिएक्शन टर्बाइन	आवेगटर्बाइन
8.	भाप अक्षीय और रेडियल रूपसे टरबाइन व्हील की ओर बहती है।	एक टरबाइन पहिया में वाष्प प्रवाह की दिशा पहिया के घूर्णन के लिए रेडियल है।
9.	इसे ज्यादा मेंटेनेंस की जरूरत होती है।	कम रखरखाव अनुरक्षण की आवश्यकता होती है।
10.	यह मध्यम और उच्च विसर्जन दोनों के लिए आदर्श है।	यह कम डिस्चार्ज के लिए अनुकूल है।
11.	न्यूटन का तीसरा नियम प्रतिक्रिया टरबाइन पर लागू होता है।	न्यूटन का दूसरा नियम आवेगटरबाइन पर लागू होता है।
12.	रिएक्शन टर्बाइन रोटर निर्माण ड्रम प्रकार का है।	इंपल्स टरबाइन रोटर निर्माण डिस्क या पहिया प्रकार है।
13.	प्रतिक्रिया की डिग्री शून्य से अधिक है (0 और 1 के बीच)	प्रतिक्रिया की डिग्री शून्य है।
14.	फ्रांसिस और कपलान टर्बाइन प्रतिक्रिया टर्बाइनों के उदाहरण हैं।	एक आवेग टरबाइन का एक उदाहरण पेल्टन व्हील है।

दोनों टर्बाइनों का विस्तृत विश्लेषण निम्नलिखित वीडियो लिक https://www.youtube.com/watch?v=3AD_Hiy2QjM में पाया गया है।

2.5.2 मशीन के माध्यम से तरल दिशा पर आधारित

टरबाइन के माध्यम से पानी की आवाजाही इन टर्बाइनों को चार प्रकारों में वर्गीकृत करती है। वे हैं -

(क) त्रिज्यप्रवाह

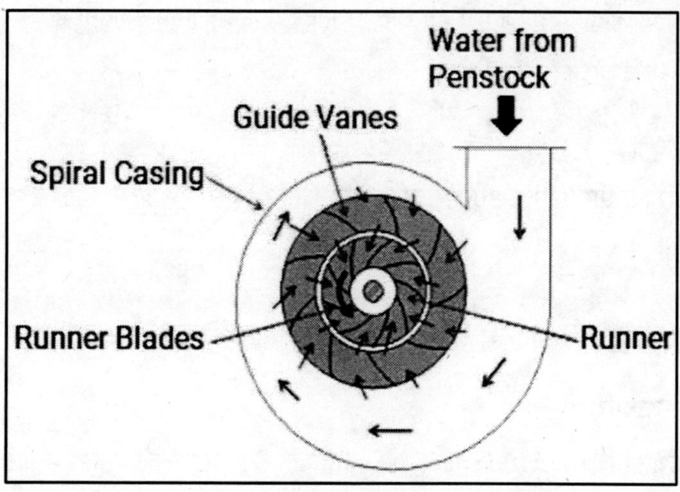

चित्र 2.18 त्रिज्यप्रवाह

त्रिज्यप्रवाह टरबाइन वह है जिसमें रनर त्रिज्य दिशा में प्रवाहित होता है। इन टर्बाइनों को या तो अंदर की ओर रेडियल प्रवाह या बाहर की ओर रेडियल प्रवाह टर्बाइनों के रूप में वर्गीकृत किया जा सकता है, जो रेडियल प्रवाह की दिशा पर निर्भर करता है। फ्रांसिस टर्बाइन त्रिज्यप्रवाह टर्बाइन हैं। रेडियल प्रवाह को चित्र2.18. में दिखाए गए रूप में दर्शाया जा सकता है। अंदर की ओर रेडियल प्रवाह टरबाइन वे हैं जिनमें बाहर की ओर से त्रिज्य के अंदर तक पानी बहता है। आउटवार्ड रेडियल प्रवाह टर्बाइनों में एक रनर होता है जो पानी को अंदर से बाहर की ओर जाने की अनुमति देता है।

(ख) स्पर्श रेखा प्रवाह

इन टर्बाइनों में पानी रनर की ओर जाता है। पेल्टन टर्बाइन टर्बाइनों के इस वर्ग से संबंधित हैं।

(ग) अक्षीय प्रवाह

इस तरह के टरबाइन में तरल पदार्थ टरबाइन शाफ्ट (टरबाइन अक्ष) के समानांतर चलता है। इन टर्बाइनों में कपलान शामिल हैं।

(घ) मिश्रित प्रवाह

एक मिश्रित प्रवाह टरबाइन, जैसे कि एक आधुनिक फ्रांसिस टरबाइन, टरबाइन का एक प्रकारहै जिसमें प्रवाह एक रेडियल दिशा में टरबाइन में प्रवेश करता है और एक अक्षीय दिशा में टरबाइन से बाहर निकलता है।

2.5.3 हाइड्रोलिक प्रचालन परिसर पर आधारित

तीन प्रकार के पानी के टरबाइन मौजूद हैं। वे कम हैड टर्बाइन, मध्यम हैड टर्बाइन और उच्च हैड टर्बाइन हैं।

(क) लो-हेड टर्बाइन्स

लो-हेड हाइड्रोलिक टर्बाइन वे हैं जिनकी हेड रेंज 30 मीटर से कम है। इन टर्बाइनों में कपलान टरबाइन शामिल है। एक अल्ट्रा-लो हैड 3 मीटर से कम ऊंचाईका होता है।

(ख) मध्यम हेड टरबाइन

मध्यम हेड की प्रभावी सीमा 30 से 300 मीटर के बीच होती है। ऐसे में फ्रांसिस टर्बाइनों का इस्तेमाल किया जाता है।

(ग) हाई हेड टर्बाइन

पेल्टन टर्बाइन की तरह 300 मीटर से अधिक ऊंचाईवाले टर्बाइन को हाई हेड टर्बाइन कहा जाता है।

2.5.4 विशिष्ट गति पर आधारित

टरबाइन की विशिष्ट गति (specific speed N_S) वह गति है जिस पर ज्यामितीय समानता वाला एक टर्बाइन एक हेड यूनिट के तहत बिजली की एक इकाई का उत्पादन कर सकता है। एक टरबाइन (N_S) की विशिष्ट गति (2.1) द्वारा दी गई है।

$$N_s = N\sqrt{P} \;/\; H^{5/4} \quad (2.1)$$

जहाँ, N = सामान्य कार्य गति rpm में. P = टरबाइन पावर का आउटपुट और H = प्रभावी शीर्ष (m)

जल टर्बाइनों को इस मानदंड के आधार पर तीन समूहों में वर्गीकृत किया गया है।

(क) कम विशिष्ट गति टरबाइन

विशिष्ट गति को कम माना जाता है जब मान 1 और 10 के बीच होता है। आवेगटर्बाइन इस सीमा के भीतर कार्य करते हैं। उदाहरण के लिए, पेल्टन टरबाइन आम तौर पर लगभग 4 की गति से चलती है।

(ख) मध्यम विशिष्ट गति टरबाइन

फ्रांसिस टर्बाइनों, जिनकी गति 10 से 100 के बीच होती है, की एक मध्यम विशिष्ट गति होती है।

(ग) उच्च विशिष्ट गति टरबाइन

100 से अधिक की विशिष्ट गति को उच्च मान माना जाता है। कपलान टरबाइन अपेक्षाकृत उच्च विशिष्ट गति से संचालित होता है।

2.6 व्यापक रूप से इस्तेमाल किए जाने वाले औद्योगिक पानी के टर्बाइन

बिजली उत्पादन में तीन प्रकारके पानी के टर्बाइनों का व्यापक रूप से उपयोग किया जाता है। वे पेल्टन व्हील या पेल्टन टर्बाइन, फ्रांसिस टर्बाइन और कपलान टर्बाइन हैं।

2.6.1 पेल्टन टर्बाइन

पेल्टन टरबाइन,जिसे पेल्टन व्हील के रूप में भी जाना जाता है,को1879 में लेस्टर एलन पेल्टन नामक एक अमेरिकी आविष्कारक द्वारा विकसित कियागया था।पेल्टन टरबाइन, एक प्रकारका आवेगटर्बाइन है जिसका उपयोग उच्च शीर्ष और कम प्रवाह दर के लिए किया जाता है, जिसमें प्रवाह चक्र को स्पर्श रेखा से स्पर्श करता है। संभावित ऊर्जा और उच्च दबाव का प्रवाह पेन्सस्टॉक के माध्यम से और नोजल तक यात्रा करता है जबकि पूर्ण सेट वायुमंडलीय दबाव पर होता है। यह नोजल बॉटलनेक पानी के वेग को बढ़ाते हुए पानी के प्रवाह को गति देता है, क्योंकि नोजल उच्च दबाव प्रवाह को बहुत तेज प्रवाह में परिवर्तित करता है। नोजल से निकला पानीचम्मच के आकार के ब्लेड (बाल्टी) से टकराता है, जो टरबाइन को बदल देता है। पेल्टन टरबाइन गतिज ऊर्जा को घूर्णन ऊर्जा में परिवर्तित करती है। उच्च वेगों को प्राप्त करने के लिए, पेल्टन टर्बाइनों का उपयोग 300 से 2000 मीटर ऊंचाईभिन्नताओ के लिए किया जाता है और 50 $m^{3/s}$ से कम की

जल क्षमता। इन्हें कम विशिष्ट गति के टर्बाइनों के रूप में परिभाषित किया गया है। वे विभिन्न आकारों में आते हैं, और कुछ का उपयोग 200 मेगावाट तक बिजली के लिए किया गया है। पेल्टन टर्बाइन को स्पष्ट समझ के लिए चित्र 2.19 और चित्र 2.20 में दिखाया गया है। पेल्टन व्हील टरबाइन के कुछ घटकों को रेखाचित्र 2.21 में चित्रित किया गया है, जैसे कि (ए) क्लाइजिंग, (बी) स्पीयर,(ग) बकेट या वैन, (घ)ब्रेक नोजल, (ङ) रनर और (च) गवर्निंग मैकेनिज्म आदि।

(क) कैसिग

पेल्टन व्हील आवरण पानी को बाहर फैलने से बचाता है और यह नोजल से टेलरेस तक पानीको बिना फैले बहने में मदद करता है। एक प्रतिक्रिया टरबाइन की तुलना में, इस केसिग का कोई हाइड्रोलिक कार्य नहीं है।

(ख) नीडल स्पीयर

नीडल स्पीयर पानी के प्रवाह को नियंत्रित करता है, यह नोजल के अंदर घूमता है और स्मूथ प्रवाह प्रदान करता है, इसलिए ऊर्जा की बहुत कम हानिहोती है।जब नोजल को पूरी तरह से आगे की ओर स्लाइड करके बंद कर दिया जाता है, तोयह रनर को प्रभावित करने वाले पानी की मात्रा को शून्य कर देता है, फिर भी रनर जड़त्व के कारण एक विस्तारित अवधि के लिए घूमता रहता है।

(ग) बकेट या वैन

बकेट पेल्टन व्हील का सबसे महत्वपूर्ण हिस्सा है। इसकी थकान की विफलता को रोकने के लिए, बाल्टियों को एक ठोस टुकड़े के रूप में डाला जाता है। यह स्पष्ट है कि टरबाइन बाल्टी पर लगने वाला बल समय के साथ बदलता रहता है। यदि आप किसी विशिष्ट बकेट को ट्रैक करते हैं, तो यह एक संक्षिप्त अवधि (जेट के टकराव के दौरान) के लिए महत्वपूर्ण बल का अनुभव करेगा, इसके बाद निष्क्रियता की एक लंबी अवधि होगी जिसके दौरान कोई जेट इंटरैक्शन नहीं होता है। परिणामस्वरूप, बाल्टी पर धकेलने वाला बल भी परिवर्तनशील होता है। हालाँकि यह समय के साथ बदलता है, यह चक्रीय है। इस तरह के चक्रीय बलका परिणाम आसानी से समय से पहले बकेट की थकावट के रूप में सामने आएगा, यदि बाल्टी का निर्माण वेल्डिंग द्वारा टुकड़ों को जोड़करकिया जाता है। पानी केजेट को दो समान भागों में विभाजित करने के लिए एक स्प्लिटर का प्रयोग किया जाता है। बकेट के अपने अनोखेडिजाइन के कारण का जेट लगभग 180 डिग्री से घूमजाता है। नतीजतन, बकेट एक आवेगी बल का अनुभव करता है। न्यूटन के गति के दूसरे नियम का प्रयोग इस स्थिति में बल की गणना करने के लिए किया जाता है। आम तौर पर, आवेगी बल की वृद्धि के लिए लगभग 180 डिग्री के ब्लेड आउटलेट कोणका उपयोग किया जाता है। प्रत्येक बाल्टी (bucket) के नीचे के हिस्से में एक कट होता है। यह सुनिश्चित करता है कि आने वाली बकेट, पानी के जेट में हस्तक्षेप नहीं करेंगी।

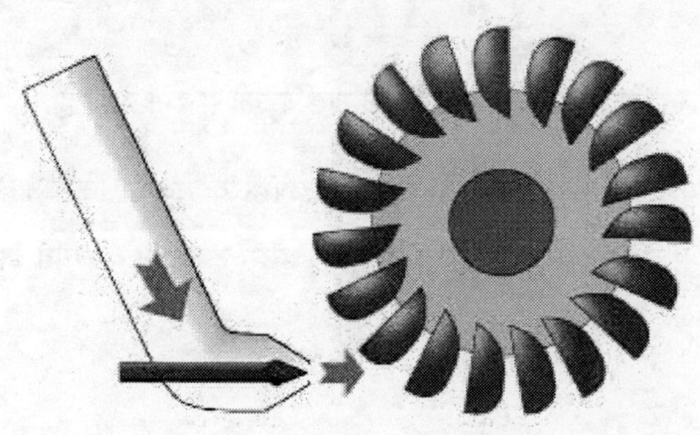

चित्र 2.19 पेल्टन टरबाइन के बाल्टी की ओर पानी का प्रवाह

चित्र 2.20 पेल्टन टरबाइन

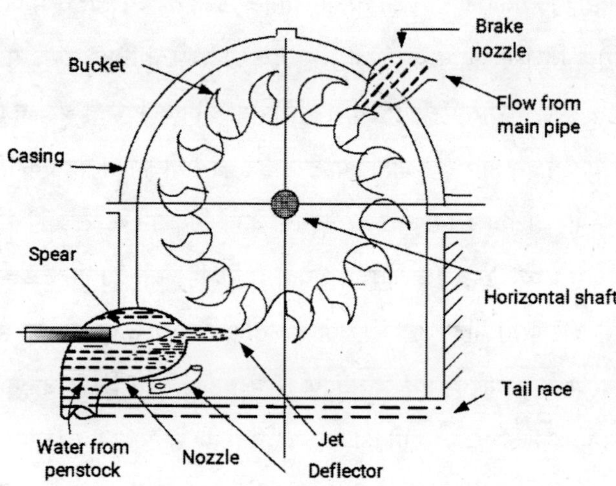

चित्र 2.21 पेल्टन टरबाइन लेआउट

(घ) ब्रेकिंग नोजल

एक ब्रेकिंग जेट प्रदान किया जाता है, जो बाल्टी पर पानी के प्रवाह को निर्देशित करता है ताकि रनर को रोका जा सके और अपेक्षाकृत कम समय में आराम करने की अनुमति दी जा सके।

(ङ) रनर

पेल्टन व्हील में एक रनर होता है जो घूमता है और काइनेटिक एनर्जी होती है और रनर की परिधि के आसपास समान रूप से स्पेस्ड बकेट होते हैं, जो या तो गोलार्ध या डबल एलिप्सोइडल होते हैं। रोटर ब्लेड को चलाने से पहले, संभावित ऊर्जा गतिज ऊर्जामें परिवर्तित हो जाती है।

(च) गवर्निंग तंत्र

पेल्टन टरबाइन को एक तेल नियंत्रण गवर्नर द्वारा नियंत्रित किया जाता है, जो निम्नलिखित घटकों से बना होता है:

तेल सिंक, रॉड, नियंत्रण वाल्व को,सर्वोमोटर ओर ऑयल सुप से जोड़ने वाले पाइप, केन्द्रापसारक गवर्नर, जिसे अक्सर पेंडुलम के रूप में जाना जाता है।जब जनरेटर का लोडगिर जाता है, जनरेटर की गति बढ़ जाती है। इससे टरबाइन की गति इसके विशिष्ट मूल्य से अधिक हो जाती है।

2.6.2 फ्रांसिस टर्बाइन

फ्रांसिस टर्बाइन सबसे आम प्रकारकी जल टरबाइन है और विश्व की जल विद्युत क्षमताका 60 प्रतिशत इन्हीं से बना है। यह एक बड़ी घूर्णन यांत्रिक युक्तिहै जिसका उपयोग क्षमताऔर गतिज ऊर्जा को जलविद्युत में परिवर्तित करने के लिए किया जाता है। ये विशेष टर्बाइन औद्योगिक बिजली प्रदान करने के लिए एक सदी से अधिक समय से परिचालन में हैं ओर अभी भी हाइड्रोपावर का उत्पादन करने के लिए उपयोग में हैं। परिचालन स्थितियों की एक विस्तृत श्रृंखला में, ये टर्बाइन अच्छा प्रदर्शन करते हैं। फ्रांसिस टरबाइन एक आवेगटरबाइन और एक प्रतिक्रिया टरबाइन का संयोजनहै। यह एक मिश्रित प्रवाह टरबाइन है, जिसका मतलब है कि पानी इम्पेल्लरकी ओर अक्षीय रूप से और टरबाइन से बाहर निकलने के ब्लेड की ओर रेडियल रूप से बहता है। इनमें से बहुसंख्यक टर्बाइनों का उपयोग मध्यम से बड़े जलविद्युत संयंत्रों में किया जाता है। इन टर्बाइनों का उपयोग उन शीर्षों के लिए किया जाता है जो 2 मीटर नीचे और 300 मीटर ऊंचे हैं। क्योंकि उन्हें क्षैतिज या ऊर्ध्वाधर रूप से लगाया जा सकता है, ये टर्बाइन दक्षता ओर स्पेस की अर्थव्यवस्था के मामले में एक महत्वपूर्ण लाभ प्रदान करते हैं। टरबाइन के ब्लेड में लागू की जाने वाली प्रतिक्रिया ओर आवेगजल बल प्रत्येक ब्लेड को घुमाने का कारण बनता है। नतीजतन, टरबाइन की दक्षता में सुधार होता है ओर हाइड्रोइलेक्ट्रिक प्लांट के भीतर अधिक ऊर्जा उत्पन्न होती है। फ्रांसिस टरबाइन का लेआउट और तस्वीर चित्र 2.22 में दिखाया गया है। चित्र 2.23. फ्रांसिस टरबाइन बनाने के लिए विभिन्न भागों का उपयोग किया जा सकता है। तो फ्रांसिस टरबाइन के मुख्य भाग स्पाइरल कैसिंग, गाइड वैन, स्टे वैन, ड्राफ्ट ट्यूब, रनर ब्लेड, पेन्सस्टॉक आदि हैं। जो चित्र 2.24 में दिखाया गया है।

(1) सर्पिल आवरण (स्पाइरल केसिंग)

पानी सर्पिल आवरण के माध्यम से टरबाइन में बहता है। यह पाइप उच्च दबाव वाले पानी को बांध या जलाशय से बहने की अनुमति देता है। टरबाइन ब्लेड एक गोल पैटर्न में निर्मित होते हैं, जिसका मतलब है कि कुशल प्रहार के लिए, पानी को गोलाकार अक्ष के भीतर बहना चाहिए। यही कारण है कि सर्पिल आवरण का उपयोग किया जाता है, लेकिन इसमें बल खो जाता है क्योंकि पानी एक सर्कल में चलता है। आवरण का व्याससमय के साथ छोटा होता जाता है ताकि बल समान रहे।

(2) गाइड वेन

ये वेन एक स्थान पर नहीं रहते हैं, लेकिन वे अपने कोणको बदलते हैं कि कैसे पानी को टरबाइन ब्लेड को हिट करने की आवश्यकता है ताकि उन्हें अधिक कुशल बनाया जा सके। वे उस दर को भी विनियमित करते हैं जिस पर पानी रनर ब्लेड में बहता है, जिससे एक टरबाइन के आउटपुट को लोड के जवाब में समायोजित किया जा सकता है।

(3) स्टे वेन

स्टे वेन का उद्देश्यजल को रनर ब्लेडतक ले जाना है। रेडियल प्रवाह के कारण, येज्य पदार्थ स्थिर रहते हैं ओर वाटर स्विर्लिंग को कम करते हैं। जब यह रनर ब्लेड तक पहुंचता है, तो टरबाइन बहुत कुशल हो जाती है।

(4) ड्राफ्ट ट्यूब

अधिकांश टर्बाइनों में, रनर के बाहर निकलने पर निर्गमबल आसपास के वातावरण निर्गमबल की तुलना में नगण्य होताहै। आउटलेट से निकलने वाले पानी को सीधे टेलरेस में नहीं भेजा जा सकता है तो, पानी टरबाइन के आउटलेट से एक पाइप या ट्यूब के माध्यम से टेलरेस तक जाता है।

इस ट्यूब को "ड्राफ्ट ट्यूब" कहा जाता है और इसका एक सिरा सीधे रनर के एग्जिट व्हील से जुड़ा होता है और दूसरा सिरा टेल रेस में पानी में डूबा रहता है।

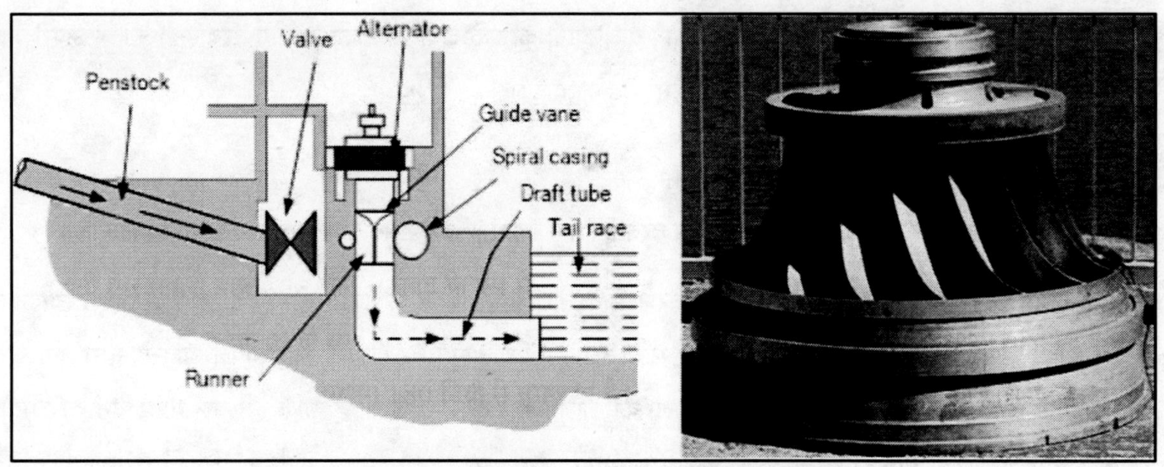

चित्र 2.22 फ्रांसिस टरबाइन का लेआउट आरेख

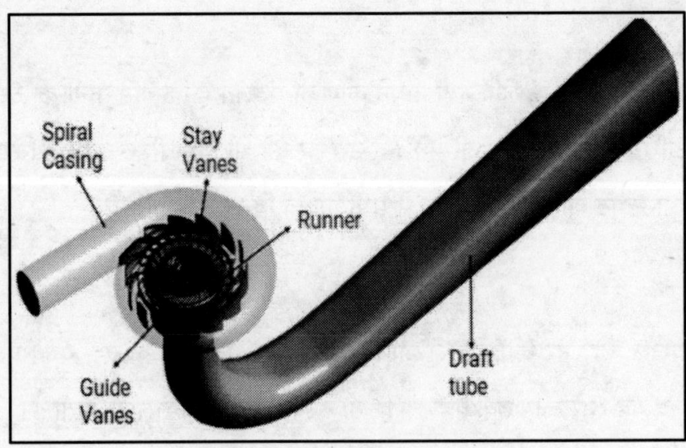

चित्र 2.23 फ्रांसिस टरबाइन

(5) रनर ब्लेड्स

रनर ब्लेड इस टरबाइन का एक महत्वपूर्ण हिस्सा हैं। ये टर्बाइन के मध्य में स्थापित किए गए हैं, जहां पानी टपकता है। पानी के प्रभाव की स्पर्श रेखा बल शाफ्ट को बदल देता है, जो टॉर्क (torque) बनाता है। ये ब्लेड ज्यादातर दो हिस्सों से बने होते हैं। नीचे का हिस्सा एक छोटी बाल्टी की तरह आकार का होता है और पानी की आपूर्ति की आवेगक्रिया की सहायता से टरबाइन को मोड़ देता है। टरबाइन के माध्यम से प्रदान की जाने वाली पानी की प्रतिक्रिया शक्तिका उपयोग टरबाइन ब्लेड के ऊपरी भाग द्वारा किया जाता है। इसलिए, इन दो बलों के कारण रनर मुड़ जाता है।

(6) पेन्स्टॉक

पानी पेन्स्टॉक के माध्यम से बांध से फ्रांसिस टरबाइन तक बहता है, जो सीमेंट या कास्ट स्टील से बना होता है।

पेन्स्टाक का पानी टरबाइन के सर्पिल आवरण में बहता है। फिर पानी के दबाव को बनाए रखने के लिए टरबाइन के सर्पिल आवरण का व्यासधीरे-धीरे कम हो जाता है। स्टे वैन अपनी स्थिति में स्थिर होती हैं और सर्पिल आवरण द्वारा बनाए गए पानी की आपूर्ति में रीढ़ को कम करने और वाटर फ्लो को अधिकबनानेकाकाम करती हैं ताकि इसे चल गाइड वैन का उपयोग करके डायवर्ट किया जा सके। गाइड वैन के कोणद्वारा निर्धारित कोण पर रनर ब्लेड पर पानी की आपूर्ति की जाएगी। चूंकि टरबाइन के रनर ब्लेड अक्रिय होते हैं और अपनी स्थिति को समायोजित करने में असमर्थ होते हैं, गाइड वैन टर्बाइन के बिजली उत्पादन को विनियमित करते हैं। रनर ब्लेड के डिजाइन का टरबाइन के प्रदर्शन और दक्षता पर एक प्रमुख प्रभाव पड़ता है।

इस टरबाइन में रनर ब्लेड को मुख्य रूप से दो हिस्सों में विभाजित किया जाता है, ऊपरी भाग और निचला भाग। टरबाइन में पानी की आपूर्ति के आवेग क्रिया का उपयोग करके इसको घुमाने के लिए, उपकरण केनिचले भाग को एक छोटे बाल्टी की तरह काम लिया जाता है। टरबाइन का ऊपरी या उच्च भाग जल आपूर्ति के प्रतिक्रिया दाब (pressure) का उपयोग करता है। इसलिए, रनर ब्लेड पानी की आपूर्ति के दबाव और काइनेटिक ऊर्जा दोनों का उपयोग करके रनर को सबसे प्रभावी ढंग से घुमाते हैं। हम ड्राफ्ट व्यूब का उपयोग बल को बढ़आने के लिए करते हैं जब पानी टेलरेस में आगे बढ़ता है क्योंकि एक बार जब पानी रनर ब्लेड से बाहर निकल जाता है तो यह काइनेटिक (kinetic) और दबाव ऊर्जा दोनों को खो देगा। हालांकि, हम अभी भी बल को उस बिदु पर बढ़ाने में असमर्थ हैं जहां हम एयर (air) को रनर हाउसिग (runner Hous|ng) में प्रवेश करने से रोक सकते हैं और कैविटेशन (Cavitation) की ओर ले जा सकते हैं।

2.6.3 कपलान टर्बाइन

1913 में, विक्टर कपलान ने टर्बोप्रॉप इंजन के डिजाइन के आधार पर पहले कपलान टर्बाइन का आविष्कार किया। इस प्रकार, यह एक प्रोपेलर के रूप में विपरीत नियमपर काम करता है। उन्होंने जल प्रवाह और स्तर की एक विस्तृत श्रृंखला में दक्षता हासिल करने के लिए स्वचालित रूप से समायोजित गेटों के साथ प्रोपेलर ब्लेड को संयुक्त किया। यह पहला हाइड्रोइलेक्ट्रिक टरबाइन था जो कम पानी के दबाव और उच्च जल प्रवाह के साथ काम कर सकता था। कपलान टरबाइन को प्रोपेलर टरबाइन के रूप में भी जाना जाता है क्योंकि इसके ब्लेड प्रोपेलर्स से मिलते-जुलते हैं और इसी तरह की घटनाओं का उपयोग करके विपरीत दिशा में काम करते हैं। इसलिए इस टरबाइन का उपयोग नदी और कम हेड (head) वातावरण में किया जा सकता है। जल विद्युत संयंत्रों में, कपलान टरबाइन एक प्रतिक्रिया टरबाइन या एक विशेष प्रकार के प्रोपेलर हाइड्रो टरबाइन है। इस टरबाइन में, पानी टरबाइन और आउट दोनों में और एक अक्षीय दिशा में बहता है। यह टरबाइन कम हेड और हाई वाटर फ्लो रेट पर सबसे प्रभावी रूप से संचालित होती है। कप्लान टरबाइन की प्रमुख विशेषता इसके ब्लेड को स्थानांतरित करने की इसकी क्षमता है जो विभिन्न जल आपूर्ति स्थितियों के तहत अधिकतम दक्षता बनाए रखने के लिए आवश्यक है। इस टरबाइन को एक प्रतिक्रिया टरबाइन के रूप में माना जाता है क्योंकि जब पानी इसके माध्यम से चलता है, तो इसका दबाव कम हो जाता है। कपलान टरबाइन और लेआउट आरेख चित्र 2.25 और चित्र 2.26 में दिखाया गया है।

एक कपलान टर्बाइन का ऑपरेटिग नियम मुख्य रूप से अक्षीय प्रवाह प्रतिक्रिया नियम पर आधारित होता है, क्योंकि अक्षीय प्रवाह टर्बाइनों में, रनर के घूर्णन अक्ष के समानांतर दिशा में पूरे रनर में पानी की आपूर्ति की जाती है। टरबाइन में प्रवेश करने वाले पानी में ब्लेड के लिए आवश्यक दबाव और गतिज ऊर्जा होती है जो एक जलविद्युत संयंत्र के अंदर कुशलता से घूर्णन करती है।

कपलान टर्बाइनों का डिजाइन किया जा सकता है ताकि भारी मात्रा में पानी बिना टूट-फूट के उनके बीच से गुजरे। इन टर्बाइनों को अन्य प्रकार के टर्बाइनों से थोड़आ अलग बनाया जाता है। इन टर्बाइनों में कई रोटर ब्लेड शामिल हैं जो सीधे टरबाइन के कोर शाफ्ट से जुड़ए होते हैं। इन रोटर ब्लेड और वेरिएबल जॉइंट्स के बीच संबंध स्थितिपरक संशोधन की अनुमति देता है। क्योकि रोटर ब्लेड का बाहरी आधा हिस्सा आंतरिक भाग की तुलना में अधिक तेजी से घूमता है, यह देखना महत्वपूर्ण है कि इस टरबाइन में रोटर ब्लेड क्षैतिजनहीं हैं, बल्कि थोड़ा मुडा हुआ है। एक कपलान टरबाइन के प्रमुख भाग इसके रनर या इम्पेलर, हब, ड्राफ्ट ट्यूब, रनर ब्लेड, शाफ्ट और गाइड ब्लेड हैं जैसा कि चित्र 2.27 में दिखाया गया है। प्रत्येक भाग का संक्षिप्त वर्णन (description) नीचे दिया गया है।

1) रनर ब्लेड

रनर ब्लेड इस टरबाइन के महत्वपूर्ण भाग हैं, जो एक प्रोपेलर जैसा दिखता है। इन टर्बाइनों में अन्य अक्षीय प्रवाह टर्बाइनों की तरह प्लेन ब्लेड नहीं होते हैं, इसके बजाय उनके पास ट्विस्टेड ब्लेड होते हैं जो इनपुट से बाहर निकलने के लिए पानी को अनुमति देते हैं। एक बार जब पानी इन ब्लेड को संपर्क करता है, तो वे घूमना शुरू करते हैं, जो शाफ्ट को और अधिक घुमाने का कारण बनता है।

2) केंद्र

इस टरबाइन में एक ऊर्ध्वाधर शाफ्ट है, और नीचे के बड़े हिस्से को हब कहा जाता है। ब्लेड की घूर्णी गति का प्रबंधन करने के लिए टरबाइन के ब्लेड टरबाइन के हब पर स्थित होते हैं।

3) शाफ्ट

टरबाइन में शाफ्ट का एक सिरा केवल रनर से जुड़ा होता है, जबकि दूसरा सिरा जनरेटर कॉइल से जुड़ा होता है। जब रनर ब्लेड के घूर्णन के कारण घूमता है तो शाफ्ट भी घूमता है, और इस घूर्णन को जनरेटर कॉइल को पहुंचाया जा सकता है। बिजली का उत्पादनतब होता है जब जनरेटर कॉइलघूमताहै। चूंकि टरबाइन शाफ्ट 1800 और 3600 आरपीएम के बीच उच्च गति पर घूमता है, इसलिए इसमें हीट-रेसिस्टेंट विशेषताएं होनी चाहिए। टरबाइन का शाफ्ट स्ट्रक्चरल स्टील से बना है।

4) गाइड वेन

गाइड वेन टरबाइन का एक विनियमित हिस्सा है जो ON और OFF को चालू करता है जो इस बात पर निर्भर करता है कि कितनी बिजली की आवश्यकता है। जल प्रवाह को विनियमित करने के लिए गाइड वैन एक सटीक कोणपर घूर्णन करती हैं। जब बिजली की अधिक आवश्यकता होती है, तो यह व्यापक रूप से खुलता है, जिससे रोटर ब्लेड को अधिक पानी मिल सकता है।

यह बिजली की जरूरतों में कमी के परिणामस्वरूप कम खुलता है, जिसका अर्थ है कि कम पानी ब्लेड पर प्रहार करता है। गाइड वैन के माध्यम से, टरबाइन की दक्षता बढ़ाई जा सकती है। गाइड वैन के बिना, टरबाइन अच्छी तरह से काम नहीं करेगा।

5) रनर

एक टरबाइन में, रनर या इम्पेलर की भूमिका महत्वपूर्ण होती है। यह ऊर्जा टरबाइन के ब्लेड में पानी के अक्षीय प्रवाह के कारण इम्पेलर मोड़ के कारण शाफ्ट का रोटेशन हो सकता है।

चित्र 2.25 कपलान टरबाइन

चित्र 2.26 कापलान टरबाइन लेआउट

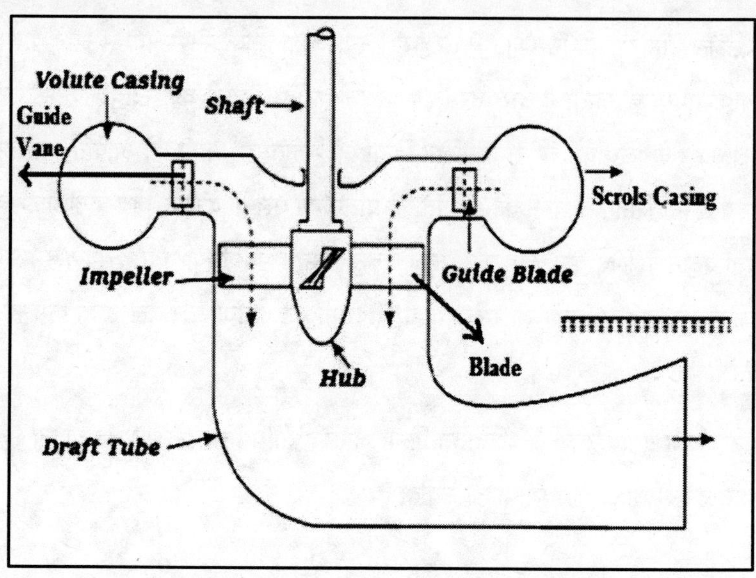

चित्र 2.27 कपलान टरबाइन का निर्माण लेआउट

6) ब्लेड नियंत्रण प्रणाली

उस बिदु पर जहां ब्लेड को टरबाइन से जोड़ा जाता है, वहां एक गतिशील धुरी होती है। चल ब्लेड संबंधन, जो कोण का कारण बनता है, ब्लेड नियंत्रणतंत्र द्वारा नियंत्रित किया जाता है। इसमें कपलान टरबाइन के महत्वपूर्ण हिस्से शामिल हैं।

7) स्क्रॉल केसिग या वॉल्यूट केसिग

पूरे टरबाइन को एक स्क्रॉल आवरण में लगाया जा सकता है ताकि परिच्छेद क्षेत्र को कम किया जा सके। गाइड वेन क्षेत्र में प्रवेश करने से पहले पानी पेन्स्टॉक से वॉल्यूट आवरण की ओर बहता है। गाइड के ब्लेड से 90 डिग्री कोण पर आने के बाद इम्पेलर के माध्यम से पानी को अक्षीय रूप से पंप किया जाता है। यहां, टरबाइन का आवरण बाहरी भार के कारण होने वाले नुकसान से महत्वपूर्ण भागों की रक्षा करता है, जिसमें इम्पेलर ब्लेड, गाइड वैन और एक रनर शामिल हैं।

8) ड्राफ्ट ट्यूब

टर्बाइन के रनर के अंत में पहुंचने वाला बल आमतौर पर वायुमंडल के बल से कम होता है। नतीजतन, निर्गम पानी को तुरंत टेलरेस में नहीं डाला जा सकता है। पानी को एक ट्यूब के माध्यम से टेलरेस के लिए कपलान टरबाइन से छोड़ा जाता है, जो धीरे-धीरे क्षेत्र में सुधार कर सकता है।"ड्राफ्ट ट्यूब" शब्द इस प्रकार ट्यूब के विस्तारित सतह पद को संदर्भित करता है। इस ड्राफ्ट ट्यूब का एक सिरा रनर के निकास से जुडा होता है और दूसरा सिरा जल की सतह के नीचे टेलरेस में डूबा रहता है। केवल रिएक्शन टरबाइन ड्राफ्ट ट्यूब का उपयोग करता है।

टरबाइन के स्क्रॉल आवरण का निर्माण इस तरह से किया जाता है कि पेन-स्टॉक से आने वाला पानी प्रवाह दबाव खोए बिना प्रवेश करेगा। गाइड गायब हो जाता है द्वारा टरबाइन के रनर ब्लेड में पानी को मजबूर किया जाएगा। जल प्रवाह दर की आवश्यकताओं को पूरा करने के लिए वैन को समायोजित किया जा सकता है। पानी की आपूर्ति 90 डिग्री हो जाती है ताकि यह रनर ब्लेड पर अक्षीय रूप से निर्देशित हो। पानी की आपूर्ति की प्रतिक्रिया बल के कारण, जब पानी प्रारंभक ब्लेड से टकराता है, तो वे घुमने लगते हैं। दक्षता बढ़ाने के लिए, इन ब्लेड को उनकी लंबाईके साथ मोड़ दिया गया है ताकि हमेशा सभी ब्लेड क्रॉस-सेक्शन कोण के लिए अटैक कोण को शामिल किया जा सके। जहां भी पानी की गतिज और बल ऊर्जा कम होती है, पानी रनर ब्लेड से ड्राफ्ट ट्यूब में प्रवेश करता है।

जब गतिज ऊर्जा को दबाव ऊर्जा में परिवर्तित किया जाता है तो पानी का दबाव बढ़ाया जा सकता है। बिजली उत्पादन के लिए टर्बाइन द्वारा जनरेटर के शाफ्ट को घुमाया जा सकता है।

2.7 जलविद्युत संयंत्रों के लिए सुरक्षित तरीके

जलविद्युत संयंत्र में काम करने वाले लोगों के लिए सुरक्षा एक गंभीर चिता का विषय होना चाहिए।कार्य के दौरान दुर्घटना या मृत्यु सुरक्षा की कमी के कारण नहीं होना चाहिए। हाइड्रो पावर प्लांट डेवलपर्स, मालिकों और ऑपरेटर्स सभी को कार्यस्थल पर स्वास्थ्य और सुरक्षा के लिए एक मजबूत प्रतिबद्धता प्रदर्शित करने की आवश्यकता है। इसमें कई तरह के जोखिम हो सकते हैं,जैसे अधिकांश जलविद्युत प्रतिष्ठानों तक पहुंच प्रतिबंधित होती है और वहां कोई प्राकृतिक प्रकाश व्यवस्था भी नहीं होती है। संयंत्रों में कई निचले तल भूमिगत होते हैं और अक्सर पानी की सतह के नीचे होते हैं।

(1) जलविद्युत संयंत्रों में सुरक्षा डिजाइन करना

एक नई जलविद्युत योजना का विकास और कार्यान्वयन करते समय या पुराने स्टेशन को अपडेट करते समय, हमें श्रमिकों के स्वास्थ्य और सुरक्षा के आवश्यक मानक का सावधानी पूर्वक मूल्यांकन करना चाहिए, साथ ही उस मानक तक पहुंचने के लिए आवश्यक कार्य की संभावना का भी मूल्यांकन करना चाहिए। इसमें लागू कानूनों, निर्माण कोड और बीमा आवश्यकताओं के बारे में पूरी जागरूकता शामिल करना चाहिए है। विभिन्न पक्षों, डिजाइनर, डेवलपर, मालिक, ठेकेदार आदि के बीच कर्तव्यों का विभाजन- स्पष्ट किया जाना चाहिए। इन्हें लागू करने के लिए मानक नियम और दिशा-निर्देश का पालन करना चाहिए, कितुअंतिम समाधान को मुद्दे में विशिष्ट शर्तों और जोखिम की मात्रा के अनुकूल बनाया जाना चाहिए।

(2) जोखिमों को नियंत्रित करने के लिए आगे की योजना बनाना

कार्यस्थल के जोखिमों को कम करने के लिए एक मूल रणनीति है-समयसे पहले योजना बनाना,ताकि कार्यस्थल दुर्घटनाओं, चोटों और बीमारियों को कम किया जा सके। ऐसा करने के लिए, हम यह सुनिश्चित करते हैं कि कार्य प्रणालियां सुरक्षित होनी चाहिए और उपकरणअच्छी तरह कार्य करते रहना चाहिए।कामगारों को प्रशिक्षण और उचित पर्यवेक्षण के साथ-साथ स्वास्थ्य और सुरक्षा के बारे में सूचनाप्रदान की जानी चाहिए।

(3)जलविद्युत संयंत्रों की सुरक्षा में वृद्धि

नए जलविद्युत संयंत्र अक्सर अच्छी तरह से डिजाइन किए गए हैं और प्रासंगिक सुरक्षा आवश्यकताओं और क्षेत्रीय निर्माण नियमों के अनुरूप हैं। बड़े पनबिजली संयंत्रों में सुरक्षा उपायों को शामिल किया जा सकता है जो आधुनिक बहु-मंजिला कार्यालय भवनों की तरह ही जटिल और व्यापक हैं। हालांकि, पुराने संयंत्रों को अक्सर सुरक्षा के साथ डिजाइन नहीं किया जाता था और अब वर्तमान व्यावसायिक स्वास्थ्य और सुरक्षा नियमों को पूरा करने के लिए तत्काल संशोधन की आवश्यकता होती है। जबकि सुरक्षा सुविधाओं को आसानी से नई जलविद्युत परियोजनाओं में लागू किया जाता है, उन्हें मौजूदा स्टेशनों के अनुरूप बनाना

अधिक चुनौतीपूर्ण हो सकता है। कार्य के दायरे में मौजूदा बुनियादी ढांचे के साथ इंटरफेस और विशेष साइट और स्थान के लिए आवश्यक संशोधन को ध्यान में रखना चाहिए।

(4) स्टेशन निकासी

लोगों को स्थिति की गंभीरता की परवाह किए बिना एक हाइड्रोइलेक्ट्रिक सुविधा से सुरक्षित रूप से निर्गम करने में सक्षम होना चाहिए। प्रत्येक स्टेशन के लिए कम से कम दो अलग-अलग निकास स्थल होने चाहिए। प्राथमिक मार्ग अवरुद्ध होने की स्थिति में बैकअप इमरजेंसी एस्केप रूट हमेशा उपलब्ध रहना चाहिए। आपातकालीन निकास के लिए रोशनी पर्याप्त होनी चाहिए। हाइड्रोइलेक्ट्रिक संयंत्रों में सुरक्षा केवल सही हार्डवेयर या उपकरणहोने की तुलना में अधिक महत्वपूर्ण है। हाइड्रोइलेक्ट्रिक प्लांट से कर्मचारियों को सुरक्षित रूप से निकालने के लिए सुरक्षा सुविधाओं का प्रावधान खतरनाक होने से पहले शीर्ष प्राथमिकता होनी चाहिए। असुरक्षित परिस्थितियों से लोगों को सुरक्षित रूप से हटाने के लिए सुविधाओं का प्रावधान दूसरा फैक्टरहोना चाहिए जिसे ध्यान में रखा जाना चाहिए। उसके बाद उन सुरक्षा विशेषताओं पर विचार करते हैं जो संयंत्र को नुकसान से बचाएंगे।

(5) बाढ़ संरक्षण

हाइड्रोइलेक्ट्रिक बांध ओवरफ्लो कर सकते हैं। जल निकासी पंपों की विफलता के परिणामस्वरूप जल स्तर में धीरे-धीरे वृद्धि हो सकती है, जिससे अंततः स्टेशन में बाढ़ आ सकती है। वैकल्पिक रूप से, एक संयंत्र में खराबी और रिसाव जिसे जल निकासी पंप नियंत्रणकरने में असमर्थ हैं, स्टेशन को जल्दी से बाढ़की स्थिति में ला सकता है।बाढ़, जल स्तर और निकासी के लिए चेतावनी एक महत्वपूर्ण आवश्यकता है। बाढ़ को नियंत्रित करने के लिए हेडवर्क्स और पेनस्टॉक से पानी निकालने की कोशिश करने के लिए बाढ़ सुरक्षा योजनाएं लागू की जा सकती हैं। ये योजनाएं जल स्तर खतरनाक होने से पहले हाइड्रो प्लांट को स्वचालित रूप से बंद भी कर सकती हैं।

(6) आग और धुआं नियंत्रण

संयंत्र में आज की स्थिति में, आग की लपटों का जल्द से जल्द का पता लगाना चाहिए, उनके प्रसार को रोकना चाहिए, सभी कर्मचारियों को सूचित करना चाहिए, और जल्द से जल्द सुरक्षित, अच्छी तरह से जलने वाले निकासी मार्गों की पेशकश करनी चाहिए।ऐसी स्थिति में स्मोक नियंत्रणऔर वायु प्रवाह भी बहुत महत्वपूर्ण हैंअन्यथा आग जल्द ही एक हाइड्रो स्टेशन को मोटे, काले और तीखे धुएं से भर देगी। यह धुआं अक्सर आग की तुलना में वहां काम करने वाले लोगों के लिए एक बड़ा खतरा होता है क्योकि यह देखना मुश्किल हो जाता है (निवासियों को सुरक्षित बच निकलने के मार्गों को खोजने से रोकना, साथ ही खोज और बचाव कार्यों को बाधित करना)। लोग आग की गर्मी से घायल होने से बहुत पहले ही धुएं या दम घुटने से मारे जा सकते हैं। एक व्यापक अग्नि सुरक्षा प्रणाली को सभी निष्क्रिय उपायों (जैसे सक्रिय उपायों (जैसे कि स्प्रिंकलर, वेंट्स और फायर उपकरणका

उपयोग करना) और ऑपरेशनल उपायों (उदाहरण के लिए, अग्नि-सक्रिय भवन सामग्री और निर्माण तकनीकों का उपयोग करना) को ध्यान में रखना चाहिए। अग्नि की रोकथाम और प्रतिक्रिया के लिए योजनाएं, प्रणालियां और प्रशिक्षण)।

(7) आपात और क्राइसिस मैनेजमेंट

हाइड्रोइलेक्ट्रिक बिजली संयंत्रों में कामगारों की सुरक्षा सुनिश्चित करने के लिए यह पर्याप्त नहीं है कि उनके पास सही उपकरणऔर हार्डवेयर उपलब्ध हो। एक सुरक्षित और स्वस्थ कार्यवातावरण स्थापित करने और बनाए रखने के लिए मालिक, प्रबंधन, ऑपरेटर और कर्मचारियों की ओर से एक सतत समर्पण की आवश्यकता होती है। यह शपथ लिखित रूप में ली जानी चाहिए और एक कार्यस्थल स्वास्थ्य और सुरक्षा नीति में शामिल की जानी चाहिए जो सुरक्षित कार्यप्रथाओं और प्रलेखन द्वारा समर्थित है। एक लिखित जोखिम संरक्षणकार्यक्रम, अग्नि सुरक्षा कार्यक्रम, हैज़र्ड रजिस्टर, साइट इंडक्शन प्रोटोकॉल, उपस्थिति बोर्ड, वर्क सिस्टम को अनुमति, पड़ोस सुरक्षा टीम और एक व्यापक संकट और इमरजेंसी प्लान सभी को शामिल किया जाना चाहिए।

2.8 सूक्ष्म जल विद्युत संयंत्र

माइक्रो हाइड्रो एक प्रकारकी जलविद्युत है जो आमतौर पर पानी के प्राकृतिक प्रवाह का उपयोग करके 5 किलोवाट से 100 किलोवाट बिजली का उत्पादन करती है। ये संस्थापनाएं एक अलग-थलग घर या छोटे समुदाय को बिजली प्रदान कर सकती हैं, या कभी-कभी इलेक्ट्रिक पावर नेटवर्क से जूडी होती हैं, विशेष रूप से जहां नेट मीटरिग की पेशकश की जाती है। दुनिया भर में ऐसी कई स्थापना है विशेष रूप से विकासशील देशों में क्योंकि वे ईंधन की खरीद के बिना ऊर्जा का एक किफायती स्रोत प्रदान कर सकते हैं। सूक्ष्म जल विद्युत संयंत्र का एक योजनाबद्ध आरेखचित्र 2.28 में दिखाया गया है। सूक्ष्म जलविद्युत संयंत्र के मुख्य घटक निम्नलिखित हैं।

1. अंतर्ग्रहण और जल मार्ग
2. अवसादन बेसिन
3. शीर्षिका
4. प्रधान टैंक (विदेशी)
5. पेन्स्टाक
6. टर्बाइन
7. जनरेटर
8. स्टेबलाइज़र लोड करें
9. ट्रांसफार्मर

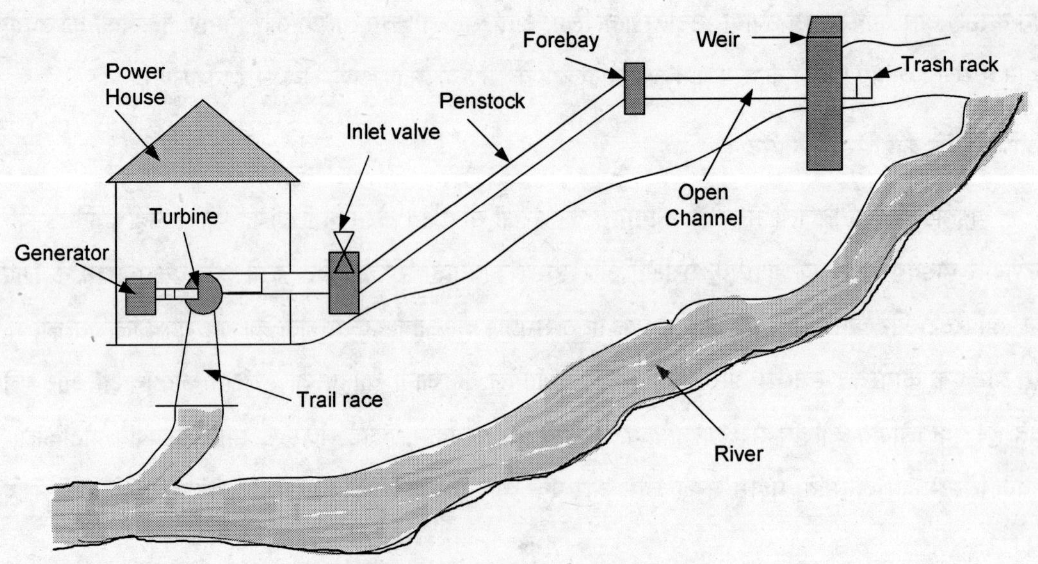

चित्र 2.28 सूक्ष्म जल विद्युत संयंत्र की योजना

2.8.1 विभिन्न शीर्षों के लिए सूक्ष्म हाइड्रो टर्बाइनों का वर्गीकरण

एक माइक्रो हाइड्रो इंस्टॉलेशन में उपयोग की जाने वाली टरबाइन का प्रकारकई घटकों पर निर्भर करता है, जिसमें पानी, प्रवाह दर और स्थानीयरखरखाव और उपकरणवितरण की पहुंच शामिल है। एक टर्बाइन,गिरते पानीकी ऊर्जा को यांत्रिक ऊर्जा में परिवर्तित करती है। हाइड्रो टरबाइन का चयन निम्न घटकों द्वारा निर्धारित किया जाता है

(क) साइट पैरामीटर।

(ख) उपलब्ध शीर्ष

(ग) पानी का बहाव

(घ) जनरेटर या अन्य घटकों की गति.

प्रत्येक टरबाइन की एक शक्ति -गति विशेषता होती है जो गति, शीर्ष और प्रवाह के एक विशिष्ट संयोजनपर सबसे प्रभावी रूप से संचालित होती है। एक टरबाइन के ऑपरेटिग हेड का इसकी डिजाइन गति पर महत्वपूर्ण प्रभाव पड़ता है।

हम जानते हैं कि टरबाइन दो प्रकार के होती हैं। आवेगटर्बाइन और प्रतिक्रिया टर्बाइन।एक आवेगटरबाइन के साथ, जब पानी के जेट, यह हवा में काम कर रहा होता है तो रनर ब्लेड के साथ परस्पर प्रभाव डालते हैं और वे टरबाइन रनर को घुमा देते हैं।

रिएक्शन टरबाइन का टर्बाइन रनरपूरी तरह से पानी में डूबा रहता है और एक दबाव आवरण में कवर रहताहै। इसके ब्लेड इस तरह से तैनात किए जाते हैं कि उनके बीच दबाव का अंतर एक हवाई जहाज के पंख के समान लिफ्ट बल उत्पन्न करता है, जो रनरको घूमने के लिए प्रेरित करता है। तालिका 3 में सूक्ष्म जलविद्युत संयंत्रों में सूक्ष्मजलविद्युत टर्बाइनों के रूप में उपयोग किए जाने वाले टर्बाइनों की सूचीको दर्शाया गया है।

तालिका.3 सूक्ष्म जलविद्युत संयंत्रों में सूक्ष्मजलविद्युत टर्बाइनों के रूप में उपयोग किए जाने वाले टर्बाइनों की सूची

	उच्च शीर्ष	मध्यम शीर्ष	लो हेड
आवेग टर्बाइनों	पेल्टन,टर्गो	क्रॉस-फ्लो, मल्टी जेट पेल्टन, टर्गो	क्रॉस-फ्लो
रिएक्शन टर्बाइन		फ्रांसिस	प्रोपेलर, कपलान

रिएक्शन टरबाइन के घूर्णन घटकको कभी-कभी रनर के रूप में संदर्भित किया जाता है, जो पूरी तरह से पानी में डूब जाता है और एक दबाव आवरण में रखा जाता है। रनर ब्लेड की ज्यामिति एक प्रणाली का निर्माण करती है जहां दबाव भिन्नता लिफ्ट बलों को लागू करती है जो रनर को हवाई जहाज पंख की तरह घूमने के लिए प्रेरित करती है। इसके विपरीत, एक आवेगटर्बाइन रनर जल विमानों द्वारा संचालित हवा में काम करता है। चूंकि पानी अभी भी रनर ब्लेड के संपर्क में आने से पहले और बाद में परिवेशी दबाव में है, इसलिए यह ऐसा करने का कारण बनता है। इस केस में, एक नोजल लो-वेलोसिटी प्रवेग वाले पानी को हाई-वेलोसिटी जेट में बदल देता है।

रनर ब्लेड को जेट को इस तरह से विक्षेपित करने के लिए डिजाइन किया गया है कि पानी के अनुभव और फलस्वरूप, बल जो ब्लेड पर लगाया जाता है, संवेग में अधिकतम परिवर्तन हो।

निम्न आवेगटर्बाइन आवेगटर्बाइनों की तुलना में सूक्ष्मजल अनुप्रयोगों के लिए अधिक उपयुक्त होते हैं:

(a) वे रेत और अन्य जल जनित कणों को बेहतर तरीके से सहन कर सकते हैं।

(b) कुछ भाग अधिक आसानी से उपलब्ध हैं।

(c) शाफ्ट को प्रेशर सील से बंद नहीं किया गया है।

(d) वे विनिर्माण और रखरखाव के लिए सरल हैं।

(e) वे भाग प्रवाह के मामले में अधिक कुशल हैं। इन लाभों के बावजूद, आवेगटर्बाइनों की मुख्य कमी यह है कि वे आम तौर पर कम विशिष्ट गति के कारण कम-शीर्षों की साइटों के लिए उपयुक्त नहीं होते हैं।

ऐसा इसलिए है क्योंकि एक सामान्य विकल्प के लिए युग्मन की अनुमति देने के लिए संचरण गति में महत्वपूर्ण वृद्धि की आवश्यकता होती है।

मध्यम शीर्षों में, क्रॉसफ्लो, टर्गो और मल्टी-जेट पेल्टन उपयुक्त हैं।

2.8.1.1 पेल्टन टर्बाइन

इसमें एक गोलाकार डिस्क होती है जिसमें उपयुक्त अर्ध-अण्डाकार कप होते हैं जिन्हें बकेट के रूप में जाना जाता है जो इसकी परिधि के चारों ओर समान रूप से स्थित होते हैं।जब जल ऊर्जा उच्च शीर्ष और कम प्रवाह दर पर उपलब्ध हो तो पेल्टन टर्बाइन ऊर्जा निष्कर्षण के लिए उपयुक्त होते हैं। इस प्रकार के टरबाइन में, जल क्षमता और दबाव ऊर्जा को गतिज ऊर्जा में

परिवर्तित किया जाता है।इसमें नोजल का उपयोग किया जाता है, जिससे पानी का वेग और गतिज ऊर्जा बढ़ जाती है। पेल्टन व्हील एक स्पर्श रेखा प्रवाह टरबाइन है जिसका अर्थ है कि पानी का जेट टरबाइन ब्लेड को स्पर्श रेखा से स्पर्श करेगा। यह एक हाई-हेड टरबाइन है।

पेल्टन बकेट को जेट को 165 डिग्री (180 डिग्री नहीं) के अधिकतम कोण के माध्यम से विक्षेपित करने के लिए डिज़ाइन किया गया है, जो आने वाले जेट के लिए अगली आने वाली बकेट में हस्तक्षेप किए बिना अधिकतम संभव कोण है।

पेल्टन टर्बाइनों को आम तौर पर 150 मीटर से ऊपर के हेड के साथ बड़े पैमाने पर हाइड्रो इंस्टॉलेशन के लिए उपयुक्त माना जाता है, हालांकि, माइक्रो-हाइड्रो अनुप्रयोगों के लिए, उन्हें 20 मीटर से कम हेड के साथ प्रभावी ढंग से उपयोग किया जा सकता है। निचले शीर्षों पर, पेल्टन टर्बाइनों का उपयोग नहीं किया जाता है क्योंकि उनकी घूर्णन गति बहुत धीमी हो जाती है और आवश्यक रनरकाफी विशाल और भारी होता है। यदि इंस्टॉलेशन के रनर आकार और कम गति कोई समस्या नही है तो पेल्टन टरबाइन को अपेक्षाकृत कम हेड्स के साथ प्रभावी ढंग से इस्तेमाल किया जा सकता है।

2.8.1.2 टर्गो टर्बाइन

यह एक आवेग मशीन है जो पेल्टन टरबाइन के अनुरूप संचालित होती है, हालांकि इसे उच्च विशिष्ट गति प्राप्त करने के लिए विकसित किया जाता है। इसमें जेट को रनर कि एक दिशा में रखा जाता है और दूसरी ओर से निकास किया जाता है। नतीजतन, प्रवेश करने वाले जेट के साथ हस्तक्षेप न करने से उत्सर्जित तरल पदार्थ की क्षमता प्रवाह दर को सीमित नहीं करती है (जैसा कि पेल्टन टर्बाइनो के मामले में होता है)। नतीजतन, एक टर्गो टरबाइन कोएक पेल्टन टरबाइन की तुलना में एक छोटे व्यास के साथ रनर में उपयोग कर सकते हैं। टर्गो टर्बाइनों को महंगी गति-वृद्धि संचरण के माध्यम से जाने की आवश्यकता के बजाय सीधे जनरेटर से जोड़ना संभवहै। पेल्टन की तरह टर्गो टरबाइन, एक व्यापक गति सीमा पर प्रभावी है और इसमें पेल्टन के लिए रेखांकित आवेगटर्बाइनों की मुख्य विशेषताएं हैं, जिसमें क्षैतिज या ऊर्ध्वाधर रूप से स्थापित करने की क्षमता शामिल होती है। पेल्टन रनरों की तुलना में टर्गो रनर, बनाने में अधिक चुनौतीपूर्ण होते हैं और पेल्टन बकेट की तुलना में उनके घुमाव अधिक नाज़ुक होते हैं।

2.8.1.3 क्रॉस-फ्लो टर्बाइन

एक क्रॉसफ्लो टरबाइन बोलने पर एक्सेल में नहीं आ रहा होगाको मिशेल-बांकी टरबाइन के रूप में भी जाना जाता है। इसमें एक ड्रम के आकार का रनर होता है, जो दो समानांतर डिस्क से बना होता है, जो घुमावदार ब्लेड के अनुक्रम द्वारा अपने रिम के पास जुड़ा होता है। एक क्रॉसफ्लो टरबाइन का रनर शाफ्ट हमेशा क्षैतिजहोता है (पेल्टन और टर्गो टर्बाइनों के विपरीत जिनमें क्षैतिज या ऊर्ध्वाधर शाफ्ट उन्मुखीकरण हो सकता है)।इसमें एक आयताकार नोजल रनर की पूरी लंबाईके साथ जेट को स्टीयर करने के लिए काम करता है। जब पानी ब्लेड को हिट करता है तब पानी की गतिज ऊर्जा का अधिकतम हिस्सा स्थानांतरित हो

जाता है।ऊर्जा को बाद में कम कर दिया जाता है क्योंकि यह ऊर्जा रनर से गुजरने के बाद टरबाइन से बाहर निकल जाती है और एक बार फिर ब्लेड को हिट करती है। यह तकनीकी रूप से एक आवेग टरबाइन है, लेकिन गतिज दबाव बल भी होने से इसका अधिक सटीक शब्द "मिश्रित प्रवाह" होगा।

2.9 हाइड्रोइलेक्ट्रिक पावर प्लांट के फायदे और नुकसान

जलविद्युत संयंत्रों के लाभ इस प्रकार हैं

(1) हाइड्रोपावर का ग्रीनहाउस गैस उत्सर्जन (जीएचजी) को कम करने में महत्वपूर्ण प्रभाव पड़ता है।

(2) इसमें बहुत कम प्रदूषण होता है क्योंकि ईंधन नहीं जलता है।

(3) इसमें बिजली संयंत्र पानी पर निर्भर करता है जो प्रकृति द्वारा मुफ्त में प्रदान किया जाता है।

(4) यह नवीकरणीय है क्योंकि वर्षा जलाशय के पानी को फिर से भरती है, इसलिए आमतौर पर ईंधन के रूप में उपलब्ध रहता है।

(5) पानी को बचाना संभव है और मांग अधिक होने पर ही इसका उपयोग करना चाहिए।

(6) बांधों का एक लंबा जीवन काल (लगभग 50 वर्ष) होता है, जो बिजली उत्पादन को अधिक सस्ता बनाने के लिए संभव करताहै।

(7) परिचालन और रखरखाव का खर्च कम होता है।

(8) हाइड्रोइलेक्ट्रिक पावर प्लांट को तुरंत चालू किया जा सकता है।

(9) यह ऊर्जा संयंत्र ऊर्जा मांग को विश्वसनीय रूप से पूरा कर सकता है।

(10) प्रति केडब्ल्यूएच उत्पादन की न्यूनतम संभव लागत हासिल की जा सकती है।

(11) संयंत्र की जगह आम तौर पर एक दूरस्थ क्षेत्र में होती है, इसलिए भूमि की लागत कम हो सकती है

(12) समग्र दक्षता अधिक है।

जलविद्युत संयंत्रों के नुकसान इस प्रकार हैं

(1) चूंकि बांध बड़े पैमाने पर बनाए जाते हैं अतः उन्हें अच्छी तरह से संरक्षित किया जाना चाहिए । उनका निर्माण काफी महंगा होता है। किसी भी छोटे नुकसान से बांध को स्वयंऔर आस पास की सभी जगहों को भारी नुकसान होता है।

(2) बांध में निवेश, भुगतान शुरू होने से काफी पहले किया जाता है। नतीजतन, बांध को कई वर्षों तक लाभदायक होने के लिए सक्रिय होना चाहिए।

(3) जलविद्युत बांध के निर्माण के दौरान स्थानीयनिवासियों और बिजनेस मालिकों को पुनर्स्थापित किया जाता है। इससे एक अप्रिय परिदृश्य बनता है।

(4) इन बांधों की संरचना से भूगर्भीय क्षति हो सकती है।उदाहरण के लिए, संयुक्त राज्य अमेरिका में हूवर बांध का निर्माण करते समय, पृथ्वी की सतह पर कई भूकंप और डिप्रेशन हुए थे।

(5) बांध नदियों को जोड़ने वाले पड़ोसी देशों या राज्यों के लिए भी कुछ व्यवधान पैदा करते हैं। चूंकि बांध नदी को अवरुद्ध करके बनाए जाते हैं, इसलिए पानी की आपूर्ति अनियमित हो जाती है।

(6) बांध का जीर्णोद्धार कठिन है।

2.10 जलविज्ञान

2.10.1 वर्षा

इसमें वह सारा पानी शामिल है जो वायुमंडल से पृथ्वी की सतह पर गिरता है। यह मुख्य रूपसे दो रूपों में आता है, जैसे (I) लिक्विड वर्षा (वर्षा) और (II) सॉलिड वर्षा (बर्फ, ओला)।

2.10.2 रन-ऑफ

यह वर्षा या बर्फ कावह हिस्सा है जो नदियों, झीलों, या समुद्र में आकर समाप्त होता है। रन-ऑफ तभी हो सकता है जब बारिश की दर उस दर से तेज हो जाती है जिस दर से पानी जमीन में गिरता है, और जब जमीन की सतह पर छोटे-बड़े गड्ढे पानी से भर जाते हैं। इसमें वाष्पीकरण के नुकसान को भी ध्यान में रखा जाना चाहिए। आम तौर पर, रन-ऑफ का निर्धारण (2.2) का उपयोग करके किया जाता है, जहां R = रन-ऑफ, P = प्रेसिपीटेशन, E = वाष्पीकरण, है।

$R=P-E$(2.2)

2.10.3 वाष्पीकरण

यह पानी के अपने तरल रूपसे गैसीय अवस्था में बदलने की प्रक्रिया है।

2.10.4 हाइड्रोग्राफ

यह एक ग्राफ है जोपानी के निकासी और समय के बीच संबंध को दर्शाता है। एक हाइड्रोग्राफ के लिए, निर्देशांकों को गेज की ऊंचाई, घन मीटर प्रति सेकंड प्रति वर्ग किलोमीटर की संख्या, किलोवाट में ऊर्जा जो सैद्धांतिक संख्या में प्रति मीटर फौल से ऊर्जा उत्पन्न कर सकता है, या स्विच बोर्ड पर दर्ज किलोवाट-घंटे मेंऊर्जा का माप । जबकि अक्षांश को घंटो, दिनो, या हफ्तों में मापा जा सकता है। कुछ शब्दों में, एक हाइड्रोग्राफ दिखाता है कि समय के साथ पानी का प्रवाह कैसे बदलता है। इसके अतिरिक्त, यह ऊर्जा कीउस मात्रा को दर्शाता है जो दिन या वर्ष के विभिन्न अवधियो पर स्रोत से बनाई जा सकती है। यह उस लोड कर्वसे मेल खाता है जो विद्युत शक्तिकी जांच में नियोजित होता है।

2.10.5 यूनिट हाइड्रोग्राफ

यह एक निश्चित अवधि और एक वास्तविक पैटर्न की बारिश से 1 मीटर या (सेमी अपवाह) की मात्रा वाला एक हाइड्रोग्राफ है।जब एक समान वर्षा की तीव्रता और उसका वास्तविक रूप से एक समान वितरण किया गया हो तब एक इकाई हाइड्रोग्राफ बनाया जा सकता है। एक इकाई हाइड्रोग्राफ बनाने से पहले कुल रन ऑफ वॉल्यूम(हाइड्रोग्राफ वक्रके नीचे क्षेत्र) को निर्धारित किया जाताहै। ड्रेनेज क्षेत्र पर रन-ऑफ (मीटर या सेंटीमीटर में) की पूरी मात्रा द्वारा वास्तविक रन-ऑफ के निर्देशांक को विभाजित करके, यूनिट हाइड्रोग्राफ के निर्देशांको की गणना की जाती है। इकाई हाइड्रोग्राफ़ के अनुप्रयोग पर कई प्रतिबंध हैं। सैद्धांतिक रूपसे, एक दिए गए बेसिन के लिए इकाई हाइड्रोग्राफ़ की अनंत संख्या मौजूद होतीहै। व्यवहार में, केवल कुछ यूनिट हाइड्रोग्राफ़ का उपयोग एक दिए गए बेसिन के लिए किया जाता है।

2.10.6 प्रवाह अवधि वक्र

यह समय के प्रतिशत के मुकाबले एक निश्चित अवधि के दौरान उपलब्ध प्रवाह को दर्शाने वाला एक प्लॉट है। प्रवाह या निर्वहन को घन मीटर प्रति सेकंड, प्रति सप्ताह या किसी अन्य समय इकाई में मापा जा सकता है। यदि उपलब्ध प्रवाह शीर्ष ज्ञात है, तो प्रति सेकंड या प्रति सप्ताह क्यूबिक मीटर में डिस्चार्ज, या समय के लिए डिस्चार्ज, किलोवाट में बिजली में परिवर्तित किया जा सकता है। परिणामस्वरूप, प्रवाह अवधि वक्र जलविद्युत संयंत्र के लिए भार अवधि वक्र में परिवर्तित हो जाता है। प्रवाह अवधि वक्रकी सहायता से, साइट की कुल उपलब्ध शक्तिको निर्धारित करना(determmine) संभव है। प्रवाह अवधि वक्र का उपयोग करके न्यूनतम और अधिकतम प्रवाह की स्थिति पाई जा सकती है। संयंत्र की अधिकतम क्षमताको न्यूनतम प्रवाह परिस्थितियों के आधार पर निर्धारित किया जा सकता है, लेकिन एक प्रवाह अवधि वक्रको अपस्ट्रीम पक्ष पर पानी को ऑफ-पीक घंटों के दौरान उपयोग करने के लिए संग्रहीत करके बढ़ाया जा सकता है।

2.10.7 द्रव्यमान वक्र

द्रव्यमान वक्र एक ग्राफ(graph) है जो दिखाता है कि एक निश्चित समय (दिनों, हफ्तो, या महीनों में) पर एक धारा के प्रवाह से कितना पानी संग्रहीत किया जा सकता है। घन (cubic) मीटर या दिन-सेकंड मीटर भंडारणको इंगित करने के लिए उपयोग की जाने वाली इकाइयां हैं। एक दिन-सेकंड मीटर एक दिन के लिए 1 m^3 प्रति सेकंड की प्रवाह दर है, जो $60*60*24=86400\ m^3$ के बराबर है। भंडारणका उपयोग करके, पानी के प्रवाह को संयंत्र की जरूरतों को पूरा करने के लिए समायोजित किया जा सकता है, एक ही द्रव्यमान प्रवाह के लिए संयंत्र की उत्पादन क्षमताको बढाया जा सकता है। बांध के पीछे के प्लांट में पानी रहता है। भंडारण वह पानी है जो नदी के ऊपर भंडारणमें रखा जाता है। एक जलाशय का मुख्य कार्य पानी को जमा करना होता है जो कमी होने पर इस्तेमाल किया जा सकता है। जलाशय की क्षमताका विश्लेषण करने के लिए एक मास वक्रका उपयोग किया जाता है ताकि जल प्रवाह की उचित मात्रा प्रदान की जा सके।

2.10.8 हाइड्रो इलेक्ट्रिक पोटेंशियल

जल विद्युत स्टेशन की प्राथमिक विद्युत क्षमता को बढ़ातेहुए भंडारणप्रवाह अवधि वक्रके रूपमें सुधार करता है। प्रवाह अवधि वक्रसे विभिन्न पैमानो के साथ एक शक्तिअवधि वक्र (Power Durat|on Curve)बनाया जा सकता है। शक्ति (P) की गणना बर्नौली द्वारा दिए गए समीकरण (equation) (2.3) का उपयोग करके की जाती है।

(याद करें कि 75 kg-mt/sec = 1 मीट्रिक HP = 0.736 kW)

$$P = \frac{0.736}{75} Qwh \;\; kW \qquad (2.3)$$

$$P=9.81 * 10^{-3} \text{ Qwh kW } (2.4)$$

जहां, Q = डिस्चार्ज m^3/secw=पानी का घनत्व =1000 kg/m^3h= शीर्ष मीटर में.

क्योंकि प्रत्येक ऊर्जा विनिमय प्रक्रिया मेंअनिवार्य रूप से नुकसान होता है, अतः सभी समीकरण द्वारा निर्धारित सकल शक्ति को विद्युत शक्ति में परिवर्तित किया जाता है। शब्द η का उपयोग नुकसान (संयंत्र की दक्षता से अधिक) की गणना में किया जा सकता है। इस प्रकार

$$P=9.81 \text{ Qh}\eta \text{ kW } (2.5)$$

[$\omega = 10^3$ kg/mt^3 इसलिए इसे P की अभिव्यक्ति में मौजूद 10^{-3} शब्दों के साथ रद्द कर दिया जाता है और T घंटो के एक समय अंतराल पर उत्पादित kWh में कुल ऊर्जा (2.6) द्वारा दी जाती है।

$$P=9.81 \text{ Qh}\eta * \text{T kWh } (2.6)$$

उदाहरण के लिए, 20 मीटर के शीर्ष वाली एक नदी और 6000 मीटर/सेकंड का निर्वहन। 70% की समग्र दक्षता के साथ, उत्पन्न बिजली है

P = 9.81 x 6000 x 20 x 0.7 किलोवाट = 824040 किलोवाट = 824.04 μW

2.11 महाराष्ट्र में बड़े और छोटे जलविद्युत संयंत्र

महाराष्ट्र सरकार का जल संसाधन विभाग राज्य में जलविद्युत परियोजनाओं के डिजाइन, निर्माण और चालू करने के लिए उत्तरदायी है। कमीशनिग प्रक्रिया के पूरा होने के बाद महाजेन (MAHAGEN) को हाइड्रो प्रोजेक्ट्स को एक विस्तारित अवधि के

लिए पट्टे पर दे दिया गया था ताकि उनका संचालन और रखरखाव किया जा सके। वर्तमान में 2580 मेगावाट की संयुक्त क्षमतावाली 25 जलविद्युत परियोजनाएं चालू हैं।

भारत में पहला जलविद्युत उत्पादन केंद्र टाटा पावर द्वारा 1915 में बनाया गया था और इसे खोपोली में 40 मेगावाट की क्षमताके साथ शुरू किया गया था, जिसे 72 मेगावाट तक बढाया गया था। कंपनी की जलविद्युत क्षमता693 मेगावाट है, जिसकी 65 प्रतिशत क्षमताघरेलू बाजार के लिए तैयार की जा रही है। हाइड्रो स्टेशन सस्ते, स्वच्छ और प्रदूषण मुक्त ऊर्जा का उपयोग करने वाले पहले थे। इनका उपयोग मुख्य रूप से उनके आसपास के औद्योगिक क्षेत्रों को बिजली देने के लिए किया जाता है, जिसमें भिरा भी शामिल है।

टिहरी बांध परियोजना के बाद कोयना जलविद्युत परियोजना भारत का दूसरा सबसे बड़ाजलविद्युत संयंत्र है। यह एक जटिल परियोजना है जिसमें चार बांध शामिल हैं, जिनमें से सबसे बड़ा महाराष्ट्र में कोयना नदी पर स्थित है और इसे कोयना जलविद्युत परियोजना कहा जाता है। यह परियोजना सतारा जिले में है। कोयना बांध कोयनगर गांव के कोयाना नदी पर स्थित है॥इस परियोजना की कुल क्षमता 1,960 मेगावाट है। इस परियोजना में ऊर्जा उत्पादन के चार चरण शामिल हैं। सभी जनरेटर भूमिगत पावर हाउस में हैं, जिन्हें पश्चिमी घाट के पहाड़ो में गहराई तक खोद कर स्थापित किया गया है। बिजली एक फुट डैम पावरहाउस द्वारा भी उत्पन्न की जाती है। बिजली उत्पादन की परियोजना की क्षमताके कारण कोयना नदी को महाराष्ट्र की जीवन रेखा माना जाता है। इस परियोजना में पश्चिमी घाट की ऊंचाई का उपयोग किया गया है। नतीजतन, अपेक्षाकृत कम दूरी पर एक बहुत बड़ा हाइड्रोलिक हेड प्राप्त किया गया है।

हमारे देश के सुदूर हिस्सों में, एक नदी या धारा जो मौसम या बारहमासी रूप से बहती है (पूरे वर्ष), ऊर्जा का एक अच्छा स्रोत हो सकता है। ऐसे क्षेत्र के लोग अब छोटी जलविद्युत परियोजनाओं में इस्तेमाल की जाने वाली प्रौद्योगिकियों को उचित तरीके से संचालित करने और बनाए रखने में सक्षम हैं। हमारे देश में छोटी जलविद्युत परियोजनाओं के माध्यम से कुल 15,000 मेगावाट बिजली बनाई जा सकती है। यह क्षमता अकेले महाराष्ट्र में 732.63 मेगावाट है और 292.525 मेगावाट की क्षमता वाली परियोजनाएं जल संसाधन विभाग द्वारा पहले ही स्थापित की जा चुकी हैं। महाराष्ट्र ऊर्जा विकास एजेंसी (एमईडीए) ने नंदुबार जिले के सुदूर आदिवासी क्षेत्रअस्ली में ऐसी छोटी जलविद्युत परियोजनाएं स्थापित करने की पहल की है। एजेंसी ने 60 ऐसे संभावित स्थानों का पता लगाया है। एमईडीए ने वराना नदी पर 300 किलोवाट की क्षमता वाली दो छोटी जलविद्युत परियोजनाओं के निर्माण के लिए मौजे मंगले-सावर्दे और चिचोली बांधों पर विस्तृत परियोजना दस्तावेज जमा किए हैं। एमईडीए को नदी, जल प्रपात और केटी पर 5 मेगावाट तक की छोटी जलविद्युत (एसएचपी) बिजली परियोजनाएं विकसित करने की जिम्मेदारी सौंपी गई है।

इकाई सारांश

पानी गिरने की गतिज ऊर्जा से बिजली बनाना संभवहै। जलविद्युत संयंत्रों द्वारा उत्पादित बिजली पूरी तरह से ईंधन मुक्त है। इसके अलावा, प्रत्येक मानसून के दौरान पानी का प्रवाह बताता है कि यह ऊर्जा का एक नवीकरणीय स्रोत है। इनकी परिचालन लागत कम होती है। जलविद्युत संयंत्रों के कई फायदे हैं लेकिन उनमे कुछ कमियां भी हैं। एक हाइड्रोग्राफ घन मीटर प्रति सेकंड में समयके साथ धारा प्रवाह में परिवर्तन को प्रदर्शित करता है। यह लोड अवधि वक्रके समान एक प्रवाह अवधि वक्र है। एक मास वक्र,एक विशिष्ट अवधि तक m3 में कुल रन ऑफ मात्रा को दर्शाता है। हाइड्रोग्राफ का उपयोग भंडारणआवश्यकताओं की गणना करने के लिए किया जा सकता है। किसी भी हाइड्रो प्रोजेक्ट का एक आवश्यक और महत्वपूर्ण हिस्सा यह पता लगाना है कि भंडारणके लिए आपको कितना स्थान चाहिए। हाइड्रो परियोजना स्थल चयन के लिए जल आपूर्ति, भंडारण मांग, पानी के प्रमुख स्रोत,भू विशेषताओं, सेडीमेंटेशन, साइट एक्सेस और पर्यावरणीय प्रभावों को ध्यान में रखना चाहिए। हाइड्रो संयंत्र को तीन श्रेणियों में विभाजित किया जा सकता हैः लो हेड, मीडियम हेड और हाई हेड। सिविल इंजीनियरिग कार्यमें जलाशय, बांध, फोरबे, इनटेक संरचना,सर्ज टैंक, पेंस्टॉक, स्पिलवे आदि शामिल होते हैं। तीन प्रकार के हाइड्रो टर्बाइन होते हैं पेल्टन, फ्रांसिस और कपलान। हाइड्रो टर्बाइन एक गवर्नर और स्पीड रेगुलेशन से लैस होता हैं ताकि लोड में बदलाव की परवाह किए बिना एक सुसंगत गति बनाए रखी जा सके। कुछ जलविद्युत संयंत्र भूमिगत हैं। छोटे जलविद्युत संयंत्रों के कई लाभ हैं, जिनमें त्वरित निर्माण, सामान्य सिविल इंजीनियरिग कार्य, छोटी वित्तीय संरचना आदि शामिल हैं। शिखर लोड आपूर्ति एक पम्प्ड स्टोरेज सुविधा का पूर्ण उपयोग करती है।इसमें पानी को बार-बार रिसायकिल किया जाता है। ऑफ सीजन के दौरान, पानी को टेल रेस से हेड वाटर को तालाब में वापस पंप किया जाता है। भारत की कुल जलविद्युत क्षमता84044 मेगावाट होने का अनुमान है। अब तक केवल 29,000 मेगावाट का निर्माण किया गया है।

एक्सरसाइज

उदाहरण-2.1

50 मीटर प्रभावी हेड के साथ एक हाइड्रोइलेक्ट्रिक पावर संयंत्र ऑपरेटर। 400 m^3/सेकंड के निर्वहन पर विचार करें। विद्युत टरबाइन द्वारा उत्पादित बिजली की मात्रा निर्धारित करें यदि इसके वैकल्पिक सेट की दक्षता 0.9 है।

समाधानः

उत्पन्न बिजली इस प्रकार दी जाती है -

$$P=\left(\frac{735.5}{75}\right)Q\cdot h\cdot\eta=\frac{735.5}{75}(200)\cdot(50)\cdot(0.9)=176.52\times10^{6}W=176.52MW$$

उदाहरण-2.2

पिछले 12 महीनों के लिए औसतप्रवाह दर जनवरी में 1000 m^3/सेकंड से कम होने का संकेत दिया गया है। अप्रैलमें 500 m^3 सेकंड. जुलाई में 2500 m^3/सेकंड। 500 m^3/सेकंड. फेब में 900 m^3/सेकंड. मई में 300 m^3/सेकंड। अगस्त में 2200 m^3/सेकंड। नवंबर में 300 m^3/सेकंड। मार्च में 500 m^3/सेकंड. जून में 1100 m^3/सेकंड। 1200 m^3/सेकंड सेप्ट में. 1000 m^3/सेकंड में दिसंबर. यदि औसत प्रभावी शीर्ष 150 मीटर है और टर्बाइन-अल्टरनेटर सेट दक्षता 0.85 मीटर है, तो औसत नदी इनपुट और उत्पन्न बिजली की गणना करें।

समाधानः

नदी का औसत प्रवाह इस प्रकार है -

$$Q = \frac{1}{12}[1000 + 900 + 500 + 500 + 300 + 1100 + 2500 + 2200 + 1200 + 500 + 300 + 1000]$$
$$= 1000 \text{ m}^3/\text{sec}$$

इसके द्वारा विकसित की गई शक्ति

$$P = \left(\frac{735.5}{75}\right) Q \cdot h \cdot \eta = \frac{735.5}{75}(1000) \cdot (150) \cdot (0.85) = 1250.35 \times 10^6 W = 1250.35 MW$$

उदाहरण-2.3

यह निर्धारित किया गया है कि हाइड्रोइलेक्ट्रिक प्लांट में 40 मीटर के हेड के साथ न्यूनतमरन-ऑफ 95 m3/सेकंड उपलब्ध होगा।फर्म की क्षमतातथा वार्षिक सकल उत्पादन का निर्धारण करें ।

समाधानः

न्यूनतम उपलब्ध रन-ऑफ (Q) = 95 m^3/sec
लेकिन 1 m^3 पानी का वजन = 1000 किलोग्राम
तो 95 m^3 पानी का वजन = 95,000 किलोग्राम
जल-शीर्ष = 40 मी. कार्यएक सेकंड में किया गया जल-भार/जल-शीर्ष = 95000 मी.
1 मीट्रिक अश्वशक्ति = 75 kg m/secतो, 0.746 kW = 75 kg m/sec तो फिर,
1 kW =75/0.746 =100.54 kg m/sec.
अतः, शक्ति(kW) =95000* 40/100.54=37796 kW

बिजली संयंत्र के लिए कंपनी की क्षमता37796 किलोवाट है। वार्षिक सकल उत्पादन की गणना इस प्रकार की जा सकती हैः

$37796*8760 = 331*10^6$ kWh.

उदाहरण-2.4

यह दिखाएं कि एक जलविद्युत संयंत्र में औसतबिजली $P = 3.14.\eta.K.A.F.H*10^{-4}$ के रूप में दी जाती है जब A वर्ग² kg में कैचमेंट क्षेत्रहै। F मिमी. में वार्षिक वर्षा है. H मी. में प्रभावी शीर्ष है, η = संयंत्र दक्षता और K = यील्ड फैक्टरहै।

समाधान:

कैचमेंट एरिया = $A*(10^3)^2 * (100)^2$ स्क्वेयर। वर्षा = F 10^{-1} सेमी. वार्षिक रूप से उपलब्ध जल की मात्रा की गणना इस प्रकार की जाती है

$$V=[A*\frac{F}{10}*10^{10}*K]\text{ c.c.} = (A*K*10^3)m^3$$

1 m^3 पानी का वजन 1000 किलोग्राम है, इसलिए पानी का वजन m^3 है।

$(A*F*K*10^3)*10^3$ kg = $A.K.F*10^6$ kg

प्रति सेकंड उपलब्ध जल का वजन इस प्रकार है -

$$\frac{AKF\times10^6}{365\times24\times60\times60}kg=\frac{AKF}{31.5}kg.$$

यह दिया गया है कि पानी का प्रभावी सिर H. m है।

Workdone/sec =(wt. of water/sec)*H=AKFH/31.5 kgm

Power = AKFH/31.5kg m

लेकिन 1 मीट्रिक HP = 75 किलो ग्राम,

इसलिए, कुल HP विकसित =(power/75)*η=AKFH/31.5 kg m *(1/75)*η

अतः शक्ति kW में= AKFHη*0.746 / 31.5*75 [1HP= 746W]

तो यह साबित हो जाता है कि जलविद्युत संयंत्र में औसतबिजली

$P = 3.14*\eta*A*K*F*H*10^{-4}$ kWके रूप में दिया जाता है

उदाहरण-2.5

जलविद्युत स्टेशन की सतत विद्युत उपलब्धता का निर्धारण, दिए गए आंकडो से करें, जहां जलग्रहण क्षेत्र200 वर्ग मीटर है। वार्षिक वर्षा 1000 मी. है, प्रभावी शीर्ष 200 मी. है, भाप द्वारा अपवाह और हानिकी अनुमति देने के लिए यील्ड फैक्टर50% है और प्लांट एफिशिएंसी 80% है।

समाधानः

जैसा कि ऊपर पाया गया है किलोवाट में पावर दिए गए डेटा को प्रतिस्थापित करके $3.14*\eta*A*K*F*H*10^{-4}$ kW के रूप में दिया गया है

$P= 3.14*0.8*0.5*200*1000*200*10^{-4}=5024$ kW

बहु विकल्पीय प्रश्न

1. हाइड्रो इलेक्ट्रिक पावर प्लांट साइट के चयन में निम्नलिखित में से कौन शामिल नहीं है?

(क) कैचमेंट क्षेत्र (ख) रॉकी लैंड (ग)अवसादन (घ) पानी की प्राप्यता

2. वे फैक्टरजो यह निर्धारित करते हैं कि एक जल विद्युत संयंत्र कितना विद्युत ऊर्जा का उत्पादनकर सकता है, उनमें शामिल हैं -

(क) अल्टरनेटर की दक्षता (ख) पानी की मात्रा (ग) पानी काशीर्ष (घ) पानी का विशिष्ट वजन

3. अधिकांश जलविद्युत संयंत्र .... _ _ _में हैं

(क) पहाड़ी क्षेत्र (ख) रेगिस्तान (ग)मैदानी क्षेत्र (घ) डेल्टा

4. एक जलविद्युत संयंत्र में, स्पिलवे का काम है

(क) सभी अतिरिक्त पानी को छोड़ने के लिए (ख) बांध के निचले हिस्से में अतिरिक्त पानी की निकासी

(ग) पर्याप्त मात्रा में पानी उपलब्ध नहीं है (घ)उपर्युक्त में से कोई नहीं

5. ऊंचाईकी तुलना में एक चौड़े आधारवाले बांध को कहा जाता है।

(क) आर्क डैम (ख) भू-बांध (ग) बटरेस डैम (घ) ठोस गुरुत्वाकर्षण बांध

6. एक जलविद्युत स्टेशन का सर्ज टैंक.................. के निकट स्थित होताहै

(क) जलाशय (ख) टर्बाइन (ग) टेलरेस (घ)उपर्युक्त में से कोई नहीं

7. एक सर्ज टैंक का कार्य है

(क) पाइपलाइन में सर्ज का उत्पादन (ख) निरंतर दबाव पर पानी की आपूर्ति करना

(ग)विभिन्न दबाव पर पानी की आपूर्ति के लिए (घ) पेन्स्टाक पाइप में पानी के दबाव को कम करने के लिए

8. एक जलविद्युत संयंत्र में पेन्सस्टॉक है

(क) टरबाइन ब्लेड पर उच्च दबाव पानी छोड़ने वाली नोजल (ग) एक पाइप जो रनर आउटलेट से जुड़ा है

(ख) टरबाइन के स्क्रॉल केस के लिए एक अनुकूल कनेक्टिंग फ़ॉरबे (घ) बांध से सर्ज टैंक को जोड़ने वाला एक पाइप

9. कपलान टरबाइन है

(क) अक्षीय प्रवाह टरबाइन (ख) मिश्रित प्रवाह टरबाइन

(ग) स्पर्श रेखा प्रवाह टरबाइन (घ) उपर्युक्त में से कोई नही

10. कौन सा टरबाइन पानी के दबाव ऊर्जा को काइनेटिक ऊर्जा में परिवर्तित करने के लिए पहले रनर के करीब रखे गए नोजल का उपयोग करता है?

(क) रिएक्शन टर्बाइन (ख) आवेगटर्बाइन (ग) क और ख दोनो (घ) उपर्युक्त में से कोई नहीं

11. सकल(gross) शीर्ष, ... _ के बीच का अंतर है

(क) हेड रेस और घर्षण नुकसान (ख) नेट हेड और घर्षण हानि

(ग) हेड रेस और टेल रेस (घ) हेड रेस और नेट हेड

12. पेल्टन टर्बाइन ज्यादातर ....होती है

(क) झुका/ Incl Ined (ख) खड़ा (ग)क्षैतिज (घ) उपर्युक्त में से कोई नहीं

13. जिस गति से एक काल्पनिक टरबाइन, प्रयोग में लिए जाने वाले टरबाइन के समान, हेड की एक इकाई पर शक्तिकी एक इकाई का उत्पादन करेगी, उसे?

(क) विशिष्ट वेग (ख) विशिष्ट गति (ग) इकाई गति (घ) उपर्युक्त में से कोई नहीं

14. फ्रांसिस टरबाइन रनर में, ब्लेड की संख्या आम तौर पर _ _ _के बीच होती है

(क) 16 से 24 (ख) 8 से 16 (ग) 4 से 8 (घ) 2 से 4

15. जलविद्युत संयंत्रों के बारे में निम्नलिखित दावो में से कौन सा झूठा है?

(क) इसकी पूंजीगत लागत बहुत अधिक है।

(ख) एक जलविद्युत संयंत्र के निर्माण के लिए एक लंबी अवधि की आवश्यकता होती है

(ग) जलविद्युत संयंत्र की प्रति इकाई लागत डीजल संयंत्र की तुलना में अधिक है

(घ) एक जलविद्युत संयंत्र लोड में उतार-चढ़ाव के लिए बिजली की आपूर्ति कर सकता है

16. कौन सा बिजली संयंत्र तुरंत शुरू हो जाताहै

(क) हाइड्रो पावर प्लांट (ख) डीजल बिजली संयंत्र (ग) दोनों ख और ग (घ) उपर्युक्त में से कोई नहीं

17. विश्व की कुल ऊर्जा खपत के लिए जल विद्युत की खपत है।

(क) 35% (ख) 17% (ग) 7% (घ) 3%

18. दुनिया का सबसे बड़ा जलविद्युत संयंत्र कौन सा है?

(क) वजोंट डैम (ख) सैंड डैम (ग) तीन गोरजेस बांध (घ) बनासुरासागर बांध

बहुविकल्पीय प्रश्नों के उत्तर

1 (ग),2 (ख), 3 (क), 4 (ख), 5 (ख), 6 (क), 7 (घ),8 (ख), 9 (क), 10 (ख), 11 (ग),12 (ग),13 (ख), 14 (क), 15(ग),16 (ग),17 (ख), 18(ग) .

निम्नलिखित सही (True) या गलत (False) हैं

1. जलविद्युत संयंत्र का उत्पादन इसके स्राव और शीर्ष के योग के व्युत्क्रमानुपाती होता है।
2. हाइड्रोपावर प्लांट का परिचालन खर्च काफी अधिक है।
3. हाइड्रोग्राफ एक ग्राफ है जो कैलेंडर महीनों की तुलना मेंरनऑफ़ मीटर क्यूब प्रति सेकंड में चलता है
4. प्रवाहअवधि वक्र प्रत्येक बिदु पर समय का प्रतिशत प्लॉट करता है जहां या तो प्रवाह करने के लिए बराबर था या निर्दिष्ट प्रवाह से अधिक।
5. एक मास वक्रकई महीनों के दौरान m^3/s में रनऑफ़ को दिखाता है।
6. भंडारणआवश्यकताओं का अनुमान लगाने के लिए द्रव्यमान वक्रका उपयोग नहीं किया जा सकता है।
7. एक उच्च शीर्ष संयंत्र में 50 मीटर या अधिक पानी होता है।
8. एक मिट्टी के बांध का आधारसंकीर्ण होता है।
9. सर्ज टैंक पानी के उपयोग में अचानक बदलाव को संभालने के लिए डिज़ाइन किए गए हैं।
10. हाइड्रोलिक टरबाइन का विद्युत उत्पादन सीधे उसकी विशिष्ट गति से संबंधित होता है।
11. पेल्टन टरबाइन उच्चशीर्ष और कम पानी के प्रवाह वाली प्रणालियों के लिए उपयुक्त है।
12. रिएक्शन टर्बाइनों में फ्रांसिस टर्बाइन्स शामिल हैं।
13. रिएक्शन टरबाइन मेंकई नोजल होती है॥
14. साधारण जलविद्युत परियोजनाओं के लिए बल्ब टर्बाइन उपयुक्त हैं।
15. एक बेस लोड प्लांट पंप स्टोरेज का उपयोग करता है।
16. पंपयुक्त भंडारण प्रणालियों के लिए, प्रतिवर्ती टर्बाइन और पंप आदर्श हैं।
17. एक पंप स्टोरेज प्लांट में स्टार्ट-अप की अवधि बहुत जल्दी होती है।
18. भारत की कुल जलविद्युत क्षमता 84000 मेगावाट होने का अनुमान है।

सही या गलत प्रकारके प्रश्नों के उत्तर

1. सही, 2. गलत, 3. सही, 4. सही, 5. गलत, 6. गलत, 7. गलत, 8. गलत, 9. सही, 10. गलत, 11. सही, 12. सही, 13. गलत, 14. सही, 15. गलत, 16. सही, 17. सही, 18. सही.

सवाल और समस्याएं

संक्षिप्त और दीर्घ उत्तर(answer) प्रकारके प्रश्न

1. कौन सी परिवर्तनीय मात्राएँ एक जलविद्युत संयंत्र के बिजली उत्पादन को प्रभावित करता है?
2. जलविद्युत संयंत्र क्यों अधिक भरोसेमंद हैं?
3. हाइड्रोग्राफ का वर्णन करें.
4. प्रवाह अवधिवक्र बनाने के लिए क्या कदम उठाए जाते हैं?

5. द्रव्यमान वक्र का वर्णन करें.
6. एक संभावित जलविद्युत परियोजना के लिए आवश्यक भंडारणकी मात्रा की गणना कैसे की जा सकती है?
7. तालाब pondage का वर्णन करें।
8. कौन-कौन से वेरिअबिलजलविद्युत संयंत्रों की लोकेशन प्रभावित करते है?
9. कितने प्रकारके जलविद्युत संयंत्र होते हैं?
10. विभिन्न प्रकारके बांधों की सूची बताएं।
11. सर्ज टैंक क्या करता है?
12. विशिष्ट गति का क्या अर्थ है? बताएं।
13. हाइड्रोइलेक्ट्रिक जनरेटर को कैसे वर्गीकृत किया जाता है? बताएं
14. कुछ हाइड्रो प्लांट्स के सहायक (auxillary) उपकरणों की सूची दें।
15. एक छोटी जलविद्युत सुविधा का वर्णन करें। इसके क्या फायदे हैं?
16. एक पंप भंडारणसुविधा क्या है? यह क्या उपयोग करता है?
17. कुछ जलविद्युत सुविधाएं क्यों अब प्रचलन में नहींहैं?
18. कुछ भारतीय नदी घाटियों की सूची बताएं?
19. भारत की अनुमानित समग्र जल विद्युत क्षमता क्या है?
20. किसी सिस्टम की जोखिम लागत क्या है?
21. एक हाइड्रोग्राफ का वर्णन करें. इसमें क्या जानकारी दीजाती है?
22. प्रवाह अवधि वक्र बनाने के लिए एक हाइड्रोग्राफ का उपयोग कैसे किया जा सकता है?
23. एक मास वक्र का वर्णन करें. इसमें क्या बताया जाता है?
24. एक जलविद्युत परियोजना के लिए आवश्यक भंडारण की मात्रा की गणना कैसे की जा सकती है?
    (क) जल प्रवाह को नियंत्रित करने, (ख) शीर्ष और (ग) भारको नियंत्रित करने के मामले में हाइड्रो प्लांट को कैसे वर्गीकृत किया जा सकता है?
25. विचार-विमर्श करें कि क्या एक पंप भंडारणयोजना आर्थिक रूप से व्यवहार्य है।
26. भारत की भंडारणसुविधा के विकास पर एक संक्षिप्त निबंध लिखें।
27. जलविद्युत से संबंधित परियोजना के लिए कौन से सिविल इंजीनियरिंग कार्यों की आवश्यकता होती है?
28. जल टरबाइन कितने प्रकार की होती है, उनके क्या उपयोग हैं और उनके निर्माण के विशेष बिदुओं को बताएं ।
29. पेल्टन टरबाइन और फ्रांसिस टरबाइन कैसे अलग तरीके से काम करती है यह समझाएं।
30. टरबाइन की विशिष्ट गति का क्या मतलब है? एक विशेष गति के आधार पर टर्बाइनों को कैसे वर्गीकृत किया जा सकता है?
31. क्या विशेषताएं एक फ्रांसिस टरबाइन के गति नियंत्रणतंत्र को पेल्टन टरबाइन के अलावा तय करती हैं? अपनी प्रतिक्रियाओं का समर्थन करने के लिए चित्र बनाएँ.

32. हाइड्रोइलेक्ट्रिक स्टेशनों के लिए स्थानचुनने के लिए किन मानदंडों का उपयोग किया जाता है?
33. "रन-ऑफ" क्या है? "हाइड्रोग्राफ" का विस्तार से वर्णन करें।
34. जल बहिर्प्रवाह और जल शीर्ष का उपयोग करके जल विद्युत क्षमता की गणना करें।
35. हाइडल संयंत्र को कैसे वर्गीकृत किया जाता है?
36. एक जलविद्युत संयंत्र की बुनियादी संरचना और कार्यप्रणाली का वर्णन(descr ıpt ıon) करें।
37. जल टर्बाइनों का मूलवर्गीकरण और विवरण दें।
38. पानी की टरबाइन की क्या विशेषताएं उसे औरोसे अलग करती हैं?
39. एक जल टरबाइन कैसे चलाया जाता है, इस बारे में एक संक्षिप्त व्याख्या दें।
40. संक्षेप में वर्णन करें
    (a) पेन्स्टॉक
    (b) वॉटर हैमर और सर्ज टैंक
    (c) हाइड्रोइलेक्ट्रिक जनरेटर
    (d) कैविटेशन, और
    (e) एक हाइड्रोइलेक्ट्रिक पावर प्लांट की संरचना।

संख्यात्मक समस्याएं

1. हाइड्रो इलेक्ट्रिक फैसिलिटी में एक टर्बाइन 400 फुट हेड के साथ 2400 हॉर्सपावर का उत्पादन करती है। यदि टरबाइन को 500 rpm पर चलाने की आवश्यकता है, तो यह पता लगाएं कि वह गति विशेष रूप से क्या है।

2. एक नदी का उपलब्ध शीर्ष 100 मीटर है, और इसका रिसाव 500 लीटर/सेकंड है। क्या 500 आरपीएम पर पेल्टन व्हील का उपयोग करना बुद्धिमानी होगी? मान लीजिए कि 90% मशीनदक्षता है।

प्रैक्टिकल

प्रयोग (experiment) नंबर 1

शीर्षक: एक वीडियो कार्यक्रम का अवलोकन करने के बादबड़े जलविद्युत संयंत्र का रखरखाव करने वाले हिस्सों की पहचान करना।

लक्ष्य: एकबड़े जलविद्युत संयंत्र के हिस्सों की पहचान करना

आवश्यक उपकरण / सॉफ्टवेयर देखें:

(क) https://www.youtube.com/watch?v=3 ıxtPORwsw

(ख) https://www.youtube.com/watch?v=MSR7Acw_Q6U

सिद्धांत: एक जलविद्युत संयंत्र पानी की संभावित ऊर्जा को कैप्चर करता है और विद्युत ऊर्जा उत्पन्न करता है। एक हाइड्रो टरबाइन का उपयोग एक प्रमुख प्रस्तावक के रूप में किया जाता है। हाइड्रो टर्बाइन स्थितिज ऊर्जा को यांत्रिक ऊर्जा में परिवर्तित करती है।

टरबाइन शाफ्ट को यंत्रवत् रूप से वैकल्पिक में जोड़ा जाता है। वैकल्पिक जल टरबाइन के यांत्रिक उत्पादन को विद्युत ऊर्जा में परिवर्तित कर देता है। हाइड्रो प्लांट इस सिद्धांत पर काम करता है कि उचित ऊंचाईपर संग्रहीत पानी की संभावित ऊर्जा गतिज ऊर्जामें परिवर्तित हो जाती है। इस प्रक्रिया में, गिरता पानी एक बहुत ही उच्च गति प्राप्त करता है और उच्च गति का पानी टरबाइन चलाता है। ये संयंत्र के अंग हैं।

(क) **बांध/बैराजः** बांध जल भंडारण प्रदान करता है जिससे पानी की संभावित ऊर्जा प्राप्त की जाती है और भंडारणसे गिरते पानी की गतिज ऊर्जा का उपयोग जल टरबाइन को चलाने के लिए किया जाता है।

(ख) **हैड रेस सुरंगः** हैड रेस नलिका, जलाशय से पानी को टरबाइन तक पहुंचाती है। नलिका एक चैनल,फ्लुम, पेन्सस्टॉक, टनल, या इनका संयोजनहो सकता है।

(ग) **सर्ज टैंकः** टरबाइन के निकट आंतरायिक जल भंडारो के लिए सर्ज टैंक का निर्माण किया जाता है। यह जल स्तंभ की लंबाई कम कर देता है। यह जल स्तंभ को एक उच्च दबाव बल प्रदान करता है।

(घ) **पेन्स्टॉकः** ये पाइप या लंबे चैनल हैं। पेन्स्टाक जलाशय से पानी को टर्बाइनों तक ले जाता है।

(ङ) **स्लूइस वाल्वः** यह पेनस्टॉक के माध्यम से बहने वाले पानी की मात्रा को नियंत्रित करता है। यह तो बस एक द्वार है. यह टरबाइन में प्रवेश करने वाले पानी को ऊपर या नीचे कर सकता है और इस प्रकार टरबाइन के बिजली उत्पादन को नियंत्रित कर सकता है

(च) **पावर हाऊसः** यह एक इमारत है जिसमें हाइड्रोलिक और इलेक्ट्रिकल उपकरणरखे जाते हैं। पावर हाउस में टरबाइन, अल्टरनेटर, स्टेप-अप ट्रांसफार्मर और कंट्रोल पैनल शामिल हैं।

(छ) **टर्बाइनः** टर्बाइन पानी के गिरने की ऊर्जा को यांत्रिक ऊर्जा में बदल देती है ताकि एक वैकल्पिक ऊर्जा को चलाया जा सके।

(ज) **विकल्पः** यह यांत्रिक ऊर्जा को विद्युत ऊर्जा में परिवर्तित करता है। यह टर्बाइन के साथ यांत्रिक रूप से जुड़ा होता है।

(झ) **टेलरेस चैनलया टेलरेस टनलः** यह चैनल हाइड्रो प्लांट से पानी ले जाता है।

संयंत्र का योजनाबद्ध आरेख रेखाचित्र 2.2 में दिखाया गया है। सभी घटकों के विवरण पहले से ही धारा 2.3 में समझाए गए हैं। जिन संयंत्रों का नियमित रखरखाव किया जाना है, उनके कुछ भाग इस प्रकार हैं।

1) टर्बाइन कार्यात्मक जांच और निरीक्षण ।
2) टर्बाइन काचिकनापन और निरीक्षण।
3) गियरबॉक्स का निरीक्षण ।
4) गियर बॉक्स ऑयल कंडीशन एनालिसिस और ऑयल चेंज।

5) गियर-बॉक्स का स्नेहन और उसका निरीक्षण
6) ड्राइव बेल्ट कानिरीक्षण और प्रतिस्थापन.
7) ड्राइव युग्मन का निरीक्षण.
8) जनरेटर कानिरीक्षण
9) जनरेटर का स्नेहन और उसका निरीक्षण।
10) हाइड्रोलिक प्रणाली का निरीक्षण।
11) हाइड्रोलिक प्रणाली में तेल की स्थिति विश्लेषण(analys Is) और तेल में परिवर्तन।
12) सभी सेंसर ठीक से काम करते हैं, सही तरह से जाँच करें.
13) नियंत्रक फंक्शन्स को सही तरह से जाँचें.
14) इनटेक एरिया का निरीक्षण, कपाउंडिग स्ट्रक्चर, पाइपलाइन, स्लुइस (एस) का निरीक्षण

रोजमर्रा का रखरखाव करने की प्रक्रियाः

ऊपर सूचीबद्ध नियमित रखरखाव समय-समय पर किया जाना चाहिए। नियमित रखरखावकी संख्या संयंत्रकी क्षमतापर निर्भर करती है। एक छोटी क्षमताके लिए संख्या कम है लेकिन एक बड़ी क्षमताके लिए यह अधिक होती है। संयंत्र उपकरणका रखरखाव समय-समय पर किया जाता है, जैसे कि दैनिक, मासिक, साप्ताहिक, वार्षिक और पांच वार्षिक आधार पर निर्माता के अनुदेश के अनुसार।

प्रत्येक पाली के दौरान किए जाने वाले नियमित रखरखाव कार्य का पालन किया जाना चाहिए

1) विद्युत केंद्र में स्थापित सभी पैनलो, उपकरणो और उपकरणो की सफाई।
2) निर्माता के निर्देशों के अनुसार सभी उपकरणो कीऑयलिगऔर ग्रीसिग।
3) बीयरिगऔर,तेल प्रेशर यूनिट पंपमें तेल की भरना।
4) लैंप, फ्यूज आदि का आवश्यकता अनुसार प्रतिस्थापन।
5) ट्रैश रैक की सफाई।
6) अग्रभाग, बाइ-पास गेट और इनटेक गेट का निरीक्षण।
7) ड्राफ्ट ट्यूब गेट और सहायक कार्य,और
8) कोई अन्य कार्य जो सौपा गया हो।

प्रत्येक शिफ्ट के दौरान किए गए निरीक्षण और अवलोकन को नियंत्रण कक्ष की लॉगबुक में प्रतिदिन लॉग इन किया जाएगा।

परिचर्चाः

इस प्रयोग को पूरा करने के बाद छात्र बड़े जलविद्युत संयंत्र का हिस्सा पहचान सकते हैं और इसके हिस्सों का नियमित रख-रखाव भी जान सकते हैं।

प्रयोग (experiment) नंबर 2

शीर्षक: वीडियो प्रोग्राम देखने के बाद सूक्ष्मजलविद्युत संयंत्र का नियमित रखरखाव भाग का पता लगाएं।

लक्ष्यः सूक्ष्म जलविद्युत संयंत्र उपकरण / सॉफ्टवेयर के भागों की पहचान करने के लिए आवश्यक वीडियो देखें

(क) https://www.youtube.com/watch?v=Rc23N6wDeNY

(ख) https://www.youtube com/watch?v=uNod ιtn-y ।

सिद्धांतः

माइक्रो हाइड्रो एक प्रकारकी जलविद्युत है जो आमतौर पर पानी के प्राकृतिक प्रवाह का उपयोग करके 5 किलोवाट से 100 किलोवाट बिजली का उत्पादन करती है। ये संस्थापनाएं एक अलग-थलग घर या छोटे समुदाय को बिजली प्रदान कर सकती हैं, या कभी-कभी इलेक्ट्रिक पावर नेटवर्क से जुड़ी होती हैं, विशेष रूप से जहां नेट(net) मीटरिंग की पेशकश की जाती है। दुनिया भर में इन स्थापनाओं में से कई हैं, विशेष रूप से विकासशील देशों में क्योंकि वे ईंधन की खरीद के बिना ऊर्जा का एक किफायती स्रोत प्रदान कर सकते हैं। सूक्ष्मजलविद्युत संयंत्र के मुख्य घटक निम्नलिखित हैं जिन्हें रखरखाव की आवश्यकता है

1. अंतर्ग्रहण और जल मार्ग	2. अवसादन बेसिन	3. शीर्षिका
4. प्रधान टैंक (विदेशी)	5. पेन्स्टाक	6. टर्बाइन
7. जनरेटर	8. स्टेबलाइज़र लोड करें	9. ट्रांसफार्मर

सूक्ष्म जल विद्युत संयंत्र का योजनाबद्ध आरेखचित्र 2.28 में दिखाया गया है ।

इन भागों का दैनिक रखरखाव इस प्रकारहै।

1. **इनटेक और वॉटरवे:** स्क्रीन पर अटके हुए कचरे को तुरंत हटा दिया जाना चाहिए। बांध और गेट से पानी का रिसाव दर्ज किया जाना चाहिए और यदि आवश्यक हो तो मरम्मत की जानी चाहिए। जरूरत पड़ने पर बालू के अवसादों को बाहर निकाल लें। संरचना में किसी भी प्रकार के दरार आदि की मरम्मत की जाना आवश्यक है।

2. **सेडीमेंटेशन बेसिनः** यदि रेत सेडीमेंटेशन है, तो इसे फ्लश करने की आवश्यकता होती है।

3. **हेडरेस:** नहर के साथ निलंबित सामग्री को हरसमय बाहर निकालने की आवश्यकता होती है। संरचना में रिसाव, विरूपण और दरार को दर्ज किया जाना चाहिए और यदि आवश्यक हो तो मरम्मत की जानी चाहिए। **हेडरेस के आस-पास** के मलबे को दूर किया जाना चाहिए।

4. **हेड टैंक (फोरबे):** स्क्रीन परअटके हुए कचरे को तुरंतहटा दिया जाना चाहिए। जरूरत पड़ने पर बालू के अवसादों को बाहर निकाल लें। किसी भी हिस्से पर पानी का रिसाव यदि दिखाई दे तो दर्ज किया जाना चाहिए और यदि आवश्यक हो, तो मरम्मत की जानी चाहिए।

5. **पेन्स्टॉकः** रिसाव और विरूपण को दर्ज किया जाना चाहिए।

6. **टर्बाइनः** असामान्य ध्वनि और कंपनकी जांच की जानी चाहिए और इसे दर्ज किया जाना चाहिए और इसके कारण को खोजने की आवश्यकता है। आवास से रिसाव की जांच की जानी चाहिए और यदि आवश्यक हो तो मरम्मत दर्ज की जानी चाहिए।

7. **जनरेटरः** असामान्य ध्वनि और कंपन की जांच की जानी चाहिए और इसे दर्ज किया जाना चाहिए और इसके कारण को खोजने की आवश्यकता है। तापमान दर्ज किया जाना चाहिए। यदि आवश्यक हो तो क्षतिग्रस्त क्षेत्र को बदला जाना चाहिए।

8. **लोड स्टेबलाइजरः** प्रदर्शन की जांच की जानी चाहिए. क्षतिग्रस्त हीटर को बदला जाना चाहिए।

9. **ट्रांसफार्मरः** तेल के रिसाव की जांच की जानी चाहिए और यदि आवश्यक हो तो तेल को बदला जाना चाहिए।

परिचर्चा (डिस्कशन): वीडियो का अध्ययन करने के बाद सूक्ष्मजलविद्युत संयंत्र का नियमित रख-रखाव आवश्यक है।

प्रयोग (experiment) **नंबर** 3

शीर्षकः एक माइक्रो हाइड्रोपावर प्लांट को असेंबल करें और फिर इसे विघटित करें।

लक्ष्यः सूक्ष्मजलविद्युत संयंत्र के घटकको इकट्ठा करने और विघटित करने के लिए उपकरण / सॉफ्टवेयर यहां देखें वीडियो

https://www.youtube.com/watch?v=pZ4z4qmYur8

सिद्धांतः

माइक्रो हाइड्रो एक प्रकारकी जलविद्युत है जो आमतौर पर पानी के प्राकृतिक प्रवाह का उपयोग करके 5 किलोवाट से 100 किलोवाट बिजली का उत्पादन करती है। ये संस्थापनाएं एक अलग-थलग घर या छोटे समुदाय को बिजली प्रदान कर सकती हैं, या कभी-कभी इलेक्ट्रिक पावर नेटवर्क से जुड़ी होती हैं, विशेष रूप से जहां नेट(net) मीटरिग की पेशकश की जाती है। दुनिया भर में इन स्थापनाओ में से कई हैं, विशेष रूप से विकासशील देशों में क्योंकि वे ईंधन की खरीद के बिना ऊर्जा का एक किफायती स्रोत प्रदान कर सकते हैं। सूक्ष्मजलविद्युत संयंत्र के मुख्य घटक निम्नलिखित हैं।

1. अंतर्ग्रहण और जल मार्ग	2. अवसादन बेसिन	3. शीर्षिका
4. प्रधान टैंक (विदेशी)	5. पेन्स्टाक	6. टर्बाइन
7. जनरेटर	8. स्टेबलाइज़र लोड करें	9. ट्रांसफार्मर

सूक्ष्म जल विद्युत संयंत्र का योजनाबद्ध आरेखचित्र 2.28 में दिखाया गया है ।

सूक्ष्म जल विद्युत संयंत्र के संयोजन की प्रक्रिया

1. टरबाइन और जनरेटर सेट को स्थापित करें।
2. इनलेट वाल्व को बंदकर दिया.
3. पाइप कनेक्ट करें
4. पानी इनलेट वाल्व को समायोजित करके दबाव समायोजित करें.
5. जनरेटर टर्मिनल कनेक्ट करें
6. लोड करने के लिए आपूर्ति पर स्विच करें.

विघटन की प्रक्रिया इस प्रकार है।

1. लोड करने के लिए विद्युत आपूर्ति बंद करें.
2. जनरेटर टर्मिनल डिस्कनेक्ट करें.
3. पानी का इनलेट वाल्व बंद करें।
4. पाइप संयोजक को ढीला करें.
5. फाउंडेशन बोल्ट अनस्क्रू. करें
6. टरबाइन और जनरेटर सेट हटाएं.

संकलनः

उपरोक्त प्रक्रियाका उपयोग करते हुए एक सूक्ष्मजलविद्युत संयंत्र को इकट्ठा किया जा सकता है और विघटित किया जा सकता है।

जानें और भी बातें

1. जलविद्युत संयंत्र विश्व की कुल बिजली का छठा हिस्सा आपूर्ति करते हैं।

2. वर्ष1770 में, एक फ्रांसीसी इंजीनियर बर्नार्ड फॉरेस्ट डी बेलिडोर ने हाइड्रोलिक्स की वास्तुकला(arch ıtecture) प्रकाशित की जिसमें ऊर्ध्वाधर और क्षैतिजमशीनो का वर्णन किया गया था। वॉटर व्हील का उपयोग एक सदी से अधिक समय से औद्योगिक बिजली के लिए किया जाता था और आजकल इसका उपयोग आकार की सीमाओं के कारण नहीं किया जाता है। "" "टर्बाइन" "शब्द को 19वीं सदी में विकसित किया गया था। 20वीं सदी की शुरुआत में, फ्रांस में कई छोटे जलविद्युत संयंत्रों का निर्माण किया गया था। बाद में उसी में अमेरिका में सदियों से बड़े जलविद्युत संयंत्र बनाए जा रहे हैं।

3. हाइड्रोपावर प्लांट बेस और पीक लोड दोनों के लिए उपयुक्त हैं।

4. किसी भी देश में पर्याप्त जल संसाधनया प्रचुर मात्रा में कोयला भंडार नहीं है। यह आवश्यकता ताप और हाइड्रोपावर प्लांट के संयुक्त संचालन द्वारा की जा सकती है। इसे हाइड्रो थर्मल को-ऑर्डिनेशन कहा जाता है। जल-तापीय समन्वय से संचालन में लचीलापन, पारिस्थितिक विद्युतकरण, सुरक्षित आपूर्ति आदि जैसे कई लाभ प्राप्त होते हैं।

5. सर्ज टैंक एक खुला टैंक है जिसका प्रयोग काफी लंबाई के दबाव नलिका के साथ किया जाता है। पानी के दबाव को कम करने के लिए सर्ज टैंक का कार्य होता है। सर्ज टैंक विभिन्न प्रकार के होते हैं जैसे सरल प्रकार, झुका हुआ प्रकार, विस्तार कक्ष और गैलरी प्रकार, प्रतिबंधित छिद्र या थ्रॉटल प्रकार और विभेदक प्रकार के सर्ज टैंक।

6. हाइड्रोलिक टरबाइन सीधे विद्युत जनरेटर या वैकल्पिक से जुड़ी होती है। जनरेटर हमेशा एकसमान चाल से चलते हैं, लोड भिन्नता के बावजूद. इस स्थिर गति को तुल्यकालिक (N_s) गति कहा जाता है। यह$N_s = 120f/P$ द्वारा दिखाया जाता है, जहां Hz या चक्र/सेकंड में आवृत्ति, P जनरेटर के ध्रुवों की संख्या है। जनरेटर की गति को केवल तभी स्थिर रखा जा सकता है जब टरबाइन रनर की गति स्थिर रखी जाती है। यदि जनरेटर पर लोड अलग-अलग होता है और टरबाइन का इनपुट स्थिर होता है, तो लोड कम होने पर टरबाइन की गति बढ़ जाती है या लोड बढ़ने पर टरबाइन की गति कम हो जाती है। इसलिए, जनरेटर की गति या आवृत्ति तदनुसार बदलती रहती है, जो वांछित नहीं है इस प्रकार, रनर की गति को सभी भारपर स्थिर रखा जाना चाहिए। यह एक गवर्नर (नियंत्रक)द्वारा किया जाता है जो पानी की मात्रा को नियंत्रित करता है।

7. आवृत्ति की तरह, टर्मिनल पर वोल्टेज को स्थिर रखा जाना चाहिए। यह स्वचालित वोल्टेज नियामक द्वारा किया जाता है। स्वचालित वोल्टेज नियामक को आउटपुट वोल्टेज के अनुरूप एक संकेत मिलने पर वांछित वोल्टेज स्तर के अनुरूप संकेत के साथ तुलना करता है। यदि इस तुलना में त्रुटियां हैं, तो स्वचालित वोल्टेज नियामक जनरेटर की उत्तेजना प्रणाली को एक संकेत भेजता है, और तदनुसार, टर्मिनल वोल्टेज को स्थिर बनाए रखने के लिए जनरेटर के फ़ील्ड वाइंडिग पर आवश्यक डीसी वोल्टेज लागू किया जाता है॥

संदर्भ और सुझाव पठन

1. सोनी, गुप्ता, भटनागर, ए कोर्स इन इलेक्ट्रिकल पावर। - धनत्रयी और संस 11. सिस्टम, एस. चंद और कंपनी नई दिल्ली, 2005, आईएसबीएन: 978121924962.
2. गुप्ता, बीआर, विद्युत ऊर्जा उत्पादन, एस. चंद और कंपनी नई दिल्ली।
3. गुप्ता, जेबी. इलेक्ट्रिकल पावर में कोर्स-एस. के. कटारिया और सन्स, नई दिल्ली 2014.
4. नाग. यूपी वीके पावर प्लांट इंजीनियरिग, मैकग्रा हिल, नई दिल्ली, आईएसबीएन-978-9339204044 2. तन्मय देब, इलेक्ट्रिकल पावर जेनरेशन, खन्ना पब्लिशिंग हाउस, दिल्ली (एड.2018)
5. https://www.mahaurja.com/mea/en/grid_connected_power/small_hydro

6. https://www.tatapower.com/bus ıness/hydro.aspx
7. https://en.wikkipedia.org/w ık ı/Koyna_hydroelectric_project.
8. http://www.doed.gov.np.gov. ın/स्टोरेज/लिस्टिज/दिसंबर2019/गाइडलाइंस-फॉर-ऑपरेशनल-और-मेनटेनेंस-ऑफ हाइड्रोपावर-प्लांट्स.pdf
9. https://cea.nic.in/wp-content/अपलोड/2020/04/अध्याय-6.pdf
10. सेना.मिल/पोर्टल/76/उपयोगकर्ता/182/86/ईसी%201130-2-216.pdf?v= 2019-05-30-143437-757
11. %20T%26C%20of% 20 SMALL% 20HYDRO_2015.pdf
12. यह पोर्टल https://policy.asiapacifenerys.org/node/3334 पर उपलब्ध है।
13. https://openjicareport.jica.jp/pdf/11737046_17.pdf

3. सोलर और बायोमास-आधारित पावर प्लांट

इकाई स्पेसिफिक्स

इस इकाई के माध्यम से, हमने निम्नलिखित पहलुओं पर चर्चा की है:

- वैश्विक सौर ऊर्जा विकिरण
- भारत का सौर मानचित्र
- सौर ऊर्जा प्रौद्योगिकी
- सौर सेल के पीछे की मूल बातें
- सौर तापीय विद्युत संयंत्र
- फ्लैट प्लेट कलेक्टर
- केंद्रित सौर ऊर्जा संयंत्र
- पावर टावर, परवलयिक गर्त, परवलयिक डिश और फ्रेस्नेल रिफ्लेक्टर का निर्माण और कार्य करना
- सौर फोटोवोल्टिक (पीवी) बिजली संयंत्र का निर्माण और कार्य करना
- बायोमास आधारित बिजली संयंत्र
- एक जैव-रासायनिक आधारित (जैसे बायोगैस) बिजली संयंत्र का लेआउट
- थर्मल-रासायनिक आधारित (जैसे नगरपालिका अपशिष्ट) बिजली संयंत्र का लेआउट
- कृषि-रासायनिक आधार (जैसे जैव-डीजल) बिजली संयंत्र का लेआउट
- बायोमास बिजली संयंत्र के लिए ईंधन के रूप में ठोस, तरल और गैस बायोमास की विशेषताएं
- सौर तापीय विद्युत संयंत्र और बायोगैस संयंत्र के कुछ प्रयोग

इस इकाई के माध्यम से थर्मल और फोटोवोल्टेज के संदर्भ में सौर ऊर्जा का उपयोग करके नवीकरणीय ऊर्जा उत्पादन की अवधारणा पर चर्चा की गई है। बायोमास, बायोवेस्ट और अन्य जैव-उत्पादों का उपयोग करके स्वच्छ, हरित और टिकाऊ

बिजली उत्पादन पर विस्तार से चर्चा की गई है। आगे की जिज्ञासा और रचनात्मकता के साथ-साथ छात्रों की समस्या-समाधान क्षमता में सुधार को संख्यात्मक उदाहरणों के माध्यम से समझाया गया है।

बड़ी संख्या में बहुविकल्पीय प्रश्नों के साथ-साथ लघु और दीर्घ उत्तरीय प्रकार के प्रश्नों को चिह्नित करने के अलावा दो श्रेणियो में ब्लूम टैक्सोनॉमी के निम्न और उच्च क्रम, सर्वल संख्यात्मक समस्याओं के माध्यम से असाइनमेंट, संदर्भों की एक सूची और सुझाए गए रीडिग इस इकाई में दिए गए हैं ताकि अभ्यास के लिए उनके माध्यम से समझाया जा सके।

यूनिट में शामिल पाठ्यक्रमों से संबंधित कुछ व्यावहारिक प्रयोग भी इस यूनिट के अंत में शामिल किए गए हैं ताकि छात्रों को इन विषयों पर जानकारी दी जा सके। कुछ प्रयोगों में, कुछ विशिष्ट वीडियो प्रदान किए गए हैं।

विषय पर संबंधित प्रयोग के बाद, सामग्री के आधार पर, एक "अधिक जानें" खड (section) जोड़ा गया है। इस खड को विषय पर अतिरिक्त जानकारी और उच्च शिक्षण कौशल के पूरक के लिए डिज़ाइन किया गया है।

मूल कारण

सौर और बायोमास-आधारित बिजली संयंत्रों पर इस यूनिट से छात्रों को सौर ऊर्जा को प्रत्यक्षऔर अप्रत्यक्ष रूप से ताप ऊर्जा द्वारा विद्युत ऊर्जा में बदलने के पीछे एक मौलिक विचार प्राप्त करने में मदद मिलेगी। इस अध्याय में प्रत्यक्षसौर ऊर्जा और सौर फोटोवोल्टेइक के उपयोग से विभिन्न प्रकार की सौर तापीय ऊर्जा प्रौद्योगिकियों पर चर्चा की गई है। इसके विकिरण सहित सौर ऊर्जा से संबंधित विभिन्न मुद्दों पर भी चर्चा की गई।

इस इकाई में विद्युत ऊर्जा उत्पादनके लिए बायोमास उत्पादन के उपयोग पर भी चर्चा कीगई है। विभिन्न प्रकार के बायोमास का उपयोग ऊर्जा के उत्पादन की विभिन्न प्रक्रियाओं के लिए किया जाता है, जैसे बायोगैस और बायोडीजल। जैव रासायनिक और जैव-तापीय प्रक्रिया, किण्वन और पाचन को भी चित्रित किया गया है।

प्रतिस्पर्धी परीक्षाओं की तैयारी के लिए छात्रों को समाधान के साथ कुछ प्रासंगिक संख्यात्मक समस्याएं और सुझावप्रश्न इस पाठ्यक्रम में दिए गए है जो उनको मददगार साबित होंगे।

छात्रों को गहराई से समझने के लिए व्यावहारिक/प्रयोगों के सेट कोडिज़ाइन किया गया है।

पूर्व अपेक्षा

इलेक्ट्रिकल और इलेक्ट्रॉनिक्स इंजीनियरिग के मूलतत्त्व (ES104)

इकाई परिणाम

यूनिट-3 के पूरा होने के बादविद्यार्थी निम्न जानकारी के लिए सक्षम होंगे,:

यू 3-01: सौर विकिरण और उसकी उपयोगिता का वर्णन कर सकेंगे

यू 3-02: विभिन्न प्रकार के सौर तापीय संयंत्रों का उपयोग करके सौर ऊर्जा और उसके संचयन की व्याख्या कर सकेंगे

यू 3-03: सौर पीवी के कार्य सिद्धांत और SPV विद्युत संयंत्र की कार्यप्रणाली को समझा सकेंगे

यू 3-04: स्वच्छ, हरित और टिकाऊ पर्यावरण के लिए बायोमास ऊर्जा के महत्व को समझेंगे

यू 3-05: विभिन्न प्रकार के बिजली संयंत्रों में ठोस, तरल और गैसीय बायोमास के उपयोग को प्रदर्शित कर सकेंगे

यूनिट-3 नतीजा	पाठ्यक्रम के परिणाम के साथ अपेक्षित मानचित्रण (1-कमजोर सहसंबंध 2-मध्यम सहसंबंध 3-मजबूत सहसंबंध)				
	सीओ-1	सीओ-2	सीओ-3	सीओ-4	सीओ-5
यू 3-01	1	1	1	--	--
यू 3-02	3	3	3	--	--
यू 3-03	3	3	2	--	--
यू 3-04	2	2	2	--	1
यू 3-05	3	2	2	--	--

3.1 परिचय

ऊर्जा की बढ़ती मांग और अन्य ऊर्जा स्रोतों द्वारा प्राकृतिक संसाधनों की कमी के कारण इस आधुनिक दुनिया के लिए बिजली उत्पादन पिछले कुछ समय से एक चुनौतीपूर्ण मुद्दा बन गया है। पिछली सदी में, बिजली उत्पादन मुख्य रूपसे कोयला, तेल और गैस जैसे जीवाश्म ईंधन पर निर्भर था। कोयले से चलने वाले थर्मल पावर स्टेशन दुनिया में सबसे महत्वपूर्ण और अधिकतमऊर्जा को साझा करते हैं और पिछले कुछ दशकों से, परमाणु ईंधन का उपयोगकरने वाले थर्मल स्टेशनों ने बिजली उत्पादन में प्राथमिकतादर्ज कराई है। बिजली उत्पादन के ये स्रोत गैर-नवीकरणीय हैं, और इन संसाधनों की प्राकृतिक प्रक्रिया से ही बनाने में लाखों साल लगते हैं। समाज के सतत विकास और बेहतर भविष्य के लिए, नवीकरणीय स्रोत, थर्मल और हाइड्रोपावर के अलावा बिजली का एकमात्र विकल्प हैं।

सौर ऊर्जा और बायोमास ईंधन, आज कुल ऊर्जा उत्पादन का लगभग 4 प्रतिशत वाणिज्यिक ऊर्जा उत्पादन में महत्वपूर्ण भूमिका निभाते हैं और हरित बिजलीविश्व स्तरपर उनकी भागीदारी बढ़ती जा रहीहै। सौर ऊर्जा के बारे में सबसे अधिक ज्ञात तथ्य यह है कि यह ऊर्जा के एक स्वच्छ औरग्रीन स्रोत का प्रतिनिधित्व करता है। अधिकांश अन्य -ताप विद्युत उत्पादन पर्यावरण के लिए हानि कारक ग्रीन हाउस गैसों को छोड़ते है।

सौर ऊर्जा कार्बन फुटप्रिंट को कम करने का एक बेहतर तरीका है। सौर ऊर्जा सुरक्षित, नवीकरणीय, मुफ्त, किफायती और बहुतायत में उपलब्ध है। चुनौती,केवल तकनीकी उपयोगी कार्य के लिए ऊर्जा संयंत्रों की वाणिज्यिक और आर्थिक व्यवहार्यता है। इसमेंपूंजी निवेश और स्थानएक मुद्दा हो सकता है लेकिन रखरखाव और लागत में थर्मल स्टेशनोंका स्थान न्यूनतम है। बायोमास ईंधन नवीकरणीय हैं क्योंकि उन्हें स्थायी रूपसे प्राकृतिक संसाधनको कम किए बिना जल्दी परिवर्तित कियाजा सकता है। बायोमास

ईंधन में पेड़, पौधे, फसल, घास, कुछ प्रकारके शैवाल और नगरपालिका अपशिष्ट शामिल हैं। इन स्रोतों को स्थायी और आर्थिक रूपसे प्रबंधित किया जा सकता है। बायोमास, ग्रीनहाउस गैसो को कम करके जलवायु की मदद करता है क्योंकि यहां इसमें कार्बन उत्सर्जन का स्तरजीवाश्म ईंधन की तुलना में बहुत छोटा होता है। नगरपालिका अपशिष्ट और कचरा मानव स्वास्थ्य पर नकारात्मक प्रभाव के साथ पारिस्थितिकी तंत्र को प्रदूषित करते हैं, और इस कचरे को आसानी से बिजली, जैव-उर्वरक और अन्य मूल्यवान उत्पादों में परिवर्तित किया जा सकता है। बायोमास ईंधन व्यापक रूप से उपलब्ध है, और ऊर्जा स्रोतों के साथ आर्थिक और पर्यावरणीय फैक्टर सूची में सबसे ऊपर है। यह इकाई, सौर और बायोमास का उपयोग करके विभिन्न ऊर्जा स्रोतों से संबंधित है।

3.2 सौर ऊर्जा

सौर ऊर्जा पृथ्वी पर उपलब्ध ऊर्जा का सबसे महत्वपूर्ण स्रोत है। यह ऊर्जा पृथ्वी पर जीवन का प्राथमिक स्रोत है।सूर्य से ऊर्जा, सौर ऊर्जाके रूपमें होती है। सौर ऊर्जा का उपयोग, प्रत्यक्षऔर अप्रत्यक्ष रूपसे ऊर्जा रूपांतरण के लिए कई तरीको से किया जा सकता है। सूर्य से प्राप्त इस ऊर्जा का तीन प्रकारसे उपयोग किया जा सकता है। वे हैं -

(क) सौर ऊर्जा को तापीय ऊर्जा (Heat Energy) में परिवर्तित करना।

(ख) सौर ऊर्जा कोविद्युत् ऊर्जा (Electrical Energy) में परिवर्तित करना।

(ग) प्रकाश संश्लेषण (Photosynthesis).

सौर ऊर्जा को तापीय ऊर्जा में रूपांतरण के लिए विभिन्न प्रकारके सौर संग्राहको का उपयोग किया जाता है। अनुभाग 3.5 में विभिन्न प्रकारके सौर संग्राहकों पर विस्तार से चर्चा की गई है। ये सौर संग्राहक, सौर ऊर्जा को ऊष्मा के रूपमें एकत्र करते हैं, और इसका उपयोग तरल पदार्थ (जैसे पानी, अन्य उपयुक्त तरल पदार्थ आदि,), गैस और वायु को गर्म करने के लिए किया जाता है, और इस तरल पदार्थ का उपयोग ऊर्जा उत्पन्न करने के लिए टरबाइन को चलाने के लिए किया जाता है।

सौर तापीय ऊर्जा के अन्य वाणिज्यिक उपयोग में सोलर कुकर, सौर जल तापन प्रणाली, सौर वायु तापन प्रणाली, फसल सुखाने, प्रशीतन, जल पंपिग, जल विलवणीकरण (डिसेलिनेशन)आदि शामिल हैं।

सौर फोटोवोल्टिक, सौर ऊर्जा का प्रत्यक्ष रूपसे विद्युत में रूपांतरण है। दुनिया भर और भारत में फोटोवोल्टेइक का उपयोग करके बिजली का उत्पादन दिन-प्रतिदिन बहुत तेजी से बढ़ रहा है। जीवाश्म ईंधन के स्थायी विकल्प के रूपमें सौर ऊर्जा का दोहन विश्व के अधिकांश देशों में की जाती है। विशेष रूपसे भारत में, विभिन्न मंत्रालयो और नोडल एजेंसियों के माध्यम से एक वैकल्पिक और टिकाऊ ऊर्जा स्रोत विकसित करने के लिए केंद्र और संबंधित राज्य सरकारो द्वारा कई योजनाएं चलाई जाती हैं। प्रकाश संश्लेषण (photosynthesis) पौधों का रासायनिक रूपांतरण है जिसमें सूर्य के प्रकाश और क्लोरोफिल की उपस्थिति में कार्बन डाइऑक्साइड और पानी काकार्बोहाइड्रेट में रासायनिक रूपांतरण होता है। प्रकाश संश्लेषण की विस्तृत प्रक्रिया इस खड का हिस्सा नहीं है।

3.2.1 भारत का सौर मानचित्र

सौर **मानचित्र,** किसी शहर, राज्य, देश या किसी भी देश का **मानचित्र**होता है जिसमें सौर ऊर्जा कहां,कितनी मात्रा में उपलब्ध है, के बारे में सूचना दी जाती है। सौर **मानचित्र**कई रूपों में चित्रित किए गए हैं।एक सौर मानचित्र अनिवार्य रूप से रिकॉर्ड करता है कि कहां और किस हद तक एक निश्चित स्थानसूर्य की रोशनी या विकिरण की एक निश्चित मात्रा का अनुभव करता है। यह आम तौर पर स्थलाकृतिक, मौसम विज्ञान और कभी-कभी वित्तीय डेटा को छात्रों या उपभोक्ताओं और इन्वेस्टर्स को सौर ऊर्जा की क्षमता के बारे में जागरूकता को बढ़ावा देने में सहायता करने के लिए संयोजित होता है ।

भारत का सौर मानचित्र चित्र 3.1 में दिखाया गया है। यह नक्शा kWh/kWp मेंकुल दैनिक औरकुल वार्षिक सौर विकिरण दिखाता है।"किलोवाट-अवर" "जैसे मान बताते हैं कि विकिरण कितनी बिजली उत्पन्न कर सकता है, और किलोवाट-पीकइस बारे में जानकारी प्रदान करता है कि इसका आउटपुट कितना अधिक है, उत्पादन कितना अधिक है, एक सौर पैनलकितना अधिक उत्पादन कर सकता है।" चित्र 3.2 में KW/m^2 में वैश्विक क्षैतिजविकिरण को दर्शाया गया है।

सौर मानचित्र बनाना एक जटिल प्रक्रिया है। इसमें सौर विकिरण सहित कुछ पर्यावरणीय परिस्थितियों को मापने के लिए परिष्कृत उपकरणों की आवश्यकता होती है। सौर नक्शे के लिए मौसम विज्ञान और स्थलाकृतिक डेटा का उपयोग किया जाता है। मौसम विज्ञान के आंकड़ों में सूर्य की स्थिति, वायुमंडलीय परिस्थितियों, अक्षांश और शेडिग का मापन शामिल है। टॉपोग्राफ़इक डेटा में विकिरण की डिग्री के साथ सूर्य के संपर्क में आने वाले क्षेत्रका माप शामिल है और (प्रत्यक्ष रूप से) कितना क्षेत्र सूर्य से विकिरण प्राप्त कर रहा है।

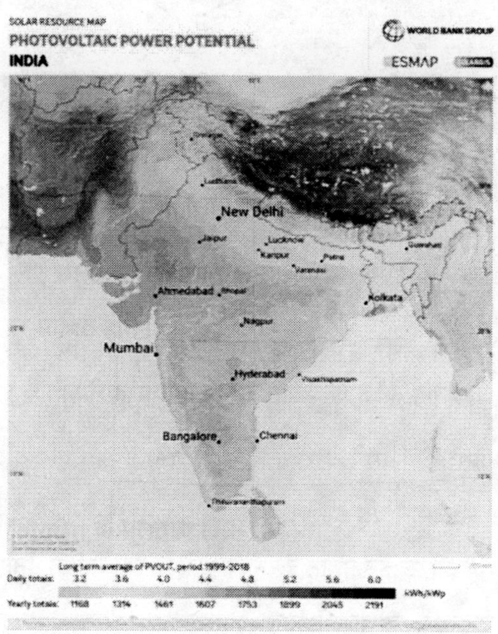

चित्र. 3.1 भारत का सोलर मैप फोटोवोल्टिक बिजली क्षमता के साथ (साभारः https://solarg ls.com/)

चित्र.3.2 भारत का सौर मानचित्र वैश्विक क्षैतिजविकिरण के साथ (साभारः https://soargis.com/)

सौर मानचित्रों के विकास में प्रयुक्त कुछ सम्मिश्रउपकरण या उपकरण में शामिल हैं-LIDAR प्रौद्योगिकियां, ESRI ArcGIS सर्वर, सोलर ऑटोमेटेड फीचर निष्कर्षण (Extraction) (SAFE) प्रौद्योगिकियां और कई अन्य उपकरण। इन सभी तकनीकों का उपयोग सौर नक्शे को एकत्र करने, प्रसंस्करण और विकसित करने में किया जाता है। नीति निर्माताओं के अनुसार, एक सौर मानचित्र कई भूमिकाएं निभाता है। सरकारी अधिकारियों के अनुसार, सौर नक्शे उस शहर या क्षेत्रके लिए स्थिरता लक्ष्यों की प्रगति पर नज़र रखने में मदद करते हैं, जिसमें वे रहते हैं। यदि वे एक अधिक पर्यावरण अनुकूल वातावरण स्थापित करना पसंद करते हैं, तो उनके मन में एक सौर मानचित्र इस लक्ष्य को मापने में उपयोग करने के लिए सही उपकरण होगा। एक और विचार है कि स्थानीयसरकार सोलर मैप ऑनलाइन प्रदान करना चाहती है, उसे बढ़ावा देना चाहती,है।

सरकार, नागरिकों की विद्युत खपत के बारे में आत्म-जागरूकता और ऊर्जा के अन्य पारंपरिक स्रोतों के बजाय सौर ऊर्जा का उपयोग करने के संभावित पुरस्कारों के बारे में नागरिकों को शिक्षित करना चाहती है।

3.2.2 वैश्विक सौर ऊर्जा विकिरण

पृथ्वी की सतह पर उपलब्ध सौर ऊर्जा की मात्रा वायुमंडल के शीर्ष पर पहुंचने की तुलना में काफी कम है। पृथ्वी की सतह तक पहुंचने वाली मात्रा वायुमंडलीय स्थितियों और वायुमंडलीय घटकोंऔर अवशोषण और बिखरने सहित वायुमंडलीय परिस्थितियों और पर निर्भर करती है।

सौर विकिरण, सूर्य द्वारा उत्सर्जित विद्युत चुम्बकीय विकिरण है। इस विकिरण को विभिन्न प्रकार की तकनीकों का उपयोग करके ताप और बिजली जैसे उपयोगी रूपों में परिवर्तित किया जा सकता है। सूर्य द्वारा उत्सर्जित विद्युत चुम्बकीय विकिरण, तरंगदैर्घ्य की एक विस्तृत श्रृंखला को दर्शाता है। इसेकुछ प्रमुख रूप में विभाजित किया जा सकता है-आयनीकरण विकिरण जैसेएक्स-रे और गामा किरणों और गैर-आयनीकरण विकिरण, जिसमें अल्ट्रावायलेट, दृश्यमान और इन्फ्रारेड शामिल हैं। सौर विकिरण में एक वर्णक्रम या तरंगदैर्घ्य होता है, जो लघु तरंगदैर्घ्य विकिरण से बहुत लंबे तरंगदैर्घ्य विकिरण तक होताहै। लघु तरंगदैर्घ्य विकिरण में लंबी तरंग दैर्घ्य की तुलना में उच्च ऊर्जा स्तरहोता है।

जैसे-जैसे सूरज की रोशनी वायुमंडल से गुज़रती है, इसका कुछ हिस्सा हवा के अणुओं, पानी के वाष्पों, बादलों, धूल और प्रदूषकों द्वारा अवशोषित, और परावर्तित होताजाता है और कुछ हिस्सा बिखर जाता है। इसे विसरित सौर विकिरण (Diffused) कहा जाता है। विसरित सौर विकिरण का कोई निश्चित एकल पथ नहीं है।पृथ्वी की सतह तकबिना विसरित हुए पहुंचने वाली किरण प्रत्यक्ष सौर विकिरण कहलाता है। विसरित और प्रत्यक्ष सौर विकिरण के योग को कुल विकिरण या वैश्विक सौर विकिरण कहा जाता है।

किसी भी क्षेत्र के लिए,पृथ्वी की सतह,जो ऊर्जा की मात्रा प्राप्त करती है वह प्रति घंटे, दैनिक और मौसमी के अनुसार परिवर्तनीयहोगी। पृथ्वी की सतह पर एक बिदु के सापेक्ष आकाश में सूर्य की स्थिति का कोणउस क्षेत्र तक पहुँचने वाली सूर्य की रोशनी की तीव्रता निर्धारित करता है।

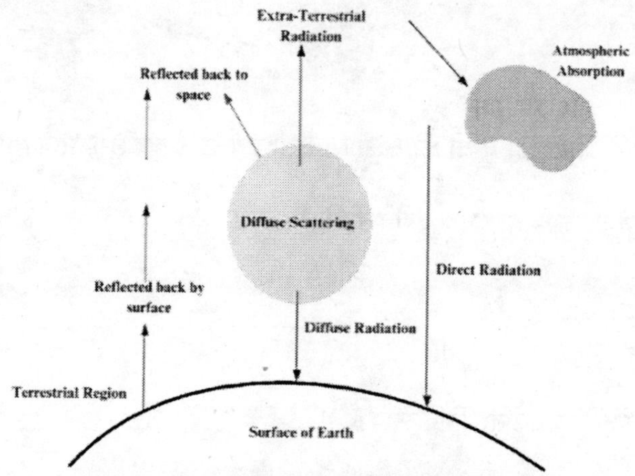

चित्र 3.3 प्रत्यक्ष, प्रसार और कुल सौर विकिरण

प्रत्यक्ष सौर विकिरण आम तौर पर पृथ्वी की सतह पर किसी भी एक स्थान पर सूर्य की दोपहर में सबसे अधिक तीव्र होता है क्योंकि यह आकाश में सबसे अधिक लंबवत होता है और सबसे कम माला में वायुमंडल से गुजरता है। चिल 3.3 प्रत्यक्ष विसरण, और कुल सौर विकिरण दिखता है।

उत्तर अक्षांश 23.5 के स्थानों के लिए, 21 जून (ग्रीष्मकालीन अक्षांश) को सौर दोपहर में सबसे अधिक तीव्र होता है। उस समय, सूर्य वर्षके दौरान आकाश के उच्चतम बिदु पर पहुंच जाता है और सूर्य का प्रकाश, पृथ्वी के कम से कम वायुमंडल से होकर गुजरता है। यह गर्मियो (summer) में वर्ष का सबसे लंबा दिन होता है। वर्ष का सबसे छोटा दिन 21 दिसंबर होता है, और सर्दियो में सूर्य की रोशनी सबसे कम तीव्र होती है। भूमध्य रेखा पर बिदुओ के लिए, सूर्य 20 मार्च और 21 सितंबर के आसपास सबसे अधिक तीव्र होगा, क्योंकि ये वे दिन हैं जब सूर्य पृथ्वीके सीधे ऊपर होता है। चिल 3.4 मेंयह दिखाया गया है।

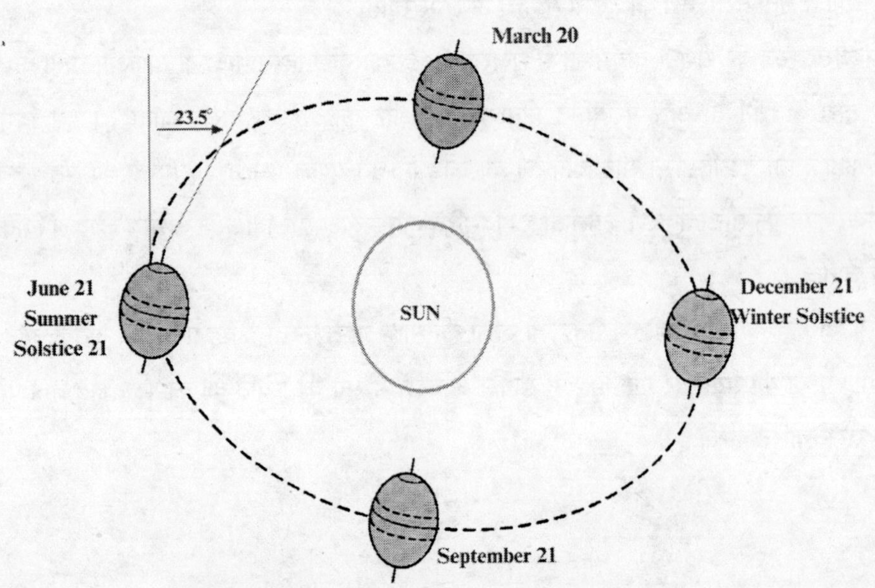

चिल 3.4 पृथ्वी की कक्षा (orbit) सूर्य का चक्कर लगाती है।

एक सतह पर कुल सौर विकिरण घटना के तीन घटक होते हैं। वे हैं -

(क) बीम विकिरण (R_b).

(ख) डिफ्यूज रेडियेशन (R_d).

(ग) जमीन और आसपास के क्षेत्रों से परावर्तित विकिरण (R_r).

चिल 3.5 एक झुकी हुई सतह पर सौर विकिरण के तीन घटको को दर्शाता है।

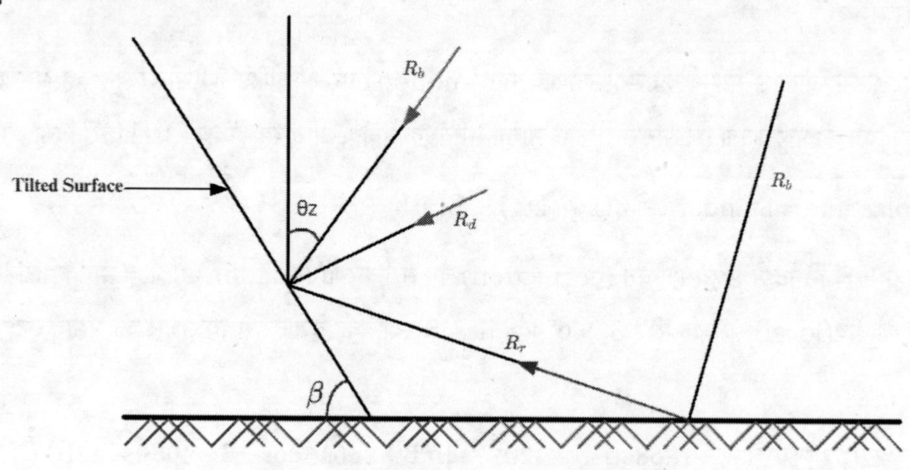

चित्र 3.5 झुकी हुई सतह पर सौर विकिरण

3.2.2.1 पायरानोमीटर

पायरानोमीटर का उपयोग एक क्षैतिज सतह पर सूर्य और आकाश से वैश्विक सौर विकिरण को मापने के लिए किया जाता है, जिसमें एक अपेक्षाकृत विशाल, अच्छी तरह से पॉलिश केस के अंदर समर्थित एक पतली काली सतह शामिल होती है। सौर विकिरण के संपर्क में आने पर यह काले रंग की सतह तापमान में तब तक बढ़ती है जब तक कि सभी कारणों से इसकी ऊष्माकी हानिदर विकिरण द्वारा ऊष्मा के लाभ की दर के बराबर नहीं हो जाती है। तापमान में वृद्धि एक तापीय विद्युत-प्रेरक बल (ईएमएफ) स्थापित करती है जिसे मिलीवोल्टमीटर पर मापा जाता है। चित्र 3.6 (a) और चित्र 3.6 (b) सौर विकिरण को मापने के लिए एक विशिष्ट थर्मोइलेक्ट्रिक पायरानोमीटर दिखाते हैं।

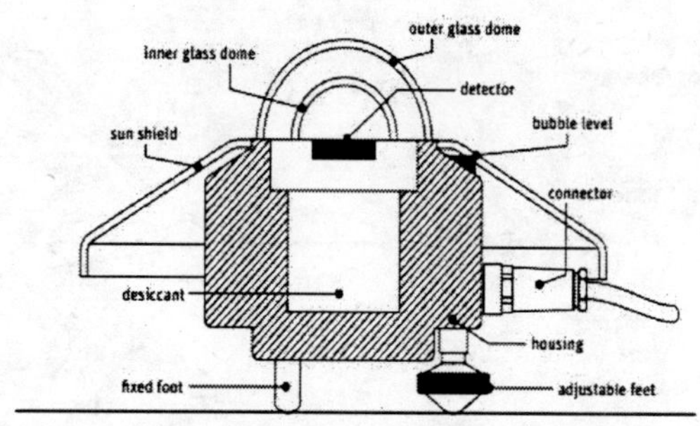

चित्र 3.6 (क) थर्मोइलेक्ट्रिक पिरानोमीटर

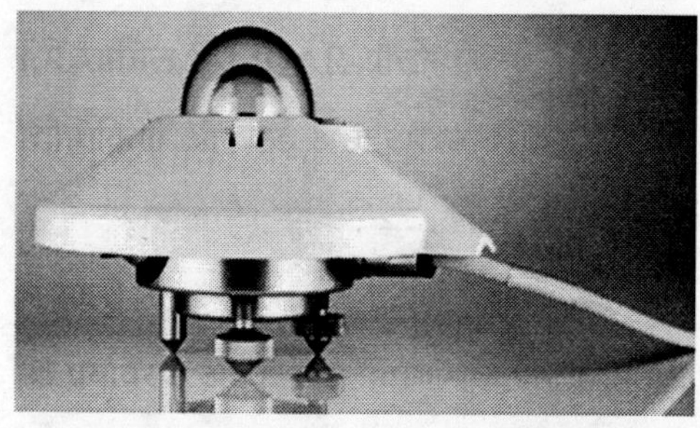

चित्र 3.6 (ब) थर्मोइलेक्ट्रिक पिरानोमीटर

3.2.2.2 सौर समय

सौर समय आकाश में सूर्य की स्पष्ट कोणीय गति(motion) पर आधारित है। सोलर नून वह समयहोता है जब सूर्य प्रेक्षक के मेरिडियन को पार करता है। सौर समयऔर मानकसमयएक नहींहैं, और यह, संबंध (3.1) द्वारा दिया जाता है,

Solartime = Standard + $4(L_{st} - L_{loc}) + E$(3.1)

जहां E = मिनट में समयसंशोधन (correction) का समीकरण(equation), L_{st} = मानकमेरिडियन (उदा. भारत के लिए, यह स्थानीय(local) समयके लिए 82.50°पूर्वहै।L_{loc} = स्थान का देशांतर समय सुधार का समीकरण(3.2), द्वारा दिया गया है

$E=229.2*10^{-6}(75+1868\cos B - 32077\sin B - 14615\cos 2B - 4089\sin 2B)$ (3.2)

जहाँ B=360(n-81)/ 364 और n = वर्ष का दिन, 1≤n≤365

सौर समय या स्पष्ट सौर समय या वास्तविक सौर समय, या स्थानीय स्पष्ट समयएक ही हैं और वास्तविक सूर्य की स्पष्ट गति पर आधारित है।

3.2.2.3 कोण और उनके संबंध

यदि θ समतल सतह पर आपतित Incident फ्लक्स की किरण का आपतन Incidence कोण है, तो सतह पर Incidence फ्लक्स $i\cos\theta$ कहा जाताहै। चित्र 3.7 में कोणो की विभिन्न स्थिति को दर्शाया गया है।

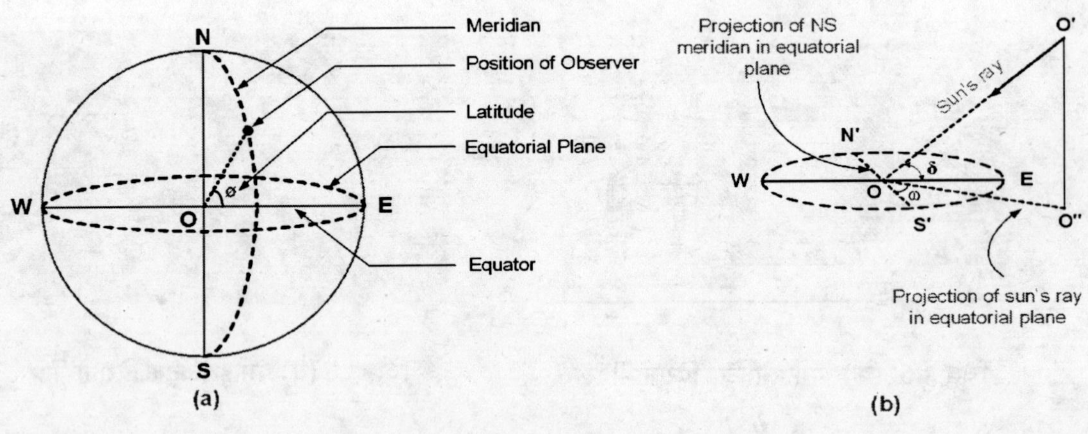

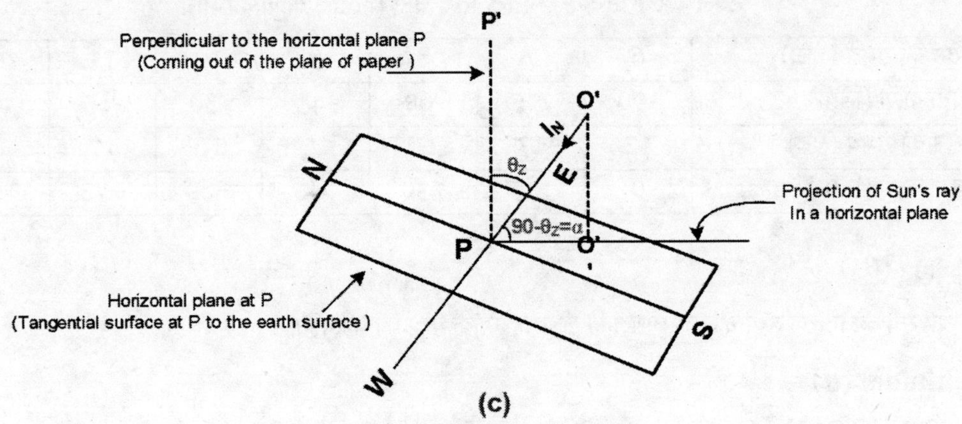

चित्र 3.7 विभिन्न कोणों का दृश्य

(ए) अक्षांश (ϕ) (बी) झुकाव (δ) और घंटा कोण (ω) (ग)शीर्षबिंदु (θ_Z) और ऊंचाई (α)

अक्षांश (ϕ) Latitude

किसी स्थान का अक्षांश दिए गए स्थान को पृथ्वी के केंद्र से जोड़ने वाली रेडियल रेखा द्वारा बनाया गया कोण है उत्तरी गोलार्ध में अक्षांश धनात्मक तथा दक्षिणी गोलार्ध में ऋणात्मक होता है।

झुकाव (δ)Declination

अपघटन को झुकावकोणके रूप में परिभाषित किया जा सकता है। झुकाव को सूर्य और पृथ्वी के केंद्रों को जोड़ने वाली रेखा और भूमध्यरेखीय तल पर इसका प्रक्षेपणके बीच के कोण के रूप में परिभाषित किया जा सकता है। झुकाव पृथ्वी के अपनी धुरी पर घूमने के कारण होता है,जो 66.5° का कोण बनाता है।गिरावट 21 जून को 23.45° के अधिकतम मान से भिन्न होती है यह 21 जून को 23.45 अधिकतम मान से लेकर 21 दिसंबर को-23.45 के न्यूनतम मान तकहोता है ।

निम्नलिखित समीकरण इस की गणना कर सकते हैं

$$A = \pi r^2$$

$$\delta = 23.45\, sin\left[\frac{360}{365}(284 + n)\right] \quad (3.3)$$

जहां n वर्ष का n वां दिन है

घंटा कोण (ω)(Hour angle)

यह वह कोणहै जिसके माध्यम से पृथ्वी को सूर्य के नीचे सीधे मेरिडियन मेंलाने के लिए घुमाया जाना चाहिए। यह कोण दोपहर में शून्य है, सुबह में ऋणात्मकहै और दोपहर में धनात्मक होता है। उत्तरी गोलार्द्ध के कोणके मान तालिका 3.1 में दिए गए हैं। घंटा कोणके लिए एक्सप्रेशन (3.4) द्वारा दिया गया है।

ω = (ST-12) 15(3.4)

टेबल - 3.1 दिन के समयके साथ घंटा (hour) कोण का मान

दिन का समय (घंटा)	6	7	8	9	10	11	12
घंटा कोण (डिग्री)	-90	-75	-60	-45	-30	-15	0
दिन का समय (घंटे)	12	13	14	15	16	17	18
घंटा कोण (डिग्री)	0	+15	+30	+45	+60	+75	+90

जेनिथ/शीर्षबिदु (θ_Z)

यह सूर्य की किरण तथा क्षैतिजसमतलकी लंबवत रेखाके बीच का कोणहै।

ऊंचाई (altitude) (α)

इसे सूर्य की किरणो औ र क्षैतिजसमतल के बीच कोणके रूप में परिभाषित किया गया है और इसका संबंध है ।

a =90 - (latitude +/-solar declination)

सौर अक्षांश कोण (α_S)

यह एक क्षैतिज समतल में सूर्य की किरणों और उसके प्रोजेक्शन के बीच का कोण (α_S) है।

स्लोप(β)

यह समतलसतह तथा क्षैतिजके बीच का कोणहै जिस पर विचार किया जा रहा है। इसे दक्षिण की ओर ढलान वाली सतह के लिए पॉजिटिव तथा उत्तर की ओर ढलान वाली सतह के लिए ऋणात्मक के रूप में लिया जाता है।

सरफेस अजीमुथ कोण (γ)

यह क्षैतिज निर्देशांक स्थानीय क्षितिज के साथ सूर्य की सापेक्ष दिशा को परिभाषित करता है । यह स्थानीय देशांतर में ऊर्ध्वाधर सतह के विचलन को दर्शाने वाला कोण है। दक्षिण की ओर मुख वाली सतहों के लिए यह पूर्व की ओर की सतह के लिए पॉजिटिवमान लेता है। पश्चिम की ओर की सतह के लिए इसमें ऋणात्मक मान है।

कुछ अभिविन्यास के लिए वाक्यांश की भिन्नता सारणी3.2 में दी गई है।

सारणी 3.2 उत्तरी गोलार्द्ध में विभिन्न दिशाओं के लिए सतह अजीमुथ कोण(कोण)।

सतही उन्मुखीकरण	γ^o
दक्षिण की ओर झुका	0°
उत्तर की ओर झुका	$- 180^o$
पूर्व की ओर झुका	$- 90^o$
पश्चिम की ओर झुका	$+ 90^o$
दक्षिण-पूर्व की ओर झुका	$- 45^o$
दक्षिण-पश्चिम की ओर झुका	$+ 45^o$

सौर अजीमुथ कोण (γ_S)

यह क्षैतिज समतल का एककोणहै जो दक्षिण की ओर जाने वाली रेखा और बीम विकिरण का प्रक्षेपण का मेल है। सौर अज़ीमुथ कोण (γ_S): यह दक्षिणावर्त दिशा में उत्तर की ओर सूर्य की किरणों के झुकाव को दर्शाने वाला कोण है।

आपतन-कोण (θ_i)

यह सतह पर बीम विकिरण और उस सतह पर सामान्य के बीच का कोणहै। इस कोणको आपतन कोण (3.5) के रूप में व्यक्त किया जा सकता है। $cos\,cos\,\theta_i\ = (cos\,cos\,cos\,cos\,\beta\ +sin\,sin\ \ sin\,sin\,\beta\ cos\,cos\,\gamma)$ $cos\,cos\,\delta\ cos\,cos\,\omega\ +cos\,cos\,\delta\ sin\,sin\,\omega\ sin\,sin\,\beta\ sin\,sin\,\gamma\ +sin\,sin\,\delta(sin\,sin$ $cos\,cos\,\beta\ -cos\,cos\ \ sin\,sin\,\beta\ cos\,cos\,\gamma)$ (3.5)

(क) दक्षिण की ओर मुख किए हुए सतह के लिए, $\gamma\ = 0$

$$cos\,cos\,\theta_i\ =cos\,cos\,(-\beta)\ cos\,cos\,\delta\ cos\,cos\,\omega\ +sin\,sin\,\delta\ sin\,sin\,(-\beta)\ (3.6)$$

(ख) एक क्षैतिज समतलके लिए जो दक्षिण की ओर है,

$$\gamma = 0, \beta\ = 0, \theta_i = \theta_z(Zenith\ Angle)\ cos\,cos\,\theta_z\ =cos\,cos\ \ cos\,cos\,\delta\ cos\,cos\,\omega\ +sin\,sin\,\delta\ sin\,sin(3.7)$$

(ग) दक्षिण की ओर मुख वाली एक ऊर्ध्वाधर सतह के लिए $\gamma\ = 0, \beta\ = 90^0$

$$cos\,cos\,\theta_i = -\ sin\,sin\,\delta\ cos\,cos\ \ +cos\,cos\,\delta\ cos\,cos\,\omega\ sin\,sin(3.8)$$

समीकरण (3.6) को हल करके सूर्यास्त घंटा कोण निकाल सकते है $\omega = \omega_s$ for $\theta_s = 90°$

$$0\ =cos\,cos\ \ cos\,cos\,\delta\ cos\,cos\,\omega_s\ +sin\,sin\ \ sin\,sin\,\delta$$

$$\omega_s = (-\ tan\,tan\ \ tan\,tan\,\delta)$$

The total angle between sunr ise and sunset is given by (3.9).

$$2\omega_s = 2(-\ tan\,tan\ \ tan\,tan\,\delta)\ (3.9)$$

Since 15° change is equal to 1 hour, the number of daylight (sunshine) hours (N) is given by (3.10).

$$N = \frac{2}{15}(-\ tan\,tan\ \ tan\,tan\,\delta)\ (3.10)$$

Latitude, l

$$cos\theta_i = sin\phi(sin\delta cos\beta + cos\delta cos\gamma cos\omega sin\beta) + cos\phi(cos\delta cos\omega cos\beta - sin\delta cos\gamma sin\beta) + cos\delta sin\gamma sin\omega sin\beta \quad (3.5)$$

(क) दक्षिण की ओर मुख किए हुए सतह के लिए, $\gamma = 0$

$$cos\theta_i = sin\delta sin(\phi - \beta) + cos\delta cos\omega cos(\phi - \beta) \quad (3.6)$$

(ग) एक क्षैतिजसमतलके लिए जो दक्षिण की ओर है,

(घ) $\gamma = 0, \beta = 0, \theta_i = \theta_z(Zenith\ Angle)$

$$cos\theta_z = sin\delta sin\phi + cos\delta cos\omega cos\phi \quad (3.7)$$

(ग) दक्षिण की ओर मुख वाली एक ऊर्ध्वाधर सतह के लिए $\gamma = 0, \beta = 90^0$

$$cos\theta_i = -sin\delta cos\phi + cos\delta cos\omega sin\phi \quad (3.8)$$

सूर्योदय और सूर्यास्त के बीच कुल कोण(3.9) द्वारा दिया जाता है।

$$2\omega_s = 2(-\ tan\ tan\ \ tan\ tan\ \delta) \quad (3.9)$$

चूंकि 15^0 परिवर्तन 1 घंटे के बराबर होता है, इसलिए दिन के प्रकाश (धूप) घंटों (N) की संख्या (3.10) द्वारा दी जाती है।

$$N = \frac{2}{15} \times \omega_s = \frac{2}{15} cos^{-1}[-tan\phi \times tan\delta] \qquad (3.10)$$

भारत के विभिन्न स्थानों के लिए अक्षांश, देशांतर और ऊंचाई को तालिका 3.3 में दर्शाया गया है। विभिन्न महीनों के लिए समयसंशोधन(correct ıon) (E) का समीकरण तालिका 3.4 में दिखाया गया है।

तालिका 3.3:- अक्षांश, देशांतर और भारत के विभिन्न स्थानों की ऊंचाई (साभारः तिवारी, जी. ऊर्जा, सौर ऊर्जा)

स्थान	अक्षांश (ϕ)	देशांतर (L_{IOC})	समुद्र तल से ऊपर आरोहण (E_0)
बैंगलोर	12°58'N	77°35'E	921 मीटर
चेन्नई	13°00'N	80°11'E	16 मीटर
जोधपुर	26°18'N	73°01'E	224 मी.
कोलकाता	22°32'N	88°20'E	6 मीटर
माउंट आबू	24°36'N	72°43'E	1195 मी.
मुंबई	18°54'N	77°12'E	11 मीटर
नई दिल्ली	28°35'N	77°12'E	216 मीटर
शिमला	31°06'N	77°10'E	2202 मीटर
श्रीनगर	34°05'N	74°50'E	1586 मी.

टेबल 3.4 समयसुधार (E) (मिनटः सेकेंड) में

(साभारः तिवारी, G.N., "सौर ऊर्जा")

माह	1-1	8	15	22
जनवरी	- (3:16)	- (6:26)	- (9:12)	- (11:27)
फ़रवरी	- (13:34)	- (14:14)	- (14:15)	- (13:41)
मार्च	- (12:36)	- (11:04)	- (9:14)	- (7:12)
अप्रैल	- (4:11)	- (2:07)	- (0:15)	1: 19
मई	2: 50	3: 31	3: 44	3: 30
जून	2: 35	1: 15	- (0:09)	- (1:40)
जुलाई	- (3:33)	- (4:48)	- (5:45)	- (6:19)
अगस्त	- (06:17)	- (5:40)	- (4:35)	- (3:03)
सेप्टेमब एर	- (0:15)	2: 03	4: 29	6: 58
अक्टूबर	10: 02.	12: 11 -	13: 59	15: 20
नोवेम्बे आर	16: 20	16:	15: 29	14: 02.
डिकेंबे आर	11: 14	8: 26	5: 13	1: 47

3.3 सौर सेल के पीछे भौतिकी

सौर सेल, सौर फोटोवोल्टिक प्रणाली का मूल घटकहैं। सौर सेल, अर्धचालक (semiconductor) पदार्थों से बनी होती हैं और फोटोसेन्सिटिव होती हैं। इसमें सिलिकॉन का उपयोग मुख्य रूप से एक अर्धचालक के रूप में किया जाता है। जब फोटॉन सौर कोशिकाओं की सतह पर आपतित होता है, तो इलेक्ट्रॉन-छिद्र जोड़े आयनित हो जाते हैं और इसके कारण, बिजली का प्रवाह देखा जाता है। यह सौर सेल का मूल सिद्धांत है।

आंतरिक अर्धचालक (Intrinsic semiconductors) का उपयोग आमतौर पर सौर सेल (solar cells) के लिए नहीं किया जाता है। एक पी-एन जंक्शन (p-n junction) डायोड पी-प्रकार (p-type) की सामग्री के आधारपर बनाया जाता है, और एन-प्रकार (n type) सामग्री (material) की एक पतली फिल्म (फिल्म) उस पर फैलती है। सौर सेलका एक बुनियादी मॉडल (model) चित्र 3.8 में दिखायागया है।

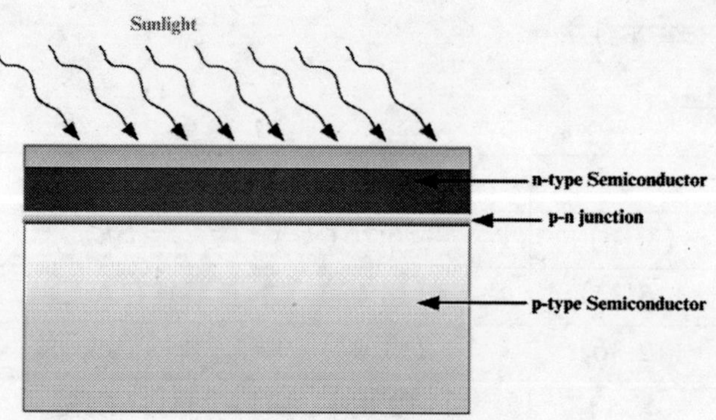

चित्र 3.8 बेसिक सौर सेल

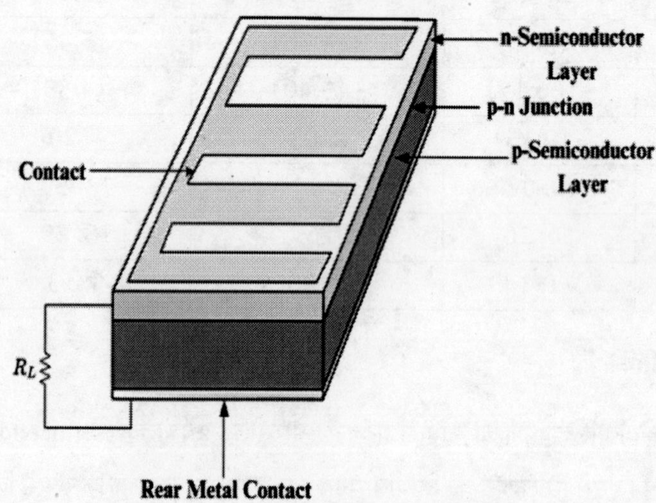

चित्र 3.9 क्रिस्टलीय सौर सेलका मॉडल

ये सौर सेल फोटोवोल्टिक प्रभाव के सिद्धांत पर काम करती हैं, जोसूर्य की किरणों का उपयोग करते हुए एक ईएमएफ उत्पन्न करने की प्रक्रिया है। पी-एन जंक्शन (p-n junction) में, फोटॉन अवशोषित होते हैं, और एन-टाइप (n-type) सामग्री के मुक्त इलेक्ट्रॉन (free electrons) जंक्शन से पी-प्रकार (p-type) सामग्री (p-type material) में प्रवाहित (flow) होते हैं, और पी-प्रकार सामग्री (p-type material) से छेद (holes) जंक्शन से एन-प्रकार सामग्री (n type material) में बहने लगते हैं। जंक्शन के माध्यम से आवेशित कणों का यह प्रसार n-प्रकार क्षेत्र से p प्रकार क्षेत्र में एक विद्युत क्षेत्र ईएफ (Electric field) बनाता है।

क्रिस्टलीय सौर सेल का एक मॉडल चित्र 3.9 में दिखाया गया है, जहां बाह्य विद्युत कनेक्शन लोड प्रतिरोध के माध्यम से बनाए जाते हैं। अर्धचालक के दोनों टर्मिनलबाहरी रूप से जुड़े हुए हैं, और इलेक्ट्रॉन P-प्रकार (p-type) सामग्री के प्रतिरोध के माध्यम से N-प्रकार (n-type) सामग्री से प्रवाहित होंगे। इलेक्ट्रॉनों के इस प्रवाह के कारण, इलेक्ट्रॉन-होल जोड़ का गठन किया जाएगा और उन्हें निष्प्रभावी किया जाएगा। मुक्त इलेक्ट्रॉनों और होल बनाने की यह प्रक्रिया सेल में सौर विकिरण होने तक जारी रहती है। इलेक्ट्रॉनों का यह प्रवाह बाह्य परिपथ के माध्यम से एक विद्युत धाराका गठन करता है, और यह धारा सौर विकिरण की तीव्रता और सेलके सतह क्षेत्रपर निर्भर करता है। एक सौर सेल की एक विशिष्ट I-V विशेषता रेखाचित्र 3.10 में दिखाया गया है।

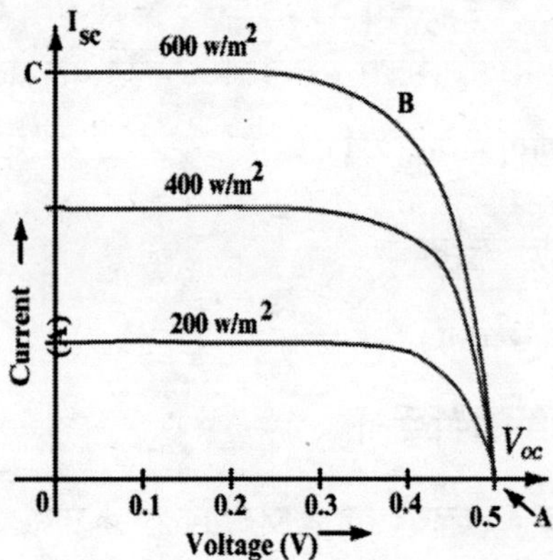

चित्र 3.10. सौर सेल की विशिष्ट I-V विशेषताएं

सौर सेलमें वोल्टेज (V)dc होता है। जब टर्मिनल ओपन-सर्किट होता है, या एक बहुत उच्च बाहरी प्रतिरोध लोड के रूप में होता है, तो सेल में ओपन सर्किट वोल्टेज (V_{OC}) लगभग 0.5 V (0.55 V से 0.6 V के बीच) होता है और यह पॉइंट A के रूप में दिखाया गयाहै। जब टर्मिनलों को शॉर्ट किया जाता है, या बहुत कम प्रतिरोधको लोडके रूप में जोड़ा जाता है, तो येसौर सेल शून्य वोल्टेज पर अधिकतम करेंटप्रदान करेंगी, और अधिकतम करेंट को बिंदु C के रूप में दिखाया गया है। बिन्दु B और C के बीच वक्र लगभग सपाट होते हैं, और सौर सेल को उस क्षेत्रमें एक स्थिर dc वर्तमान स्रोत के रूप में सबसे अच्छा काम करने के लिए माना जाता है। कमरे के तापमान पर तीन अलग-अलग प्रकाश स्तरों के लिए तीन अलग-अलग वक्र दिखाए गए हैं। ओपन सर्किट वोल्टेज सौर विकिरण की तीव्रता के साथ लघुगणकीय रूप से बढ़ता है, लेकिन शॉर्ट सर्किट करंट एक रैखिक फलन है। मॉड्यूल तापमान में वृद्धि के साथ ओपन सर्किट वोल्टेज (V_{OC}) में कमी आती है। प्रत्येक सौर सेल के लिए, ओपन सर्किट वोल्टेज लगभग 2.3mV प्रति डिग्री कम हो जाता है। यदि ΔT सेलऑपरेटिंग तापमान और रेफरेंस टेम्परेचर के बीच अंतर है तो ओपन सर्किट वोल्टेज Vo और इष्टतम पावर वोल्टेज (Vm) को इस प्रकारलिखा जा सकता है।

$$V_{OC}(T)(mV) = V_{OC}(28^{\circ}C)(mV) - \Delta T \times 82(mV)$$

$$V_m(T)(mV) = V_m(28^{\circ}C)(mV) - \Delta T \times 82(mV)$$

सेल (cell) तापमान प्रयोगात्मक रूप से सौर इनसोलेशन (किसी दिए गए स्थान के लिए क्षैतिजक्षेत्रकी प्रति इकाई सौर विकिरण क्षेत्रके प्रवाह), परिवेश तापमान, हवा की गति और एन्कैप्सुलेशन प्रकारपर निर्भर करता है। इसे निम्न रूप में दिखाया जा सकता है

$$T_{cell} = T_{ambient} + k P_{¿}(wm^{-2}$$

जहां k = 0.02 से 0.03 (deg. m^2W^{-1}), P_{in} सौर विकिरण की घटना है।

3.4 सौर सेल के प्रकार

सौर सेल का सबसे आम प्रकार, सिलिकॉन सोलर सेल है। सिलिकॉन सौर सेल को उनकी क्रिस्टलीय संरचनाके अनुसार तीन श्रेणियों में वर्गीकृत किया गया है। ये श्रेणियां नीचे दी गई हैं।

(क) मोनोक्रिस्टलाइन सिलिकॉन सेल संरचना

(ख) पॉलीक्रिस्टलीयसिलिकॉन सेल संरचना

(ग) गैर-क्रिस्टलीय या अमोर्फोस सिलिकॉन सेल।

मोनोक्रिस्टलाइन सिलिकॉन सेल, एक एकलसंरचना है, जैसा कि उनके नामों से पता चलता है, और बोरॉन को एक तरफ पी-टाइप सेमीकंडक्टर्स का उत्पादन करने के लिए सिलिकॉन के साथ डोपित किया जाता है, और दूसरी तरफ, एन-टाइप सेमीकंडक्टर्स का उत्पादन करने के लिए फॉस्फोरस डोप किया जाता है। यह एकल-क्रिस्टल सिलिकॉन हैऔर यह latt ıce सतत है।

मोनोक्रिस्टलाइन, पॉलीक्रिस्टलाइन, और गैर-क्रिस्टलीय या अमोर्फोस सिलिकॉन सेल का एक योजनाबद्ध चित्र. 3.11 (a) में दिखाया गया है और latt ıce संरचना रेखाचित्र. 3.11 (b) में दिखाया गया है।

Monocrystalline

Polycrystalline

Non-crystalline or Amorphous

चित्र. 3.11 (a) क्रिस्टलीय संरचनाके अनुसार विभिन्न सिलिकॉन संरचना

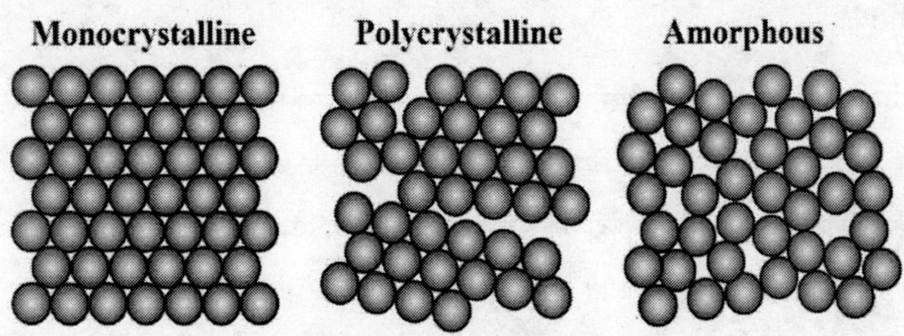

चित्र. 3.11 (b) विभिन्न सिलिकॉन सेल की विशिष्ट lattice जाली संरचना

सौर पैनलों में उपयोग की जाने वाली पॉलीक्रिस्टलीय या बहु-क्रिस्टलीय सिलिकॉन सेल में एकल फोटोवोल्टिक सेलमें सिलिकॉन के कई क्रिस्टल होते हैं। सामग्री के जमने के दौरान, क्रिस्टल के विभिन्न आकार बनते हैं। सिलिकॉन के कई हिस्सों को पिघलाया जाता है और कूलिग के बाद वेफर बनाते हैं।क्रिस्टलीय संरचनाशीतलन संरचनापर निर्भर करती है।

मोनोक्रिस्टलाइन सेल अधिक कुशल होती हैं क्योंकि वे एक ही स्रोत से बनी होती हैं और पॉली क्रिस्टलाइन संरचनाएं कई सिलिकॉन से बनाई जाती हैं। इनके जंक्शन का गठन मोनोक्रिस्टलाइन संरचना के समान होता है।

अमोर्फोसया नॉन-क्रिस्टलीय सिलिकॉन सेल पतली-फिल्म वाले होते हैं। सिलिकॉन फिल्म कांच या अन्य सामग्री पर जमा की जाती है और एक बहुत पतली परत बनाती है। अमोर्फोस सौर सेल की दक्षता दोनों की तुलना में अधिक होती है। दक्षता को बढ़ाने के लिए विभिन्न प्रौद्योगिकी अपनाई जातीहै, जिसमें एक अमोर्फोस सिलिकॉन कार्बाइड परत शामिल है, जो चालन और वैलेंस बैंड (conduction and valence band) के बीच अंतर को बढ़ाता है और इस प्रकारदक्षता को बढ़ाता है।

दूसरे प्रकारकी सौर सेल पतली-फिल्म सौर सेल हैं और जो सेमी कंडक्टर्स की बहुत पतली परतों से बनी हैं। इन पतली फिल्म सौर सेल के लिए इस्तेमाल की जाने वाली सामग्री कैडमियम टेलुराइड या कॉपरइंडियम गैलियम डिसेलिनाइड हैं। ये सेल लचीली और हल्की होती हैं।

तीसरे प्रकारके सौर सेल को III-V सोलर सेल कहा जाता है। इनका निर्माण मुख्य रूपसे समूह III (गैलियम और इंडियम) और समूह V (आर्सेनिक और एंटीमोनी) के तत्वों से किया जाता है। ये सोलर सेलमहंगे हैं लेकिन सिलिकॉन और थिन-फिल्म सोलर सेलकी तुलना में अधिक कुशल हैं। अगली पीढ़ी की सौर सेल को उच्च दक्षता, संयोजकता और लचीलापन के साथ विकसित करने के लिए विभिन्न अनुसंधानकिए जा रहे हैं। कार्बनिक सामग्रियों, क्वांटम डॉट्स और हाइब्रिड कार्बनिक और अकार्बनिक सामग्रियों से बनी सौर सेल की नई पीढ़ी किफायती, विनिर्माण के लिए आसान और अधिक विश्वसनीय है। विभिन्न सौर सेल को विकसित करने के क्षेत्रमें अनुसंधान को मानवता की आवश्यकता को पूरा करना चाहिए।

3.5 सौर ऊर्जा प्रौद्योगिकी

सौर ऊर्जा दो श्रेणियो-सोलर फोटोवोल्टिक (PV) और सोलर थर्मल में व्यापक रूपसे उपयोगी है। सौर पीवी और सोलर थर्मल पावर दोनों का उपयोग स्वच्छ और हरित बिजली के उत्पादनके लिए किया जाता है। सौर पीवी के लिए, सिलिकॉन का बड़े पैमाने पर उपयोग किया जाता है। सिलिकॉन पृथ्वी का सबसे सामान्य रूपसे उपलब्ध तत्वहै और यह पृथ्वी की भूपर्पटी का 27% द्रव्यमान से बनाता है, और ऑक्सीजन के बाद यह दूसरा सबसे प्रचुर मात्रा का तत्व है। लगभग 90% सौर सेलो का उत्पादनसिलिकॉन से होता है। इलेक्ट्रॉनिक-ग्रेड सिलिकॉन का उपयोग ज्यादातर अर्धचालको के लिए किया जाता है, और अन्य सभी प्रकार के सिलिकॉन का उपयोग सौर सेल के लिए किया जाता है। पिछले चार दशको में सौर पीवी मॉड्यूल का उत्पादन1000 गुना से अधिक बढ़ गया है। पिछले दस वर्षों में सौर पीवी की वृद्धि लगभग 30 प्रतिशत रही है और सोलर सेलके उत्पादनके लिए बड़ी मात्रा में सिलिकॉन की आवश्यकता है। सिलिकॉन ज्यादातर ऑक्साइड के रूपमें उपलब्ध है और आमतौर पर क्वार्ट्ज, सैंड और सिलिकेट के रूपमें उपलब्ध है। प्राकृतिक रूप से उपलब्ध सिलिकॉन में अशुद्धता होती है और सिलिकॉन वेफर्स को शुद्ध करने के लिए विभिन्न कदम उठाए जाते हैं। अर्धचालक के लिए सिलिकॉनके अर्धचालक इलेक्ट्रॉनिक उपयोगके लिए प्रति अरब भागों के स्तरपर सिलिकॉन के सबसे शुद्ध रूपकी आवश्यकता होती है, लेकिन सौर अनुप्रयोगोके लिए, सिलिकॉन में अशुद्धता स्तरको प्रति मिलियनभागो में अर्धचालक इलेक्ट्रोनिक उपयोग (अर्धचालकके लिए कम किया जाता है। सौर पीवी के विवरण और इसकी प्रौद्योगिकी और उपयोग पर आगे के खडो में चर्चा की जाएगी।

सौर संग्राहक सौर विकिरण को अवशोषित करता है और इसे उपयोगी ताप ऊर्जा में परिवर्तित करता है। सौर संग्राहको में गर्मी को स्थानांतरित करने के लिए एक तरल पदार्थ होता है और यह तरल पदार्थ पानी, तेल, हवा या किसी अन्य उपयुक्त तरल हो सकता है जो एक उपयोगी उद्देश्य के लिए ऊष्मा को कुशलता पूर्वक स्थानांतरित करने के लिए इस्तेमाल किया जा सकता है. सौर ताप संग्राहको की मूल विशेषता उच्च अवशोषण और कम ऊष्मा उत्सर्जन है। सौर विकिरण से ऊष्मा एकत्र करने की इस प्रक्रिया को मोटे तौर पर सौर तापीय के रूप में वर्गीकृत किया गया है। ऊष्मा एकत्र करने के लिए विभिन्न प्रकार के सौर तापीय संग्राहक का उपयोग किया जाता है। कुछ समतल प्रकार के संग्राहक हैं जहां अधिकतम 100 डिग्री सेल्सियस प्राप्त किया जा सकता है, और कुछ ऑप्टिकल लेंस या रिफ्लेक्टरों का उपयोग करके संग्राहको को केंद्रित कर रहे हैं, जो हीट-संग्रह तरल पदार्थों पर ध्यान केंद्रित करने के लिए सौर विकिरण को केंद्रित करने के लिए उपयोग किए जाते हैं। इन गर्म/अत्यधिक गर्म तरल पदार्थों का उपयोग उपयोगी उद्देश्यों के लिए किया जाता है। विभिन्न प्रकार के सौर तापीय संग्राहकों में से प्रत्येक और उनके उपयोग पर निम्नलिखित वर्गों में चर्चा की जाती है।

3.5.1 फ्लैट प्लेट कलेक्टर

सौर चपटे प्लेट संग्राहक में एक पारदर्शी शीट कवर होता है और इसके तहत, तांबे या एल्यूमीनियम ट्यूब की एक श्रृंखला होती है जो तरल पदार्थ में को गर्मी को स्थानांतरित कर देती है और ये एक बड़े हीट-एब्जॉर्ब प्लेट पर आधारित होते हैं। तरल पदार्थ युक्त ट्यूब अच्छे कंडक्टर से बने होते हैं और अधिकतम सौर विकिरण को अवशोषित करने के लिए काले या गहरे रंग या रासायनिक रूप से उत्कीर्ण काले रंग से पेंट किए जाते हैं। एक सपाट सौर प्लेट संग्राहक को चित्र 3.12 में दिखाया गया है।

मोटे अवशोषक प्लेट पर, समानांतर नलियों की एक श्रृंखला को सोल्डरकिया जाता है, और सभी पाइप श्रृंखला या समानांतर में इस तरह से जुड़े होते हैं कि ट्यूब के अंदर का तरल पदार्थ गर्म हो जाता है और स्वाभाविक रूप से इनलेट से आउटलेटकी ओरबहता है। धूप की अधिकतम मात्रा को अवशोषित करने के लिए प्लेट और ट्यूब को काले रंग से पेंट किया जाता है। इसके अलावा, विकिरण द्वारा गर्मी के नुकसान से बचने के लिए ब्लैक शीट के शीर्ष पर एक या एक से अधिक ग्लास या प्लास्टिक शीट रखी जाती हैं। इस संरचना को अब सूर्य के नीचे रखा जाताहै ताकि सौर विकिरण को एक उचित झुकाव पर अवशोषित किया जा सके।विकिरण द्वारा अवशोषित ऊष्मा को पाइपों और ट्यूब के माध्यम से तरल पदार्थ को संचारित करके दूर ले जाया जाता है। सपाट प्लेट संग्राहक द्वारा प्राप्त तापमान मौसम, समय और झुकाव और दक्षता के आधार पर 40 से 70 डिग्री सेल्सियस की सीमा के भीतर हो सकता है और दक्षता (एफिशिएंसी) 30-50% के भीतर हो सकता है। सपाट प्लेट संग्राहक की कार्यकुशलता संग्राहक सतह के उचित कोटिग का चयन करके काफी बड़ाई जा सकती है। काले पेंट के बजाय, एक एंटी-रिफ्लेक्टिग कोटिग संग्राहकों की दक्षता में सुधार करेगी। चपटे प्लेट संग्राहक प्रत्यक्षऔर विकीर्ण विकिरण दोनों को अवशोषित करते हैं। सौर ट्रैकर का उपयोग करके और फ्लैट कलेक्टर के ऑटोमैटिक मूवमेंट के साथ, दक्षता में भी सुधार किया जा सकता है।

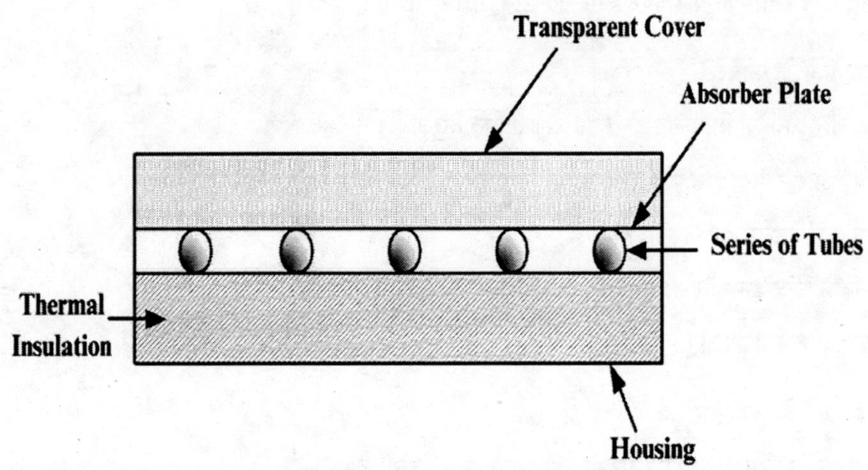

चित्र 3.12 सौर चपटे प्लेट संग्राहक

सपाट प्लेट संग्राहक का उपयोग मुख्य रूप से पानी को गर्म करने, कमरे को गर्म करने या कमरे के तापमान को कम करने के लिए किया जाता है। वैकल्पिक रूप से, एक कमक्कथनांक बिन्दुओ वाले तरल पदार्थ का उपयोग करते हुए, एक टरबाइन का उपयोग इन वाष्पो के साथ बिजली के उत्पादन के लिए भी किया जा सकता है। विभिन्न प्रकार के चपटे प्लेट संग्राहक होतेहैं।

यह चित्र 3.13 में दिखाया गया है। सौर प्लेट और ट्यूब के लिए विभिन्न प्रकार की सामग्रियो का उपयोग किया जाता है। इन्हें इस प्रकार वर्गीकृत किया जा सकता है -

(क) **ऊष्मीय गुण:** ऊष्मीय चालकता, तापक्षमता, विकिरण गुणांक, तापीय चालकता आदि।

(ख) **भौतिक विशेषताएं** घनत्व, तन्यता शक्ति, गलनबिंदु,तन्यता आदि।

(ग) **पर्यावरणीय विशेषताएं** क्षरण प्रतिरोध, नमी अवशोषण, प्रदूषण के कारण क्षरण, एमिनेशन आदि।

एक सौर प्लेट संग्राहक और अवशोषक प्लेट में उच्च तापीय चालकता, उच्च तापक्षमता, पर्याप्त तन्यता शक्ति और क्षारण प्रतिरोध होना चाहिए। जैसा कि ऊपर बताया गया है, द्रव ट्यूब तांबे से बने होते हैं, और अवशोषक सामग्री लोहा, पीतल, जस्ता, एल्यूमीनियम, या अन्य धातु के होते हैं, जिनमें बेहतर थर्मल चालकता और अन्य सभी गुण होते हैं। सपाट प्लेट संग्राहकों के लिए इन्सुलेशन सामग्री का चयन महत्वपूर्ण है क्योंकि इन सामग्रियों में कम तापीय चालकता होनी चाहिए और विभिन्न पर्यावरणीय स्थितियों के तहत रासायनिक रूप से स्थिर होना चाहिए। आम तौर परअधिकांश इन्सुलेशन सामग्री शीशे, कांच के रेशे, अभ्रक या कैल्शियम सिलिकेट, पॉलीयूरेथेन फोम, मध्यम और उच्च तापमान के लिए और थर्मोकूपल (पॉलीस्टिरीन) कम तापमान के उपयोग कियेजाते हैं। विभिन्न घरेलू और औद्योगिक अनुप्रयोगों के लिए उच्च दक्षता प्राप्त करने के लिए पंखों के साथ या उनके बिना हवा, तरल या तरल के बलपूर्वक प्रवाह, प्रवाह का भी उपयोग किया जाता है।

सपाट प्लेट संग्राहकों के फायदे और नुकसान नीचे सूचीबद्ध हैं।

सपाट प्लेट संग्राहकों के फायदे

(क) यह प्रत्यक्षऔर विकीर्ण विकिरण दोनों को अवशोषित करता है।

(ख) इसे सूर्य की ओर उन्मुख होने की आवश्यकता नहीं है।

(ग) इसके लिए कम मेंटेनेंस की जरूरत होती है।

(घ) इसका यांत्रिक डिजाइन और अरेंजमेंट काफी आसान है।

(ङ) यह तुलनात्मक रूप से सस्ताहै।

सपाट प्लेट संग्राहकों के नुकसान

(क) इसमेंपरावर्तक के लिए एंटी-फ्रीज संरक्षणकी आवश्यकता होती है।

(ख) सतह को परावर्तित करने के लिए अधिक और व्यापक सामग्री की आवश्यकता होती है।

(ग) अवशोषक सतह का अधिक क्षेत्र आतपन की तीव्रता को सीमित करता है।

(घ) चूंकि अवशोषक का क्षेत्र अधिक होता है, इसलिए आसपास के वातावरण में ऊष्माकी हानिभी अधिक होती है।

(ङ) काम करने वाले तरल पदार्थ द्वारा प्राप्त तापमान तुलनात्मक रूप से कम है।

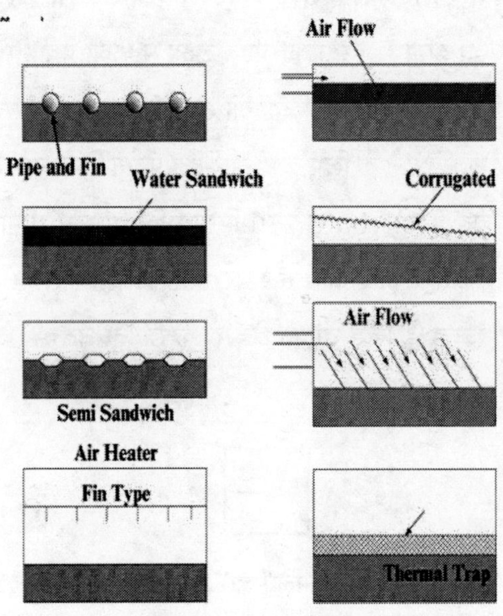

चित्र 3.13 विभिन्न प्रकारके सपाट प्लेट संग्राहक

3.5.2 सांद्रित सौर ऊर्जा संयंत्र

सौर तापऊर्जा उत्पादन अनुप्रयोगों में सौर ऊर्जा को ताप में स्थानांतरित करने से पहले ऑप्टिकल रूप से केंद्रित किया जाता है,इसके लिएदर्पण का उपयोग किया जाता है। यह संग्राहकों को केंद्रित करने के रूप में भी जाना जाता है । केंद्रित करने वाले संग्राहकों को दो प्रकार से वर्गीकृत किया गया है (I) लाइनफोकस संग्राहक (II) बिंदु पर केंद्रित करने वाले टाइप संग्राहक।ये संग्राहक, जिन्हें कभी-कभी परवलयिक गर्त के रूप में जाना जाता है, सौर विकिरण से ऊष्मा ऊर्जा को इकट्ठा करने और केंद्रित करने के लिए अत्यधिक परावर्तक सामग्रियों का उपयोग करते हैं। ये संग्राहक एक लंबे गर्त में जुड़े परवलयिक आकार के परावर्तक खडों से बने होते हैं। [2] पानी ले जाने वाला एक पाइप इस कुंड के केंद्र में रखा गया है ताकि परावर्तक सामग्री द्वारा एकत्रित सूरज की रोशनी पाइप पर केंद्रित हो, जिससे सामग्री गर्म हो जाए।

बिंदु पर केंद्रित करने वाले टाइप संग्राहक कुछ परावर्तक सामग्री से बने बड़े परवलयिक व्यंजन हैं जो सूर्य की ऊर्जा को एक बिंदु पर केंद्रित करते हैं। हालाँकि वे सूरज की रोशनी इकट्ठा करने में बहुत प्रभावी हैं, फिर भी उन्हें किसी भी मूल्य के लिए

आकाश में सूर्य को सक्रिय रूप से ट्रैक करना होगा। सूर्य से और भी अधिक ऊर्जा इकट्ठा करने के लिए ये व्यंजन अकेले काम कर सकते हैं या एक सरणी में संयोजित किए जा सकते हैं।सांद्रित फोटोवोल्टिक्स के उपयोग के लिए सौर ऊर्जा को सांद्रित करने के लिए प्वाइंट फोकस कलेक्टरों और इसी तरह के उपकरणों का भी उपयोग किया जा सकता है।

मुख्य प्रकार का बिदु, फोकसिग सोलर कलेक्टर, एक परवलयिक डिश या हेलियोस्टेट क्षेत्र है। इसमें परावर्तित या अपवर्तित प्रकाश एक फोकल बिदु में केंद्रित होता है, इस प्रकारप्राप्त लक्ष्य में ऊर्जा प्रवाह में वृद्धि होती है। इन संग्राहकों के साथ 200-300 डिग्री सेल्सियस या उससे अधिक तापमान प्राप्त किया जा सकता है। हालांकि, सूर्य को मौसम के अनुसार ट्रैक करने के लिए एक सूर्य ट्रैकर या एक सूर्य ट्रैकर पर नज़र रखने के लिए कुछ और तंत्र प्रदान किया जाना चाहिए। सिलिडर पैराबोलिक सांद्रण दर्पण, मध्यम-श्रेणी के तापमान सांद्रक होते हैं जो 100 से 250 डिग्री सेल्सियस की सीमा के भीतर होते हैं, और पैराबोलॉइड प्रकारसांद्रित दर्पण उच्च तापमान के लिए होते हैं और आम तौर पर 200 डिग्री सेल्सियस से ऊपर होते हैं। सांद्रक केंद्रक, सौर विकिरण को C के सांद्रता अनुपात द्वारा बढ़ाता है, जिसे सांद्रक क्षेत्रA_r के सांद्रता क्षेत्र A_r के अनुपात के रूप में परिभाषित किया गया है।

$$\boxed{C = \frac{A_a}{A_r}}$$

C का यह मान लाइन-फोकस प्रकारसंग्राहकों के लिए 20 से 100 तक होता है सी(C) का उच्च मान, जैसे 100 से 3000 या कभी-कभी 4000 तक, एक बिदु पर केंद्रित करने वाले सौर संग्राहकों से प्राप्त किया जा सकता है। बिन्दुओं पर केंद्रित करने वाले प्रकारके संग्राहकों के लिए, अवशोषक का क्षेत्रबहुत छोटा होता है तथा एक छोटी अवशोषक सतह बनाकर, C केमानों को बढ़ाया जा सकता है।

पैराबोलिक रिफ्लेक्टरों के लिए, फोकल अक्ष कोएक पूर्व-पश्चिम (E-W) दिशा में संरेखित किया जाता है ताकि संग्राहक पूरे दिन दक्ष रहें। दूसरी ओर, पैराबोलिक ट्रफ दर्पण एक केंद्र बिदु पर ऊर्जा प्राप्त करते हैं, और इसका C, सांद्रता अनुपात बहुत अधिक होता है जो तापमान को बढ़ा देता है।

फ्रेनल लेंस सांद्रक कांच या पारदर्शी प्लास्टिक सामग्री से बने होते हैं, और इसमें एक सतह पर रैखिक खांचे होते हैं ताकि किरणों के अपवर्तन के बाद वे केंद्रित हों। इन लेंसों का उपयोग मध्यम तापमान वृद्धि के लिए भी किया जा सकता है।यहखांचे या तो सूर्य का सामना कर रहे होते हैंया नीचे की ओर सामना कर रहे हैं। चित्र 3.14 में विभिन्न प्रकारके सौर संग्राहकों को दिखाया गया है।

हेलिओस्टेट, एक उपकरण है जो सूर्य की गतिविधियों को ट्रैक करने के लिए, एक दर्पण या कई दर्पण पहलुओं को लगातार झुकाता है ताकि सूर्य की रोशनी को एक पूर्व निर्धारित लक्ष्य की ओर प्रतिबिबित किया जा सके-जैसे सौर टॉवर के शीर्ष पर

एक रिसीवर संलग्न हो।हेलिओस्टैट्स सीएसपी का एक महत्वपूर्ण घटक है और सांद्रित सौर-तापीय पावर टॉवर प्रौद्योगिकि का एक महत्वपूर्ण घटकहैहैं। एक केंद्रीय स्थिर ग्राही एक हेलिओस्टेट से सौर विकिरण प्राप्त करता है। हेलियोस्टैट्स को खुले स्थान पर रखा जाता है और इसका सांद्रता अनुपात बहुत अधिक होता है, लगभग 3000। कुछ अनुप्रयोगों में, हेलियोस्टैट्स और पैराबोलिक रिफ्लेक्टर्सका उपयोग बेहतर दक्षता के लिए किया जाता है। हेलियोस्टेट्स-आधारित संग्राहक सौर तापबिजली संयंत्रों के लिए अधिक उपयुक्त होते हैं क्योंकि बिजली उत्पादन के लिए टरबाइन चलाने के लिए तापमान और दबाव चाहिए होता है।

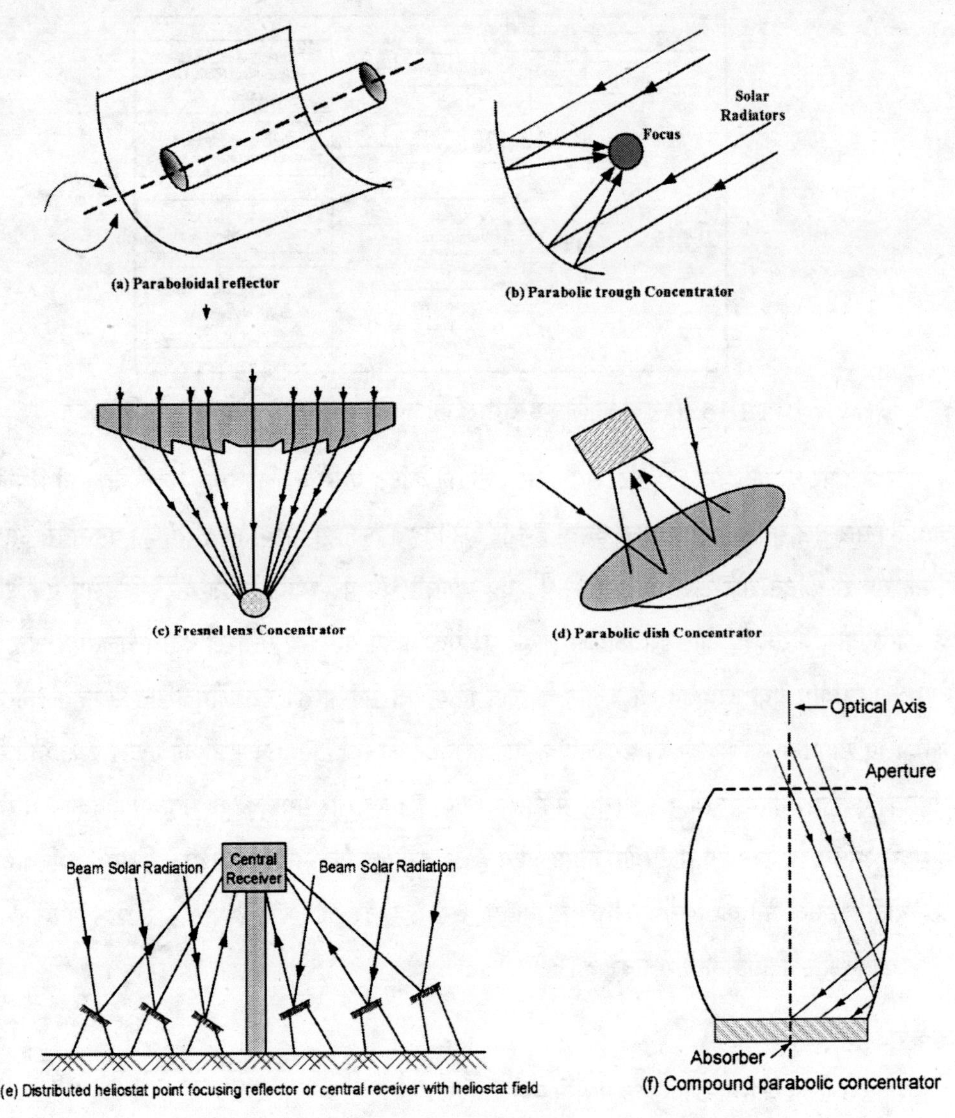

चित्र. 3.14 विभिन्न प्रकार के सांद्रित सौर ऊर्जा रिफ्लेक्टर

एक मिश्रितपैराबोलिक सांद्रक में दो पैराबोलिक खड होते हैं, इसको इस तरह से व्यवस्थित किया जाता है कि एक सांद्रक का फोकस दूसरे सांद्रक केनिकले सिरे पर स्थित होता है और इसी प्रकार दूसरे सांद्रक का फोकस पहले सांद्रक के निचले सिरे पर स्थित होता है। रिसीवर एक सपाट सतह होतीहै। यह एक गैर-इमेजिग सांद्रता है और उनके पास व्यापक सीमा के भीतर सभी घटना विकिरण के अवशोषक को प्रतिबिबित करने की क्षमता होती है।

सांद्रता के लिए उपयोग की जाने वाली विभिन्न सामग्रियों के लिए चित्र 3.15 में एक तुलना तालिका दिखाई गई है।

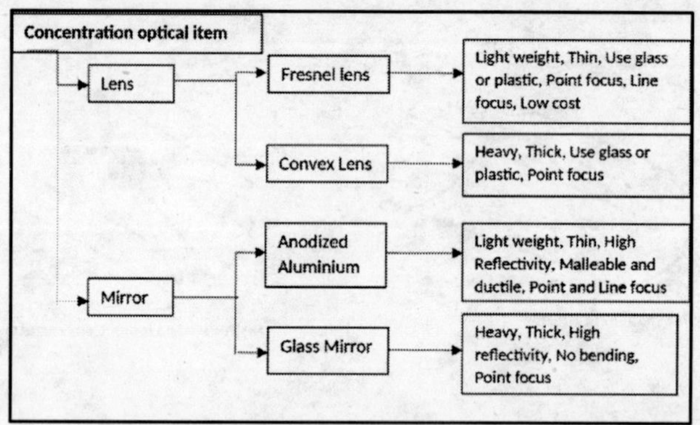

चित्र 3.15 संकेंद्रक के लिए इस्तेमाल की जाने वाली विभिन्न सामग्रियों की तुलना

सौर सेल पर या एक केंद्र बिदु पर, सूर्य की रोशनी को केंद्रित करने के लिए एक परवलयिक गर्त रिफ्लेक्टर का उपयोग किया जाता है। सौर सेल,सूर्य की ऊर्जा एकत्र करता है और इसे विद्युत ऊर्जा में परिवर्तित करता है। यह सबसे अधिक परिपक्व और व्यावसायिक रूप से केंद्रित सौर ऊर्जा प्रौद्योगिकी है। यह प्रणाली धूप पर ध्यान केंद्रित करने के लिए एक रैखिक परवलयिक परावर्तक का उपयोग करती है, और इस फोकल लाइन पर एक पाइप या ट्यूब में तरल पदार्थ चलताहै, और इस प्रक्रिया द्वारा उत्पन्न वाष्प का उपयोग एक टरबाइन को चलाने के लिए किया जा सकता है। परवलयिक गर्त संग्राहक का उपयोग कम सौर विकिरण के लिए भी किया जा सकता है। परवलयिक गर्त कलेक्टर की सूर्य ट्रैकिग प्रणाली को एकल-अक्ष मोड में संचालित किया जाता है।इसका एक योजनाबद्ध चित्र 3.14 (बी) में दिखाया गया है। यह सौर संग्राहकों के महत्वपूर्ण प्रकारो में से एक है और सौर संयंत्रों में सबसे अधिक व्यापक रूप से उपयोग किया जाता है। अवशोषक एक संग्राहक पाइप है जिसमें चयनित अवशोषित सामग्री की कोटिग होती है। एक गर्त का आयाम लगभग लंबाईमें 3 से 6 मीटर और चौडाई में 1.5 से 2.5 मीटर है। परवलयिक गर्त कलेक्टरो के फायदेऔर नुकसान नीचे सूचीबद्ध हैं।

परवलयिक गर्त कलेक्टर के फायदे

(क) परावर्तक सतह के लिए आवश्यक सामग्री कम होती है।

(ख) अवशोषक क्षेत्रछोटे होते हैं, इसलिए इनसोलेशन की तीव्रता अधिक होती है।

(ग) तरल पदार्थ अपेक्षाकृत उच्च तापमान प्राप्त कर सकता है क्योंकि अवशोषक पर इंसोलेशन अधिक केंद्रित होता है तथा तापहानि कम होती है।

(घ) संग्राहक की कार्यक्षमता अपेक्षाकृत अधिक होती है।

(ड.) प्रति यूनिट वॉल्यूम के हिसाब से हीट स्टोरेज की मात्रा बहुत अधिक है, इसलिए हीट स्टोरेज की लागत कमहोती है।

(च) अवशोषक के लिए एंटी-फ्रीज संरक्षणकी आवश्यकता नहीं है।

परवलयिक गर्त संग्राहक के नुकसान

(क) यह सौर विकिरण के केवल बीम घटकको एकत्र करता है।

(ख) अधिक विकिरण एकत्र करने के लिए सूर्य को ट्रैक करने के लिए एक ट्रैकिंग प्रणाली की आवश्यकता होती है, इस प्रकारयह प्रणाली महंगी हो जाती है।

(ग) परावर्तक सतह के नियमित रखरखाव की आवश्यकता होती है।

(घ) अवशोषण पर प्रवाह एक समान नहींहोता है।

(ङ) पूंजी निवेश अधिक होता है।

(च) इसमें परावर्तन हानि, अवरोधन हानि आदि अतिरिक्त हानि होती है।

3.5.2.2 पैराबोलिक डिश

सौर सेल पर सूर्य की रोशनी को केंद्रित करने के लिए एक पैराबोलिक परावर्तक का उपयोग किया जाता है। पैराबोलिक डिश में मुख्य रूप से एक रिसीवर, परावर्तक-परवलयिक आकार का अवतल दर्पण, एक सौर ट्रैकर, आरोहीऔर गर्म तरल पदार्थ को ले जाने के लिए एक ट्यूब होता है। यह पैराबोलिक डिश दोहरे अक्ष वाले सौर ट्रैकर पर लगाया जाता है जो इसे हमेशा सूर्य की ओर उन्मुख रखता है। परावर्तक कांच या एक अनियमित एल्यूमीनियम प्लेट से बना होता है। एक पैराबोलिक डिश बिदु-केंद्रित पैराबोलॉइड ज्यामिति होती हैजो एक पैराबोलिकके स्वयं के आधे हिस्से के आसपास घूमने के कारण होतीहै। उर्जा रिसीवर के फोकस केंद्र बिदु पर रखा जाता है। चित्र 3.14 (घ)एक परवलयिक व्यंजन की एक योजनाबद्ध योजना को दर्शाता है। जैसे-जैसे सूर्य से एकत्रित और केंद्रित तापीय ऊर्जा रिसीवर पर पड़ती है, यह बहुत उच्च तापमान पर गर्म हो जाती है जो लगभग 700-1200 तक पहुंच जाती है। ट्यूब के अंदर इस गर्म तरल पदार्थ का उपयोग सीधे टरबाइन को चलाने के लिए किया जाता है, और क्रैंकशाफ्ट बिजली का उत्पादन करने वाले बिजली जनरेटर को चलाता है। इस उच्च तापमान और उच्च सांद्रता अनुपात के कारण, यह फोटोवोल्टिक अनुप्रयोग के लिए उपयुक्त प्रणालियों में से एक है। हालांकि, यह सिस्टम काफी महंगाहै। औसतन,इसकीऑप्टिकल दक्षता 0.90 से 0.93 के बीच होती है, और सांद्रता अनुपात को आम तौर पर 2000-5000 के बीच 30 वर्षों के जीवनकाल के साथ बनाए रखा जाता है।

3.5.2.3 फ्रेसनल रिफलेक्टर

फ्रेसनल रिफ्लेक्टर्स परबोलिक गर्त के समान होते हैं, जिसमें सौर विकिरणरिसीवर पाइप को गर्म करता है, औरताप उर्जा काहस्तांतरण तरल पदार्थ मेंहोता है। यह परावर्तक प्रणाली पैराबोलिक कठिन डिजाइन को सरल बनाती है। एक ही पैराबोलिक परावर्तक का उपयोग करने के बजाय, यह पैराबोलिक आकार की नक़ल जमीनी स्तर पर समतल दर्पणों के समूह से बनाता

है। **फ्रेसनल** रिफलेक्टर पावर प्लांट कायोजनाबद्ध चित्र 3.16 में दिखाया गया है।

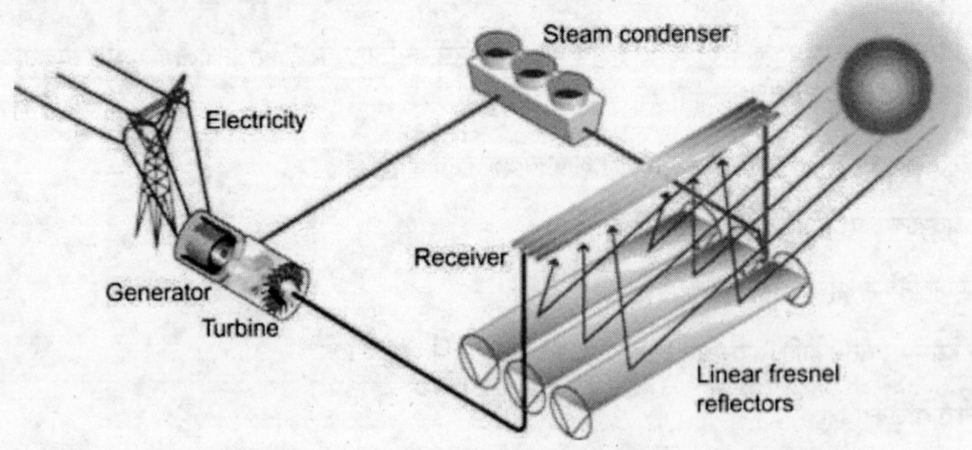

चित्र 3.16 फ्रेनल रिफलेक्टर पावर प्लांट का योजनाबद्ध (स्रोतः अमेरिकी ऊर्जा विभाग)

प्रकाश संकेंद्रण का उपयोग लेंस का उपयोग करके किया जाता है। फ्रेनेल लेंस का उपयोग किरणों को केंद्रित करने के लिए किया जाता है। फ्रेनेल लेंस रैखिक गठन या एक सांद्रिक सर्कल गठन में कई प्रिज़्मों से बने होते हैं। एक विशिष्ट फ्रेसनेल लेंस 10-20 लेंसों का उपयोग करता है, जो एक ही रिफलेक्टर के बजाय कई प्रतिबिंबित करने वाले खड में कार्य करता हैं। यह प्रणाली अपने लंबे अक्ष और उत्तर-दक्षिण की और उन्मुख होकर घूर्णन से बनी है ताकि वे पूर्व से पश्चिम की ओर सूर्य की गति को ट्रैक कर सकें। पैराबोलिक ट्रफ की तुलना में, फ्रेनल लेंस वजन में हल्के होते हैं क्योंकि वे पॉलिमर सामग्री, पतले, और चपटे मिरर से बने होते हैं।येहैंडल करने में आसान होते हैं और जमीन पर स्थापितहोने के कारणयह सिस्टम हवा केप्रतिरोध को कम करता है जो लागत को कम करते हैं।फ्रेसनल लेंस का एक और लाभ यह है कि उनके पास एक बड़ा एपर्चर क्षेत्रऔर छोटी फोकल लंबाई है, जो इन लेंसों को उच्च-सांद्रता अनुप्रयोगों के लिए उपयुक्त बनाता है। सांद्रता फोटोवोल्टेइक के लिए लेंस और दर्पण दोनों का प्रयोग किया जाता है। लेंस छोटे सांद्रक असेंबलियो के लिए उपयुक्त होतेहैं, जबकि दर्पण लाइनअसेंबलियो के लिए उपयुक्त हैं।

3.5.3 पावर टॉवर

ऊर्जा टॉवर प्रणाली अन्य सौर ऊर्जा संग्रह विधियों की तुलना में एक नई तकनीक है और बडेपैमाने पर बिजली संयंत्रों के लिए सबसे उपयुक्त है। पावर टॉवर सिस्टम में बडेचपटे दर्पण होते हैं, जिन्हें हेलियोस्टैट्स कहा जाता है, जो पूरे दिन सूर्य को ट्रैक करते हैं अथवा केंद्रीय रूप से स्थित और ऊंचे टॉवर के शीर्ष पर स्थित एक रिसीवर पर ध्यान केंद्रित करते हैं, इन्हेंकभी-कभी एक केंद्रीय प्राप्ति प्रणाली भी कहा जाता है। रिसीवर के भीतर, सांद्रित सौर किरणें तरल पदार्थ को गर्म करती हैं, और यह थर्मल भंडारणटैंक में बहती हैं, जहां इसे थर्मल दक्षता के 98% पर संग्रहीत किया जाता है और लगातार इसी स्थिति पर बनाए रखा जाता है। इस तरल पदार्थ का उपयोग टरबाइन शाफ्ट और भाप जनरेटर को बिजली के लिए घुमाने के लिए किया जाता है। एक विशिष्ट पावर टॉवर चित्र 3.17 में दिखाया गया है।

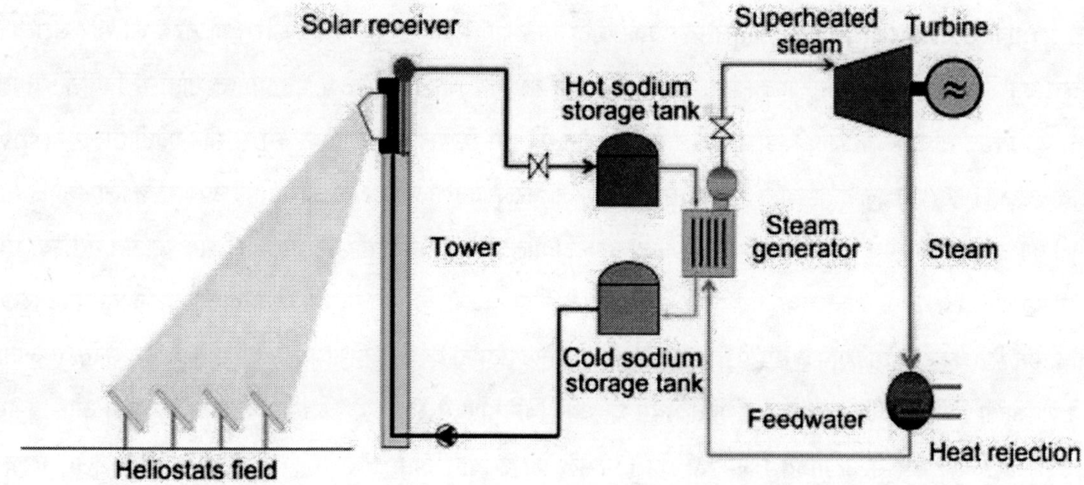

चित्र 3.17 ऊर्जा टॉवर की एक योजनाबद्ध योजना (साभारः अमेरिकी ऊर्जा विभाग)

इस प्रकारके बिजली संयंत्र का मुख्य लाभ यह है कि रिसीवर पर हजारों दर्पण के साथएक बहुत उच्च तापमान प्राप्त किया जा सकता है। उच्च तापपर तापऊर्जा को आसानी से विद्युत् ऊर्जा में परिवर्तित किया जा सकता है। ऊर्जा टॉवर सौर प्रौद्योगिकियों मेंअद्वितीयहै क्योंकि यह ऊर्जा को उच्च दक्षता और कम लागत परप्रभावी ढंग से स्टोर कर सकता है। जब भी उपभोक्ता को बिजली की आवश्यकता होती है, वे काम कर सकते हैं, यहां तक कि जब रात के समयऔर बादल के मौसम में सूर्य मौजूद नहीं होता है, तब भी। सौर टॉवर का कार्य सिद्धांत एक भाप ऊर्जा संयंत्र के डिजाइन के समान है, और एकमात्र अंतर यह है कि भाप को पिघले हुए नमक द्वारा प्रतिस्थापित किया जाता है। यह प्रक्रिया इस प्रकारहैः सूर्य की धूप रिसीवर में नमक को गर्म करती हैऔर यहपिघला हुआ नमक गर्म भंडारण में संग्रहीत होता है।गर्म नमक कीभाप कोजनरेटर के माध्यम से पंप किया जाता है, और भाप टरबाइन को चलाता है, और यह टरबाइन जनरेटर का उपयोग करके बिजली का उत्पादन करता है। इस प्रक्रिया के

बाद, नमक को ठंडे भंडारण में पंप किया जाता है और सिस्टम एक बंद लूप की तरह काम करता है ।ग्रीन इलेक्ट्रिसिटी के उत्पादन की यह प्रक्रिया संयुक्त राज्य अमेरिका में वाणिज्यिक रूप से उपलब्ध है, जिसकी क्षमतादक्षिणी कैलिफोर्निया में 900 मेगावॉट (संयंत्र की कई श्रृंखलाएं) तक है और स्पेन, इज़राइल, दक्षिण अफ्रीका और मोरक्को में भीकई और हैं।

3.6 सोलर फोटोवोल्टिक पावर प्लांट

सौर सेलों की अवधारणा और उनकी बिजली उत्पादन तकनीक के बारे में पहले के खडों में संक्षिप्त रूप से चर्चा की गई है। सौर सेल अर्धचालकउ पकरणों, जैसे सिलिकॉन या अन्य अर्धचालक सामग्रियों से बने होटे हैं।इस अनुभाग में विभिन्न प्रकारकी सौर सेल पर भी चर्चा की गई है। जब सौर किरणें अर्धचालककी सतह पर गिरती हैं, तो बिजली का उत्पादन होता है, और यह उत्पन्न बिजली सौर विकिरण की तीव्रता, घटना कोण, आकार और सौर सेल के प्रकार, पृष्ठ सतह, और परिवेश तापमान पर निर्भर करती है। एक छोटा सौर सेल केवल बिजली का एक छोटा सा अंश पैदा कर सकता है, और इसी तरह की सौर सेल का एक संयोजन और समानांतर कनेक्शन आवश्यक बिजली उत्पादन के साथ वांछित वोल्टेज पर पर्याप्त मात्रा में बिजली उत्पन्न कर सकता है। विद्युत उत्पादन के लिए कई सौर सेल के संयोजन की इस प्रणाली को व्यापक रूप से सौर फोटोवोल्टिक (spv) या फोटोवोल्टिक (PV) मॉड्यूल कहा जाता है। ये एसपीवी प्रणाली घरेलू, वाणिज्यिक और औद्योगिक उपयोग के लिए काफी मात्रा में बिजली का उत्पादन करने में सक्षम हैं। पहले वाणिज्यिक फोटोवोल्टिक सेल का निर्माण 1950 के दशक के अंत में किया गया था और उसके बाद, 1970 के दशक तक, मुख्य रूप से उपग्रहो के लिए बिजली के स्रोत के रूप में उपयोग किया जाता था और 1980 के बाद, इन सेल का उपयोग व्यापक रूप से उपभोक्ता इलेक्ट्रॉनिक उत्पादों के लिए प्राथमिक ऊर्जा स्रोत के रूप में किया जाता था। अपने शुरुआती दिनों के दौरान, सौर सेल बहुत महंगे थे, और विनिर्माण में सुधार के कारण, किफायती, कुशल और विश्वसनीय सौर सेलवाणिज्यिक रूप से उत्पादित किए गए थे। इन सेल का उपयोग आम तौर पर सौर ऊर्जा संयंत्रों के लिए घरेलू और वाणिज्यिक उपयोग के लिए किया जाता है।

3.6.1 सौर फोटोवोल्टिक मॉड्यूल

सौर फोटोवोल्टिक मॉड्यूल एक आमतौर पर मोनोक्रिस्टलाइन या पॉलीक्रिस्टलीय सिलिकॉन से बनी होती हैं।इन सिलिकॉन वेफरों की मोटाई आम तौर पर 300 माइक्रो मीटरहोती है।सिलिकॉन फिल्म सेल को नुकसान, मोड़ और पर्यावरण क्षय से बचाने के लिए, सेल की एक श्रृंखला को हर्मेटिकली कांच और एथिल-विनाइल एसीटेट शीट के साथ सील कर दिया जाता है। ये मॉड्यूल श्रृंखला में जुडी हुई होतीहैं और आम तौर पर 36 सेल की सीरीज़ोको वांछित वोल्टेज और स्तरो को प्राप्त करने के लिए समानांतर रूपसे जोड देते है। धनात्मक (positive) और ऋणात्मक सिरों को टर्मिनलो से सोल्डर कर दिया जाता है और इसपूरी असेंबली को एक इन्सुलेटिग शीट पर रखा जाता है। इस व्यवस्था को आमतौर पर सौर मॉड्यूल कहा जाता है। एक सौर पैनलमें आउटपुट पावर के वांछित स्तरको प्राप्त करने के लिए कई सौर मॉड्यूल होते हैं। कई सौर पैनलों को सौर सरणियो के निर्माण से

जोड़ा जा सकता है और इन सौर सरणियों को बाहरी फ्रेम के साथ इस तरहलगाया जाता है कीइन्हेंऔर अधिक मज़बूत बनायाजा सके और संरचनाओं पर आसानी से लगानासंभव हो सके। सौर सेल, सौर मॉड्यूल, सौर पैनलों और सौर श्रृंखलाओं का एक योजनाबद्ध आरेखचित्र 3.18. में दिखाया गया है।

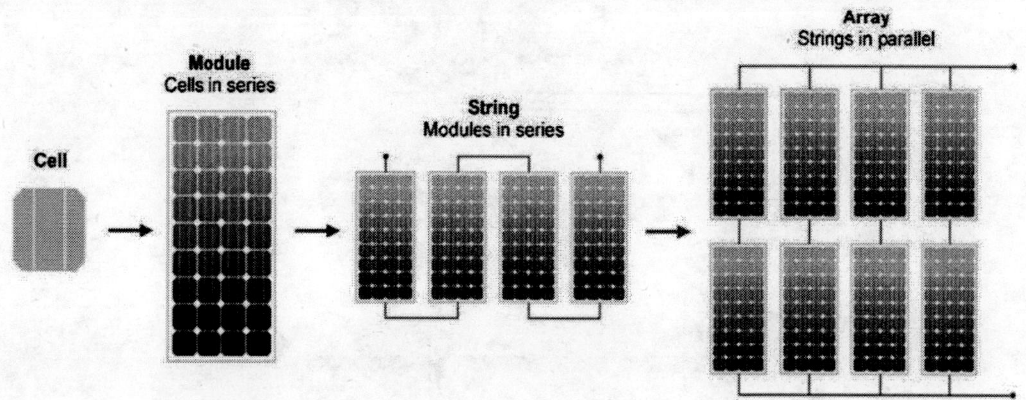

चित्र.3.18 पीवी सिस्टम के लिए बेसिक बिल्डिंग ब्लॉक में शामिल सेल, मॉड्यूल, पैनल और ऐरे

3.6.2 सौर पीवी जनरेशन

सौर पीवी प्रणाली का उपयोग करके बिजली का उत्पादन पारंपरिक विद्युत चुम्बकीय जनरेटर के समान नहीं है। वास्तव में, सौर पीवी बिजली उत्पादन प्रणाली पारंपरिक जनरेटर की तुलना में बहुत सरल है। सौर पैनल या सौर सरणियों को सूर्य की किरणों का सामना करने के लिए रखा जाता है और सोलर सेल बिजली का उत्पादन करते हैं। बिजली उत्पादन की बात पहले ही की जा चुकी है।

सौर पैनलों को या तो स्थिर, फ्रीस्टैंडिंग स्थिति में या ट्रैकिंग के लिए दिशात्मक प्रणालीके साथ लगाया जाता है। जब इन सौर पैनलों को बिजली पैदा करने के लिए लगाया जाता है, तो उन्हें अधिकतम सूर्य की किरणों को प्राप्त करने के लिए सबसे अच्छे कोणपर लगाया जाना चाहिए। इन प्लेटों में अधिकतम आउटपुट प्राप्त करने के लिए एक दिशात्मक सौर ट्रैकिंग प्रणाली संलग्न की जाती है। ट्रैकिंग सिस्टम दो तरह के होते हैं। एक तरह के में समय, ऊंचाई और एंगल के साथ प्रीसेट किया गया है, और दूसरा स्वचालित सेंसर-आधारित नियंत्रणगियर के साथ पूर्व से पश्चिम तक सूर्य की स्थिति के अनुसार स्वचालित होता है। सौर पैनलों के दैनिक ऊर्जा उत्पादन को सौर ट्रैकिंग का उपयोग करके 25 प्रतिशत से बढ़ाकर 40 प्रतिशत किया जा सकता है। हालांकि, अत्यधिक उच्च लागत और जटिल माउंटिंग सिस्टम के कारण दिशात्मक ट्रैकिंग प्रणालीउपयुक्त नहीं हैं।

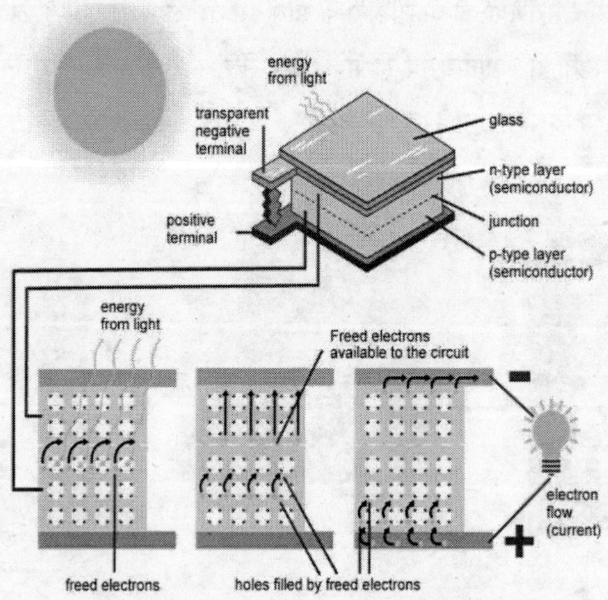

चित्र 3.19 एक सौर पीवी (एसपीवी) सेलके अंदर (साभारः अमेरिकी ऊर्जा सूचनाप्रशासन)

एक एसपीवी प्रणाली के लिए कई अलग-अलग घटकों की आवश्यकता होती है। ये मूल घटकसौर पीवी प्रणाली के विन्यास (arrangement) हैं, जिसमें सौर पैनल, DC से AC इनवर्टर, optimiser,बैटरी बैंक, बैटरी नियंत्रक और कभी-कभी सहायक (auxiliary) ऊर्जा स्रोत और इलेक्ट्रिकल लोड शामिल हैं। इनके अलावा विभिन्न कनेक्टरों, तारों, सर्ज प्रोटेक्शन डिवाइसों, पावर मापने के लिए उपकरणों, और पावर प्रोसेसिग सर्किटों के लिए एक व्यवस्था भी सौर ऊर्जा उत्पादन का हिस्सा है। सौर पीवी के आंतरिक दृश्य को चित्र 3.19 में दिखाया गया है।

3.6.3 सौर पीवी प्रणाली के प्रकार

फोटोवोल्टिक सिस्टम को उनकी कार्यात्मक और परिचालन आवश्यकताओं और विन्यास के अनुसार वर्गीकृत किया जाता है। उपरोक्त के आधार पर, मुख्य रूप से दो प्रकार की सौर पीवी प्रणालियां हैं-ग्रिडसे जुड़ी सौर पीवी प्रणालियां और स्टैंड-अलोन सौर पीवी प्रणालियां। फोटोवोल्टायिक प्रणालियों को इस प्रकार वर्गीकृत किया जाता है कि उसमें उपकरण कैसे अन्य विद्युत प्रणालियो और इलेक्ट्रिकल लोड से जुडेहुएहै। फोटोवोल्टायिक प्रणाली, विद्युत उपयोगिताया को डीसी लोडफीड करने के लिए डिजाइन किया जा सकता है।यह एसी लोड को डीसी-एसी इनवर्टर का उपयोगकरके फीड करने के लिए भी डिजाइन किया जा सकता है और इसे स्वतंत्र यूटिलिटी ग्रिड के साथ भी संचालित किया जा सकता है। इसेबैटरी जैसे ऊर्जा भंडारणउपकरणों के साथ अन्य ऊर्जा स्रोतों से भी जोड़ाजा सकता है।

3.6.3.1 ग्रिड -कनेक्टेड फोटोवोल्टिक सिस्टम

ग्रिड से जुड़ी फोटोवोल्टिक प्रणालियां उद्योग और पावर जनरेशन कंपनियों का ध्यान आकर्षित कर रही हैं क्योंकि उन्हें सीधे इलेक्ट्रिक यूटिलिटी ग्रिड से जोड़ाजा सकता है। यह जीवाश्म ईंधन बिजली उत्पादन का एक आम विकल्प है और इसका व्यापक रूप से उपयोगकिया जाता है। ग्रिड-कनेक्टेड फोटोवोल्टिक प्रणाली का प्राथमिक घटकसोलर पैनल, कनेक्टर्स, इनवर्टर, पावर कंडीशनिग यूनिट, चार्ज कंट्रोलर, मीटर, एसी ग्रिड या बसबारजैसे उपकरणों को मापना और बैटरी स्टोरेज (कुछ प्रणालियों के लिए वैकल्पिक) है। चित्र 3.20 में एक विशिष्ट ग्रिड-कनेक्टेड फोटोवोल्टिक सिस्टम दिखाया गया है।

पावर कंडीशनिग यूनिट या इनवर्टर, सोलर पैनल द्वारा एकत्र की गई डीसी पावर को एसी ग्रिड की आवश्यकता के अनुसार वांछित फ्रीक्वेंसी पर एसी पावर में परिवर्तित करता है। यह इकाई,विभिन्न तरीकों से ग्रिड में बिजली के प्रवाह को भी नियंत्रित करती है, जैसे एसी ग्रिड में बिजली का प्रवाह रोकना जब एसी ग्रिड सक्रिय नहीं है। फोटोवोल्टिक प्रणाली और एसी ग्रिड के बीच एक द्वि-दिशात्मक अंतराफलक प्रदान किया जाता है। जब फोटोवोल्टायिक प्रणाली आउटपुट ऑन-साइट लोड मांग से अधिक होता है,तबयह द्वि-दिशात्मक interface (अंतराफलक),फोटोवोल्टिक प्रणाली द्वारा उत्पादित एसी पावर को या तो ऑन-साइट विद्युत लोड की आपूर्ति करने या ग्रिड को वापस फीड करने की अनुमति देता है। दूसरी ओर, यदि ऑन-साइट बिजली की आवश्यकता फोटोवोल्टिक पावर आउटपुट से अधिक है, तो पावर एसी ग्रिडसे ऑन-साइट विद्युत लोड में प्रवाहित होगी।

एक बैटरी स्टोरेज सिस्टम ग्रिड-कनेक्टेड पीवी के लिए वैकल्पिक है क्योंकि इसमें पावर आउटपुट सीधे एसी ग्रिडसे जुड़ा हुआ है। रात के समय मांग एवं आपूर्ति संतुलन को भंडारण प्रणाली से पूरा किया जाता है क्योंकि फोटोवोल्टायिक आउटपुट उस प्रणाली के लिए शून्य होता है जहां बैटरी भंडारण उपलब्ध होता है। अन्यथा एसी ग्रिडसे संतुलित मांगपूरी की जाती है।

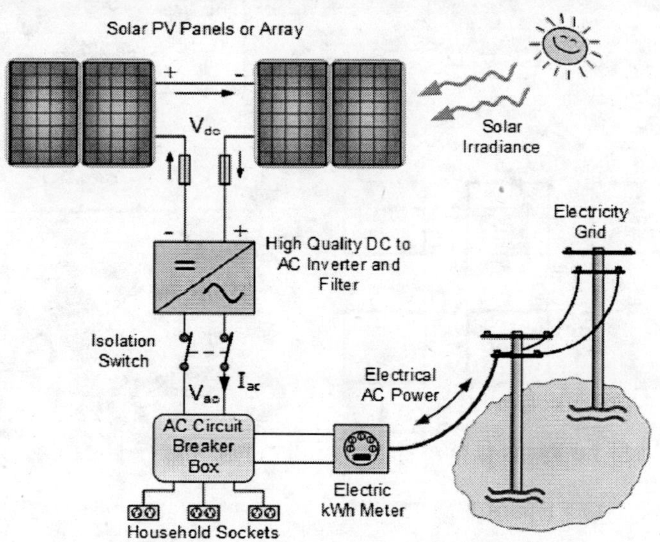

चित्र.3.20 ग्रिड -कनेक्टेड फोटोवोल्टिक रेख का आरेख

3.6.3.2 स्टैंड-अलोन फोटोवोल्टेइक सिस्टम

एक स्टैंड-अलोन सोलर फोटोवोल्टिक सिस्टम को ग्रिडकनेक्शन के बिना स्वतंत्र रूपसे संचालित करने के लिए डिजाइन किया गया है। इनका उपयोग ज्यादातर ग्रामीण विद्युतीकरण में अलग-अलग स्थानो पर या दूरदराज के स्थानो पर किया जाता है, जहां सामान्य ग्रिडसुदूर या उपलब्ध नहीं है। इस प्रकारकी प्रणाली में द्वि-दिशात्मक नियंत्रक और यूटिलिटी एसी ग्रिडको छोड़कर ग्रिड-कनेक्टेड सिस्टम के लिए आवश्यक सभी घटक शामिल हैं। यदि विद्युत भारए सी प्रकृति के होते हैं, तो सौर पैनलों द्वारा एकत्र की गई DC शक्तिको वांछित आवृत्ति में पलटने के लिए एक इनवर्टर की आवश्यकता होती है। एक स्टैंडअलोन फोटोवोल्टिक प्रणाली का सबसे सरल रूपप्रत्यक्षयुग्मित प्रणाली है, जहां पीवी मॉड्यूल का DC आउटपुट सीधे DC लोड से जुड़ा हुआ है। एक प्रत्यक्षयुग्मित प्रणाली (प्रत्यक्षयुग्मित प्रणाली देखें रेखाचित्र 3.21) में बैटरी भंडारणनहीं होता है और लोड केवल दिनके समय के दौरान संचालित किया जा सकता है। पीवी पैनलो से अधिकतम बिजली प्राप्त करने के लिए इस प्रणाली के साथ एक सन-ट्रैकिंग प्रणाली को नियोजित किया जा सकता है। कई घरेलू, कृषि और इंडस्ट्रियल यूटिलिटीज में, इस डायरेक्ट-कपल्ड सिस्टम का उपयोग किया जाता है जहां उनके लोड को धूप के घंटो के दौरान संचालित किया जाता है।

कई एकल पीवी प्रणालियों में, बैटरी का उपयोग ऊर्जा भंडारणके लिए किया जाता है। चित्र 3.22 एक विशिष्ट स्वचलित फोटोवोल्टिक प्रणाली का आरेखप्रदर्शित करता है जो DC और AC भारको संचालित करता है।

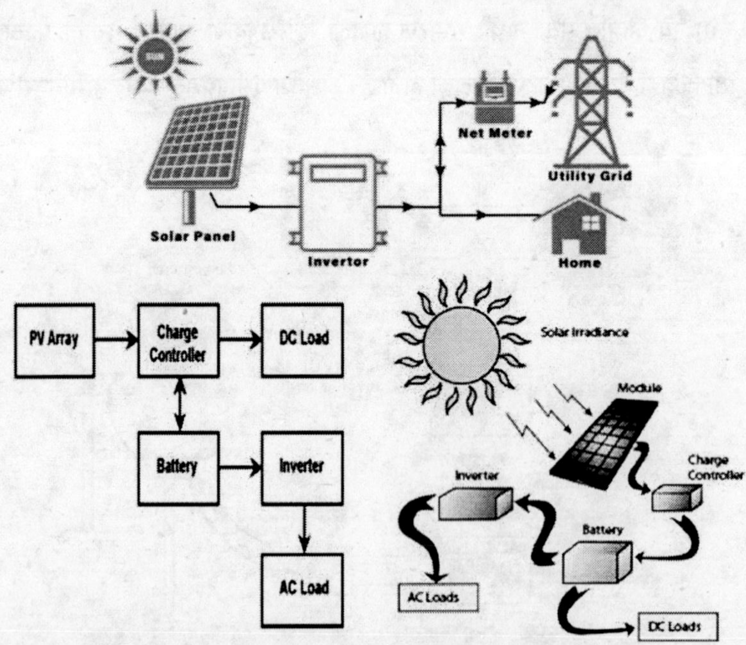

चित्र 3.22 बैटरी भंडारण के साथ एकल फोटोवोल्टिक प्रणाली

3.6.3.3 हाइब्रिड फोटोवोल्टिक प्रणाली

हाइब्रिड फोटोवोल्टिक प्रणाली आमतौर पर ऊर्जा के एक अन्य स्रोत और पवन के साथ संयुक्त फोटोवोल्टिक सिस्टम से ऊर्जा स्रोत का उपयोग करती है। एक हाइब्रिड फोटोवोल्टिक प्रणाली या तो ग्रिड-कनेक्टेड या स्टैंड-अलोन होती है और बैटरी स्टोरेज के साथ या बैटरी स्टोरेज के बिना। भंडारणबैटरी के फायदे और नुक्सानको संक्षेप में पहले हीप्रस्तुत किया जा चुका है। एक हाइब्रिड पीवी प्रणाली का मूल लाभ यह है कि उत्पन्न बिजली पूरी तरह से सौर ऊर्जा पर निर्भर नहीं है, और सर्दियों के मौसम या बारिश के दिनों के दौरान, आवश्यक मांगको अन्य स्रोतों सेया यूटिलिटी ग्रिड से पूरा किया जा सकता है। एकफोटोवोल्टिक प्रणाली का एक विशिष्ट योजनाबद्ध चित्र 3.23 में दिखाया गया है। एक हाइब्रिड पीवी सिस्टम दोनों प्रकार के डीसी और एसी लोड को पूरा कर सकता है बशर्ते सिस्टम में एक इनवर्टर और अन्य पावर कंडीशनिंग घटक शामिल हों। डीजल जनरेटर या ईंधन सेल जैसे मौसम-स्वतंत्र स्रोतों को शामिल करके प्रणाली की विश्वसनीयता बढाई जा सकती है।

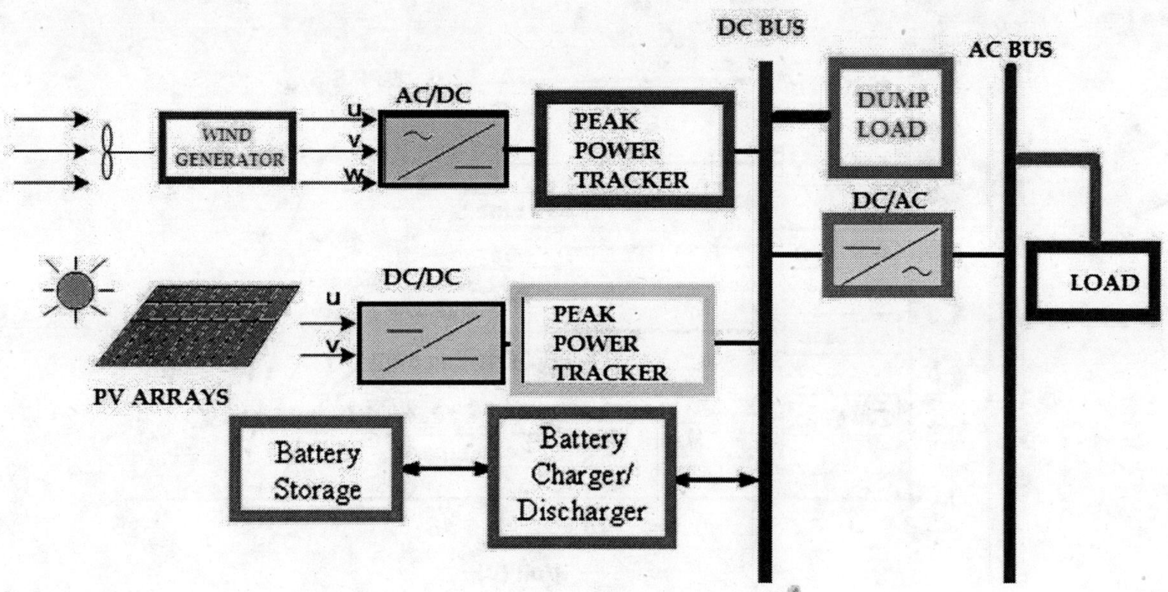

चित्र 3.23 हाइब्रिड फोटोवोल्टिक प्रणाली

3.6.4 फोटोवोल्टेइक मॉड्यूलों की रेटिंग और विशेषताएं

सौर फोटोवोल्टिक मॉड्यूलो को उनकी पीकपावर (Wp) आउटपुट के संदर्भ में रेट किया जाता है। इस पीक पावर को मानकपरीक्षणमानक (STC) के तहत निर्माता द्वारा निर्दिष्ट किया जाता है। एसटीसी की स्थिति विकिरण-1000W/m^2 (वायु द्रव्यमान 1.5 के साथ एक ओवरहेड स्थिति से लगभग 48 पर सूर्य पर विचार करते हुए), 25 डिग्री सेल्सियस के सेलया मॉड्यूल तापमान और 1 मीटर/s के रूप में हवा की गति है। एसटीसी की यह स्थिति अधिकांश स्थानों और हर समय नही होती है। ऐसा

इसलिए है क्योंकि प्राकृतिक सौर विकिरण अधिकांश स्थानो के लिए 1000 W/m^2 से कम है, और परिवेश तापमान 25 डिग्री सेल्सियस से भिन्न होता है। इसलिए, सौर मॉड्यूल का वास्तविकया वास्तविकपीक पावर आउटपुट हमेशा रेटेड वैल्यू से कम होता है। हालांकि, एसटीसी के तहत रेटिग को निर्माता और उपयोगकर्ता द्वारा व्यापक रूप से स्वीकार किया जाता है।

3.6.4.1 पीवी मॉड्यूल की I-V विशेषता

फोटोवोल्टायिक माड्यूलका आई-वी अभिलक्षण चित्र 3.24 में दिखाया गया है। विभिन्न विकिरण स्तरों के लिए, अलग-अलग आरेख औरभार पर एक 75 Wp मॉड्यूल के लिए प्लॉट किए गएहैं। अधिकतम शक्तिबिंदु को Dots बिंदुओं के रूप में दिखाया गया है। सौर पीवी मॉड्यूल की बिजली उत्पादन दृढ़ता से सौर विकिरण पर निर्भर करता है। सौर विकिरण की तीव्रता में कमी के साथ एक मॉड्यूल की शक्तिलगभग रैखिक रूप से कम हो जाती है। सौर विकिरण दिन भर स्थिर नहीं होताहै, और बिजली उत्पादन दिन के अलग-अलग समय पर भिन्न होता है।

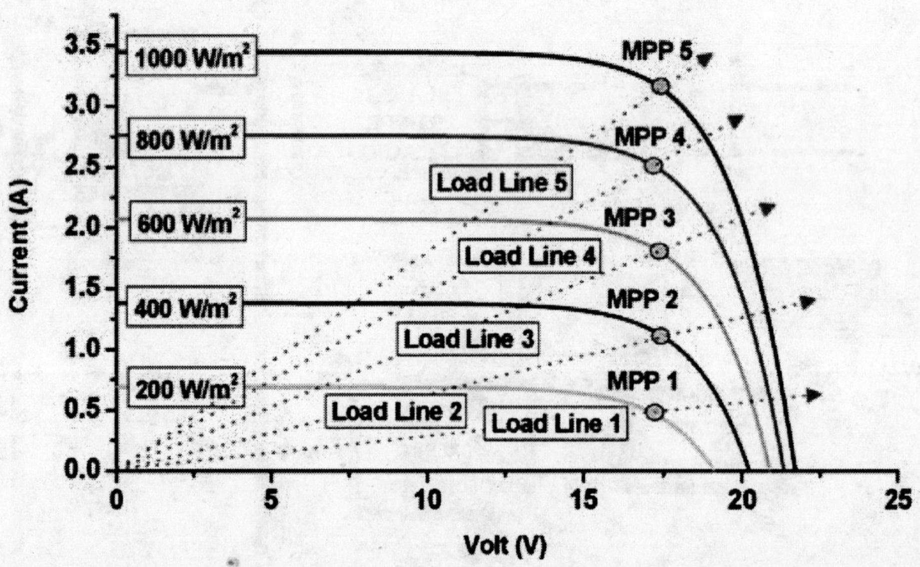

चित्र. 3.24 75 Wp PV मॉड्यूल की I-V विशेषता (अधिकतम पावर प्वाइंट (MPP)

3.6.4.2 PV मॉड्यूल के P-V विशेषता

फोटोवोल्टिक माड्यूलकी P-V विशेषता एक गैर-रैखिक वक्र (लॉगरिद्मिक) वक्र है जो एक PV माड्यूल के पावर आउटपुट के बीच आरेखित होता है। प्रत्येक वक्र में अधिकतम शक्ति बिंदु को दिखाया गया है जो अधिकतम शक्ति बिंदु को दर्शाता है। हालांकि, ड्रॉप-इन मॉड्यूल वोल्टेज विकिरण तीव्रता में एक बडेपरिवर्तन के लिए महत्वपूर्ण नही है क्योंकि वोल्टेज विकिरण तीव्रता का एक लॉगरिदमिक फ़ंक्शन है।

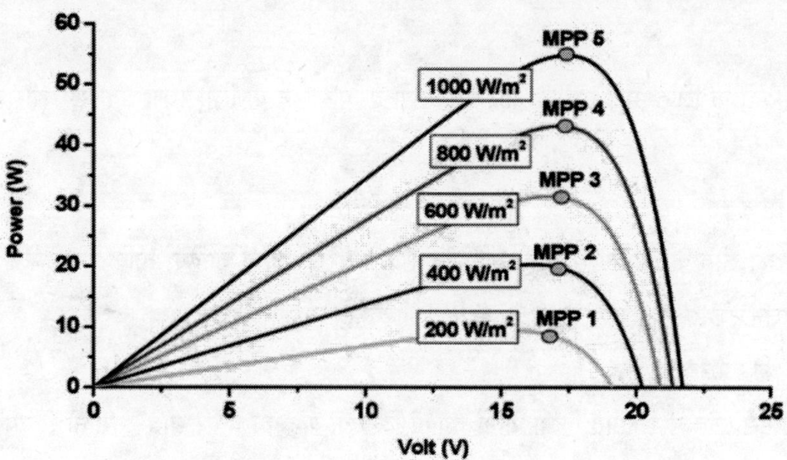

चित्र. 3.25 फोटोवोल्टायिक माड्यूलकी P-V विशेषता

3.6.5 सौर ऊर्जा संयंत्र के लिए स्थल का चयन

सौर ऊर्जा संयंत्र के स्थल चयन को प्रभावित करने वाले विभिन्न फैक्टरहैं। मुख्य तथ्य,उस क्षेत्रमें उपलब्धसौर विकिरण है, और अन्य सभी तत्व पारंपरिक बिजली संयंत्रों के समान हैं। सौर ऊर्जा भी स्थानविशिष्ट नहीं है, क्योकि सूर्य पृथ्वी पर लगभग सभी स्थानों पर उपलब्ध है। ये फैक्टर इस प्रकार हैं-

(क) सौर विकिरण की प्राप्यता

साइट ऐसी होनी चाहिए कि वर्ष भर में उच्च सौर बीम विकिरण प्राप्त किया जा सके ताकि सौर तापीय या फोटोवोल्टिक बिजली संयंत्रों के लिए अधिकतम सौर ऊर्जा का उपयोग किया जा सके।

(ख) क्षेत्रकी प्रकृति

फोटोवोल्टिक सौर संयंत्र या सौर तापीय सौर संयंत्र के लिए भूमि उचित रूप से सपाट होनी चाहिए ताकि कम लागत पर एक बडा क्षेत्र विकसित किया जा सके। भूभाग की प्रकृति अस्त-व्यस्त हो सकती है और यहां तक कि चट्टानी या रेतीली हो सकती है।

(ग) जल की प्राप्यता

सौर ताप बिजली संयंत्रों के लिए, साइट में भाप चक्र के दौरान ठंडेपानी की आवश्यकता को पूरा करने के लिए बहुत अधिक पानी उपलब्ध होना चाहिए।

(घ) स्थानीय पर्यावरणीय स्थिति

सौर ऊर्जा संयंत्र के लिए प्रस्तावित स्थल बाढ़ क्षेत्र और फ्लैश फ्लडिग, भूक्षरण और भूस्खलन से अत्यधिक गिरावट और धूल से मुक्त होना चाहिए।

(च) अभिगम्यता

बिजली संयंत्रों के लिए भारी मशीनों और उपकरणों के परिवहन के लिए स्थल तक रेल और सड़क मार्ग से पन्हुचना संभव हो सकेहै।

(छः) लोड केंद्र की निकटता

इस स्थल को लोड के जितना संभवहो सके उतना करीब रखा जाना चाहिए, ताकि इन संयंत्रों द्वारा उत्पादित बिजली पारेषण और ट्रांसमिशन नुकसान की लागत से बचने के लिए लोड केंद्रों तक पहुंचाई जा सके।

(ज) बैकअप पावर की उपलब्धता

साइट को इस तरह से स्थापित किया जाना चाहिए कि एक बैकअप पावर स्रोत आसानी से उपलब्ध हो, जो पर्यावरण, प्राकृतिक आपदाओं या तकनीकी समस्याओं के कारण सोलर से बिजली उपलब्ध न होने पर लोड को बिजली देने का आश्वासन देता है।

3.6.6 सौर ऊर्जा के फायदे और नुकसान

फायदे

(क) सौर ऊर्जा एक नवीकरणीय संसाधन है और यह निशुल्क है।

(ख) सौर ऊर्जा, स्वच्छ और हरित ऊर्जा है क्योंकि यह जीवाश्म ईंधन (पर्यावरण के अनुकूल) जैसे ऊर्जा उत्पादन के दौरानकोई भी प्रदूषण नहीं करती है।

(ग) संयंत्र के आकार और लोकेशन में अधिक लचीलापन है, जिसमें छोटे रूफटॉप प्लांट से लेकर बडे पावर प्लांट तक शामिल हैं।

(घ) सौर ऊर्जा देश के सुदूर कोनों में उपलब्ध कराई जा सकती है, जहां पारंपरिक बिजली ग्रिडकीपहुंच नहीं है।

(च) सौर ऊर्जा के लिए प्रयुक्त मशीनरी और उपकरणकम रखरखाव और मरम्मत (आसान निर्माण) में परिणत होते हैं। केवल इनवर्टर और बैटरी जैसे सहायक उपकरणोंको अधिक रखरखाव की आवश्यकता होती है।

(छः) सौर ऊर्जा का उपयोग ताप और तापीय संचालन के लिए बहुत कुशलता से किया जा सकता है।

(ज) सौर फोटोवोल्टिक माड्यूल प्रकृति में टिकाऊ होते हैं और इन्हें 20 से अधिक वर्षों (लंबे समयतक चलने वाले जीवन) के लिए डिजाइन किया गया है।

(झ) गाड़ियो, बसो और उपग्रहो जैसे मोबाइल लोड के लिए उपयुक्त।

(ण) संचालन में मापांक आसन है।

सीमाएं

(क) मौसम और अन्य जलवायु परिस्थितियों में बदलाव के कारण सौर विकिरण हमेशा पूरी तरह से विश्वसनीयता योग्य नहीं होता है।

(ख) रात के समयके दौरान, सौर विकिरण उपलब्ध नहीं होतेहै, इसलिए उस दौरान बिजली की उपलब्धता के लिए उचित योजना या भंडारण की आवश्यकता होती है।

(ग) सौर ऊर्जा संयंत्र महंगे हैं, और इसके कैपिटल इन्वेस्टमेंट पारंपरिक बिजली संयंत्रों की तुलना में बहुत अधिक है। सौर ऊर्जा संयंत्र वर्तमान में लागत-प्रतिस्पर्धी नहीं हैं।

(घ) सौर ऊर्जा संयंत्र की दक्षता कम है और लगभग 10% है, और ऊर्जा भुगतान समयअन्य पारंपरिक बिजली संयंत्रों की तुलना में काफी हैं।

(च) सौर ऊर्जा संयंत्रों के लिए बडे क्षेत्रों की आवश्यकता होती है और विशेष रूप से बड़े और मध्यम सौर फोटोवोल्टिक प्रणाली के लिए अधिक क्षेत्र की आवश्यकता होती है।

3.7 बायोमास-आधारित बिजली संयंत्र

बायोमास एक कार्बनिक पदार्थ है जो पौधों (स्थलीय और जलीय), जानवरों और माइक्रोऑर्गेनिज़्म से प्राप्त होता है। विश्व ऊर्जा के उपयोग में बायोमास की हिस्सेदारी 15 प्रतिशत है। अधिकांश विकासशील और अविकसित देशों में, बायोमास का उपयोग, खाना पकाने और हीटिंग के लिए ऊर्जा के प्राथमिक स्रोत के रूपमें किया जाता है। बायोमास से प्राप्त ऊर्जा का रूप बायोमास ऊर्जा है। बायोमास नवीकरणीय प्रकृति का होता है क्योंकि कार्बनिक पदार्थ नियमित रूपसे उत्पन्न होते हैं और ये प्रकृति की एक सतत प्रक्रिया है। यहां यह भी देखा गया है कि कोयला, तेल और प्राकृतिक गैस को बायोमास नहीं माना जाता है क्योंकि प्रकृति को एक निश्चित तापमान और दबाव पर फिर से उत्पादनकरने में कई मिलियन से भीअधिक साल लगते हैं, और इन वस्तुओं को गैर-नवीकरणीय कहा जाता है।

बायोमास को ग्रीनहाउस गैस तटस्थ माना जाता है। ऐसा इसलिए है क्योंकि बायोमास का दहन कार्बन डाइऑक्साइड को उत्पन्न करेगा, जैसा कि जीवाश्म ईंधन का दहन होगा ।जब वह बायोमास फिर से बननाशुरू होगा, यह उतनी ही मात्रा में कार्बन डाइऑक्साइड को फिर से अवशोषित कर लेगा जितनी कि यह दहन के दौरान उत्पन्न करता है। इस प्रकार, बायोमास की वृद्धि, दहनऔर पुनःवृद्धि, वायुमंडल और बायोस्फीयर के बीच केवल कार्बन डाइऑक्साइड का चक्र पूरा करती है।

बायोमास मुख्य्य रूपसे सौर ऊर्जा से उत्पादित होता है क्योंकि इसका उपयोग प्रकाश संश्लेषण द्वारा हरे संयंत्र को विकसित करने के लिए किया जाता है। बदले में, सौर ऊर्जा को रासायनिक ऊर्जा के रूपमें संग्रहीत किया जाता है। बायोमास ऊर्जा को मुख्य्य रूपसे तीन समूहों में वर्गीकृत किया गया है, (I) वनों, कृषि फसलों आदि से बायोमास (II) नगरपालिका अपशिष्ट, रसोई अपशिष्ट, पशु गोबर आदि जैसे कचरे से बायोमास (III) तरल ईंधन में परिवर्तित किया गया बायोमास ।

ऊर्जा में बायोमास रूपांतरण एक प्रकारके बायोमास से दूसरे प्रकारमें भिन्न होता है। मुख्य रूपसे प्रत्यक्षदहन और गैसीकरण का उपयोग ऊर्जा में परिवर्तित करने के लिए बायोमास के पहले समूहके लिए किया जाता है। हालांकि, ऊर्जा उद्देश्यो के लिए पाइरोलाइसिस भी विकसित किया जाताहै। शेष समूहों के लिए, विभिन्न प्रक्रियाएं उन्हें उपयोगी ऊर्जा में परिवर्तित करने में शामिल हैं। बायोमास को दो बुनियादी प्रक्रियाओं (I) अवायवीय पाचन और (III) फर्मेंटेशन का उपयोग करके बायोगैस या जैव ईंधन में परिवर्तित किया जा सकता है।

बायोमास से जनित ऊर्जा, हरित ऊर्जा है।और बायोमास को ऊर्जा में बदलना पर्यावरण और इकोलॉजी के लिए सबसे अच्छा विकल्प है। दुनिया के अधिकांश देश बायोमास और कचरे से बिजली उत्पादनके लिएलगातार आकर्षक योजनाओं और विभिन्न प्रोत्साहनों में निवेश कर रहे हैं और घोषणा कर रहे हैं। बायोमास को बिजली में परिवर्तित करने की चुनौतियों को नई प्रौद्योगिकी विकास और नई पहलों के साथ पूरा किया गया है। ऊर्जा का यह रूपकम लागत का है और इसका कोई प्रतिकूल पर्यावरणीय प्रभाव नहीं है और इसलिए इसे विश्व स्तर पर बढ़ावा दिया जाता है।

लकड़ी, पुआल और अन्य वन उत्पाद शुष्क बायोमास के अंतर्गत आते हैं। कृषि उत्पादों जैसे कि सभी प्रकारके अनाज, गन्ने और इसी तरह के उत्पादों के लिए तेजी से बढ़ते पेड़ों और कचरे की खेती की जाती है। इसी प्रकार,स्टार्च और ऑयल रिच प्लांट्स, अनाज, शाकाहारी फसलें और जलीय फसलें भी मीठे पानी या समुद्री जल में उगाई जाती हैं। बड़े पैमाने पर ऊर्जा निकालने के लिए शैवाल की खेती भी की जाती है और इसे मीथेन में परिवर्तित किया जा सकता है। विभिन्न कृषि फसलों के लिए ऊर्जा निकालने की प्रक्रिया अलग-अलग है।

जैविक कचरे को ऊर्जा में बदला जा सकता है। कचरे को नगरपालिका या शहरी अपशिष्ट, घरेलू अपशिष्ट, औद्योगिक अपशिष्ट, वन अपशिष्ट, मत्स्य पालन और पोल्ट्री अपशिष्ट, पशु अपशिष्ट और पशु और मानव मल के रूपमें वर्गीकृत किया जा सकता है। इन अपशिष्टों को विभिन्न प्रक्रियाओ द्वारा ऊष्मा, बायोगैस और बायोकेमिकल में परिवर्तित किया जा सकता है। इन प्रक्रियाओं पर बाद के खडो में कुछ समय के लिए चर्चा की जाएगी।

3.7.1 बायोमास पावर प्लांट के लिए साइट चयन

बायोमास पावर प्लांट के लिए साइट का चयन करते समय, निम्नलिखित पर विचार किया जाना चाहिए।

(क) **स्थान**-बायोमास संयंत्र की साइट, आवासीय क्षेत्रों से दूर स्थित होनी चाहिए। बायोमास प्लांट से निकलीखराब गंध और शोर अपरिहार्य है। यह प्लांट ताजे पानी के कुएं के पास नहीं होना चाहिए, क्योंकि किण्वित गाद दूसरे कुएं के पानी को प्रदूषित कर सकती है।

(ख) **खुली और धूप की जगहः** गैस उत्पादक स्टेशन को एक खुली और धूप वाले स्थान पर स्थित होना चाहिए जहां 15 डिग्री सेल्सियस से 30 डिग्री सेल्सियस के बीच तापमान पर प्रत्यक्षसूर्य की रोशनी संयंत्र पर गिरें । गैस उत्पादनकी दर जितनी अधिक होगी, संयंत्र उतना अधिक कुशल होगा।

(ग) **संयंत्र का आकारः** आम तौर पर मानकदिशा-निर्देशों के अनुसार गैस के प्रति m^3 क्षेत्रमें 10 से 20 m^2 क्षेत्रकी आवश्यकता होती है। साइट ऐसी होनी चाहिए कि फर्मेंटर, गैस भंडारण और कलेक्शन के लिए पर्याप्त जगह रखी जाए।

(घ) **उपभोक्ता से दूरीः** गैस पंपिग में अधिकतम दक्षता प्राप्त करने और गैस रिसाव को कम करने के लिए बायोगैस संयंत्र और बायोगैस उपभोग केंद्रों के बीच की दूरीन्यूनतमहोनी चाहिए। दिशा-निर्देशों के अनुसार दूरी 10 मीटर से अधिक नहीं होनी चाहिए।

(च) **न्यूनतम ढालः** पाइपलाइन के लिए, गैस को भेजने के लिए 1% की न्यूनतमग्रेडिएंट उपलब्ध होनी चाहिए।

(छः) **पानी की प्रायिकता:** पानी की पर्याप्त मात्रा उपलब्ध होनी चाहिए क्योंकि बायोमास संयंत्र में पाचन के लिए एक स्लरी बनाने के लिए बहुत सारे पानी का उपयोग किया जाता है।

(ज) **इनपुट सामग्री की उपलब्धताः** बायोमास पावर प्लांट में उपयोग की जाने वाली सामग्री साइट के पास आसानी से उपलब्ध होनी चाहिए ताकि परिवहन लागत को कम किया जा सके।

(झ) **अभिगम्यता:** संयंत्र तक रेल या सड़क मार्ग से पहुंचा जा सकता है ताकि मशीनरी और कच्चे माल को इनपुट के लिए भेजा जा सके।

3.7.2 जैव-रसायन आधारित बिजली संयंत्र

बायोमास जैव रासायनिक रूपांतरण प्रौद्योगिकियां एक नियंत्रित पर्यावरण भौतिक और जैविक उपचार के माध्यम से एक निश्चित प्रकारके बायोमास को जैव ईंधन या अन्य उपयोगी उत्पादों में परिवर्तित करने को संदर्भित करती हैं। सूक्ष्म जीवों का उपयोग करके बायोमास का सूक्ष्म उत्पादों में रूपांतरण किया जाता है।जैव रासायनिक प्रक्रियाएं मुख्यतः तीन प्रकारकी होती हैं। वे हैं -

(क) किण्वन।

(ख) अवायवीय पाचन।

(ग) खाद।

ये प्रक्रियाएं थर्मोकेमिकल प्रक्रियाओं की तुलना में कम तापमान और कम प्रतिक्रिया दरों पर होती हैं।

(क) किण्वन

किण्वन सूक्ष्म जीवों द्वारा कार्बनिक पदार्थ के विघटन की एक प्रक्रिया है। उदाहरण के लिए, चीनी को इथेनॉल बनाने और इथेनॉल बनाने में एसिटिक एसिड बनाने के द्वारा इथेनॉल और कार्बन डाइऑक्साइड का विघटन। बायोगैस और इथेनॉल का उपयोग आमतौर पर घरेलू और औद्योगिक उपयोग के साथ-साथ वाहनों के लिए ईंधन और बिजली पैदा करने के लिए एक ऊर्जा स्रोत के रूपमें किया जाता है। हवा की अनुपस्थिति में बायोमास युक्त हाइड्रोकार्बन के माइक्रोबियल विनाश और रिकंस्ट्रक्शन (जिसे किण्वन भी कहा जाता है) का उपयोग करके बायोगैस और इथेनॉल उत्पादनप्राप्त किया जाता है। हवा की अनुपस्थिति की

इस प्रक्रिया को अवायवीय कंडीशन कहा जाता है। मेसोफाइल बैक्टीरिया के लिए, किण्वन की अवधि 30 डिग्री सेल्सियस से 40 डिग्री सेल्सियस की तापमान सीमा पर 20 से 30 दिन है, और थर्मोफाइल बैक्टीरिया के लिए, यह 40 डिग्री सेल्सियस से 60 डिग्री सेल्सियस पर 3 से 6 दिन है। मेसोफिलिक या थर्मोफिलिक बैक्टीरिया का उपयोग करके हवा की अनुपस्थिति में कार्बनिक पदार्थों को किण्वित करके बायोगैस का उत्पादनकिया जा सकता है ताकि उन्हें अल्कोहल या फैटी एसिड और फिर मीथेन में विभाजित किया जा सके।

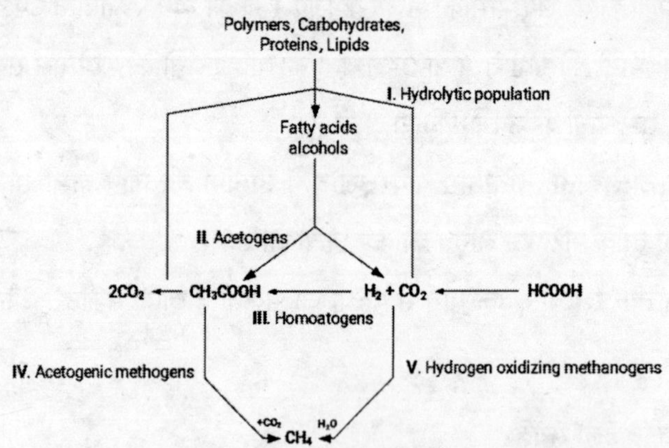

चित्र 3.26 बायोमास से उपयोगी बायोगैस बनाने की योजना

(ख) अवायवीय पाचन

अवायवीय पाचन प्रक्रियाओं का एक अनुक्रम है जिसके माध्यम से बैक्टीरिया हवा की अनुपस्थिति में कार्बनिक पदार्थ जैसे कि पशु खाद, अपशिष्ट जल बायोसॉलिड, खाद्य अपशिष्ट और अन्य बायोडिग्रेडेबल अपशिष्ट को तोड़ देते हैं,। अवायवीय पाचन प्रक्रिया का उपयोग जैव अवक्रमित अपशिष्ट (जैसे कार्बनिक पॉलिमर जैसे कार्बोहाइड्रेट) में वसा अम्ल, अमीनो एसिड, मीथेन और कार्बन डाइऑक्साइड के उपचार के लिए किया जाता है। इस प्रक्रिया को दो चरणों में विभाजित किया गया है- एसिडोजेनिक और मेथनोजेन। एसिडोजेनिक (एसिड रूपांतरण बैक्टीरिया शर्करा और अमीनो एसिड को कार्बन डाइऑक्साइड, अमोनिया और कार्बनिक एसिड में परिवर्तित करते हैं, और इसे एसिटोजेनेसिस प्रक्रिया कहा जाता है)। मिथेनोजेन (मेथेन का उत्पादन करने वाले बैक्टीरिया एक चयापचयी उपोत्पाद के रूप में) इन उत्पादों को मिथेन और कार्बन डाइऑक्साइड में परिवर्तित कर देते हैं। चित्र 3.26 में बायोमास से मीथेन के उत्पादन की एक योजनाबद्ध योजना को दर्शाया गया है। बायोगैस में मुख्य रूप से 50%-70% मीथेन और 35%-40% कार्बन डाइऑक्साइड होता है जिसमें अमोनिया, हाइड्रोजन सल्फाइड और जल वाष्प जैसी कुछ अशुद्धियां होती हैं। अवायवीय पाचन अक्षय ऊर्जा के ऊर्जास्रोत के रूप में उपयोग किया जाता है।

(ग) खाद (Composting)

खाद एक एरोबिक (हवा या ऑक्सीजन के साथ) विधि है जो कार्बनिक सामग्री या कार्बनिक ठोसअपशिष्ट को खाद जैसे उपयोगी मामलों में विघटित करती है। इस खाद प्रक्रिया का उपयोग मुख्य रूप से ऊर्जा ईंधन के लिए बायोडिग्रेडेबल उत्पादों को पुनर्चक्रित करने और ऊर्जा ईंधन के लिए एक नए संसाधन का उत्पादन करने के लिए किया जाता है। हालांकि, इस प्रक्रिया का व्यापक रूप से नवीकरणीय ऊर्जा स्रोतों के लिए उपयोग नहीं किया जाता है।

3.7.2.1 जैव-रसायन आधारित बिजली संयंत्र के घटक

बायो-केमिकल आधारित (बायोगैस) बिजली संयंत्र का एक योजनाबद्ध चित्र 3.27 में दिखाया गया है। इसमें जैविक इनपुट एक या अधिक हो सकता है और पशु अपशिष्ट, गाय के गोबर, खाद्य अपशिष्ट और अन्य कार्बनिक अपशिष्ट से उनका संयोजन हो सकता है जो मिश्रित करके मिश्रण कक्ष में डालाजाता है। इस मिश्रण कक्ष से, यह दबाव इकाई में जाता है और फिर फर्मेंटर इकाई में जाता है। फर्मेंटर में, सूक्ष्मजीवों का उपयोग करके पाचन किया जाता है जैसा कि पहले चर्चा की गई थी, एक नियंत्रित दबाव पर और सेट टेम्परेचरपर माइक्रोऑर्गेनिज्म का उपयोग किया जाता है। एक निश्चित समयके बाद बायोगैस का उत्पादन हो जाता है, इस गैस को बॉयलर को में भेजा जाताहै, और बॉयलर को प्राइम मूवर-टरबाइन से जोड़ा जाता है। टरबाइन विद्युत ऊर्जा उत्पादन के लिए जनरेटर को चलाता है। यदि आवश्यक हो, तो फर्मेंटर से कुछ गैस निकाली जा सकती है, या अन्य सुखाने और उबलने की प्रक्रियाओं के लिए बॉयलर से गर्मी ली जा सकती है। इस संयंत्र का उपयोग एक बहुउद्देशीय संयंत्र के रूप में भी किया जा सकता है जो जनरेटर से बायोमास बिजली, प्राकृतिक/सीएनजी (संपीड़इत प्राकृतिक गैस) और उच्च गुणवत्ता वाले उर्वरक और फाइबर उत्पादों के रूप में उप-उत्पादों का उत्पादन करता है। बायोगैस को एलपीजी (द्रवीकृत पेट्रोलियम गैस) की तरह आर्थिक रूप से तरलीकृत नहीं किया जा सकता है और इसलिए, यह खाना पकाने, प्रकाश व्यवस्था, सुखाने की फसलों के लिए सबसे उपयुक्त हैइ यहएक टरबाइन और एक बॉयलर का उपयोग करके बिजली भी पैदा करता है। यह भी देखा गया है कि बायोगैस की मांगऔर सप्लाई हमेशा मेल (match) नहीं खाती है क्योंकि यहकच्चे इंधन की आपूर्ति सहित कई बाहरी फैक्टर पर निर्भर करता है। एक गैस भंडारणके भीतर बायोगैस के भंडारणकी आवश्यकता होतीहै।

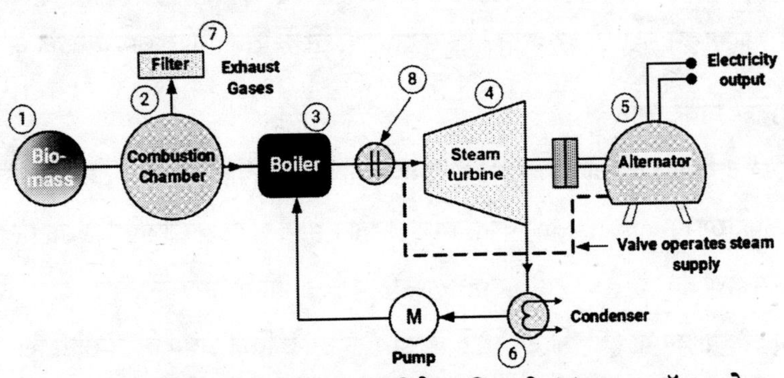

3.27 बायो-केमिकल आधारित (बायोगैस) बिजली संयंत्र का ब्लॉक आरेख

3.7.2.2 बायो-केमिकल आधारित बिजली संयंत्र के लाभ और नुकसान

लाभ

(क) गांवों/छोटे शहरों और ग्रामीण क्षेत्रों में रोजगार सृजन

(ख) उपोत्पाद उपयोगी होते हैं और इनका उपयोगब हुउद्देशीय संयंत्र के रूप में किया जा सकता है।

(ग) कम लागत-पूंजी लागत मध्यम है, सूक्ष्म जीव की लागत न्यूनतमहै और इसका पुनः उपयोगकिया जा सकता है और कलेक्शन की लागत टिकाऊ है।

(घ) जैविक अवशेषों, अपशिष्ट सामग्री, गाय के गोबर और अन्य जैव-अवशेषों का उपयोगकिया जा सकता है, जो कई क्षेत्रों में बिना किसी लागत या कम लागत पर उपलब्ध हैं।

(ङ) यह नवीकरणीय ऊर्जा स्रोतों से आता है।

(च) यह बिजली, ऊष्मा और गैस की आपूर्ति करता है, जो आधुनिक समाज की आवश्यकताएं हैं।

(छः) बायोगैस मन्योर एक अच्छी खाद है।

(ज) जमीन की जरूरत कम से कम पड़ती है।

नुकसान

जैव रसायन आधारित बिजली संयंत्रों के प्रमुख नुकसान इस प्रकार हैं -

(क) यह महंगा है।

(ख) इसके लिए काफी जगह की जरूरत होती है।

(ग) यह अभी भी ग्रीनहाउस गैसों को जारी करता है।

(घ) इससे आसपास के वातावरण पर नकारात्मक प्रभाव पड़ सकता है ।

(ङ) यह इस बात में अक्षम है कि बिजली बनाने में कितनी ऊर्जा लगती है।

(च) इनके अलावा,बड़े पैमाने पर जैव रासायनिक-आधारित बिजली संयंत्र जीवन चक्र प्रणाली को प्रतिकूल रूप से प्रभावित कर सकते हैं, लेकिन इन मुद्दों को दूर करने और संबोधित करने के लिए पर्याप्त अध्ययन की आवश्यकता होती है।

3.7.3 थर्मो-केमिकल-बेस्ड पावर प्लांट

जैव-अवक्रमित बायोमास को दो प्रक्रियाओं द्वारा उपयोगी ऊर्जा उत्पादों में परिवर्तित किया जा सकता हैः सूक्ष्म-जीवों और थर्मो-रासायनिक रूपांतरण) (conversion) का उपयोग करना। सूक्ष्म जीवों का उपयोग करके अवायवीय पाचन की प्रक्रिया पहले से ही पिछले खड में चर्चा की गई है। ऊष्मीय रूपांतरणऊर्जा और उपयोगी रासायनिक उत्पादों के अन्य रूपों में बायोमास को परिवर्तित करने के लिए ऑक्सीजन या हवा की उपस्थिति के साथ या उसके बिना ऊष्मा का उपयोग है। थर्मो-केमिकल प्रक्रिया में,

पौधे के पदार्थ को गर्म किया जाता है लेकिन जलाया नहीं जाता है-यह विभिन्न गैसों, तरल पदार्थों और ठोसपदार्थों में टूट जाता है। इन उत्पादों को मिथेन और अल्कोहल सहित विभिन्न उपयोगी ईंधन और अन्य उत्पादों में परिष्कृत करने के लिए आगे संसाधित किया जा सकता है। बायोमास, गैसीफायर प्रक्रिया से मीथेन प्राप्त करते हैं और बिजली उत्पादनके लिए गैस टर्बाइनों काउपयोग किया जा सकता है। यहां यह भी उल्लेख किया गया है कि बायोमास संयंत्रों की ऊर्जा दक्षता 7 से 27 प्रतिशत के बीच कहीं भी हो सकती है। हालांकि, यदि बायोमास को किसी जीवाश्म ईंधन, विशेष रूपसे कोयला के साथ मिलाया जाता है, तो दक्षता 30-40% तक बढ़ जाती है। पारंपरिक जीवाश्म ईंधन, विशेष रूपसे कोयला के साथ बायोमास को जलाना को 'को-फायरिग' कहा जाता है। इन थर्मो-केमिकल प्रक्रियाओं में प्रत्यक्ष दहन, पाइरोलाइसिस और टोरेफेक्शन शामिल है और प्लांट को चित्र 3.28 में दिखाया गया है।

दहन

दहन, ऑक्सीजन की उपस्थिति में बायोमास काहै। इसमें उच्च तापमान वाले एक्सोथर्मिक ऑक्सीकरण शामिल हैं और यह गर्म फ्ल्यू गैस का उत्पादनकरता है। दहन का पहला चरण नमी की सामग्री को हटाने के लिए सुखाना है, फिर इसे बायोमास के भीतर रासायनिक बंधन को तोड़ने के लिए गर्म किया जाता है, और उसके बाद, दहन होता है। इस प्रक्रिया में अपशिष्ट ऊष्मा का उपयोग गर्म पानी, गर्मी, या एक अपशिष्ट ऊष्मा बॉयलर के साथ बिजली का उत्पादनकरने के लिए एक भाप टरबाइन संचालित करने के लिए किया जाता है। बायोमास को मौजूदा जीवाश्म ईंधन पावर स्टेशनों के साथ भी सह-फायर किया जा सकता है।

पाइरोलाइसिस

पाइरोलिसिस नियंत्रित तापमान के तहत बायोमास फीडस्टॉक को ऑक्सीजन की अनुपस्थित में गैस, तेल और बायोचार में परिवर्तित करता है (इसे एक मूल्यवान सॉयल कंडीशनर या खाद के रूपमें उपयोग किया जाता है और ग्राफीन भी बनाया जाता है)। गैस और तेल का उपयोग एक जनरेटर को बिजली देने के लिए किया जा सकता है, और कुछ प्रौद्योगिकियां गैसों से डीजल और रसायन भी बना सकती हैं। आम तौर पर, पाइरोलाइसिस के तीन प्रकार होते हैं-धीमी पाइरोलाइसिस (350-8000°C,धीमी प्रक्रिया घंटे -2 दिन) तेज पाइरोलाइसिस (400-600°C वैक्यूम या वायुमंडलीय दबाव पर), तेज पाइरोलाइसिस (400-600°C), निर्वात या वायुमंडलीय दबाव में बहुत तेज) और फ्लैश पाइरोलाइसिस (300-800°C,बहुत तेज और मध्यम दबाव पर)।

टोरेफेक्शन

टोरेफेक्शन पाइरोलाइसिस के समान है लेकिन कम ऑपरेटिग तापमान सीमा (200-300°C) और स्लो प्रोसेस है। पहले चरण में, घर्षण नमी की मात्रा और बायोमास से कुछ अन्य वाष्पशील को हटा देता है और बायोमास को पीसने, परिवहन और स्टोर करने के लिए आसान बनाता है। यह बायोमास को एक अधिक आसानी से प्रबंधनीय फीडस्टॉक में बदलने में मदद करता है जो वर्षभर में ईंधन के रूपमें बिजली संयंत्र के लिए उपलब्ध है। इसका अंतिम उत्पाद एक घनी ऊर्जा का ठोसईंधन है जिसे

अक्सर जैव कोयला के रूपमें जाना जाता है। इस थर्मोकेमिकल रूपांतरण को आमतौर पर गैसीकरण के रूपमें जाना जाता है। इस तकनीक में नियंत्रित आंशिक दहन में उच्च तापमान का उपयोग एक उत्पादक गैस और चारकोल बनाने के लिए किया जाता है, जिसके बाद रासायनिक कटौती होती है। बायोमास का एक प्रमुख उपयोग गैस टर्बाइनो के साथ कृषि अवशेषों के लिए किया जाता है। उन्नत उपयोगों में डीजल, जेट ईंधन और उपयोगी रसायनो का उत्पादनशामिल है।

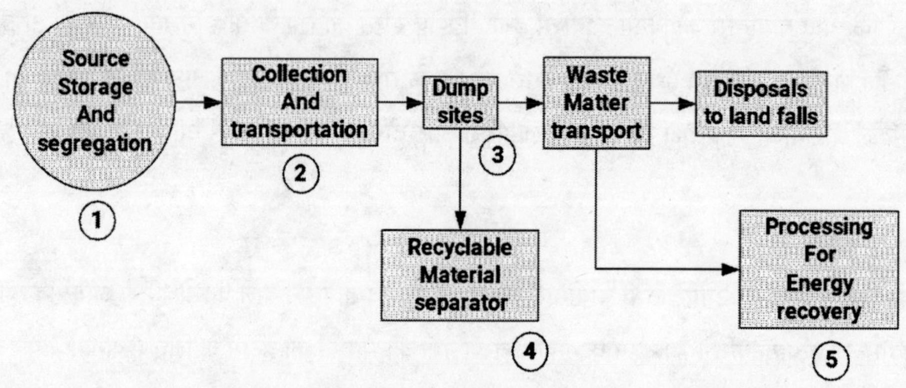

चित्र 3.28 एक थर्मो-केमिकल-आधारित बिजली संयंत्र का आरेख

3.7.3.1 थर्मल-केमिकल-आधारित बिजली संयंत्र के घटक

एक थर्मो-केमिकल-आधारित बिजली संयंत्र का एक योजनाबद्ध आरेखचित्र 3.29 में दिखाया गया है। जैसा कि ऊपर चर्चा की गई है, एक थर्मो-रासायनिक प्रतिक्रिया कार्बनिक बायोमास को उपयोगी उपोत्पादो में परिवर्तित करती है। ये उप-उत्पाद गैसीय या तरल ईंधन या अवशिष्ट के रूपमें ठोसहोते हैं। इन उत्पादो को गैसीफायरो से विभिन्न तापमान और दबाव पर एकत्र किया जाता है। गैसो में ज्यादातर कार्बन मोनोऑक्साइड, मीथेन, नाइट्रोजन, हाइड्रोजन और कार्बन डाइऑक्साइड शामिल होते हैं इस प्रकार उत्पादित तरल तेल, एसिटिक एसिड, मेथनॉल और टार, ठोस चारकोल है। जैव ईंधन और अपशिष्ट उत्पादो को संयंत्र से एकत्र किया जाता है और एक निर्दिष्ट स्थान पर संग्रहीत किया जाता है। खतरनाक और रिसाइक्लेबल मैटेरियल्स अलग-अलग किया जाता है। अब यह सामग्री दहन और गैसीकरण के लिए ऊर्जा रूपांतरण के लिए तैयार हैं। कुछ मामलो में, नगरपालिका कचरे को सीधे यूनिट में डाला जाता है, और दहन प्रक्रिया शुरू होती है। अगले चरण अन्य बिजली उत्पादन प्रक्रियाओं की तरह आम हैं-विद्युत ऊर्जा उत्पन्न करने के लिए भाप टरबाइन। इस प्रकार उत्पन्न गर्मी का उपयोग अन्य प्रयोजनो के लिए भी किया जा सकता है।

बायोमास की प्रत्यक्षफायरिग (दहन) में एक भट्टी के अंदर हवा (या ऑक्सीजन) के साथ ईंधन का जलना शामिल है और जो प्रत्यक्षरूपसे गर्मी प्रदान करता है। एक प्रत्यक्षदहन बिजली संयंत्र की एक योजनाबद्ध चित्र 3.27 में दिखाया गया है। गर्मी को बॉयलर द्वारा अवशोषित किया जाता है, और बॉयलर टरबाइन को चलाने के लिए भाप का उत्पादन करता है। टरबाइन शाफ्ट

बिजली उत्पादन के लिए जनरेटर से जुड़ा हुआ है। टरबाइन, जनरेटर, संघनित्र और कूलिग टॉवर्स जैसे घटकों पर पहले ही पिछले अध्याय में चर्चा की जा चुकी है।

गैसीफायर

दो प्रकार के गैसीफायर होते हैं-एक निश्चित बेड और एक फ्लुइज्ड बेड गैसीफायर। एक निश्चित बेड प्रकार का गैसीफायर सबसे सरल होता है जिसके नीचे एक गेट के साथ एक बेलनाकार (cylindrical) वेसल होता है। बायोमास को नीचे से ऊपर और एयर पर पेश किया जाता है और फ्ल्यू गैस के रूपमें गर्मी को साइड से इकट्ठा किया जाता है। ऐश को नीचे से हटा दिया जाता है। फिक्स्ड बेड गैसीफायर का एक योजनाबद्ध चित्र 3.30 में दिखाया गया है।

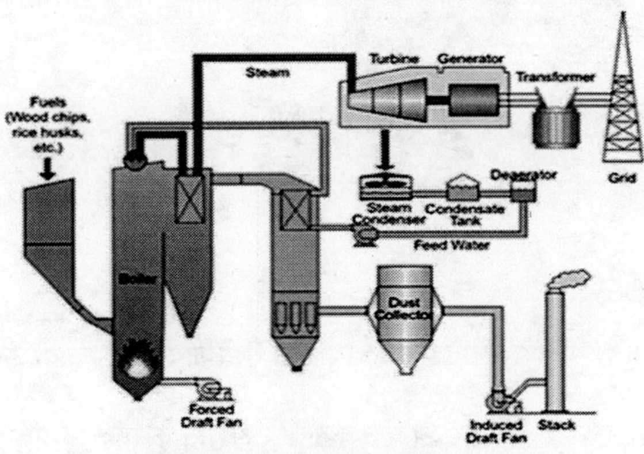

चित्र 3.29 प्रत्यक्ष बिजली संयंत्र की योजना

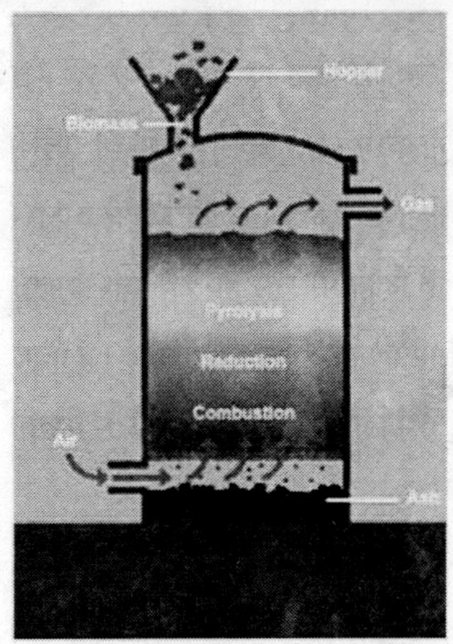

(साभारः पावर जनरेशन टेक्नोलॉजीज, पॉल ब्रीज, न्यूनेस, 2014)

3.30 एक निश्चित बेड गैसीफायर का क्रॉस सेक्शन

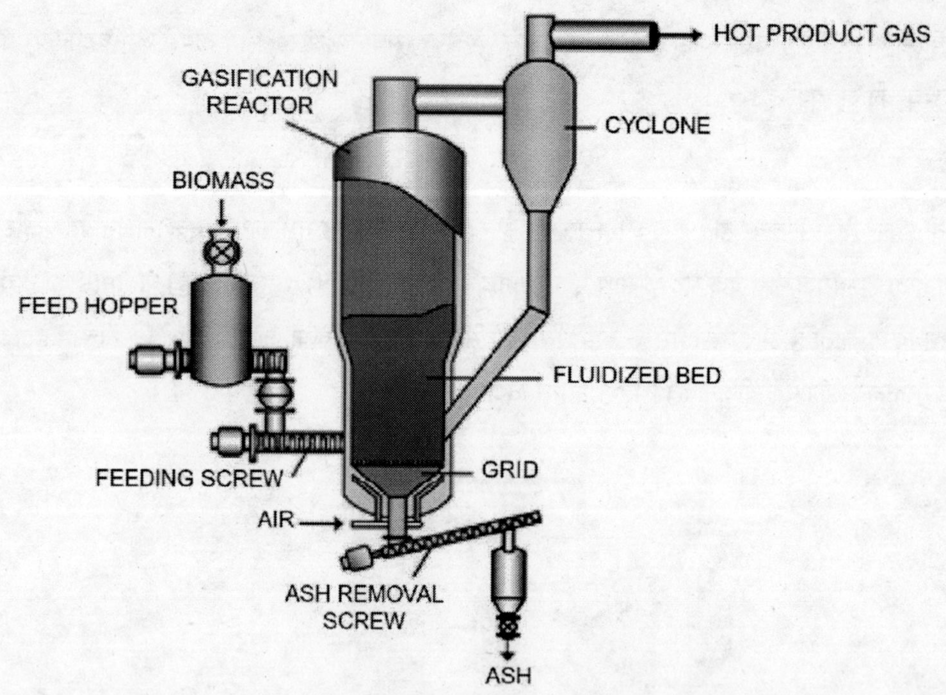

चित्र 3.31-एक फ्लोराइड-बेड बायोमास गैसीफायर का एक योजनाबद्ध

वैकल्पिक रूप से, एक तरल बेड गैसीफायर को एक कम वायु आपूर्ति के साथ संचालित किया जाता है ताकि दहन पूरा न हो। तरल बेड गैसीफायर से गैस का उपयोगसीधे गैस टरबाइन या एक पारस्परिक इंजन में किया जा सकता है। एक योजनाबद्ध चित्र 3.31 में दिखाया गया है।

3.7.3.2 थर्मल-केमिकल-आधारित पावर प्लांट के फायदे और नुकसान

जैव ईंधन और बायोगैस संयंत्रों के लिए विभिन्न लाभों पर पहले ही चर्चा की जा चुकी है। इनके अलावा, निम्नलिखित विशेष लाभ हैं

(1) अवशिष्ट का प्रयोग लैंडफिल में किया जा कर।

(2) अपशिष्ट मात्रा को 90% तक कम करता है।

(3) उत्पादित गर्मी का उपयोगविभिन्न उद्देश्यों के लिए किया जा सकता है।

(4) अकेले बिजली का उत्पादन करने में सक्षम है

(5) सतत विकास के लिए सामुदायिक सेवा कर सकता है।

(6) बिजली का पर्यावरण अनुकूल सह-उत्पादन।

(7) क्षेत्र में रोजगार का सृजन।

एक ऊष्मा-रासायनिक संयंत्र में, सभी प्रक्रियाओं का उपयोगकिया जाता है, जिसमें दहन, गैसीकरण, पाइरोलाइसिस और टोरेफेक्शन शामिल हैं, इन प्रक्रियाओं के अपनेनुकसान होते हैं।

दहन की प्रक्रिया के लिए, मुख्य्य नुकसान हैं :-

(1) वायु प्रदूषण और ग्रीनहाउस गैस उत्सर्जन.

(2) कम ऊर्जा खपत।

(3) फ्ल्यू गैस की सफाई

गैसीकरण प्रक्रिया के लिए, प्रमुख कमियां हैं

(1) सम्मिश्रप्रौद्योगिकी,

(2) उच्च्य निवेश और परिचालन लागत

(3) सिनगैस गैसकी व्यापक सफाई।

इसी तरह, पाइरोलाइसिस और टोरफेक्शन प्रक्रियाओं के लिए, प्रमुख नुकसान हैं

(1) निवेश की ऊंची लागत।

(2) सिनगैस गैस (संश्लेषणगैस) की व्यापक सफाई।

(3) फीडस्टॉक संवेदनशीलता.

3.7.4 बायो डीजल

आम तौर पर, एग्रोकेमिकल में रासायनिक उत्पाद शामिल होते हैं, जिसमें सभी प्रकारके उर्वरक, कीटनाशक,सभी प्रकारके पौध संरक्षणरसायन, संरक्षण हार्मोन और सॉइल कंडीशनर शामिल हैं। कृषि रासायनिक बिजली संयंत्रों के संदर्भमें, जैव ईंधन या जैव डीजल पर इस खड में चर्चा करी गई है।

जैव ईंधन (बायोफ्यूल)

जैव ईंधन, जीवाश्म ईंधन का एक विकल्प है जो जीवाश्म ईंधन के गठन की तुलना में एक छोटी अवधि में उत्पादित किया जा सकता है। जैव ईंधन का उत्पादन कृषि या घरेलू कचरे और संयंत्र या औद्योगिक कचरे से किया जा सकता है। जैव ईंधन के दो सामान्य प्रकारहैं-जैव इथेनॉल और जैव डीजल। पिछले खड में जैव-एथनॉल के उत्पादन की प्रक्रिया पर संक्षिप्त चर्चा की गई है। बायो इथेनॉल किण्वन द्वारा बनाया गया एक अल्कोहल है, जो कि ज्यादातर चीनी में उत्पादित कार्बोहाइड्रेट से बनाया जाता है।

बायो डीजल

जैव डीजल ट्रांसेस्टेरिफिकेशन और एस्टेरिफिकेशन का उपयोग करके संयंत्र के वसा या तेल और पशु वसा से उत्पादित किया जाता है। ट्रांसेस्टेरिफिकेशन,एसिड या आधार उत्प्रेरक की उपस्थिति में अल्कोहल के साथ एस्टर समूहकी कार्बनिक सामग्री के आदान-प्रदान की एक प्रक्रिया है। इस रासायनिक प्रतिक्रिया को लाइपेस जैसे एंजाइमों की सहायता से भी प्राप्त किया जा सकता है। बायोडीजल के उत्पादन के लिए एक ब्लॉक आरेखचित्र 3.32 में दिखाया गया है। जैव डीजल बनाने के लिए बिना किसी अशुद्धता के वनस्पति तेल का उपयोग किया जाता है, जिसमें गंदगी और पानी बिल्कुल भी नहीं होना चाहिए। वनस्पति तेलों को साफ करने के बाद, जैव डीजल का उत्पादन करने के लिए फैटी एसिड और अल्कोहल के साथ प्रतिक्रिया करने के लिए ट्रांसेस्टेरिफिकेशन किया जाता है। ग्लिसरॉल और बायोडीजल का अलग होना, एक स्थिर इमल्शन बनाने के लिए बहुत महत्वपूर्ण है। यह गुरुत्वीय निपटान, विखडन, निस्पंदन, या पानी, एसिड, या ईथर का उपयोग करके शुद्धिकरण द्वारा किया जाता है। चित्र 3.33 में कृषि-रसायन आधारित बिजली संयंत्र की एक योजनाबद्ध योजना को दर्शाया गया है। अन्य प्रकारके बायोमास-आधारित बिजली संयंत्र के साथ एकमात्र अंतर यह है कि यहां उपयोग किया जाने वाला ईंधन बायोडीजल है। केवल एक ईंधन के रूपमें जैव डीजल का उपयोग एक जैव डीजल बिजली संयंत्र में किया जा सकता है, या जैव डीजल को उचित अनुपात में अन्य पेट्रोलियम तेलों के साथ मिलाकर भी उपयोग में लिया जा सकता है।

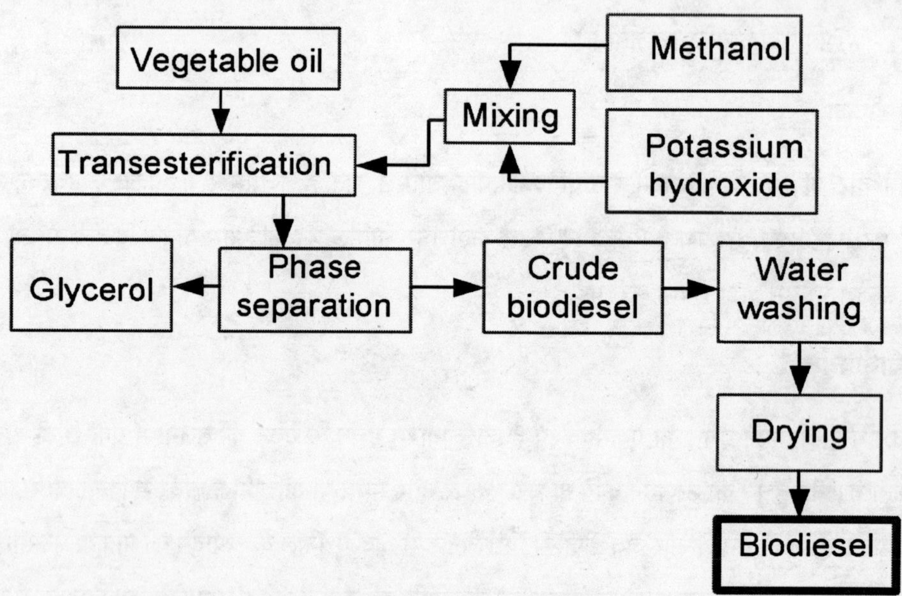

चित्र. 3.32 जैव डीजल उत्पादन की योजनाबद्ध प्रक्रिया प्रवाह

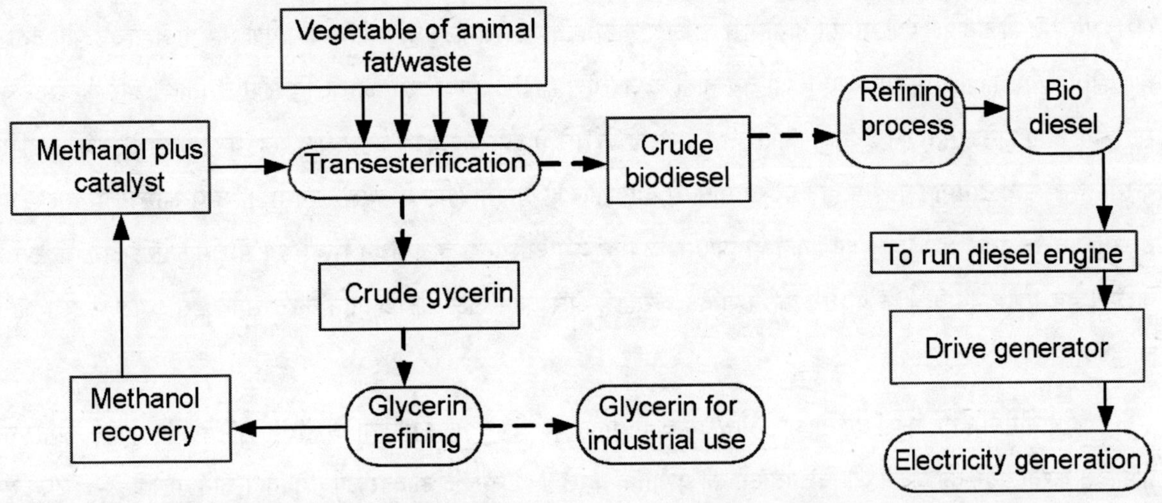

चित्र 3.33-कृषि-रसायन आधारित संयंत्र की एक योजनाबद्ध योजना

3.7.4.1 जैव डीजल के फायदे

जैवभार विद्युत संयंत्रों के फायदों के अतिरिक्त जैवभार विद्युत संयंत्रों के लाभों के बारे में भी ऊपर बताया गया है।

(a) प्रदूषण में कमी-यह ग्रीनहाउस गैसों को कम करता है।

(b) पेट्रोलियम डीजल के लिए स्वच्छ, नवीकरणीय विकल्प है।

(c) सतत स्वच्छ परिवेश रखता है।

3.8 ठोस (solid), तरल और गैस बायोमास की विशेषताएं

दहन के संबंध में बायोमास का सबसे महत्वपूर्ण गुण और अन्य सभी थर्मो-केमिकल प्रक्रियाओं के लिए इसमें नमी की मात्रा है। यह नमी तत्व, सीधे ईंधन की ऊर्जा सामग्री को प्रभावित करता है। ज्यादातर ठोस ईंधन के लिए नमी की मात्रा मूल्यवान तत्व है। अन्य महत्वपूर्ण विशेषताएं जैसे ताप मूल्य, नमी स्तर, रासायनिक संरचना,आकार और घनत्वबायोमास ईंधन प्रदर्शन को प्रभावित करती हैं। बायोमास एक कार्बनिक पदार्थ है जो पौधों या जानवरों मेंपाया जाता है। ठोसबायोमास के लिए, प्रमुख घटक सेलूलोज, हेमिसेलूलोज और लिग्निन हैं।

बायोमास के चार प्रमुख प्रकारहैं लकड़ी और एग्रीकल्चरल प्रोडक्ट्स, सॉलिड वेस्ट, लैंडफिल गैस और बायोगैस और अल्कोहल फ्यूल। रासायनिक रूपसे जैव ईंधन में मुख्य रूपसे फैटी एसिड मिथाइल (या एथिल) एस्टरशामिल होते हैं। जैव डीजल के लिए फीडस्टॉक में पशु वसा, वनस्पति तेल, सोया, रेपसीड, जट्रोफा, महुआ, सरसों, फ्लेक्स, सभी प्रकारके तेल बीज और शैवाल

शामिल हैं। इसकेतीन महत्वपूर्ण संयोजनात्मक गुण हैं (I) राख सामग्री, (II) स्लैगिग और फाउलिग के लिए संवेदनशीलता, और (III) प्रतिशत वोलाटाइल ऐश सामग्री बायोमास के लिए एक महत्वपूर्ण पैरामीटर है, क्योंकि कम ऐश सामग्री बेहतर उत्पाद देती है है। स्लैगिगऔर फाउलिगवे समस्याएं हैं जो तब होती हैं जब ऐश (ash) कम्बस्टरके अन्दर पिघलने लगता है और कम्बस्टर की सतह पर जमा होने लगता है। ईंधन में "प्रतिशत अस्थिरता"के बारे में कम जानकारी उपलब्ध है यहईंधन के उस अंश को संदर्भित करती है जो उच्च तापमान पर गर्म होने पर आसानी से वाष्पशील हो जाएगा (गैस में बदल जाएगा)। "उच्च अस्थिरता" वाले ईंधन दहन ("ज्वलंत दहन") से पहले वाष्पीकृत हो जाएंगे, जबकि कम अस्थिरता वाले ईंधन मुख्य रूप से चमकदार "चार" के रूप में जलेंगे। यह गुण दहन कक्ष के प्रदर्शन को प्रभावित करता है और दहन कक्ष को डिज़ाइन करते समय इसे ध्यान में रखा जाना चाहिए।

बायोमास ईंधन कणों का आकार और घनत्व भी महत्वपूर्ण है। वे दहन प्रक्रिया के दौरान हीटिग और सुखाने की दर को प्रभावित करके ईंधन की जलने की विशेषताओं को प्रभावित करते हैं। ईंधन का आकार उपयोग किए जाने वाले हैंडलिग उपकरण के प्रकार को भी निर्धारित करता है। ईंधन का गलत आकार दहन प्रक्रिया की दक्षता पर प्रभाव डालेगा और हैंडलिग उपकरण जाम या क्षतिग्रस्त हो सकता है। वाणिज्यिक स्तर की प्रणालियों के लिए छोटे आकार का ईंधन अधिक आम है क्योंकि स्वचालित फ़ीड सिस्टम में छोटे ईंधन का उपयोग करना आसान होता है और यह दहन कक्ष में ईंधन जोड़ने की दर को नियंत्रित करके जलने की दर को बेहतर ढंग से नियंत्रित करने की अनुमति भी देता है।

ईंधन का आकार और घनत्वसंभवतः ईंधन के प्रदर्शन को प्रभावित करने वाले सबसे अधिक उपेक्षित फैक्टरहैं । फ्यूल टाइप का चयन करते समय सावधानी से विचार किया जाना चाहिए। ईंधन के रूप में ठोस,तरल और गैस बायोमास की सामान्य विशेषताएं निम्नलिखित हैं -

(1) बायोमास बिजली संयंत्रों के लिए ईंधन का उच्च कैलोरी मूल्य होना चाहिए।

(2) इसमें कम नमी होनी चाहिए।

(3) बायोमास में एक मध्यम प्रज्वलन तापमान होना चाहिए।

(4) ईंधन के पूरी तरह दहन के बाद प्राप्त होने वाले उत्पाद पर्यावरण के लिए हानिफैक्टरया खतरनाक नहीं होने चाहिए।

(5) इसे परिवहन और कम लागत में आसानी से किया जाना चाहिए।

(6) इसे रूपांतरणके बाद बड़ी मात्रा में गर्मी/ऊर्जा का उत्पादन करना चाहिए।

(7) तरल ईंधन के लिए, चिपचिपाहट और तापमान निर्भरता का ध्यान रखा जाना है।

(8) दहन या अन्य प्रक्रिया और इसके आगे के उपयोग और विश्लेषण के बाद ईंधन की राख संरचना ।

(9) बायोमास का उचित आकार और घनत्व।

(10) सभी प्रकार के ईंधन भंडारण और भंडारण क्षमता।

लकड़ी और वन अवशेष, कृषि, खाद्य फसलो, नगरपालिका अपशिष्ट, वनस्पति तेल या पशु वसा, बायोमास बिजली संयंत्रो में उपयोग की जाने वाली घास और बायोमास ईंधन ईंधन के अवशेष ईंधन के नवीकरणीय स्रोत हैं। यह एक कार्बन-तटस्थ, सतत ऊर्जा स्रोत है जिसका उपयोग बिजली या नवीकरणीय ईंधन या ऊर्जा के अन्य रूपों को बनाने के लिए किया जा सकता है। निकटतम संभावित स्टेशनो पर ठोस बायोमास ईंधन का उपयोग किया जा सकता है ताकि परिवहन लागत और संचालन लागत को कम किया जा सके। ठोस बायोमास का भंडारण भी महत्वपूर्ण है। तरल और गैसीय बायोमास के लिए, परिवहन, संचालन और भंडारणलागत-गहन है और हर तरह से किफायती होने की आवश्यकता है।

इकाई सारांश

सौर विकिरण, सूर्य द्वारा उत्सर्जित विद्युतचुम्बकीय विकिरण है, जो पृथ्वी के सभी हिस्सों में समान नहीं है और यह स्थानो और सीज़न्स के अक्षांश और देशांतर पर निर्भर करता है। सौर सेल अर्धचालक उपकरण हैं जो सीधे सौर विकिरण को बिजली में रूपांतरणकरते हैं। सौर सेल से वितरितवास्तविक ऊर्जा सूर्य की रोशनी और लोकल क्लाइमेटिक कंडीशन की तीव्रता और सेलके साइज पर निर्भर करती है। सौर संग्राहक सौर विकिरण को अवशोषित करते हैं और इसे उपयोगी ऊष्मामें परिवर्तित करते हैं, जो एक तरल पदार्थ को गर्म करने के लिए उपयोग किया जाता है। फ्लैट प्लेट संग्राहकों में पारदर्शी कवर, अवशोषक प्लेट, तरल पदार्थ युक्त ट्यूब और इन्सुलेट सामग्री होती है। सांद्रित संग्राहकों में मुख्य रूप से परावर्तक या दर्पण होते हैं जो एक उपयोगी उद्देश्य के लिए तरल पदार्थ को गर्म करने के लिए एक केंद्र बिदु पर सौर विकिरण एकत्र करते हैं। सौर तापबिजली संयंत्र दो प्रकार के होते हैं: सौर वितरित कलेक्टर बिजली संयंत्र और सौर केंद्रीय प्राप्तकर्ता बिजली संयंत्र। क्रिस्टलीय सौर सेल की क्षमताइन-फिल्म सौर सेल की तुलना में अधिक है। फोटोवोल्टेइक शक्ति प्रणालियो को आम तौर पर उनकी कार्यात्मक और ऑपरेशनल आवश्यकताओं और कंपोनेंट कॉन्फ़िगरेशन के अनुसार वर्गीकृत किया जाता है। आवश्यकता के अनुसार ग्रिड के बिनाऔर ग्रिड से जुड़ी सौर पीवी प्रणालियां विकसित की जा सकती हैं।

जैविक जीव से प्राप्त कार्बनिक पदार्थ को बायोमास कहा जाता है, और बायोमास से प्राप्त ऊर्जा को बायोमास ऊर्जा कहा जाता है। बायोमास रूपांतरण की प्रक्रिया तापमान, दबाव, सूक्ष्म जीव और कल्चर स्थिति पर निर्भर करतीकी। बायोमास रूपांतरण की प्रक्रियाएं प्रत्यक्षदहन, थर्मोकेमिकल और जैव रासायनिकहैं। प्रत्यक्षदहन में, बायोमास को हवा/ऑक्सीजन की उपस्थिति में जला दिया जाता है। थर्मोकेमिकल रूपांतरणमें, कार्बनिक पदार्थ को विभिन्न परिस्थितियो में गैसीय या तरल ईंधन में परिवर्तित किया जाता है। जैव रासायनिक रूपांतरणमें अवायवीय पाचन और किण्वन शामिल है। सूक्ष्मजीवो का उपयोग करके अवायवीय पाचन में और बाहरी ऑक्सीजन के बिना, बायोमास को अन्य उपयोगी उपोत्पादो में पचाया जाता है। किण्वन में, बायोमास का विघटन बैक्टीरिया का उपयोग करके किया जाता है। जैव पदार्थों को अल्कोहल और फैटी एसिड और अंततः मीथेन, कार्बन डाइऑक्साइड और वाटर में बायोमास को तोड़ने के लिए बैक्टीरिया की सहायता से हवा की अनुपस्थिति में कार्बनिक सामग्रियों को किण्वित करके बायोगैस का उत्पादन किया जा सकता है। बायोगैस को स्वैप गैस, ईंधन गैस, मार्श गैस और गोबर गैस के रूप में भी जाना जाता

है। बायोगैस का प्राथमिक घटकमीथेन है और मीथेन को परिवेश के तापमान पर द्रवित नहीं किया जा सकता है। गैसीय अवस्था में उपयोग के लिए बायोगैस को टैंक में संग्रहीत किया जा सकता है। बायोगैस संयंत्रों के विभिन्न डिजाइन इनपुट सामग्री और प्रकार के आधार पर हैं। जैव ईंधन और जैव डीजल पेट्रोलियम ईंधन के लिए टिकाऊ हरित विकल्प हैं। जैव रासायनिक और थर्मोकेमिकल पावर प्लांट पारंपरिक बिजली संयंत्रों के विकल्प हैं। ईंधन के रूप में बायोमास की विशेषताएं ऊष्मा और मान, नमी सामग्री, संरचना,आकार और घनत्व हैं।

एक्सरसाइज:

उदाहरण 3.1

16 फरवरी, 1995 को 1:30 (सौर समय) पर नई दिल्ली स्थित सतह पर बीम विकिरण के आपतन कोण की गणना करें, यदि सतह क्षैतिज से 45० झुकी हुई है और दक्षिण से 30० पश्चिम की ओर इंगित की गई है (1०=60')

समाधान:

दिए गए समस्या में, n का मान 47 है। $\gamma=30°;\ \beta=45°;\ \phi=+28°35'$ (from Table 3.3)

δ=-13.0० (eq 3.3 से)ω=+22.5० तालिका 3.1 से

आपतन कोणकी गणना eq(3.5) का प्रयोग करके की जा सकती है।$\cos\theta_i$=

$$\theta_i=\cos^{-1}(0.999)=2.56$$

उदाहरण 3.2

22 दिसंबर और 22 जून, 2015 को दिल्ली में दिन के प्रकाश घंटों की संख्या की गणना करें।

समाधान:

तालिका 3.3 से, ϕ= 28०35'N से लेकर 22 दिसंबर, 2015 के लिए, n = 356 और δ = 23.44० (Eq 3.3 का उपयोग करते हुए)। Eq.3.10 से

$$N = \frac{2}{15}(-\,tan\,tan\,(2835)\,tan\,tan\,\delta(-23.44))$$

$$= \frac{2}{15}(-(2835)$$

$= \frac{2}{15}(0.237)$ = 10.18 hours

इसी तरह, 22 जून, 2015 के लिए, n = 173;δ =23.44०

eq. 3.10 से हमारे पास है N = 13.82 घंटे

उदाहरण 3.3

20 फरवरी, 2019 को दोपहर 2.30 बजे नई दिल्ली में सूर्य के परिकलन कोणकी परिकलन करें।

समाधान:

हमारे पास है, n=51; तालिका 3.3 से, φ =28°35′N and ω=37.5° (from Eq. (3.4))

Eq (3.3)से, हमारे पास है $= 23.45\, sin\, sin\, \left[\frac{360}{365}(284+n)\right]$

$$= 23.45\, sin\, sin\, \left[\frac{360}{365}(284+51)\right] = 11.58$$

Eq. (3. 7) से, हमारे पास है,$cos\, cos\, \theta_z = cos\, cos\ \ cos\, cos\, \delta\, cos\, cos\, \omega + sin\, sin\, \delta\, sin\, sin$

$$cos\, cos\, \theta_z = cos\, cos\, 2835\, cos\, cos\, (11.58)\, cos\, cos\, \omega + sin\, sin\, (11.58)$$

$$sin\, sin\, 2835 = 0.587$$

$$\theta_z = 0.587\ = 54.03°$$

उदाहरण 3.4

1 जुलाई को मुंबई (अक्षांश 18०54'N, देशांतर 72०49'E) में 1430 घंटे के अनुरूप स्थानीयस्पष्ट समयका निर्धारण करें। समयके लिए समीकरण = -4'.

समाधान:

Eq. 3.1 का उपयोग कर सौर समय =मानक समय + 4 (L_{st}-L_{loc})+E

यहाँ मानक समय = 1430 घंटे, मानक समय देशांतर = 82.50०E और स्थान का देशांतर 72०49'E हैं।

स्थानीय स्पष्ट समय = 1430 -4' -4(82.5-72.85) मिनट = 13 घंटे-47 मिनट-24 सेकंड

नोटः स्थानीयसमय गणना में, घंटे, मिनट, और सेकंड को दशमलव प्रणाली में परिवर्तित किया जाना है.

उदाहरण 3.5

22 दिसंबर और 22 जून, 1995 को दिल्ली में दिन के प्रकाश घंटो (धूप के घंटों) की संख्या की गणना करें।

समाधान:

यहाँ पर 22 दिसम्बर 1995 को नई दिल्ली का अक्षांश (ϕ) = 28०35',n=356 &δ =-23.44० जैसा कि हम जानते हैं

$$N = \frac{2}{15}\cos^{-1}\left[-\tan\left(-23.44^{\circ}\right)\tan\left(28^{\circ}35'\right)\right]$$

$$N = \frac{2}{15}\cos^{-1}\left[-(-0.434)(0.545)\right]$$

$$= (2/15)\cos^{-1}[0.237] = 10.18 \text{ hours}$$

इसी प्रकार, 22 जून, 1995 के लिए, n = 173; δ = 23.45०

इस वजह से $N = \frac{2}{15}\cos^{-1}\left(-\tan 23.45^{\circ}\cdot\tan 28^{\circ}35'\right)$

= 13.82 घंटे

एकाधिक विकल्प प्रश्न

1. नवीकरणीय ऊर्जा के सभी ऊर्जास्रोतों में ऊर्जा की सबसे बड़ी ऊर्जा कौन सी है?

   (क) सौर ऊर्जा (ख) पवन ऊर्जा (ग)तापीय ऊर्जा (घ) जल-विद्युत ऊर्जा

2. सौर ऊर्जा की पृथ्वी की सतह तक पहुंचने की दर क्या है?
   (क) 1016W (ख) 865W (ग) 2854W (घ)1912-W

3. ऊर्जा का सबसे आम स्रोत कौन सा है जिससे ऊर्जा का उत्पादन होता है?
   (क) जलविद्युत (ख) पवन ऊर्जा (ग) कोयला (घ)सौर ऊर्जा

4. प्रतिक्रिया पूरी करेः $H_2O + CO_2$= ....
   (क) $CH_2O + O_2$ (ख) $CO_2 + O_2$ (ग) $H + CO_2 + O_2$ (घ) $CH_2O + H_2O + O_2$

5. किस रूपमें सौर ऊर्जा सूर्य से विकिरण की जाती है?
   (क) पराबैंगनी विकिरण (ख) इंफ्रारेड विकिरण
   (ग) विद्युतचुम्बकीय तरंगें (घ)अनुप्रस्थ लहरें

6. सौर विकिरण जो बिखरने या अवशोषित किए बिना सतह तक पहुंचता है, उसे .... _ _ _
   (क) किरण पुंज (ख) इंफ्रारेड विकिरण (ग) पराबैंगनी विकिरण (घ) डिफ्यूज विकिरण, कहा जाता है

7. बिखरा हुआ सौर विकिरण कहा जाता है
   (क) प्रत्यक्ष विकिरण (ख) किरण पुंज (ग) डिफ्यूज विकिरण (घ) इन्फ्रारेड रेडिएशन

8. पृथ्वी के किसी भी बिदु पर प्राप्त सौर विकिरण को _ _ _ _ _ _ कहा जाता है
   (क) इंसोलेशन (ख) किरण पुंज
   (ग) डिफ्यूज रेडिएशन (घ) इन्फ्रारेड किरणें

9. इनसोलेशन कम होता है
   (क) जब सूर्य अस्त हो जाएगा, (ख) जब सूर्य सीधे सिर के ऊपर होता है
   (ग) रात में (घ) सूर्योदय के समय

10. सौर विकिरण क्या है?
    (क) सूर्य से सभी दिशाओ में निकली ऊर्जा (ख) पृथ्वी से सभी दिशाओं में विकिरण ऊर्जा
    (ग) अंतरिक्ष में रेडियेशन (घ) सूर्य से निकलने वाली ऊर्जा ईथर में घूमती है

11. सौर विकिरण के तीन प्रासंगिक बैंड क्या हैं?
    (क) यूवी, इंफ्रारेड, और दूर इंफ्रारेड (ख) यूवी, दृश्यमान और इन्फ्रारेड
    (ग) अल्ट्रासोनिक, अवरक्त और दृश्यमान (घ) यूवी, अल्ट्रासोनिक और लगभग अवरक्त

12. सौर विकिरण का कौन से दो समूह पृथ्वी पर पहुंचने वाले कुल सौर विकिरण में बहुसंख्यक (majority) है?
    (क) यूवी और दृश्यमान (ख) दृष्टिगोचर और अल्ट्रासोनिक
    (ग) दृश्य और इंफ्रारेड (घ) इन्फ्रारेड और यूवी

13. निम्नलिखित में से कौन सा कारक किसी स्थान या जल निकाय द्वारा प्राप्त सौर विकिरण की मात्रा को प्रभावित करता है?

(क) जल शरीर का आकार (ख) रात के समय

(ग) पृथ्वी की घूर्णी गति (घ) अक्षांश और देशांतर

14. प्रत्यक्षसौर विकिरण क्या है?

(क) पृथ्वी की सतह से सीधे सूर्य से सौर विकिरण प्राप्त होता है।

(ख) पृथ्वी की सतह द्वारा सीधे प्राप्त कॉस्मिक विकिरण

(ग) परावर्तन(reflection) के बाद पृथ्वी की सतह से प्राप्त सौर विकिरण

(घ) परावर्तन(reflection) के बाद पृथ्वी की सतह से प्राप्त कॉस्मिक विकिरण

15 अप्रत्यक्ष (direct) सौर विकिरण क्या है ?

(क) पृथ्वी की सतह से सीधे सूर्य से सौर विकिरण प्राप्त होता है।

(ख) बिखरने के बाद पृथ्वी की सतह से सौर विकिरण प्राप्त होता है।

(ग) पृथ्वी की सतह द्वारा सीधे प्राप्त कॉस्मिक विकिरण

(घ) परावर्तन (reflection) के बाद पृथ्वी की सतह से प्राप्त कॉस्मिक विकिरण

16. पृथ्वी किस प्रकारके विकिरण उत्सर्जित करती है?

(क) यू वी (ख) दृश्यमान (ग) इंफ्रारेड (घ)लोंगिटुडिनल

17. विद्युत चुम्बकीय स्पेक्ट्रम क्या है?

(क) विकिरण स्पेक्ट्रम केवल यू वी और दृश्यमान किरणों से बना होता है

(ख) सभी किरणें इन्फ्रारेड और यू वी किरणों की श्रेणी में आती हैं

(ग) सभी किरणें गामा और एक्स-रे की श्रेणी में आती हैं।

(घ) विकिरण स्पेक्ट्रम में सभी प्रकारके विकिरण शामिल स्पेक्ट्रम

18. निम्नलिखित में से कौन सा ताप ऊर्जा के लिए जिम्मेदार है?

(क) यू वी (ख) इंफ्रारेड (ग) गामा (घ) यूवी-ए

19. इन्फ्रारेड विकिरण से गर्मी कैसे उत्पन्न होती है?

(क) पदार्थ के न्यूट्रॉन को उत्तेजित करके जो उन्हें अवशोषित करता है

(ख) उन्हें अवशोषित करने वाले पदार्थ के इलेक्ट्रॉनों को डी-उत्तेजित करके

(ग) पदार्थ के इलेक्ट्रॉनो को उत्तेजित करके जो उन्हें अवशोषित करता है

(घ) पदार्थ के प्रोटॉन को उत्तेजित करके जो उन्हें अवशोषित करता है

20. निम्नलिखित में से कौन सा का उपयोग लंबी तरंग विकिरण के प्रवाह को मापने के लिए किया जाता है?

(क) वाट/वर्ग मीटर (ख) वाट (ग) जूल्स (घ) वाट/घन मीटर

21. निम्न प्रक्रिया में से कौन सी लंबी तरंग विकिरण में शामिल है?
(क) अनुकूलन (ख) बिखरने (ग) वाष्पीकरण (घ) संघनन

22. सौर विकिरण क्या है?
(क) पृथ्वी द्वारा प्राप्त सौर विकिरण
(ख) सौर विकिरण सीधे पृथ्वी की सतह से प्राप्त होता है।
(ग) बिखरने के बाद पृथ्वी की सतह से सौर विकिरण प्राप्त होता है।
(घ) वह तीव्रता जिसके साथ सौर विकिरण पृथ्वी का वायुमंडल में प्रवेश करता है

23. सौर विकिरण को .... _ _ _ से मापा जाता है।
(क) वाट (ख) मीटर/सेकंड (ग) न्यूटन्स (घ)वाट/वर्ग मीटर

24. किरण पुंज को किसकी सहायता से मापा जाता है।
(क) एनेमोमीटर (ख) सनशाइन रिकॉर्डर (ग) पायरेलियोमीटर (घ)उपर्युक्त में से कोई नहीं

25. सौर विकिरण प्रवाह को आमतौर पर किसकीसहायता से मापा जाता है
(क) पिरानोमीटर (ख) एनेमोमीटर (ग) सनशाइन रिकॉर्डर (घ) उपर्युक्त में से कोई नहीं

26. सौर ऊर्जा के उपयोग के लिए इस्तेमाल किए जाने वाले दर्पण प्रतिबिबित करने के लिए जाना जाता है
(क) मेन्टल (ख) तालाब (ग) डिफ्यूज़र (घ) हेलियोस्टैट्स

27. एक पिरानोमीटर का उपयोग माप के लिए किया जाता है
(क) प्रत्यक्षऔर साथ ही साथ विकीर्ण विकिरण (ख) केवल प्रत्यक्षविकिरण
(ग) केवल डिफ्यूज विकिरण (घ)उपर्युक्त में से कोई नहीं

28. सबसे व्यापक रूप से इस्तेमाल की जाने वाली सौर सामग्री है
(क) आर्सेनिक (ख) सिलिकॉन (ग) कैडमियम (घ)स्टील

29. फैला हुआ विकिरण है
(क) कोई अद्वितीय दिशा नहीं (ख) अद्वितीय दिशा
(ग) किरण विकिरण की तुलना में कम तरंग दैर्ध्य (घ) किरण विकिरण की तुलना में बड़ा परिमाण

30. सौर ऊर्जा को सीधे विद्युत ऊर्जा में परिवर्तित किया जा सकता है।
(क) फोटोइलेक्ट्रिक सेल (ख) शुष्कसेल (ग) पुनर्भरणीय सेल (घ)बैटरी

31. खाना पकाने के लिए सौर ऊर्जा का इस्तेमाल किया जा सकता है।
(क) सोलर कुकर (ख) वुडस्टोव (ग) गैस ओवन (घ) पारंपरिक ओवन

32. सौर ऊर्जा को ऊर्जामें बदला जा सकता है।
(क) केवल तापीय ऊर्जा (ख) केवल विद्युत ऊर्जा
(ग) दोनों ताप ऊर्जा और विद्युत ऊर्जा (घ) उपर्युक्त में से कोई नहीं

33. वैश्विक विकिरण द्वारा दिया जाता है
(क) प्रत्यक्षविकिरण/डिफ्यूज विकिरण (ख) प्रत्यक्षविकिरण-डिफ्यूजविकिरण
(ग) डिफ्यूज रेडिएशन/प्रत्यक्षविकिरण (घ) प्रत्यक्षविकिरण + डिफ्यूजविकिरण

34. शीर्षबिदु कोणका पूरक है
(क) सौर ऊँचाई कोण (ख) सरफेस अजीमुथ कोण (ग) सौर कोण (घ) स्लोप

35. क्षैतिजके साथ समतलसतह द्वारा बनाया गया कोण......... _ कहा जाता है।
(क) ऊँचाई कोण (ख) ज़एनिथ कोण (ग) स्लोप (घ) घंटा कोण

36. …….. कोणएक समतलसे मापा जाता है,जो किरणों के बीम और सामान्य के बीच कोणके बराबर होता है
(क) ह्रास (ख) अजीमुथ कोण (ग) घंटा कोण (घ)घटना कोण

37. उच्च ताप संग्राहक ताप आवश्यकताओं को पूरा करने के लिए _ _ _ का उपयोग करते हैं।
(क) बिना चमक वाले संग्राहक (ख) चपटे प्लेट संग्राहक
(ग) दर्पण या लेंस (घ) उपर्युक्त में से कोई भी

38. चमकता हुआ सौर संग्राहक मुख्य रूप से किसके लिए डिज़ाइन किए गए हैं
(क) अंतरिक्ष तापन के लिए (ख) फसल सूखाने के लिए
(ग) प्री-हीट मेकअप वेंटिलेशन एयर के लिए (घ) ऊपर के सभी के लिए

39. बिना चमक वालेसौर संग्राहक मुख्य रूप से इसके लिए डिजाइन किए गए हैं
(क) अंतरिक्ष तापन के लिए (ख) फसल सूखाने के लिए
(ग) प्री-हीट मेकअप वेंटिलेशन एयर के लिए (घ) ऊपर के सभी के लिए

40. निम्नलिखित में से कौन सा इमारत की बाहरी दीवार की सतह के रूप में भी कार्य करता है?
(क) सौर संग्राहक (ख) अन-ग्लेज्ड सोलर कलेक्टर
(ग) दोनों (क) और (ख) (घ) उपर्युक्त में से कोई नहीं

41. एक पैराबोलिक ट्रफ पावर प्लांट में निम्नलिखित तरल पदार्थ का उपयोग किया जाता है।
(क) सेंधा नमक (ख) सिथेटिक तेल
(ग) दाबित भाप (घ) ऊपर के सभी

42. टावर के शीर्ष पर लगे एक रिसीवर पर केंद्रित सूर्य के प्रकाश को केंद्रित करता है।
(क) हेलियोस्टैट्स (ख) हेलियोसेंट्रिक
(ग) हेलिओस्फियर (घ) उपर्युक्त में से कोई नहीं

43. सौर संग्राहक का कार्य परिवर्तित करना है...
(क) ऊर्जा को सौर ऊर्जामें (ख) सौर ऊर्जा कोविकिरण में
(ग) सौर ऊर्जा कोतापीय ऊर्जा में (घ) सौर ऊर्जा कोयांत्रिक ऊर्जा में

44. फ्लैट प्लेट कलेक्टर अवशोषित करता है...
(क) केवल प्रत्यक्षविकिरण (ख) केवल डिफ्यूज विकिरण
(ग) प्रत्यक्षऔर डिफ्यूज दोनो (घ) उपरोक्त सभी

45. सौर सेलों के द्वारा बिजली उत्पादनके लिए, निम्नलिखित महत्वपूर्ण नुकसान है
(क) परिवर्तनीय शक्ति (ख) ऊंची कीमत
(ग) प्राप्यता की कमी (घ) बड़े क्षेत्रकी जरूरत

46. निम्नलिखित व्यवस्थाओ के द्वारा अधिकतम तापमान प्राप्त किया जा सकता है
(क) फोटोवोल्टिक (ख) सपाट सौर संग्राहक (ग) सोलर टॉवर (घ) पैराबोलोइडल परावर्तक

47. बायोइथेनॉलऔर ——---का उत्पादन स्टार्च घटकों के किण्वन के माध्यम से होता है
(क) अल्कोहल (ख) चीनी (ग) दूध (घ) अम्ल

48. बायोगैस के उत्पादनके लिए जैव-रासायनिक प्रक्रिया मुख्य रूप से इन दो प्रक्रियाओ से मिलकर बनी होती है।
(क) खाद और फीडिग (ख) एसिडोजेनेसिस और मिथेनोजेन्स
(ग) पायरोलिसिस और दहन (घ) दहन और प्रदाह

49. इसे बायोगैस भी कहा जाता है।
(क) ब्युटानोल (ख) बायोडीजल (ग) बायोइथेनॉल (घ)बायोमिथेन

50. सीवेज उत्पादन में एरोबिक डाइजेशन के उपयोग से निम्न का उत्पादन होता है।
(क) धातु की वस्तुएँ (ख) जैव ईंधन (ग) बायोमास (घ) सिथेटिक ईंधन

51. बायोमास शब्द आमतौर पर संदर्भित करता है
(क) अकार्बनिक पदार्थ (ख) रसायन (ग) अमोनियम यौगिक (घ) कार्बनिक पदार्थ

52. ऊर्जा उत्पन्न करने के लिए कार्बनिक सामग्री के उपयोग से प्राप्त उर्जा कहलाती है।
(क) बायोमास ऊर्जा (ख) जलतापीय ऊर्जा (ग) भू-ताप ऊर्जा (घ) परमाणु ऊर्जा

53. ऊर्जा उत्पन्न करने के लिए कार्बनिक सामग्री के उपयोग की प्रक्रिया को 'ऊर्जा' के रूप में जाना जाता है
(क) बायोमास ऊर्जा (ख) जलतापीय ऊर्जा (ग) भू-ताप ऊर्जा (घ) परमाणु ऊर्जा

53. किण्वन प्रक्रिया में सामान्यतः निम्नलिखित में से कौन सा प्रयोग किया जाता है?
(क) ऑक्सीजन (ख) बैक्टीरिया (ग)मशरूम (घ) वाइरस

54. निम्नलिखित में से कौन सा एक थर्मो-रासायनिक रूपांतरणतकनीक का उदाहरणहै जो बायोमास को ऊर्जा के उपयोगी रूपों में परिवर्तित करता है?
(क) खाद (ख) गैसीकरण (ग) अवायवीय पाचन (घ) निष्कर्षण के साथ निष्कर्षण

एकाधिक विकल्प प्रश्नों के उत्तर

1.(क)	11.(घ)	21.(ख)	31.(क)	41.(घ)	51.(क)
2.(क)	12.(ग)	22.(घ)	32.(ग)	42.(क)	52.(क)
3.(ग)	13.(घ)	23.(ग)	33.(घ)	43.(ग)	53.(क)
4.(क)	14.(क)	24.(ग)	34.(क)	44.(ग)	54(ख)
5.(ग)	15.(ख)	25.(क)	35.(ग)	45.(ख)	
6.(क)	16.(ग)	26.(घ)	36.(घ)	46.(ग)	
7.(ग)	17.(क)	27.(क)	37.(ग)	47.(ख)	
8.(क)	18.(क)	28.(ख)	38.(क)	48.(ख)	
9.(क)	19.(ग)	29.(क)	39.(ग)	49.(घ)	
10.(क)	20.(क)	30.(क)	40.(ख)	50.(ख)	

संक्षिप्त और दीर्घ उत्तर प्रकार के प्रश्न

1. वैश्विक विकिरण और विकीर्ण विकिरण के बीच अंतर बताएं
2. सौर ऊर्जा के महत्व को समझाएं।
3. फ़ओटोवोल्टायिक प्रभाव को संक्षेप में समझाएं। फोटोवोल्टायिक कोशिका का संचालन सिद्धांत समझाएं।
4. सौर सेल का निर्माण स्वच्छ आरेखकी सहायता से करें ।
5. सौर सेल बनाने के लिए इस्तेमाल की जाने वाली सामग्री की सूची दें ।
6. सौर सेल का संचालन वर्णित करें ।
7. सौर सेल के विभिन्न प्रकारक्या हैं?
8. सौर ऊर्जा संयंत्र पर छोटे नोट लिखें।
9. सौर ऊर्जा संयंत्र के लिए साइट का चयन करते समयविचार किए जाने वाले फैक्टर की सूची दें ।
10. सौर फोटोवोल्टिक ऊर्जा रूपांतरणनियमका वर्णन करें।

11. फोटोवोल्टिक सौर ऊर्जा रूपांतरणका क्या लाभ और नुकसान है?
12. सौर संकेंद्रको के लिए कौन-सी सामग्री का उपयोग किया जाता है?
13. सौर तापीय बिजली संयंत्र की एक योजनाबद्ध आरेखित करें और संक्षेप में इसके काम करने के बारे में बतायें।
14. सौर पीएफ प्रणाली का प्रमुख घटकक्या है?
15. विभिन्न प्रकारके सौर पीवी सिस्टम को समझाएं।
16. ऊर्जा के अन्य रूपो में बायोमास ऊर्जा रूपांतरणके विभिन्न मार्गों की स्थिति समझाएं।
17. बायोमास क्या है? यह कैसे उपयोगी है?
18. बायोमास की उपलब्धता पर विचार करें।
19. बायोमास उत्पादनकी प्रक्रिया को समझाएं।
20. बायोगैस के उत्पादनको प्रभावित करने वाले फैक्टरक्या हैं?
21. गैसीफायर के उपयोग को आरेखित करें और समझाएँ.
22. ईंधन के रूपमें बायोमास की विभिन्न विशेषताओं को समझाएं।

संख्यात्मक समस्याएं

1. दोपहर 2.30 बजे घंटा कोण (ω) परिकलन करें।
2. दिल्ली में 18 दिसंबर और 18 जून को दिन के उजाले की संख्या की गणना करें।
3. 12 सितंबर को भारतीय समयानुसार 1240 बजे के अनुरूप कोलकाता में स्थानीयस्पष्ट समयऔर विघटन का निर्धारण करें। E = 5'13")
4. 13 मार्च, 2020 को अक्षांश 35°N, उत्तरी अक्षांश पर सूर्यास्त कोणऔर दिन की लंबाईकी गणना करें।
5. 12 सितम्बर को प्रातः 10 बजे सूर्य की ऊंचाई और अजिमुथ कोणकी गणना 27°N, अक्षांश पर करें।
6. 1 फरवरी, 2020 को अक्षांश 24°25'N और देशांतर 81°58'E स्थानके लिए सूर्यास्त घंटे कोणऔर दिन की लंबाईका निर्धारण करें।
7. बीम विकिरण द्वारा किए गए कोणकी गणना एक सपाट प्लेट कलेक्टर को कोणके साथ कोणकी गणना करें, जो 1 दिसंबर को 9.00-घंटे के सौर समय पर (28°38'N, 77°17'E) के उचित दक्षिणी स्थानको इंगित करता है। कलेक्टर क्षैतिज के साथ 36° क्षैतिज के कोणपर झुका हुआ है। साथ ही, उस दिन की लंबाईका पता लगाएं।
8. 1 जून, 2019 को 9.00 बजे सौर समय पर 53°12'N अक्षांश के साथ एक स्थानके लिए कोणऔर सौर अजीमुथ कोणकी गणना करें।

प्रैक्टिकल

प्रयोग न.1

टाइटल: पैराबोलिक ट्रफ कंसंट्रेटेड सोलर पावर (सीएसपी) प्लांट को असेंबल और डिमेंटल करना।

लक्ष्यः पैराबोलिक ट्रफ कंसंट्रेटर को इकट्ठा करना और विघटित करना।

उपकरण/सॉफ्टवेयर (software)की आवश्यकताः

इस प्रयोग (experiment) के लिए पैराबोलिक ट्रफ सांद्रता सौर ऊर्जा संयंत्रों का एक पूर्ण सेट उपलब्ध होना है। वैकल्पिक रूप से, छात्र पैराबोलिक ट्रफ कंसंट्रेटर पावर प्लांट के लिए एक वीडियो देख सकते हैं।

सिद्धांतः

एक पैराबोलिक ट्रफ सांद्रक प्रत्यक्ष सौर विकिरण को एक अवशोषक पाइप पर केंद्रित करने के लिए एक रैखिक पैराबोलिक परावर्तक की प्रतिबिबित सतह का उपयोग करता है जो एक तरल पदार्थ के साथ सांद्रक की फोकल लाइनके साथ चलता है जिसे वाष्प टरबाइन के लिए वाष्प का उत्पादन करने के लिए गर्म किया जाता है। एक पैराबोलिक ट्रफ सांद्रक के प्रमुख घटकमें एक संग्राहक, प्राप्तकर्ता, ट्रफ स्टैंड और ट्रैकिंग सिस्टम होता है। सहायक घटकों में तरल पदार्थ के लिए पाइपिंग, इंस्ट्रूमेंटेशन और सुरक्षा तंत्र और भंडारण प्रणाली (वैकल्पिक) शामिल हैं। भारत में पांच प्रकार के व्यावसायिक पैराबोलिक ट्रौग उपलब्ध हैं।

(1) बड़े एपर्चर परवलयिक गर्त तेज सूर्य और (29.22m^2) लीवरेजनेट द्वारा

(2) अल्ट्रा संरक्षण द्वारा ऑप्ट्रिग 300 (28.75m^2)

(3) थर्मैक्स द्वारा सोलपैक P60 (6.41m^2)

(4) ग्रीनएरा द्वारा एसजी1000 (2.06m^2) एंड

(5) ऊर्जा ऊर्जा द्वारा पीटीसी (1.7m^2)

विभिन्न प्रकार के पैराबोलिक ट्रफ सांद्रक चित्र 3.34 से 3.38. से नीचे दिखाए गए हैं।

3.34 बड़े एपर्चर परवलयिक गर्त तेज सूर्य और (29.22m^2) द्वारा लेवगेनेट

चित्र 3.35 ऑप्टीथ्रू 300 ($28.75m^2$) अल्ट्रा संरक्षण द्वारा

चित्र 3.36 थर्मैक्स P60 ($6.41m^2$)सोलपैक द्वारा

चित्र 3.37 एसजी1000 ($2.06m^2$) ग्रीन एरा द्वारा

चित्र 3.38 पीटीसी ($1.7m^2$)ऊर्जा एनर्जीद्वारा

कम और मीडियम हीट अनुप्रयोगों के लिए 250 डिग्री सेल्सियस के अधिकतम तापमान तक एक पैराबोलिक ट्रफ का उपयोग किया जाता है। एक औद्योगिक प्रक्रिया तापप्रणाली का विन्यास मुख्य रूप से विशिष्ट अनुप्रयोग पर निर्भर करता है। यह एक प्रणाली में एक या अधिक परवलयिक गुच्छों से बना हो सकता है।

संग्राहक या कलेक्टर:

एक परवलयिक गर्त का संग्राहक एक संरचनात्मक स्टील ढांचे पर व्यवस्थित घुमावदार आकार के परावर्तकों का एक संयोजन है। परावर्तक को इस तरह व्यवस्थित किया जाता है कि वह एक परवलयिक आकार दे सके और-एक ट्यूबलर रिसीवर पर सौर विकिरण की घटना को प्रतिबिबित करें। संग्राहक की नमूना संरचना चित्र 3.39 में दिखाई गई है।

चित्र 3.39 संग्राहकों का नमूना चित्र

रिसीवर: परवलयिक गर्त के रिसीवर को गर्त के लाइन फोकस पर रखा जाता है ताकि सौर विकिरण को ग्रहण किया जा सके और उसे सिस्टम में उपयोग किए जाने वाले थर्मल माध्यम में स्थानांतरित किया जा सके। भारत में, उपयोग किया जाने वाला रिसीवर एक खाली/गैर-निकासी प्रकार का होता है जिसमें एक ग्लास ट्यूब से घिरे धातु ट्यूब से निर्मित एक रैखिक अवशोषक होता है। **रिसीवर** की नमूना संरचनाचित्र 3.40 में दिखाई गई है।

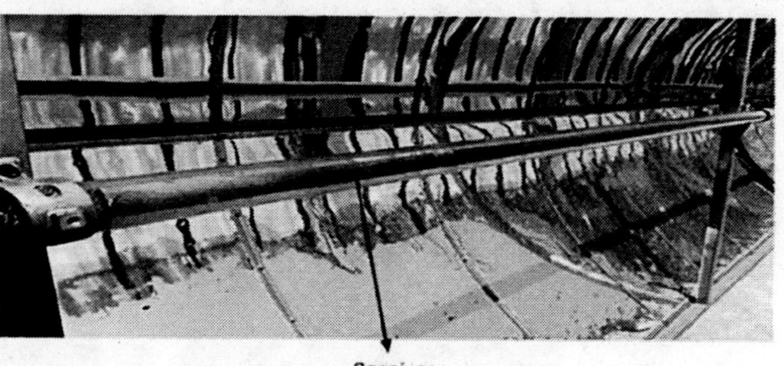

चित्र 3.40 रिसीवर का नमूना चित्र

गर्त स्टैंड:-ट्रफ स्टैंड का मूल ढांचा एक स्टील संरचना है। संरचना को मौजूदा संरचनात्मक डिजाइन कोड के अनुसार परिचालन स्थिति के साथ-साथ पार्क किए गए चरण में हवा की गति का सामना करने के लिए डिज़ाइन किया गया है। समग्र प्रणाली इस उद्देश्य के लिए बनाई गई नागरिक नींव पर टिकी हुई है। स्थूल स्टैंड की नमूना संरचना को चित्र 3.41. में दिखाया गया है।

3.41 गर्त स्टैंड के नमूना की संरचना

ट्रैकिग प्रणालीः ट्रैकिग प्रणाली दिन के दौरान अधिकतम संभव प्रत्यक्ष विकिरण को एकत्र करने के लिए सूर्य पर ध्यान केंद्रित करने के लिए ट्रफ को सक्षम बनाती है। एकल-अक्ष ट्रैकिग प्रणाली या तो उत्तर-से-दक्षिण या पूर्व-से-पश्चिम ट्रैकिग के साथ प्रदान की जाती है। ट्रैकिग प्रणाली में उपकरणों के कुछ सेट शामिल हो सकते हैं-एक विद्युत मोटर, गियर बॉक्स, गियर और पिनियन, शाफ्ट, सोलर विकिरण सेंसर, पवन सेंसर और टाइमर। संयंत्र के संतुलन में तरल प्रवाह और तापमान को नियंत्रित करने के लिए हीट ट्रांसफर पाइप्स और सपोर्ट स्ट्रक्चर, इंस्ट्रूमेंटेशन और सेफ्टी मैकेनिज्म और स्टोरेज टैंक (ऑप्शनल) जैसे कई घटक शामिल हैं। हीट ट्रांसफर पाइप तरल पदार्थ को वहन करते हैं और इस प्रकार एक और-यूज़र अनुप्रयोग में इसके द्वारा प्राप्त गर्मी को स्थानांतरित करते हैं। सिस्टम में द्रव एक निश्चित वांछित दर पर प्रसारित होता है। गियर बॉक्स, शाफ्ट और गियर और पिनियन की नमूना संरचना को चित्र.3.42 में दिखाया गया है।

चित्र 3.42-गियर बॉक्स, शाफ्ट और गियर और पिनियन की नमूना संरचना

भंडारण तंत्र:

तापीय भंडारण उपतंत्र, संचलन प्रणाली का एक हिस्सा है। जब तापमान बहुत अधिक हो जाता है तो यह परिसंचारी तरल पदार्थ से ऊष्मा निकालता है। जब तापमान बहुत कम होता है, तो यह तरल पदार्थ को संग्रहीत ऊष्मा की आपूर्ति करता है।इसके लिए टैंक और सपोर्टिंग स्ट्रक्चर दोनों में इंसुलेशन दिया जाना चाहिए। भंडारणप्रणाली की नमूना संरचना चित्र 3.43 में दिखाई गई है।

चित्र. 3.43 भंडारण प्रणाली की नमूना संरचना

संयोजन की प्रक्रिया:

एक पैराबोलिक ट्रफ सांद्रक को इकट्ठा करने के लिए निम्नलिखित चरणों का पालन किया जाता है।

1. परावर्तक अनपैक करें.
2. आरोही संरचना को खोलें.
3. एक निश्चित स्थान के लिए, आधारमाउंटिग संरचना को सीमेंट कंक्रीट के साथ तय किया जाता है। मोबाइल या अस्थायी स्थानो के लिए, बढ़ते ढांचे में पहिया या लचीली संरचना के साथ बेयरिग होना चाहिए।
4. एक बार बढ़ती संरचनाको खड़ा करने के बाद, रिफ्लेक्टरों को बॉक्स में प्रदान किए गए नट और बोल्ट का उपयोग करके बढ़ती संरचनाके साथ फिट किया जाता है।
5. सौर ट्रैकिग गियर को संरचनाके नीचे के निर्देशों के अनुसार रखा जाता है।
6. सौर ट्रैकिग सेंसर को परावर्तक के शीर्ष चार कोनों पर रखा जाता है।
7. तरल नली को परावर्तक के पार अनुदैर्घ्य रूप से फिट किया जाता है.
8. यदि अधिक संख्या में रिफ्लेक्टर्स हैं, तो तरल ट्यूब को हर्मेटिकली कनेक्ट किया जाता है।
9. भाप टरबाइन को द्रव ट्यूब से जोड़ा जाना है। कार्यशील द्रव टरबाइन से परावर्तक अवशोषक के इनपुट के साथ एक बंद सर्किट में जुड़ा हुआ है।

10. जनरेटर को पहले से ही टरबाइन के साथ जोड़ा जाता है, और दोनों को एक स्तरका उपयोग करके फिट किया जाता है ताकि टरबाइन शाफ्ट और जनरेटर शाफ्ट क्षैतिजहों। यह पूरी असेंबली एक कठोर संरचना पर लगाया जाती है।
11. सौर ट्रैकर सेंसर और नियंत्रणपैनलसे कनेक्शन लचीले तारों का उपयोग करके जुड़ा होता है और तारों को तार-बाइंडर स्टिप का उपयोग करके संरचना के साथ बांधा जाता है।
12. जनरेटर का आउटपुट टर्मिनल आवश्यकतानुसार लोड से जुड़ा होता है (या तो ट्रांसफार्मर के माध्यम से या सीधे लोड के माध्यम से)।
13. भंडारणके लिए एक वैकल्पिक इंसुलेटेड भंडारणटैंक प्रदान किया जाता है। यदि यह भंडारण टैंक उपलब्ध है, तो इसे द्रव सर्किट से जोड़ा जाना चाहिए।

संयोजन के दौरान सावधानियां और निरीक्षण

स्थापना के दौरान निम्नलिखित बातों का ध्यान रखना होगाः

1. कंक्रीट बेस को परावर्तक के आकार, आकार और वजन के अनुसार बनाया जाना है ताकि माप के अनुसार कठोर संरचना के लिए समर्थन किया जा सके। रिफ्लेक्टर के लिए आधार संरचना और टरबाइन और जनरेटर के लिए आधार संरचना अलग-अलग होनी चाहिए। दोनों संरचनाओं को न्यूनतम संभव दूरी पर रखा जाना चाहिए।
2. आरोही संरचना कठोर और क्षैतिजहोनी चाहिए और उसी के लिए एक स्पिरिट लेवलका उपयोग करना चाहिए ।
3. परावर्तक सतह को नुकसान या विरूपण से बचाने के लिए सबसे अधिक सावधानी बरतनी चाहिए।
4. तरल पाइपों को आनुवंशिक रूप से सील किया जाता है ताकि अंदर के तरल पदार्थ को बाहर के प्रभावों से अलग या संरक्षित किया जा सके।
5. सौर ट्रैकर गियर और मोटर को निर्माता द्वारा असेंबली के साथ प्रदान किए गए निर्देशों के अनुसार जोड़ा जाना चाहिए।
6. परावर्तक के तहत फिट किए गए नियंत्रणपैनलसेबिजली के तारों को एक स्ट्रिप के साथ संरचना के साथ तय किया जाना चाहिए और ढीला नहीं रखा जाना चाहिए।
7. साइट को अतिक्रमण करने वालो से संरक्षित किया जाना चाहिए।
8. जनरेटर के टर्मिनलों को संरक्षित किया जाना चाहिए।

विघटन या डिस्मेंटलिग के लिए प्रक्रियाः

एक पैराबोलिक ट्रफ केंद्रित सौर ऊर्जा संयंत्र को डिस्मेंटल करने के लिए निम्नलिखित चरणों का संक्षिप्त रूप से पालन किया जाता है। अधिकांश चरण असेंबलीके विपरीत हैं, लेकिन कुछ उस से भिन्न हैं।

1. जनरेटर और अन्य नियंत्रणसर्किट से सभी विद्युत कनेक्शन को संबंधित पिन या बोल्ट से अलग कर दिया जाना चाहिए।
2. टरबाइन और जनरेटर असेंबली को वाष्प पाइप (या द्रव पाइप) से अलग किया जाना चाहिए।
3. कार्य द्रव पाइप को परावर्तक असेंबली से अलग करके एक तरफ रखा जाना चाहिए। नली के अंदर के तरल पदार्थ को प्रत्येक जोड़ पर लगे वाल्व का उपयोग करके संरक्षित किया जाना चाहिए।

4. परावर्तक संरचना से विस्थापित हो गया और इसे अनियंत्रित कर दिया। बाह्य क्षति या विरूपण का ध्यान रखना चाहिए।
5. माउंटिग ढांचे को अलग-अलग रखा जाना चाहिएताकि बोल्ट और स्क्रू के जोड़े समान हों।
6. सौर ट्रैकर गियर असेंबली और मोटर कोमाउंटिग ढांचे से अलग किया जाना चाहिए।
7. सभी हिस्सों और उनके विभिन्न सहायक उपकरणों को अलग-अलग पैक किया जाना चाहिए और लेबल किया जाना चाहिए, ताकि इनका उपयोग बाद के समयमें बिना किसी बेमेल के किया जा सके।

विघटन के दौरान सावधानियां और अवलोकनः

संयोजन की सावधानियों के समान ही सावधानी बरती जाती है। परावर्तक और अन्य सभी सहायक उपकरणों को विघटन के दौरान होने वाले नुकसान से बचाने का ध्यान रखा जाना चाहिए।

अवलोकनः

संकलनः इसके लिए एक लॉगबुक का रख-रखाव किया जाता है, जिसमें कार्यशील कर्मचारियों एवं प्रभारी स्टेशन के हस्ताक्षरके साथ तारीख एवं समयके साथ संस्थापना की सभी प्रक्रियाओं का वर्णन किया जाता है।

डिसमेंटल : एक लॉगबुक को डिसमेंटलिग की सभी प्रक्रियाओं का वर्णन करने के लिए रखा जाता है और (all) पार्ट्स और उनके एक्सेसरीज को एक अलग पैकिग/बॉक्स (box) में लेबल किया जाता है। पैकेट/बक्से की सामग्री को स्पष्ट रूप से सूचीबद्ध किया जाता है। विघटन प्रक्रियाको पूरा करने के बाद, कार्य कर्मचारियों और प्रभारी स्टेशन से एक हस्ताक्षरप्राप्त किया जा सकता है।

परिचर्चा:

स्थापना और विघटन के पूरा होने के बाद, छात्रों को असेंबली के विभिन्न हिस्सों के कार्य सिद्धांतों और इसके रखरखाव पर एक नोट लिखना होगा।

प्रयोग न. 2

टाइटल: पैराबोलिक डिश कंसन्ट्रेटेड सोलर पावर (सीएसपी) प्लांट को असेंबल और डिस्मेंटल करना।

लक्ष्यः एक पैराबोलिक ट्रफ या पैराबोलिक डिश कंसंट्रेटर को इकट्ठा करना।

उपकरण/सॉफ्टवेयर(software) की आवश्यकताः इस प्रयोग के लिए पैराबोलिक डिश सांद्रक सौर ऊर्जा संयंत्रों का एक पूर्ण सेट उपलब्ध होना चाहिए। वैकल्पिक रूप से, छात्र पैराबोलिक ट्रफ कंसंट्रेटर पावर प्लांट के लिए एक वीडियो देख सकते हैं।

सिद्धांतः

पैराबोलिक डिश सोलर कंसंट्रेटर एक दोहरी/दो-अक्ष ट्रैकिग प्रणाली है जो केंद्र बिदु पर स्थित एक थर्मल रिसीवर की ओर सौर विकिरण को केंद्रित करती है, और एक स्टर्लिंग इंजन चलाने के लिए एक कामकाजी तरल पदार्थ द्वारा गर्मी को अवशोषित किया जाता है।

एक पैराबोलॉइड डिश में एक ट्रस संरचना पर रिफ्लेक्टर लगे होते हैं, जिससे आपतित सूर्य का प्रकाश एक कैविटी रिसीवर पर उसी तरह प्रतिबिबित होता है, जैसे एक दूरबीन जो तारों के प्रकाश को केंद्रित करती है या एक डिश एंटीना जो रेडियो तरंगों को केंद्रित करती है। रिसीवर, जो बाहर से इंसुलेटेड होता है, एक उपयुक्त संरचना के माध्यम से रिफ्लेक्टर के संबंध में एक निश्चित स्थिति में रखा जाता है। रिसीवर पर एकत्र किए गए सूर्य की गर्मी को सिस्टम में उपयोग किए जाने वाले थर्मल तरल पदार्थ में स्थानांतरित कर दिया जाता है। सूर्य का प्रकाश पृथ्वी की सतह पर लगभग पूरी तरह से समानान्तर होता है। तो बिस्कुट को सूर्य की ओर इशारा करने वाले अक्ष के साथ संरेखित किया जाना चाहिए, जिससे लगभग सभी आने वाले विकिरण को बिस्कुट के फोकल पॉइंट की ओर प्रतिबिबित किया जा सके। यह एक दोहरी-अक्ष ट्रैकिग प्रणाली की मदद से हर समय सूर्य को ट्रैक करने के लिए परावर्तक और रिसीवर की पूरी सरणीको स्थानांतरित करके हासिल किया जाता है। पैराबोलाइड व्यंजन चित्र 3.44 से 3.46 में नीचे के आंकड़ो में दिखाए गए हैं

चित्र 3.44 स्क्वायर पैराबोलॉइड डिश ($25m^2$ कलेक्टर एरिया) एटीई एंटरप्राइजेज द्वारा[चित्र सोर्स: एटीई एंटरप्राइजेज वेबसाइट]

चित्र 3.45 सर्कुलर पैराबोलाइड डिश ($55m^2$ कलेक्टर एरिया) [चित्र सोर्स: मेगावॉट सॉल्यूशन]

3.46 सोलर पीवी पावर जनरेशन (2 x 16m² एपर्चर एरिया) के साथ स्क्वायर पैराबोलाइड डिश फोर्ब्स सोलर द्वारा (चित्र सोर्स:फ़ओर्ब्स सोलर वेबसाइट)

एक पैराबोलाइड डिश-आधारित सांद्रित सोलर थर्मल (सीएसटी) प्रणाली के प्रमुख घटकों को पैराबोलिक डिश कलेक्टर, रिसीवर, डिश माउंटिग सिस्टम, सोलर ट्रैकिंग सिस्टम, काम करने वाले तरल पदार्थ के लिए पाइपिग, इंस्ट्रूमेंटेशन और कंट्रोल सर्किट और स्टोरेज सिस्टम (ऑप्शनल) के रूप में उपविभाजित किया जा सकता है। विभिन्न प्रकार के पैराबोलिक ट्रफ सांद्रक संलग्न चित्र में दिखाए गए हैं। पैराबोलाइड डिश का प्रयोग निम्न से मध्यम तापअनुप्रयोग के लिए किया जाता है। यह उद्योग, वाणिज्यिक और आवासीय परिसरों, धार्मिक स्थलों आदि में आवश्यकता के अनुसार अधिकतम तापमान 350 डिग्री सेल्सियस तक प्राप्त कर सकता है। 90m² परावर्तक क्षेत्रके एक विशिष्ट परवलयिक डिश में 1000 W/m² सौर इनसोलेशन पर 50 kW की तापीय उत्पादन क्षमताहोती है(साभारः सीएसएच इंडिया)।एक औद्योगिक तापसौर प्रणाली का विन्यास मुख्य रूप से विशिष्ट अनुप्रयोग पर निर्भर करता है जिसमें एक प्रणाली में एक या एक से अधिक पैराबोलाइड डिशशामिल हो सकते हैं। खाद्य पार्कों में खाद्य प्रसंस्करण, वैज्ञानिक प्रयोगशालाओं में थर्मिक तरल हीटिग और इरोनिग एप्लिकेशन सहित उद्योगों में विभिन्न तापीय अनुप्रयोगों में पैराबोलाइड डिश स्थापित किए गए हैं।

कलेक्टर: एक पैराबोलाइड डिश का संग्राहक एक संरचनात्मक स्टील ढांचे पर उच्च परावर्तनीयता के सपाट/घुमावदार रिफ्लेक्टरों का एक संयोजन है। परावर्तक को एक पैराबोलिक आकार में व्यवस्थित किया जाता है ताकि एक आम बिदु अर्थात प्राप्तकर्ता को घटना सौर विकिरण को प्रतिबिबित किया जा सके। आरेखमें संग्राहक का वास्तविक आरेखदिखाया गया है। सहायक संरचनाको भी चित्र में दिखाया गया है। सहायक संरचना विभिन्न प्रकार के सौर रिसीवर के लिए अलग-अलग है और कलेक्टर के आकार पर निर्भर करता है। यह सहायक संरचनासोलर ट्रैकर गियर और मोटर असेंबली से भी जुड़ी हुई है।

रिसीवर: सौर विकिरण को कैप्चर करने और सिस्टम में उपयोग किए जाने वाले थर्मल माध्यम में स्थानांतरित करने के लिए डिश पर ध्यान केंद्रित किया जाता है। यह महत्वपूर्ण घटकआम तौर पर पारंपरिक तापस्रोतों का उपयोग करके समान थर्मल उपकरणके

निर्माण में उपयोग किए जाने वाले डिजाइन कोड के अनुसार एक कैविटी-प्रकार का अवशोषक है। रिसीवर एक स्टील की संरचनापर स्थापित है॥रिसीवर को चित्र 3.47 और चित्र 3.48 में दिखाया गया है।

चित्र 3.47 अभिग्राही(receiver) सपोर्ट संरचना

चित्र 3.48 अभिग्राही संरचना

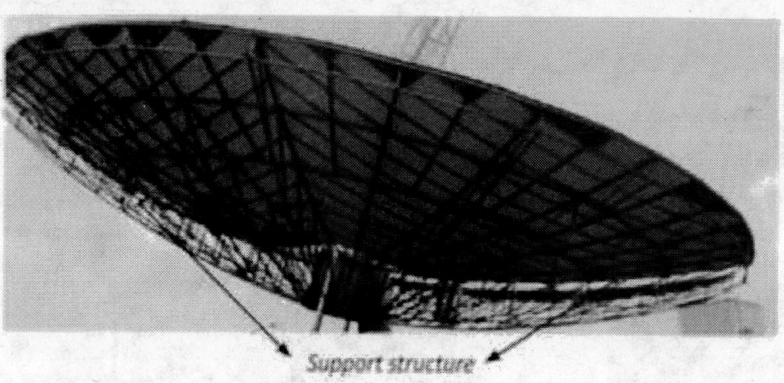

चित्र 3.49 सपोर्ट संरचना

डिश स्टैंडः

डिश स्टैंड का मूल ढांचा स्टीलका बना होता है। इसकी संरचना परिचालन परिस्थितियों में हवा की गति को कम करने के लिए बनाई जाती है, लेकिन संरचनात्मक डिजाइन कोड के अनुसार कार्य न करने की स्थिति में भी उसे संतुलित रहना चाहिए। समग्र प्रणाली एक नींव पर आधारितहोती है जो उसे ऊंचा आधार प्रदान करती है। इसकी नींव दो प्रकार की होती हैः (I) सिविल नींव और (II) संरचनात्मक नींव। सपोर्ट संरचना कोरेखाचित्र 3.49 में दिखाया गया है।

ट्रैकिग प्रणालीः

पैराबोलाइडडिश को दो अक्ष ट्रैकिग तंत्र प्रदान किए जाते है जो इसे सूर्य की ओर लगातार केंद्रित करने में सक्षम बनाता है ताकि किसी भी समयअधिकतम संभवप्रत्यक्षविकिरण को ग्रहण किया जा सके और cosine losses नुकसान से बचा जा सके। ट्रैकिग सिस्टम में इलेक्ट्रिकल मोटर, गियर बॉक्स, sprockets और चेन, शाफ्ट, सोलर रेडिएशन सेंसर, पवन सेंसर आदि शामिल होते हैं। चित्र 3.50 में स्पष्टता के लिए एक चित्र संलग्न किया गया है। ट्रैकिग तंत्र दो अक्ष ट्रैकिग तंत्र है॥यह क्रमादेशित(programmed) और सेंसर-आधारित है। इस प्रणाली के साथ विभिन्न सुरक्षा विशेषताएं जुड़ी हुई हैं, जैसे अलार्म संकेतक तथा कोणीय आवाजाही की सीमाएं। हीट ट्रांसफर पाइप, तरल पदार्थ को ले जाते हैं और-यूज़र एप्लिकेशन में इसके द्वारा प्राप्त गर्मी को स्थानांतरित करते हैं। सौर क्षेत्र से अंतिम उपयोग के लिए प्राप्त गर्मी को जल्दी और कुशलता से स्थानांतरित करने के लिए द्रव एक निश्चित वांछित दर पर सिस्टम में घूमता है। द्रव पाइप की मोटाई अनुप्रयोग के दबाव और तापमान पर निर्भर करती है। आम तौर पर खनिज ऊन और ग्लास ऊन का उपयोग द्रव पाइप के लिए इंसुलेटिंग सामग्री के रूप में किया जाता है, और एल्यूमीनियम या गैल्वेनाइज्ड स्टील शीट का उपयोग थर्मल शिल्डिग के लिए क्लैडिग सामग्री के रूप में किया जाता है।

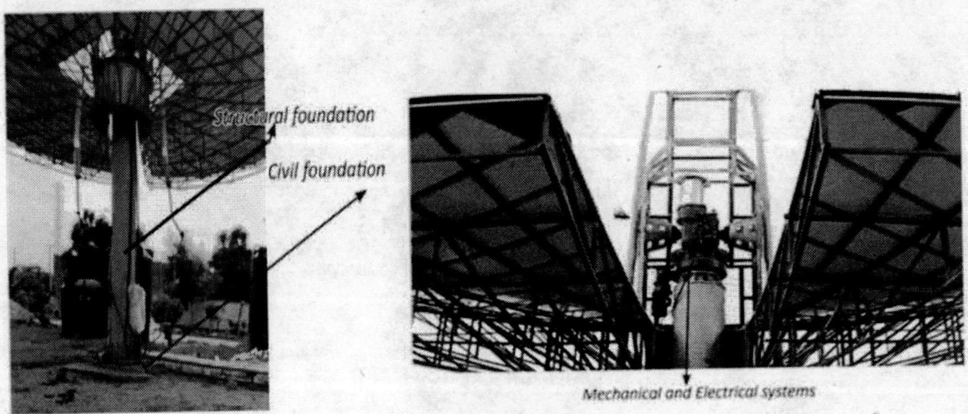

चित्र 3.50 ट्रैकिंग प्रणाली

संयोजन के लिए प्रक्रियाः

एक परवलयिक डिश सांद्रक को इकट्ठा करने के लिए निम्नलिखित चरणों का पालन किया जाता है।

1. बक्से से परावर्तक अनपैक करें.
2. बक्से से आरोही संरचना को खोलें.
3. एक निश्चित स्थान के लिए, आधार माउंटिग संरचनाको सीमेंट कंक्रीट के साथ तय किया जाना है। मोबाइल या अस्थायी स्थानों के लिए, माउंटिग संरचनामें गति के लिए एक पहिया या लचीले संरचना के साथ बेयरिग होना चाहिए।
4. एक बार बढ़ती संरचना को खड़ा करने के बाद, पैराबोलिक डिश रिफ्लेक्टरों को बॉक्स में प्रदान किए गए नट और बोल्ट का उपयोग करके बढ़ती संरचना के साथ फिट किया जाता है। निर्माता द्वारा अनुदेशमैनुअल में दिए गए चरणों का पालन करने की आवश्यकता है।
5. सोलर ट्रैकिग गियर, इलेक्ट्रिकल मोटर, गियर बॉक्स, स्क्रैकेट और चेन एंड शाफ्ट को निर्देशो के अनुसार रखा जाएगा।
6. सोलर रेडिएशन सेंसर और पवन सेंसर जैसे सोलर ट्रैकिग सेंसर को डिश क्षेत्रके केंद्र में रखा जाएगा।
7. तापीय द्रव के साथ कैविटी-प्रकार अवशोषक को व्यंजन के केंद्र में फिट किया जाना है। यह प्रणाली का सबसे महत्वपूर्ण घटकहै। रिसीवर को स्टील संरचना पर स्थापित किया जाता है और इसे बड़ी सावधानी के साथ फिट किया जाता है।
8. टरबाइन, जो इस थर्मल तरल पदार्थ का उपयोग करके चल रही होगी, जनरेटर के साथ केंद्र बिदु पर है। टर्बाइन से कैविटी अवशोषित करने के लिए इनपुट के साथ एक बंद सर्किट में काम करने वाला तरल पदार्थ जोड़ा हुआ है।
9. जनरेटर को पहले से ही टर्बाइन (या हीट इंजन) के साथ जोड़ा जाता है। यह पूरी असेंबली एक कठोर संरचना पर लगाया जाना है।

10. सौर ट्रैकर सेंसर और नियंत्रण पैनल से कनेक्शन लचीले तारों का उपयोग करके जोड़ा हुआ है, और तारों को तार-बाइंडर स्टिप का उपयोग करके संरचना के साथ बाधना है।
11. जनरेटर का आउटपुट टर्मिनल आवश्यकता के अनुसार लोड से जुड़ा होता है (या तो ट्रांसफार्मर के माध्यम से या सीधे लोड के माध्यम से)।
12. भंडारण के लिए एक वैकल्पिक इंसुलेटेड भंडारणटैंक प्रदान किया जाता है। यदि यह भंडारण टैंक उपलब्ध है, तो इसे द्रव सर्किट से जोड़ा जाना चाहिए।

संयोजन के दौरान सावधानियां और अवलोकन:

स्थापना के दौरान निम्नलिखित बातों का ध्यान रखना होगाः

1. कंक्रीट बेस को रिफलेक्टर के आकार, आकार और वजन के अनुसार इस प्रकार मजबूत बनाया जाता है जो कि स्थाई संरचना को संभाल सके। सिविल फाउंडेशन और स्ट्रक्चरल फाउंडेशन स्टील स्ट्रक्चर से बनाई जाती है जो कि ऊंचे ऊंचाई पर हवा के दबाव के प्रति प्रतिरोधक क्षमतारखते हैं
2. आरोही संरचना कठोर और क्षैतिज होनी चाहिए और उस के लिए एक स्पिरिटलेवल का उपयोग करना चाहिए।
3. पैराबोलिक डिश रिफ्लेक्टर सतह को नुकसान या विरूपण से बचाने के लिए अत्यधिक सावधानी बरतनी चाहिए।
4. थर्मल तरल पाइपों को हर्मेटिकली सील कर दिया जाता है ताकि अंदर का तरल पदार्थ बाहर के प्रभावों से सुरक्षित रहे।
5. सोलर ट्रैकर गियर और मोटर को निर्माता द्वारा असेंबली के साथ दिए गए निर्देश मैनुअल के अनुसार जोडा जाना चाहिए।
6. परावर्तक के तहत फिट किए गए नियंत्रणपैनलसे जुड़ी बिजली के तारों को एक स्ट्रिप के साथ संरचनाके साथ तय किया जाना चाहिए और ढीला नहीं रखा जाना चाहिए।
7. साइट को अतिक्रमण करने वालों से संरक्षित किया जाना चाहिए।
8. जनरेटर टर्मिनलों को संरक्षित किया जाना चाहिए।

निराकरण के लिए प्रक्रियाः

एक परवलयिक डिश सांद्रित सौर ऊर्जा संयंत्र को विघटित करने के लिए निम्नलिखित चरणों का संक्षिप्त रूप में पालन किया जाता है। अधिकांश चरण स्थापना के विपरीत हैं, लेकिन कुछ स्थापना से भिन्न हैं।

1. जनरेटर और अन्य नियंत्रणसर्किट से सभी विद्युत कनेक्शन को संबंधित पिन या बोल्ट से डिस्कनेक्ट किया जाना चाहिए।
2. कैविटी अवशोषक, टरबाइन (या ताप इंजन) और जेनरेटर असेंबली को शीर्ष एलिवेटेड स्टैंड से बहुत सावधानी से अलग किया जाना है।
3. कैविटी अवशोषक के लिए आरोही संरचना को इसके आधार से विघटित कर दिया जाता है और डिश एंड वक्रता को नुकसान पहुंचाए बिना हटा दिया जाता है।

4. ट्यूब के अंदर काम करने वाले तरल पदार्थ को प्रत्येक जोड़ पर लगे वाल्व का उपयोग करके संरक्षित किया जाना है, और विघटन से पहले, वाल्व को कसाहोना चाहिए।
5. पैराबोलिक डिश परावर्तक संरचनासे विस्थापित हो जाता है और इसे अनियंत्रित कर देता है। बाह्य क्षति या विरूपण का ध्यान रखना चाहिए।
6. बढ़ते ढांचे को अलग-अलग रखा जाना चाहिए, ताकि बोल्ट और नट के जोड़े समान हो।
7. सौर ट्रैकर गियर असेंबली और मोटर को बढ़ती संरचना से मुक्त किया जाना चाहिए।
8. सभी हिस्सों और उनके विभिन्न सहायक उपकरणों को अलग से पैक किया जानाचाहिए और लेबल किया जाना चाहिए ताकि इनका उपयोग बाद में बिना किसी बेमेल के किया जा सके।

विघटन के दौरान सावधानियाँ

असेंबली के दौरान बरती गई सावधानियों के समान ही यहां सावधानी बरती जाती है। परावर्तक तथा अन्य सभी सहायक उपकरणों को विघटित होने के दौरान होने वाले नुकसान से बचाने का ध्यान रखा जाना चाहिए। विघटन प्रक्रियाके लिए, यदि पुर्जे भारी हैं, तो क्रेन का उपयोग किया जा सकता है।

प्रेक्षण

संकलनः कर्मचारियों और स्टेशन-प्रभारी के हस्ताक्षरके साथ तारीख और समयके साथ स्थापना की सभी प्रक्रियाओं का वर्णन करने के लिए एक लॉगबुक को बनाए रखा जाना चाहिए।

डिसमेंटल : एक लॉगबुक को डिमेंटलिग की सभी प्रक्रियाओं का वर्णन करने के लिए बनाए रखा जाता है, और सभी भागों और उनके एक्सेसरीज को एक अलग पैकिग/बॉक्स में लेबल किया जाता है। पैकेट/बक्से की सामग्री को स्पष्ट रूप से सूचीबद्ध किया जाना चाहिए। विघटन प्रक्रिया को पूरा करने के बाद, कार्य कर्मचारियों और स्टेशन-प्रभारी से एक हस्ताक्षर प्राप्त किया जा जाना चाहिए।

परिचर्चा: स्थापना और विघटन के पूरा होने के बाद, छात्रों को स्थापना के विभिन्न हिस्सों के कार्य सिद्धांतों और सावधानियों पर एक नोट लिखना होगा।

प्रयोग न. 3.

टाइटल- सोलर पीवी प्लांट को असेंबल करके इलेक्ट्रिक पावर का उत्पादन करें और फिर इसे डिसमेंटल कर दें। लक्ष्यः सौर पीवी संयंत्र को असेंबल और विघटित करना।

उपकरण/सॉफ्टवेयर की आवश्यकताः

सौर फोटोवोल्टिक बिजली संयंत्रों का पूरा सेट इस प्रयोगके लिए उपलब्ध होना चाहिए। वैकल्पिक रूप से, छात्र पैराबोलिक ट्रफ कंसंट्रेटर पावर प्लांट के लिए एक वीडियो देख सकते हैं।

सिद्धांतः

फोटोवोल्टिक प्रणाली का मूल भाग सोलर सेलहै, एक अर्धचालकउपकरण जिसमें एक सरल पी-एन जंक्शन होता है और जो सूरज की रोशनी के संपर्क में आने पर डीसी बिजली का उत्पादन करता है। सौर सेलसेमी-कंडक्टर सामग्री से बना है जो डिवाइस फोटोवोल्टिक बनाने के लिए संसाधित किया जाता है। विस्तृत सिद्धांत भाग की चर्चा धारा3.6 में की गई है। सौर सेल के संचालन में ये प्रमुख प्रक्रियाएं शामिल हैं

(a) अर्धचालक में सूर्य की रोशनी का अवशोषण

(b) प्रभार वाहकों का सृजन.

(c) EMF उत्पन्न करने के लिए सौर सेल के विभिन्न कारणों से +ve और -ve चार्ज को अलग करना

एकल सेलद्वारा उत्पन्न बिजली छोटी होती है, और इसलिए, कई सेल आवश्यक वोल्टेज और करेंट प्राप्त करने के लिए श्रृंखला/समानांतर संयोजनों में आपस में जुड़े होती हैं। जब कई सौर सेलएक विशिष्ट वोल्टेज प्राप्त करने के लिए श्रृंखला में जुड़े होते हैं, तो इस प्रकार गठित इकाई को सोलर मॉड्यूल कहा जाता है। चार्जिंग बैटरी एसपीवी मॉड्यूल का प्राथमिक उपयोग है। इसलिए आम तौर पर, 36 कोशिकाएं एक मानकमॉड्यूल बनाने के लिए श्रृंखला में शामिल होती हैं, जो 12 वोल्ट बैटरी चार्ज करने में सक्षम होती हैं। बाह्य (external) कनेक्शन के लिए मॉड्यूल के पीछे की ओर एक टर्मिनल बॉक्स प्रदान किया जाता है। एक बाईपास डायोड, टर्मिनल बॉक्स में + v और-ve से जुड़े होता है। डायोड का कैथोड + v टर्मिनल पर होगा, और एनोड मॉड्यूल के-ve टर्मिनल पर होगा. यह डायोड मॉड्यूल की छाया या किसी भी सेलब्रेकेज के कारण मॉड्यूल सेल को ओवरहीटिंग से बचाता है। आम तौर पर, बाईपास डायोड की रेटिंग मॉड्यूल के अधिकतम वर्तमान से 1.52 गुना है। डायोड के दोहराव रिवर्स पीक वोल्टेज Vrm को स्ट्रिंग ओपन वोल्टेज को दोगुना होना चाहिए।

सौर पीवी बिजली संयंत्र में आइटमों का विवरण

सौर फोटो वोल्टायिक प्रणाली के मुख्य घटक

सौर ऊर्जा प्रणाली में निम्नलिखित घटक शामिल हैं:

a) सौर सरणी. Solar array.

b) बैटरी बैंक

c) सौर प्रभार नियंत्रक

d) फील्ड जंक्शन बक्सा

e) सौर माड्यूल माउंटिग संरचना

f) अर्थिंग किट

g) केबल.

(a) **सौर सरणी:** सौर सरणी (Solar array).में मॉड्यूलों का एक श्रृंखला/समानांतर संयोजनहोता है, जो एक निश्चित कोणपर एक धूप और छाया-मुक्त क्षेत्र में धात्विक रचनापर लगाया जाता है, जैसा कि डिजाइनर द्वारा सिफारिश की जाती है। सभी मॉड्यूल उत्तरी गोलार्द्ध में दक्षिण दिशा का सामना करेंगे। सरणी क्षेत्रसे केबल नियंत्रणमें आ जाएंगे और मॉड्यूल के पैनलो से जंक्शन बॉक्स के माध्यम से बैटरी कक्ष में आएंगे। सौर सरणी को चित्र में दिखाया गया है। 3.51.

चित्र 3.51 सौर सरणी

(b) **बैटरी बैंकः** सूर्य हमेशा उपलब्ध नहीं होता है और यह नियमित नहीं होता है। हालांकि,मांग की पूर्ति दिन के किसी भी समयपर हो उसे पूरा करना चाहिए। इसलिए बैटरी बैंक में बिजली का भंडार होना चाहिए। विनिर्देश के अनुसार कम रखरखाव वाली वाली लेड एसिड बैटरी या किसी अन्य भंडारणबैटरी का उपयोग किया जाता है। इस बैटरी बैंक की क्षमताएम्पीयर-आवर (Ah) और बस बार वोल्टेज में दी गई होती है। बस-बार वोल्टेज का निर्णय लोड की वोल्टेज आवश्यकता द्वारा लिया जाता है। सौर सरणीको चित्रदिखाया गया है।

चित्र 3.52-बैटरी का चित्र

(c) **सोलर चार्ज कंट्रोलःसोलर** चार्ज कंट्रोलर एरे और बैटरी बैंक के बीचका इंटरफेस है। यह बैटरी बैंक के चार्ज के अंतिम छोर पर बैटरी को ओवरचार्जिंग और मध्यम चार्जिंग से बचाता है। इसलिए यह बैट्री बैंक की लाइफ को बढाता है। यह बैटरी की चार्जिंग स्थिति को भी इंगित करता है जैसे बैटरी अंडरचार्ज, ओवरचार्ज, या एलईडी संकेतों के माध्यम से डीप डिस्चार्ज। चार्जिंग के मैनुअल या आकस्मिक कट-ऑफ के लिए कुछ स्विच और एमसीबी भी प्रदान किए जाते हैं। कुछ चार्ज कंट्रोलर में, लोड टर्मिनलों को एक कम बैटरी चार्ज कट-ऑफ डिवाइस के माध्यम से भी प्रदान किया जाता है ताकि यह बैटरी बैंक को गहरे निर्वहन से बचा सके। शुल्क नियंत्रकों को विशिष्ट आवश्यकता के अनुसार डिजाइन किया जाता है। सौर चार्ज नियंत्रक की नमूना संरचनाको चित्र. 3.53 में दिखाया गया है।

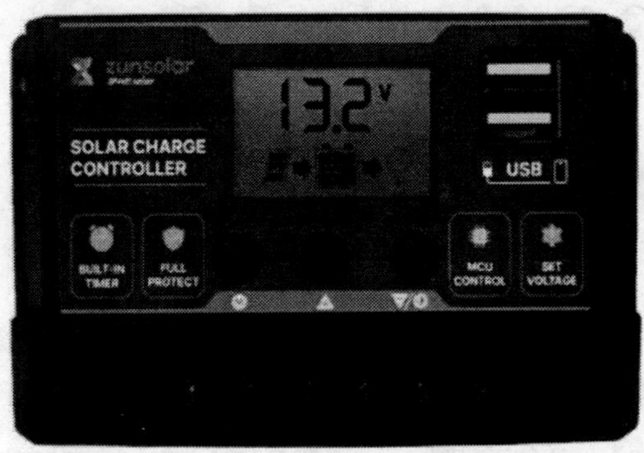

चित्र 3.53 सौर ऊर्जा प्रभारी नियंत्रक

(d) **फील्ड जंक्शन बॉक्स (FJB):** फील्ड जंक्शन बॉक्स सौर पैनलों और चार्ज कंट्रोलर के बीच का इंटरफेस है। सोलर पैनलसे लेकर चार्ज कंट्रोलर तक सभी इनकमिग/आउटगोइंग केबल /तारों को एफजेबी में समाप्त कर दिया गया है। सौर पीवी प्रणाली का फील्ड जंक्शन बॉक्स चित्र. 3.54 में दिखाया गया है।

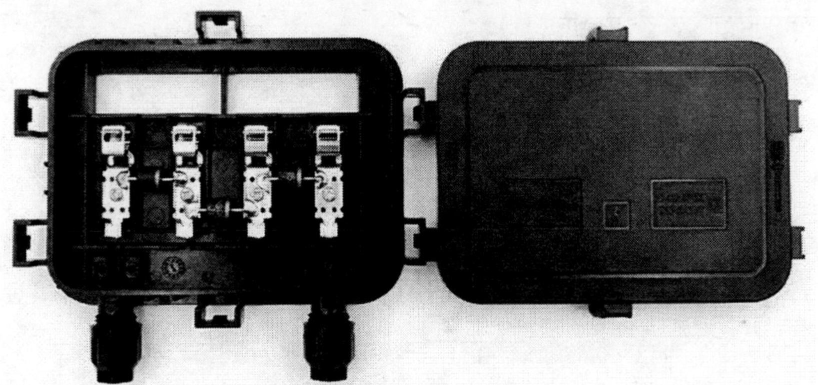

चित्र 3.54 फील्ड जंक्शन बॉक्स

(e) **सोलर मॉड्यूल माउंटिग स्ट्रक्चरः** यह गैल्वेनाइज्ड आयरन फ्रेम और कोणों से बना है। इस संरचना में, मौसमी रूप से माड्यूल -माउंटिग कोणको बदलने के लिए लचीलापन प्रदान किया जाता है। इस संरचना को छोटे सिविल कार्य द्वारा समूहीकृत किया जाता है, और मॉड्यूल बाद में लगाए जाताहैं। इसके अलावा, इस आरोही संरचनाको कई स्थानों पर उपयुक्त रूप से निकाला जाना चाहिए यदि सरणीका वोल्टेज 50 वोल्ट से अधिक है। सौर माड्यूल संरचना को चित्र. 3.55 में दिखाया गया है

(f) **अर्थिंग किटः** संपूर्ण संरचना को अर्थ करने के लिए अर्थिंगका किट प्रदान किया जाता है। अर्थिंग का प्रावधान इस प्रकार किया जाएगाः स्थापना में उचित अर्थिंग टर्मिनल होंगे और उचित रूप से अर्थिंग का पता लगाया जाएगा। सामान्य रूप से, पृथ्वी का प्रतिरोध 2 ओम से अधिक नहीं होगा। संरचना की अर्थिंग मेंटेनेंस फ्री होनी चाहिए, इसके लिए कोयलानमक आदि अर्थ रेजिस्टेंस वाले पदार्थों का उपयोग किया जाना चाहिए जिससे अर्थ रेजिस्टेंस बढ़ सके।

(g) **केबलः** इसमें विभिन्न प्रकार के केबिलो की आवश्यकता पड़ती है जैसेमॉड्यूल को मॉड्यूल से जोड़ने के लिए,मॉड्यूल को चार्ज कंट्रोलर से जोड़ने के लिए चार्ज कंट्रोलर को बैटरी से जोड़ने के लिए और बैटरी को लोड से जोड़ने के लिए जिस प्रकार की आवश्यकता हो वैसा केवल लगाया जाता है।एसपीवी मॉड्यूल, चार्ज कंट्रोलर और बैटरी के इंटरकनेक्शन के लिए इस्तेमाल केबल का आकार कम से कम 2 × 2.5 वर्ग मीटर होगा और कॉपर का केवल होना चाहिए.जहां तक कुछ हार्डवेयर का संबंध है, स्क्रूऔर बोल्ट/नट्स क्रोम प्लेटेड, स्टेनलेस स्टील और पीतल के होने चाहिए जिससे जंक लगने का खतरा न रहे।

ऑपरेशन और टेक्निकल स्पेसिफिकेशनः

विभिन्न प्रकार के सौर मॉड्यूल के लिए निर्माता द्वारा निम्नलिखित मापदंडों को स्पष्ट रूप से निर्दिष्ट किया जाएगाः

a) पीक पावर आउटपुट (Pm)

b) उच्चतम विद्युत उत्पादन पर धारा(I_m)

c) पीक पावर आउटपुट पर वोल्टेज (V_m)

d) धारालघुपथ (I_{sc})

e) ओपन सर्किट वोल्टेज (V_{oc})

f) ड्यूल माड्यूलका रूपांतरणकार्यकुशलता(η)

(a) से (f) तक मानकके मान, मानकपरीक्षणकी शर्तों के मानकके अनुसार निर्दिष्ट किए जाएंगे

(a) 25+- 2°C.का सेलजंक्शन तापमान।

(b) 1000 Watt/M.Sq. की विकिरण संदर्भ सौर सेल(विधिवत रूप से एक मान्यता प्राप्त राष्ट्रीय/अंतरराष्ट्रीय परीक्षणघर/प्रयोगशाला द्वारा प्रमाणित) के साथ मापा जाता है. इसके लिए नामांकन किया गया है।

(c) मानकसौर स्पेक्ट्रल ऊर्जा वितरण।

(d) वायु का द्रव्यमान 1.5 है।

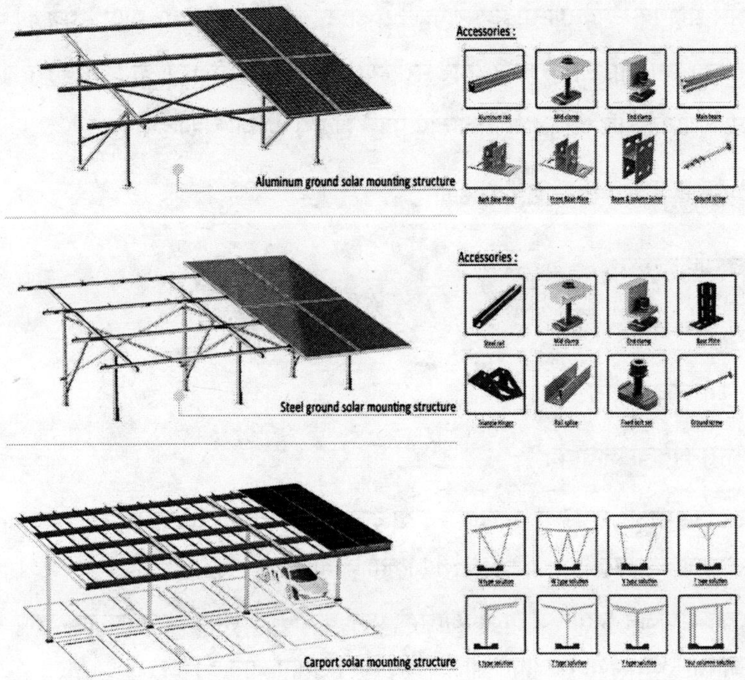

चित्र 3.55 सौर मॉड्यूल माउन्टिग संरचना

बढ़ते स्थिरता के फ्रेम (frame) को 20-माइक्रोन एनोडाइजेशन मोटाई के साथ एनोडाइज्ड एल्यूमीनियम से बनाया जाएगा। अन्य सभी भाग, जैसे कि फास्टनर्स आदि, को गैल्वेनाइज्ड या स्टेनलेस स्टील से बनाया जाएगा ताकि उन्हें वेदरप्रूफ बनाया जा सके। बढ़ते ढांचे पर फिक्सिग के लिए प्रदान किए गए छेद के अलावा, केबलरूटिग के लिए फ्रेम में अतिरिक्त छेद प्रदान किए जाने हैं।

सौर मॉड्यूल अधिकतम 40 मिमी की औसत घंटे की वर्षा का सामना करने में सक्षम होगा। सौर माड्यूल मापन स्तर 95% तक मापन स्तरमापने में सक्षम होगा। 35 वॉट तक के मॉड्यूलों की रूपांतरण क्षमता 8% से कम नहीं होगी और 35 वॉट से अधिक के मॉड्यूलो की 12% से कम नहीं होगी।

सौर सेल की सेलदक्षता 12% से अधिक होगी। यदि क्रेता को इसकी आवश्यकता हो, तो प्लास्टिक के पीछे की लेमिनेट को एक मजबूत कांच की शीट से बदल दिया जा सकता है, ताकि मॉड्यूल को तटीय क्षेत्रों/औद्योगिक रूप से प्रदूषित क्षेत्रों/स्थानों में उपयोग के लिए उपयुक्त बनाया जा सके, जहां प्लास्टिक लेमिनेट के संकुचित होने की संभावना है।

सौर पीवी बिजली संयंत्र के चरणों का संकलनः

सभी घटक और सहायक उपकरण साइट पर पहले से ही उपलब्ध होते हैं। सौर पीवी संयंत्र की योजना, लोड, अनुप्रयोग, जलवायु सूचना, उपयोगकर्ता संगतता, लोड गणना, सौर सरणियों का आकार, भंडारण के लिए बैटरी क्षमताका अनुकूलन, चार्ज नियंत्रकों का चयन सूचनाका संग्रह और अन्य आवश्यकताएं पहले ही पूरी की जा चुकी होते हैं।

स्थापना से पहले, सौर पैनलों के लिए कुछ विशिष्ट परीक्षण

(a) isc, शॉर्ट सर्किट करेंट

(b) Vmax,,अधिकतम वोल्टेज

(c) Imax, अधिकतम धारा

निम्नलिखित चरणों का पालन किया जाता है:

1. माउंटिग का प्रकार ग्राउंड माउंट, रूफटॉप, पोल माउंट या ट्रैकर हो सकता है। तदनुसार, संरचनाएँ गढ़ी जाती हैं। सिविल नींव के लिए एक ठोस संरचना का उपयोग माउंटिग के लिए किया जाता है।
2. सबसे पहले ढांचे का संयोजन किया जाता है।आरोही फ्रेम बढ़ते हुए सतह के साथ तय किए जाने हैं। डिजाइन और स्पेसिफिकेशंस के अनुसार सिगल या मल्टीपल सोलर पैनल फ्रेम लगाए जाते हैं।
3. सौर मॉड्यूल को सूर्य का सामना करने के लिए उन्मुख किया जाना चाहिए ताकि मॉड्यूल अधिक बिजली का उत्पादन कर सकें। अनुदेशनियमावली के अनुसार नट और बोल्ट तय किए जाते हैं। सोलर ट्रैकर के लिए, अनुदेश पुस्तिका के अनुसार गियर और मोटर असेंबली भी स्थापित किए जाते हैं। सूर्य की किरणों के लिए किसी भी प्रकारकी बाधा से बचना चाहिए।
4. श्रृंखला या समानांतर विन्यास में सौर मॉड्यूल का परस्पर संबंध किया जाता है।
5. प्रत्येक मॉड्यूल के लिए फील्ड जंक्शन बॉक्स के साथ कनेक्शन किया जाताहै।
6. केबलऔर कंडक्टर्स के सही आकार को स्पष्ट रूप से जोडाजाता है। लोड और बैटरी के लिए आउटपुट केबलको लोड गणना के अनुसार जोडाजाना चाहिए। हमेशा न्यूनतमसंभवतार लंबाई का उपयोग करें।केबलऔर टर्मिनल कनेक्टर्स को सिस्टम के साथ पानी और फायरप्रूफ दिया गया है।
7. बैटरियो को आवश्यकता के अनुसार श्रृंखला या समानांतर में जोडा जाना चाहिए ।
8. पृथ्वी और बिजली संरक्षणइकाईयां आपस में जोडा जाना चाहिए।

स्थापना के दौरान सौर पीवी बिजली संयंत्रों के लिए सावधानियां:

सौर पीवी प्रणाली से संबंधित निम्नलिखित मुद्दों का अवलोकन किया गया है।

1. सौर पैनलों को उत्तरी गोलार्द्ध में दक्षिण की ओर और दक्षिणी गोलार्द्ध में उत्तर की ओर स्थापित किया जाना चाहिए। चूंकि भारत उत्तरी गोलार्द्ध में है, इसलिए सौर पैनलों की स्थापना हमेशा हमारे देश में दक्षिण की ओर होगी-। उत्तर-दक्षिण दिशा एक मैग्नेटिक कम्पास की सहायता से पाई जा सकती है।
2. सौर पैनलों के सहारे के लिए मजबूत संरचना की आवश्यकताहोती है और यह इस प्रकार होनी चाहिए कि आमजन इस तक नहीं पहुंच सके। इसे इस प्रकारलगाया जाना चाहिए कि वइसकी ऊपरी सतह को आसानी से साफ किया जा सके। र्षा का जल, पक्षियों की गंदगी, पत्तियां आदि इस पर जमा किए जाते हैं ताकि निम्नलिखित मापदंडों की जांच की जा सके:

   (a) Voc, ओपन सर्किट वोल्टेज न हो और
3. छाया से बचने के लिए आस-पास की पंक्तियों की संरचनाओं के बीच दूरीबनाए रखनी होगी।
4. सभी एक्सपोज़्ड वायरिग/केपिग केसिग में होने चाहिए. छत के माध्यम से तारों को वाटरप्रूफ होना चाहिए। जहां तार एक फूस की छत की तरह ज्वलनशील सामग्रियों के माध्यम से होता है, वे एक धातु के नलिका में होना चाहिए।
5. जमीन पर लगाए जाने पर साइट के संरक्षणके लिए बाड़ लगाई जा सकती है।

सावधानियों के साथ धोने के उपाय:

विघटन के लिए प्रक्रिया इसके संस्थापन की तुलना में बहुत आसान हैं। आम तौर पर स्थापना के दौरान वस्तुओं को नुकसान नहीं पहुंचाने के लिए निम्नलिखित चरणों का पालन किया जाता है।

1. स्थापना शुरू करने से पहले बैटरी वोल्टेज की जांच की जानी है, और इसे स्थापना के समयसेट किया जाना चाहिए।
2. चार्ज कंट्रोलर को ओएफएफ कंडीशन बनाना होता है। कोई विद्युत भार जुड़ाहुआ नहीं है।
3. बैटरियों को अलग कर दिया जाता है और टर्मिनलों को ग्रीस से सील कर दिया जाता है।
4. कनेक्टिग केबल और तारों को डिसकनेक्ट किया जाता है, जो टर्मिनल से लॉगको अनबोलिग करते हैं और जोडी वार बनाए रखते हैं।
5. सौर पैनलों संरचना से अनमाउन्ट हैं और सावधानी के साथ एक तरफ रखा गया है।
6. पहाडी ढांचों को अलग-अलग रखा जाना चाहिए और उन पर कोई रोक नहीं लगाई जानी चाहिए। नट्स और बोल्ट जोडो को भविष्य के उपयोग के लिए उचित लेबलिग के साथ अलग से रखा जाता है।

प्रेक्षण

संकलन: कर्मचारियों एवं प्रभारी स्टेशन के हस्ताक्षरके साथ तारीख एवं समयके साथ संस्थापना की सभी प्रक्रियाओं का वर्णन करने के लिए एक लॉगबुक रखी जानी है।

डिमेंटल (Dismantle): एक लॉगबुक को डिमेंटलिग की सभी प्रक्रियाओं का वर्णन करने के लिए रखा जाता है और पार्ट्स और उनके एक्सेसरीजको एक अलग पैकिंग/बॉक्समें लेबल किया जाता है। पैकेट/बक्से की सामग्री को स्पष्ट रूप से सूचीबद्ध किया जाना है। विघटन प्रक्रियाको पूरा करने के बाद, कर्मचारियो और स्टेशन-प्रभारी से एक हस्ताक्षरप्राप्त किया जा सकता है।

परिचर्चा:

स्थापना और विघटन के पूरा होने के बाद, छात्रों को सौर पैनलों के विभिन्न हिस्सों के कार्य सिद्धांतो और सावधानियो पर एक नोट लिखना होगा।

प्रयोग न.4

टाइटल: इलेक्ट्रिक पावर पैदा करने के लिए एक छोटे बायोगैस प्लांट को असेंबल करें

लक्ष्य: बिजली पैदा करने के लिए एक छोटे बायोगैस संयंत्र को इकट्ठा करना।

अनुप्रयोग/सॉफ्टवेयर(software) की आवश्यकताएं एक बायोगैस बिजली संयंत्र के सभी सहायक उपकरणों का एक पूर्ण सेट इस प्रयोग(exper ıment) के लिए साइट पर उपलब्ध है।

वैकल्पिक रूप से, छात्र एक वीडियो या मध्यम आकार के बायोगैस संयंत्र के निर्माण और इसकी विभिन्न गतिविधियों को देख सकते हैं।

सुझाए गए वेब पृष्ठः https://www.Educational Qualification.com/onstructing-a-Medium-Sized-Biogas-plant-Uch-Kit/(कुछ चित्र भी इस पृष्ठ (page) से आसान समझ के लिए लिए लिए लिए गए हैं)

सिद्धांतः बायोगैस मुख्य रूप से मीथेन, कार्बन डाइऑक्साइड और हाइड्रोजन सल्फाइड का मिश्रण है, जो कृषि अपशिष्ट, खाद, नगरपालिका अपशिष्ट, संयंत्र सामग्री, सीवेज, हरित अपशिष्ट और खाद्य अपशिष्ट जैसे कच्चे माल से उत्पादित होता है। यह नवीकरणीय ऊर्जा का स्रोत है। जैसा कि धारा 3.9.2 में चर्चा की गई है, बायोगैस अवायवीय पाचन द्वारा उत्पादित किया जाता है। सूक्ष्मजीवों, हवा की अनुपस्थिति में, कार्बनिक पचाना

सामग्री और गैस का मिश्रण जारी करें। इस प्रकार उत्पादित गैसों में अन्य गैसों जैसे कार्बन डाइऑक्साइड, नाइट्रोजन और हाइड्रोजन सल्फाइड के साथ-साथ अधिकांश मीथेन होते हैं।

बायोगैस संयंत्र के प्रमुख घटक :

1. बायोगैस संयंत्र में एक डाइजेस्टर टैंक होता है, जहां कार्बनिक सामग्री संग्रहीत की जाती है, और सूक्ष्मजीव उन पर काम करते हैं और गैस छोड़ते हैं।
2. इस प्रकार उत्पादित गैस एक गैस संग्राहक के रूप में जाना जाता है एक टैंक में एकत्र किया जाता है। एक फ्लोटिंग-टाइप मॉडल में, यह टैंक स्लरी में तैरता है और इसमें संग्रहीत गैस की मात्रा के आधार पर ऊपर और नीचे चलता है।
3. गाइड पाइप गैस कलेक्टर टैंक को डाइजेस्टर टैंक के अंदर और नीचे जाने में मदद करता है।

4. अपशिष्ट को डाइजेस्टर टैंक के अंदर एक फीड पाइप के माध्यम से खिलाया जाता है।
5. पूरी तरह से पच गया स्लरी पाइप के माध्यम से बाहर निकालता है। इसे एकत्र किया जा सकता है, पतला किया जा सकता है और संयंत्र के लिए उर्वरक के रूप में इस्तेमाल किया जा सकता है।
6. गैस कलेक्टर टैंक से एक गैस पाइपलाइन खाना पकाने और लाइटिंग के लिए गैस का उपयोग करने में मदद करती है

बायोगैस प्लाट स्थापित करने के उपायः

1. **साइट की तैयारीः** साइट को संयंत्र की सुरक्षा की गारंटी देनी चाहिए। बायोगैस संयंत्र खेत से 5 मीटर से अधिक दूर नहीं होना चाहिए। पाचन कक्ष एक खुले क्षेत्र में होना चाहिए और किसी भी जल स्रोत या प्राकृतिक पानी के पास नहीं होना चाहिए, जैसा कि चित्र 3.56 में दिखाया गया है, पशु मल-मूत्र भूमिगत जल में जा सकता है।

3.56 बायोगैस संयंत्र की साइट

2. **बायोगैस संयंत्र का आकारः** बायोगैस संयंत्र का आकार औसतदैनिक फीडस्टॉक पर निर्भर करता है और बायोगैस प्रणाली में सामग्री के औसतहाइड्रोलिक प्रतिधारण समयपर निर्भर करता है। संयंत्र की क्षमताको कच्चे माल की उपलब्धता के आधार पर डिजाइन किया जाना चाहिए। संयंत्र की क्षमताएक दिन में उत्पादित गैस की मात्रा को इंगित करती है। अध्ययन के आधार पर, एक किलोग्राम गाय के गोबर के साथ-साथ एक दिन में अवायवीय कंडीशन के तहत समान मात्रा में पानी (1:1), 0.04 m^3 या 40 लीटर बायोगैस का उत्पादन करता है।

3. **टैंकों का चयनः** आकार की गणना पहले से ही की गई है, और आकार के अनुसार, टैंक का चयन किया जाना चाहिए। अंगूठे के नियम के अनुसार 4 किलोग्राम दैनिक जैव अपशिष्ट के लिए टैंक का आकार 750 लीटर हो सकता है। इसी तरह 5 किलोग्राम कचरे के लिए टैंक का आकार 1000 लीटर हो सकता है। यह टैंक पीवीसी और रबर से बना है जिसमें कोई रिसाव नहींचाहिए होनासंयंत्र के बड़ेआकार के लिए, टैंक लीक-प्रूफ कंक्रीट से बनाया जा सकता है।

4. **संबंधन के लिए आवश्यक सामग्रीः** विभिन्न व्यास के पीवीसी एल्बो, विभिन्न व्यास के पीवीसी पाइप, विभिन्न व्यास के थ्रेड कप्लर। **फीड**के लिए बड़े आकार के पाइपों की आवश्यकता होती है और डाइजेस्टर स्लरी वेस्ट आउटलेट और छोटे आकार के पाइपो और कनेक्टिग एक्सेसरीज के लिए डाइजेस्टर गाइड सिस्टम, गैस टैंक कनेक्शन और डाइजेस्टर गाइड सिस्टम की आवश्यकता होती है।

   रिसाव-प्रूफ के लिए पाइप जॉइंट्स और कनेक्शन का सामंजस्य जरूरी है। आम तौर पर, वाणिज्यिक एडहेसिव जैसे कि Araldite epoxy adhes ive, M-sec, और PVC सॉल्वेंट्स का उपयोग चित्र. 3.57 और 3.58 के रूप में किया जाता है।

चित्र 3.57 PVC एल्बो

चित्र 3.58 PVC पाइप

6. **आवश्यक उपकरणः** आवश्यक आकार पर पाइपों को काटने के लिए हैक सां ब्लेड जैसे सामान्य उपकरण, फिक्सिग और फिटिग के लिए एक धारदार चाकू, एक मध्यम आकार का हथौडा और गैस पाइप संयोजक को कसने के लिए स्पनर्स का एक सेट.

7. **गैस टैंक तैयार करनाः** टैंक के ऊपरी हिस्से को काटने और हटाने की आवश्यकता होती है। कटौती की चौड़ाई गैस टैंक की मुक्त आवाजाही के लिए पर्याप्त होनी चाहिए। डाइजेस्टर टैंक के ऊपर गैस होल्डर के हटाए गए ऊपरी ढक्कन को रखने की कोई आवश्यकता नहीं है।

8. **डाइजेस्टर में फीड पाइप को ठीक करनाः** हैक सा का उपयोग करके टैंक के हिस्से को काटकर और इसे एपोक्सी रेजिन एडहेसिव के साथ फिक्स करके बड़ा पीवीसी पाइप फिक्स किया जाता है। इसी तरह टैंक के साथ स्लरी आउटलेट पाइप को भी लगाया जाना चाहिए। गैस होल्डर टैंक और डाउन मूवमेंट को आसान बनाने और डाउन मूवमेंट के लिए कुछ गाइड्स प्रदान किए जाने हैं और इसके लिए, पीवीसी पाइपों का एक हिस्सा काटा काटा जाता है और टैंक के किनारे पर फिक्स किया

जाता है, जैसा कि आरेख में दिखाया गया है। गैस होल्डर टैंक रखने के बाद इन पाइपों को बढ़ाया जाता है। चित्र 3.59 इस तरह की व्यवस्था दिखाता है।

चित्र 3.59 फीड पाइप को डाइजेस्टर में फिट करना

9. **गैस पाइपों की तैयारीः** गैस पाइपों का उपयोग टैंक से बिजली संयंत्र तक गैस परिवहन के लिए किया जाता है। इनमें गैस पाइप का एक टुकड़ा बॉल वाल्व, बेंड की आवश्यक संख्या, गैस निपल, गैस एडाप्टर और कुछ अन्य सहायक उपकरण जैसे क्लैंप और स्क्रू की आवश्यकता होती है। पाइप की लंबाईगैस टैंक से गैस टरबाइन तक पर्याप्त होनी चाहिए।गैस पाइपलाइन का कनेक्शन लीक-प्रूफ होना चाहिए। जोड़ों कोमें आसंजन का प्रयोग किया जाता है।

10. गैस धारक टैंक को डाइजेस्टर टैंक के ऊपर रखा जाना चाहिए ताकि गैस टैंक के किनारे पर स्थित गाइड कूपलर डाइजेस्टर के ऊपर बैठें।

11. डाइजेस्टर को बायोगैस डालें। प्रारंभ में गाय के गोबर की तरह 80 किलोग्राम बायोकास्ट को 250 ग्राम गुड़ के साथ लगभग 300 लीटर पानी में मिलाया जाता है। गुड सूक्ष्म जीव को तेज गति से गुणा करने में मदद करता है।

12. गैस का गठन 2 से 3 दिनो के बाद शुरू होगा, और गैस होल्डिग टैंक में भर जाएगा। प्रारंभिक गैस को उपयोग में नहीं लिया जाना चाहिए क्योंकि इसमें हवा और अन्य अशुद्धियों का मिश्रण होता है। पहली बार छोड़ने के बाद, उत्पादित गैस का सीधे उपयोग किया जा सकता है।

13. गैस इंजन में बायोगैस जलाने के लिए गैस कंप्रेसर की सहायता से गैस का दबाव बढ़ाना पड़ता है। गैस कंप्रेसर के उत्पादन को विनियमित किया जाता है। ध्वनि उत्सर्जन को सीमित करने के लिए, गैस इंजन एक ध्वनि-इन्सुलेटेड केबिन में लगाया जाता है। बायोगैस को गैस इंजन में जलाया जाता है और ऊर्जा को जनरेटर द्वारा ऊर्जा में परिवर्तित किया जाता है।

1. The combustion air is drawn in from the outside via the feed air fan. The inlet air generates an overpressure in the noise-insulated cabin of the Gas Engine. The exhaust air flows out via the silencer. In order to limit noise emissions, the Gas Engine is mounted in a noise-insulated cabin. The air inlet and outlet channels are equipped with sliding block absorbers for noise reduction. The inlet channel is additionally equipped with a dust filter. फ्लू गैस बाहर से दहन हवाफीड एयर फैन केमाध्यम सेअन्दर लिया जाता है। इनलेट एयर गैस इंजन के ध्वनि-इन्सुलेटेड केबिन में एक ओवरप्रेशर उत्पन्न करता है। निकास हवा साइलेंसर के माध्यम से बाहर बहती है। ध्वनि उत्सर्जन को सीमित करने के लिए, गैस इंजन एक ध्वनि-इन्सुलेटेड केबिन में लगाया जाता है। एयर इनलेट और आउटलेट चैनल मेंध्वनि कटौती के लिए स्लाइडिग ब्लॉक (block) ध्वनि अवशोषक लगे रहते हैं। इनलेट चैनलमेंएक डस्ट फिल्टर लगाया जाताहै।

14. एक बार जब टैंक फीड से भर जाता है, तो स्लरी को स्लरी आउटलेट पाइप से बाहर निकाला जाताहै,, और स्लरी को कार्बनिक उर्वरक के रूप में इस्तेमाल कियाजाता है,।

स्थापना के दौरान बरती जाने वाली सावधानियां

1. स्थल के पास ही पानी उपलब्ध होना चाहिए।
2. डाइजेस्टर टैंक को अधिक धूप वाले क्षेत्र में रखना चाहिए।
3. कचरा डालने के लिए आसान रास्ता होना चाहिए
4. स्लरी को हटाना आसान है और इसका उपयोग उर्वरक के रूप में या अन्य उपयोग के लिए किया जाता है।
5. बायोगैस संयंत्र से बिजली संयंत्र तक न्यूनतमदूरी होनी चाहिए।
6. फीडके लिए क्लोरीनेटेड पानी का उपयोग न करें, क्योंकि यह सूक्ष्मजीव को मारता है।
7. प्याज की सूखी त्वचा, अंडे के खोल, नारियल की भूसी, हड्डी आदि (initial) जैव पदार्थों का उपयोग करने से बचें।
8. सभी गैस पाइपो को रिसाव से बचाएं।
9. संयंत्र के पास किसी भी तरह की लौ का उपयोग न करें, और प्लांट में एक फायर एक्सटिंग्विशर की व्यवस्था किया जाना चाहिए।
10. संयंत्र स्थल को अतिक्रमण करने वालो से संरक्षित किया जाना चाहिए।

बायोगैस प्लांट का विघटन

विघटन के अधिकांश चरण अधिष्ठापन के विपरीत हैं। हालांकि, स्थापना के दौरान, कई पाइप कनेक्शनो और गैस पाइप कनेक्शनों में, एपोक्सी आसंजन का उपयोग किया जाता है। जहाँ एडहैसिव का उपयोग किया जाता है, वहां संयोजन को अलग नहीं किया जा सकता है, और अगर ऐसा किया गया तो वह टूट सकते हैं।. इसलिए, भविष्य में उपयोग से एक कार्यशील संयंत्र को

नष्ट करने के लिए पाइप कनेक्शन क्षतिग्रस्त हो सकता है। डाइजेस्टर यूनिट और गैस यूनिट को दोनों टैंकों को अलग करके विघटित करने की आवश्यकता होती है।

गैस इंजन भी डिस्कनेक्ट हैं, जिसमें गैस कंप्रेसर भी शामिल है और नट्स और बोल्ट सहित सभी सहायक उपकरण को भविष्य के उपयोग के लिए लेबल के साथ रखा जाना है। डाइजेस्टर टैंकों की सफाई की जानी है और उन्हें बिना किसी नुकसान के सुरक्षित रखा जाना है।

ऑब्जरवेशन

संकलनः कार्यशील स्टाफ और स्टेशन-प्रभारी के हस्ताक्षर के साथ तारीख और समयके साथ स्थापना की सभी प्रक्रियाओं का वर्णन करने के लिए एक लॉगबुक कोरखा जाना चाहिए

डिसमेंटल: एक लॉगबुक को डिस्मेंटलकी सभी प्रक्रियाओं का वर्णन करने के लिए बनाए रखा जाता है, और सभी भागों और उनके एक्से सरीज को एक अलग पैकिंग/बॉक्स में लेबल किया जाता है। पैकेट/बक्से की सामग्री को स्पष्ट रूप से सूचीबद्ध किया जाना है। विघटन प्रक्रियाको पूरा करने के बाद, कार्य कर्मचारियों और स्टेशन-प्रभारी से एक हस्ताक्षरप्राप्त किया जा सकता है।

परिचर्चा: स्थापना और विघटन के पूरा होने के बाद, छात्रों को असेंबली के विभिन्न हिस्सों के कार्य सिद्धांतों और सावधानियों पर एक नोट लिखना होगा।

जानें और भी बातें

सौर ऊर्जा अपने कई अनुप्रयोगों और विभिन्न प्रौद्योगिकियों के साथ एक बहुत विशाल विषय है। निम्नलिखित सौर ऊर्जा से संबंधित मुद्दे हैं, जो छात्रों के लिए सौर ऊर्जा के विषय पर अधिक जानने के लिए दिलचस्प हो सकते हैं।

- सौर विकिरण का विश्लेषण।
- सौर ऊर्जा के रूप में सौर ऊर्जा के संदर्भ में ताप हस्तांतरण की अवधारणा का उपयोगआमतौर पर विद्युत ऊर्जा के उत्पादन के अलावा थर्मल ऊर्जा के रूप में किया जाता है।
- विभिन्न प्रकार के सौर संग्राहक और उनके लाभ और नुकसान।
- सौर ऊर्जा का उपयोगआमतौर पर औद्योगिक और घरेलू उपयोगके लिए जल तापन के रूप में किया जाता है। जल तापन प्रणाली से संबंधित तकनीक रोचकहो सकती है।
- सौर कुकर और सौर ड्रायर फसल सुखाने का बडे पैमाने पर उपयोगकिया जाता है। इस तरह के ड्रायर्स के थर्मल मॉडलिग और सामुदायिक सेवाओं के लिए सोलर कुकर के उपयोगपर चर्चा की जाएगी।

- इस अध्याय में सौर फोटोवोल्टिक प्रणाली पर संक्षिप्त चर्चा की गई है। हाल ही में विभिन्न कुशल सौर फोटोवोल्टिक सामग्रियों को विकसित किया गया है, और उन्नत अनुसंधान मॉड्यूल की संरचनासहित विकासशील सामग्रियों पर हैं।
- विभिन्न सौर ऊर्जा संयंत्रों का वित्तीय विश्लेषण ध्यान आकर्षित करता है।

कुछ पुस्तकों की एक सूची उन्नत विषयों के लिए आगे पढ़ने के अनुभाग में सूचीबद्ध है।

पिछले कुछ दशकों में बायोमास ऊर्जा ने शोधकर्ताओं का ध्यान आकर्षित किया है। यह नवीकरणीय और हरित ऊर्जा है, जो बायोमास ऊर्जा का सबसे महत्वपूर्ण लाभ है। नवीकरणीय स्रोतों का बड़े पैमाने पर उपयोगकिया जाता है, और जहां तक संभव हो, इस ऊर्जा का उपयोगजीवाश्म ईंधन को बदलने के लिए किया जाता है। बायोमास ऊर्जा के विषय के बारे में अधिक जानकारी के लिए निम्नलिखित मुद्दों पर चर्चा की जा सकती है।

a) बायोमास संसाधनों का इष्टतम उपयोग।
b) भूमि और जलीय संस्कृति पर आर्थिक रूप से बायोमास की खेती।
c) परिवहन क्षेत्र के लिए जैव ईंधन का विश्लेषण और उपयोग .
d) आर्थिक विश्लेषण और बायोथर्मल पावर प्लांट और बायोकेमिकल पावर प्लांट का वाणिज्यिक उपयोग।
e) बायोमिथेन/बायोगैस का शोधन।

संदर्भ और पठन सामग्री के लिए सुझाव

1. विभिन्न विषयों के लिए https://en.wikipedia.org-इंटरनेट स्रोत
2. नाग. यूपी के. के., पावर प्लांट इंजीनियरिग, मैकग्रा हिल, नई दिल्ली
3. तन्मय देब, इलेक्ट्रिकल पावर जेनरेशन, खन्ना पब्लिशिग हाउस, दिल्ली (एड. 2018)
4. गुप्ता, बीआर, विद्युत ऊर्जा उत्पादन, एस. चंद और कंपनी नई दिल्ली,
5. सोलंकी, चेतन सिह-सोलर फोटोवोल्टेइक्सः फंडामेंटल्स, टेक्नोलॉजीज और एप्लीकेशन्स, पीएचआई लर्निंग, नई दिल्ली, आईएसबीएन-978120351110
6. गुप्ता, जेबी. इलेक्ट्रिकल पावर में कोर्स-एस. के. कटारिया और सन्स, नई दिल्ली 2014,
7. सौर विद्युत हैंडबुक के लिए माइकल बॉक्सवेल ने ग्रीनस्ट्रीम पब्लिशिग लिमिटेड, यूके-2011 का उपयोगकिया
8. सौर ऊर्जा हैंड बुक, डॉ. एचएच. नागनगौडा (2014)
9. नवीकरणीय ऊर्जा प्रणालियों के बुनियादी तत्व-डी. मुखर्जी, नए युग के अंतर्राष्ट्रीय प्रकाशक-प्रथम संस्करण (2011)
10. अक्षय ऊर्जा प्रौद्योगिकी-स्टार्टअप के लिए एक व्यावहारिक गाइड, चेतन सिह सोलंकी, पीएचआई स्कूल बुक्स (2008)

11. एसके. हसन सईद और डा. एसके. एसके शर्मा, गैर-पारंपरिक ऊर्जा स्रोत कटारिया और संस, नई दिल्ली।

12. जीडी। पीएस। चौहान, एस. एसके. श्रीवास्तव, गैर-पारंपरिक ऊर्जा स्रोत, नए युग के अंतर्राष्ट्रीय प्रकाशक, तीसरे एड, 2012

13. ऊर्जा के गैर-पारंपरिक स्रोत, जी. डी. राय, खन्ना प्रकाशक, दिल्ली, 2012

14. तिवारी, जी. एन., सोलर एनर्जी-फंडामेंटल्स, डिजाइन, मॉडलिग और एप्लीकेशन 'नरोसा पब्लिशिग हाउस, फोर्थ रिप्रिंट 2019.

15. अक्षय ऊर्जा स्रोत और उभरती प्रौद्योगिकियां, कोठारी डी. पी. और सिंग्रल के. सी.-पीएचआई 2 संस्करण (2011)

16. जलवायु समाधान; मृदुला रमेश; नीलकमल प्रकाशन-2009 ""

17. "ग्रीन पावरः इकोफ्रेंडली एनर्जी इंजीनियरिग," "खारचेंको" "।" एन. वी., टेक बुक्स और नई दिल्ली, 2008।

18. भारत में ऊर्जा और पर्यावरण की हैंडबुक यूपी,ऑक्सफोर्ड विश्वविद्यालय प्रेस 2005 भारत

19. "पर्यावरण विज्ञान," "कनिघम. डब्ल्यू. पी., 11. मैकग्रा-हिल, 2010."

20. मैटेरियल और कंपोनेंट स्पेसिफिकेशन पर रिपोर्ट डुअल एक्सिस ने पैराबोलिक डिश का पता लगाया और सिगल एक्सिस ने दिसंबर 2015 में भारत सरकार के नवीन एवं नवीकरणीय ऊर्जा मंत्रालय के यूएनडीपी-जीईएफ सीएसएचपी, यूएनडीपी-जीईएफ सीएसएचपी के पैराबोलिक डिश का पता लगाया।

अतिरिक्त पठन

आगे पढ़ने के लिए, निम्नलिखित किताबें उपयोगी हैं

1. तन्मय देब, इलेक्ट्रिकल पावर जनरेशन, खन्ना पब्लिशिग हाउस, दिल्ली (2018)
2. अक्षय ऊर्जा प्रौद्योगिकी-स्टार्टअप के लिए एक व्यावहारिक गाइड, चेतन सिह सोलंकी, पीएचआई स्कूल बुक्स (2008)
3. एसके. हसन सईद और डा. एसके. एसके शर्मा, गैर-पारंपरिक ऊर्जा स्रोत कटारिया और संस, नई दिल्ली।
4. जीडी। पीएस। चौहान, एस. एसके. श्रीवास्तव, गैर-पारंपरिक ऊर्जा स्रोत, नए युग के अंतर्राष्ट्रीय प्रकाशक, तीसरे एड, 2012
5. तिवारी, जी. एन., सोलर एनर्जी-फंडामेंटल्स, डिजाइन, मॉडलिग और एप्लीकेशन 'नरोसा पब्लिशिग हाउस, फोर्थ रिप्रिंट 2019.

4 पवन ऊर्जा संयंत्र

इकाई विशिष्टताएँ

इस इकाई के माध्यम से हमने निम्नलिखित पहलुओं पर चर्चा की है:

- पवन ऊर्जा और संबंधित शर्तें और इसके महत्व का परिचय।
- पवन ऊर्जा घनत्व।
- भारत का पवन मांनचित्र।
- पवन टरबाइन की ऑपरेटिग विशेषताएं।
- पवन टरबाइन रोटर्स के प्रदर्शन को प्रभावित करने वाले फैक्टर।
- हवा के मुख्य घटक।
- पवन ऊर्जा संयंत्रों में उपयोग किए जाने वाले पवन टर्बाइनों और विद्युत जनरेटर का वर्गीकरण।
- विभिन्न पवन ऊर्जा संयंत्रों की रूपरेखा।
- जलविद्युत संयंत्रों पर कुछ प्रयोग।

इस इकाई में पवन ऊर्जा उत्पादन की अवधारणा और बडे और छोटे पवन ऊर्जा संयंत्रों में ऊर्जा रूपांतरण की प्रक्रिया पर चर्चा की गई है। पवन ऊर्जा संयंत्रों के विभिन्न घटको का एक संक्षिप्त विवरण प्रस्तुत किया गया है। इस यूनिट में पवन ऊर्जा संयंत्रों और विद्युत जनरेटर का विस्तार से वर्गीकरण किया गया है। आगे की जिज्ञासा और रचनात्मकता के साथ-साथ छात्रों की समस्या को सुलझाने की क्षमता में सुधार के लिए कुछ संख्यात्मक उदाहरण भी दिए गए हैं।

बड़ी संख्या में बहुविकल्पीय प्रश्नों के साथ-साथ लघु और दीर्घ उत्तरीय प्रकार के प्रश्नों को चिह्नित करने के अलावा दो श्रेणियों में ब्लूम टेक्सोनोमी के निम्न और उच्च क्रम, संख्यात्मक समस्याओं के माध्यम से असाइनमेंट, संदर्भों की एक सूची और सुझाए गए रीडिग इस में दिए गए हैं ताकि उनके माध्यम से छात्र अभ्यास कर सके। यूनिट-4 में शामिल पाठ्यक्रमों से संबंधित कुछ व्यावहारिक प्रयोग भी इस यूनिट के अंत में शामिल किए गए हैं ताकि छात्रों को इन विषयों पर जानकारी दी जा सके। कुछ प्रयोगों में, कुछ विशिष्ट वीडियो भी प्रदान किए जाते हैं।

विषय पर संबंधित प्रयोग के बाद, सामग्री के आधार पर, एक "अधिक जानें" खड जोड़ा गया है। इस खड को विषय पर अतिरिक्त जानकारी और उच्च शिक्षण कौशल के पूरक के लिए डिज़ाइन किया गया है।

औचित्य

पवन ऊर्जा संयंत्रों की इस इकाई से छात्रों को पवन ऊर्जा को विद्युत ऊर्जा में बदलने के पीछे एक मौलिक विचार प्राप्त करने में मदद मिलेगी। यहाँविभिन्न प्रकार के पवन ऊर्जा संयंत्रों, पवन टर्बाइनो के वर्गीकरणऔर उनके कार्यों पर चर्चा की गईहै। पवन ऊर्जा संयंत्रों में उपयोग किए जाने वाले विभिन्न प्रकार के जनरेटर प्रस्तुत किए गएहैं। इसके अलावा, आधुनिक समय में पवन ऊर्जा संयंत्रों का सुरक्षित अभ्यास और उपयोग और इसके गुण और दोष भी इस विषय पर अद्यतन ज्ञान देते हैं। कुछ संबंधित समस्याओं को उनके समाधान के साथ इंगित किया गया है जो पवन ऊर्जा उत्पादन पर संबंधित विषयों का स्पष्ट विचार प्राप्त करने में मदद कर सकता है।

पूर्वपेक्षा

इलेक्ट्रिकल और इलेक्ट्रॉनिक्स इंजीनियरिग के मूलतत्त्व (ES104)

इकाई परिणाम

यूनिट-4 के पूरा होने के बाद,विद्यार्थी सक्षम होंगे:

यू 4-01: पवन ऊर्जा के विद्युत ऊर्जा में रूपांतरण की संकल्पना को स्पष्ट कर सकेंगे।

यू 4-02: पवन ऊर्जासंयंत्रों और उनके घटको के कार्य का वर्णनकर सकेंगे।

यू 4-03: पवन ऊर्जा संयंत्रों, पवन टर्बाइनो और इलेक्ट्रिक जनरेटर, पवन ऊर्जा संयंत्रों के लिए टॉवर्स को वर्गीकृतकर सकेंगे।

यू 4-04: पवन ऊर्जा संयंत्रों में उपयोग किए जाने वाले विभिन्न जनरेटर के कार्य सिद्धांत को समझ सकेंगे।

यू 4-05: बड़े और छोटे पवन ऊर्जा संयंत्रों का नियमित रखरखाव भाग का पता लगाए सकेंगे।

यूनिट-2 नतीजे	**प्रतिचित्रण** (mapping) **के साथ प्रतिचित्रण (1-कमजोर सहसंबंध 2-मध्यम सहसंबंध 3-मजबूत सहसंबंध)**				
	सीओ-1	**सीओ-2**	**सीओ-3**	**सीओ-4**	**सीओ-5**
यू4-01	1	3	3.	2	2
यू4-02	2	3	1	-	-
यू4-03	2	2	3	1	1
यू4-04	2	3	1	-	-
यू4-05	3	2	3	-	-

4.1 परिचय

हम जानते हैं कि हवा में द्रव्यमान (mass) होता है। हवा के द्रव्यमान में ठोस, द्रव और गैस के कण होते हैं। ठंडी हवा में गर्म हवा की तुलना में ये कण अधिक होते हैं। इस प्रकार, ठंडी हवा गर्म हवा से अधिक भारी होती है। उच्च दबाव की हवा कम दबाव वाले क्षेत्र की ओर बढ़ती है। गतिजहवा को पवन (wind) कहा जाता है। हवा प्रकृति में स्वतंत्र रूप से उपलब्ध है। सूर्य वायुमंडलीय हवा और पृथ्वी की सतह को गर्म करता है। जब पृथ्वी गर्म होतीहै, तो उसके ऊपर की सतह की हवा ऊपर उठती है और एक कम दबाव वाला क्षेत्र बनाया जाता है। दूसरी ओर, पृथ्वी का गर्म न होने वाला हिस्सा ठंडा होता है और हाई प्रेशर पैदा करता है। इस प्रकारहवा का विकास होता है। हवा और पृथ्वी की सतह का तापमान असमानहोता है और इसलिए पवन की गति परिवर्तनशील होती है। जब हवा चलती है, तो यह गतिज ऊर्जा प्राप्त करती है। इस ऊर्जा का उत्पादनविद्युत ऊर्जा उत्पादनके लिए किया जाता है। जिस संयंत्र में यह विद्युत ऊर्जा पवन ऊर्जा से उत्पन्न होती है, उसे पवन ऊर्जा संयंत्र कहा जाता है।

4.1.1 पवन ऊर्जा का महत्व

(a) यह ऊर्जा का एक स्वच्छ और स्वतंत्र रूप से उपलब्ध स्रोत है। हवा का स्रोत अपरिहार्य है।

(b) पवन, ऊर्जाका पहला प्राकृतिक स्रोत है जिसका इस्तेमाल मानव द्वारा किया ज़ाता है। यह अपारंपरिक भी है और नवीकरणीय भी। पवन मेंबहुत ऊर्जा होती है।

(c) पवन ऊर्जा का उत्पादन, वायु और जल को प्रदूषित नहीं करता है। यह कार्बन डाइऑक्साइड (CO_2) का उत्सर्जन भी नही करता है।

(d) पवन स्रोत से ऊर्जा का दोहन, (a) यांत्रिक उपकरणों जैसे जल पंप(b) विद्युत ऊर्जाउत्पादनके लिए किया जा सकता है।

4.1.2 हवा के प्रकार

हवा के दो स्रोत हैं। (a) स्थानीयहवा (b) वैश्विक हवा

स्थानीय हवाएँ

इस प्रकारकी हवा का उत्पादनदिन और रात के दौरान भूमि और पानी की सतहों के असमानतापन और कूलिग के कारण होता है। पृथ्वी के भू-क्षेत्र में समतल सतह,पहाड़ियों के बीच घाटियां, विभिन्न ऊंचाइयों की पहाड़ियाँ और असमान ऊंचाई की इमारतें हैं। इन कारणों से एक विशेष क्षेत्र की भूमि सूर्य के विकिरण से समान रूप से गर्म नहीं होती है। इसके अलावा, भूमि और जल निकायों को भी समान रूप से गर्म नहीं किया जा सकता है। दिन में, जल निकायों की तुलना में भूमि को अधिक तेजी से गर्म हो जाती है। रात में, भूमि पानी की तुलना में अधिक तेजी से ठंडी हो जाती है और इसलिए, हवा भूमि से पानी की ओर बढ़ती है। उपरोक्त के कारण इस तरह से उत्पन्न हवाओं को स्थानीयहवाएं कहा जाता है।

वैश्विक हवाएं:

वैश्विक वायु को 'ग्रह वायु' भी कहा जाता है। इन हवाओं का उत्पादन पृथ्वी का घूर्णनऔर ध्रुवीय और भूमध्यरेखीय क्षेत्रों का असमानतापमान असमान अंतर के कारण होता है। हम जानते हैं कि पृथ्वी कुछ हलकों में विभाजित है जिन्हें अक्षांश और देशांतर कहा जाता है। अक्षांश भूमध्य रेखा और के समानांतर होते हैं और देशांतर वे वृत्त होते हैं जो उत्तरी और दक्षिणी ध्रुवों से होकर गुजरते हैं। ध्रुवीय और भूमध्यरेखीय क्षेत्रों मेंतापमान असमान होता है। यदि हम longitudes,देशांश का अनुसरण करते हैं, तो सौर विकिरण भूमध्य रेखा के लंबवत होता है। यदि हम उत्तरी गोलार्ध की ओर बढ़ते हैं, तो सौर विकिरण झुका हुआ होता है और विकिरण की मात्रा एक बड़े क्षेत्र में फैल जाती है, इसलिए तापमान भूमध्य रेखा के समान नहीं होता है। इसी तरह, दक्षिणी गोलार्ध के मामले में. पृथ्वी वर्ष में एक बार सूर्य के चारों ओर घूमती है। इससे पूर्वी और पश्चिमी क्षेत्रों में तापमान में अंतर पैदा होता है। पृथ्वी के अपनी धुरी पर घूमने से भी तापमान में अंतर पैदा होता है। इस प्रकार, उपरोक्त सभी कारणों से, असमान तापमान अंतर और

और इसलिए दबाव का अंतर वैश्विक हवाओं को विकसित करता है।

4.1.3 पवन प्रौद्योगिकी में कुछ सामान्य रूप से प्रयुक्त शब्द

पवन प्रौद्योगिकी में आमतौर पर इस्तेमाल किए जाने वाले कुछ शब्द निम्नलिखित हैं।

(a) **मौसम (Weather):** मौसम पृथ्वी के किसी विशेष क्षेत्र में वायुमंडल की तात्कालिक स्थिति का प्रतिनिधित्व करता है। इसमें तापमान, दबाव, बारिश, बादल, हवा की गति आदि का मान देखा जाता है।

(b) **हवा की जलवायु :** बृहद रूप में यह क्लाइमेट या जलवायु है यह किसी स्थान पर साल भर के मौसम से जाना जाता है।

(c) **लैमिनर (Laminar) पवन:** जमीन की सतह के साथ समानांतर में बहने वाली हवा को लेमिनर हवा प्रवाह कहा जाता है। पवन का लेमिनार प्रवाह विद्युत ऊर्जा उत्पादन के लिए सबसे उपयुक्त प्रवाह है।

(d) **अशांत (turbulence):** जब हवा का प्रवाहअधिक और असमान होता है, तो इसे टर्बूलेंस कहा जाता है। टर्बूलेंस कई प्रभावों के कारण होती है जैसे सतह का खुरदरापन, तापीय प्रभाव, पहाड़ियाँ, इमारतें आदि, इस प्रकार टर्बूलेंस के कारण हवा की गति परेशान करती है। हवा प्रचलित दिशा से भिन्न दिशा लेती है।इन हवाओं को अशांत कहा जाता है। टर्बूलेंस के कारण, बिजली का उत्पादन बाधित हो सकता है और पवन ऊर्जा संयंत्रों को नुकसान हो सकता है।

(e) **अशांति सूचकांक (turbulence index):** औसतवायु गति की तुलना में हवा की अस्थिरता को मापने के लिए इसका उपयोग किया जाता है। यह समीकरण(4.1) द्वारा दिया गया है, जहां σ हवा की गति का मानकविचलन (standard deviation) है और $\bar{v}$ (mean) हवा की गति है।

$$\text{Turbulence index, TI} = \frac{\sigma}{\bar{v}} \quad (4.1)$$

(f) **पवन शीयरः** यह ऊंचाई के साथ हवा की गति और हवा की दिशा में परिवर्तन है,और इसे ऊंचाईमें परिवर्तन के साथ क्षैतिजहवा की गति में परिवर्तन के रूप में परिभाषित किया गया है।

4.1.4 हवा की प्रोफाइलिंग

पवन की गति ऊंचाईसे प्रभावित होती है। पवनसे बिजली बनाने के लिए, पवन ऊर्जा संयंत्र, जमीन से लगभग 150 मीटर से 200 मीटर की ऊंचाईपर स्थितहोता हैं। पवन प्रोफ़ाईल या वायु प्रवणता ऊंचाईके साथ पवनकी गति भी भिन्न होती है। यह प्रोफ़ाइल क्षेत्र,ग्रामीण क्षेत्र, मैदानी क्षेत्र, या समुद्री क्षेत्र जैसे परिवर्तनों के साथ भी बदलती है। पृथ्वीकी खुरदुरी सतह भी पवनकी गति को बदल देती है। इस प्रकार, पवनका स्वरूप बदलता रहता है। चित्र 4.1 कुछ पवन प्रोफाइल दिखाता है। "पवन शीयर एक्सपोनेंट" ”या” "पावर लॉ इंडेक्स” नामक एक फैक्टरप्रत्येक साइट के लिए निर्धारित किया जाता है। अवतारित का परिमाण स्थल-विशिष्ट सूचना को वहन करता है। α के लिए अभिव्यक्ति समीकरण द्वारा दी गई है (4.2) द्वारा दी गई है।

$$\alpha = \frac{\log_{10}\left(\frac{v_2}{v_1}\right)}{\log_{10}\left(\frac{h_2}{h_1}\right)} \quad (4.2)$$

where, v_2 = wind speed at height h_2, v_1 = wind speed at height h_1

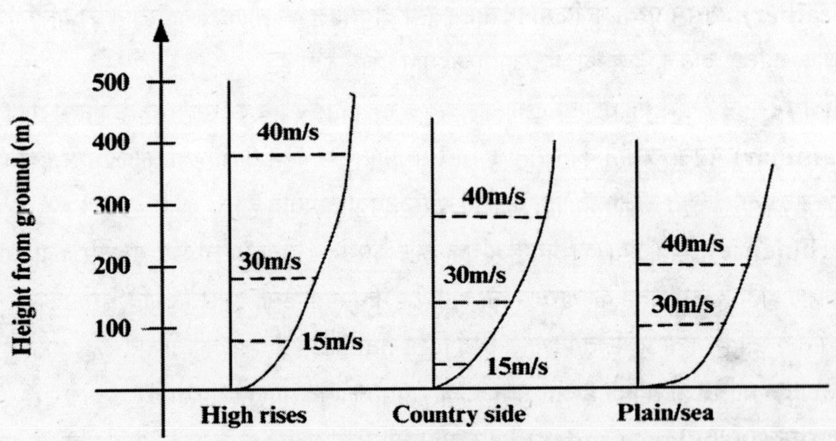

चित्र 4.1 पवन ग्रेडिएंट या प्रोफाइल

दीर्घकालिक पवन के लिए, समीकरण (4.3) द्वारा दिए गए पावर लॉ मॉडल नामक एक मॉडल का उपयोग किया जाता है।

$$\frac{v_2}{v_1} = \left(\frac{h_2}{h_1}\right)^{\alpha} \quad (4.3)$$

α का मान खुरदरापन वर्ग पर निर्भर करता है। खुरदरापन वर्ग 0, 1, 2 और 3 के लिए इसका मान क्रमशः 0.1, 0.15, 0.2 और 0.3 है। खुरदरेपन को भार के भू-भाग और वनस्पति घनत्व से संदर्भित किया जाता है।

4.1.5 भारत का पवन मानचित्र

चेन्नई के राष्ट्रीय पवन ऊर्जा संस्थान (NIWE),ने 30 मीटर और 50 मीटर की ऊंचाईपर पवन ऊर्जा विकास के लिए भारत में उपयुक्त 97 से अधिक स्थानों पर क्षेत्रीय सर्वेक्षण और पवन संसाधन मानचित्र बनाए हैं। यह नक्शा चित्र 4.2 में दिखाया गया है। एनआईडब्ल्यूई विशेष स्थानों पर सबसे अधिक ऊंचाईपर पवनमाप कर रहा है। ऊंचाईहमेशा पवन नक्शे पर निर्दिष्ट की जाती है क्योंकि पवन की गति ऊंचाईके साथ बढ़ती है।

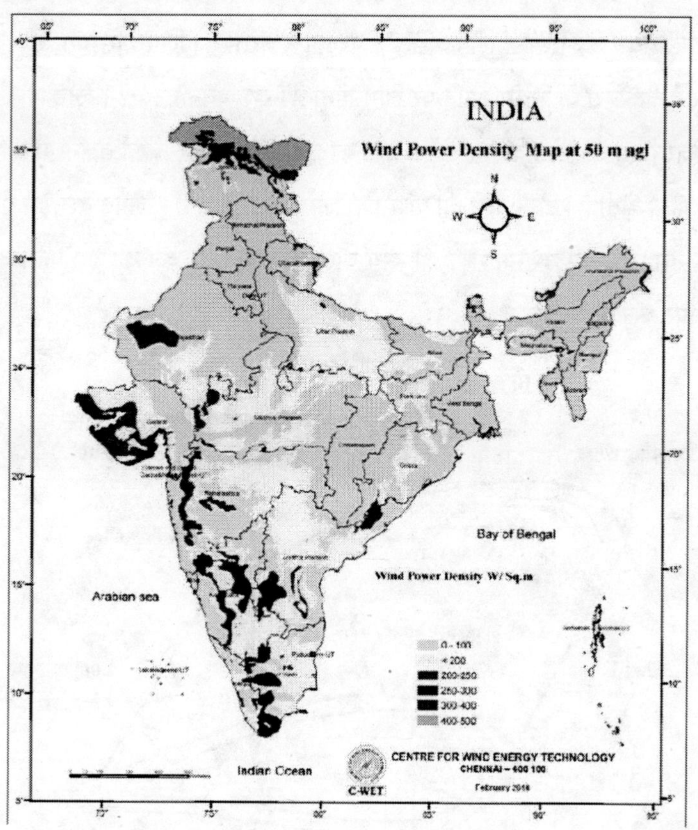

चित्र 4.2-भारत में पवन ऊर्जा उत्पादन (पवन मानचित्र) (साभारः www. niwe.nic. In)

4.2 घूर्णन सिद्धांत

पवन की गतिज ऊर्जा को यांत्रिक ऊर्जा में परिवर्तित करने केदो तरीके हैं। उन्हें लिफ्ट और ड्रैग सिद्धांत के रूप में नामित किया गया है। दोनों विधियों में, गतिज ऊर्जा को पकड़ने के लिए पवन को धीमा कर दिया जाता है। ये सिद्धांत केवल तभी काम

करेंगे जब एक चलती हुई द्रव औरवस्तु के बीच एक सापेक्ष वेग होगा।पवन ऊर्जा रूपांतरण के मामले में, पवनतरल पदार्थ है और टरबाइन ब्लेड ऑब्जेक्ट हैं।

ड्रैग सिद्धांत द्वारा बनाया गया बल ड्रैग कहलाता है और लिफ्ट सिद्धांत द्वारा बनाया गया बल लिफ्ट कहलाता है। ड्रैग बल का विकास बहते हुए तरल पदार्थ (यानी हवा) में अस्थिरताक या turbulence पैदा करके किया जाता है। ड्रैग बलरोटर के एक तरफ के सपाट या घुमावदार क्षेत्रमें हवा को उजागर करने और दूसरी तरफ को ढालने पर निर्भर करता है। परिणामी अंतरड्रैग बल रोटर को घुमाती है। ड्रैग फोर्स एरोफोइल सतह पर viscous घर्षण बलों और असमानदबाव का परिणाम है जो आने वाले प्रवाह की ओर और उससे दूर एरोफोइल सतह पर असमानदबाव का सामना कर रहा है।

आधुनिक विशाल पवन ऊर्जा संयंत्र लिफ्ट सिद्धांत पर काम करता है। लिफ्ट सिद्धांत, सुव्यवस्थित वस्तुओं जैसे मछली, विमान के फ्यूजलेज और हेलीकॉप्टरों के नियम आदि पर लागू होता है। एक पवन टरबाइन ब्लेड भी एक सुव्यवस्थित वस्तु है। जब हवा टरबाइन ब्लेड से गुजरती है, तो ब्लेड के एक तरफ हवा का दबाव दूसरी तरफ की तुलना में कम हो जाता है। इसके कारण ब्लेड पर लिफ्ट और ड्रैग फोर्स होती है। दोनो बलों की परिमाणअलग-अलग बल है। लिफ्ट बल,ड्रैग बलसे अधिक मजबूत होताहै। चित्र 4.3 में लिफ्ट और ड्रैग फोर्स को दर्शाया गया है। वायु वाष्प के समानांतर बल को ड्रैग फोर्स कहा जाता है। वायु धारा, के लंबवत उत्पन्न बल को लिफ्ट बल कहा जाता है।

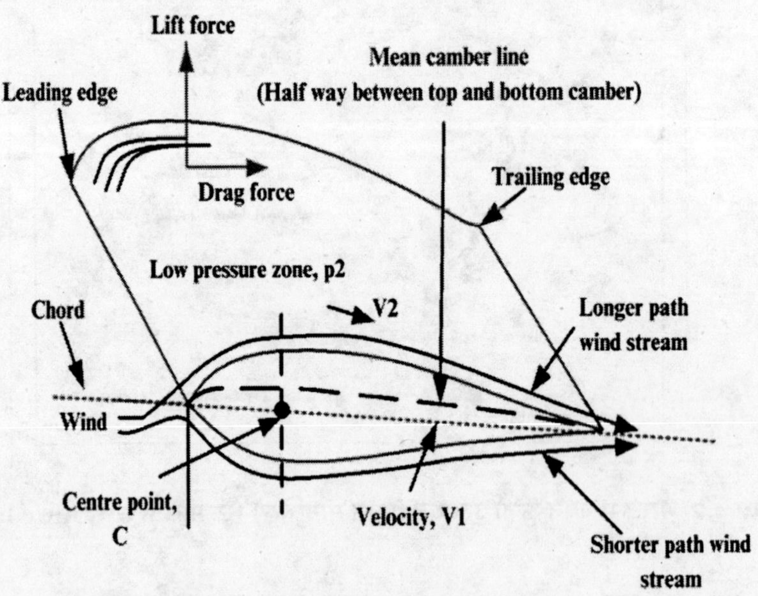

चित्र 4.3 (a) एरोफोइल लिफ्ट कार्रवाई

लिफ्ट और ड्रैग के बीच क्या संबंध (relation) है?

लिफ्ट प्राप्त करने के लिए ड्रैग फोर्स अत्यंत आवश्यक है।लिफ्ट टू ड्रैगरेशो (L/D) ही वह संख्या है जो इसका अनुमान बताता हैकि किसी विंग या एयर फ़ाइल द्वारा उसके ड्रैग की तुलना में उत्पन्न लिफ्ट की माला जनरेट करेगा। L/D अनुपात का उपयोग लिफ्ट और ड्रैग के बीच संबंध(relation) को व्यक्त करने के लिए किया जाता है और यह ड्रैग गुणांक (coefficient) (DC) द्वारा लिफ्ट गुणांक (coefficient) (LC) को विभाजित करके निर्धारित किया जाता है, (LC/DC) .

लिफ्ट और ड्रैग का उत्पादन कैसे होता है?

फ्लूइडः लिफ्ट केवल तभी उत्पन्न होती है जब एक ठोसवस्तु (object) और एक तरल पदार्थ की आपस में क्रिया होती है।

गति (motion): लिफ्ट केवल तभी उत्पन्नहोती है जब ठोसवस्तु (object) और द्रव के बीच वेग (velocity) में सापेक्ष अंतर होता है। यह गति (motion) ड्रैगबल भी बनातीहै, जिसे प्रेरित ड्रैग कहा जाता है।

हवाई जहाज के उड़ान या पक्षी के उड़ने के पीछे का विज्ञान

एक उड़ते हुए हवाई जहाज पर चार बल कार्य करते हैं ।इनमें वजन और लिफ्टिंग, थ्रस्ट और ड्रैग शामिल हैं। यह ज्ञात है कि गुरुत्वाकर्षण (drag) एकबल है जो सब कुछ पृथ्वी की सतह की ओरखींचता है। इस खिचाव को वजन बल कहते हैं। हवाई जहाजों और पक्षियों को वजन बल का विरोध करने के लिए पर्याप्त लिफ्ट बल प्रदान करने में सक्षम होना चाहिए।जब हवाई जहाज के पंखों के नीचे और ऊपर हवा बहती है,तब,हवा के दबाव में भिन्नता के कारणलिफ्ट बल उत्पन्न होता है।यह वजन के खिलाफ ऊपर की ओर कार्य करता है और विमान को उड़ान भरने के लिए यहअधिकसे अधिक होना चाहिए। किसी पक्षी या हवाई जहाज की शक्तिका स्रोत बल प्रदान करता है। थ्रस्ट वह बल है जो वस्तु (object) को आगे की और ले जाता है। थ्रस्ट बल निम्न द्वारा प्रदाय किया जाता है

(a) पक्षियों और अन्य उड़ते जानवरों के लिए उनकी मांसपेशियों द्वारा

(b) उडान मशीनों के लिए इंजनद्वारा

(c) ग्लाइडर के लिए जो हमेशा जो एक शैलो एंगल पर उड़ते हैं, गुरुत्वाकर्षण(पक्षी भी जब ग्लाइड करते हैं तब इसी प्रकार गुरुत्वआकर्षण के कारण कर पाते हैं)।

थ्रस्ट के विरुद्ध कार्य करने वाले बल को ड्रैग कहा जाता है। यह गति के विपरीत दिशा में वायु प्रतिरोध द्वारा उत्पन्न होता है और गति की विपरीत दिशा में कार्य करता है। ड्रैग की माला वस्तु के आकार, हवा के घनत्वऔर ऑब्जेक्ट की गति पर निर्भर करती है। थ्रस्ट, ड्रैग के बल पर काबू पा सकता है या इसका मुकाबला कर सकता है।उड़ान, इन बलों परही निर्भर करती है-कि क्या लिफ्ट बल वजन बल से अधिक है या थ्रस्ट,ड्रैग (घर्षण) बलों से अधिक है?

रेखाचित्र 4.3 (b) में वे बल जो उडान की गति को नियंत्रित करते हैं, दिखाया गया है। लिफ्ट और ड्रैग को वायुगतिकीय(एयरोडायनेमिक) बलों के रूप में माना जाता है, क्योंकि वे हवा के माध्यम से एक वस्तु (जैसे विमान) की गति के कारण मौजूद होते हैं।विमान का वजन, पंख के ऊपर बहने वाली हवा द्वारा बनाई गई लिफ्ट का विरोध करता है और उसेनीचे खीचता है। प्रोपेलर (इंजन) द्वारा थृस्ट उत्पन्न किया जाता है जो हवा के प्रतिरोध के कारण ड्रैग का विरोध करता है।टेक-ऑफ के दौरान, थृस्ट, ड्रैग बल के विरुद्ध कार्य करताहै और लिफ्ट बल को विमान के वजन का मुकाबला करना पड़ता है। यह स्थिति तब तक रहती है जब तक विमान हवा में एयरबोर्न नहीं कर जाता है। जब कोई हवाई जहाज या पक्षी एकसमान गति से सीधी उड़ान भरता है तब निम्नलिखित स्थिती होती है:

(a) ऊपर की ओर लिफ्ट बल = वजन बल नीचे की ओर (तो विमान/पक्षी एक स्थिर ऊंचाई पर रहता है)

(b) आगे की ओर थृस्ट= ड्रैग की विरोधी शक्ति(इसलिए विमान/पक्षी स्थिर गति से स्थिर रहता है)

यदि बल समान या संतुलित नहीं हैं, तो वस्तु सबसे बड़े बल की ओर गति, धीमा या दिशा बदल देगी।

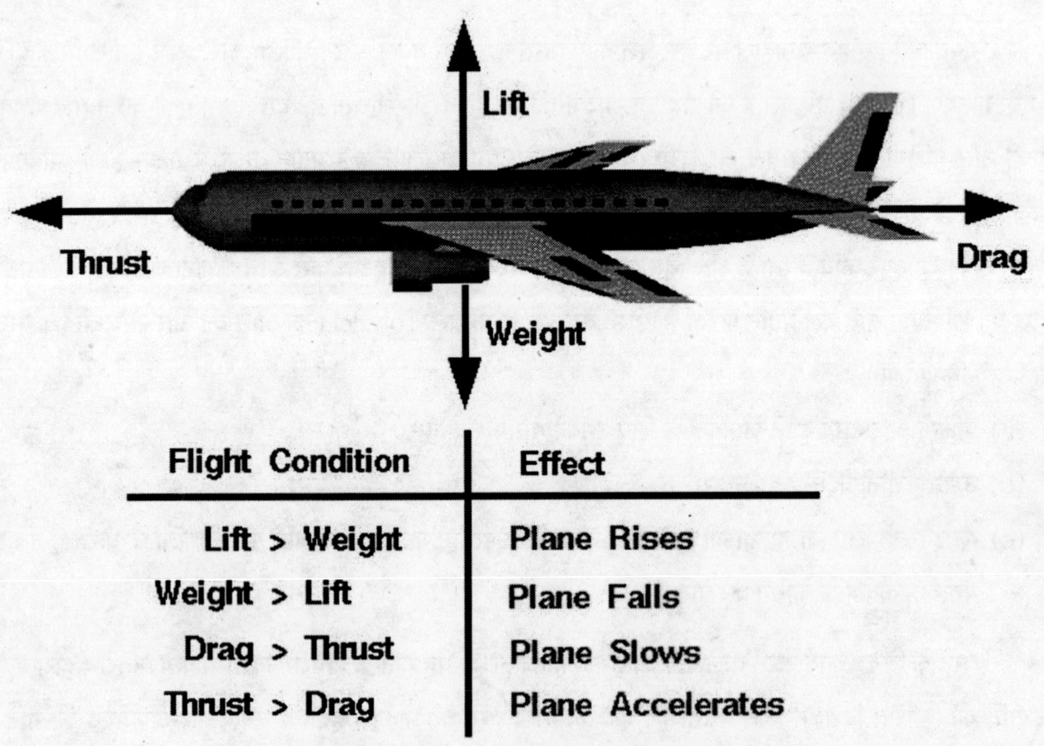

चित्र 4.3 (b) वे बल जो उडान की गति को नियंत्रित करते हैं

(साभारः https:// www. nsu. gov. In/k12/bGP. html)

4.3 पवन ऊर्जा और विड पावर

4.3.1 पवन ऊर्जा

ऊर्जा रूपांतरण सिद्धांत के अनुसार, ऊर्जा न तो बनाई जा सकती है और न ही नष्ट की जा सकती है, लेकिन यह एक रूपसे दूसरे रूपमें परिवर्तित हो सकती है। पवन ऊर्जा, गतिज ऊर्जाका एक विशेष रूपहै। पवन टरबाइन रोटर इस गतिज ऊर्जा को यांत्रिक ऊर्जा में परिवर्तित करता है। यांत्रिक शक्तिमें हवा की 100% गतिज ऊर्जा रूपांतरण संभवनहीं है। रोटर्स तक पहुंचने से पहले हवा की गति को अपस्ट्रीम गति कहा जाता है और जिस गति से हवा रोटर को छोड़ती है, उसे डाउनस्ट्रीम गति कहा जाता है। हवा की गतिज ऊर्जा (E) गतिज वायु द्रव्यमान (m) और गति (v) पर निर्भर करती है और गतिज ऊर्जा का उपयोग (4.4) करके गणना की जाती है।

$$E = \frac{1}{2} m v^2 \quad (4.4)$$

विड पावर(P) को विड एनर्जी(E) के परिवर्तन की दर के रूपमें परिभाषित किया गया है और इसे (4.5) में दिया गया है

$$P_w = \frac{dE}{dt} = \frac{1.}{2} m v^2 \quad (4.5)$$

हालांकि,इसमें से विड पावर का एक छोटा हिस्सा विद्युत पावर में परिवर्तित हो जाता है।

जब पवन टरबाइन से गुजरती है और ब्लेड को घुमाती है तो संबंधित द्रव्यमान प्रवाह दर (mass flow Rate) $\dot{m}$ की गणना निम्न समीकरण (4.6),का उपयोग करके की जाती है

$$\dot{m} = \rho A v \quad (4.6)$$

जहां 'ρ' वायु घनत्व फैक्टर(= 1.225 किग्रा/m^3) है, 'A' ब्लेड का स्वैप क्षेत्र(m^2) है जैसा कि रेखाचित्र 4.4 (a) में दिखाया गया है और v हवा की गति (m/s) है। (4.5) में प्रतिस्थापन (4.6), उपलब्ध पवन ऊर्जा (P_W) को (4.7) के रूप में प्राप्त किया जाता है

$$P_w = \frac{1}{2} \rho A v_w^3 \quad (4.7)$$

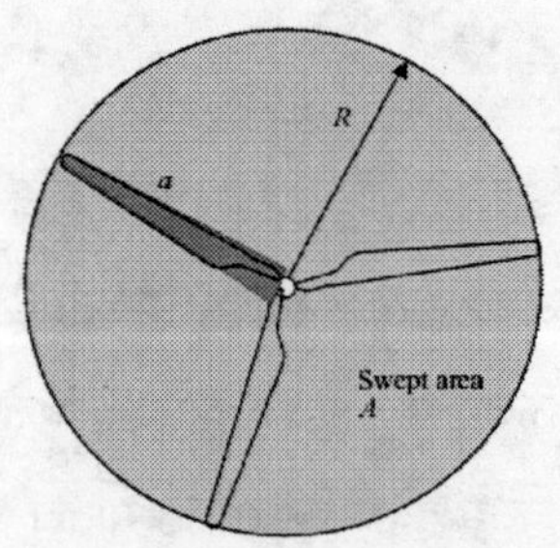

चित्र. 4.4 (a) पवन टरबाइन का स्वेप्ट क्षेत्र

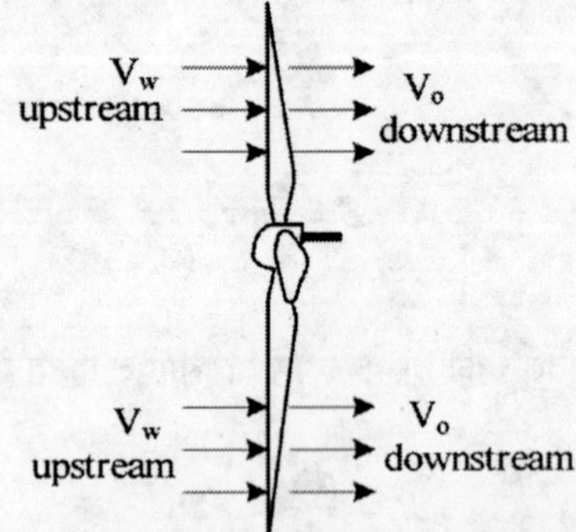

चित्र 4.4 (b) पवन वेग के साथ पवन टरबाइन

समीकरण(4.7) से, हवा की शक्तिया अबाधित पवन ऊर्जा, हवा घनत्व के साथ-साथ स्थानक्षेत्रऔर हवा के वेग पर निर्भर करती है। अपस्ट्रीम हवा का बहाव,(पवन टरबाइन ब्लेड तक पहुंचने से ठीक पहले) या अबाधित पवन ऊर्जा सीधे हवा की गति की घन cub ıc power घन शक्तिके आनुपातिक है। इसलिए, हवा की गति में छोटी सी भी भिन्नता पवन ऊर्जा में भारी परिवर्तन को प्रभावित करती है। इस शक्तिको अपस्ट्रीम पवन ऊर्जा कहा जाता है। डाउनस्ट्रीमकी हवा का मतलब है वह हवा,जो केवल पवन टरबाइन ब्लेड को छोड़ने के बाद उपलब्ध है। पवन टरबाइन ब्लेड से डाउनस्ट्रीम पवन ऊर्जा में सभी अपस्ट्रीम पवन ऊर्जा को निकालना संभवनहीं है क्योंकि अपस्ट्रीम पवन गति की तुलना में डाउनस्ट्रीम पवन गति कम है।

4.3.2 वास्तविक पवन टर्बाइन पावर

अपस्ट्रीम पवन ऊर्जा,डाउनस्ट्रीम पवन ऊर्जा की तुलना में अधिक है। इन दो शक्तियों के बीच का अंतर पवन रोटर ब्लेड द्वारा निकाला जाता है और इसे वास्तविक यांत्रिक शक्तिकहा जाता है। इस वास्तविक यांत्रिक शक्तिका उपयोग एक प्रेरण जनरेटर के माध्यम से बिजली उत्पादन के लिए किया जाता है। चित्र 4.4 (b) चलती हवा के अपस्ट्रीम और डाउनस्ट्रीम वेग को दर्शाता है।

टरबाइन आउटपुट पावर (P_o) द्वारा दिया जाता है (4.8), जहां V_w = अपस्ट्रीम पवन वेग और V_o = डाउनस्ट्रीम पवन वेग।

$$P_o = \frac{1}{2} \times mass\ flow\ rate\ per\ second \times \left(v_w^2 - v_o^2\right) \quad (4.8)$$

हवा का वेग अपस्ट्रीमके पवन वेग से डाउनस्ट्रीम के पवन वेग तक निरंतर नहीं रहताहै। पवन टरबाइन रोटर ब्लेड के माध्यम से गुजरने वाली हवा के औसतवेग की गणना समीकरण (4.9) का उपयोग करके की जाती है।

$$v_{avg} = \frac{v_w + v_o}{2} \quad (4.9)$$

हवा के घनत्व(ρ) वाले क्षेत्र(A) से गुजरने वाली हवा का द्रव्यमान प्रवाह दर (4.10) का उपयोग करके निर्धारित किया जाता है।

$$Mass\ flow\ rate\ per\ second = \rho A v_{avg} \quad (4.10)$$

(4.10) से (4.8) में स्थानापन्न, पवन टरबाइन रोटर की वास्तविक यांत्रिक शक्तिनिम्नानुसार है:

$$P_o = \frac{1}{2}\left[\rho A \frac{v_w + v_o}{2}\right] \times \left(v_w^2 - v_o^2\right) \quad (4.11)$$

समीकरण(equat ıon) (4.11) को 4.12 और (4.13) के रूप में पुनर्व्यवस्थित किया जा सकता है।

$$P_o = \frac{1}{2} v_w \left[\rho A \frac{1 + \left(\frac{v_o}{v_w}\right)}{2}\right] \times v_w^2 \left(1 - \frac{v_o^2}{v_w^2}\right) \quad 4.12$$

$$P_o = \frac{1}{2} \rho A v_w^3 \times \frac{\left(1 + \frac{v_o}{v_w}\right)\left[1 - \left(\frac{v_o}{v_w}\right)^2\right]}{2} \quad (4.13)$$

आमतौर पर, वास्तविक यांत्रिक शक्तिको अपस्ट्रीम पवन ऊर्जा के अंश के रूप में व्यक्त किया जा सकता है और

यह (4.14) द्वारा दिया जाता है

$$P_o = \frac{1}{2} \rho A v_w^3 C_p \quad (4.14)$$

$$C_p = \frac{\left(1+\frac{v_o}{v_w}\right)\left[1-\left(\frac{v_o}{v_w}\right)^2\right]}{2} \quad (4.15)$$

फैक्टरसीपी (C_p) को पवन टरबाइन रोटर के पावर गुणांक या पवन टरबाइन रोटर की दक्षता कहा जाता है। यह फैक्टर,अपस्ट्रीम पवन ऊर्जा का अंश है, जो रोटर ब्लेड द्वारा परिवर्तित की जाती है।इसे रोटर ब्लेड के वास्तविक यांत्रिक शक्तिआउटपुट औरअपस्ट्रीम पवन ऊर्जा के बीच अनुपात (4.16) के रूप में भी परिभाषित किया गया है।"

$$C_p = \frac{P_o}{P_w} \quad (4.16)$$

एक इष्टतम डाउनस्ट्रीम पवन वेग,$V_{o,opt}$ है जो अधिकतम आउटपुट पावर, Pmax में परिणाम देता है जिसे निम्नलिखित रूप में प्राप्त किया जा सकता हैः

$$\frac{dP_o}{dv_o} = 0 \quad (4.17)$$

where, $$P_o = \frac{1}{4}\rho A(v_w + v_o)(v_w^2 - v_o^2) \quad \frac{dP_o}{dv_o} = \frac{1}{4}\rho A(-2v_w v_o + v_w^2 - 3v_o^2)$$

सरलीकरण के बाद के लिए यह इस प्रकार प्राप्त होता है.

$$v_{o,opt} = \frac{1}{3} v_w$$

V_o/V_w का अनुपात एक विशिष्ट अपस्ट्रीम वायु गति के लिए C_P मूल्यको निर्धारित करता है। चित्र 4.5,C_P के एकल अधिकतम मूल्यके लिए पावर गुणांक बनामV_o/V_wको दर्शाता है। सीपी (C_P) का अधिकतम मूल्य0.59 है, जब V_o/V_wइष्टतम स्थिति में एक तिहाई है।

$$C_p = \frac{\left(1+\frac{1}{3}\right)\left[1-\left(\frac{1}{3}\right)^2\right]}{2} = \frac{1.333\times\left(1-\frac{1}{9}\right)}{2}$$

$$= \frac{1.333\times 0.889}{2} = 0.5911 = 59.11\%$$

रोटर ब्लेड की अधिकतम यांत्रिक शक्तिके लिए हवा कीउसगति से निकाला जाता है, जब अपस्ट्रीम हवा की गति के लिए डाउनस्ट्रीम का अनुपात (1/3) होता है। इस शर्त के लिए।

$$P_{max} = 0.295\rho A v_w^3 \quad (4.18)$$

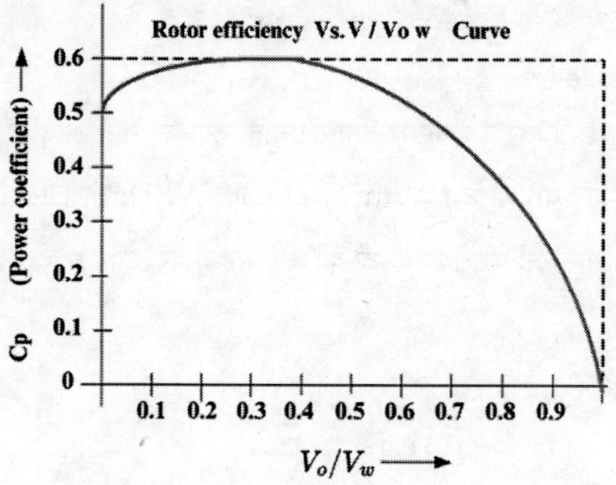

चित्र 4.5 पवन टरबाइन रोटर दक्षता वक्र

(C_P) का सैद्धांतिक अधिकतम मूल्य0.5911 है। व्यावहारिक डिजाइन के लिए, अधिकतम C_P मूल्यउच्च गति कीदो ब्लेड पवन टर्बाइनों के लिए 0.5 से कम है, और स्लो-स्पीड की अधिक ब्लेड वालीपवन टर्बाइनों के लिए 0.2 और 0.4 ।

4.3.3 ऊर्जा उत्पादन

पवन टरबाइन से पवन ऊर्जा निष्कर्षण का मुख्य फैक्टरहवा की स्थिति है, जहां इसे स्थापित किया गया है। एक विशिष्ट अवधि के लिए, पवन ऊर्जा उत्पादनका अनुमान लगाना पवन टरबाइन की हब ऊंचाईपर हवा की गति की आवृत्ति पर निर्भर करता है। मान लीजिए, एक वर्षमें, एक विशेष स्थानके लिए, औसतवायु गतिकी गणना (4.19) पर आधारित होती है,जो पवन गति (v) डेटा के लिएn अवलोकनों की संख्या है।

$$v_{mean} = \frac{\sum_{i=1}^{n} v_i}{n} \quad (4.19)$$

एक वर्ष में एक पवन टरबाइन से ऊर्जा उत्पादन उस विशेष साइट पर औसतहवा की गति और हवा की आवृत्ति पर निर्भर करता है। जब आवृत्ति वितरण अंतराल छोटा होता है, तो हवा उस बिदु पर अपेक्षाकृत सुसंगत होती है, हालांकि, जब आवृत्ति वितरण अंतराल बड़ा होता है, तो हवा अत्यधिक परिवर्तनशील होती है।

4.3.4 पवन ऊर्जा घनत्व

पवन टरबाइन प्रति यूनिट स्वैप क्षेत्रसे उत्पादित पवन ऊर्जा को पवन ऊर्जाघनत्व (WPD) कहा जाता है। यह (4.20) का उपयोग करकेयह गणना की जाती है।

$$\frac{P_w}{A} = \frac{1}{2}\rho v_w^3 \quad \text{watt/m}^2 \qquad (4.20)$$

पवन ऊर्जा घनत्व मूल्य,किसी विशेष स्थानपर हवा की गति, हवा की गति आवृत्ति वितरण और एयर डेंसिटी पर निर्भर करता है। WPD की इकाई वाट प्रति वर्ग मीटर (W/m²) है। मासिक WPD की गणना (4.21) का उपयोग करके की जाती है, जिसमें V_h = हवा की गति का मान घंटे पर, N = घंटों की कुल संख्या पर, और ρ = हवा का घनत्व किलोग्राम/m³ में होता है।

$$WPD = \frac{\frac{1}{2}\rho\sum_{h=1}^{N} v_h^3}{N} \qquad (4.21)$$

तालिका 4.1 के अंतिम स्तंभ(column) में, हमने इस धारणा के आधार पर कि यह 30% कुशल है, टरबाइन के आउटपुट की गणना की है। हालांकि, हमें यह ध्यान रखना चाहिए कि टरबाइन की दक्षता हवा की गति पर निर्भर करती है। यह हवा की गति के अनुसार घटता-बढ़ता है।

तालिका 4.1 हवा की गति और पवन ऊर्जा घनत्व

हवा की रफ्तार kmph	**हवा की गति m/s**	**शक्तिघनत्व वाट/m²**	**टर्बाइन** उत्पादन30% कार्यकुशलता
1	0.278	0.013	0.004
10	2.778	12.860	3.858
25	6.944	200.939	60.282
50	13.889	1607.510	482.253
75	20.833	5425.347	1627.604
100	27.778	12860.082	3858.025
125	34.722	25117.348	7535.204

चित्र 4.6 से पता चलता है कि पवन ऊर्जा घनत्व हवा की गति के साथ कैसे भिन्न होता है। WPD वायु घनत्व। =1.225 kg/m³ पर हवा की गति की घन(cubic) शक्ति को बदलता है।

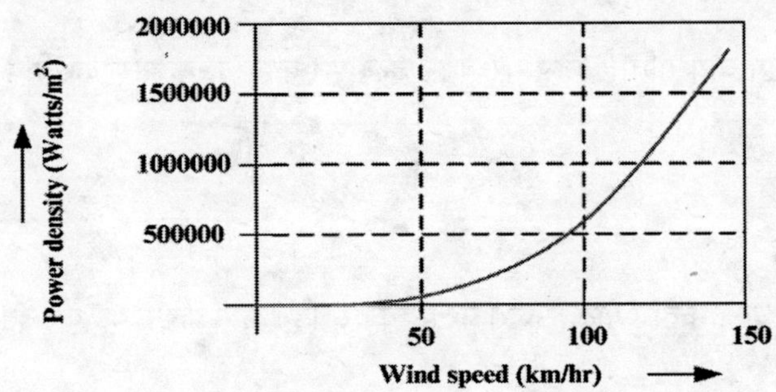

चित्र 4.6 स्पीड बनाम पावर डेंसिटी

4.3.5 ऊर्जा और पावर के बीच संबंध

ऊर्जा को पावर के उपयोग की अवधि के दौरान पावर और समयके उत्पाद के रूप में परिभाषित किया जाता है। ऊर्जा का गणितीय प्रतिनिधित्व (4.22) में दिया गया है, जहां, E = ऊर्जा, P = ऊर्जा और t = समय।

$$\boxed{E = P \times t} \quad (4.22)$$

वाट- आवर (Wh) या किलोवाट-आवर(kWh) ऊर्जा की इकाई है।

यदि पवन ऊर्जा टरबाइन को दो घंटे के लिए 100 किलोवाटदेती है तो 200 किलोवाट ऊर्जा का उत्पादन होता है। यदि एक पवन टरबाइन एक वर्ष के दौरान औसतपावर के रूप में 150 किलोवाट उत्पन्न करती है, तो 150 औसतपावर प्रति वर्ष 150 ×365 × 24 किलोवाटआवर ऊर्जा का उत्पादन करेगी।

4.4 पवन टर्बाइन की संचालन विशेषताएँ (ऑपरेशन करैक्टेरिस्टिक्स)

पवन टरबाइन लगातार हवा की गति के विपरीत काम नहीं कर सकती है।इसके ऑपरेशन के कुछ विशिष्ट स्वभाव हैं और उन्हें एक विशिष्ट पवन टरबाइन पावर वक्र में समझाया गया है जो चित्र 4.7 में दिखाया गया है।

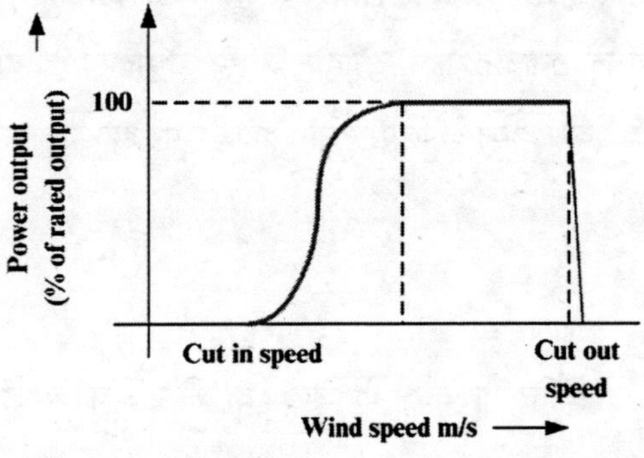

चित्र. 4.7 विंड टरबाइन पावर कर्व

कट-इन स्पीड

कट-इन स्पीड वह न्यूनतम वायु गति है जिस पर पवन टरबाइन काम करना शुरू करती है। यह गति आमतौर पर 4 मीटर प्रति सेकंड होती है।

कट-आउट स्पीड

कट-आउट स्पीड,वह अधिकतम वायु गति है जिस पर पवन टरबाइन काम करना बंद कर देती है। यह गति आमतौर पर 14 मी/से अधिक होती है।

रेटेड स्पीड

नियत गति को उस गति के रूप में परिभाषित किया जाता है, जिस गति से विद्युत जनरेटर रेटेड शक्तिया अधिकतम शक्तिउत्पन्न करता है। रेटेड हवा की गति और रेटेड पावर पवन टरबाइन डिजाइन के प्राथमिक डिजाइन पैरामीटर हैं। अधिकांश मशीनों के लिए रेटेड गति 11 से 16 मीटर/सेकंड की सीमा(l ım ıt) में है।

बेट्ज़ सीमा

बेट्ज़ के नियम के अनुसार, एक पवन टरबाइन रोटर हवा की गतिज ऊर्जा का 59.3% से अधिक नहीं निकाल सकता है। यह मान सैद्धांतिक है, और इसे बेट्ज सीमा (limit) के रूप में भी जाना जाता है। व्यवहार में, पवन टरबाइन रोटर दक्षता 59% से अधिक नहीं है। अधिकांश मशीनोंमें रोटर दक्षता 35% से 45% है।

पिच कोण (β)

यदि पवन वेग(veloc ıty) कट-इन गति से नीचे है, तो पवन टरबाइन को ब्रेक का उपयोग करके बंद कर दिया जाता है। इसी तरह,यदि पवन टरबाइन के कट-आउट गति के ऊपर है,तो भी यह संचालित नहीं किया जाता है और पवन टरबाइन को ब्रेक का उपयोग करके बंद कर दिया जाता है॥पवन टरबाइन ब्लेड कभी भी लंबवत और पवन के समानांतर नही रहता है। यदि ब्लेड, हवा के लंबवत है, तो ब्लेड पर अधिक तनाव होगा और यह क्षतिग्रस्त हो सकता है। यदि ब्लेड हवा के साथ समानांतर है तो ब्लेड आगे नहीं बढ़ेगा। ब्लेड पर तनाव को कम करने के लिए, उन्हें एक कोणपर झुकाकर लगाया जाता है और इस कोणको पिच कोण(β).) कहा जाता है।

पिच नियंत्रण

इसका उपयोग रोटर की गति को विनियमित करने के लिए, हवा की गति को बदलने के लिए ब्लेड की पिच कोबदलकर किया जाता है।

4.5 पवन टर्बाइन रोटर के प्रदर्शन को प्रभावित करने वाले फैक्टर

रेटेड हवा की गति पर, एक पवन टरबाइन का रोटर अधिकतम दक्षता प्राप्त करता है। आमतौर पर, रोटर डिजाइन के आधार पर रेटेड हवा की गति 11 मीटर/सेकंड और 16 मीटर/सेकंड के बीच होती है। इसके अतिरिक्त पवन टरबाइन का प्रदर्शन विभिन्न फैक्टरो पर निर्भर करता है। इसमें कुछ बातो पर चर्चा की गई है।

(a) टिप स्पीड

(b) टिप स्पीड अनपातु(TSR)

(c) एरोडायनामिक एफिशिएंसी C_P या पावर एफिशिएंसी गुणांक

(d) सॉलिडिटी

a) टिप गति

जब एक पवन टरबाइन के पंख घूमते हैं, तो ब्लेड के टिप मध्य की तुलना मेंतेजी से आगे बढ़ते हैं, जबकि पंखों का वह हिस्सा,जो हब के करीब होता है, एक स्थिर गति मेंचलताहै। एक आधुनिक पवन टरबाइन के लिए, ब्लेड टिप गति, हवा की गति से 10 गुना अधिक होती है। यदि हवा की गति 5 m/s हैतो ब्लेड टिप की गति 50 m/sहोती है। ब्लेड टिप की लंबाईसीधे पवन टरबाइन रोटर और आरपीएम की ब्लेड लंबाईया त्रिज्या(rad ׀us) के आनुपातिक होती है। जिससे टिप गति की गणना (4.23) की जाती है।

$$v_{tip} = \frac{2\pi RN}{60} \text{ m/s} \quad (4.23)$$

जहां, N = रोटर का RPM,R = रोटर का त्रिज्या।

b) टिप स्पीड अनुपात (TSR)

TSR को पवन टरबाइन रोटर के बाहरी टिप गति (टिप) के रैखिक गति के अनुपात के रूप में अपस्ट्रीम पवन वेग (Vo) के साथ परिभाषित किया गया है। इसे निम्नलिखित λ रूप में परिकलित किया गया हैः

$$\text{Tip speed ratio (TSR), } \lambda = \frac{\text{Blade tip speed } v_{tip}(\omega R)}{\text{upstream wind speed, } v_o} \quad (4.24)$$

$$\lambda = \frac{\omega R}{v_o} \quad (4.25)$$

$$v_o = \frac{2\pi NR}{\lambda} \quad (4.26)$$

जहां कोणीय गति $\omega = 2\Pi N$ (rad/s) को ब्लेड टिप, R = रोटर त्रिज्या (m), V_O = अबाधित वायु गति (m/s) पर रखा गया है। एक विशिष्ट हवा की गति के लिए, यदि स्वैप क्षेत्रबढ़ जाता है तो λ का मानबढ़ जाता है। आम तौर पर, पवन टरबाइन के उच्च λ मानको प्राथमिकता दी जाती है, लेकिन उस बिदु को नहीं जहां पवन टरबाइन शोर उत्पन्न करती है। कम λ मान पर, पवन टरबाइन रोटर का टॉर्क कम होता है तथा धीमी गति से घूमता है। एक उच्च λ मानके लिए, टरबाइन रोटर में कम टॉर्क होता है लेकिन उच्च शाफ्ट गति पर घूमता है। विद्युत ऊर्जा के सुचारू उत्पादन के लिए ऊर्जा का उच्च λ मान उपयुक्त है। रोटर का एक उच्च आरपीएम अधिक शोर प्रदान करता है। इस प्रकार, आधुनिक पवन ऊर्जा संयंत्र कारोटर, एक बड़ा व्यासऔरकम RPM का होता है।

(ग) एयरोडायनामिक दक्षता या विद्युत दक्षता गुणांक (C_P)

पवन ऊर्जा रूपांतरणवायुगतिकीय प्रणाली केC_P मानपर निर्भर करता है। पवन टरबाइन द्वारा अपस्ट्रीम पवन ऊर्जा के लिए उत्पादित वास्तविक विद्युत शक्तिके अनुपात को C_P के रूप में परिभाषित किया गया है। C_P का अधिकतम मान59%होता है॥ पावर गुणांक C_P ब्लेड पिच कोणतथा **टिप स्पीड अनपात** (TSR) λ पर निर्भर करता है तथा इसे पवन टरबाइन के C_P- शोर वक्रके रूप में प्रस्तुत किया जाता है (चित्र 4.8)। वायु का वायुगतिकीय विश्लेषण घूर्णन ब्लेड के चारों जिसका पिच एंगल β, जो घूर्णन टिप गति और हवा की गति के बीच संबंध स्थापित करता है। यह (4.27) द्वारा दिया गया है।

$$C_P(\lambda,\beta) = 0.5176\left[\frac{116}{\lambda} - 0.4\beta - 5\right]e^{-21/\lambda} + 0.0068\lambda$$

$$\frac{1}{\lambda_i} = \frac{1}{\lambda + 0.08\beta} - \frac{0.035}{\beta^3 + 1} \qquad 0 \le \beta \le 27^o$$

$$C_P = \frac{\text{Actual power extracted by the rotor}}{\text{Total power available in the upstream wind}} = \frac{P_{actual}}{P_{total}} \quad (4.27)$$

$$P_{total} = \frac{1}{2}\rho A v^3$$

जहां

एक वास्तविक शक्तिजो एक WPP प्राप्त कर सकता है (4.28) द्वारा व्यक्त किया जाता है

जहां C_p = शक्तिगुणांक (coefficient), अवरोध = वायु घनत्व, A = स्वैप क्षेत्रऔर v = वायु गति के रूप में व्यक्त किया जाता है।

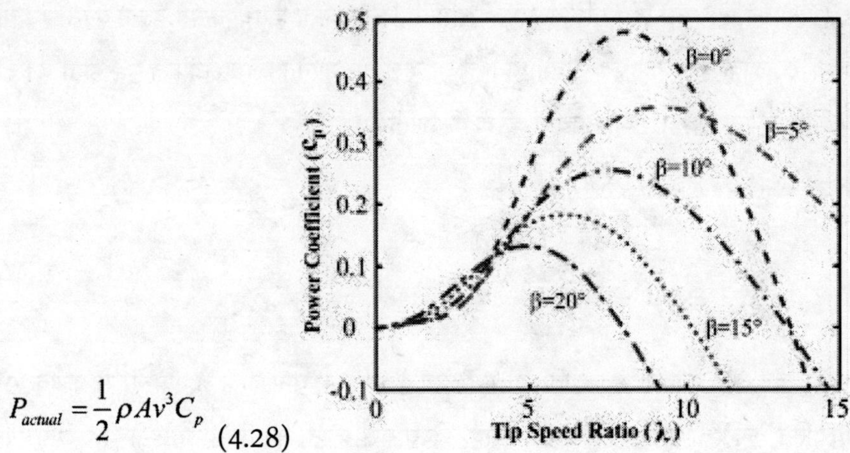

$$P_{actual} = \frac{1}{2}\rho A v^3 C_p \quad (4.28)$$

चित्र 4.8 सीपी- λ वक्र

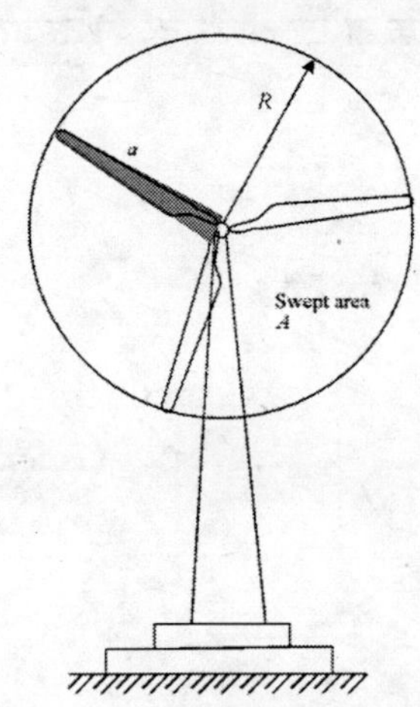

चित्र 4.9 पवन टरबाइन की सॉलिडिटी

d) सॉलिडिटी (σ)

सॉलिडिटी, पवन टरबाइन ब्लेड के समग्र क्षेत्रफल और पवन टरबाइन रोटर केस्वेप्ट क्षेत्रफल केअनुपात के रूप में परिभाषित किया गया है।" रेखाचित्र 4.9 में **सॉलिडिटी** (दृढ़ता) की गणना करने के लिए विभिन्न मापदंडो को दर्शाया गया है। (4.29) का उपयोग करके यहगणना की जाती है। जिसमें n = ब्लेड की संख्या, टरबाइन रोटर के त्रिज्याR = रेडियस, a = ब्लेड का एक अनुमानित क्षेत्र।

$$\text{Solidity, } \sigma = \frac{\text{Projected blade area}}{\text{Total swept area}} = \frac{na}{2\pi R} \quad (4.29)$$

अधिकतम शक्तिगुणांक (C_P) को एक कम टिप गति अनुपात पर प्राप्त किया जाता है क्योंकितब दृढ़ता बढ़ती है। यदि एक पवन टरबाइन में तीन ब्लेड हैं और प्रत्येक ब्लेड का एक क्षेत्रa होता है तो कुल अनुमानित ब्लेड क्षेत्रफल 3a होता है। तीन ब्लेड वाले पवन टरबाइन की मजबूती की गणना (4.30) का उपयोग करके की जाती है।

$$\sigma = \frac{3a}{2\pi R} \quad (4.30)$$

4.6 पवन टर्बाइन के मुख्य घटक

एक पवन टरबाइन में एक टावर और एक ना सैल होती है। नासैल कई भागो से बना होता है, जिनमें से प्रत्येकभाग, पवन ऊर्जा को विद्युत ऊर्जा में परिवर्तित करने की प्रक्रिया में एक विशिष्ट उद्देश्य पूरा करता है। पवन टर्बाइनों में एक इलेक्ट्रो डायनामिक रोटर, ट्रांसमिशन सिस्टम (गियरबॉक्स), जनरेटर, पावर इलेक्ट्रॉनिक इंटरफेस और कंट्रोल सिस्टम होता है।

तीन-ब्लेड वाले गीयर पवन ऊर्जा संयंत्र के नासैल और रोटर की तस्वीर चित्र 4.10 में दिखाई गई है।

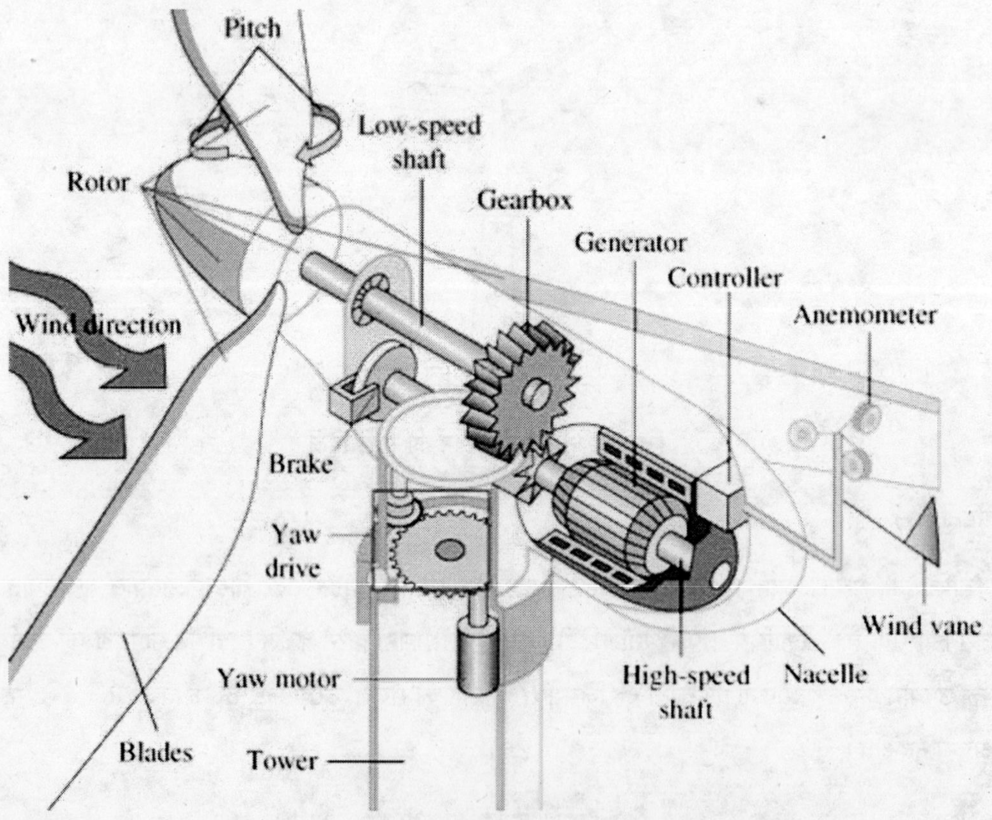

चित्र 4.10 तीन-ब्लेड वाले गीयर पवन ऊर्जा संयंत्र के नासैल और रोटर

4.6.1 एयरोडायनामिक रोटर

पवन टरबाइन का एयरोडायनामिक रोटर अनिवार्य रूप से रोटर हब और ब्लेड से बना होता है। ब्लेड हब से,जुड़े होते हैं, और हब मुख्य शाफ्ट से जुडाहुआ है। एयरोडायनामिक रोटर, अपस्ट्रीम पवन ऊर्जा को कैप्चर करता है और इसे यांत्रिक शक्तिमें परिवर्तित करता है। एयरोडायनामिक रोटर, हब को कम गति वाले शाफ्ट के माध्यम से गियरबॉक्स से जोडा गया है। आम तौर पर, एक आधुनिक पवन टरबाइन पर दो या तीन ब्लेड होते हैं।

4.6.2 ट्रांसमिशन सिस्टम

ट्रांसमिशन सिस्टम में वास्तविक यांत्रिक शक्तिएक संचरण प्रणाली के माध्यम से विद्युत जनरेटर को प्रेषित की जाती है। ट्रांसमिशन सिस्टम में एक रोटर शाफ्ट, गियरबॉक्स और ब्रेक शामिल हैं। यांत्रिक ब्रेक प्रणाली का उपयोग पवन टरबाइन को रोकने के लिए किया जाता है जब हवा की गति, कट-इन गति से नीचे और कट-आउट गति से ऊपर होती है। हवा का वेग हर समय स्थिर नहीं होता है इसलिए, जनरेटर की रेटेड गति के मिलान के लिए, एक गियरबॉक्स तंत्र की आवश्यकता होती है। गियर अनपातु आमतौर पर 1:80, 10:800, आदि होता है। ज्यामितीय डिजाइन के आधार पर गियरबॉक्स को अक्सर दो प्रकारों में वर्गीकृत किया जाता है। पहला समानांतर अक्षमें गियर व्हील का एक जोडा है,यह स्पर spur कहा जाता है। दूसराहेलिकल गियरबॉक्स,होते है। यह गियर व्हील की ट्रेनों से बना है जो एक-दूसरे के आसपास घूमती हैं।

4.6.3 जनरेटर

जनरेटर एक इलेक्ट्रोमैग्नेटिक मशीन है। यह, यांत्रिक शक्तिको विद्युत शक्तिमें परिवर्तित करता है। इसमें एक स्टेटर और एक रोटर होते है। स्टेटर स्थिर होता है और ग्रिड से जुड़ा होता है। रोटर जनरेटर का घूर्णन भाग है। रोटर चुंबकीय क्षेत्रप्रणाली बनाताहै। यह एक विद्युत चुम्बक या स्थायी चुम्बक चुंबकीय क्षेत्र बना सकता है। जब रोटर घूमता है, तो उसके साथ चुंबकीय क्षेत्र भी घूमता है। जब रोटर घूमता है, तो स्टेटर वाइंडिग में emf (विद्युत प्रेरण बाल) प्रेरित होता है। एक synchronous जनरेटर के लिए, स्टेटर और रोटर मैग्नेटिक फील्डदोनों एक ही गति से घूमते हैं, जबकि एक asynchronous जनरेटर के लिए, इन दो मैग्नेटिक फील्ड के बीच एक सापेक्ष गति का अंतर होताहै। पवन ऊर्जा प्रौद्योगिकी में विभिन्न प्रकार के जनरेटर का उपयोग किया जाता है। उन्हें इस प्रकार समझाया गया है।

4.6.3.1 सिक्रोनस जनरेटर

स्थायी चुम्बक या पारंपरिक फील्ड वाइंडिगका उपयोग सिक्रोनस जनरेटर (एसजी) के चुंबकीय क्षेत्रको उत्पन्न करने के लिए किया जाता है। घूर्णन चुंबकीय क्षेत्रकीघूर्णन गति को सिक्रोनस स्पीड (Ns) कहा जाता है। सिक्रोनस स्पीड Ns, घूर्णन

चुंबकीय क्षेत्रकी आवृत्ति और रोटर के पोल की संख्या (P द्वारा निर्धारित की जाती है। गणितीय रूप से सिक्रोनस स्पीड की गणना (4.31) का उपयोग करके की जाती है।

$$N_s = \frac{120f}{p} \quad (4.31)$$

अधिक पोल संख्या के लिए, सिक्रोनस जनरेटर (SG) की गति कम होती है। एस जी का उपयोग प्रत्यक्ष -ड्राइव प्रत्यक्ष - पवन टरबाइन अनुप्रयोगों में बिना किसी गियरबॉक्स के किया जाता है। एक समतुल्य आकार के अतुल्यकालिक जनरेटर की तुलना में, एसजी अधिक महंगा और अधिक जटिल है।एक अतुल्यकालिक जनरेटर की तुलना में एक प्रमुख लाभ है। इसका लाभ यह है कि इसे रिएक्टिव मैग्नेटाइजिग करंट या रिएक्टिव पावर कंपनसेशन उपकरण की आवश्यकता नहीं है। पवन टरबाइन उद्योग में, दो सामान्य प्रकार के एसजी का उपयोग किया जाता है। उन्हें वाउन्ड रोटर सिक्रोनस जनरेटर (WRSG)और **स्थायी मैग्नेट सिक्रोनस जनरेटर**(PMSG)के रूप में नामित किया गया है, और

वाउन्ड रोटर सिक्रोनस जनरेटर (WRSG)

वाउन्ड रोटर सिक्रोनस जनरेटर (WRSG) के स्टेटर वाइंडिग सीधे ग्रिडसे जुड़े होते हैं। प्रत्यक्षधारा(DC)फील्डवाइंडिग के माध्यम से बहती है और चुंबकीय क्षेत्रका निर्माण करती है, जो एक सिक्रोनस गति पर घूमता है।

स्थायी मैग्नेट सिक्रोनस जनरेटर (PMSG)

इसका स्टेटर, वाउन्ड प्रकार का होता है और रोटर में स्थायी चुंबकीय पोल(pole) होते हैं। इसमें उच्च दक्षता होती है क्योंकि इसे बिना किसी ऊर्जा आपूर्ति के उत्तेजित जा सकता है। हालांकि, स्थायी चुम्बक बनाने के लिए आवश्यक सामग्री महंगी और मुश्किल है। परमानेंट मैग्नेट से उत्तेजित होने वाले जनरेटर में एक फुल स्केल पावर कन्वर्टर का भी प्रयोग किया जाना चाहिए जो वोल्टेज की फ्रीक्वेंसी और वोल्टेज को ट्रांसमिशन के फ्रीक्वेंसी और वोल्टेज में बदल सके।

4.6.3.2 एसिक्रोनस (प्रेरण) जनरेटर

एसिक्रोनस जनरेटर(**induction**) की मजबूती, यांत्रिक सादगी और कम कीमत इसकी विशेषताएं हैं। एक एसिक्रोनस जनरेटर के स्टेटर कोउत्तेजित करने के लिए एक प्रतिक्रियाशील चुम्बकीय धारा (रिएक्टिव मैग्नेटाइजिग करंट)की आवश्यकता होती है। इसमें कोईपरमानेंट चुम्बक नहीं होते है और न ही यह (separately exc ıted)सेपरेटली एक्साइटिड होते है। ग्रिडअतुल्यकालिक जनरेटर की उत्तेजना के लिए रिएक्टिव पावर प्रदान करता है। अतुल्यकालिक जनरेटर में, रोटर कभी भी तुल्यकालिक गति प्राप्त नहीं करता है। इसलिए, रोटर और रोटेटिग स्टेटर मैग्नेटिक फील्ड के बीच स्लिप (एक सापेक्ष

गति(mot ιon) द्वारा एक विद्युत क्षेत्र को प्रेरित होता है जिसकी सापेक्ष गति, स्लिप(S) होती है और, जिसके कारण रोटर वाइंडिग में धाराका प्रवाहबनता है। स्लिप Eq (4.32) के रूप में व्यक्त की जाती है।

$$\text{Slip, } S = N_S\text{-}N_r \quad (4.32)$$

जहां N_s सिक्रोनस गति है और N_r रोटर गति है। आमतौर पर, स्लिप गति को तुल्यकालिक गति के अंश के रूप में व्यक्त किया जाता है। सामान्य रूप से, यह प्रतिशत (%) में प्रतिशतता में व्यक्त किया जाता है। यह (4.33) द्वारा दिया गया है।

$$\text{Slip, } s = \frac{N_S - N_r}{N_s} \quad \text{Or Slip, } s = \frac{N_S - N_r}{N_s} \times 100\% \quad (4.33)$$

प्रेरण मोटर (induction Motor) की गति हमेशा तुल्यकालिक (synchronous) गति से कम होती है। प्रेरण जनरेटर के मामले में, जनरेटर की गति हमेशा तुल्यकालिक गति से अधिक होती है। इस प्रकार, यह ऊपर समीकरण मेंदेखा गया है कि, इंडक्शन जनरेटर के मामले में स्लिप नेगेटिव और इंडक्शन जनरेटर के मामले में स्लिप पॉजिटिवहोती है।रोटर और स्टेटर फील्डसेसंबंधित चुंबकीय क्षेत्र के बीच परस्पर क्रिया के परिणामस्वरूप रोटर पर एक टॉर्क (torque) कार्य करता है। अतुल्यकालिक के लिए जनरेटर के रोटर को एक वाउन्ड रोटर या शॉर्ट-सर्किट रोटर के रूप में डिजाइन किया जाता है। शॉर्ट-सर्किट रोटर को स्क्रिरलकेज रोटर भी कहा जाता है और दूसरे को वाउन्ड रोटर कहा जाता है।

रोटर के आधार पर इंडक्शन जनरेटर दो प्रकार का होता है स्क्रिरलकेज इंडक्शन जनरेटर (SCIG) और वाउन्ड रोटर इंडक्शन जनरेटर (WRIG)। इसके अलावा एक और इंडक्शन जनरेटर होता है जिसे डबल फीड इंडक्शन जनरेटर (DFIG) कहा जाता है। डीएफआईजी के ब्यौरे परअनुभाग 4.8 में चर्चा की जाएगी।

4.6.4 पावर इलेक्ट्रॉनिक इंटरफेस

पवन टरबाइन की यांत्रिक शक्तिको जनरेटर द्वारा विद्युत शक्तिमें परिवर्तित किया जाता है और पॉवर ग्रिडको बिजली इलेक्ट्रॉनिक ग्रिडके माध्यम से। प्रॉब्लमआपूर्ति की जाती है। चूंकि यह ग्रिडऔर जनरेटर के बीच में स्थापित किया गया है, इसे दोनों पक्षों की आवश्यकताओं को बनाए रखना चाहिए और किफायती होना चाहिए। जनरेटर पक्ष पर इंटरफेस यह सुनिश्चित करता है कि टरबाइन की घूर्णी गति को निरंतर परिवर्तित किया जाए ताकि हवा से अधिकतम बिजली प्राप्त की जा सके। ग्रिडकी ओर का पावर इलेक्ट्रॉनिक इंटरफेस ग्रिडकोड का अनुपालन करता है जैसे रिएक्टिव और एक्टिव पावर, वोल्टेज और आवृत्ति नियंत्रणको विनियमित करने की क्षमता, चाहे हवा की गति जो भी हो।

4.6.5 पवन टर्बाइन नियंत्रण तंत्र

एक नियंत्रण तंत्र आमतौर पर पवन टरबाइन तंत्र का हिस्सा होता है। इसका उपयोग विभिन्न परिचालन परिस्थितियों में पवन टरबाइन को सुचारू रूप से संचालित करने के लिए किया जाता है। निष्क्रिय या सक्रिय तंत्र द्वारा, नियंत्रणप्रणाली अपनी विशिष्ट कार्य सीमा के भीतर पवन टरबाइन को बनाए रखती है॥एक नियंत्रणप्रणाली द्वारा मानीटर किए जाने वाले विशिष्ट चरो में पवन की गति, रोटर की गति, प्रतिक्रियाशील और सक्रिय शक्ति,वोल्टेज और फ्रीक्वेंसी शामिल हैं। इसके अतिरिक्त, यदि आवश्यक हो तो नियंत्रणप्रणाली को पवन टरबाइन को रोकने में सक्षम होना चाहिए। पवन टर्बाइनों के सक्रिय नियंत्रणका उद्देश्य यांत्रिक घटको के संरचनात्मक भारको कम करते हुए बिजली उत्पादन को बढ़ाना है, जिससे उनके सक्रिय जीवन का विस्तार होता है, और रखरखाव लागत में कमी आती है।

नियंत्रणप्रणाली को इस तरह से डिजाइन किया गया है कि हवा की गति कम होने पर भी पवन टरबाइन अधिकतम आउटपुट पावर उत्पन्न करती है। और यदि हवा की गति रेटेड स्पीड से अधिक हो जाती है, तो नियंत्रणप्रणाली इस तरह से डिजाइन की गई है कि पवन ऊर्जा उत्पादन दर से अधिक नहीं हो। यह रोटर ब्लेड पर ड्राइविग बल को कम करके और टरबाइन पर लोड को कम करके किया जाता है।

वर्तमान में, पवन टरबाइन के पावर आउटपुट को नियंत्रित करने के तीन तरीके 1.स्टाल, 2.पिच और 3.सक्रिय स्टाल नियंत्रण हैं। इन विधियों के बीच मूल अंतर यह है किकीएयरोडायनेमिक दक्षता को कैसे नियंत्रित किया जाता है ताकि अधिक भारसे बचा जा सके। रोटर

स्टाल नियंत्रण (निष्क्रिय नियंत्रण):

यह पवन टरबाइन के पावर आउटपुटको नियंत्रित करने का सबसे आसान, सबसे विश्वसनीय और सबसे कम खर्चीला तरीका है। यहां, ब्लेड हब से जुड़े होते हैं और विड अटैक एंगल निश्चित होता है। इसमें एयरोडायनामिक रोटर डिजाइन रोटर को स्वचालित रूप में नियंत्रित करता है) जब हवा की गति रेटेड मूल्यसे अधिक हो जाती हैतो यह रोटर को रोक देता है(दक्षता काम करते हुए)।

पिच नियंत्रण (सक्रिय नियंत्रण):

आधुनिक पवन टरबाइन का पिच नियंत्रणतंत्र एक आवश्यक घटक है।इस प्रणाली में पावर आउटपुट को स्थिर रखने के लिए, पिच कंट्रोल सिस्टम कोडिग्री के एक छोटे अंश द्वारा पिच कोणको बदलने में सक्षम होगा सक्षम हो जाएगा, जब हवा की गति बदलेगी।इसका कारण यह है कि (1) पिच कंट्रोल सिस्टमको पवन टरबाइन के ब्लेड के कोणको इस तरह समायोजित करता रहता है ताकि पवन ऊर्जा को परिवर्तित करके पावर प्रोडक्शन को स्थिर किया जा सके, (2) यह उच्च पवन गति या अन्य आपात स्थितियों के मामले में एक सुरक्षा प्रणाली के रूप में भी कार्य करता है।

सक्रिय स्टाल नियंत्रणः

जैसा कि नाम से पता चलता है, इस प्रकारकी पवन टरबाइन ब्लेड को एक पिच-नियंत्रित पवन टरबाइन की विपरीत दिशा में झुकाकर टरबाइन को रुकने से रोकती है। इससे रोटर ब्लेड काएंगल ऑफ़ अटैक बढ़ जाता है,जिससे नियंत्रण और बेहतर हो जाता है। सक्रिय स्टाल नियंत्रण,स्टाल नियंत्रणसे बेहतर है क्योंकि यह हवा के घनत्व में परिवर्तन को भी समायोजित कर सकता है।

4.6.6 टॉवर

पवन टरबाइन के टॉवर में nacelle और रोटर होता है। पवन टरबाइन टॉवर न केवल सहयोगी (supportive) संरचनाएं हैं, बल्कि उनके ब्लेड को सुरक्षित रूप से जमीन से ऊंचाई पर रखना औरऊंचाईपर चलने वाली वाली तेज हवाओं तक पहुंचने मैं मदद करता है। टॉवर की अधिकतम ऊंचाईवैकल्पिक है, सिवाय जहां कुछ प्रतिबंधित क्षेत्र के।बड़े टावरों की लागत को उनके द्वारा प्रदान किए जाने वाले ऊर्जा उत्पादनमें वृद्धि के साथ मापा जाता है।अध्ययनों से पता चला है कि तेज हवाओं द्वारा प्रदान की गई अधिक ऊर्जा द्वारा टॉवर ऊंचाई की अतिरिक्त लागत को अक्सर उचित ठहराया जाता है। 40 से 70 मीटर के टावरों पर बड़े पवन टर्बाइन लगाए गए हैं। छोटे वायु तंत्र आमतौर पर अपने टावरों के लिए guyed डिजाइन का उपयोग करते हैं। इसमेंटॉवर कोतीन या चारतारों द्वारा बांधकर जमीन मेंस्थापित किया जाता है।हालांकि ये टॉवर फ्रीस्टैंडिग टावरों की तुलना में कम महंगे हैं, लेकिन इन्हें बड़े क्षेत्र की जरूरत होती है। इन टावरों पर टरबाइन को लगाने के लिएकभी-कभी झुकाया जाता है। इससे इंस्टॉलेशन और मेंटेनेंस आसान हो जाता है। ऐसे टावर, ट्यूब टावरों,लकड़ी के पोल, ट्यूब रॉड और एंगल आयरन सेबनाए जा सकते हैं। डिजाइन के आधार पर, बड़े पवन टर्बाइनों को या तो जाली टावरों, ट्यूब टावरों या guyed tilt up टावरों पर स्थापित किया जा सकता है। पवन टर्बाइनों को सहारा देने के लिए और उन्हें कंपन, पवन भार और मौसम को अपने पूरे जीवन काल में वहन करनेके लिए टावरों का निर्माण करना होगा।

4.6.7 Yaw (यव) प्रणाली

पवन टरबाइन की यव प्रणाली में यव ड्राइव और यव बियरिग होती है। यह नासेल (nacelle)के मुख्य ढांचे के नीचे स्थित होती है।यहाँहवा की दिशा की पहचान एक पवन फलक का उपयोग करके की जाती है जबकि हवा की गति को एनेमोमीटर का उपयोग करके मापा जाता है। पवन फलक और एनेमोमीटर सूचना के आधार पर, एक इलेक्ट्रॉनिक नियंत्रक,पवन टरबाइन को इलेक्ट्रोनिक इलेक्ट्रोनिक रूप से पवन के आधार पर संचालित करने के लिए याव ड्राइव को आदेश देता है। प्रत्येक पवन टरबाइन में आमतौर पर कम से कम दो याव ड्राइव होते हैं। टॉवर की स्थिरता याविग की मध्यम दर से सुनिश्चित की जाती है, जो टॉवर पर भारी बलों के प्रभाव को कम करने के लिए आवश्यक है।

4.7 पवन टर्बाइन का वर्गीकरण

पवन टर्बाइनों को उनके टरबाइन जनरेटर डिजाइन, टरबाइन रोटर के सापेक्ष वायु प्रवाह मार्ग, पवन टर्बाइनों की क्षमता,जनरेटर-ड्राइविग पैटर्न, बिजली आपूर्ति विधि और टरबाइन इंस्टॉलेशन साइट के आधार पर वर्गीकृत किया जाता है।

a) क्षैतिज -अक्ष और ऊर्ध्वाधर-अक्ष पवन टर्बाइन।

b) ऊपर की ओर और नीचे की ओर हवा पवन टरबाइन

c) छोटे और बडे पवन टर्बाइन।

d) प्रत्यक्षड्राइव और गियर ड्राइव पवन टरबाइन.

e) ऑन-ग्रिड और ऑफ-ग्रिड पवन टर्बाइन।

f) ऑफशोर और ऑनशोर डब्ल्यूपीपी।

g) स्थिर गति और वेरिएबल स्पीड पवन टरबाइन।

4.7.1 क्षैतिज और ऊर्ध्वाधर अक्ष पवन टरबाइन

आधुनिक पवन टर्बाइनों को दो समूहो में विभाजित किया जा सकता है जो रोटर ब्लेड के घूर्णनअक्ष की व्यवस्था पर आधारित है। वे क्षैतिज -अक्ष पवन टर्बाइनों (HAWT) और ऊर्ध्वाधर-अक्ष पवन टर्बाइनो (VAWT) हैं। वाणिज्यिक उद्देश्यों के लिए बहुसंख्यक पवन टर्बाइन HAWT हैं। इस तरह के पवन टरबाइन में रोटेशन का अक्ष क्षैतिज होता है,यहउस दिशा के समानांतर होता है, जिसमें हवा उड़ रही होती है। चित्र 4.11 (क) एक विशिष्ट एचएडब्ल्यूटी (HAWT) दिखाता है और चित्र 4.11 (ख) HAWT की संरचना को दर्शाता है। इस तरह की विड **टरबाइन** की पावर उत्पादन क्षमता प्रति इकाई बहुत कम होती है और इसके साथ ही एक टरबाइन की तरह काम करते समय उसकी दक्षता और पावर डेंसिटी हाई होतीहै।यहकम वायु वेग पर भीकार्य करती हैं साथ ही इनकी कट इन स्पीड भी कम होती है। ब्लेड के साथ पवन टर्बाइन जो जमीन के लंबवत अक्ष पर स्पिन करते हैं, उन्हें ऊर्ध्वाधर अक्ष टर्बाइन कहा जाता है। यह हवा की दिशा से स्वतंत्र है यानी हवा की कोई भी दिशा ऊर्ध्वाधर अक्ष पवन टरबाइन (वीएडब्ल्यूटी) द्वारा स्वीकार की जाती है। चित्र 4.12 में एक वीएडब्ल्यूटी की संरचना को दर्शाया गया है। इसमें याव नियंत्रणतकनीक की कोई आवश्यकता नही है। चूंकि इसमें जनरेटर, ब्रेक, रोटरबियरिग, गियरबॉक्स आदि जमीन पर लगाए जाते हैं, इसलिए इसका टावर डिजाइन (design) और निर्माण बहुत सरल हैं, और इससे टरबाइन की लागत कम हो जाती है। हालांकि, वर्टिकल-अक्ष पवन टर्बाइनों को शुरू करने के लिए एक बाह्य (external) ऊर्जा स्रोत की आवश्यकता होती है।

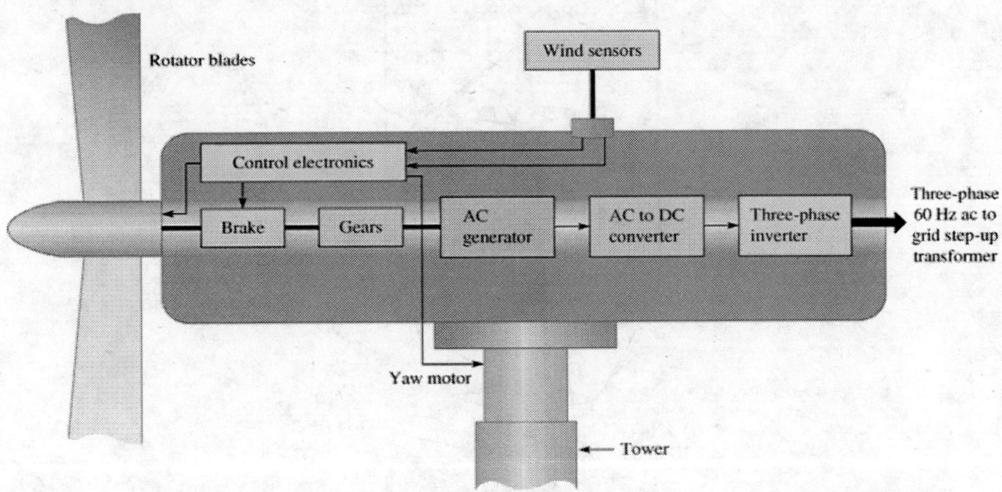

चित्र 4.11 (A) विशिष्ट क्षैतिजअक्ष पवन टरबाइन (साभारः इलेक्ट्रिकल अकैडमीयाडॉट कॉम)

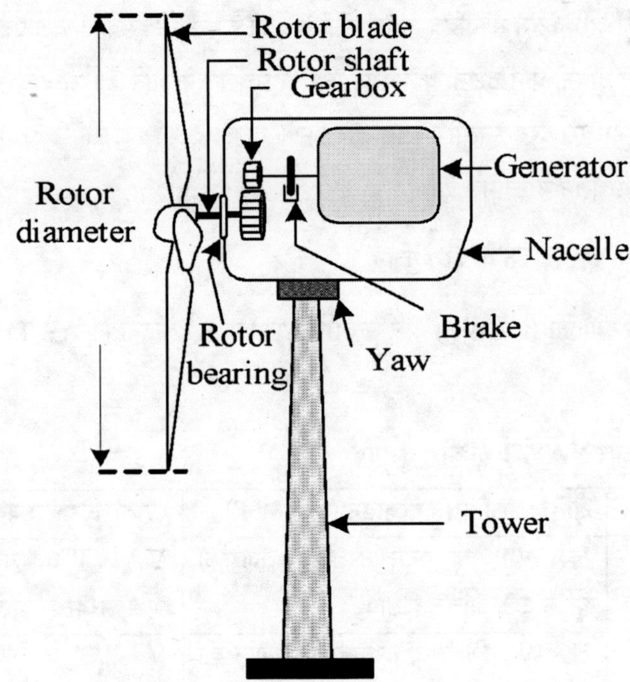

चित्र 4.11 (b)HAWT संरचना

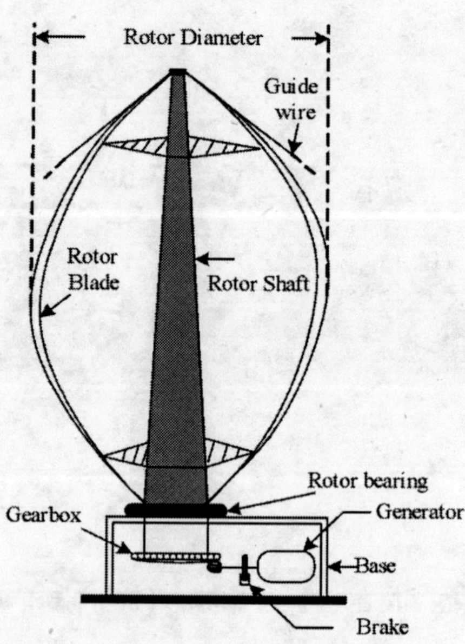

चित्र 4.12 VAWT संरचना

पवन टरबाइन की अधिकतम संभावित ऊंचाई सीमित होती है क्योकि इसका केवल एक छोर जमीन पर स्थापित होताहै। वर्टिकल-अक्ष पवन टर्बाइन अपनी कम दक्षता के कारण कम ही प्रचलन में आते हैं। ऊर्ध्वाधर अक्ष डिजाइन में घुमावदार ब्लेड और 35% दक्षता के साथ डैरियस टरबाइन,सीधे ब्लेड और 35% दक्षता के साथ जिरोमिलटरबाइन और स्कूप और 30% दक्षता के साथ सवोनियस टरबाइनप्रचलन में शामिल हैं।

4.7.1.1. HAWTS और VAWTS के बीच तुलना

क्षैतिजअक्ष पवन टर्बाइनो (HAWT) और ऊर्ध्वाधर अक्ष पवन टर्बाइनो (VAWT) के बीच तुलना को तालिका. 4.2 में सूचीबद्ध किया गया है।

तालिका. 4.2 HAWT और VAWT के बीच तुलना

बुनियादी अंतर	क्षैतिज अक्ष पवन टरबाइन (HAWT)	ऊर्ध्वाधर पहुंच पवन टरबाइन (VAWT)
परिभाषा	HAWT वह पवन टरबाइनहै जिसका घूर्णन अक्ष क्षैतिज होता है	VAWT वह पवन टरबाइनहै जिसका घूर्णन अक्ष ऊर्ध्वाधर होता है
अक्ष का घूर्णन	HAWT के लिए, टरबाइन के घूर्णन की धुरी पवन धारा के समानांतर होता है।	VAWT के लिए टरबाइन के घूर्णन की धुरी पवन धारा के लंबवत होता है
विद्युत जनरेटर का स्थान	HAWT के लिए, टावर के शीर्ष पर विद्युत जनरेटर स्थापित होता है	VAWT के लिए, जमीन पर जनरेटर लगा हुआ होता है

गियरबॉक्स का स्थान	HAWT के लिए, गियरबॉक्स टरबाइन टॉवर के शीर्ष पर स्थापित किया गया है	VAWT के लिए, गियर बॉक्स टरबाइन के नीचे स्थापित होता है
यव तंत्र की आवश्यकता	HAWT के लिए, टरबाइन को हवा की दिशा में उन्मुख करने के लिए यव तंत्र की आवश्यकता होती है।	VAWT को यॉ तंत्र की आवश्यकता नहीं है क्योंकि यह सभी दिशाओं से हवा प्राप्त करता है
स्व-प्रारंभिक	क्षैतिज अक्ष पवन टरबाइन स्व-प्रारंभिक है	यह स्व-प्रारंभिक नहीं है; इसलिए इसे स्थिर स्थिति से शुरू करने के लिए एक प्रारंभिक तंत्र की आवश्यकता होती है
डिजाइन और स्थापना	HAWT का डिज़ाइन और स्थापना जटिल है	VAWT का डिज़ाइन और स्थापना तुलनात्मक रूप से सरल है
ब्लेड का संचालन स्थान	ब्लेड के संचालन के लिए बड़ी जगह की आवश्यकता होती है।	ब्लेड के संचालन के लिए एक छोटी सी जगह की आवश्यकता होती है।
हवा की दिशा पर निर्भरता	HAWT का संचालन हवा की दिशा पर निर्भर है होती है	VAWT का संचालन हवा की दिशा से स्वतंत्र है क्योंकि इसे सभी दिशाओं से हवा मिलती है
जमीन से ऊंचाई	HAWT की जमीन से ऊंचाई अधिक होती है।	इसे जमीन से तुलनात्मक रूप से कम दूरी पर स्थापित किया जाता है।
Nacelleकी आवश्यकता	HAWTS के मामले में, टावर के शीर्ष पर एक भारी नैशल स्थापित किया जाता है	VAWTs के मामले में नैसेल की कोई आवश्यकता नहीं है।
शक्ति गुणांक	HAWT में उच्च-शक्ति गुणांक है,	इसका शक्ति गुणांक कम है।
टिप गति अनुपात (टीएसआर)	इसमें उच्च टिप-स्पीड अनुपात है।	इसका टिप-स्पीड अनुपात काफी कम है।
उत्पन्न शोर या नॉइज़	HAWT का संचालन अधिक आवाज़ उत्पन्न करते हैं।	ये टरबाइन तुलनात्मक रूप से कम आवाज़ उत्पन्न करते हैं।
दक्षता	HAWT की आदर्श दक्षता लगभग 50% से 60% है।	VAWT की आदर्श दक्षता आमतौर पर 70% से अधिक है
पक्षियों के लिए बाधा	वे पक्षियों के लिए उच्च बाधा उत्पन्न करते हैं।	वे पक्षियों के लिए कम बाधा उत्पन्न करते हैं।
कुल लागत	वे अपने जटिल डिज़ाइन और स्थापना के कारण अधिक महंगे हैं।	वे कम महंगे हैं क्योंकि उनका डिज़ाइन और इंस्टॉलेशन काफी सरल है।

4.7.1.2 क्षैतिज और ऊर्ध्वाधर अक्ष पवन टरबाइन के फायदे और नुकसान

क्षैतिजअक्ष और ऊर्ध्वाधर अक्ष पवन टर्बाइनो के कुछ फायदे और नुकसान हैं। इन्हें तालिका 4.3 में सूचीबद्ध किया गया है।

तालिका 4.3 क्षैतिजऔर ऊर्ध्वाधर अक्ष पवन टर्बाइनों के फायदे और नुकसान

प्रकार	फायदे	नुकसान
HAWT क्षैतिज अक्ष पवन टरबाइन	• ऊर्जा रूपांतरण दक्षता अधिक है। • ऊंचा टावर तेज हवा तक अपनी पहुंच रखता है। • तेज़ हवा की गति पर, बिजली को स्टाल और पिच कोण नियंत्रण के माध्यम से नियंत्रित किया जाता है।	• स्थापना लागत अधिक है, और भारी नैशले को पकड़ने के लिए टॉवर को मजबूत होने की आवश्यकता है। • टावर के शीर्ष से जमीन तक बड़ी केबल की आवश्यकता है। • यव नियंत्रण तकनीक आवश्यक है.
VAWT ऊर्ध्वाधर अक्ष पवन टर्बाइन	• जमीनी स्तर के गियरबॉक्स और जनरेटर के कारण, इन्सुलेशन लागत कम हो जाती है और रखरखाव सरल हो जाता है। • संचालन हवा की दिशा पर निर्भर नहीं करता. • छतों के लिए उपयुक्तहोता है।	• पवन ऊर्जा कन्वर्शन दक्षता कम है। • टॉर्क और यांत्रिक कंपन में परिवर्तन आम है। • तेज़ हवा की गति पर, बिजली नियंत्रणका कोई विकल्प नही है।

4.7.2 UPWIND और DOWNWIND पवन टरबाइन

क्षैतिज -अक्ष पवन टर्बाइनों को Upwind और Downwind पवन टर्बाइनों में विभाजित किया जा सकता है क्षैतिज -अक्ष पवन टर्बाइनों को पवन की दिशा में स्थापित किया जा सकता है। अधिकांश Upwind क्षैतिज -अक्ष पवन टर्बाइनों का परिचालन अभी प्रचलन में है। Upwind पवन टरबाइनमें रोटर हवा का सामना करताहै। जब हवा टॉवर और नासेल के माध्यम से गुजरती है तब अपविडडिजाइनटरबाइन प्रवाह क्षेत्रविरूपण से बचते हैं।अपविड टर्बाइनों का रोटर हवा की ओर होता है, जबकि डाउनविड टर्बाइनों का रोटर विपरीत दिशा में होता है, जो हवा से दूर होता है। अपविड टर्बाइन अधिक प्रचलित हैं, क्योंकि वे अधिक कुशल और स्थिर होते हैं।

जब हवा एक डाउनविड टरबाइन के माध्यम से बहती है, तो यह रोटर ब्लेड तक पहुंचने से पहले नासेल और टॉवर से होकर गुजरती है। टावर स्ट्राइक को ध्यान में रखे बिना, यह सेटअप रोटर ब्लेड को अधिक लचीलापन देना संभव बनाता है

4.7.3 छोटे और बड़े पवन टरबाइन

पवन टर्बाइनों को उनकी रेटेड क्षमताओं के आधार पर वर्गीकृत किया जाता है, अर्थात् छोटे, मध्यम और बड़े पवन टर्बाइन। आमतौर पर, 100 किलोवाट से कम आउटपुट पावर वाले पवन टर्बाइनों को छोटे पवन टर्बाइन (एसडब्ल्यूटी) कहा जाता है। ग्रामीण क्षेत्रों में, एसडब्ल्यूटी को घरों, खेतों और पानी पंपिग स्टेशनों, दूरसंचार साइटों आदि जैसे अन्य दूरस्थ व्यक्तिगत अनुप्रयोगों में व्यापक रूप से नियोजित किया गया है। छोटे पवन टरबाइन ट्रांसमिशन लाइन क्षमता का विस्तार करने की आवश्यकता को स्थगित या टालते हुए स्थानीय बिजली आपूर्ति को बढ़ा सकते हैं। अधिकांश पवन टरबाइन मध्यम आकार के हैं और इनका बिजली उत्पादन 100 किलोवाट से 1 मेगावाट के बीच है। इस प्रकार की पवन टरबाइन का उपयोग ग्रामीण बिजली, वितरित बिजली, हाइब्रिड सिस्टम, पवन ऊर्जा संयंत्र आदि के लिए ऑन-ग्रिड और ऑफ-ग्रिड दोनों के लिए किया जा सकता है।

बड़े पवन टर्बाइन वे होते हैं जिनका बिजली उत्पादन 10 मेगावाट या उससे अधिक होता है। बड़े पैमाने पर पवन टरबाइन जो कई मेगावाट उत्पन्न कर सकते हैं, हाल ही में वैश्विक पवन ऊर्जा बाजार में आदर्श बन गए हैं। वर्तमान में, अधिकांश पवन फार्मों, विशेषकर अपतटीय पवन फार्मों में मेगावाट पवन टर्बाइनों का उपयोग किया जाता है। 10 मेगावाट से अधिक क्षमता वाले पवन टर्बाइनों को अल्ट्रा-लार्ज माना जाता है। इस प्रकार की पवन टरबाइन के लिए अनुसंधान और विकास अभी भी अपने प्रारंभिक चरण में है।

4.7.4 डायरेक्ट और गियर वाली ड्राइव पवन टरबाइन

एक पवन उत्पादक प्रणाली का ड्राइव-ट्रेन विन्यास यह निर्धारित करता है कि क्या एक पवन टरबाइन एक डायरेक्ट ड्राइव या गीयर ड्राइव समूह है। गीयर ड्राइववाली टरबाइन में एक गियरबॉक्स होता है। यह गियरबॉक्स आवश्यकताओं के आधार पर बहु-चरण या एकल चरण हो सकता है। पवन टरबाइन रोटर एक गियरबॉक्स के माध्यम से जनरेटर से जुडा होताहै। लो-स्पीड पवन टरबाइन रोटर शाफ्ट गियरबॉक्स के माध्यम से जनरेटर-रेटेड गति को प्राप्त करता है। गीयर जनरेटर सिस्टम के कम महंगे, छोटे और हल्के होने के कईलाभ हैं। हालांकि, एक गियरबॉक्स का उपयोग पवन टर्बाइनों की विश्वसनीयता को कम कर सकता है, साथ ही शोर के स्तर और मैकेनिकल नुकसान को भी बढ़ा सकता है।

एक डायरेक्ट ड्राइव पवन टरबाइन जनरेटर सिस्टम में, गियरबॉक्स की आवश्यकता नहीं होती है। एक पवन टरबाइन रोटर सीधे जनरेटर के साथ जोडा जा सकताहै। इसलिए, प्रत्यक्षड्राइव, डिजाइन में अधिक कुशल, विश्वसनीय और सरल है।

4.7.5 On-ग्रिड और Off-ग्रिड पवन टर्बाइन

पवन टर्बाइनों के लिए ऑन-ग्रिडऔर ऑफ-ग्रिडदोनों अनुप्रयोग संभव हैं। लगभग सभी बड़े और मध्यम आकार के पवन टर्बाइनों का उपयोग ग्रिडसे जुडेअनुप्रयोगों में किया जाता है। इसमें ऊर्जा भंडारण की कोई समस्या नहीं है जिसमें ऑन-

ग्रिडपवन टरबाइन प्रणाली है, जो इसके सबसे स्पष्ट लाभों में से एक है। एक छोटी पवन टरबाइन ज्यादातर घरों, दूरसंचार, खेतों और अन्य अनुप्रयोगों के लिए ऑफ-ग्रिडहै। दूसरी ओर ऑफ-ग्रिडपवन टर्बाइनो द्वारा उत्पन्न पवन ऊर्जा एक आंतरायिक ऊर्जा स्रोत है जो कम चेतावनी के साथ एक छोटी अवधि में काफी अधिक उतार-चढाव कर सकता है। ऑफ-ग्रिडपवन टर्बाइनो का उपयोग अक्सर बैटरी, डीजल इंजन और सोलर सिस्टम के साथ पवन ऊर्जा आपूर्ति को स्थिर करने के लिए किया जाता है।

4.7.6 ऑनशोर और ऑफशोर टर्बाइन

ऑनशोर (तटवर्ती) टर्बाइनः तटवर्ती पवन टर्बाइनो के विकास का इतिहास व्यापक है। तटवर्ती टर्बाइनो की बुनियादी लागत कम होती है।इसमें विद्युत ग्रिडके साथ बेहतर एकीकरण,टावर और टरबाइन इंस्टॉलेशन की कम लागत, और आसान संचालन और रखरखाव की सुविधा होती है। 1990 के दशक के बाद से, तटवर्ती पवन टर्बाइनो में अपतटीय पवन टर्बाइनो की तुलना में तेजी से वृद्धि हुई है। ऐसा इसलिए है, क्योंकि अपतटीय हवा तटवर्ती हवा की तुलना में मजबूत और अधिक संगत है। समुद्र के किनारे स्थित एक पवन टरबाइन अधिक बिजली का उत्पादन कर सकती हैऔरतट पर स्थापित समान टरबाइन की तुलना में अधिक बिजली का उत्पादन कर सकती है और प्रति वर्ष अधिक घंटों तक चल सकती है। पर्यावरणीय नियम तटवर्ती की तुलना में अपतटीय में अधिक ढीले हैं। उदाहरण के लिए, अपतटीय पवन टर्बाइनो को अब शोर की समस्या नहीं है। ए, अपतटीय पवन टर्बाइनो को अब शोर की समस्या नहीं है।

अपतटीय और ऑन-लैंड पवन टर्बाइनः आसान निर्माण, सस्ते रखरखाव, लागत और ट्रांसमिशन लाइनो तक पहुंच के लिए भूमि पर बडे पवन फार्म बनाए गए हैं। दूसरी ओर, अपतटीय पवन फार्म लाभदायक हो सकते हैं। पर्याप्त भूमि आधारित वायु संसाधनकी कमी, अपतटीय पवन कृषि के विकास के प्राथमिक कारणो में से एक है। यह विशेष रूप से कुछ यूरोपीय देशों जैसे भारी आबादी वाले स्थानों में लागू होताहै। एक अन्य महत्वपूर्ण कारण यह है कि अपतटीय हवा की गति अक्सर भूमि की तुलना में काफी अधिक और अधिक संगत होती है। अपतटीय पवन टर्बाइन अधिक ऊर्जाग्रहण करते हैं क्योंकि ऊर्जा हवा की गति के घन (cube) से संबंधित है। अपतटीय अनुप्रयोगों में, शोर और दृश्य प्रभाव सीमित होते हैं। ये कारण अपतटीय पवन प्रौद्योगिकी को प्रोत्साहित कररहे हैं।

4.7.7 स्थिर-गति और परिवर्तनीय गति पवन टरबाइन

पवन टर्बाइनो को स्थिर-गति या परिवर्तनीय-गति टर्बाइनो के रूप में वर्गीकृत किया जा सकता है। स्थिर-स्पीड पवन टरबाइन में जनरेटर एक समान गति से काम करता है। जनरेटर की गति ग्रिड आवृत्ति, ध्रुवों की संख्या और गियरबॉक्स अनुपात पर निर्भर करती है। अधिकतम ऊर्जा रूपांतरण दक्षता एक निर्दिष्ट ऊर्जा गति पर प्राप्त की जाती है। अगर गति बदलती है, तो ऊर्जा रूपांतरण दक्षताकम हो जाएगी। पवन टरबाइन को तेज़ हवा के झोंको से बचाने के लिए ब्लेड के लिए वायुगतिकीय नियंत्रण योजनाओं का उपयोग किया जाता है। स्थिर-गतिटरबाइन की आउटपुट पावर स्थिर नही है, इसलिए ग्रिड को बिजली की आपूर्ति में

उतार-चढ़ाव होता है, जिससे ग्रिड में गड़बड़ी होती है। इसलिए, इस प्रकार की पवन टरबाइन को उच्च यांत्रिक तनाव को ट्रैक करने के लिए एक मजबूत यांत्रिक डिजाइन की आवश्यकता होती है।

दूसरी ओर, परिवर्तनशील-गति ऊर्जा टर्बाइनों से जिस गतिपर टर्बाइनों का संचालन हो रहा हो,उस पर ऊर्जा रूपांतरणकी उच्चतम संभवदक्षता प्राप्त कर सकते हैं। हवा की गति के अनुसार पवन टरबाइन की गति को लगातार समायोजित किया जाता है। ऐसा करने में, विभिन्न पवन गति पर अधिकतम बिजली रूपांतरणदक्षता प्राप्त करने के लिए टीएसआर को इष्टतम मूल्यपर रखा जा सकता है।

एक पावर कनवर्टर सिस्टम का उपयोग आम तौर पर पवन टरबाइन जनरेटर को यूटिलिटी ग्रिडसे जोड़ने के लिए किया जाता है, जिससे वेरिएबल टरबाइन गति की अनुमति मिलती है। परिवर्तक प्रणाली जनरेटर की गति को नियंत्रित करती है, जो यंत्रवत् रूप से पवन टरबाइन रोटर (ब्लेड) से जुडीहोती है। स्थिर और परिवर्तनीय गति के पवन टर्बाइनों के लाभ और नुकसान को तालिका 4.4 में दर्शाया गया है।

विनिर्माण लागत और पावर कन्वर्टर्स के कारण बिजली की हानि इसके मुख्य नुकसान हैं। हालाँकि, ऊर्जा उत्पादन में वृद्धि अतिरिक्त व्यय और बिजली हानि की भरपाई करती है। इसके अतिरिक्त, विनियमित जनरेटर द्वारा प्रदान किया गया सुचारू संचालन टरबाइन औरड्राइव ड्रेन पर यांत्रिक तनाव को कम करता है। इससे निर्माताओं को अधिक किफायती, बड़े पवन टर्बाइन बनाने की अनुमति मिली है। उपरोक्त के कारण, वैरिएबल-स्पीड टरबाइन इस समय बाज़ार में सबसे लोकप्रिय हैं।

तालिका 4.4- स्थिर और परिवर्तनीय गति के पवन टर्बाइनों के फायदे और नुकसान

गति का मोड	फायदे	नुकसान
स्थिर गति	• सरल, मज़बूत और विश्वसनीय • कम रखरखाव और कम लागत	• ऊर्जा रूपांतरण दक्षता कम है • यांत्रिक तनाव बहुत अधिक है • ग्रिड में अधिक शक्ति कार्य होते हैं।
परिवर्तनीय गति	• ऊर्जा वार्तालाप दक्षता बहुत अधिक है। • बिजली की गुणवत्ता में सुधार हुआ है • यांत्रिक तनाव कम हो जाता है	• कन्वर्टर्स के उपयोग के कारण अतिरिक्त लागत और हानि • अधिक जटिल नियंत्रण प्रणाली

4.8 क्षैतिज अक्ष बड़े पवन ऊर्जा संयंत्र का लेआउट

क्षैतिज अक्ष बड़ी पवन टरबाइन के मुख्य घटक नीचे दिए गए हैं।

a) रोटर ब्लेड

b) रोटर हब

c) पिच और यॉ नियंत्रण

d) एमेनोमीटर और विंड वेन

e) कम और उच्च गति शाफ्ट

f) गियर बॉक्स

g) जनरेटर (सिंक्रोनस और एसिंक्रोनस जनरेटर)

h) आवृत्ति, वोल्टेज, सक्रिय और प्रतिक्रियाशील बिजली नियंत्रण

i) पावर इलेक्ट्रॉनिक्स उपकरण

j) संधारित्र बैंक

k) पावर आउटपुट AC

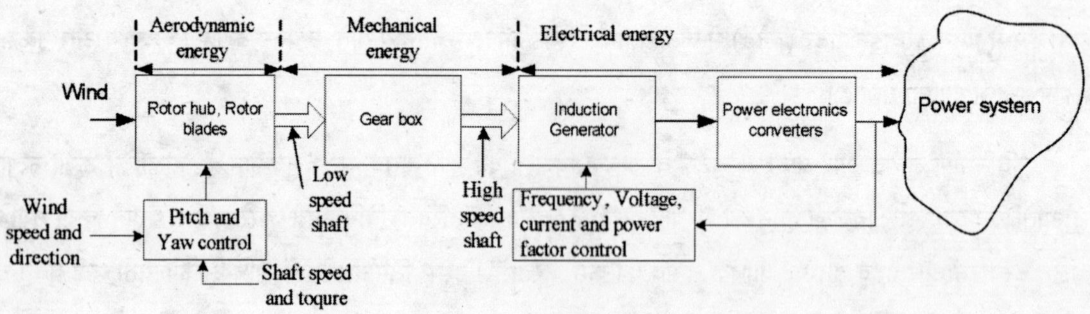

चित्र 4.13 HAWT प्रणाली का ले-आउट

चित्र 4.13 में क्षैतिजअक्ष पवन टरबाइन जनरेटर प्रणाली का आरेखदिखाया गया है। पवन टरबाइन में ब्लेड, एक रोटर हब, एक पिच और एक याव नियंत्रणतंत्र होता है। इसकेके ब्लेड रोटर हब से जुडेहोते हैं। जिस कोणपर रोटर ब्लेड को झुकाया जाता हैउस कोणको विनियमित करने के लिए पिच नियंत्रणतंत्र का उपयोग किया जाता है। एनेमोमीटर एक मापन उपकरण है जो हवा की गति को मापने के लिए इस्तेमाल किया जाता है। इसके अलावा, हवा की दिशा की पहचान के लिए एक पवन फलक का उपयोग किया जाता है। याव नियंत्रणतंत्र, वायु फलक डेटा पर निर्भर करता है। याव ड्राइव नेसेल को घुमाता है। पवन टरबाइन रोटर को एक गियरबॉक्स के माध्यम से जनरेटर के साथ जोड़ा गया है। लो-स्पीड पवन टरबाइन रोटर शाफ्ट को एक गियरबॉक्स के माध्यम से जनरेटर की उच्च गति या रेटेड गति में परिवर्तित किया जाता है। जनरेटर एक विद्युत-यांत्रिक मशीन है जो यांत्रिक ऊर्जा को विद्युत ऊर्जा में परिवर्तित करती है। जनरेटर बिजली के इलेक्ट्रॉनिक उपकरणों के माध्यम से ग्रिडसे जुडाहुआ है। एक कैपेसिटर बैंक का उपयोग प्रेरण जनरेटर की रिएक्टिव बिजली की आवश्यकता की भरपाई करने के लिए किया जाता है।

4.9 गीयर पवन पावर प्लांट का लेआउट

गीयर किए गए पवन ऊर्जा संयंत्र के विशिष्ट घटक नीचे दिए गए हैं।

(a) पवन टरबाइन रोटर
(b) ब्लेड
(c) शाफ्ट
(d) गियरबॉक्स
(e) पिच और याव नियंत्रण
(f) अतुल्यकालिक(asynchronous) जनरेटर
(g) पावर इलेक्ट्रॉनिक्स परिवर्तक
(h) कैपेसिटर बैंक

गीयर पवन ऊर्जा संयंत्र का लेआउट आरेखचित्र 4.14 में दिखाया गया है। पवन टरबाइन में ब्लेड, एक टरबाइन रोटर हब और पिच और याव नियंत्रणजैसे विभिन्न वायुगतिकीय नियंत्रणतंत्र शामिल हैं। पिच नियंत्रणरोटर ब्लेड पर यांत्रिक तनाव को कम करता है। टरबाइन रोटर को एक गियरबॉक्स के माध्यम से एक प्रेरण जनरेटर के साथ जोड़ा जाता है। जनरेटर-रेटेड गति को प्राप्त करने के लिए कम और हाई-स्पीड शाफ्ट नामक दो शाफ्ट का उपयोग किया जाता है। इंडक्शन जनरेटर को पावर इलेक्ट्रॉनिक्स स्विचिग डिवाइसों के माध्यम से ग्रिडके साथ जोड़ा जाता है। जनरेटर और ग्रिडके सुचारू एकीकरण के लिए पावर इलेक्ट्रॉनिक स्विचिग उपकरणों का उपयोग किया जाता है। संधारित्र बैंक आवश्यकता पड़ने पर सिस्टम को प्रतिक्रियाशील शक्ति(React ive Power)की आपूर्ति करता है।

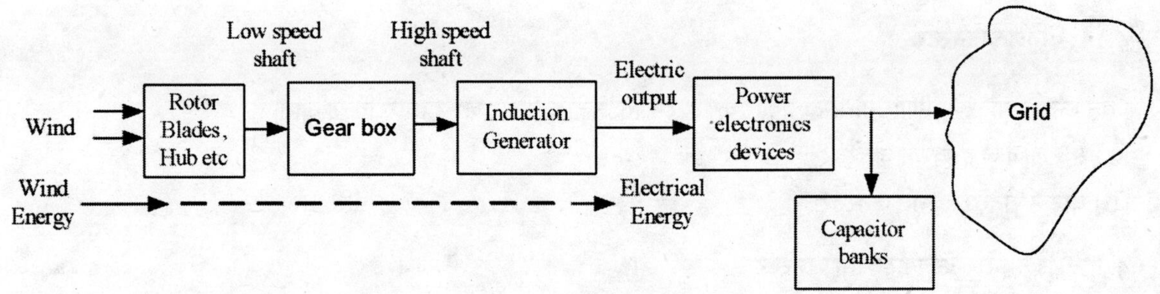

चित्र 4.14- गीयर पवन टरबाइन इंडक्शन जनरेटर सिस्टम का लेआउट

4.10 प्रत्यक्ष ड्राइव पवन पावर प्लांट की लेआउट

चित्र 4.15 में प्रत्यक्षड्राइव पवन टरबाइन सिस्टम ब्लॉक आरेख का लेआउट दर्शाया गया है। इस पवन टरबाइन प्रौद्योगिकी के मुख्य घटक इस प्रकार हैं:

(a) पवन टरबाइन रोटर
(b) टर्बाइन ब्लेड
(c) शाफ्ट

(d) PMSG और WRSG जैसे तुल्यकालिकजनरेटर

(e) विद्युत इलेक्ट्रोनिक परिवर्तकः

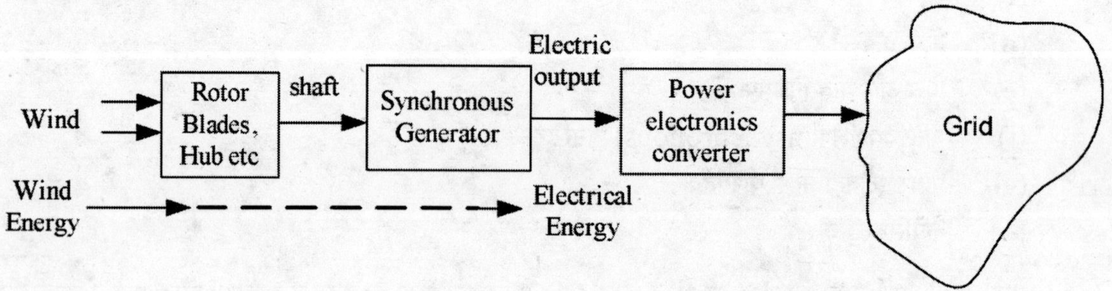

चित्र 4.15 प्रत्यक्ष ड्राइव पवन टरबाइन प्रणाली का रेखा ले-आउट

पिछले संयंत्र की तुलना में, इस संयंत्र में कोई गियरबॉक्स नहीं है। एक टरबाइन रोटर को सीधे शाफ्ट के माध्यम से एक सिक्रोनस जनरेटर के साथ जोडाजाता है। जब टरबाइनकेब्लेड घूमते हैं तो, पवन टरबाइन रोटर घूमता है जो जनरेटर के रोटर को घुमाता है।जनरेटर इस यांत्रिक ऊर्जा को विद्युत ऊर्जा में परिवर्तित करता है। जनरेटर से उत्पादित बिजली, इलेक्ट्रॉनिक कनवर्टर की मदद से ग्रिड में भेजी जाती है।

4.11 पवन ऊर्जा संयंत्रों में इलेक्ट्रिक जनरेटर का इस्तेमाल

4.11.1 विद्युत जनरेटर

पवन ऊर्जा रूपांतरण प्रणालियों में दो प्रकार के स्थिर-गति ऊर्जा जनरेटर का उपयोग किया जाता है। वे हैं -

(a) स्क्वेरल-केज इंडक्शन जनरेटर

(b) वाउन्ड रोटर इंडक्शन जनरेटर

4.11.1.1 स्क्वेरल-केज इंडक्शन जनरेटर

स्क्वेरल-केज इंडक्शन जनरेटर (SCIG) उद्योग में व्यापक रूप से उपयोग किया जाता है क्योंकि यह उपयोग करने में आसान है, उच्च दक्षता वाला है और इसमें अधिक रखरखाव की आवश्यकता नहीं होती है।स्क्वेरल-केज (Squirrel Cage) का रोटर गिलहरी के पिन्जरे जैसा दिखता है। रोटर के लैमिनेटेड कोर की बाहरी परिधि में स्लॉट बनाए जाते हैं। ये स्लॉट शाफ्ट (shaft) के समानांतर नहीं होते हैं लेकिन ये इस्कूड (skewed)होते हैं। रोटर वाइंडिग के कंडक्टर तांबे या एल्यूमीनियम के होते हैं और स्लॉट पर रखे जाते हैं। एंड रिंग्स के द्वारा कंडक्टर के दोनो सिरों को शॉर्ट-सर्किट करते है । चित्र 4.16 (क) और 4.16 (ख) क्रमशः स्करल केज इंडक्शन जनरेटर और स्करल केज रोटर की एक तस्वीर दर्शाते है। इसका स्टेटर एक बेलनाकार संरचना का

बना होता है जिसकी आंतरिक परिधि पर स्टेटर वाइंडिग लगाने के लिए स्लॉट बनाए जाते हैं। स्टेटर वाइंडिग, तीन-फेस स्टार या डेल्टा कनेक्शन में जुड़ी होती है।

चित्र 4.16 (क) प्रेरण जनरेटर चित्र 4.16 (ख)स्क्वरल केज रोटर

SCIG स्टेटरऔर स्टार-कनेक्टेड वाइंडिग को क्रमशः रेखाचित्र 4.16 (ग)और रेखाचित्र 4.16 (घ)में दिखाया गया है। एससीआईजी एक बहुत मजबूत और स्टेबल जनरेटर है। जब हवा की गति बदलती है, तो स्लिप कुछ प्रतिशत तक बदल जाती है। इस प्रकार, SCIG की गति बहुत अधिक नहीं बदलती है। पवन टरबाइन प्रौद्योगिकी में, एक साफ्ट स्टार्टर और रिएक्टिव पावर उपकरणों का उपयोग किया जाता है। साफ्ट स्टार्टर का उपयोग SCIG धारानियंत्रणके लिए किया जाता है। चूंकि SCIG की टॉर्क-स्पीड विशेषताएं बहुत तेज हैं, इसलिए पवन ऊर्जा ग्रिड को सीधे प्रभावित करती है। एक कैपेसिटर बैंक का उपयोग रिएक्टिव पावर क्षतिपूर्ति के लिए किया जाता है। मल्टी-स्टेज गियरबॉक्स और SCIG का इस्तेमाल फिक्स्ड-स्पीड पवन टरबाइन आर्किटेक्चर में यांत्रिक ऊर्जा को विद्युत ऊर्जा में बदलने के लिए किया जाता है। कई पवन टर्बाइन निर्माताओ ने 1980 और 1990 के दशक में इस डिजाइन का उपयोग किया।

चित्र 4.16 (ग) स्क्वरल इंडक्शन जनरेटर स्टेटर

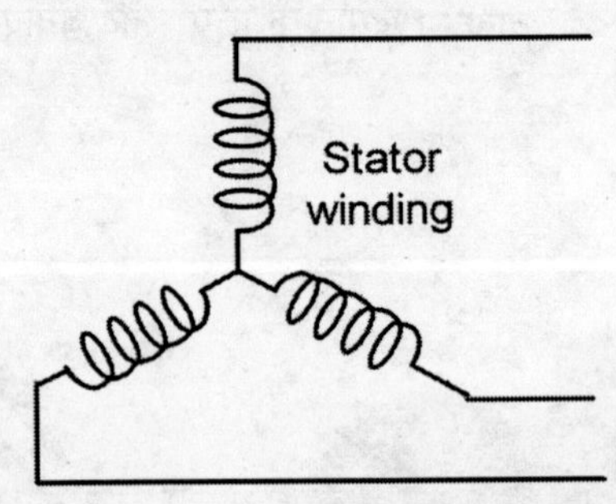

चित्र 4.16 (घ) स्टार-कनेक्टेड स्टेटर वाइंडिग

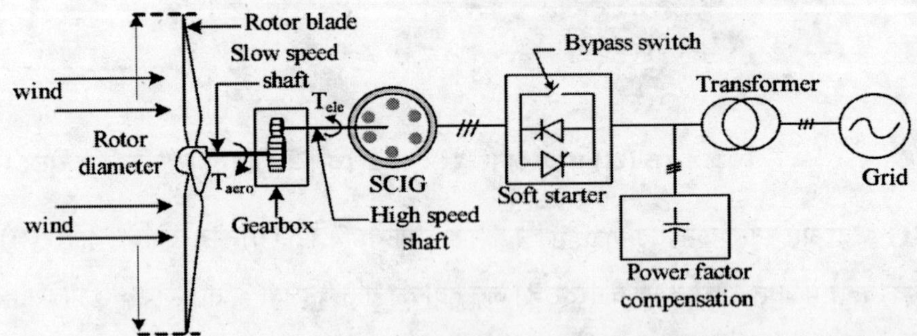

चित्र 4.17 SCIG एक पवन टरबाइन और ग्रिडप्रणाली से जुड़ा हुआ है

चित्र 4.17 से पता चलता है कि SCIG इस सेटअप में ट्रांसफार्मर के माध्यम से ग्रिड से सीधे जुडा हुआ है। स्थिर गति की पवन टरबाइन SCIG प्रणाली में एक साफ्टस्टार्टर और प्रतिक्रियाशील बिजली क्षतिपूर्ति उपकरणों का उपयोग किया जाता है। सॉफ्ट-स्टार्टर का उपयोग SCIG के इनरश करंट को नियंत्रित करने के लिए किया जाता है। प्रतिक्रियाशील विद्युत क्षतिपूर्ति के लिए कैपेसिटर बैंक का उपयोग किया जाता है।

चूँकि SCIG सिक्रोनस गति के निकट एक संकीर्ण बैंड के भीतर संचालित होता है, यह टरबाइन हवा की गति के बावजूद लगभग स्थिर गति से संचालित होता है। अपनी कम लागत, सरलता और स्थायित्व के कारण यह लोकप्रिय है। निश्चित गति पवन टरबाइन, हवा की गति के उतार-चढ़ाव को यांत्रिक और फिर विद्युत शक्ति के उतार-चढ़ाव में परिवर्तित करता है, जिससे काफी थकान और यांत्रिक तनाव होता है। इसमें बिजली की गुणवत्ता पर भी सीमित नियंत्रण है, यह कितनी प्रतिक्रियाशील शक्ति का उपयोग करता है इस पर कोई नियंत्रण नहीं है, और इसे यथासंभव वायुगतिकीय रूप से कुशल बनाने के लिए कोई गति नियंत्रण नहीं है। बिजली उत्पादन को अधिकतम करने के लिए, कुछ वाणिज्यिक पवन टर्बाइनो में एक ध्रुव-परिवर्तनीय एससीआईजी कॉन्फ़िगरेशन लागू किया गया है जो दो अलग-अलग रोटेशन दरों को समायोजित कर सकता है। विशेष रूप से, एक जनरेटर वाइंडिग सेट जिसमें आमतौर पर कम हवा की गति के लिए 8 पोल होते हैं, और दूसरे में मध्यम और उच्च हवा की गति के लिए आमतौर पर 4 या 6 पोल होते हैं।

4.11.1.2 वाउन्ड रोटर इंडक्शन जनरेटर

एक वाउन्ड रोटर इंडक्शन जनरेटर (WRIG)

में, रोटर की बाहरी परिधि को वाइंडिग प्राप्त करने के लिए स्लॉट किया जाता है। आम तौर पर, रोटर वाइंडिग एक तीन फेस वाली स्टार-कनेक्टेड वाइंडिग होती है। इस वाइंडिग के इंसुलेटेड कंडक्टर को स्लॉट पर एक समान रूप से वितरितकिया जाता है। स्टार वाइंडिग के तीन टर्मिनल तीन स्लिप रिग के माध्यम से बाहरी सर्किट से जुडेहोते हैं। स्लिप रिंग्स शाफ्ट पर लगे होते हैं और उन्हें इससे अलग कर दिया जाता है। तीन ब्रश स्लिप रिगों पर टिके होते हैं, जिनसे इस प्रतिरोधों से युक्त एक बाहरी सर्किट जुड़ा होता है। वाउन्ड रोटर की तस्वीर चित्र 4.18 में दिखाई गई है। स्लिप रिंग्स के साथ स्टेटर वाइंडिग, रोटर वाइंडिग और स्टार्ट रेसिस्टेंस के संबंध को दर्शाने वाला सर्किट चित्र 4.19 में दिखाया गया है।

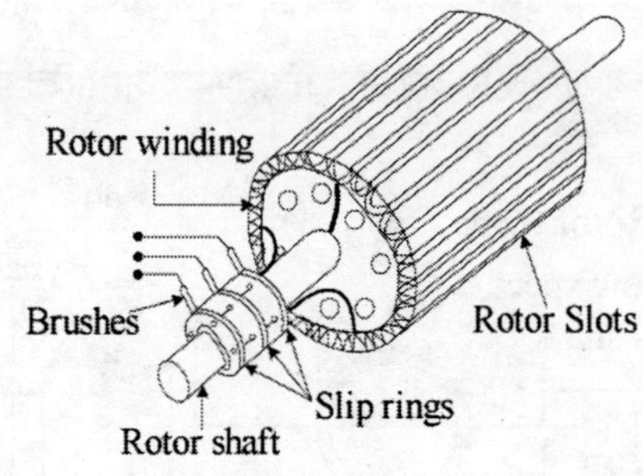

चित्र 4.18-स्लिप रिग के साथ वाउन्ड रोटर

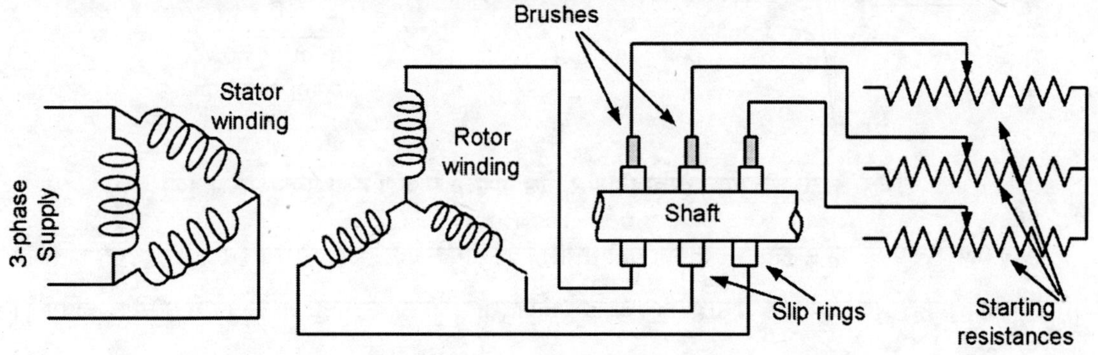

चित्र 4.19-तीन चरण के वाउन्ड रोटर इंडक्शन जनरेटर (WRIG)

चित्र 4.20 में WRIG के साथ सीमित परिवर्तनीय गति के पवन टरबाइन के विन्यास को दर्शाया गया है। WRIG सीधे एक सॉफ्ट स्टार्टर और ट्रांसफार्मर के माध्यम से ग्रिडसे जुडाहुआ है। परिवर्तनीय प्रतिरोध, श्रृंखला में, WRIG के रोटर से जुडा c है और इसे एक विद्युत इलेक्ट्रॉनिक नियंत्रक द्वारा गतिशील रूप से समायोजित किया जाता है। रोटर के अतिरिक्त प्रतिरोध

को बदलकर पवन टरबाइन की गति को संशोधित किया जा सकता है। इसलिए, WRIG रोटर से प्राप्त ऊर्जा को समायोजित करके एक परिवर्तनीय गति संचालन प्राप्त किया जा सकता है। चर गति सीमा बाह्य प्रतिरोध के आकार पर निर्भर करती है। आमतौर पर यह गति 0% से 10% तक होती है, जो एक बहुत ही संकीर्ण सीमा है। इसलिए, इसे सीमित चर गति कहा जाता है या कभी-कभी स्थिर गति कहा जाता है। हालांकि, ऊर्जा का एक हिस्सा समायोज्य प्रतिरोध ऊर्जा के रूप में खो जाता है। इस सॉफ्ट स्टार्टर का उपयोग WRIG की धाराको कम करने के लिए किया जाता है। एक प्रतिक्रियाशील विद्युत संग्राहक या संधारित्र बैंक का उपयोग WRIG के चुंबकीयकरण के लिए प्रतिक्रियाशील शक्तिप्रदान करने के लिए किया जाता है। SCIG की तुलना में, इस डिजाइन में सर्किट एक सरल होते है जिसके लिए स्लिप रिंग्स के उपयोग की आवश्यकता नहीं होती है, साथ ही साथ एक बेहतर कार्यशील गति सीमा की आवश्यकता होती है। कुछ हद तक, इस मॉडल के कारण यांत्रिक तनाव और शक्तिकी भिन्नता को कम कर सकते हैं। छोटी गति सीमा इसकीकर्मियों में मानी जा सकती है, जो अतिरिक्त प्रतिरोध की परिमाण, चर प्रतिरोध में होने वाली शक्तिहानि तथा प्रतिक्रियात्मक तथा सक्रिय शक्तिपर अप्रभावी नियंत्रणपर आधारित होती है।

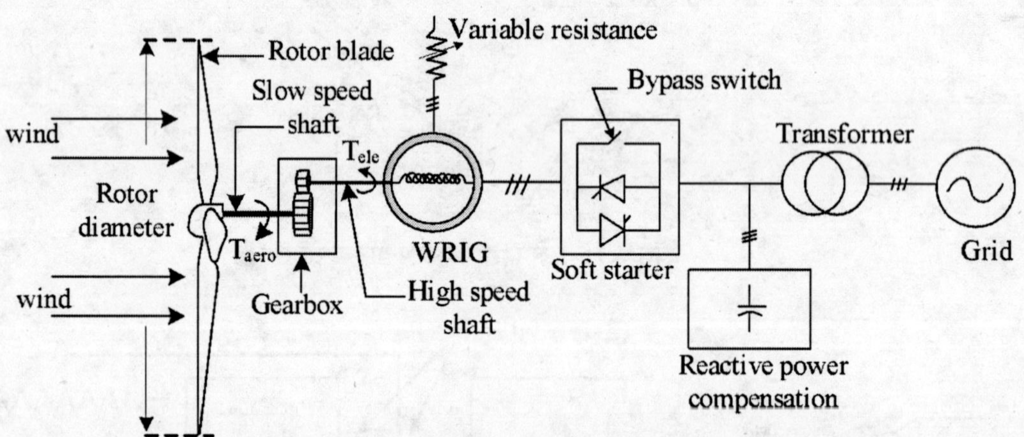

चित्र. 4.20 एक पवन टरबाइन और ग्रिड प्रणाली से जुडा हुआ डब्ल्यूआरआईजी

निष्कर्ष के रूप में, यह सिद्धांत परिवर्तनीय गति संचालन की मांगके एक हिस्से को पूरा करता है और वायुगतिकीय दक्षता में सुधार करता है। यह परिवर्तनीय गति के साथ पवन टर्बाइनों की दिशा में पहला कदम है, जो बाजार में सबसे लोकप्रिय हैं।

4.11.2 परिवर्तनीय स्पीड इलेक्ट्रिक जनरेटर

WECS में 3 प्रकार के परिवर्तनीय स्पीड इलेक्ट्रिक जनरेटर उपयोग किये जाते हैं, जो कि इस प्रकार हैं :

(अ) डबल फेड इंडक्शन जनरेटर (DFIG)

(ब) वाउन्ड रोटर सिक्रोनस जनरेटर (WRSG)

(स) स्थायी मैग्नेट सिक्रोनस जनरेटर (PMSG)

के आसपास गति सीमा में वृद्धि से कनवर्टर की लागत में वृद्धि होगी। डीएफआईजी सक्रिय शक्ति और प्रतिक्रियाशील शक्ति दोनों को अलग

4.11.2.1 डबल फेड इंडक्शन जनरेटर (DFIG)

वैरिएबल-स्पीड पवन टर्बाइनों के लिए डबल फेड इंडक्शन जेनरेटर (डीएफआईजी) पवन टरबाइन प्रणाली का उपयोग किया जाता है। यहां स्लिप रिग वाउंड रोटर इंडक्शन मशीन का उपयोग जनरेटर के रूप में किया जाता है। जनरेटर का स्टेटर सीधे ग्रिड से जुड़ा होता है। रोटर स्लिप रिग पावर इलेक्ट्रॉनिक्स कन्वर्टर्स के माध्यम से ग्रिड से जुड़े होते हैं। कन्वर्टर्स को एक निश्चित गति सीमा के आधार पर डिज़ाइन किया गया है। आमतौर पर, गति सीमा का 30% -70% के लिए कन्वर्टर्स डिजाइन कर जाते हैं। गति सीमा को इस तरह से चुना जाता है ताकि दक्षता अधिकतम हो सके और निवेश व्यय कम हो सके। परिणामस्वरूप, सिक्रोनस गति -अलग नियंत्रित करता है। डीएफआईजी के साथ एक समस्या यह है कि इसे हमेशा स्लिप रिग की आवश्यकता होती है। चित्र.4.21 एक डीएफआईजी-आधारित पवन ऊर्जा रूपांतरण प्रणाली दिखाता है।

SC IG पवन टरबाइन प्रणाली में, रोटर सर्किट तक पहुंच कर कार्य करना संभव नहीं होता है यदि इंडक्शन जनरेटर का रोटर वाउंड रोटर हो तो स्लिप रिग के माध्यम से इस तक पहुंचा जा सकता है।रोटर सर्किट को नियंत्रित करके इंडक्शन जनरेटर की परिवर्तनीय गति प्राप्त की जा सकती है। रोटर सर्किट बैक-टू-बैकनियंत्रणीय कन्वर्टर्स से जुड़ा है। बैक-टू-बैक कनवर्टर में समान डीसी लिक साझा करने वाले रोटर और ग्रिड साइड कनवर्टर शामिल होते हैं। रोटर सर्किट में एक वैरिएबल-फ्रीक्वेंसी करंट शुरू करके, ग्रिड और रोटर के बीच सापेक्ष गति (आवृत्ति) अंतर को समायोजित किया जा सकता है। परिणामस्वरूप, कन्वर्टर्स को सामान्य और असामान्य दोनों परिचालन स्थितियों में लगातार आउटपुट बनाए रखने के लिए नियंत्रित किया जा सकता है। डीएफआईजी स्टेटर वाइंडिग के बजाय रोटर वाइंडिग के माध्यम से उत्तेजित किया जा सकता है। उत्तेजना के लिए प्रतिक्रियाशील शक्ति की आवश्यकता होती है। यदि आवश्यक हो, तो ग्रिड-साइड कनवर्टर स्टेटर वाइंडिग के उत्तेजना के लिए प्रतिक्रियाशील शक्ति प्रदान करता है। इस प्रकार, डीएफआईजी से सुसज्जित पवन टरबाइन के ग्रिड वोल्टेज को विनियमित किया जा सकता है। स्टेटर हमेशा ग्रिड को वास्तविक/सक्रिय बिजली की आपूर्ति करता है, जबकि रोटर सर्किट में वास्तविक बिजली परिचालन स्थितियों के आधार पर किसी भी दिशा में (रोटर से ग्रिड या ग्रिड से रोटर तक) प्रवाहित हो सकती है। रोटर सर्किट की शक्ति (4.34) द्वारा दी गई है(नुकसान को नजरअंदाज करते हुए)।

$$P_{rotor} = -sP_{stator} \quad (4.34)$$

जहां S स्लिप है, ग्रिड को दी गई वास्तविक बिजली (4.35) द्वारा दी गई है।

$$\begin{aligned} P_{grid} &= P_{rotor} + P_{stator} \\ &= (1-s)P_{stator} \end{aligned} \quad (4.35)$$

डीएफआइजी की मदद से विभिन्न हवा की परिवर्तनीय गति पर भी ग्रिड को पावर न्यूनतम लागत पर दिया जा सकता है,जो की सिक्रोनस जनरेटर के साथ संभव नहीं है। चित्र.4.22 डीएफआईजी का विन्यास दिखाता है। मल्टी-स्टेज गियरबॉक्स के माध्यम से डीएफ़आईजी का उपयोग करके विद्युत ऊर्जा उत्पन्न करने के लिए एक चर-गति पवन टरबाइन प्रणाली का उपयोग किया जाता है। मूल परिचालन अवधारणा एससीआईजी-आधारित प्रणालियों के समान है, लेकिन डीएफआईजी में, पावर इलेक्ट्रॉनिक्स कन्वर्टर्स समकालिक गति की ± 30% गति सीमा प्राप्त करने के लिए, रोटर सक्रिय शक्ति को नियंत्रित करते हैं। रोटर कनवर्टर की रेटेड शक्ति को लागत और गति सीमा के आधार पर चुना जाता है। इसके अलावा, कनवर्टर प्रतिक्रियाशील शक्ति(React ıve Power) की भरपाई करता है और ग्रिड से सुचारू कनेक्शन प्रदान करता है। डीएफआईजी में उचित गति सीमा और अन्य लाभ हैं, लेकिन यह वोल्टेज के उतार-चढ़ाव, विशेष रूप से वोल्टेज सैगSag के प्रति अधिक संवेदनशील है। रोटर पर वोल्टेजकी बड़ी समस्या आमतौर पर टर्मिनल वोल्टेज में अचानक कमी के कारण होती है, जिससे रोटर करंट अनियंत्रित हो सकता है और रोटर-साइड कनवर्टर (आरएससी) को भी नुकसान पहुंचा सकता है। यह विधि विद्युत चुम्बकीय टॉर्क दोलन के कारण मशीन की विश्वसनीयता और गियर जीवन को कम कर देती है। डीएफआईजी की लो-वोल्टेज राइड-थ्रू (एलवीआरटी) क्षमता को बढ़ाने के लिए, साहित्य में कई योजनाएं उपलब्ध हैं। रोटर क्रो-सर्किट का उपयोग आमतौर पर आरएससी की सुरक्षा के लिए किया जाता है।

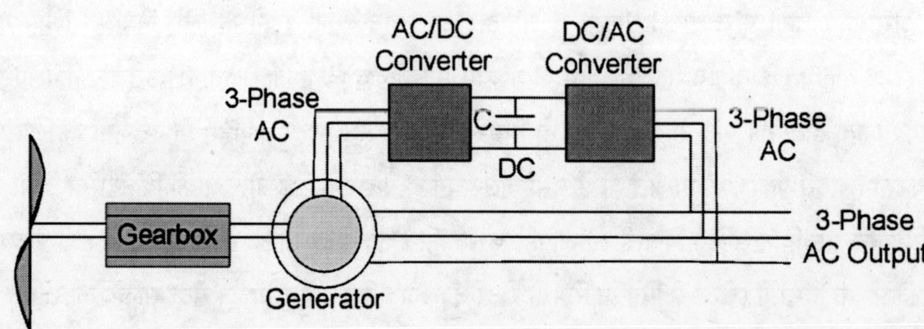

चित्र 4.21 DFIG एक पवन टरबाइन और ग्रिड प्रणाली से जुड़ा हुआ है

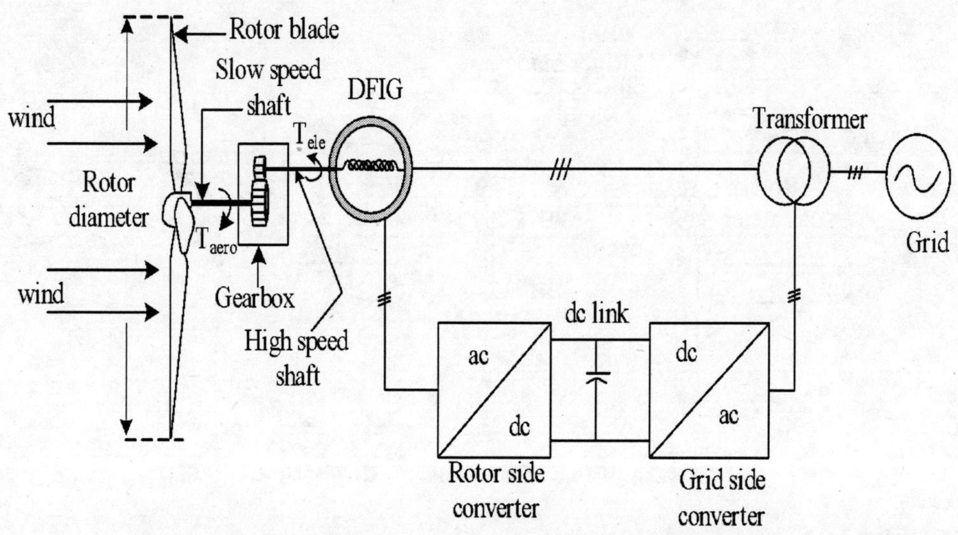

चित्र 4.22 डी एफ आई जी पवन टरबाइन और ग्रिड प्रणाली से जुडा

4.11.2.2 Wound Rotor Synchronous Generator

एक वाउन्ड रोटर इंडक्शन जनरेटर (WRIG) एक सिक्रोनस जनरेटर के अलावा और कुछ नहीं है। WRSG के रोटर में एक फ़ील्ड वाइंडिग होती है। फील्ड वाइंडिग डीसी से उत्साहित है। इस प्रकार रोटर में चुंबकीय ध्रुव निर्मित हो जाते हैं। सिक्रोनस जनरेटर का स्टेटर कोर एक खोखली बेलनाकार संरचना का होता है। स्टेटर कोर की आंतरिक परिधि को तीन-चरण स्टेटर वाइंडिग प्राप्त करने के लिए स्लॉट किया गया है। सिक्रोनस मशीन के रोटर को प्राइम मूवर की मदद से सिक्रोनस गति से घुमाया जाता है। स्टेटर कंडक्टर बदलते चुंबकीय क्षेत्र से जुड़ते हैं और इसलिए विद्युत चुम्बकीय प्रेरण के फैराडे कानून के अनुसार स्टेटर कंडक्टर में ईएमएफ प्रेरित होता है। पवन ऊर्जा अनुप्रयोगों के मामले में, मुख्य प्रेरक पवन टरबाइन है।चित्र 4.23 (क) में एक सिक्रोनस मशीन रोटर की तस्वीर दिखाई गई है और चित्र 4.23(ख) में एक स्टार-कनेक्टेड स्टेटर वाइंडिग दिखाई गई है।

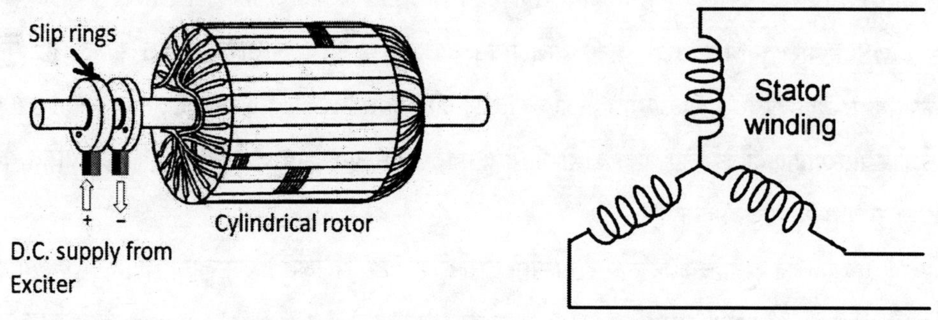

चित्र 4.23 (क) डब्ल्यूआरएसजीका एक बेलनाकार रोटर **चित्र 4.25 (ख) पीएमएसजी का क्रॉस-सेक्शनल दृश्य**

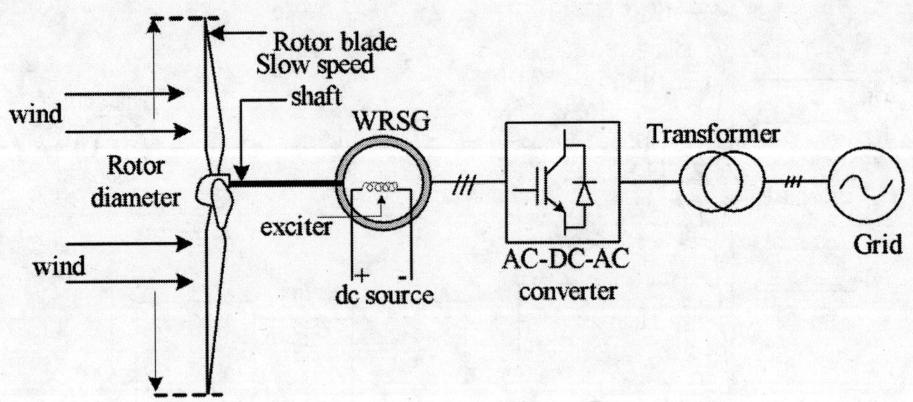

चित्र 4.24 पवन टरबाइन प्रणाली के साथ डब्ल्यूआरएसजी

4.11.2.3 स्थायी मैग्नेट सिंक्रोनस जनरेटर (PMSG)

विद्युत उत्पादन के लिए आवश्यक चुंबकीय क्षेत्रप्रदान करने के लिए PMSG में एक रोटर में एक स्थायी चुंबक का उपयोग किया जाता है। इसलिए, उत्तेजना के लिए किसी बाह्य बिजली की आपूर्ति की आवश्यकता नहीं होती है और ना ही किसीरोटर सर्किट की आवश्यकता होती है। इसकी सरलीकृत संरचना के कारणइसकी रखरखाव लागत कम हो जाती है। PMSG की कार्यकुशलता प्रेरण जनरेटर की तुलना में अधिक है। PMSG का पावर फैक्टर यूनिटी या लीडिग भी हासिल किया जा सकतीहै। PMSG के लिए बिजली का घनत्व बहुत अधिक होता है और दुर्लभ-अर्थ मैग्नेट की कीमत घटने के कारण इसकी कीमत भी कम होती है। PMSG, सिंक्रोनस गति से संचालित होता है और जेनरेट की गई बिजली की आवृत्ति तुल्यकालिकगति के सीधे आनुपातिकहोती है, इसलिए स्लिप शून्यहोती है। एक एनेमोमीटर उपकरण का उपयोग करके पवन टरबाइन की गति को मापने की कोई आवश्यकता नहीं है।

साहित्य में PMSG के विभिन्न डिजाइन प्रस्तावित हैं। इस तरह के दो डिजाइनों का क्रॉस-सेक्शनल दृश्य रेखाचित्र 4.25 (क) और रेखाचित्र 4.25 (ख) में दिखाया गया है। चित्र 4.26 प्रत्यक्ष संचालित PMSG पवन टरबाइन प्रणाली को दर्शाता है। PMSG परिवर्तनीय गति से चलने वाले पवन टर्बाइनों के साथ आसानी से चल सकता है। फुल-स्केल पावर इलेक्ट्रॉनिक्स बैक-टू-बैक कन्वर्टर्स का उपयोग ऊर्जा रूपांतरण और संयंत्र नियंत्रण प्रणाली उद्देश्यों के लिए किया जाता है। इसके अलावा, ऊर्जा रूपांतरणप्रक्रिया के लिए, एक डीसी-डीसी कनवर्टर और एक इन्वर्टर के साथ एक अनियंत्रित कैस्केड प्रकार के रेक्टिफायर का उपयोग किया जा सकता है।

स्थायी चुम्बकों को अत्यधिक करंटऔर/या गर्मी द्वारा विरूपण से संरक्षित किया जाना चाहिए। जब भी स्थायी चुंबक का उपयोग किया जाता है, तो अत्यधिक धाराओं और/या अत्यधिक तापमान से demagnet ısat ıon के खिलाफ सावधानी बरतना महत्वपूर्ण होता है।

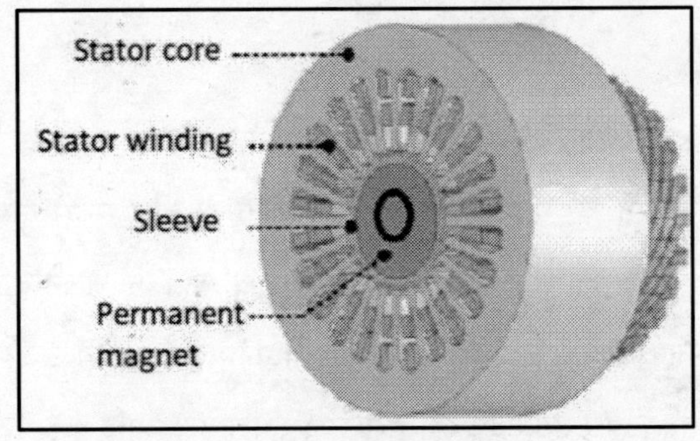

चित्र 4.25 (क) PMSG का क्रॉस-सेक्शनल दृश्य

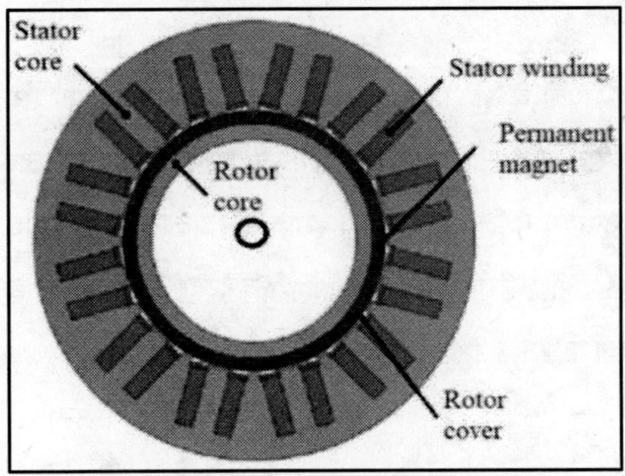

चित्र 4.25 (ख) PMSG का क्रॉस-सेक्शनल दृश्य

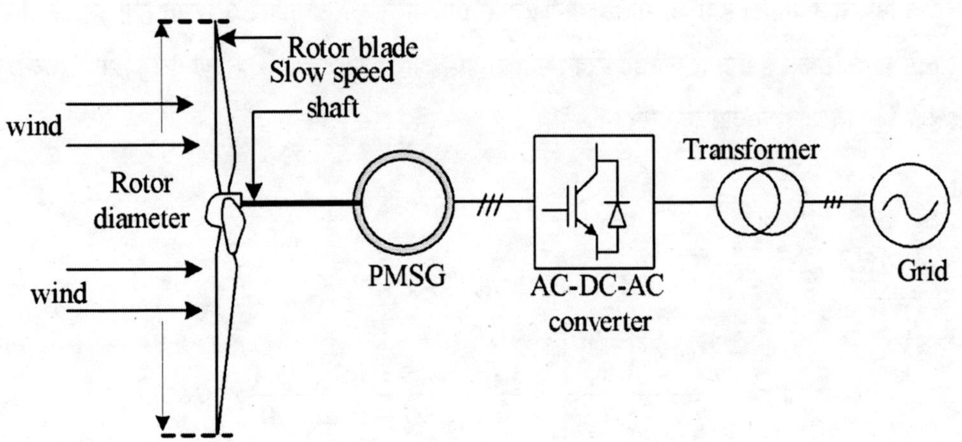

4.26 पवन टरबाइन प्रणाली के साथ PMSG

इकाई सारांश

बहती हवा को पवन कहा जाता है। हवा प्रकृति में स्वतंत्र रूप से उपलब्ध है। पवन ऊर्जा संयंत्र शून्य कार्बन डाइऑक्साइड CO_2 का उत्सर्जन करते हैं। पवन ऊर्जा में सभी स्रोतों के बीच सबसे कम जीवन चक्र उत्सर्जन(life cycle emission) होता है। पवन ऊर्जा संयंत्र की साइट ऐसी होनी चाहिए कि वहां की चलने वाली हवा में अधिकतम ऊर्जा हो। इस यूनिट मेंपवन ऊर्जा संयंत्रों के विभिन्न घटकों और उनके कार्यपर चर्चा की गई है। पवन ऊर्जा संयंत्र कुछ सिद्धांतपर कार्य करते हैं। इसकी दक्षता एरो डायनामिक दक्षता, टिप स्पीड, टिप स्पीड रेशियो, सॉलिडिटी आदि कई फैक्टरपर निर्भर करती।एक पवन ऊर्जा संयंत्र को एरोडायनामिक रूप से स्टाल नियंत्रण, पिच नियंत्रणऔर एक्टिव स्टाल नियंत्रण प्रौद्योगिकियों द्वारा नियंत्रित किया जा सकता है।

यहाँ विभिन्न पवन ऊर्जा संयंत्रों के लेआउट पर चर्चा की गई है। पवन ऊर्जा संयंत्र को स्थिर गति और वेरिएबल गति प्रकारके रूप में वर्गीकृत किया जा सकता है और तदनुसार विभिन्न प्रकारके -स्क्विरल केज इंडक्शन जनरेटर,SCIG और वाउन्ड रोटर इंडक्शन जनरेटर WRIG उपयोग में लिए जाते हैं हैं। इसके तीन प्रकारहैं-डबल फीड इंडक्शन जनरेटर (DFIG), वाउन्ड रोटर सिंक्रोनस जनरेटर (WRSG) और परमानेंट मैग्नेट सिंक्रोनस जनरेटर (PMSG). इस तरह के वेरिएबल और निरंतर गति वाले संयंत्रों की कार्यप्रणाली पर चर्चा की गई है।

अभ्यास

उदाहरण 4.1

एक निश्चित स्थानपर, हवा की गति जमीनी स्तरसे 60 मीटर की ऊंचाईपर 6.1 मीटर/सेकंड है, और 80 मीटर की ऊंचाईपर 6.5 मीटर/सेकंड है। पावर लॉ इंडेक्सका पता लगाएं, और फिर उस विशिष्ट स्थानपर जमीनी स्तरसे 100 मीटर की ऊंचाईपर हवा की गति को एक्सट्रापलेट करें।

समाधानः

समीकरण (4.2) से

$$\alpha = \frac{\log_{10}\left(\frac{v_2}{v_1}\right)}{\log_{10}\left(\frac{h_2}{h_1}\right)} = \frac{\log_{10} 6.5 - \log_{10} 6.1}{\log_{10} 80 - \log_{10} 60} = 0.221$$

जब h_2 100 मीटर हो जाता है, तो संबंधित V_2 होगा समीकरण(4.2)से

$$\frac{v_2}{v_1} = \left(\frac{h_2}{h_1}\right)^{\alpha} \Rightarrow \frac{v_2}{6.1} = \left(\frac{100}{60}\right)^{0.221} \Rightarrow v_2 = 6.83\ m/s$$

तो, 100 मीटर की ऊंचाईपर, हवा की गति 6.83 मीटर/सेकंड होगी।

उदाहरण-4.2

यदि हवा की गति 6 मीटर/सेकेंड है और टरबाइन रोटर का व्यास 60 मीटर है, तो 25 डिग्री सेल्सियस पर वायु घनत्व 1.225 किलोग्राम/मीटर^3 पर विचार करते हुए, विशिष्ट स्थान पर कुल अपस्ट्रीम पवन ऊर्जा निर्धारित करें।

समाधान:

आंकड़ो को देखते हुए,

wind velocity, v = 6 m/s, rotor diameter, D = 60m, radius, R = D/2 = 30 m, air density, $\rho = 1.225$ kg/m^3

Wind power, $P_{wind} = \frac{1}{2}\rho A v^3 = \frac{1}{2}\rho(\pi R^2)v^3 = \frac{0.5\times1.225\times(\pi\times30^2)\ 6^3}{1000} = 373.88\ kW$

उदाहरण-4.3

एक विशेष क्षेत्र में, हवा की गति एक विशिष्ट अवधि के लिए 4 मीटर प्रति सेकंड है। उस विशिष्ट क्षेत्र में कुल पवन ऊर्जा का पता लगाएं। इसके अलावा, पवन ऊर्जा निर्धारित करें जब हवा की गति प्रारंभिक गति के दो गुना हो जाती है। सामान्य तापमान पर वायु घनत्व 1.225 kg/m^3 और रोटर व्यास= 60 मीटर है।

समाधान:

डेटा को देखते हुए, वायु वेग, V = 4 m/s, रोटर व्यास,D = 60 m, त्रिज्या, R = D/2 = 30 m, वायु घनत्व ।ρ= 1.225 किग्रा/m^3

$$\text{Wind power, } P_{wind} = \frac{1}{2}\rho A v^3 = \frac{1}{2}\rho(\pi R^2)v^3 = \frac{0.5\times1.225\times(\pi\times30^2)4^3}{1000} \approx 110\,kW$$

जब हवा की गति, V = 8 m/s,

पवन ऊर्जा,

$$P_{wind} = 0.5\rho(\pi R^2)v^3 \text{ W}$$
$$= \frac{0.6125\times\pi\times30^2\times8^3}{1000} \text{ kW}$$
$$= 886 \text{ kW}$$

उदाहरण 4.4

एक विशेष स्थानपर वायु घनत्व 1.162 है। 10 मिनट के अंतराल के लिए 31 दिनों के एक विशेष महीने के लिए मूल्य . पवन ऊर्जा घनत्व। (WPD) का पता लगाएं।

समाधान:

वायु घनत्व फैक्टर,वाक्यांश = 1.162,

$$\sum_{i=1}^{N} v_h^3 = 1604001 \text{ m}^3 / s^3$$

$$N = 31x24x60/10 = 4464$$

$$\therefore \text{WPD} = \frac{\frac{1}{2} o \sum_{i=1}^{N} v_h^3}{4464}$$

$$= \frac{0.5x1.162x1604001}{4464}$$

$$= 208.76 \text{ Watt/m}^2$$

उदाहरण 4.5

किसी विशिष्ट क्षेत्र के लिए हवा की गति 6 मीटर/सेकेंड पाई जाती है। यदि पवन टरबाइन रोटर का व्यास 1.225 किलोग्राम/घन मीटर और 25 डिग्री सेल्सियस के वायु घनत्व पर विचार करते हुए 50 मीटर है, तो उस हवा की गति से पवन टरबाइन द्वारा कुल अपस्ट्रीम पवन ऊर्जा निष्कर्षण का निर्धारण करें। साथ ही, 12 दिनों में उत्पन्न कुल पवन ऊर्जा भी निर्धारित करें।

समाधान:

डेटा को देखते हुए, हवा का वेग, V = 6 m/s, रोटर व्यास,D = 50 मीटर, त्रिज्या, R = D/2 = 25 मीटर, वायु घनत्व ।= 1.225 kg/m³

$$P_{wind} = \frac{0.6125 \times (\pi R^2) \times 6^3}{1000}$$

$$= \frac{0.6125 \times (\pi \times 25^2) \times 6^3}{1000}$$

$$= 259.64 \; kW$$

12 दिनों के लिए कुल ऊर्जा (i.e. 288 घंटे) =P_{wind} * 288 kWh =74.776 MWh

एकाधिक विकल्प प्रश्न

1. 3 मीटर प्रति सेकंड के मानक विचलन के साथ 7.5 मीटर प्रति सेकंड की औसत हवा की गति करना।

   (क) 0.40 (ख) 0.45 (ग) 5.0 (घ)5.5

2. एक ऐसे क्षेत्र में कुल पवन ऊर्जा (kW) का निर्धारण करें, जहां औसत हवा की गति 5 मीटर प्रति सेकंड है, औसत80 मीटर रोटर व्यास के साथ एक WPP का उपयोग करें। मान लीजिए कि वायु का तापमान 25 डिग्री सेल्सियस है और इसका घनत्व 1.335 kg/m³ है।

(क) 414.24 (ख) 378.13 (ग)366.24 (घ)419.40

3. पवन ऊर्जा घनत्व। (WPD) की गणना 1.264 के दिए गए वायु घनत्व और ∑N ।=1 Vh3= 1604004 m3/s3के लिए,10 मिनट के अंतराल के लिए अक्टूबर महीने के लिएकरें।

(क) 229.38 (ख) 200.36 (ग)227.09 (घ) 220.12

4. यदि किसी स्थल पर हवा की गति वर्ष के आधे वर्षके लिए 6 मीटर/सेकंड और शेष वर्षके लिए 8 मीटर/सेकंड है और घनत्व 1.2255 kg/m^3 है। एक वर्षमें ऊर्जा सामग्री (kWh/m2) का मान ढूंढें.

(क) 3906.08 (ख) 3608.02 (ग) 3812.22 (घ) 3406.22

5. निम्नलिखित में से कौन सा ऊर्जा संरक्षण के उपाय के रूप में ऊर्जा विकल्प का उदाहरण नहीं है?

(क) विद्युत हीटरों के स्थान पर भाप हीटरों का प्रयोग

(ख) पवन ऊर्जा के स्थान पर तापीय विद्युत का प्रयोग

(ग) सौर प्रणालियों द्वारा वाष्प-आधारित गर्म पानी की जगह

(घ) कोयला के स्थान पर नारियल के छिलकों, चावल की भूसी आदि का उपयोग किया जाएगा।

6. पृथ्वी पर औसतवायु वेग क्या है?

(क) 14 m/sec (ख) 4 m/sec (ग)1 m/sec (घ)9 m/sec

7. वह क्षेत्रजिस पर टरबाइन का उत्पादन चालू करने के लिए कहा जाता हैजिस गति के नीचे यह उपयोगी नहीं है, न ही कुशल है,

(क) कट-इन स्पीड एरिया (ख) कट-ऑफ गति क्षेत्र

(ग) तेज हवाओं का क्षेत्र (घ) स्थिर अधिकतम क्षेत्र

8. नेसेल एक बड़ा बॉक्स है जिसमें पवन ऊर्जा संयंत्र में पावर कन्वर्टर, शाफ्ट, गियरबॉक्स, जनरेटर, केबल और याविग ड्राइव होती है। यह कहां पर स्थित होता है?

(क) यह टावर (मीनार) के आधारपर स्थित है। (ख) यह मीनार के निचले भाग में स्थित है।

(ग) यह मीनार पर स्थित है। (घ) यह मीनार के मध्य में स्थित है।

9. निम्नलिखित में से कौन सा एक चर प्रणाली की तुलना में पवन ऊर्जा के लिए एक स्थिर गति प्रणाली के लिए एक सच्चा कथन है?

(क) उच्च विश्वसनीयता (ख) सस्ते गियर

(ग)उच्च रोटर दक्षता (घ) कम ट्रांजिएट टॉर्क translenttorque

10. निम्नलिखित में से कौन सा पवन ऊर्जा प्रणाली का मूल घटकहै?

(क) दो या तीन ब्लेड के साथ स्टैटर (ख) बिना शाफ्ट केमैकेनिकल गियर

(ग) योक तंत्र (घ) इलेक्ट्रिक मोटर

11. निम्नलिखित घटकमें से कौन सा क्षैतिज-प्रकार के पवन टरबाइन में गियरबॉक्स से जुड़ा हुआ है?

(क) लो-स्पीड शाफ्ट (ख) हाई स्पीड शाफ्ट

(ग) नियंत्रक (घ) एक्सेलरोमीटर (त्वरणमापी)

12. पवन टर्बाइनों की गति को नियंत्रित करने के लिए निम्नलिखित तीन तरीकों में से कौन से हैं?

(क) याव और पिच को एडजस्ट करना

(ख) टर्बाइन को रेटिंग के साथ परिबद्ध किसी भी गति पर चलाने की अनुमति देना

(ग) डबल फीड के लिए जनरेटर फ्रीक्वेंसी आउटपुट को नियंत्रित करना

(घ) ऊपर के सभी

13. क्षैतिजपवन टरबाइन के गियरबॉक्स में HAWT का कार्य निम्नलिखित में से कौन सा है?

(क) ब्लेड के घुमाव को गति देता है (ख) ब्लेड के घुमाव को धीमा करता है

(ग) ब्लेड की गति को बनाए रखता है (घ) उपर्युक्त में से कोई नहीं

14. HAWT टॉवर की ऊँचाई क्या है?

(क) 40 से 100 मीटर (ख) 50 मीटर (ग) 110 मीटर (घ) 30 मीटर

15. निम्नलिखित देशों में से किस देश में 'जैसलमेर स्थित पवन पार्क' है?

(क) भारत (ख) चीन (ग) अमेरिका (घ) रोमानिया

16. निम्न में से कौन सी परिभाषा ब्लेड रोटेशन स्पीड औरपवन स्पीड के रूप में है

(क) टिप पर आधारित स्पीड अनुपात गति (ख) जनरेटर गति

(ग) संचरण अनुपात (घ) उपर्युक्त में से कोई नहीं

17. टर्बाइनों की गति का क्या होता है यदि उसकी टिपआधारित गतिअनुपात में वृद्धि होती है?

(क) तेज होतीहै (ख) धीमा पड़ना (ग) रुक जाएगी (घ) उपर्युक्त में से कोई नहीं

18. पवन टरबाइन प्रणाली के निम्नलिखित घटकों में से ऊर्जा को किस क्रम में परिवर्तित किया जा रहा है?

(क) विद्युत जनरेटर-शाफ्ट (ख) ब्लेड-रोटर-शाफ्ट-इलेक्ट्रिक जनरेटर

(ग)शाफ्ट-ब्लेड-रोटर-इलेक्ट्रिक जनरेटर (घ)इलेक्ट्रिक जनरेटर-ब्लेड-रोटर-शाफ्ट

19. निम्नलिखित में से कौन सा आमतौर पर वाणिज्यिक पवन टर्बाइन इस्तेमाल किया जाता है?

(क) ऊर्ध्वाधरऔर DFIG (ख) क्षैतिजऔर SCIG

(ग) क्षैतिजऔर ऊर्ध्वाधर (घ) DFIG और SCIG

20. क्षैतिजपवन टर्बाइन क्या हैं?

(क) पवन टरबाइन, जमीन के तल के लंबवतएक अक्ष के चारों ओर घूर्णन करता है

(ख) पवन टरबाइन, जमीन के अक्ष विकर्ण के चारों ओर घूमता है

(ग) पवन टरबाइन,जमीन के तल के 30 डिग्री के अक्ष केआसपास घूर्णन करता है

(घ) पवन टर्बाइनों,समतलके समानांतर एक अक्ष के चारों ओरघूर्णन करता है

21. पवन टरबाइन प्रणाली में टॉवर का मुख्य कार्य क्या है?

(क) पवन टरबाइन प्रणाली में उपयोग किए जाने वाले अन्य सभी घटकों के लिए एक सपोर्ट के रूप में

(ख) वायरलेस रेडियो संचार के लिए एन्टेना के रूप में कार्य करता है

(ग) बिजली के परिवहन के लिए बिजली के खभे के रूप में कार्य करता है

(घ) पवन टरबाइन प्रणाली को नष्ट करता है

22. निम्नलिखित टावरों में से कौन से का उपयोग छोटे पवन टर्बाइनों के लिए किया जाता है?

(क) हाइब्रिड टॉवर (ख) गाइड पोल टॉवर

(ग) बिजली का खभा (घ) लकड़ी का खम्भा

बहुविकल्पीय प्रश्नों के उत्तर

1. (क), 2. (घ),3. (ग),4. (क), 5. (ख), 6. (घ),7. (क), 8. (ग),9. (क), 10. (ख11. (क), 12. (घ),13. (क) 14. (क), 15. (क) 16. (क) 17. (क) 18. (ख), 19. (ग),20. (घ),21. (क) 22. (ख)

सवाल और समस्याएं

संक्षिप्त और दीर्घ उत्तर प्रकार के प्रश्न

1. मौसम और जलवायु में अंतर समझाएं॥

2. भारत में पवन ऊर्जा का सबसे बड़े स्रोत क्या है?

3. लिफ्ट और ड्रैग के बीच क्या संबंध है?

4. लिफ्ट और ड्रैग का उत्पादन कैसे होता है?

5. हवाई जहाजो या पक्षियो पर कौन से विभिन्न बल काम करतेहैं?

6. कैसे एक हवाई जहाज़ या एक पक्षी एकसमान गति बनाए रखता है?
7. एक हवाई जहाज़ या एक पक्षी कैसे ऊपर उठता है, धीमा होता है, और तेजी से बढ़ता है?
8. मौसम और क्लाइमेट में अंतर होता है।
9. हवा के निर्माण की घटना को समझाएं।
10. वायु प्रोफ़आइल और सतह खुरदरापन के बीच संबंध को विभेदित करता है।
11. पवन ऊर्जा संयंत्र से निकलने वाली पवन ऊर्जा बढ़कर आठ गुना हो जाती है जब पवन वेग दुगना हो जाता है। समझाइए।
12. हवा पर ढलानों और पहाड़ियों के प्रभाव का वर्णन करें।
13. HAWT पावर प्लांट VAWT पावर प्लांट से अधिक लोकप्रिय क्यों है?
14. पवन टरबाइन बिजली संयंत्र को वर्गीकृत करें।
15. एक विशाल पवन ऊर्जा संयंत्र के प्रत्येक घटकको समझाएं।
16. गियरबॉक्स का कार्य क्या है?
17. पवन ऊर्जा संयंत्रों में उपयोग किए जाने वाले विद्युत जनरेटर क्या हैं?
18. आवश्यक आरेख के साथ एक स्थिर-गति SCIG-आधारित पवन ऊर्जा संयंत्र के काम का वर्णन करें।
19. आवश्यक आरेख के साथ एक स्थिर गति WRIG-आधारित पवन ऊर्जा संयंत्र के कार्य का वर्णन करें।
20. वैरिएबल-स्पीड पवन टरबाइन पावर प्लांट के लिए क्या योजनाएं हैं?
21. DFIG आधारित पवन ऊर्जा संयंत्र के कार्य की व्याख्या करें। आवश्यक आरेख प्रदान करें.
22. WRSG आधारित पवन ऊर्जा संयंत्र के कार्य का वर्णन करें। आवश्यक आरेख प्रदान करें.
23. PMSG-आधारित पवन ऊर्जा संयंत्र को समझाएं।
24. ऊर्ध्वाधर अक्ष और क्षैतिजअक्ष पवन टरबाइन जनरेटर को संक्षेप में समझाएं।
25. ऊर्ध्वाधर अक्ष और क्षैतिजअक्ष पवन टरबाइन के बीच अंतर बतायें।

संख्यात्मक प्रश्न

1. पवन ऊर्जा संयंत्र का उत्पादन 8 मीटर प्रति सेकेंड की रफ्तार से 3 मेगावाट है। 16 मीटर प्रति सेकंड की रफ्तार से आउटपुट पावर क्या होगी?
2. पवन ऊर्जा संयंत्र का उत्पादन वायुमंडलीय दबाव पर 8 मीटर प्रति सेकेंड और 250∘C की रेटेड हवा की गति से 3मेगावाट है। यदि हवा की गति 10 मीटर/सेकंड है तो संयंत्र की उत्पादन शक्तिमें परिवर्तन का पता लगाएं।

3. एक विशेष स्थानपर वायु घनत्व फैक्टर और वायु तापमान क्रमशः 1.225 kg/m^2 और 25°C है। औसतहवा की गति 7 मीटर/सेकंड औसत है। एक पवन ऊर्जा संयंत्र का उपयोग करके प्राप्त कुल पवन ऊर्जा का पता लगाएं, जिसका व्यास450 मीटर है।
4. 6 मीटर प्रति सेकंड की हवा की गति पर रोटर व्यास50 मीटर की एक पवन फर्म का उपयोग करके एक स्थानपर पवन ऊर्जा की गणना करें। वायु घनत्व फैक्टर 25°C पर 1.225 kg/m^3 है।
5. एक तीन-ब्लेड क्षैतिज अक्ष पवन टरबाइन रोटर व्यास30 मीटर होता है व्यासतापपर 1200 RPM घूमता है जब वायुमंडलीय तापमान पर अपस्ट्रीम वायु वेग(velocity) 16 मीटर/सेकंड होता है 25 डिग्री सेल्सियस का वायु घनत्व 1.225 kg/m^3 होता है। मीटर/सेकंड में ब्लेड टिप गति और 4 के TSR पर टरबाइन की घूर्णी गति का पता लगाएं। इसके अलावा, गियरबॉक्स अनपातु निर्धारित करें। (संकेतकः TSR = ब्लेड टिप-स्पीड/पवन स्पीड, टरबाइन रोटर स्पीड = $60^* \omega/2\pi$ RPM, $\omega = \lambda V_o/R$ red/sec, गियर रेशियो = (N_{gen}/N_{rot}).
6. पवन टरबाइन रोटर (मीटर में व्यास) के आकार का पता लगाएं जो 7.5 मीटर प्रति सेकंड की स्थिर हवा (हब ऊंचाइ)में 100 किलोवाट बिजली का उत्पादन करेगा। मान लीजिए कि वायु घनत्व 1.225 kg/m^3, $C_P = 0.59$, $\eta = 1$ है।

प्रैक्टिकल

प्रयोग नंबर 1

शीर्षक: एक वीडियो कार्यक्रम देखने के बाद बड़े पवन ऊर्जा संयंत्र का नियमित रखरखावऔर संयंत्र के हिस्सों की पहचान करें।

लक्ष्यः एक बड़ी पवन ऊर्जा संयंत्र के हिस्सों की पहचान करना

आवश्यक साफ्टवेयर/सॉफ्टवेयर देखें:

(क) https://www.youtube.com/watch?v=y4D_YJKCtgA

(ख) https://www.youtube.com/watch?v=vfxX4HMBj6o

(ग)https://www.youtube.com/watch?v=P9SyzZvHRJvc

सिद्धांतः पवन ऊर्जा संयंत्र (WPP) एक संयंत्र है जो पवन की गतिज ऊर्जा को विद्युत ऊर्जा में परिवर्तित करता है। पवन ऊर्जा संयंत्र के हिस्सों को चित्र 4.27 (ए) और (बी) में दिखाया गया है। एक बडे डब्ल्यूपीपी में, लगभग 8000 घटक हैं। प्रत्येक WPP के निम्नलिखित घटक हैं।

1. रोटर
2. नेसेल
3. टॉवर
4. इलेक्ट्रिक सब-स्टेशन
5. फाउंडेशन

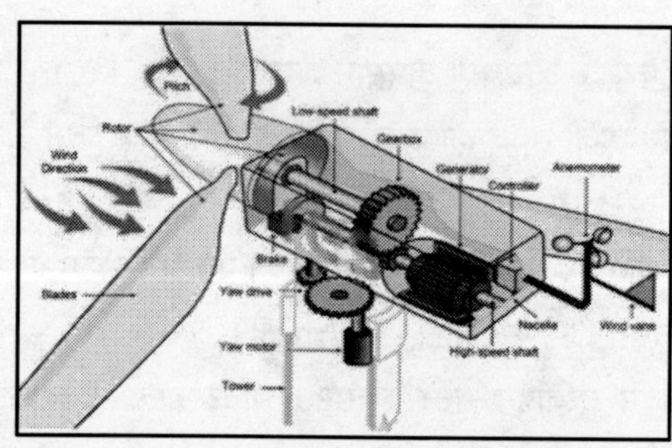

चित्र 4.27 (क) पवन ऊर्जा संयंत्र के कुछ हिस्से

प्रत्येक प्रमुखभाग के तहत, कई घटक हैं।

रोटरः रोटर में एक हब होता है जिसमें नासेल से जुड़े दो या तीन ब्लेड होते हैं। हब में टिप ब्रेक नियंत्रण प्रणाली (स्टाल नियंत्रण पवन टरबाइन के मामले में) या पिचिग प्रणाली (वायुगतिकीय नियंत्रणपवन टरबाइन के मामले में) भी होती है। रोटर का वजन नासेल बीयरिग द्वारा वहन किया जाता है।

नासेलः नासेल का कार्य विड पावर प्लांट (WPP)के सभी घटकों को एक साथ रखना है। नासेलेमें निम्नलिखित घटक होते हैं।

(क) मुख्य शाफ्ट और हाई-स्पीड शाफ्ट (ख) गियरबॉक्स, (ग) कपलिग, (घ) डिस्क ब्रेक, (ड.) हाइड्रॉलिक सिस्टम, (च) इलेक्ट्रिक जनरेटर, (छ) कूलिग सिस्टम, (ज) इलेक्ट्रॉनिक कंट्रोलर, (झ) सेंसर, (ट) इलेक्ट्रिक होइस्ट, (ठ) यव सिस्टम, (ड) नासेल मेनफ्रेम, (ढ) इलेक्ट्रिक और इलेक्ट्रॉनिक नियंत्रणकेबल

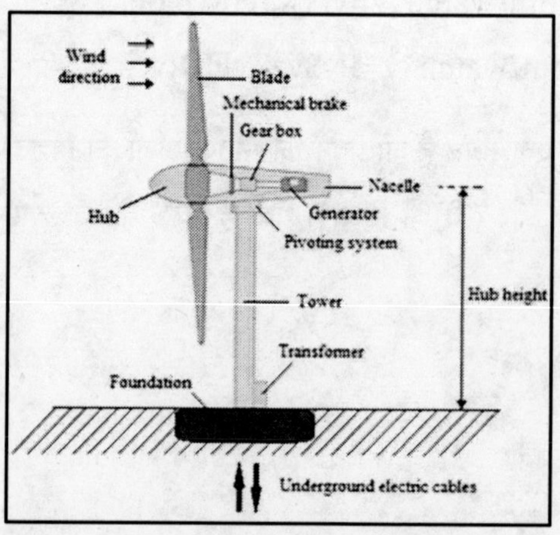

चित्र 4.27 (बी) पवन ऊर्जा संयंत्र के कुछ हिस्से

टॉवर: एक टॉवर का मुख्य कार्य जमीन के ऊपर नासेल को सुरक्षित रूप से रखना है।टॉवर विभिन्न प्रकार के होते हैं, जैसे जाली टॉवर, स्टील टावर, शंकु टावरट्यूबलर टॉवर, guyed टॉवर, कंक्रीट टॉवर और हाइब्रिड टॉवर। टॉवर के नीचे एक विद्युत नियंत्रणपैनल होता है। ट्यूबलर टॉवर के मामले में, नियंत्रणपैनलको अंदर नीचे रखा जाता है। पावर और कंट्रोल केबल को भी नासेल टॉप से नीचे लाया जाता है और कंट्रोल पैनलपर समाप्त किया जाता है। टॉवर के नीचे इलेक्ट्रोनिक नियंत्रक को भी टॉवर के नीचे रखा जाता है। टावर में रखरखाव के लिए एक टॉवर चढ़ने की प्रणाली भी प्रदान की गई है।

इलेक्ट्रिक सब-स्टेशन: सभीपवन ऊर्जा संयंत्र में एक ट्रांसफार्मर और अन्य स्विचगियर युक्त एक इलेक्ट्रिक सब-स्टेशन होता है। ट्रांसफार्मर का उपयोग करते हुए, ग्रिड-स्तरके वोल्टेज के लिए लो वोल्टेज (690V) को बढ़ाया जाता है।

फाउंडेशन: इसेपवन ऊर्जा संयंत्र का डेड लोडवहन करना होता है और यह यहां पवन टरबाइन को ऊपर की ओर झुकने से रोकता है।संयंत्र के जिनहिस्सों की नियमित रखरखावकी आवश्यकता है, उनके कुछ हिस्से इस प्रकार हैं।

1. ब्लेड क्रैक होकर क्षतिग्रस्त हो सकते हैं। इसे ब्लेड की सतह या सीढ़ी की मदद से निरीक्षण किया जाना चाहिए और किसी भी प्रकार की छोटी से छोटी दरार को भी ठीक किया जाना चाहिए।
2. रोटर फ्रेम पर सपाट शाफ्ट बीयरिग लगाए जातेहैं। सपाट शाफ्ट पर ब्लेड की केसिग लगाया गया है। बीयरिग एक टेफलॉन की परतमें एम्बेडेड हैं। संक्षारण के लिए टेफलॉन की परतकी जांच करें। यदि टूटी पाईजातीहै, तो V-सील और सेलरबड़ को प्रतिस्थापित किया जाना चाहिए।
3. ब्लेड पिचिग की जांच की जानी चाहिए। यदि ब्लेड पिचिग की गति सुचारू रूप से चलती है, तो स्नेहक और साथ ही साथ बीयरिग भी अच्छी होती है। यदि नहीं, तो बियरिग क्षतिग्रस्त हो जाती है और रिप्लेसमेंट की आवश्यकता होती है।
4. गियरबॉक्स के तेल के स्तरकी जांच की जानी चाहिए, और आवश्यकतानुसार तेल भरने के लिए पर्याप्त स्तरहोना चाहिए। गियर बॉक्स के बेयरिग और सील कोचेक किया जाना चाहिए। रबड़ के संभावित नुकसान के लिए गियरबॉक्स और जनरेटर के युग्मन की जांच की जानी चाहिए। आरपीएम सेंसर की भी जांच की जानी चाहिए यदि इसे साफ नहीं किया गया है,तो इसे साफ करने की आवश्यकता है। बैकस्टॉप भी चेक किया जाना चाहिए.
5. सभी बियरिग की चिकनाई की जाँच करें और ज़रूरत पड़ने पर उन्हें चिकनाई दें।
6. इसके कार्य के लिए यव इकाई की जांच की जानी चाहिए।
7. यदि आवश्यक हो तो सभी विद्युत केबलो के संचालन और क्षरण और मरम्मत की जाँच की जानी चाहिए।
8. सभी बिजली के कनेक्शनोऔर बोल्ट्सकी जाँच की जानी चाहिए अगर बोल्ट्स को मजबूत नहीं किया जाता है।
9. टॉवर पर आरोही केबलकी जाँच करें और यदि क्षतिग्रस्त पाया जाता है, तो क्षतिग्रस्त हिस्से को बदलें।
10. टॉवर के फ्लैंज के वेल्डिग जोड़ो की जांच करें।

11. किसी भी दृश्य क्षति और खराब कनेक्शन के लिए नियंत्रणपैनलकी जांच की जानी चाहिए. इसके अलावा, कैपेसिटर की जांच करें।

12. मीनार की नींव का सर्वेक्षण करें।

परिचर्चा: इस प्रयोग को पूरा करने के बाद छात्र बड़े पवन ऊर्जा संयंत्र का हिस्सा पहचान सकते हैं और वे नियमित रख-रखाव का पता लगा सकते हैं।

प्रयोग नंबर 2

टाइटल- विद्युत शक्ति का उत्पादन करने के लिए क्षैतिज अक्ष वाली छोटी पवन टरबाइन को जोड़ो।

उद्देश्य:- क्षैतिज अक्ष वाली छोटी पवन टरबाइन के हिस्सों को जोड़ना।

आवश्यक साफ्टवेयर/सॉफ्टवेयर देखें:

(क) https://www.youtube.com/watch?v=-HljEwnEf0

(ख) https://www.youtube.com/watch?v=65k2Nh8YHF।

(ग)https://www.youtube.com/watch?v=yVTJQfgG_।

सिद्धांत: छोटे पवन टर्बाइन ऊर्जा से बिजली पैदा करने के लिए इस्तेमाल की जाने वाली छोटी मशीनें हैं। यह एक प्रत्यक्ष-ड्राइव पवन ऊर्जा संयंत्र है जिसमें कोई गियरबॉक्स नहीं है। हालांकि, कुछ संयंत्रमें गियरबॉक्स भी उपयोग किया जाता है। इस पवन टरबाइन में एक निष्क्रिय याव प्रणाली है। इसका सामान्य आउटपुट पावर 500 वॉट से 10 किलोवॉट के बीच है। वर्तमान में इस रेंज को 300 किलोवॉट तक बढ़ाया जा सकता है। छोटे पवन टरबाइन बिजली संयंत्रों का उपयोग आवासीय या औद्योगिक प्रयोजनों के लिए किया जाता है। इनका उपयोग तब किया जाता है जब किसी विशेष स्थान पर हवा की निरंतर धाराऔर दिशा उपलब्ध होती है। छोटे पवन टर्बाइन क्षैतिजअक्ष पवन टर्बाइनों (एचएडब्ल्यूटी) या ऊर्ध्वाधर अक्ष पवन टर्बाइनों (वीएडब्ल्यूटी) हो सकते हैं। एक क्षैतिज -अक्ष पवन टरबाइन में, ड्राइव का अक्ष जमीन के समानांतर है। छोटे पवन टर्बाइनों के क्षैतिजअक्ष के भाग नीचे दिए गए हैं।

1. रोटर
2. इलेक्ट्रिक जनरेटर/वैकल्पिक
3. टेल वेन या याव सिस्टम
4. टॉवर
5. नियंत्रणऔर सुरक्षा प्रणालियां
6. कुछ छोटे पवन ऊर्जा संयंत्र में गियर बॉक्स

रोटरः यह दो-ब्लेड या तीन-ब्लेड या मल्टीब्लेड टरबाइन हो सकता है। पवन ऊर्जा का उपयोग करने के लिए ब्लेड को दक्षिणावर्त दिशा में घूमने के लिए डिज़ाइन किया गया है, ब्लेड आमतौर पर उचित कोण पर हब से जुड़े होते हैं। ब्लेड आमतौर पर ग्लास फाइबर से बने होते हैं।

विद्युत जनित्र (electr ıc generator): विद्युत अल्टरनेटर या विद्युत जनित्रAC धारा का उत्पादन करने के लिए एक प्रयोग किया जाता है। सामान्य रूप से, एक स्थायी चुंबक सिक्रोनस जनरेटर (PMSG) का उपयोग छोटे पवन टरबाइन जनरेटर में किया जाता है। कुछ संयंत्रों में, एक DC जनरेटर का उपयोग किया जाता है और इसका उपयोग सीधे बैटरी चार्जिंग और छोटे बिजली अनुप्रयोगो के लिए किया जा सकता है। जब एक उच्च गति स्क्विरल केज इंडक्शन जनरेटर (SC ıG) का उपयोग किया जाता है, तो SC ıG एक गियरबॉक्स के माध्यम से जुड़ा होता है। गियरबॉक्स निम्न गति को उच्च गति में परिवर्तित करता है।

टेल वेन या याव प्रणालीः नासेल के पीछे एक सरल टेल वेन लगाया जाता है ताकि टरबाइन रोटर हवा का सामना करता रहे। जब एक टेल वेन उपलब्ध नहीं होता है तोरोटर को हवा का सामना करने के लिए एक फोर्स्ड याव सिस्टम रखा जाता है।

टॉवरः यह एक ट्यूबलर प्रकारया जाली प्रकारहो सकता है। वे स्वतंत्र या guy वायर की सहायता से खड़े हो सकते हैं मीनार की मानक लंबाई 20 मीटर और 30 मीटर है। एक सामान्य नियम के अनुसार, टॉवर के 100 मीटर के आसपास किसी भी चीज से 10 मीटर ऊपर हब की ऊंचाई होनी चाहिए।

नियंत्रणऔर सुरक्षा प्रणालीः यह आमतौर पर टॉवर के नीचे स्थित होता है। एक नियंत्रणप्रणाली का उपयोग करते हुए अल्टरनेटर के चर आउटपुट को स्थिर आउटपुट पावर में परिवर्तित किया जाता है। नियंत्रणतंत्र का प्रकारअनुप्रयोग प्रकारके आधार पर भिन्न होता है।

गियरबाक्स (Gearbox): यह गियर बॉक्स रोटर के अपेक्षाकृत धीमी गति के घूर्णनको जनरेटर के आरपीएम (Rpm) से मिलान करने के लिए परिवर्तित करता है। यह रोटर और जनरेटर के बीच स्थित है। एसडब्ल्यूटी में जब एससीजी का उपयोग किया जाता है, तो छोटे दर्जे के एसडब्ल्यूटी के लिए एसडब्ल्यूटी गियरबॉक्स की आवश्यकता नही होती है

1. **पवन टरबाइन टॉवर की स्थापनाः** टॉवर के स्टील सेक्शन को एक कारखाने में ऑफ-साइट बनाया जा सकता है। आम तौर पर, टॉवर के हिस्से साइट पर इकट्ठे किए जाते हैं।सभी बोल्ट एक साथकसे जाते हैं। टॉवर के सभी हिस्सों को इकट्ठा करने के बाद, टॉवर को एक क्रेन द्वारा उठाया जाता है और नींव पर तय किया जाता है।

2. **नेसेल का अधिष्ठापनः**मुख्य शाफ्ट, याव प्रणाली, जनरेटर और पिच कंट्रोल असेंबली कारखाने में कसी जाती है औरआधार पर रखी जाती है।नेसेलको उपकरण में बंद कर दिया जाता है। पूरी असेंबली को टॉवर के शीर्ष पर सुरक्षित तरीके से फिक्स किया जाता है।

3. **टरबाइन ब्लेड की स्थापनाः** टरबाइन ब्लेड को साइट पर हब में बोल्ट किया जाता है।

4. **इलेक्ट्रॉनिक कंट्रोलर की स्थापनाः** इलेक्ट्रॉनिक कंट्रोलर को नेसेल के साथ स्थापितकिया जाता है।

5. **बिजली के तारों की स्थापनाः** जनरेटर के टर्मिनल, बिजली के तारो से जुड़े होते हैं और अन्य छोर टॉवर के नीचे स्थित नियंत्रण पैनल से जुड़े होते हैं।

परिचर्चा-इस प्रयोग के पूरा होने के बाद छात्र एक क्षैतिजअक्ष पवन टरबाइन के सभी हिस्सों को जोड़ सकते हैं।

प्रयोग नंबर 3

शीर्षक: एक क्षैतिज अक्ष छोटे पवन टर्ब कोविघटितकरें

लक्ष्यः एक क्षैतिजअक्ष छोटी पवन टरबाइन के हिस्सों को विघटित करने के लिए।

अनुप्रयोग/सॉफ़्टवेयर की आवश्यकताः विघटन के लिए आवश्यक उपकरण

सिद्धांतः छोटे पवन टर्बाइन ऊर्जा से बिजली पैदा करने के लिए इस्तेमाल की जाने वाली छोटी मशीनें हैं। यह एक प्रत्यक्ष-ड्राइव पवन ऊर्जा संयंत्र है जिसमें कोई गियरबॉक्स नहीं है। हालांकि, कुछ संयंत्र गियरबॉक्स में भी उपयोग किया जाता है। इस पवन टरबाइन में एक निष्क्रिय याव प्रणाली है। इसकी पावर 500 वॉट से लेकर 10 किलोवॉट तक है। छोटे पवन टरबाइन बिजली संयंत्रों का उपयोग आवासीय या औद्योगिक प्रयोजनों के लिए किया जाता है। इनका उपयोग तब किया जाता है जब किसी विशेष स्थान पर हवा की निरंतर धारा और दिशा उपलब्ध होती है। छोटे पवन टर्बाइन क्षैतिजअक्ष पवन टर्बाइनो (एचएडब्ल्यूटी) या ऊर्ध्वाधर अक्ष पवन टर्बाइनो (वीएडब्ल्यूटी) हो सकते हैं। एक क्षैतिज -अक्ष पवन टरबाइन में, ड्राइव का अक्ष जमीन के समानांतर है। छोटे पवन टर्बाइनो के क्षैतिजअक्ष के भाग नीचे दिए गए हैं।

1. रोटर
2. इलेक्ट्रिक जनरेटर/वैकल्पिक
3. टेल वेन या याव सिस्टम
4. टॉवर
5. नियंत्रणऔर सुरक्षा प्रणालियां
6. कुछ छोटे पवन ऊर्जा संयंत्र में गियर बॉक्स

रोटरः यह दो-ब्लेड या तीन-ब्लेड या मल्टीब्लेड टरबाइन का हो सकता है।

पवन ऊर्जा का उपयोग करने के लिए ब्लेड को दक्षिणावर्त दिशा में घूमने के लिए डिज़ाइन किया गया है, ब्लेड आमतौर पर उचित कोण पर हब से जुड़े होते हैं। ब्लेड आमतौर पर कांच के रेशे से बने होते हैं।

विद्युत जनित्र (electric generator): विद्युत जनित्र, धारा को AC रूप से उत्पन्न करता है। विभिन्न प्रकारके जनरेटर का उपयोग किया जाता है। सामान्य रूप से, एक स्थायी चुंबक सिक्रोनस जनरेटर (PMSG) का उपयोग छोटे पवन टरबाइन जनरेटर में किया जाता है। कुछ संयंत्रों में, एक DC जनरेटर का उपयोग किया जाता है और इसका उपयोग सीधे बैटरी चार्जिंग और छोटे बिजली अनुप्रयोगों के लिए किया जा सकता है। जब एक उच्च गति स्क्विरल केज इंडक्शन जनरेटर (SC।G) का उपयोग किया जाता है, तो SC।G एक गियरबॉक्स के माध्यम से जुड़ा होता है।

टेल वेन या याव प्रणाली: नासेल के पीछे एक सरल टेल वेन लगाया जाता है ताकि टरबाइन रोटर हवा का सामना करता रहे। जब एक टेल वेन उपलब्ध नहीं होता है तोरोटर को हवा का सामना करने के लिए एक फोर्स्ड याव सिस्टम रखा जाता है।

टॉवर: यह एक ट्यूबलर प्रकारया जाली प्रकारहो सकता है। वे स्वतंत्र खड़ा, हो सकते हैं या guy वायर की सहायता से खड़े हो सकते हैं

नियंत्रणऔर सुरक्षा प्रणाली: यह आमतौर पर टॉवर के नीचे स्थित होता है। एक नियंत्रणप्रणाली का उपयोग करते हुए अल्टरनेटर के चर आउटपुट को स्थिर आउटपुट पावर में बॉक्स रोटर के अपेक्षाकृत धीमे घुमाव को जनरेटर के आरपीएम (rpm) से मिलान करने के लिए परिवर्तित करता है। यह रोटर औपरिवर्तित किया जाता है। नियंत्रणतंत्र का प्रकार उपयोजन प्रकारके आधार पर भिन्न होता है।

गियरबाक्स (Gearbox): यह गियर र जनरेटर के बीच स्थित होता है।

एक क्षैतिजअक्ष छोटे पवन टरबाइन को विघटित करने की प्रक्रिया इस प्रकार है।

1. सभी लोड और जनरेटर बंद करें।
2. पवन टरबाइन बंद करें
3. हब से बोल्ट को खोलो जो ब्लेड को ठीक करता है
4. ब्लेड हटाएँ

परिचर्चा- इस प्रयोग के पूरा होने के बाद छात्र एक क्षैतिज अक्ष पवन टरबाइन के सभी हिस्सों को विघटित कर सकते हैं।

प्रयोग नंबर 4

टाइटल-इलेक्ट्रिक पावर का उत्पादन करने के लिए एक ऊर्ध्वाधर अक्ष छोटे पवन टरबाइन को असेंबल करें और फिर इसे विघटित करें।

लक्ष्य: एक छोटे से ऊर्ध्वाधर-अक्ष पवन टरबाइन को इकट्ठा और विघटित करना

उपकरण/सॉफ़्टवेयर आवश्यक: यहां वीडियो देखें,

(क) https://www.youtube.com/watch?v=2VDVDT lPDg0

(ख) https://www.youtube.com/watch?v=ldt405j lR0E

(ग)https://w ww.youtube.com/watch?v=EM-gcvhPU

सिद्धांतः यह छोटे पवन टर्बाइन ऊर्जा से बिजली पैदा करने के लिए इस्तेमाल की जाने वाली छोटी मशीन है। यह एक प्रत्यक्ष-ड्राइव पवन ऊर्जा संयंत्र है जिसमें कोई गियरबॉक्स नहीं है। हालांकि, कुछ संयंत्र गियरबॉक्स में भी उपयोग किया जाता है। इस पवन टरबाइन में एक निष्क्रिय याव प्रणाली है। इसकी पावर 500 वॉट से लेकर 10 किलोवॉट तक है। वर्तमान में इस रेंज को 300 किलोवॉट तक बढ़ाया जा सकता है। छोटे पवन टरबाइन बिजली संयंत्रों का उपयोग आवासीय या औद्योगिक प्रयोजनों के लिए किया जाता है। इनका उपयोग तब किया जाता है जब किसी विशेष स्थान पर हवा की निरंतर धाराऔर दिशा उपलब्ध होती है। छोटे पवन टर्बाइन क्षैतिजअक्ष पवन टर्बाइनों (HAWT) या ऊर्ध्वाधर अक्ष पवन टर्बाइनों (VAWT) हो सकते हैं। एक वीएडब्ल्यूटी में, ड्राइव का अक्ष जमीन के लंबवत है। छोटे-छोटे VAWT हवा की दिशा से घुमाएंगे। इसलिए किसी तंत्र की जरूरत नहीं है। वीएडब्ल्यूटी उन क्षेत्रों में फायदेमंद है जहां अशांत हवा का प्रवाह होता है। छोटे वीएडब्ल्यूटी में किया गया निवेश बहुत कम है और इसे दूरसंचार टावरों पर लगाया जा सकता है। यह लो पावर अनुप्रयोगों के लिए उपयुक्त है। छोटे पवन टर्बाइनों के ऊर्ध्वाधर अक्ष के भाग हैं

1. रोटर
2. इलेक्ट्रिक जनरेटर/वैकल्पिक
3. टॉवर
4. नियंत्रणऔर सुरक्षा प्रणालियां
5. कुछ छोटे पवन ऊर्जा संयंत्र में गियर बॉक्स

रोटरः यह दो-ब्लेड या तीन-ब्लेड या मल्टीब्लेड टरबाइन का हो सकता है। दक्षिणावर्त ऊर्जा का उपयोग करने के लिए एक दक्षिणावर्त दिशा में घूर्णनकरने के लिए ब्लेड को डिजाइन किया गया है। ब्लेड आमतौर पर उपयुक्त कोण पर हब के लिए तय किए जाते हैं। ब्लेड आमतौर पर कांच के रेशे से बने होते हैं।

विद्युत जनित्र (electric generator):विद्युत जनित्र, धारा को AC रूप से उत्पन्न करता है। विभिन्न प्रकारके जनरेटर का उपयोग किया जाता है। सामान्य रूप से, एक स्थायी चुंबक सिक्रोनस जनरेटर (PMSG) का उपयोग छोटे पवन टरबाइन जनरेटर में किया जाता है। कुछ संयंत्रों में, एक DC जनरेटर का उपयोग किया जाता है और इसका उपयोग सीधे बैटरी चार्जिंग और छोटे बिजली अनुप्रयोगों के लिए किया जा सकता है। जब एक उच्च्च गति स्क्विरल केज इंडक्शन जनरेटर (SCIG) का उपयोग किया जाता है, तो SCIG एक गियरबॉक्स के माध्यम से जुड़ा होता है।

टॉवर: यह एक ट्यूबलर प्रकारया जाली प्रकारहो सकता है। वे स्वतंत्र खड़े हो सकते हैं या guy वायर की सहायता से खड़े हो सकते हैं

नियंत्रण और सुरक्षा प्रणाली: यह आमतौर पर टॉवर के नीचे स्थित होता है। एक नियंत्रणप्रणाली का उपयोग करते हुए अल्टरनेटर के चर आउटपुट को स्थिर आउटपुट पावर में परिवर्तित किया जाता है। नियंत्रणतंत्र का प्रकारअनुप्रयोग के प्रकारके आधार पर भिन्न होता है।

गियरबाक्स (Gearbox): यह गियर बॉक्स रोटर के अपेक्षाकृत धीमी गति के घूर्णनको जनरेटर के आरपीएम (rpm) से मिलान करने के लिए परिवर्तित करता है। यह रोटर और जनरेटर के बीच स्थित होता है।

एक क्षैतिजअक्ष छोटे पवन टरबाइन को इकट्ठा करने की प्रक्रियाइस प्रकारहै।

1. **पवन टरबाइन टॉवर की स्थापना:** टॉवर के स्टील सेक्शन को एक कारखाने में ऑफ-साइट बनाया जा सकता है। आम तौर पर, टॉवर के हिस्से साइट पर जोड़े जाते हैं।सभी बोल्ट एक साथकसे जाते हैं। टॉवर के सभी हिस्सों को इकट्ठा करने के बाद, टॉवर को एक क्रेन द्वारा उठाया जाता है और नींव पर फिक्स किया जाता है।
2. **नासिका का अधिष्ठापन:** मुख्य शाफ्ट, याव प्रणाली, जनरेटर और पिच कंट्रोल असेंबली कारखाने में कसी जाती है औरआधार पर रखी जाती है।नेसेलको उपकरण में बंद कर दिया जाता है। पूरी असेंबली को टॉवर के शीर्ष पर सुरक्षित तरीके से फिक्स किया जाता है।
3. **टरबाइन ब्लेड की स्थापना:** टरबाइन ब्लेड को साइट पर हब में बोल्ट किया जाता है।
4. **इलेक्ट्रॉनिक कंट्रोलर की स्थापना:** इलेक्ट्रॉनिक कंट्रोलर को नेसेल के साथ स्थापित किया गया है। जरूरी कनेक्शन दिए जा रहे हैं।
5. **बिजली के तारों की स्थापना:** जनरेटर के टर्मिनल, बिजली के तारों से जुड़े होते हैं और अन्य छोर टॉवर के नीचे स्थित नियंत्रणपैनलसे जुड़े होते हैं।

एक क्षैतिजअक्ष छोटे पवन टरबाइन को विघटित करने की प्रक्रियाइस प्रकारहै।

1. सभी लोड और जनरेटर बंद करें।
2. पवन टरबाइन ब्रेक.
3. हब से बोल्ट को खोलो जो ब्लेड को ठीक करता है
4. ब्लेड हटाएँ

निष्कर्ष: इस प्रयोग के पूरा होने के बाद, छात्र एक ऊर्ध्वाधर-अक्ष पवन टरबाइन के सभी हिस्सों को इकट्ठा और विघटित कर सकते हैं।

प्रयोग नंबर 5

टाइटलः वीडियो प्रोग्राम देखने के बाद क्षैतिजअक्ष छोटे पवन टरबाइन का नियमित रखरखाव भाग पहचानें

लक्ष्यः क्षैतिजअक्ष छोटे पवन टरबाइन का नियमित रखरखाव भागों की पहचान करें

उपकरण/सॉफ़्टवेयर आवश्यकः यहां वीडियो देखें,

(क) https://www.youtube.com/watch?v=JCr90dK18Lk

(ख) https://www.youtube.com/watch?v=65k2Nh8YHF।

(ग) https://www.youtube.com/watch?v=5JJJ5xCYOP0&=380s

(घ) https://www.youtube.com/watch?v=2VDVDT।PDg0

सिद्धांतः छोटे पवन टर्बाइन ऊर्जा से बिजली पैदा करने के लिए इस्तेमाल की जाने वाली छोटी मशीनें हैं। यह एक प्रत्यक्ष-ड्राइव पवन ऊर्जा संयंत्र है जिसमें कोई गियरबॉक्स नहीं है। हालांकि, कुछ संयंत्र गियरबॉक्स में भी उपयोग किया जाता है। इस पवन टरबाइन में एक निष्क्रिय याव प्रणाली है। इसकी सामान्य आउटपुट पावर 500 वॉट से 10 किलोवॉट के बीच है। वर्तमान में इस रेंज को 300 किलोवॉट तक बढ़आया जा सकता है। छोटे पवन टरबाइन बिजली संयंत्रों का उपयोग आवासीय या औद्योगिक प्रयोजनों के लिए किया जाता है। इनका उपयोग तब किया जाता है जब किसी विशेष स्थान पर हवा की निरंतर धाराऔर दिशा उपलब्ध होती है। छोटे पवन टर्बाइन क्षैतिजअक्ष पवन टर्बाइनो (एचएडब्ल्यूटी) या ऊर्ध्वाधर अक्ष पवन टर्बाइनो (वीएडब्ल्यूटी) हो सकते हैं। एक क्षैतिज -अक्ष पवन टरबाइन में, ड्राइव का अक्ष जमीन के समानांतर है। छोटे पवन टर्बाइनों के क्षैतिजअक्ष के भाग नीचे दिए गए हैं।

1. रोटर
2. इलेक्ट्रिक जनरेटर/वैकल्पिक
3. टेल वेन या याव सिस्टम
4. टॉवर
5. नियंत्रणऔर सुरक्षा प्रणालियां
6. कुछ छोटे पवन ऊर्जा संयंत्र में गियर बॉक्स

रोटरः यह दो-ब्लेड या तीन-ब्लेड या मल्टीब्लेड टरबाइन का हो सकता है। दक्षिणावर्त ऊर्जा का उपयोग करने के लिए एक दक्षिणावर्त दिशा में घूर्णनकरने के लिए ब्लेड को डिजाइन किया गया है। ब्लेड आमतौर पर उपयुक्त कोण पर हब के लिए तय किए जाते हैं। ब्लेड आमतौर पर कांच के रेशे से बने होते हैं।

विद्युत जनित्र (electric generator): विद्युत जनित्र, धारा को AC रूप से उत्पन्न करता है। विभिन्न प्रकारके जनरेटर का उपयोग किया जाता है। सामान्य रूप से, एक स्थायी चुंबक सिंक्रोनस जनरेटर (PMSG) का उपयोग छोटे पवन टरबाइन जनरेटर में किया जाता है। कुछ संयंत्रों में, एक DC जनरेटर का उपयोग किया जाता है और इसका उपयोग सीधे बैटरी चार्जिंग और छोटे बिजली अनुप्रयोगों के लिए किया जा सकता है। जब एक उच्च गति स्क्विरल केज इंडक्शन जनरेटर (SCIG) का उपयोग किया जाता है, तो SCIG एक गियरबॉक्स के माध्यम से जुड़ा होता है।

टेल वेन या याव प्रणाली: नासेल के पीछे एक सरल टेल वेन लगाया जाता है ताकि टरबाइन रोटर हवा का सामना करता रहे। जब एक टेल वेन उपलब्ध नहीं होता है तोरोटर को हवा का सामना करने के लिए एक फोर्स्ड याव सिस्टम रखा जाता है।

टॉवर: यह एक व्यूबलर प्रकारया जाली प्रकारहो सकता है। वे स्वतंत्र खड़े हो सकते हैं या या guy वायर की सहायता से खड़े हो सकते हैं

नियंत्रणऔर सुरक्षा प्रणाली: यह आमतौर पर टॉवर के नीचे स्थित होता है। एक नियंत्रणप्रणाली का उपयोग करते हुए अल्टरनेटर के चर आउटपुट को स्थिर आउटपुट पावर में परिवर्तित किया जाता है। नियंत्रणतंत्र का प्रकारअनुप्रयोग के प्रकारके आधार पर भिन्न होता है।

गियरबाक्स (Gearbox): गियर बॉक्स रोटर के अपेक्षाकृत धीमे घुमाव को जनरेटर के आरपीएम (rpm) से मिलान करने के लिए परिवर्तित करता है। यह रोटर और जनरेटर के बीच स्थितहोताहै।

क्षैतिज अक्ष छोटी हवा के लिए निम्नलिखित नियमित रखरखाव किया जाना चाहिए

टरबाइन

1. आवश्यक रूप से बोल्ट और बिजली कनेक्शन की जांच और कसने की प्रक्रिया
2. उचित तनाव के लिए संक्षारण और आदमी तार के लिए मशीनों की जाँच
3. टर्बाइन ब्लेड पर किसी भी घिसे हुए अग्रणी टेप की जांच और प्रतिस्थापन, यदि आवश्यक हो
4. आवश्यकता के अनुसार टर्बाइन ब्लेड और/या बीयरिग जैसे घटकों को प्रतिस्थापित करना।

निष्कर्ष: इस प्रयोग को पूरा करने के बाद, छात्र क्षैतिजअक्ष छोटे पवन टरबाइन के नियमित रखरखाव भागों का पता लगा सकेंगे।

प्रयोग नंबर 6

टाइटल-वीडियो प्रोग्राम देखने के बाद ऊर्ध्वाधर अक्ष के सामान्य रखरखाव भागों की पहचान करें।

लक्ष्य: ऊर्ध्वाधर अक्ष के नियमित रखरखाव भागों की पहचान करने के लिए छोटी पवन टरबाइन

उपकरण/सॉफ़्टवेयर आवश्यक: यहां वीडियो देखें,

(क) https://www.youtube.com/watch?v=2VDVDT ।PDg0

(ख) https://www.youtube.com/watch?v=ldt405j ।R0E

(ग)https://www.youtube.com/watch?v=EM-gcvhPU

सिद्धांतः छोटे पवन टर्बाइन ऊर्जा से बिजली पैदा करने के लिए इस्तेमाल की जाने वाली छोटी मशीनें हैं। यह एक प्रत्यक्ष-ड्राइव पवन ऊर्जा संयंत्र है जिसमें कोई गियरबॉक्स नहीं है। हालांकि, कुछ संयंत्र गियरबॉक्स में भी उपयोग किया जाता है। इस पवन टरबाइन में एक निष्क्रिय याव प्रणाली है। इसकी पावर 500 वॉट से लेकर 10 किलोवॉट तक है। वर्तमान में इस रेंज को 300 किलोवॉट तक बढ़ाया जा सकता है। छोटे पवन टरबाइन बिजली संयंत्रों का उपयोग आवासीय या औद्योगिक प्रयोजनों के लिए किया जाता है। इनका उपयोग तब किया जाता है जब किसी विशेष स्थान पर हवा की निरंतर धाराऔर दिशा उपलब्ध होती है। एक वीएडब्ल्यूटी में, ड्राइव का अक्ष जमीन के लंबवत है। छोटे-छोटे VAWT हवा की दिशा से घूमते हैं। इसलिए किसीऔर तंत्र की जरूरत नहीं होती है। वीएडब्ल्यूटी उन क्षेत्रों में फायदेमंद है जहां टर्बूलेंस हवा का प्रवाह होता है। छोटे वीएडब्ल्यूटी में किया गया निवेश बहुत कम है और इसे दूरसंचार टावरों पर भी लगाया जा सकता है। यह कम शक्तिवालेकार्यों के लिए उपयुक्त है। छोटे पवन टर्बाइनों के ऊर्ध्वाधर अक्ष के भाग दिए गए हैं

1. रोटर
2. इलेक्ट्रिक जनरेटर/वैकल्पिक
3. टॉवर
4. नियंत्रणऔर सुरक्षा प्रणालियां
5. कुछ छोटे पवन ऊर्जा संयंत्र में गियर बॉक्स

रोटरः यह दो-ब्लेड या तीन-ब्लेड या मल्टीब्लेड टरबाइन का हो सकता है। दक्षिणावर्त ऊर्जा का उपयोग करने के लिए एक दक्षिणावर्त दिशा में घूर्णन करने के लिए ब्लेड को डिजाइन किया गया है। ब्लेड आमतौर पर उपयुक्त कोण पर हब केसाथ लगाएंजाते हैं। ब्लेड आमतौर पर ग्लास फाइबर से बने होते हैं।

विद्युत जनित्र : विद्युत जनित्र धाराको वैकल्पिक रूप से उत्पन्न करता है। विभिन्न प्रकारके जनरेटर का उपयोग किया जाता है। सामान्य रूप से, एक स्थायी चुंबक सिंक्रोनस जनरेटर (PMSG) का उपयोग छोटे पवन टरबाइन जनरेटर में किया जाता है। कुछ संयंत्रों में, एक DC जनरेटर का उपयोग किया जाता है और इसका उपयोग सीधे बैटरी चार्जिंग और छोटे बिजली अनुप्रयोगों के लिए किया जा सकता है। जब एक उच्च गति स्क्विरल केज इंडक्शन जनरेटर (SC ।G) का उपयोग किया जाता है, तो SC ।G एक गियरबॉक्स के माध्यम से जुड़ा होता है।

टॉवर: यह एक ट्यूबलर प्रकारया जाली प्रकारहो सकता है।

नियंत्रण (Control) और सुरक्षा (security) प्रणाली: यह आमतौर पर टॉवर के नीचे स्थित होता है। एक नियंत्रणप्रणाली का उपयोग करते हुए अल्टरनेटर के चर वेरिएबल आउटपुट को स्थिर आउटपुट पावर में परिवर्तित किया जाता है। नियंत्रणतंत्र का प्रकारअनुप्रयोग प्रकार के आधार पर भिन्न होता है।

गियरबाक्स (Gearbox): गियर बॉक्स रोटर के अपेक्षाकृत धीमी गति के घूर्णनको जनरेटर के आरपीएम (Rpm) से मिलान करने के लिए परिवर्तित करता है। यह रोटर और जनरेटर के बीच स्थित होता है।

छोटे पवन टरबाइन संयंत्र के लिए निम्नलिखित नियमित रखरखाव किया जाना चाहिए

1. आवश्यकतानुसार बोल्ट bolt और बिजली के कनेक्शनों की जांच और कसने का कार्य किया जाना चाहिए।
2. मशीनों के संक्षारण और guy (गाई) वायर के लिए उचित तनाव की जांच किया जाना चाहिए।
3. यदि उपयुक्त हो तो टरबाइन ब्लेड पर किसी अग्रणी किनारे वाले टेप की जाँच करना और उसे बदलना चाहिए
4. आवश्यकता के अनुसार टर्बाइन ब्लेड और/या बीयरिग जैसे घटकों को प्रतिस्थापित करना चाहिए।

कनक्शन: इस प्रयोग का पूरा होने के बाद, छात्र ऊर्ध्वाधर अक्ष छोटे पवन टरबाइन का नियमित रखरखाव भाग पहचान सकते हैं

जानें और भी बातें

1. भारत में पवन ऊर्जा उत्पादन का विकास सन् 1952 में शुरू हुआ. विश्व की कुल स्थापित क्षमता में पवन ऊर्जा उत्पादन के लिए भारत की स्थापित क्षमता चौथी है। 31 जुलाई, 2022 तक पवन ऊर्जा की कुल स्थापित क्षमता40.894 गीगावॉट है। आंध्र प्रदेश में सबसे अधिक स्थापित पवन ऊर्जा क्षमताहै।
2. अमेरिका में बिजली उत्पादनके लिए पहली ज्ञात पवन टरबाइन 1988 में बनाई गई थी। विश्व की पहली मल्टी-मेगावाट पवन टर्बाइन का निर्माण 1972 में किया गया था।
3. जैसलमेर पवन पार्क भारत की सबसे बड़ी पवन ऊर्जा कंपनी है। इस पवन ऊर्जा कंपनी की क्षमता 600 मेगावाट है। इस कंपनी को सुजलॉन एनर्जी ने विकसित किया है, इस परियोजना में राजस्थान के जैसलमेर जिले में स्थित पवन फार्म का एक समूहशामिल है।
4. इलेक्ट्रॉनिक्स और ऊर्जा इलेक्ट्रॉनिक्स पवन ऊर्जा रूपांतरण के अभिन्न अंग हैं। नवीकरणीय स्रोतों से उत्पादन शक्ति निरंतर वोल्टेज और निरंतर आवृत्ति की नहीं होतीहै। ग्रिड एकीकरण के लिए स्थिर वोल्टेज और आवृत्ति आवश्यक आवश्यकताएं हैं और यह इलेक्ट्रॉनिक उपकरणों का उपयोग करके किया जाता है।
5. पवन ऊर्जा प्रौद्योगिकी में ग्रिड एकीकरण एक महत्वपूर्ण मुद्दा है। इसे एक बिजली आपूर्ति नेटवर्क के भीतर कनेक्ट करने और संचालित करने के लिए पवन ऊर्जा संयंत्रों और पवन कंपनियों की तकनीकी और किफायती क्षमताके रूप में परिभाषित किया गया है जो दिन-प्रतिदिन के संचालन और बिजली आपूर्ति प्रणाली की अल्पकालिक सुरक्षा (security) के अनुरूप है।
6. पवन ऊर्जा प्रौद्योगिकी में बिजली की गुणवत्ता एक महत्वपूर्ण मुद्दा है।

संदर्भ और सुझाव पठन

1. गुप्ता, बीआर, विद्युत ऊर्जा उत्पादन,एस. चंद और कंपनी नई दिल्ली।
2. रेचल, पृष्ठांतर, जोशुआ-पवन पावर टेक्नोलॉजीज, पीएचआई लर्निंग, नई दिल्ली, आईएसबीएन-978-93 88028-49-3 ष्ठित Ebook 978-93-88028-50-9
3. "हुन-की-ली, ताइ-क्यंग बैंग, जियोग-इन ली, क्युंग-हुन शिन और जांग-यंग चोइ1," "शॉर्ट सर्किट विश्लेषण," "एआईपी एडवांसेस, वॉल्यूम" "से प्राप्त चुंबकीय रिएक्टेंस पर विचार करते हुए एक उच्च-गति स्थायी चुंबक सिक्रोनस जनरेटर के लक्षण विश्लेषण." 9. नंबर 12, (2019), डीओआईः https://doi.org/10.1063/1.512997
4. ए. डी. पी. कोठारी, आई. जे. नागरथ, इलेक्ट्रिकल मशीन, पांचवे संस्करण, मैक ग्रो हिल एजुकेशन।
5. ट्रेवर एम. लेचर, पवन ऊर्जा इंजीनियरिग. अपतटीय और अपतटीय पवन टर्बाइनों के लिए एक हैंडबुक। शैक्षिक प्रेस, एल्सेवियर. ।SBN: 978-0-12-809451-8.
6. वेई टोंग, पवन ऊर्जा उत्पादन और पवन टरबाइन डिजाइन ।साउथम्पटन, बोस्टन, आईएसबीएनः 978-1-84564-205-1.
7. बिन वू, योगजियांग लांग, नावीद जरदारी, समीर कौरो, पावर कन्वर्सन और कंट्रोल ऑफ पवन एनर्जी सिस्टम्स। आईईईई प्रेस, जॉन WILEY और संस. अमेरिका. आईएसबीएनः 978-1-118-02900-8.
8. अलाटेलो एम. स्थायी चुंबक मशीनें जिनमें हवा के अंतराल के वाइंडिग और इंटीग्रेटेड दांत वाइंडिग होती हैं, तकनीकी रिपोर्ट 288। स्वीडन: चाल्मर्स यूनिवर्सिटी ऑफ टेक्नोलॉजी 1996.
9. मुलर एस, डेइके एम, डी डोकर आरडब्ल्यू. पवन टर्बाइनों के लिए डबल फीड इंडक्शन जनरेटर सिस्टम। आईईईई इंडिया एपल मैग(mag) 2002 8:26 _ 33.
10. इस संबंध में विस्तृत जानकारी के लिए अंग्रेजी का अनुलग्नक यहां क्लिक करें- https://mnre.gov.in/wind/currentstatus/#::text=%20 extend%2020the%20the%20the%20the %20 the%20 Ind,39.25%20W%20(%20on203)
11. भारत में https://en.wikipedia.org/wiki/Wind_power_in_india
12. ऊर्जा-ऊर्जा -प्रौद्योगिकी-2
13. https://www.education.edu/28724752/समस्या_Solut Ion_B_1_समस्या_Solution
14. https://bijus.com/ind-ऊर्जा-सूत्र/

5. बिजली उत्पादन और इंटरकनेक्टेड पावर सिस्टम का अर्थशास्त्र

इकाई स्पेसिफिक्स

इस इकाई के माध्यम से हमने निम्नलिखित पहलुओं पर चर्चा की है:

- आर्थिक बिजली उत्पादन और इंटरकनेक्टेड पावर सिस्टम से संबंधित बुनियादी शर्तें
- बेस लोड प्लांट और पीक लोड प्लांट
- आकार और उत्पादन इकाइयों की संख्या का चयन
- बिजली संयंत्रों का संयुक्त संचालन
- ग्रिड फॉल्ट के कारण
- ब्लैकआउट और ब्राउनआउट
- राष्ट्रीय और अंतर्राष्ट्रीय स्तर पर बडे ब्लैकआउट
- संख्यात्मक समस्याओं का समाधान।

इस इकाई में अर्थशास्त्र से संबंधित विभिन्न शब्दों और उनकी परिभाषाओं की अवधारणा को प्रस्तुत किया गया है। उत्पन्न इकाइयों की लागत के एक संक्षिप्त वर्णन पर भी चर्चा की गई है। इस इकाई में विद्युत संयंत्रों का संयुक्त संचालन और इसके लाभ भी प्रस्तुत किए गए हैं। ग्रिड फाल्टों के कारणों पर इस इकाई में चर्चा की गई है। राष्ट्रीय और अंतर्राष्ट्रीय स्तर पर प्रमुख ब्लैकआउट संक्षेप में प्रस्तुत किएगए हैं। आगे की जिज्ञासा और रचनात्मकता के साथ-साथ छात्रों की समस्या को सुलझाने की क्षमता में सुधार के लिए कुछ संख्यात्मक उदाहरण दिए गए हैं।

बडी संख्या में बहुविकल्पीय प्रश्नों के साथ-साथ लघु और दीर्घ उत्तरीय प्रकार के प्रश्नों को चिह्नित करने के अलावा दो श्रेणियों में ब्लूम टैक्सनॉमी के निम्न और उच्च क्रम, सरल संख्यात्मक समस्याओं के माध्यम से असाइनमेंट, संदर्भों की एक सूची और सुझाए गए रीडिंग इस में दिए गए हैं ताकि छात्र अधिक ज्ञान के लिए उनके माध्यम से जा सके।

यूनिट-5 में शामिल पाठ्यक्रमों से संबंधित कुछ व्यावहारिक प्रयोग भी इस यूनिट के अंत में शामिल किए गए हैं ताकि छात्रों को इन विषयों पर जानकारी दी जा सके। कुछ प्रयोगों में, कुछ विशिष्ट वीडियो भी प्रदान किएगए हैं।

विषय पर संबंधित प्रयोग के बाद, सामग्री के आधार पर, एक "अधिक जानें" खडजोडा गया है। इस खड को विषय पर अतिरिक्त जानकारी और उच्च शिक्षण कौशल के पूरक के लिए डिज़ाइन किया गया है।

औचित्य

बिजली उत्पादन और इंटरकनेक्टेड पावर सिस्टम के अर्थशास्त्र पर यह इकाई छात्रों को पावर प्लांट के अर्थशास्त्र और इंटरकनेक्टेड पावर सिस्टम के पीछे एक मौलिक विचार प्राप्त करने में मदद करेगी। इसमें बेस लोड और पीक लोड प्लांट की अवधारणा पर चर्चा की गई है और मूल्यह्रास की गणना की विधियाँ भी प्रस्तुत की गई हैं। बिजली उत्पादन की लागत और टैरिफ पर भी चर्चा की गई हैं। ग्रिड दोषों के कारण भी प्रस्तुत किए गए हैं। इसके अलावा, राष्ट्रीय और अंतर्राष्ट्रीय स्तर पर प्रमुख ब्लैकआउट प्रस्तुत किए गए हैं।

कुछ संबंधित समस्याओं को उनके समाधानों के साथ बताया गया है जो बिजली उत्पादन के अर्थशास्त्र पर चिता के विषयों की स्पष्ट जानकारी प्राप्त करने में मदद कर सकते हैं।

पूर्व अपेक्षा

इलेक्ट्रिकल और इलेक्ट्रॉनिक्स इंजीनियरिग के मूलतत्त्व (ES104)

इकाई परिणाम

यूनिट-5 के पूरा होने के बाद छात्र निम्नलिखित जानकारी प्राप्त कर सकेंगे -

यू 5-01: विद्युत संयंत्र के अर्थशास्त्र और इंटरकनेक्टेड पावर सिस्टम से संबंधित विभिन्न शब्दों को परिभाषितकर सकेंगे।

यू 5-02: विद्युत संयंत्र के अर्थशास्त्र से संबंधित समस्या का विश्लेषणकर सकेंगे।

यू 5-03: बिजली संयंत्रों के संयुक्त संचालन और संयुक्त संचालन के लाभ की व्याख्याकर सकेंगे।

यू 5-04: राष्ट्रीय और अंतर्राष्ट्रीय स्तर पर ग्रिड फॉल्ट और सैंपल प्लेट की कॉल पर चर्चा कर सकेंगे।

यूनिट-5 नतीजे	प्रतिचित्रण (mapping) के साथ प्रतिचित्रण (1-कमजोर सहसंबंध 2-मध्यम सहसंबंध 3-मजबूत सहसंबंध)				
	सीओ-1	सीओ-2	सीओ-3	सीओ-4	सीओ-4
यू 5-01	.....	.....	...	3	.....
यू 5-02	...	.....	...	.....	3
यू 5-03	.....	3	...	.....	.....
यू 5-04	...	.....	...	3	3

5.1 परिचय

सभ्यता के विकास के लिए ऊर्जा एक बुनियादी आवश्यकता है। ऊर्जा की खपत, प्रति व्यक्ति मात्रा किसी राष्ट्र के विकास कामाप है। जनसंख्या में वृद्धि के साथ ऊर्जा की आवश्यकता भी बढ़ जाती है। ऊर्जा आपूर्ति प्रणाली का आकार ऊर्जा की आवश्यकता की मात्रा पर भी निर्भर करता है। जब ऊर्जा की आवश्यकता बढ़ती है, तो ऊर्जा आपूर्ति करने वाली ऊर्जा प्रणाली का आकार भी बढ़ता है। ग्राहक की ऊर्जा आवश्यकताओं को पूरा करने के लिए कई विद्युत संयंत्र समानांतर रूप से जुडे रहते हैं। विद्युत प्रणाली में विभिन्न प्रकार के विद्युत संयंत्र होते हैं तथा सभी संयंत्रों को आर्थिक रूप से संचालित किया जाना चाहिए। विद्युत उत्पादन के अर्थशास्त्रमें इस बात का अध्ययन शामिल है कि कोई उत्पादन की लागत कैसे प्राप्त कर सकता है और बिजली उत्पादन की सभी बाधाओं को ध्यान में रखते हुए न्यूनतम लागत पर बिजली उत्पादन के लिए बिजली संयंत्रों को कैसे इष्टतम रूप से निर्धारित किया जाता है। इस इकाई में, बिजली उत्पादनका अर्थशास्त्र,बिजली संयंत्र का अर्थशास्त्र,ग्रिडदोष और इंटरकनेक्टेड सिस्टम से संबंधित शर्तों पर चर्चा और विश्लेषण किया गया है।

5.2 संबंधित परिभाषाएं

5.2.1 लोड

"लोड" शब्द का प्रयोग आमतौर पर विद्युत प्रणालियों में किया जाता है। बिजली के उपकरण, ऊर्जा का उपयोग करते हैं। ये उपकरण, विद्युत ऊर्जा प्राप्त करने के लिए, विद्युत आपूर्ति प्रणाली से जुडे होते हैं। इस प्रकार, कोई यह कह सकता है कि आपूर्ति प्रणाली पर लोड लगाया जाता है। सामान्य तौर पर, 'लोड' शब्द का उपयोग निम्नलिखित का प्रतिनिधित्व करने के लिए किया जाता है।

(क) यह एक उपकरण या उपकरणों के समूहको इंगित करता है जो विद्युत ऊर्जा का उपभोग करते हैं।

(ख) यह विद्युत आपूर्ति प्रणाली से उपकरणों द्वारा खपत की गई बिजली को इंगित करता है।

(ग) यह उपकरण द्वारा उपयोग करी गई विद्युत धाराको इंगित करता है।

आम तौर पर, लोड एक उपकरण या उपकरणों के एक समूहद्वारा खपत की गई शक्तिहै।

5.2.2 कनेक्टेड लोड

सभी लोड की निरंतर रेटिंग का योग अर्थात आपूर्ति प्रणाली से जुडे उपकरणकी रेटिंग केकुल योग को कनेक्टेड लोड कहा जाता है। उदाहरण के लिए, एक ग्राहक के चार कमरों के घर में यदि प्रत्येक में 75W के 4 पंखे हैं, तो प्रत्येक में 40W की 4 ट्यूब लाइट और 1 फ्रिज 200 वॉट की है। घर के कनेक्टेड लोड की गणना इस प्रकार की जाती है।

Ceiling fan load = 4 x 75 W = 300W
Tube light load = 4 x 40W = 160W
Refrigerator load = 1 x 200W = 200 W

घर का कुल भार= (300 + 160 + 200) W = 660W.

इस प्रकार, घर के लिए ग्राहक का कनेक्टेड लोड 660 वॉट है। इस तरह से, एक आपूर्ति कंपनी द्वारा एक मोहल्ले के सभी ग्राहकों के कनेक्टेड लोड की आपूर्ति की जाती है। उस क्षेत्र के सभी ग्राहको के कनेक्टेड लोड को जोड़कर उस क्षेत्र के कनेक्टेड लोड की गणना की जाती है। इस तरह एक उपयोगिता के कनेक्टेड लोड की गणना की जा सकती है।

5.2.3 मांग

यह एक उचित और निर्दिष्ट समयअंतराल पर औसत बिजली आपूर्ति के स्रोत से ग्राहकों के समूहमें जुड़े सभी उपकरणों द्वारा कुल उपयोग किया जा रहा लोड है। मांग या लोड की यूनिट kW (किलोवाट), KVA (किलोवोल्ट एम्पीयर), KVARs (किलो वॉर्स), या A (एमपीयर) में हो सकती है।

5.2.4 मांग अंतराल, Demand interval

यह वह अवधि है जिस पर भारका औसत गिना जाता है। मांगअंतराल 15 मिनट या उससेअधिकका हो सकता है।

5.2.5 अधिकतम मांग या पीक लोड (शिखर भार)

किसी सिस्टम या इंस्टॉलेशन की, एक निर्दिष्ट अवधि अधिकतम मांगको पीक लोड या अधिकतम मांग (MD) कहा जाता है। निर्दिष्ट समयअंतराल एक दिन, एक सप्ताह, एक महीने, या एक वर्ष हो सकता है। शिखर भारज्ञात होने पर एक विद्युत केंद्र की स्थापित क्षमता का पता लगाया जा सकता है ।एक बिजली स्टेशन को शिखर लोड की आपूर्ति करने में सक्षम होना चाहिए। शिखर भारबढ़ने पर बिजली संयंत्र की लागत बढ़ जाती है।

5.2.6 बेस लोड और पीक लोड प्लांट

बिजली प्रणाली पर लोड हर समय एक समान नहीं होता है क्योंकि ग्राहकों की मांगें अनिश्चित होती हैं। हालांकि ग्राहकों की मांगें अनिश्चित हैं, लेकिन जरूरत पड़ने पर उन्हे विद्युत कीआपूर्ति की जाती है। इस प्रकार, समयके साथ भारबदल जाता है। विद्युत प्रणाली पर भारको दो भागों में से एक माना जाता है।

(क) आधारलोड

(ख) शिखर लोड

आधार लोड,लोड का वह अपरिवर्तनीय भाग है जो लगभग पूरे दिन स्थिर रहता है। दूसरी ओर, पीक लोड भाग परिवर्तनीय हिस्सा है और यह पूरे दिन स्थिर नहीं रहताहै। बेस लोड और पीक लोड को चित्र 5.1 में दिखाया गया है। बेस लोड की आपूर्ति करने वाले बिजली संयंत्रों को बेसलोड पावर प्लांट कहा जाता है। शिखर लोड की आपूर्ति करने वाले संयंत्र को शिखर लोड प्लांट कहा जाता है। पीक लोड प्लांट केवल आने वाले पीक लोड पर ही काम करते हैं।

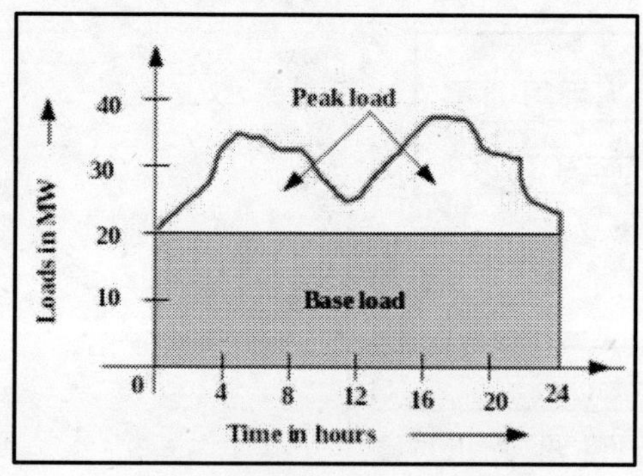

चित्र 5.1 बेस लोड और पीक लोड

5.2.7 लोड वक्र

भार और समय के चित्रमय निरूपण को भार वक् या लोड कर्व(LC) कहा जाता है। विद्युत भारसामान्य रूप से किलोवाट या मेगावाट में होते हैं। इसमें लोड y-अक्ष पर स्थित होता है और समयx-अक्ष पर होता है है। यदि समयएक दिन के लिए है, तो वक्रको दैनिक लोड वक्रकहा जाता है। यदि वक्रएक महीने के लिए लोड का प्रतिनिधित्व करता है, तो वक्रको मासिक भार वक्रकहा जाता है। यदि वक्रएक वर्ष के लिए लोड भिन्नता का प्रतिनिधित्व करता है, तो इसे वार्षिक भार वक्रकहा जाता है। एक दैनिक लोड वक्रचित्र 5.2 में दिखाया गया है। इसे कालानुक्रमिक (Chronolog ıcal) भार वक्रभी कहा जाता है।

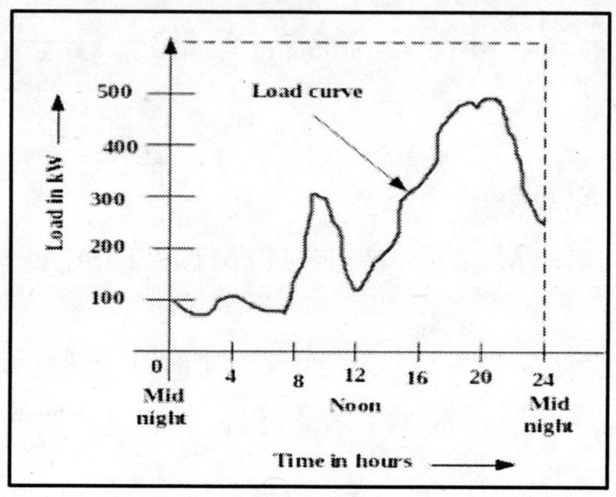

चित्र 5.2 लोड वक्र

लोड वक्रनिम्न जानकारी प्रदान करता है.

(क) दिन के घंटों के दौरान लोड की भिन्नता।

(ख) भारवक्रके शिखर से अधिकतम मांग प्राप्त की जा सकती है।

(ग)किसी विचाराधीन अवधि में उत्पन्न कुल ऊर्जा = विचाराधीन अवधि के लिए भार वक्र के अंतर्गत क्षेत्र

(घ) $$\text{औसत भार} = \frac{\text{भार वक्र के अंतर्गत क्षेत्र}}{\text{घंटे की कुल संख्या}}$$

(ङ) $$\text{लोड फैक्टर} = \frac{\text{भार वक्र के अंतर्गत क्षेत्र}}{\text{आयत का कुल क्षेत्रफल जिसमें भार वक्र समाहित है}}$$

उपर्युक्त सूचना की सहायता से निम्नलिखित उपयोगी डेटा प्राप्त किया जा सकता है।

(क) बिजली प्रणाली की स्थापित क्षमता का निर्णय किया जा सकता है।

(ख) विभिन्न उत्पादन इकाइयो के सबसे किफायती आकार तय किए जा सकते हैं।

(ग) उत्पादन लागत का अनुमान लगाया जा सकता है।

(घ) अनुक्रम जिसमें इकाईयां चलेंगी, निर्धारित किया जा सकता है।

5.2.8 लोड अवधि वक्र (लोड ड्यूरेशन कर्व LDC)

लोड अवधि वक्र,एक वक्रहै जो अवरोही परिमाण में लोड और लोड की अवधि के बीचके संबंध को दर्शाता है। इस प्रकार, लोड की अवधि वक्रबाईं ओर सबसे अधिक भारको दिखाता है और दाईं ओर सबसे कम लोड। लोड की अवधि वक्रको लोड वक्रके डेटा से लिया जा सकता है।

लोड अवधि वक्रकी आयोजना के लिए प्रक्रिया

(क) उपलब्ध डेटा से, अधिकतम लोड (ML) और वह अवधि (TM)जिसके लिए यह अधिकतम लोड था निर्धारित की जाती है जिसके लिए यह होता है।

(ख) उपलब्ध डेटा से, अगले कम लोड (L1) के लिए और उस समय(T1) को ढूंढें,जिसके लिए यह हुआ था।

(ग) इसी तरह, बाद के भार(L2, L3, L4) और उनकी अवधि (T2, T3, T4) जिसके लिए वे होते हैं।

(घ) लोड और अवधि को प्लॉट करें।

चित्र 5.3 में उपरोक्त प्रक्रियासे प्राप्त लोड अवधि वक्रको दिखाया गया है। चित्र 5.4 एक लोड वक्रया कालानुक्रमिक लोड वक्रदिखाता है, और चित्र 5.5 में रेखाचित्र 5.4 के कालानुक्रमिक लोड वक्रके अनुरूप लोड अवधि वक्रदिखाया गया है।

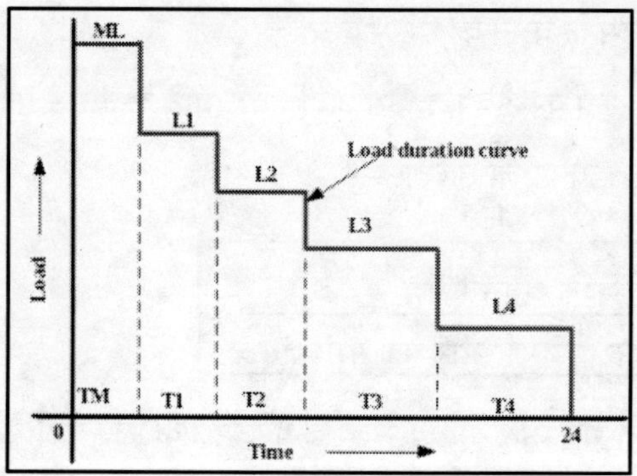

चित्र 5.3 प्लॉटिग की प्रक्रिया दिखाने के लिए लोड अवधि वक्र

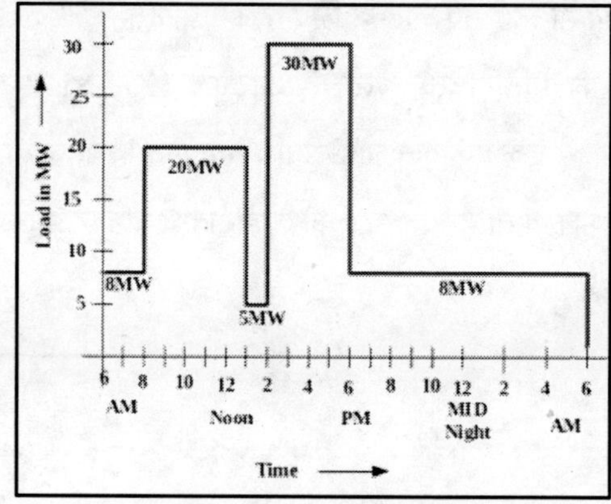

चित्र 5.4-एक दिन के लिए लोड वक्र

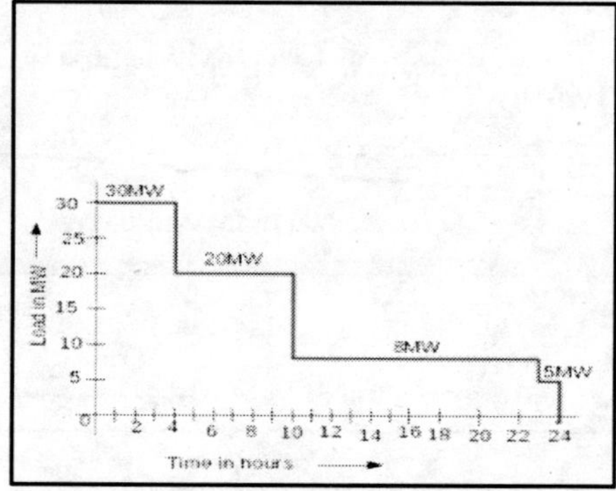

चित्र 5.5 लोड अवधि वक्रजो चित्र 5.4 के लोड वक्रके अनुरूप है

लोड अवधि वक्र (LDC) निम्नलिखित सूचना देताहै।

(क) दिए गए समय के दौरान न्यूनतमलोड प्रदान करता है।

(ख) बेस लोड और पीक लोड प्लांट्स के चयन को सक्षम करता है.

(ग) एलडीसी के तहत एक निश्चित क्षेत्र का क्षेत्रफल, उस अवधि केअवधि के दौरान संबंधित ऊर्जा का प्रतिनिधित्व करता है।

(घ) औसत भार निम्न प्रकार से प्राप्त किया जा सकता है।

$$\text{लोड फैक्टर} = \frac{\text{भार वक्र के अंतर्गत क्षेत्र}}{\text{आयत का कुल क्षेत्रफल जिसमें भार वक्र समाहित है}}$$

(ड.) LDC पर कोई भी बिदु संबंधित भार और अधिक मूल्य के पूर्ण भार के लिए घंटों में कुल अवधि देता है।

5.2.9 एकीकृत लोड अवधि वक्र

एकीकृत लोड अवधि वक्र,किसी दिए गए लोड के लिए कुल उत्पादित ऊर्जा को,kWh में दर्शाता है। यह निर्देशांक(Y-Axis) kW या मेगावॉट में लोड का प्रतिनिधित्व करता है औरभुज (X-Axis) ऊर्जा (kWh में उत्पन्न इकाइयों) का प्रतिनिधित्व करता है। लोड अवधि वक्र से एक एकीकृत लोड अवधि वक्रप्राप्त किया जाता है। भुज कोटि के मान तक अवधि वक्र के क्षेत्रफल के बराबर प्रत्येक कोटि से मेल खाता है चित्र 5.4 की लोड अवधि वक्रके अनुरूप एकीकृत लोड अवधि वक्रचित्र 5.6 में दिखाया गया है।

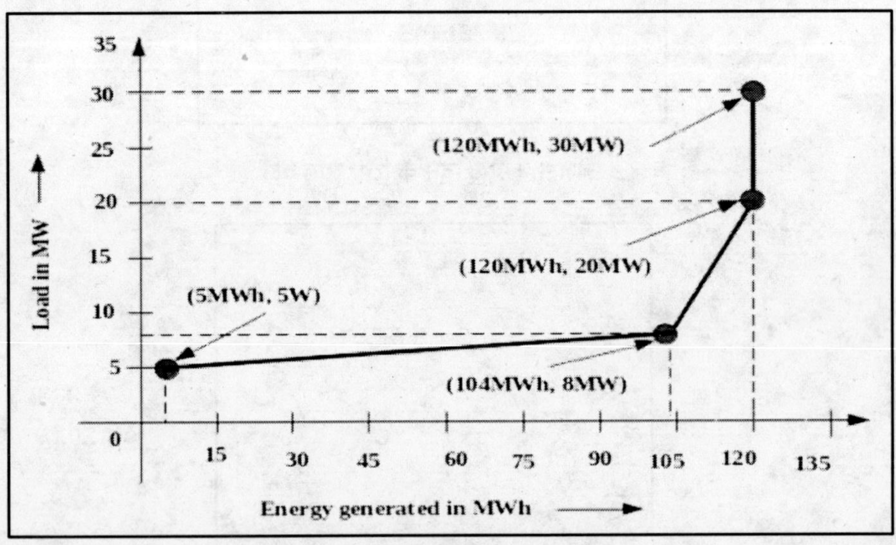

चित्र 5.6-एकीकृत लोड अवधि वक्र

5.2.10 डिमांड फैक्टर

यह अधिकतम मांग और सिस्टम के कुल कनेक्टेड लोड के बीच का अनुपात है। गणितीय रूप से इसे 5.1 के रूप में व्यक्त किया गया है।

$$\text{मांग कारक(DF)} = \frac{\text{अधिकतम मांग(MD)}}{\text{कुल कनेक्टेड लोड}}$$

(5.1)

मांगफैक्टर, कुल प्रणाली के बजाय, एक औद्योगिक या वाणिज्यिक ग्राहक के भारकी प्रणाली की तरह, प्रणाली के एक हिस्से के लिए भी हो सकता है। व्यावहारिक रूप से ग्राहक एक साथ सभी उपकरणों का उपयोग नहीं करते हैं, इसलिए अधिकतम मांगकनेक्टेड लोड से कम होती है। इस प्रकार, मांग का फैक्टरआम तौर पर एक से कम होता है।

5.2.11 औसत भार

औसत भार या औसत मांग एक निर्दिष्ट अवधि में खपत की गई ऊर्जा हैगणितीय रूप से, इसे (5.2) द्वारा व्यक्त किया जाता है।

$$\text{औसत भार} = \frac{\text{एक निर्दिष्ट समयावधि में खपत की गई ऊर्जा (घंटे में)}}{\text{एक निर्दिष्ट समय अवधि में घंटे}}$$

(5.2)

5.2.12 लोड फैक्टर

किसी सिस्टम के औसत भार और अधिकतम मांग के बीच का अनुपात, निर्दिष्ट अवधि को लोड फैक्टर (LF) कहा जाता है। इसे एक निर्दिष्ट अवधि (T) में खपत की गई ऊर्जा के संदर्भ में भी व्यक्त किया जा सकता है। गणितीय रूप से, भारफैक्टरको (5.3) या (5.4) के रूप में व्यक्त किया जाता है।

$$\text{लोड फैक्टर} = \frac{\text{औसत भार}}{\text{अधिकतम भार या अधिकतम मांग}}$$

(5.3)

$$\text{लोड फैक्टर} = \frac{\text{औसत लोड x T घंटे}}{\text{पीक लोड या अधिकतम मांग x T घंटे}}$$

(5.4)

यदि इन अवधियो के घंटो पर विचार किया जाए तो एक दिन, एक महीने और एक वर्षके घंटों में अवधि (T) के लिए LF को परिभाषित किया जा सकता है। तदनुसार, लोड फैक्टरका नाम दिया जाता है। वे दैनिक एलएफ, मासिक एलएफ और वार्षिक एलएफ हैं। दैनिक, मासिक और वार्षिक भारफैक्टरक्रमशः (5.5), (5.6) और (5.7) द्वारा व्यक्त किए जाते हैं।

$$\text{दैनिक लोड फैक्टर} = \frac{\text{एक दिन में खपत की गई कुल विद्युत ऊर्जा (किलोवाट में)}}{\text{पीक लोड (किलोवाट) x 24 घंटे}}$$

(5.5)

$$\text{मासिक भार कारक} = \frac{\text{एक मासिक में खपत की गई कुल विद्युत ऊर्जा (किलोवाट में)}}{\text{पीक लोड (किलोवाट) x (महीने में घंटा)}}$$

(5.6)

$$\text{वार्षिक भार कारक} = \frac{\text{एक वर्ष में खपत की गई कुल विद्युत ऊर्जा (किलोवाट में)}}{\text{पीक लोड (किलोवाट) x (8760 घंटे)}}$$

(5.7)

प्रति इकाई ऊर्जा उत्पादन की लागत (kWh) LF पर निर्भर करती है। यह देखा गया है कि पीक लोड के समान मूल्यके लिए, लोड फैक्टरके उच्च मूल्यके लिए उत्पादन की लागत कम है। एक निर्दिष्ट पावर प्लांट के लोड फैक्टर को प्लांट लोड फैक्टर (PLF) कहा जाता है।

5.2.13 प्रति वर्ष उत्पन्न इकाइयाँ

विद्युत ऊर्जा की इकाई को kWhमें व्यक्त किया जाता है। ऊर्जा की एक इकाई का अर्थ है 1 किलोवाट घंटा। प्रतिवर्ष उत्पादित इकाइयों की संख्या वार्षिक भारफैक्टरसे प्राप्त की जा सकती है और (5.7) द्वारादी जा सकती है।

उत्पादित इकाई/वर्ष = अधिकतम मांग (किलोवाट में) x लोड फैक्टर xघंटे एक वर्ष में=8760 (5.8)

5.2.14 स्थापित क्षमता

एक बिजली संयंत्र की स्थापित क्षमता, सिस्टम लोड की आपूर्ति के लिए बिजली संयंत्र में सभी उपलब्ध इकाइयों की कुल क्षमताहोती है। यह प्रतिबद्ध इकाइयों और आरक्षित इकाइयों की कुल क्षमताहै। प्रतिबद्ध इकाइयां, वे इकाइयां हैं जो लोड की आपूर्ति कर रही हैं और ऑपरेशन में हैं। आरक्षित इकाइयां,वे स्टैंडबाय इकाइयां हैं जो सप्लाई लोड के लिए तैयार हैं।

5.2.15 फर्म क्षमताया फर्म पावर

विद्युत संयंत्र की फर्म क्षमता वह शक्तिहै जो आपातकालीन परिस्थितियों में भी मांगको पूरा करने के लिए हमेशा उपलब्ध रहती है।

5.2.16 कोल्ड रिजर्व

बिजली संयंत्र का कोल्ड रिजर्व वह आरक्षित बिजली उत्पादन क्षमताहै जो सेवा में उपलब्ध है लेकिन परिचालन में नहीं है और लोड को तत्काल आपूर्ति के लिए तैयार रहता है।

5.2.17 हॉट रिजर्व

हॉट रिजर्वक्षमताएक मार्जिन की तरह है। संयंत्र की हॉट रिजर्व क्षमता वह क्षमताहै जिसे मांगकी आपूर्ति के लिए तैयार किया जाता है। इसे आमतौर पर मांगके लिए तैयार बॉयलरकी अतिरिक्त क्षमताके रूप में संदर्भित किया जाता है।

5.2.18 ऑपरेटिंग रिजर्व

परिचालन आरक्षित क्षमता, शिखर भारपर सेवा में बिजली संयंत्र की क्षमताको संदर्भित करता है।

5.2.19 स्पिनिग रिजर्व

यह ग्रिडसे जुड़ी वह उत्पादक क्षमता है जो लोड लेने के लिए तैयार है। स्पिनिग रिजर्व के लिए इकाइयां टर्बाइन से यंत्रवत् रूप से जुड़ी होती हैं लेकिन विद्युत रूप से लोड से जुड़ी नहीं होती हैं।

5.2.20 संयंत्र क्षमताघटक (factor) या संयंत्र घटक

संयंत्र क्षमताफैक्टरया क्षमता फैक्टरको संयंत्र की रेटेड क्षमताके औसतभारके बीच अनुपात के रूप में परिभाषित किया गया है। संयंत्र की रेटेड क्षमताउसकी स्थापित क्षमताहोती है। संयंत्र क्षमतागणितीय रूप से (5.9) द्वारा व्यक्त की जाती है।

$$\text{क्षमता कारक या मंयंत्र क्षमता कारक} = \frac{\text{औमत भार}}{\text{मंयंत्र का रेटेड क्षमता कारक}}$$

(5.9)

क्षमताफैक्टरया संयंत्र क्षमताफैक्टरको एक निर्दिष्ट अवधि में उत्पन्न वास्तविक इकाइयो के घटक(factor) के रूप में भी परिभाषित किया जा सकता है, जो उस निर्दिष्ट अवधि में संयंत्र द्वारा उत्पन्न की जा सकती हैं। यह (5.10) द्वारा दिया जाता है।

$$\text{क्षमता का घटक} = \frac{\text{निर्दिष्ट समयावधि में इकाइयाँ (किलोवाट में) उत्पन्न हुई}}{\text{उस अवधि में रेटेड क्षमता (किलोवाट में) घंटे}}$$

(5.10)

क्षमताफैक्टर को अधिकतम मांग,लोड फैक्टरऔर रेटेड क्षमताके संदर्भ में भी व्यक्त कर सकते हैं (5.11)

$$\text{क्षमता कारक या संयंत्र क्षमता कारक} = \frac{\text{अधिकतम मांग}}{\text{संयंत्र की निर्धारित क्षमता}} \times \text{लोड फैक्टर}$$

(5.11)

$$\text{संयंत्र का उपयोग कारक} = \frac{\text{संयंत्र द्वारा उत्पादित इकाइयाँ (kWh)}}{\text{संयंत्र की क्षमता} \times \text{उपयोग के घंटे}}$$

(5.12)

5.2.2.1 संयंत्र का उपयोग फैक्टर

संयंत्र उपयोग फैक्टरको संयंत्र क्षमताऔर घंटों के उत्पाद (product) के लिए उत्पन्न इकाइयो (केडब्ल्यूएच) के अनुपात के रूप में परिभाषित किया गया है, जिसके लिए संयंत्र कार्यरत है। यह (5.12) द्वारा व्यक्त किया गया है।

5.2.2.2 विविधता फैक्टर

सामान्यतः किसी समूहके सभी ग्राहको की अधिकतम मांगहोने का समयएक समान होने की संभावना नहीं होती है। समूहके कुछ ग्राहकों के लिएएक समय में अधिकतम मांग एक संयोग हो सकताहै, इसलिए भारकी मांग में विविधता होती है। इस विविध प्रकृति के कारण, एक ही समयमें सभी कनेक्टेड लोड को बिजली की आपूर्ति की आवश्यकता नहीं होती है। सिस्टम के विभिन्न समूहो या उपखडो की व्यक्तिगत अधिकतम मांग(घटना समय पर ध्यान दिए बिना) के योग का अनुपात पूरे सिस्टम की अधिकतम मांगहै। गणितीय रूप से, इसे (5.13a) या (5.13b), या (5.13c) द्वारा व्यक्त किया जाता है।

$$\text{विभिन्नता कारक} = \frac{\text{व्यक्तिगत अधिकतम मांग का योग}}{\text{पूरे सिस्टम की अधिकतम मांग का संयोग}}$$

(5.13a)

या

$$F_D = \frac{D_1 + D_2 + D_3 + \ldots\ldots + D_n}{D_g (= D_{(1+2+3+\ldots+n)})}$$

(5.13b)

या

$$F_D = \frac{\sum_{i=1}^{n} D_i}{D_g}$$

(5.13c)

जहां Di = लोड की अधिकतम मांग ।, घटना समयकी परवाह किए बिना, Dg =n लोड के समूह की अधिकतम मांग।

5.3 उत्पादन की लागत

5.3.1 परिचय

बिजली आपूर्ति कंपनी को बड़ी संख्या में उपभोक्ता के लिए बिजली की आपूर्ति की आवश्यकता होती है। आपूर्ति कंपनी द्वारा बिजली संयंत्र और संबंधित प्रणालियों के डिजाइन के दौरान किए गए प्रयास समग्र अर्थव्यवस्था को प्राप्त करने के लिए किए जाते हैं। यह इस प्रकार किया जाना चाहिए कि प्रति यूनिट (kWh) उत्पादन की लागत यथासंभवकम से कम हो, ताकि ग्राहकों को एक उचित दर पर बिजली की आपूर्ति की जा सके। इस बारे में निर्णय लेते समय इस बात का भी ध्यान रखना होगा कि आपूर्ति प्रणाली की विश्वसनीयता बनी रहे।

5.3.2 लागत का वर्गीकरण

आम तौर पर, विद्युत ऊर्जा की लागत को तीन भागों में विभाजित किया जाता है। वे इस प्रकार हैं।

(क) फिक्स्ड लागत

(ख) सेमी-फिक्स्ड लागत

(ग) परिचालन लागत (Operation Cost)

(क) **फिक्स्ड लागतः** फिक्स्ड लागत, संयंत्र की अधिकतम मांगऔर ऊर्जा उत्पादन से स्वतंत्र होती हैं। इसमें भूमि में निवेश की गई पूंजीपर ब्याज, संगठन की वार्षिक लागत और उच्च अधिकारियों के वेतन शामिल होते हैं। उच्च श्रेणी के अधिकारियों के वेतन एक तय राशि हैं। इससे कोई फर्क नहीं पड़ता कि संयंत्र में अधिकतम मांग अधिक या कमहै, या यह कम या अधिक मांग पैदा करता है। भूमि की लागतभी एक निश्चित राशि है और इसी प्रकार बैंक से उधार ली गई पूंजी पर ब्याज भी तयराशि है।

(ख) **सेमी-फिक्स्ड (अर्ध-निर्धारित) लागतः** सेमी-फिक्स्ड मांग ऊर्जा उत्पादन से स्वतंत्र है लेकिन, यह अधिकतम मांग पर निर्भर करता है। संयंत्र और इंस्टॉलेशन, मांग, अधिकतम मांग पर निर्भर करता है। अर्ध-निर्धारित लागत में पूंजीगत लागत संयंत्र, पारेषण प्रणाली, इमारतों, वितरण प्रणाली, सभी प्रकार के कर और बीमा, श्रमिकों को वार्षिक मुआवजा और लिपिकों और प्रबंधकों के वेतन पर वार्षिक ब्याज और मूल्यह्रास शामिल है।

(ग) **परिचालन लागत या परिचालन लागतः** परिचालन लागत का अर्थ है परिचालन या इकाइयों (kWh) के ऊर्जा उत्पादन के लिए खर्च। यह लागत, संयंत्र में उत्पादित इकाइयों (kWh) की संख्या पर निर्भर करती है। ईंधन की लागत, ल्यूब्रिकेटिग ऑयल, रखरखाव, उपकरणों की मरम्मत, पानी, परिचालन और रखरखाव कर्मचारियों के वेतन और मजदूरी, पर्यवेक्षकों के वेतन आदि कीसंख्या,आदि परिचालन लागत को तय करती हैं। kWh इकाइयों की संख्या जितनी अधिक होगी, यहपरिचालन लागत उतनी ही अधिक होगी।

निर्धारित और अर्द्ध-निर्धारित लागत उत्पन्न इकाइयों से स्वतंत्र हैं। इन दोनों को '**स्टैंडिग कॉस्ट** 'भी कहा जाता है।

5.3.3 कुल वार्षिक लागत के लिए एक्सप्रेशन

विद्युत संयंत्र में उत्पादन की कुल वार्षिक लागत को दो रूपों में व्यक्त किया जा सकता है। ये लागत के आधार पर तीन प्रकार के और मांग के आधार परदो प्रकार के होते हैं।

तीन भाग में निर्धारित, अर्ध-निर्धारित और रनिग लागत को अलग से दिखाया जाता है जबकि, दो भाग के रूपमें, स्थिर मांगको एक निश्चित राशि में प्रति किलोवाट अधिकतम मांगऔर रनिग मांगमें मिलाया जाता है और रनिग मांगमें जोड़ा जाता है।

तीन-भाग के रूप में उत्पादन की समग्र वार्षिक लागत के लिए अभिव्यक्ति (5.14) के रूपमें व्यक्त की जाती है।

उत्पादन की कुल लागत-=निर्धारित लागत + अर्ध-निर्धारित लागत + परिचालन लागत

उत्पादन की कुल लागत = Rs. (A+B kW + C kWh) (5.14)

जहाँ क, ख, और ग स्थिर हैं।

(क) अधिकतम मांगऔर उत्पादित इकाइयों से स्वतंत्र है और रुपये में व्यक्त किया जाता है,

(ख) अधिकतम मांग पर निर्भर है और अधिकतम मांग के रुपये/किलोवाट में व्यक्त की गई इकाइयो से स्वतंत्र है, और

(ग) रुपये/किलोवाट, आउटपुट में उत्पन्न और व्यक्त की गई इकाई पर निर्भर करता है। यहां लागत भारतीय रुपये में मानी गई है। यह अमेरिकी डॉलर जैसी अन्य इकाइयां भी हो सकती हैं।

दो भाग के रूप: यह तीन रूपका एक सरलीकृत रूपहै। यहां, कुल लागत को दो भागों में विभाजित किया गया है। एक निश्चित राशि प्रति किलोवाट और एक निश्चित राशि प्रति किलोवाट घंटा।

तीन-भाग के निश्चित भाग (क) को प्रति किलोवाट अधिकतम मांगपर निश्चित राशि में विलय कर दिया जाता है।

उत्पादन की कुल वार्षिक लागत = Rs. (A kW+B kWh)(5.15)

जहां (क) रुपये/किलोवाट में एक व्यक्त किया जाता है, और (ख) रुपये/किलोवाट घंटा में एक स्थिर व्यक्त किया जाता है।

5.3.4 मूल्यह्रास निर्धारित करने के तरीके

निरन्तर उपयोग के कारण उपकरणका मूल्यकम हो जाता है। इस कटौती के लिए एक राशि प्रभारित की जाती है और इसे मूल्यह्रास प्रभार कहा जाता है। इसके लिए प्रत्येक वर्षएक उपयुक्त राशि अलग रखी जाती है ताकि कुछ समयबाद एक ही उपकरणको इस अवधि में संचित मूल्यह्रास प्रभार के बराबर लागत पर प्रतिस्थापित किया जा सके। मूल्यह्रास का पता लगाने के लिए आम तौर पर तीन तरीकों का इस्तेमाल किया जाता है। इसके तरीके नीचे दिए गए हैं।

(क) सरल रेखाविधि।

(ख) डिमिनिशिग वैल्यू विधि।

(ग) सिकिग फंड विधि।

(क) सरल रेखाविधि

यहां, एक स्थिर मूल्यह्रास शुल्क हर वर्ष प्रभारित किया जाता है। 5.16 के अनुसार मूल्य हास की गणना की जाती है जहां P प्रारंभिक लागत है, S उपयोगी जीवन के बाद स्क्रैप मल्यू है, और, N वर्ष में उपयोगी जीवन है।

Annual depreciation= Total

$$\text{Annual depreciation} = \frac{\text{Total depreciation}}{\text{Useful life}} = \frac{P\text{-}S}{n} \quad (5.16)$$

उपयोगी जीवन वह अवधि है जिसके लिए उपकरण,भवन आदिसंचालन में हैं जिसके बाद इसे बदला जा सकता है। उपकरणकी उसके उपयोगी जीवन के बाद की कीमत स्क्रैप वैल्यू कहलाती है।

(ख) ह्रासमान मूल्य विधि

इस विधि में, अवक्षयण प्रभार घटे हुए मूल्यपर एक निश्चित दर पर प्रभारित किया जाता है। गणितीय रूप से यह (5.17) द्वारा व्यक्त किया जाता है जिसमें x प्राथमिक मूल्यह्रास है, n वर्षों में उपयोगी जीवन है, S स्क्रैप वैल्यूहै और P प्रारंभिक निवेश है।

$$\text{वार्षिक मूल्यह्रास, } x = 1 - \left(\frac{S}{P}\right)^{1/n} \quad (5.17)$$

(ग) सिंकिग फंड विधि

इस विधि में, एक निश्चित मूल्यह्रास को प्रत्येक वर्षप्रभारित किया जाता है और इंट्रेस्ट को वार्षिक रूप से संयोजित किया जाता है। यदि दशमलव में ब्याज की वार्षिक दर r है, तो स्क्रैप मान S है, प्रारंभिक निवेशP है और n उपयोगी जीवन है, सिंकिग फंड क्यू की गणना (5.18) द्वारा की जातीहै।

$$\text{Sinking fund, q} = (P-S)\left[\frac{r}{(1+r)^n - 1}\right] = (P-S)\,x \text{ Sinking fund factor} \quad (5.18)$$

क्यू का मूल्यएक समान वार्षिक मूल्यह्रास प्रभार देता है। सिंकिग फंड निधि घटक(factor) (5.19) द्वारा दिए जाते हैं।

$$\text{Sinking fund factor} = \left[\frac{r}{(1+r)^n - 1}\right] \quad (5.19)$$

5.4 टैरिफ़ (शुल्क)

शुल्क वह दर है जिस पर किसी ग्राहक को बिजली ऊर्जा की आपूर्ति की जाती है। इस शुल्क में लाभ के साथ-साथ बिजली उत्पादन एवं आपूर्ति की कुल लागत भी शामिल है। शुल्क सभी प्रकारके ग्राहकों के लिए समान नहीं होते है, क्योंकि विद्युत ऊर्जा के उत्पादन की लागत उस ग्राहक द्वारा खपत की गई विद्युत ऊर्जा और उनकेलोड के प्रकार पर निर्भर करती है।

5.4.1 टैरिफ के उद्देश्य

अन्य वस्तुओं की तरह, विद्युत ऊर्जा भी ग्राहक को एक निश्चित दर पर बेची जाती है जिसमें लागत की वापसी के साथ-साथ उचित लाभ भी शामिल होता है। इस प्रकारटैरिफ के उद्देश्य हैं -

(क) विद्युत संयंत्र में उत्पादन की लागत की वसूली करना।

(ख) पारेषण और वितरण की लागत की वसूली करना।

(ग) परिचालन और रखरखाव की लागत की वसूली करना।

(घ) पूंजी निवेश पर उचित लाभ प्राप्त करना।

5.4.2 टैरिफ के प्रकार

शुल्क को मोटे तौर पर इस तरह से वर्गीकृत किया गया है।

(क) सरल या एक समान शुल्क (Simple or uniform tariff)

(ख) किराया दर (Flat rate tariff)

(ग) चरण दर (Step rate tariff)

(घ) ब्लॉक दर प्रशुल्क (Block rate tariff)

(ङ) दो-भाग शुल्क (Two-part tariff)

(च) अधिकतम मांगदर (Maximum demand tariff)

(छ) पावर फैक्टर टैरिफ (Power factor tariff)

(ज) तीन भाग का शुल्क (Three-part tariff)

प्रत्येक प्रकारके शुल्क का संक्षिप्त वर्णन नीचे दिया गया है।

(क) सरल या समान टैरिफ

इस प्रकारके शुल्क में खपत की गई ऊर्जा की प्रति इकाई लागत एक निश्चित दर पर प्रभारित की जाती है। यह दर सभी प्रकारके उपभोक्ताओं के लिए स्थिर है यह ऊर्जा खपत में वृद्धि या कमी के साथ भिन्न नहीं है।

(ख) फ्लैट रेट टैरिफ

इस प्रकारके शुल्क में, ग्राहकों को विभिन्न समूहों में समूहीकृत किया जाता है और उपभोक्ताओं के प्रत्येक समूहको एक अलग-अलग समान दर पर चार्ज किया जाता है। समूहको लाइटिग लोड और पावर लोड आदि के रूप में समूहीकृत किया जा सकता है। लाइटिग लोड का शुल्क पावर लोड की तुलना में थोड़ा अधिक होता है, क्योंकि बिजली लोड लाइटिग लोड की तुलना में बहुत अधिक होता है।

फ्लैट रेट टैरिफ के नुकसान

(क) लाइटिग लोड, पावर लोड आदि जैसे विभिन्न प्रकारके लोड के लिए अलग-अलग मीटर की आवश्यकता होती है। जो सिस्टम को जटिल बनाता है,

(बी) एक विशेष समूहको एक समान दर पर चार्ज किया जाता है, चाहे उपयोग की गई ऊर्जा की मात्रा कुछ भी हो।

(ग) चरण दर टैरिफ

यह उपभोग की उच्च श्रेणी के लिए घटती यूनिट दरों के फ्लैट-रेट टैरिफ का एक समूह है। उदाहरण के लिए, यदि खपत 50kWh से अधिक नहीं है तो ₹5.00 प्रति यूनिट, यदि खपत 50 kWh से अधिक है लेकिन 200 kWh से अधिक नहीं है तो ₹4.50 प्रति यूनिट, यदि खपत 200 kWh से अधिक है तो ₹4.00 प्रति यूनिट।

(घ) ब्लॉक दर टैरिफ

इस प्रकारके टैरिफ में, ऊर्जा के एक निर्दिष्ट ब्लॉक को एक विशिष्ट दर पर चार्ज किया जाता है, और ऊर्जा के बाद के ब्लॉकों को उत्तरोत्तर कम दरों पर चार्ज किया जाता है।

ब्लॉक रेट टैरिफ का लाभ यह है कि ग्राहक को अधिक विद्युत ऊर्जा का उपभोग करने के लिए एक प्रोत्साहन मिलता है। इससे लोड फैक्टर बढ़ जाएगा और इसलिए उत्पादन की लागत कम हो जाएगी।

(ङ) दो-भाग टैरिफ

इस प्रकारके शुल्क में विद्युत ऊर्जा के चार्ज की दर को दो भागों में विभाजित किया गया है। वे फिक्स्ड चार्ज और रनिग चार्ज हैं। निर्धारित शुल्क अधिकतम मांगपर निर्भर करता है और खपत की गई इकाइयों से स्वतंत्र होता है। रनिग चार्ज (चल प्रभार) उपभोग की गई इकाई पर निर्भर करता है। निर्धारित शुल्क अधिकतम मांगके प्रति किलोवाट पर एक निश्चित राशि पर लगाया जाता है। दो-भाग ऊर्जा शुल्क में कुल ऊर्जा शुल्क प्रतिशत ऊर्जा के रूपमें व्यक्त किया जाता है।

The total energy charges = ₹A kW+ ₹B kWh(5.20)

जहां A अधिकतम मांगका प्रति kW शुल्क है और ऊर्जा खपत का प्रति kWh शुल्क है। इस प्रकारका शुल्क ज्यादातर मध्यम-औद्योगिक उपभोक्ता पर लागू होता है। उपभोक्ता दृश्य से इस प्रकारके शुल्क की कमी यह है कि उपभोक्ता को, खपत की परवाह किए बिना फिक्स्ड शुल्क का भुगतान करना पड़ता है।

(च) अधिकतम मांग टैरिफ

इस प्रकारका शुल्क दो-भाग के शुल्क के समान है, सिवाय इसके कि इस मामले में अधिकतम मांगसंकेतक द्वारा मापा जाता है, न कि केवल दर योग्य मूल्य के आधार पर इसका आकलन किया जाता है। अधिकतम मांगशुल्क संरचना को अपनाकर दो-भाग शुल्क की कमी को समाप्त कर दिया जाता है। अधिकतम मांगशुल्क ज्यादातर थोक आपूर्ति और बडे औद्योगिक उपभोक्ताओं पर लागू होता है, जिनका अपनी अधिकतम मांगपर नियंत्रणहोता है।

(छ) पावर फैक्टर टैरिफ

पावर फैक्टर टैरिफ में उपभोक्ता के लोड का पावर फैक्टर देखा जाता है। कम पावर फैक्टर का लोड, पावर प्लांट के उपकरणों की रेटिग और विद्युत लाइन के लॉसेस बढ़ा देता है। मुख्य रूपसे तीन प्रकारके पावर फैक्टर टैरिफ होते हैं। वे नीचे दिए गए हैं।

1. **kVA अधिकतम मांग टैरिफः** यह दो-भाग प्रशुल्क का एक संशोधित रूपहै। इस मामले में, निर्धारित शुल्क केवीए में अधिकतम मांग के आधार पर किया जाता है, न कि kW में। चूंकि केवीए पावर फैक्टर के व्युत्क्रम आनुपातिक है, इसलिए कम पावर फैक्टर लोड वाले उपभोक्ता को फिक्स्ड चार्ज में अधिक योगदान करने की आवश्यकता होती है। केवीए अधिकतम मांग का लाभ यह है कि यह उपभोक्ताओं को एक उच्च शक्तिफैक्टरपर उपकरणों को संचालित करने के लिए प्रोत्साहित करता है।

2. **स्लाइडिग रेट टैरिफः** इसे औसतपावर फैक्टर टैरिफ के रूपमें भी जाना जाता है। स्लाइडिग रेट टैरिफ में, एक औसतशक्तिफैक्टर(0.8 लैगिग) को एक संदर्भ के रूपमें माना जाता है। यदि लोड का पावर फैक्टर इस संदर्भ के नीचे है, तो अतिरिक्त पेनल्टी लगाई जाती है। दूसरी ओर, यदि लोड का पावर फैक्टर इस संदर्भ शक्तिफैक्टरसे अधिक है, तो ग्राहक के लिए छूट की अनुमति दी जाती है।

3. **KW और KVAR टैरिफ** इस प्रकारसक्रिय (KW) और प्रतिक्रियाशील शक्ति(KVAR) दोनों को अलग-अलग चार्ज किया जाता है। कम पावर फैक्टर वाला उपभोक्ता अधिक प्रतिक्रियाशीलया रिएक्टिव पावर ड्रॉ करता है है और इसलिए उसे अधिक शुल्क का भुगतान करना पड़ता है।

(ज) तीन भाग टैरिफ

तीन भाग टैरिफ में, उपभोक्ताओ को जारी किए गए कुल शुल्क को तीन भागों में विभाजित किया जाता है, अर्थात् एक निश्चित शुल्क, एक अर्ध-निर्धारित शुल्क और एक चर शुल्क। गणितीय रूपसे, यह 5.21द्वारा दिया जाता है (

Total charge = ₹ (A+B x kW + C x kWh) (5.21)

जहां,

(A) प्रत्येक बिलिग अवधि के दौरान किया गया नियत प्रभार है जिसमें ब्याज, माध्यमिक वितरण पर अवक्षयण की लागत और राजस्व संग्रह की श्रम मांग शामिल है ।

(B) मांग का प्रति किलोवाट प्रभार है ।

(C) ऊर्जा खपत का प्रति किलोवाट प्रभार है. इस प्रकारकी प्रशुल्क प्रणाली थोक उपभोक्ताओ पर लागू होती है।

5.5 आकार का विकल्प और जनरेटर इकाइयों की संख्या

विद्युत उत्पादन का अर्थशास्त्रऔर पावर स्टेशनों का कार्य,उत्पादन इकाइयों और उनके आकार के चयन पर निर्भर करता है। उत्पादन इकाइयों की संख्या और उनके आकार,लोड वक्रके ज्ञान से निर्धारित किए जाते हैं। निम्नलिखित फैक्टरहैं जिन पर उत्पादन इकाइयों के आकार और संख्या का निर्धारण करने के लिए विचार किया जाता है।

(क) उत्पादन इकाइयों, कुल उत्पादन मांग को पूरा करने में सक्षम होना चाहिए।

(ख) इकाइयों की संख्या को इस तरह से चुना जाना चाहिए कि सभी मशीनें अधिकतम दक्षता के साथ चल सकें।

(ग) विद्युत स्टेशन की सबसे बड़ी इकाई जितनी ही क्षमताकी एक अतिरिक्त उत्पादन इकाई होनी चाहिए। अतिरिक्त क्षमताको बनाए रखने से आपूर्ति की विश्वसनीयता में वृद्धि होती है।

(घ) भविष्य में मांग में वृद्धि हो सकती है। इकाइयों के आकार और संख्या तय करते समयइस पहलू को भी ध्यान में रखना चाहिए।

(ङ) अपेक्षित अधिकतम मांग को पूरा करने के लिए बिजली घर की उत्पादन क्षमता को 15 या 20 प्रतिशत अतिरिक्त क्षमताके साथ निर्धारित किया जाना चाहिए।

उत्पादन इकाइयों की एक न्यूनतम संख्या इस तरह से चुनी जा सकतीहै कि उत्पादन इकाइयों की इस संख्या की कुल क्षमतान्यूनतम मांग के बराबर हो। अर्थशास्त्र के दृष्टी से, बड़े आकार की इकाइयों को प्रति किलोवाट उत्पादन की कम पूंजी लागत के कारण चुना जाता है, इसके लिए कम भूतल क्षेत्र और कम परिचालन श्रम की आवश्यकता होती है। अधिकतम मांगको पूरा करने के लिए एकल उत्पादक इकाई के चयन में कुछ कमियां हैं जैसे -

(क) भार की परिवर्तनशील प्रकृति को पूरा करने के लिए इकाइयों को उनकी अधिकतम दक्षता पर नहीं चलाया जा सकता है जिसके परिणाम स्वरूप उत्पन्न प्रति यूनिट लागत बढ़ जाती है,

(ख) यदि उत्पादक इकाइयां विफल हो जाती हैं या रखरखाव के अधीन हैं, तो उपभोक्ता को आपूर्ति पूरी तरह से विफल हो जाएगी।

उपर्युक्त कमियों को पहले से ही उपलब्ध एकल उत्पादक इकाई के लिए समान क्षमताकी एक और उत्पादक इकाई स्थापित करके दूर किया जा सकता है। इससे आपूर्ति की विश्वसनीयता में वृद्धि होगी। हालांकि इससे, शुरुआती निवेश में वृद्धि होगी। यह संख्या और उत्पादन इकाइयों के आकार का चयन करने का एक वैकल्पिक तरीका है। चयन ऐसा होना चाहिए कि यह लोड वक्रमें जितना संभव हो सके उतनी बारीकी से फिट होता हो। उत्पादन इकाइयों को अपनी अधिकतम कार्यकुशलता के साथ हर समय काम करना चाहिए।

आरक्षित क्षमताइकाई, सबसे बड़े आकार की केवल एक चुनी हुई इकाई होती हैऔर यह अधिकतम आरक्षित क्षमतासे काफी छोटी होती है ।

यदि सभी इकाइयों की क्षमतापरिचालन मेंसमान है, तो प्रारंभिक निवेश, आवश्यक स्थान और स्पेयर पार्ट्स कम होंगे। यह सब एक समान होंगे और देखने में अच्छा लगेगा।

छोटी इकाइयों की अधिक संख्या के चयन में कमियां और कठिनाइयां इस प्रकारहैं:

(क) कार्यस्थल का क्षेत्रफल अधिक होता है।

(ख) श्रम के रखरखाव और संचालन लागत में वृद्धि होगी।

इस प्रकार, यह देखा जाता है, उत्पादन इकाइयों की संख्या न तो बहुत छोटी होनी चाहिए और न ही बहुत बड़ी होनी चाहिए। आकार ऐसा होना चाहिए कि यह कुल क्षमताके अनुरूप हो।

5. 6 एक पावर स्टेशन का संयुक्त संचालन

5.6.1 परिचय

देश में अलग-अलग तरह के बिजली संयंत्र हैं। वे हाइड्रोइलेक्ट्रिक, कोयला आधारित थर्मल (भाप), परमाणु, गैस टरबाइन और डीजल बिजली संयंत्र हो सकते हैं। विद्युत संयंत्र जगह के हिसाब से स्थित होना चाहिए। उदाहरण के लिए, जलविद्युत संयंत्र एक ऐसी जगह पर स्थित हो सकतेहैं जहां पर्याप्त मात्रा में पानी उपलब्ध है और बांध का निर्माण करके पानी को स्टोर करने की सुविधा है। दूसरी ओर भाप, परमाणु, डीजल और गैस संयंत्र लोड केंद्रों पर या उसके पास स्थित किए जा सकते हैं। किसी देश या किसी विशेष क्षेत्र में अधिक परिवर्तनीय, निरंतर बढ़ती बिजली की मांगको पूरा करने और इष्टतम उपयोग के लिए यह आवश्यक है कि सभी प्रकार के बिजली संयंत्रों को एकीकृत किया जाए। ऐसा करने के लिए बिजली संयंत्रों को आपस में जोड़ने की आवश्यकता होती है और इस तरह की बिजली प्रणाली को एक परस्पर संबद्ध बिजली प्रणाली या बिजली संयंत्रों का संयुक्त संचालन कहा जाता है। इंटरकनेक्टेड सिस्टम का पर्यवेक्षण और नियंत्रण केंद्रीय रूप से किया जाता है।

बिजली संयंत्रों के संयुक्त संचालन से काफी बचत होती है जब इसकी तुलना समान लोड की आपूर्ति के स्वतंत्र संचालन से की जाती है।

5.6.2 विद्युत संयंत्रों के संयुक्त संचालन के लाभ

विभिन्न प्रकार के बिजली संयंत्रों के संयुक्त संचालन के कई लाभ हैं। वे इस प्रकार हैं।

(क) संचालन में लचीलापन

अलग-अलग सीजन में बिजली की मांगअलग-अलग होती है। साथ ही, दिन के हर समयमांगसमान नहीं होती है। जिन संयंत्रों में न्यूनतम परिचालन लागत होती है वे अधिकतम समयके लिए प्रचालनगत होते हैं। उच्च परिचालन लागत वाले संयंत्र

केवल तभी संचालित किए जाते हैं जब लोड की मांग अधिक होती है। अधिकतम परिचालन लागत वाले संयंत्रों को आरक्षित रखा जाता है और आपातकालीन स्थिति में संचालित किया जाता है।

भाप बिजली संयंत्र को शुरू करने में अन्य बिजली संयंत्रों की तुलना में अधिक समय लगताहै। तापमान भिन्नता के कारण तनाव और खिचाव को न्यूनतमरखने के लिए दिन और रात भर बॉयलर को गर्म रखने की भी आवश्यकता होती है। इस प्रकार ऊर्जा की भारी हानिहोती है। इसके संचालन की लागत भी काफी अधिक है।

हाइड्रोइलेक्ट्रिक संयंत्रों को जल्दी शुरू किया जा सकता है, और जल्दी से सिंक्रनाइज़ किया जा सकता है। इसकी परिचालन लागत काफी कम होती है। इस तरह के प्लांट अचानक होने वाले लोड परिवर्तनों को पूरा कर सकते हैं। इस प्रकार यह संयंत्र पीक और बेस लोड की आपूर्ति के लिए उपयुक्त है।

परमाणु संयंत्र वैरिएबल लोड की आपूर्ति के लिए उपयुक्त नहीं हैं क्योंकि परमाणु रिएक्टरों को वैरिएबल लोड मांगकी आपूर्ति के लिए आसानी से नियंत्रित नहीं किया जा सकता है। यह ज्यादातर बेस लोड प्लांटों के लिए उपयुक्त है।

गैस टर्बाइन संयंत्रों की शुरुआती लागत कम और शुरुआती समयकम होता है। यह मुख्य रूप से पीक लोड की आपूर्ति के लिए उपयुक्त है।

डीजल संयंत्रों की परिचालन लागत कम है। यह आपातकालीन स्थिति में आवश्यक होने पर संचालित किया जाता है। इस प्रकार, यदि विभिन्न प्रकार के बिजली संयंत्रों को संयोजन में संचालित किया जाता है, तो संचालन लचीला होगा।

(ख) आपूर्ति की विश्वसनीयता

सभी संयंत्र वर्ष के हर समयसंचालन के लिए उपयुक्त नहीं होते हैं। भाप संयंत्र कोयले की उपलब्धता पर निर्भर करते हैं। हाइड्रो संयंत्र पानी केप्रवाह पर निर्भर करते हैं। बिजली संयंत्रों के एक संयुक्त संचालन में, विविध बिजली संयंत्र होते हैं। इस प्रकार, संयुक्त संचालन लोड की आपूर्ति के लिए अधिक विश्वसनीय होतेहै।

(ग) आरक्षित क्षमता

बिजली प्रणाली में अप्रत्याशित मांग (Unexpected demand)को पूरा करने, उत्पादन इकाइयो के बहिर्गमन (Exit of Production Units) का ध्यान रखने और उत्पादन इकाइयों के अनुरक्षण की मांग (Maintenance Demand) को पूरा करने के लिए कुछ आरक्षित क्षमताहै।

संयुक्त कार्यवाही में अधिक संख्या में उत्पादन संयंत्रहोते हैं। इस प्रकार इनकी आरक्षित क्षमताकम हो जाती है इससे काफी बचत होती है।

(घ) जलविद्युत का बेहतर उपयोग

संयुक्त संचालन में जल-विद्युत का बेहतर उपयोग किया जा सकता है। भारी रन ऑफ अवधि के दौरान, हाइड्रो प्लांट का उपयोग बेस लोड की आपूर्ति के लिए किया जा सकता है। इससे अन्य संयंत्रों में उपयोग किए जाने वाले जीवाश्म ईंधन(फॉसिल फ्यूल) में काफी बचत होती है। पीक लोड संयंत्रों के रूप में जलविद्युत संयंत्रों का उपयोग किया जा सकता है और भाप संयंत्रों को आधारभार (बेस लोड)संयंत्रों के रूप में इस्तेमाल किया जा सकता है।

5.6.3 विद्युत संयंत्रों का चयन

एक बिजली संयंत्र के चयन में, सबसे पहले, संयंत्र का आकार (क्षमता) तय किया जाता है, और फिर, संयंत्र का प्रकारतय किया जाता है।

आकार या क्षमता का चयन

उत्पादन संयंत्र का आकार उस उद्देश्य पर निर्भर करता है जिसके लिए इसका उपयोग किया जाता है। निम्नलिखित उद्देश्य हैं जिनके लिए बिजली संयंत्रों का उपयोग किया जाता है।

(क) निजी उद्योग आपूर्ति.

(ख) आपातकालीन आपूर्ति या स्टैंडबाय आपूर्ति।

(ग) क्षेत्रीय आपूर्ति.

(घ) ग्रिड आपूर्ति

निजी उद्योग आपूर्तिः

निजी उद्योग के लिए संयंत्र का आकार उद्योग के विभिन्न वर्गों की बिजली की आवश्यकता के साथ-साथ भविष्य की मांगके लिए अतिरिक्त क्षमतामांगके आधारपर तय किया जाता है।

आपातकालीन आपूर्ति या स्टैंडबाय आपूर्तिः

यदि बिजली संयंत्र आपातकालीन आपूर्ति या स्टैंडबाय आपूर्ति के लिए है, तो क्षमताका निर्णय, बिजली की आवश्यकता के आधारपर किया जाता है, जिसकी आपूर्ति ग्रिडआपूर्ति की विफलता की स्थिति में की जानी है।

क्षेत्रीय आपूर्तिः

इस मामले में, आकार विशेष क्षेत्र की वर्तमान क्षमताऔर भविष्य की क्षमता के आधार पर तय किया जाता है।

ग्रिड आपूर्तिः

ग्रिडआपूर्ति के लिए उत्पादन संयंत्र का निर्णय किसी विशेष क्षेत्रमें ग्रिडद्वारा आपूर्ति किए गए वर्तमान लोड और अगले 10-20 वर्षों में लोड के लिए अतिरिक्त क्षमताके आधारपर लिया जाता है। बड़े आकार के संयंत्र के कई फायदे हैं, ये बहुत किफ़ायती है क्योंकिइसकी लागत संयंत्र के आकार से कम ही प्रभावित होती है।संयंत्र के कार्यालय स्थान, दुकानों इत्यादि की लागत अधिक क्षमता वाले संयंत्र पर प्रति इकाई काम हो जाती है।कोयला प्रबंधन संयंत्रों, शीतलन सुविधाओं आदि की परिचालन लागत एक बड़े संयंत्र में उत्पन्न प्रति किलोवाट ऊर्जा से कम है।

एक विशेष प्रयोजन के लिए स्थापित किए जाने वाले उत्पादक संयंत्र की क्षमताके बारे में उपयुक्त निर्णय लेने के बाद, बिजली संयंत्र के प्रकारका निर्णय लिया जाता है। बिजली संयंत्र का प्रकारकोयला-फायर थर्मल, जलविद्युत, गैस टरबाइन, डीजल और न्यूक्लियर पावर प्लांट हो सकता है। हाइड्रो और कोल पावर प्लांट्स के लिए साइटों के चयन के लिए जिन फैक्टरो पर विचार किया जाना है, उन पर पहले से ही पिछली इकाइयों में चर्चा की जा चुकी है। डीजल, प्राकृतिक गैस और परमाणु संयंत्रों के बीच चयन संयंत्र ईंधन तेल, गैस और परमाणु ईंधन की उपलब्धता पर निर्भर करता है।

5.6.4 बेस लोड और पीक लोड प्लांट्स का समन्वय

बिजली संयंत्रों पर लोड स्थिर नहीं होता है। दिन भर एक समान होने वाले बिजली संयंत्र पर भारके भाग को बेस लोड कहा जाता है और बेस लोड के ऊपर लोड के विभिन्न भाग को पीक लोड कहा जाता है, जिसका कोई समय निश्चित नहीं होता है। बेस लोड को पूरे दिन प्लांट द्वारा लगातार आपूर्ति करने की आवश्यकता होती है। शिखर भारकेवल घटना के समयशिखर भारकी आपूर्ति की जानी चाहिए। इसलिए, बेस लोड के लिए सबसे किफायती संयंत्र को चुना जा सकता है, और जो संयंत्र जल्दी से शुरू किया जा सकता है और इतना किफायती नहीं है, उसे आमतौर पर पीक लोड की आपूर्ति के लिए उपयोग किया जाता है। यदि बेस लोड और पीक लोड दोनों की आपूर्ति केवल एक संयंत्र द्वारा की जानी है, तो संयंत्र की स्थापित क्षमता पीक लोड के बराबर या उससे अधिक होनी चाहिए।

एकल इकाई द्वारा बिजली की आपूर्ति का मामला किफायती नहीं है, क्योंकि वर्षकी एक छोटी अवधि के लिए पीक लोड होता है और अधिकांश समययह निष्क्रिय रहता है। इस प्रकार बिजली प्रणाली पर लोड एक इकाई द्वारा आपूर्ति नहीं किया जाना चाहिए। कुछ संयंत्र ऐसे होने चाहिए जो आधारलोड की आपूर्ति करते हो और अन्य (शायद विभिन्न प्रकार) शिखर लोड की आपूर्ति करतेहो। इसलिए, बिजली प्रणाली में विभिन्न बिजली संयंत्रों के बीच समन्वय महत्वपूर्ण है।

जो बिजली संयंत्र बेस लोड आपूर्ति के लिए चुने जाते हैं, उनमें कम परिचालन लागत, सतत परिचालन क्षमता और किफायती रखरखाव होना चाहिए। पीक लोड आपूर्ति के लिए चुने गए बिजली संयंत्रों में त्वरित स्टार्ट और सिंक्रोनाइज़एशन की क्षमता होनी चाहिए और लोड परिवर्तन के लिए त्वरित प्रतिक्रियाकी क्षमता होना चाहिए। हाइड्रोइलेक्ट्रिक पावर प्लांट किफायती

होते हैं, जिनमें लोड परिवर्तन के लिए त्वरित और त्वरित प्रतिक्रिया की क्षमता होती है। यह बेस और पीक लोड दोनों के लिए उपयुक्त है। कोयला आधारित थर्मल प्लांट प्रति किलोवाट घंटा उत्पादन की न्यूनतमलागत देते हैं जब वह बेस लोड प्लांट के रूपमें इस्तेमाल किया जाता है ।जीवाश्म ईंधन को सुरक्षित रखने के लिए, इसे शिखर लोड संयंत्रों के लिए सुरक्षित करना चाहिए। परमाणु संयंत्र को आधारभारसंयंत्रों के लिए प्राथमिकता दी जाती है। डीजल संयंत्र शिखर भारऔर आपातकालीन संयंत्रों के लिए गैर-किफायती हैं। विभिन्न संयंत्रों के लिए लोड आवंटन चित्र 5.7 में दिखाया गया है।

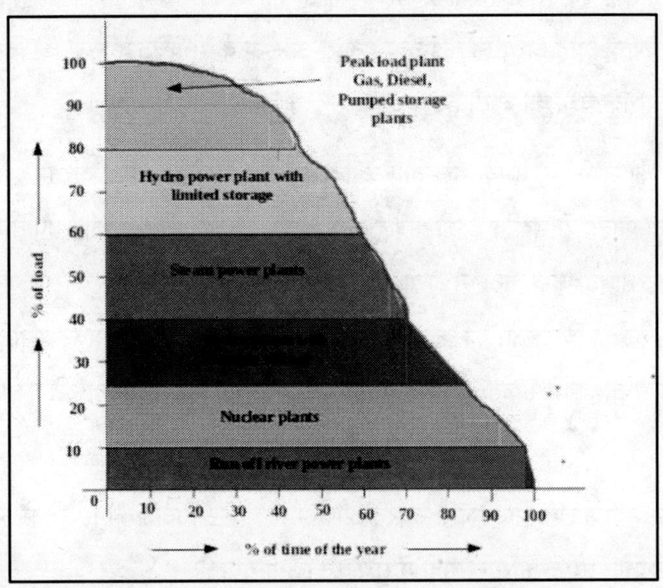

चित्र.5.7 विभिन्न विद्युत संयंत्रों के लिए लोड आवंटन

5.6.5 पावर प्लांट इंटरकनेक्शन

पावर प्लांट इंटरकनेक्शनमेंकई उत्पादक संयंत्र एक परस्पर संबद्ध ग्रिडप्रणाली बनाने के लिए जोडे जाते हैं।इंटरकनेक्टेड ग्रिडसिस्टम के कई फायदे हैं। वे नीचे दिए गए हैं।

(क) पूरे सिस्टम में आरक्षित संयंत्र क्षमता की मात्रा को कम कर दिया जाता है जिससेलोड फैक्टर और ऑपरेशन की दक्षता में सुधार होता है।

(ख) आपूर्ति की विश्वसनीयता बढ़ती है।

(ग) विविधता के फैक्टर में संपूर्ण प्रणाली में सुधार किया जाताहै।

(घ) हाइड्रो और थर्मल पावर प्लांट का इंटरकनेक्शन किफायती है।

(ङ) बड़े आकार के जेनरेटरों को नियोजित किया जा सकता है जिसके परिणाम स्वरूप लागत/केडब्ल्यूएच में कमी आती है

5.7 ग्रिड सिस्टम फाल्ट के कारण और प्रभाव (स्टेट ग्रिड, नेशनल ग्रिड)

इलेक्ट्रिक पावर ग्रिड(ईपीजी) दुनिया के सबसे महत्वपूर्ण बुनियादी ढांचे में से एक है। यह अध्ययन ईपीजी के लिए नए खतरों, उनके विभिन्न प्रभावों और विभिन्न रणनीतियों का विश्लेषण करता है, जिनका उपयोग इस तरह के प्रभावों को रोकने या कम करने के लिए किया जा सकता है, जिससे ईपीजी का लचीलापन बढ़ जाता है।

विद्युत शक्तिप्रणालियों को इस तरह की घटनाओं का सामना करने में सक्षम होना चाहिए, इसलिए दोषों के कारणों और प्रभावों को समझना महत्वपूर्ण है। यह अध्ययन कई दोष प्रकारों और उनके संबंधित कारणों को दिखाता है, जो यह प्रदर्शित करते हैं कि साहित्य में किन पर अधिक चर्चा की जाती है।

खतरे के कारण की गंभीरता, उसके मूल दोष के विशिष्ट प्रभाव को प्रभावित करता है। यदि कोई छोटा कारण उत्पन्न होता है, तो इससे एक छोटा फाल्ट हो सकता है जो केवल कुछ आवासीय घरों की बिजली आपूर्ति को प्रभावित करती है और इसे ठीक करना आसान होगा, शायद कुछ घंटों में पूरा करना होगा। इसके बजाय बड़े कारण जैसे कि तूफान या आतंकवादी हमला,ब्लैकआउट या एक कैस्केड विफलता, का कारण हो सकता है, जो एक व्यापक क्षेत्रको प्रभावित कर सकता है औरइसे ठीक होने के लिए कुछ दिन या सप्ताह लग सकता है। बड़े पैमाने पर व्यवधानों का उपभोक्ताओं पर प्रमुख आर्थिक और सामाजिक प्रभाव होता है।

एक मजबूत सिस्टम एक लंबे आउटेज से उबरने और अपने पूर्व-आउटेज की स्थिति में आसानी से लौट सकता है। यहां ईपीजी में एक गलती के लिएतीन प्रमुख कारण समूहों में सूचीबद्ध किया गया हैः

प्राकृतिक कारण:

तूफान, बाढ, भूकंप, टारनेडो, गर्मी की लहरें और सोलर फ्लेयर्स सहित कई प्रकार की प्राकृतिक घटनाए ईपीजी में एक गलती का कारण बन सकती हैं।जब यह कारक उपस्थित होते हैं, तो परिणाममेंईपीजी समस्याओं की एक विस्तृत श्रृंखला दे सकते हैं। विभिन्न ईपीजी फाल्टों को तालिका 1 में दिखाया गया है और फाल्टों के प्रत्येक कारण के लिए तीन समूहों में विभाजित किया गया है

तालिका-1

कारण	खामियों
प्राकृतिक कारण	ब्लैकआउट, कैस्केडिग फॉल्ट, ट्रांसमिशन टावरों का संग्रह, सबस्टेशनो पर नुकसान और फॉल्ट, डिसकनेक्टेड तार या लाइनें, फॉल्ट करंट, वितरण और ट्रांसमिशन लाइनों का फॉल्ट, ट्रांसफार्मर का फॉल्ट और डिस्ट्रीब्यूशन लाइनों का फॉल्ट, ट्रांसमिशन लाइनो का फ्लैशओवर, वर्तमान, लाइनफॉल्ट

	और पावर लॉस, लाइनओवरलोड, लोकल ब्लैकआउट और मॉमेंटरी इंटरप्शन, शॉर्ट सर्किट, स्टेबिलिटी लिमिट पार हो गई, सबस्टेशन फ्लड, थर्मल ओवरलोड, ट्रांसफर कैपेबिलिटी लिमिट, ट्रांसफॉर्मर ट्रांसफॉर्मर लिमिट और फॉल्ट ऑफ द फॉल्ट, फॉल्ट और डिस्ट्रीब्यूशन लाइन्स का फॉल्ट, ओवरहेड ट्रांसमिशन लाइन्स और डिस्ट्रीब्यूशन लाइन्स का फ्लैशओवर, लाइनफॉल्ट और पावर लॉस, लाइनओवरलोडिंग, लोकल ब्लैकआउट और मॉनेटरी इंटरवेंशन, शॉर्ट सर्किट, स्टेबिलिटी लिमिट
त्रुटियाँ	ब्लैकआउट, कैस्केडिग आउटगेज, फॉल्ट करेंट, ट्रांसफार्मर की फॉल्ट, फ्रीक्वेंसी डेविएशन, सुरक्षा के छिपे हुए फॉल्ट, लाइनफॉल्ट, लाइनओवरलोड, वोल्टेज और फ्रीक्वेंसी इनसबिलिटी
हमले	स्मार्ट ग्रिडके ब्लैकआउट और कैसिडिग विफलताओं और नियंत्रण बुनियादी ढांचे को प्रभावित किया गया, विलंब, ब्लॉक या भ्रष्टाचार, विलंब तार, आर्थिक और सामाजिक व्यवधान, लाइनदोष, स्थानीय ब्लैकआउट, क्षणिक बाधाएं, बिजली नुकसान और व्यापक नुकसान।

सबसे पहले, प्राकृतिक फैक्टरहोते हैं, जो असाधारण घटनाओं को ध्यान में रखते हैं जैसे तूफान या बाढ़।

दूसरा विफलताकाकारण, मानव या उपकरणविफलता हो सकता है, और तीसरा, हमले हैं, जो साइबर या शारीरिक प्रकृति में हो सकते हैं।

विभिन्न दोषों का सचित्र दृश्य चित्र 5.8 में चित्रित किया गया है। नीले वर्ग कारणों का प्रतिनिधित्व करते हैं, और हरे त्रिकोण दोषों का प्रतिनिधित्व करते हैं। सर्वेक्षण किए गए साहित्य में इनका उल्लेख किया गया है और इसके आधार पर वर्गों और त्रिकोण को आकार दिया जाता है।

भारत में विद्युत कीट्रांसमिशन आवृत्ति 49-50 हर्ट्ज है। जब आवृत्ति अपने न्यूनतमया अधिकतम स्तर को छूती है,तो संचरण लाइनें विफल होने के जोखिम में होती हैं। पावर ग्रिडविफलता, ओवर या अंडर-फ्रीक्वेंसी के परिणामस्वरूप ट्रांसमिशन लाइनों की विफलता को संदर्भित करता है। लोड डिस्पैच सेंटर का कार्य आवृत्ति को 48.5 से 50.2 हर्ट्ज की सीमा के भीतर रखना होती है। राज्यों द्वारा किए गए ओवरड्रॉ को भी नेशनल लोड डिस्पैच सेंटर द्वारा अद्यतन रखा गया है। ट्रांसमिशन लाइनों पर अत्यधिक लोड के कारण, अपनी सीमाओं पर बिजली ओवरड्रॉ करने वाले राज्य भी ग्रिडविफलता का कारण बन जाते हैं। अत्यधिक गर्मी ने 2012 की गर्मियों में नई दिल्ली में बिजली मांगको रिकॉर्ड स्तर पर पहुंचा दिया है, जिससे देश भर में कोयले की कमी हो गई थी। (क्योंकि सरकार जीवाश्म ईंधन की आपूर्ति करती है और उन्हें विदेश से आयात करती है.) मानसून के आने में देरी के कारण, पंजाब और हरियाणा में कृषि क्षेत्रों ने ग्रिडसे अधिक बिजली का उपयोग किया था (किसानों ने सिचाई के लिए ऊर्जा-गहन पानी के पंपो का उपयोग किया)। मानसून के अंत में, ऊर्जा की आवश्यकता को पूरा करने के लिए थर्मल ऊर्जा संयंत्रों पर भारको बढाने के लिए हाइड्रोपावर सुविधाओं ने सामान्य ऊर्जा की तुलना में कम ऊर्जा का उत्पादनकिया। बिजली का अनधिकृत उपयोग भी बिजली ग्रिडकी विफलता का महत्वपूर्ण फैक्टरहै।

5.8 ब्राउनआउट और ब्लैकआउट

ब्लैकआउट एक विशिष्ट स्थान पर बिजली सेवा का पूर्ण नुकसान है। अधिक गंभीर परिस्थितियों में, ब्लैकआउट कुछ मिनटों से लेकर कुछहफ्तों तक कहीं भी रह सकते हैं। आमतौर पर, ब्लैकआउट, उपकरण /प्रणाली के टूटने या मौसम से संबंधित मुद्दों के कारण होते हैं। रोलिग ब्लैकआउट विद्युत शक्तिसेवा में नियंत्रित व्यवधानों की एक श्रृंखला है। एक रोलिग ब्लैकआउट एक लोड-शेडिग प्रक्रियाहै जिसमें सिस्टम अखडता को बनाए रखने में सहायता करने के लिए विद्युत प्रणाली से पूर्व निर्धारित बिजली मांगको वापस ले लिया जाता है। एक रोलिग ब्लैकआउट आमतौर पर एक सोच समझ कर किया गया आउटएज होता है,पर इसकी जानकारी पहले से नहीं होतीहै। रोलिग ब्लैकआउट एक अंतिम उपाय है जिसका प्रयोग विद्युत शक्तिप्रणाली के पूर्ण ब्लैकआउट को रोकने के लिए किया जाता है। रोलिग ब्लैकआउट को उस स्थिति में लागू किया जा सकता है जब बिजली की मांगनेटवर्क की बिजली आपूर्ति क्षमतासे अधिक हो जाती है। अधिकांश मामलों में, रोलिग ब्लैकआउट अपर्याप्त उत्पादनक्षमता (उच्च भारमांग) या अपर्याप्त संचरण बुनियादी ढांचे के कारणहोती हैं।

ब्राउनआउट विद्युत सेवा में एक अल्पकालीन व्यवधान है। एक ब्राउनआउट केवल सिस्टम वोल्टेज में गिरावट का कारण बनता है, इस मेंविद्युत ऊर्जा स्रोत पूरी तरह से बाधित नहीं होता है। आम तौर पर ब्राउनआउट की योजना बनाई जाती है, जहां नियंत्रित घटनाएंएक प्रणाली को विफल होने से बचाती हैं।

5.8.1 एक ब्लैकआउट औरब्राउनआउट के बीच क्या अंतर है?

ब्राउनआउट उच्च विद्युत मांगके कारण होता है जो उपयोगिता की उत्पादन क्षमताके करीब या उससे अधिक होता है। जब ऐसा होता है, तो उपयोगिता एक ब्लैकआउट को रोकने के लिए विशिष्ट स्थानों पर बिजली के प्रवाह को कम कर सकती है। ब्लैकआउट एक बड़े पैमाने की सेवा अवरोध है जो अत्यधिक मौसम या बिजली संयंत्र उपकरणकी विफलता के कारण होता है।

5.8.2 ब्राउनआउट का क्या कारण है?

शक्तिका सृजन एक संतुलन कार्य है। बिजली की मांगमें लगातार बदलाव होताहै, और बिजली कंपनियां जनरेटर, सबस्टेशन और ट्रांसफार्मर के अपने नेटवर्क का उपयोग करती हैं ताकि यह सुनिश्चित किया जा सके कि वे उचित मात्रा में बिजली का उत्पादन और वितरण कर रहे हैं। बिजली की मांग,संयंत्र की अधिकतम उत्पादनक्षमताके करीबहोने पर कुछ क्षेत्रों में बिजली की आपूर्ति को यूटिलिटी कंपनियांउद्देश्यपूर्ण रूप से कम कर देता है तब ब्राउनआउट होता है। ब्राउनआउट के दौरान, ऊर्जा आपके घर में बहती रहती है, लेकिन सामान्य से कम वोल्टेज पर। ब्राउनआउट्स के दौरान अक्सर होने वाले इन्कन्डेसन्ट लाइट बल्बों का मंद पड़ना इस घटना को अपना नाम देता है। इन योजनाबद्ध ब्लैकआउट की अवधि कुछ मिनट से लेकर कई घंटे तक हो सकती है, जिसके बाद यूटिलिटी कंपनियां पूर्ण बिजली के स्तर को फिर से शुरू करने में सक्षम होनी चाहिए क्योंकि ऐसे में बिजली की मांगको घटाया जाना चाहिए।

ग्रिडया एक स्थानीयबिजली संयंत्र को नुकसान या खराबी के परिणामस्वरूप, भी ब्राउनिग हो सकती है,हालांकि, यह बहुत कम बार होता है।

चित्र. 5.8 ईपीजी (EPG) दोषों और कारणों के आलेखीय संबंध।

5.8.3 ब्लैकआउट क्यों होते हैं?

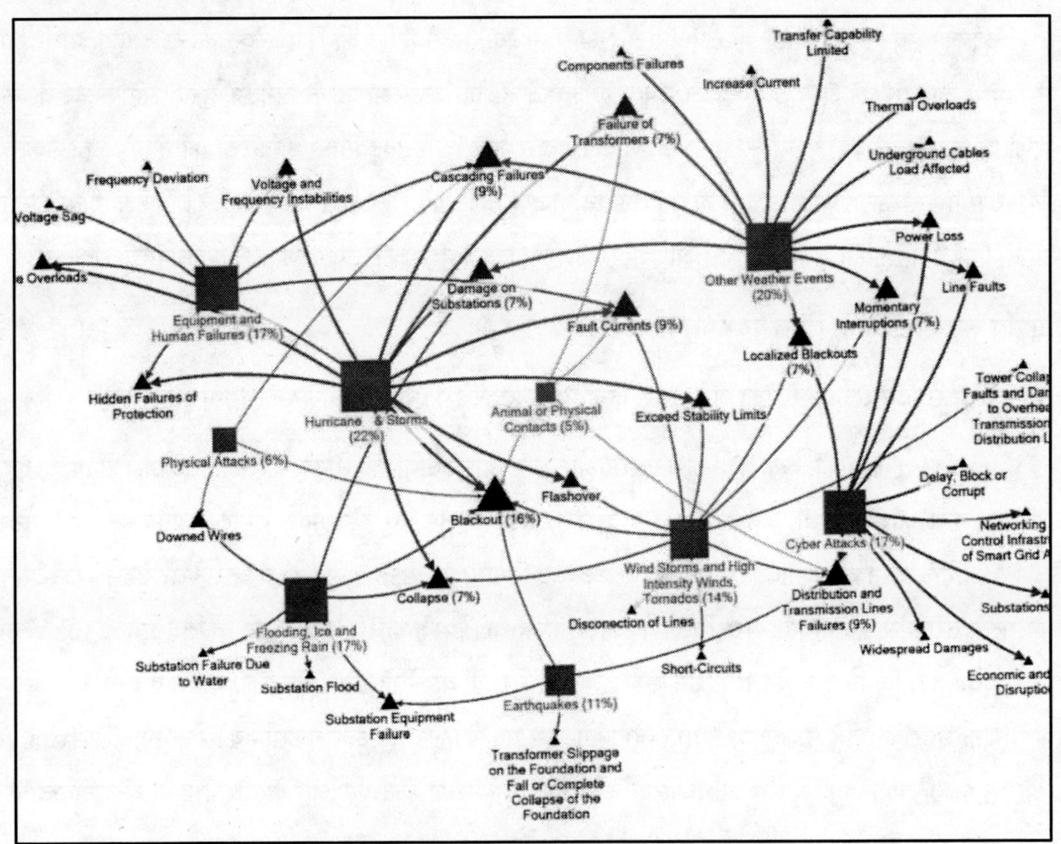

चित्र 5.8 ईपीजी दोष और कारण का आलेखीय संबंध

ब्लैकआउट तब होता है जब बिजली बिल्कुल नहीं होती है। आम तौर पर, एक ब्लैकआउटबड़े पैमाने पर सेवा व्यवधान को संदर्भित करता है, जबकि" बिजली की कटौती", उपयोग कम करने के लिए किया जाता है, जैसे ट्रांसफार्मर ब्रेकडाउन। हालांकि, अत्यधिकखराब मौसम या बिजली संयंत्र उपकरण की विफलता के कारण भीबड़े पैमाने पर ब्लैकआउट हो सकता है।

"रोलिग ब्लैकआउट" एक अधिक नियोजित प्रक्रिया का वर्णन करता है।" जानबूझकर ब्राउनआउट्स के समान, रोलिग ब्लैकआउट विद्युत ग्रिड पर अस्थायी रूप से लोड को कम करने के लिए विद्युत कंपनियों द्वारा उद्देश्यपूर्ण रूप से होते हैं। यूटिलिटी कंपनियां अक्सर कुछ समय के लिए कई स्थानों पर इन रोलिग ब्लैकआउट को निर्धारित करती हैं, जो लंबे समय तक चलने वाले

ब्लैकआउट की रोकथाम में मदद करते हैं। हालांकि रोलिग ब्लैक आउट की घोषणा आमतौर पर की जाती है, लेकिन वे बिना चेतावनी के भी हो सकते हैं। "ब्लैकआउट और रोलिग ब्लैकआउट" "नियोजित आउटगेज" "से अलग होते हैं, जो पहले से ही व्यवस्थित होते हैं और उपकरण के रखरखाव के लिए सार्वजनिक किए जाते हैं।"

5.8.4 बिजली के ब्लैकआउट या ब्राउनआउट के दौरान क्या करें?

आपको सबसे पहले किसी भी लैपटॉप और अन्य नाजुक, महंगे गैजेट को डिसकनेक्ट करना चाहिए, अगर आप अपने घर में डिमिग लाइट्स या अन्य इलेक्ट्रिकल उपकरण लगाते हैं, जो ब्राउनआउट के अनुरूप हैं,तो आपके घर के बहुसंख्यक उपकरणों को कम वोल्टेज से नुकसान नहीं होगा, लेकिन यह संभवहै कि इलेक्ट्रॉनिक्स उपकरणों को नुकसान हो सकता है। यदि आपके घर में पूर्ण संरक्षणप्रणाली नहीं है तो आप अपने नाजुक गैजेट को भी अलग कर सकते हैं। बिजली खत्म होने तक उन्हें नुकसाननहीं पहुंचेगा, लेकिन जब यह वापस आएगी, तो उसके वोल्टेज में उछाल, उपकरणको नुकसान पहुंचा सकते है।

5.9 राष्ट्रीय और इंटरनेशनल लेवल पर सैंपल ब्लैकआउट

5.9.1. पूर्वोत्तर संयुक्त राज्य अमेरिका और उत्तरी कनाडा-9 नवंबर 1965 (30 मिलियन लोग प्रभावित)

9 नवंबर, 1965 को, कनाडा के कुछ हिस्सों और कई पूर्वोत्तर अमेरिका में एक ब्लैकआउट हुआ। राज्य हैं। यह लगभग 13 घंटे तक चला और न्यू जर्सी, कनेक्टिकट, मैसाचुसेट्स, रोड आइलैंड, न्यू हैम्पशायर, वर्मोंट, क्यूबेक और ओंटारियो में 30 मिलियन से अधिक लोगों को प्रभावित किया। यह ब्लैकआउट नियाग्रा फॉल्स के ओंटारियो की तरफ सर एडम बेक स्टेशन पर एक टूटी या गलत तरीके से सेट की गई सुरक्षा रिले के कारण हुआ था। इसके कारण यात्रा करने के लिए एक 230kV ट्रांसमिशन लाइन प्रभावित हुई, जिसने एक चेन रिएक्शन शुरू किया जो देश के बाकी हिस्सों में बिजली को बंद कर दी थी। इस घटना के कारण न्यूयॉर्क शहर के सबवे में लगभग 800,000 लोग फंस गए थे। लूटपाट और नुकसान को रोकने के लिए 10,000 राष्ट्रीय गार्ड और 5,000 ऑफ ड्यूटी पुलिस अधिकारियों को तैनात किया गया था। पूर्ण चंद्र के दौरान हुआ ब्लैकआउट बिना किसी दुर्घटनाके समाप्त हो गया।

5.9.2 न्यूयॉर्क, अमेरिका-13 जुलाई 1977 (9 मिलियन लोग प्रभावित)

13 और 14 जुलाई 1977 को न्यूयॉर्क शहर में बिजली गिरने से बिजली गुल हो गई। ट्रिपिग के कारण, इंडियन पॉइंट न्यूक्लियर पावर संभावना को बंद कर दिया गया और दूसरी बिजली गिरने के परिणामस्वरूप दो अन्य 345केवी ट्रांसमिशन लाइनें बंद कर दी गईं। बिजली की बढ़ती दरों, टूटी हुई सुरक्षा उपकरणों और मानवीयगलतीके कारण लगभग 24 घंटे तक 90 लाख लोगों के पास ऊर्जा नही थी। शहर में बिजली गुल होने के कारण बडेपैमाने पर लूटपाट हुई, दंगाइयों ने लगभग 1,600 दुकानों और आगजनी से नष्ट कर दिया। शहर की सबसे बडे सामूहिक गिरफ्तारी में कुल 3,776 लोगों को गिरफ्तार किया गया।

5.9.3 क्यूबेक, कनाडा-13 मार्च 1989 (60 लाख लोग प्रभावित)

13 मार्च, 1989 को कनाडा के पूरे प्रांत क्यूबेक में 12 घंटा (hour) का ब्लैकआउट हुआ। एक सौर जीयोमैग्रेटिक तूफान के कारण जल-विद्युत क्वांटबेक के ट्रांसमिशन सिस्टम के ढहने के कारण 60 लाख लोगो ने ब्लैकआउट का अनुभव किया। भू-चुम्बकीय तूफान का परिणाम यह हुआ कि पृथ्वी का चुम्बकीय क्षेत्रपरिवर्तित हो गया और जल-चुम्बकीय विद्युत ग्रिड से टकरा गया। ब्लैकआउट के दौरान मॉन्ट्रियल मेट्रो और डॉर्वल एयरपोर्ट को अस्थायी रूप से बंद कर दिया गया था और सभी स्कूल और बिजनेस को बंद कर दिया गया था।

5.9.4 दक्षिणी ब्राजील-11 मार्च 1999 (97 मिलियन लोग प्रभावित हुए)

मार्च 1999 में साओ पाउलो में एक ऊर्जा उपस्टेशन पर बिजली गिरने के बाद, दक्षिणी और दक्षिण-पूर्वी ब्राजील में 97 मिलियन लोग बिजली के बिना रह गए थे। दुनिया की सबसे बडीजलविद्युत इकाइयो में से एक इकाई को इस आपदा के कारण बंद कर दिया गया था। ब्राजील के दो सबसे बडे शहर साओ पाउलो और रियो डी जनेरियो पांच घंटे के ब्लैकआउट से निष्क्रिय हो गए थे। रियो के सबवे सिस्टम में कुछ 60,000 लोग फंसे हुए थे। रियो में 1,200 सैन्य पुलिस बल तैनात किए गए थे और साओ पाउलो में शहर की सुरंगों को लूटपाट और हमलों को रोकने के लिए बंद कर दिया गया था।

5.9.5 भारत-2 जनवरी, 2001 (230 मिलियन लोग प्रभावित)

2 जनवरी 2001 को, भारत ने उत्तरी ग्रिडकी विफलता के परिणामस्वरूप एक ब्लैकआउट का अनुभव किया, जिसमें 230 मिलियन उत्तरी भारतीय देश में दूसरे सबसे बडे इंटरकनेक्टेड नेटवर्क पर निर्भर थे। यह गिरावट उत्तर प्रदेश राज्य में एक सबस्टेशन विफलता के कारण हुई थी, और अपर्याप्त ट्रांसमिशन उपकरणइसके लिए आंशिक रूप से दोषी था। इस क्षेत्र की 80 से अधिक ट्रेनों और ट्रेनों के अलावा अन्य परिचालन और सेवाएं भी निलंबित कर दी गई हैं। ग्रिडको बहाल करने में 16 से 20 घंटे का समय लगा, जिसकी लागत 5 अरब रुपये आई थी।

5.9.6 पूर्वोत्तर संयुक्त राज्य अमेरिका और कनाडा-14-15 अगस्त 2003 (50 मिलियन लोग प्रभावित)

अगस्त 2003 में एक ब्लैकआउट हुआ जिसमें दक्षिण-पूर्व कनाडा और आठ पूर्वोत्तर अमेरिका में अनुमानित 50 मिलियन लोग थे। राज्य प्रभावित हुए हैं। उत्तरी अमेरिका के इतिहास में सबसे खराब ब्लैकआउट, जिसमें 6 अरब डॉलर का नुकसान हुआ और कुछ क्षेत्रों में दो दिनों तक चला। उत्तरी ओहियो में अधिक उगने वाले पेड़ओं के संपर्क में आने के कारण, एक उच्च वोल्टेज बिजली की लाइनको बंद कर दिया गया, जिससे ब्लैकआउट हो गया। इस घटना के बाद अमेरिका और कनाडा के बीच संयुक्त कार्य (task) बल स्थापित किया गया ताकि ब्लैकआउट को रोका जा सके।

5.9.7 इटली-28 सितंबर 2003 (57 मिलियन लोग प्रभावित हुए)

28 सितंबर 2003 को, इटली में एक तूफान से क्षतिग्रस्त बिजली लाइन के कारण ब्लैकआउट किया गया था, जिससे स्विट्जरलैंड से देश में बिजली लायी जाती थी ।इटली के 57 मिलियन लोगों में से लगभग सभी लोग इस तबाही से प्रभावित थे, जो लगभग 3 बजे हुई थी। इसके अतिरिक्त, इसने 30,000 से अधिक यात्रियों को ले जाने वाली इटली में 110 ट्रेनों को रोक दिया, और 3.5 से अधिक के लिए स्विस सीमा पर ट्रेनों को रोक दिया गया, जबकि स्विटजरलैंड के जिनेवा कैंटन क्षेत्र में तीन घंटे के ब्लैकआउट का सामना करना पडा।यहां तक कि कुछ क्षेत्रों में 18 घंटे तक बिजली नहीं थी, लेकिन इसका लगभग 90 प्रतिशत हिस्सा आठ घंटे के बाद बहाल कर दिया गया था।

5.9.8 जावा और बाली, इंडोनेशिया-18 अगस्त 2005 (120 मिलियन लोग प्रभावित हुए)

अगस्त 2005 में, जावा और बाली के इंडोनेशियाई द्वीपों में 120 मिलियन लोगों, या देश के लगभग आधे लोगों को प्रभावित करने के लिए एक बिजली की कमी हो गई थी। पश्चिमी जावा, मध्य जावा और पूर्वी जावा के कुछ हिस्सों में भी देश की राजधानी जकार्ता और पास के प्रांत बंटेन के अलावा ब्लैकआउट हुआ। पश्चिम जावा में सिलेगॉन और सगुलिग के बीच 500 केवी ट्रांसमिशन लाइनटूटने के कारण 19,615 मेगावाट जावा-बाली बिजली प्रणाली का पतन हुआ। इस व्यवधान के कारण परिवहन सेवाएं बाधित हुईं और कई घरेलू और अंतर्राष्ट्रीय उड़ानों में देरी हुई या उन्हें रद्द कर दिया गया। हालांकि ग्रिडप्रणाली को पूरी तरह से बहाल करने में केवल 24 घंटे का समय लगा था।

5.9.9 ब्राजील और पराग्वे-10 नवंबर 2009 (67 मिलियन लोग प्रभावित)

10 नवम्बर 2009 को, एक उच्च वोल्टेज ट्रांसमिशन लाइनपर तीन ट्रांसफार्मर तेज हवाओं और भारी बारिश के कारण शॉर्ट सर्किट हो गए, जिससे ब्राज़ील और पराग्वे के पूरे देश में दो से चार घंटे तक 67 मिलियन लोग बिजली के बिना रह गए। रियो डी जनेरियो और साओ पाउलो सहित मध्य और दक्षिणी ब्राजील के छह राज्यों ने ब्लैक आउट का अनुभव किया, जिसके कारण इटाईपू जलविद्युत बांध को बंद कर दिया गया।

सुविधा प्रदान करने में असफल. पैराग्वे और ब्राजील दोनों प्रभावित हुए जब बांध, जो अपनी साझा सीमा के पास स्थित है, ने 18,000 मेगावाट ऊर्जा का उत्पादन बंद कर दिया। स्ट्रीट लाइटिंग की कमी के कारण, ब्लैकआउट के दौरान कई कार दुर्घटनाएं भी हुईं।

5.9.10 भारत-30-31 जुलाई 2012 (700 मिलियन लोग प्रभावित)

जुलाई 2012 में, उत्तरी भारत में लगातार दो दिनों में सबसे खराब ब्लैकआउट देखा गया। 30 जुलाई को उत्तरी ग्रिडने अपने पहले ब्लैकआउट का अनुभव किया, जिससे देश की राजधानी नई दिल्ली सहित नौ राज्यों में 300 मिलियन लोग प्रभावित

हुए। नए ग्रिड, जिसमें उत्तरी, पश्चिमी, पूर्वी और पूर्वोत्तर ग्रिडशामिल थे, ने उत्तरी ग्रिडको बहाल करने और सिक्रनाइज़ करने के अगले दिन एक बड़े ब्लैकआउट का अनुभव किया। 20 से अधिक भारतीय राज्यों में, 700 मिलियन लोग प्रभावित हुए। ब्लैकआउट का कारण कुछ राज्यों द्वारा बिजली का अधिक उपयोग और अपर्याप्त अंतर-क्षेत्रीय बिजली पारेषण चैनल है। इन घटनाओं के कारण ट्रेनों के विघटन के कारण कई यातायात बाधाएं उत्पन्न हुईं और ट्रैफिक लाइट्स नें काम करना बंद कर कर दिया था।देश के उत्तरी क्षेत्रमें खनन और बिल्डिग का काम रोक दिया गया था और अस्पतालों में मरीजो की सर्जरी को स्थगित करनापड गया था।

इकाई सारांश

1. उपभोक्ता के कनेक्टेड लोड की गणना उसके घर में सभी उपकरणों और आउटलेट्स की सतत रेटिग जोड़कर की जाती है।
2. उपभोक्ता की अधिकतम मांगबिजली की वह मात्रा है जो उसके सर्किट द्वारा किसी भी समयउपयोग किए जाने की उम्मीद की जाती है।
3. अधिकतम मांगअनुपात के साथ जुड़ा हुआ भारउपभोक्ता मांगफैक्टरका प्रतिनिधित्व करता है।
4. समूहकी अधिकतम मांगके साथ व्यक्तिगत अधिकतम मांगों के कुल अनुपात को समूह विविधता फैक्टर के रूप में जाना जाता है।यह हमेशा 1 से अधिक होती है।
5. उच्चतम विविधता फैक्टर,उपभोक्ता समूहकी अधिकतम मांगका अनुपात है जो प्रणाली की उच्चतम मांगपर निर्भर करता है। यह हमेशा 1 से अधिक होती है।
6. एक कालानुक्रमिक भारवक्र,मांगमें होने वाले परिवर्तन को दर्शाता है जो कि 24 घंटे के दौरान होता है, इसका आकार उपभोक्ता के प्रकारके अनुसार बदलता रहता है, जिसमें घर, वाणिज्यिक, औद्योगिक, कृषि और ट्रैक्शन शामिल है। सिस्टम के क्रोनोलॉजिकल लोड वक्रमें सिस्टम लोड में परिवर्तन को 24 घंटे के दौरान दर्शाया जाता है. 24 घंटे केएक दिन के दौरान उपयोग की जाने वाली ऊर्जा की मात्रा (kWh या MWh में) एक कालानुक्रमिक भारवक्रके तहत क्षेत्रद्वारा इंगित की जाती है।
7. लोड अवधि वक्र, अवरोही क्रम में एक कालानुक्रमिक वक्रके लोड घटकों का एक पुनः क्रम है। इस प्रकार, यह उन घंटों की कुल संख्या को प्रदर्शित करता है जो एक निश्चित भारदिन के दौरान रहता है।
8. ऊर्जा भारवक्रमांगके विभिन्न स्तरों के बीच ऊर्जा को प्रदर्शित करता है।
9. ऊर्जा और समयके बीच एक mass वक्रनिहित है।
10. औसतलोड और पीक लोड के अनुपात को लोड फैक्टर (load factor) के रूप में जाना जाता है।

11. क्षमताफैक्टररेटेड प्लांट क्षमताके लिए औसत वार्षिक भारका अनुपात है।

12. उपयोग फैक्टररेटेड प्लांट क्षमताके लिए उच्चतम भारका अनुपात है।

13. क्षमताफैक्टरलोड फैक्टरऔर उपयोग फैक्टरके उत्पाद (product) के बराबर है।

14. क्रोनोलॉजिकल लोड वक्रपर बेस लोड और पीक लोड क्षेत्रों को अलग किया जा सकता है।

15. आम तौर पर, विद्युत ऊर्जा की लागत को तीन भागों में विभाजित किया जाता है। वे स्थिर लागत, अर्ध-निर्धारित लागत और परिचालन लागत हैं।

16. इस शुल्क में लाभ के साथ-साथ बिजली उत्पादन और आपूर्ति की कुल लागत भी शामिल है।

17. एक प्रणाली को इष्टतम योजना और संचालन के लिए दीर्घकालिक लोड पूर्वानुमान और अल्पकालिक लोड पूर्वानुमान दोनों की आवश्यकता होती है।

एक्सरसाइजः

उदाहरण के लिए 5.1

एक उपभोक्ता निम्नलिखित लोड से जुड़ा हुआ हैः

1. प्रत्येक 60 वाट के 15 लैंप

2. 1500 W के 3 हीटर

3. अधिकतम मांग1750 वॉट

औसत रूप से, वह 7 घंटे प्रति दिन के लिए 10 लैंप का उपयोग करती है, प्रत्येक हीटर 2 घंटे प्रति दिन के लिए। (क) ऊर्जा की खपत और (ग) लोड फैक्टर का पता लगाएं।

समाधानः

$$\text{Average load} = \frac{\text{actual energy consumed}}{\text{time duration}} = \frac{(10\times60\times7)+(3\times1500\times2)}{24} = 550\ \text{W}$$

$$\text{Monthly average consumpt ıon} = \left[(10\times60\times7)+(3\times1500\times2)\right]\times30\ \text{Wh} = 396\ \text{kWh}$$

$$\text{Load factor} = \frac{\text{average load}}{\text{maximum demand}} = \frac{550}{1750} = 0.314$$

उदाहरण के लिए 5.2

एक बिजली उत्पादन संयंत्र 3000 किलोवाट की अधिकतम मांग को पूरा कर सकता है। यदि प्रति वर्ष उत्पादित इकाइयों की संख्या (kWh वर्ष में) 60 x 104 इकाइयो (kWh में) है वर्ष में उत्पादित। संयंत्र के वार्षिक भारफैक्टरका पता लगाएं।

समाधान:

औसत भार= $\frac{\text{units generated per annum}}{\text{total hour in a year}} = \frac{60 \times 10^4}{365 \times 24} = \frac{600000}{8760} = 68.49 \text{ kW}$

Load factor (annual) = $\frac{68.49}{3000} = 1.28\%$

उदाहरण के लिए 5.3

800 kWh की दैनिक खपत और 0.35 के लोड फैक्टर के साथ लोड के लिए अधिकतम मान का पता लगाएं। केडब्ल्यूएच में ऊर्जा की खपत की गणना करें, यदि उपभोक्ता अधिकतम मांगको बदले बिना लोड फैक्टरको 0.55 तक बढ़ता है।

समाधान: Load factor = $\frac{\text{energy consumed in 24 h}}{\text{maximum demand} \times 24}$

0.35 = $\frac{800}{\text{maximum demand} \times 24}$

Max ımum demand = $\frac{800}{24 \times 0.35} = 95.24 \text{ kW}$

दूसरे मामले में, लोड फैक्टर0.55 है,

ऊर्जा खपत 24 घंटे = (लोड फैक्टर) X अधिकतम मांग X 24 = 1257.16 kWh

उदाहरण के लिए 5.4

30 मेगावाट की अधिकतम मांगऔर 46 मेगावाट के कनेक्टेड लोड के साथ एक उत्पादक स्टेशन प्रतिवर्ष 63.8 106 मेगावाट तक का उत्पादन कर सकता है। भार फैक्टर और मांग फैक्टर का निर्धारण करें।

समाधान:

$$\text{Demand factor} = \frac{\text{Maximum demand}}{\text{Connected load}} = \frac{30}{46} = 0.652$$

$$\text{Average demand} = \frac{\text{Generation per annum}}{\text{total hours in a year}} = \frac{63.8 \times 10^6}{8760} = 7283 \text{ kW}$$

$$\text{Load factor} = \frac{\text{Average demand}}{\text{Maximum demand}} = \frac{7283}{30 \times 10^3} = 0.242 \text{ or } 24.2\%$$

उदाहरण के लिए 5.5

120 मेगावाट का बिजली संयंत्र दो घंटे के लिए 110 मेगावाट, छह घंटे के लिए 60 मेगावाट की आपूर्ति करता है, और फिर शेष दिन के लिए बंद हो जाता है। इसके अतिरिक्त, इसे रखरखाव के लिए प्रत्येक वर्ष35 दिनों के लिए बंद कर दिया जाता है। वार्षिक भारफैक्टरका निर्धारण करें।

समाधान:

the energy suppllied in each working day = (110* 2)+ (60 * 6)= 580 Mwh

$$\frac{\text{energy supplied per annum}}{\text{maximum demand} \times \text{working period(hours)}} \times 100 = \frac{191400}{(120) \times (330 \times 24)} \times 100 = 20.13\%$$

संयंत्र एक वर्ष में 365-35 = 330 दिनों के लिए संचालित होता है

इसलिए ऊर्जा की आपूर्ति/वर्ष = 508×330 = 191,400 MWh

$$\text{वार्षिक लोड फैक्टर} = \frac{\text{energy supplied per annum}}{\text{maximum demand} \times \text{working period(hours)}} \times 100 = \frac{191400}{(120) \times (330 \times 24)} \times 100 = 20.13\%$$

उदाहरण के लिए 5.6

एक बिजली संयंत्र की 34 मेगावाट क्षमता, 67 प्रतिशत भारघटक(factor), 58 प्रतिशत संयंत्र क्षमताऔर 76 प्रतिशत संयंत्र उपयोग फैक्टरकी क्षमताहै। संयंत्र की (1) आरक्षित क्षमता,(2) दैनिक ऊर्जा उत्पादन और (3) अधिकतम दैनिक

ऊर्जा का पता लगाएं जो उत्पादन किया जा सकता है यदि संयंत्र पूरी तरह से लोड किया गया है और अनुसूची के अनुसार काम कर रहा है।

समाधान:

$$\text{Load factor} = \frac{\text{Average demand}}{\text{Maximum demand}}$$

$$0.67 = \frac{\text{Average demand}}{34}$$

So average demand = $34 \times 0.67 = 22.78$ MW

$$\text{As Plant Capacity factor} = \frac{\text{Average demand}}{\text{Plant Capacity}}$$

$$\text{so plant capacity} = \frac{22.78}{0.58} = 39.27 \text{ MW}$$

Therefore reserve capacity of plant = Plant capacity – maximum demand

$= 39.27 - 34 = 5.27$ MW

Daily energy production/generation = Average demand $\times 24$

$= 22.78 \times 24 = 546.72$ MWh

The max Imum energy that could be produced =

$$\frac{\text{Daily energy produced}}{\text{plant use factor}} = \frac{546.72}{0.76} = 719.36 \text{ MWh/day}$$

उदाहरण के लिए 5.7

एक डीजल स्टेशन विविध ग्राहकों को निम्नलिखित भार प्रदान करता है:

औद्योगिक उपभोक्ता = 1650 किलोवाट

वाणिज्यिक स्थापना = 620 किलोवाट

घरेलू शक्ति = 90 किलोवाट

घरेलू प्रकाश = 375 किलोवाट

यदि स्टेशन पर अधिकतम मांग2400 किलोवाट है वर्ष में उत्पादित होने वाले केडब्ल्यूएच की संख्या 43 105 है, तो (I) विविधता फैक्टर का निर्धारण करें अधिकतम और (II) वार्षिक भारफैक्टरका निर्धारण करें।

समाधान:

विविधता फैक्टर= $\dfrac{1650+620+90+375}{2400}=1.14$

औसतमांग= $\dfrac{\text{kWh generated per year}}{\text{total hours in a year}}=\dfrac{43\times10^{5}}{365\times24}=490.86\text{ kW}$

लोड फैक्टर = $\dfrac{\text{Average demand}}{\text{Maximum demand}}=\dfrac{490.86}{2400}=0.204=20.4\%$

उदाहरण के लिए 5.8

एक बिजली संयंत्र की अधिकतम मांग12,250 किलोवाट है. संयंत्र क्षमताफैक्टर45% है, जबकि वार्षिक लोड फैक्टर55% है। संयंत्र की आरक्षित क्षमताका पता लगाएं।

समाधान:

$$= \text{Maximum demand} \times \text{annual load factor} \times \text{Total hours in a year}$$
$$= 12250 \times 0.55 \times 8760$$

प्रति वर्ष उत्पादित ऊर्जा = $= 59020500\text{ Wh}$

संयंत्र क्षमता गुणांक = $\dfrac{\text{Units generated per annum}}{\text{plant capacity} \times \text{total hours in a year}}$

संयंत्र की क्षमता = $\dfrac{59020500}{0.45\times8760}=14{,}972.22\text{ kW}$

आरक्षित क्षमता = संयंत्र क्षमता - अधिकतम मांग = 2722.22 kW

उदाहरण के लिए 5.9

एक बिजली संयंत्र में निम्नलिखित दैनिक लोड वक्रहैं

समय(घंटे)	6-8	8-12	12-16	16-20	20-24	24-6
लोड (मेगावॉट)	10	20	30	10	25	10

लोड वक्रऔर लोड अवधि वक्रप्लॉट करें. इसके अलावा, प्रति दिन उत्पन्न ऊर्जा की परिकलन करें।

समाधान:

चित्र.5.9 दैनिक भार वक्र दिखाएँ, चित्र 5.10 दैनिक लोड अवधि वक्रको दर्शाता है। यह देखना आसान है कि लोड वक्रके नीचे का क्षेत्रसमान है। यह ध्यान दिया जाना चाहिए कि लोड की अवधि वक्रघटते हुए परिमाण क्रम में भारकी व्यवस्था करके बनाया जाता है।

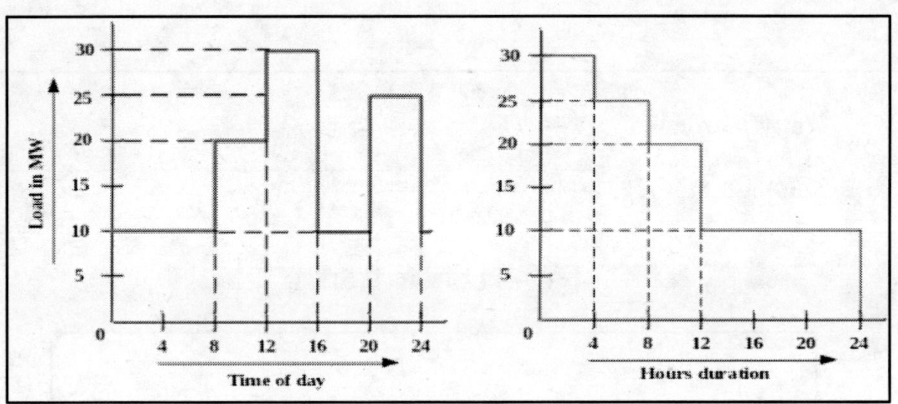

चित्र.5.9 उदाहरण के लिए 5.9 लोड कर्व

चित्र. 5.9 उदाहरण के लिए 5.10 लोड अवधि वक्र

केस-1

दैनिक लोड वक्रके तहत उत्पादन/दिन = क्षेत्र (kWh में)

$= 10^3\ [10\times8 + 20\times4 + 30\times4 + 10\times4 + 25\times4]$

$= 420 \times10^3\,\text{kWh}$

केस-2

दैनिक लोड अवधि वक्रके तहत उत्पादन/दिन = क्षेत्र (kWh में)

$= 10^3\ [30\times4 + 25\times4 + 20\times4 + 10\times12]$

$= 420\times10^3\ \text{kWh}$

उदाहरण के लिए 5.10

तीन उपभोक्ताओं की दैनिक मांगें इस प्रकार हैं -

समय	उपभोक्ता-1	उपभोक्ता-2	उपभोक्ता-3
12 से 8 बजे तक	कोई भार नहीं	400 वॉट	200 वॉट
8 बजे से 2 बजे तक	400 वॉट	200 वॉट	400 वॉट
2 बजे से 4 बजे तक	200 वॉट	800 वॉट	1200 वॉट

4 बजे से 10 बजे तक	800 वॉट	1000 वॉट	कोई भारनहीं
10 बजे से 12 बजे तक	कोई भारनहीं	कोई भारनहीं	200 वॉट

(I) अलग-अलग उपभोक्ताओं की अधिकतम मांग, (II) व्यक्तिगत उपभोक्ताओं का भारफैक्टर, (III) विविधता फैक्टरऔर (IV) स्टेशन का भारफैक्टर।

समाधान

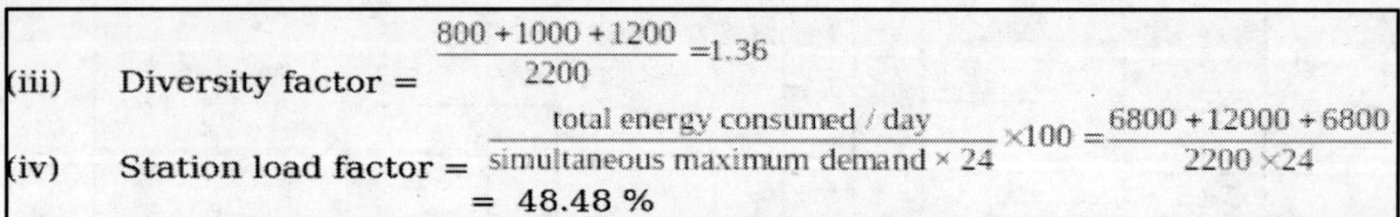

(iii) Diversity factor = $\frac{800+1000+1200}{2200} = 1.36$

(iv) Station load factor = $\frac{\text{total energy consumed / day}}{\text{simultaneous maximum demand} \times 24} \times 100 = \frac{6800+12000+6800}{2200 \times 24}$

$= 48.48\ \%$

चित्र 5.11 लोड वक्र दिखाता है

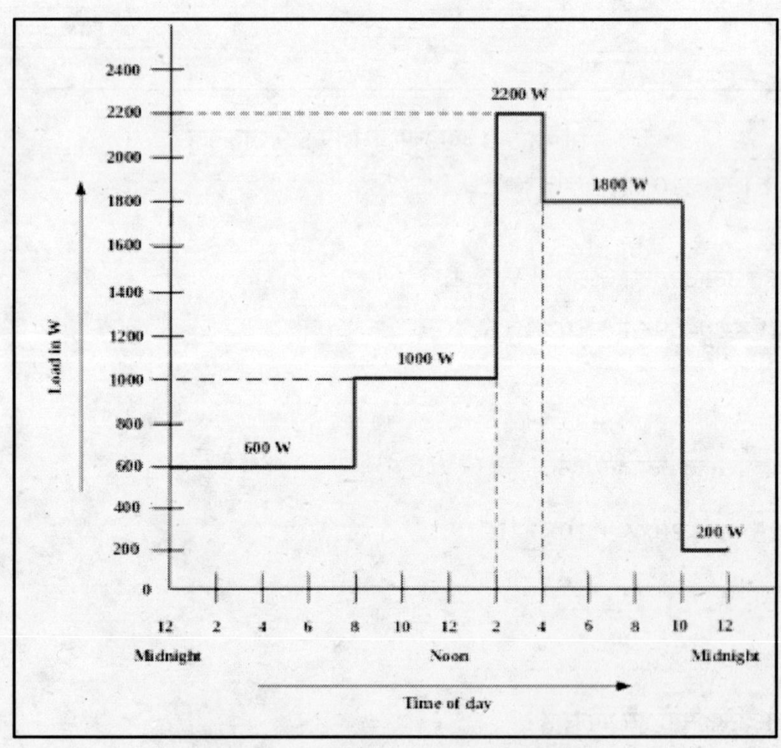

चित्र. 5.11 लोड वक्र उदाहरण 5.10 के लिए

(i) उपभोक्ता 1 = 800 W की अधिकतम मांग,उपभोक्ता 2 = 1000 W की अधिकतम मांग,उपभोक्ता 3 = 1200 W मांग।

(ii) उपभोक्ता 1 का लोड फैक्टर = प्रति दिन ऊर्जा की खपत × 100/अधिकतम मांग × एक दिन में कुल घंटा

उपभोक्ता 1 = का लोड फैक्टर	=400×4+22×2+800×6/800×24	= 35.41%
उपभोक्ता 2 = का लोड फैक्टर	=400×+8+200×6+800×2+200×2	= 50%
उपभोक्ता 3 = का लोड फैक्टर	200×8+400×6+1200×2+200×2	= 23.61%

उदाहरण के लिए 5.11

एक नए आवासीय/शॉपिग सम्मिश्रका विद्युतीकरण करने के लिए एक मौजूदा वितरण प्रणाली का उपयोग किया जाएगा। इसमें 500 अपार्टमेंट होंगे, जिनमें से प्रत्येक में 4 किलोवॉट कनेक्टेड लोड होगा। 1 किलोवाट प्रति के कनेक्टेड लोड और 0.75 मांगफैक्टर के साथ 25 सामान्य-उद्देश्य भंडार होने के अलावा, खुदरा केंद्र निम्नलिखित सेवाएं भी प्रदान करेगाः

सेवा	कनेक्टेड लोड	मांगफैक्टर
1 फ्लोर मिल	8 किलोवाट	0.75
1 सावन चक्की	4 किलोवाट	0.7
1 लॉन्ड्री	15 किलोवाट	0.6
1 सिनेमा हॉल	75 किलोवाट	0.45

सम्मिश्रके लिए स्ट्रीट लाइटों में प्रत्येक में 36 वाट की 250 ट्यूब लाइटें होंगी। आवासीय भारऔर डिमांड फैक्टर के लिए 0.45 के अनुमान, समूह विविधता फैक्टर के लिए 2.85 और पीक डायवर्सिटी फैक्टर के लिए 1.15 के अनुमान लगाए जा सकते हैं। वाणिज्यिक भारके लिए, समूह और शीर्ष विविधता फैक्टर ओं को 1.5 और 1.7 के रूप में लिया जा सकता है। इस कॉम्प्लेक्स के कारण सिस्टम पीक और पीक डिमांड में वृद्धि को निर्धारित करने के लिए स्ट्रीट लाइट और डिमांड, ग्रुप डायवर्सिटी फैक्टर और पीक डायवर्सिटी फैक्टर और पीक डायवर्सिटी को एक के रूप में माना जा सकता है।

समाधानः

प्रत्येक अपार्टमेंट के लिए अधिकतम मांग= 4 × 0.45 = 1.8 kw

500 अपार्टमेंट की अधिकतम मांग = $\frac{500\times1.8}{2.85} = 315.78\ kw$

सिस्टम पीक के समय 500 अपार्टमेंट की मांग=315/1.15=274.59 kW

कुल कॉमर्शियल कॉम्प्लेक्स की अधिकतम मांग $\frac{25\times1\times0.75+8\times0.75+4\times0.7+15\times0.6+75\times0.45}{1.5}$

$\frac{18.75+6+2.8+9+33.75}{1.5} = \frac{70.3}{1.5} = 46.87$ kW

सिस्टम पीक के समय वाणिज्यिक भार की मांग =46.87/1.7=27.57 kW

सिस्टम चरम के समय स्ट्रीट लाइटिग की मांग

$$\frac{250 \times 36}{1000} = 9 \text{ kW}$$

= 27.57 किलोवाट

सिस्टम पीक के समयस्ट्रीट लाइटिग की मांगसिस्टम पीक डिमांड में वृद्धि = 274.59 + 27.57 + 9 = 311.16 किलोवाट

उदाहरण के लिए 5.12

एक विशिष्ट दिन पर, एक बिजली संयंत्र का भारइस प्रकार है:

समय	12-5 बजे।	5-9 बजे।	9-6 बजे।	शाम 6-10 बजे।	सुबह 10-12 बजे।
लोड (मेगावॉट)	25	45	85	110	25

कालानुक्रमिक लोड वक्रऔर लोड अवधि वक्रप्लॉट करें. संयंत्र के लोड फैक्टरऔर संयंत्र द्वारा 24 घंटे में आपूर्ति की गई ऊर्जा का पता लगाएं।

समाधान:

क्रोनोलॉजिकल लोड वक्रको रेखाचित्र 5.12 में प्लॉट किया गया है। भारकी अवधि इस प्रकार है:

लोड (मेगावॉट)	110	85 और उससे अधिक	45 और उससे अधिक	25 और उससे अधिक
अवधि (घंटे)	4	13	17	24

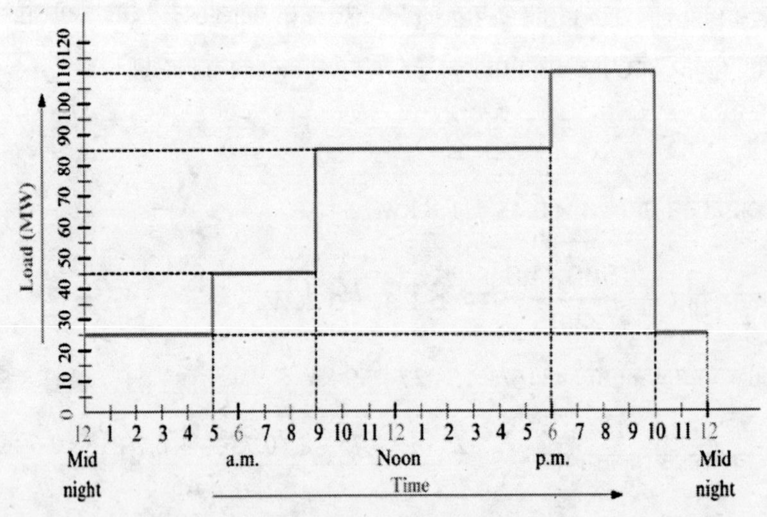

चित्र 5.12 कालानुक्रमिक भार वक्र उदाहरण 5.12 के लिए

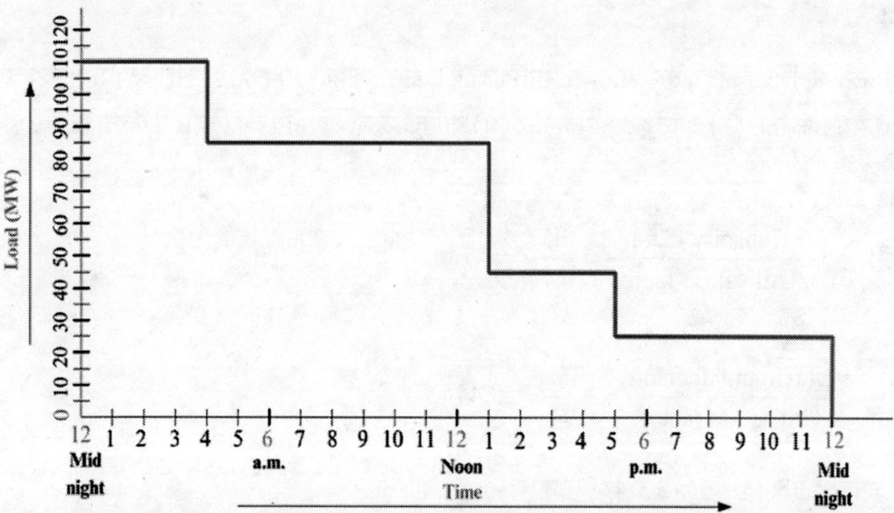

चित्र 5.13 लोड अवधि वक्र उदाहरण 5.13 के लिए

लोड अवधि वक्र को चित्र 5.13 में दर्शाया गया है, 24 घंटे में संयंत्र द्वारा उत्पादित ऊर्जा इस प्रकार दी गई है

$$=110\times4+85\times(13-4)+45\times(17-13)+25\times(24-17)=1560\text{ MWh}$$

लोड फैक्टर

$$=\frac{1560}{110\times24}=0.5909\text{ or }59.09\%$$

उदाहरण 5.13

उपर्युक्त उदाहरण 1.12 के बिजली संयंत्र की स्थापित क्षमता 130 मेगावाट है। क्षमता फैक्टरऔर उपयोग फैक्टरनिर्धारित करें

समाधान:

क्षमताफैक्टर= $\frac{\text{Maximum Load}}{\text{Plant Capacity}}\times\text{Load Factor}=\frac{110}{130}\times0.5909=0.499$

उपयोगिता फैक्टर= $=\frac{\text{Maximum Load}}{\text{Rated Plant Capacity}}=\frac{110}{130}=0.846$

उदाहरण 5.14

एक बिजली संयंत्र के लिए अधिकतम मांग45 मेगावाट है। क्षमताफैक्टर 0.57 है और उपयोग फैक्टर0.77 है। (क) भारफैक्टर,(ख) संयंत्र क्षमता, (ग) आरक्षित क्षमताऔर (घ) वार्षिक ऊर्जा उत्पादन का निर्धारण करना।

समाधानः

(क) लोड फैक्टर $\dfrac{\text{Capacity factor}}{\text{Utilisation factor}} = \dfrac{0.57}{0.77} = 0.7402$

(ब) संयंत्र क्षमता= $\dfrac{\text{Maximum demand}}{\text{Utilisation factor}} = \dfrac{45}{0.77} = 58.44\text{ MW}$

(ग) आरक्षित क्षमता= 58.44-45 = 13.44 मेगावाट

(घ) वार्षिक ऊर्जा उत्पादन = $45 \times 0.7402 \times 8760 = 291786.84\text{ MWh}$

उदाहरण 5.15

एक छोटे जलविद्युत संयंत्र की वार्षिक लोड अवधि वक्रएक वर्ष में $445\text{X}10^4$ ऊर्जा का चित्रण करता है। यह एक पीक लोड प्लांट है जिसमें 19% वार्षिक लोड फैक्टर है। यदि संयंत्र की क्षमता17 प्रतिशत है, तो संयंत्र की क्षमताका निर्धारण करें। दिए गए संयंत्र की आरक्षित क्षमताका निर्धारण करें।

समाधानः

वार्षिक लोड फैक्टर = $\dfrac{\text{Energy generated during in a particular year}}{\text{Maximum load}\times 8760}$

0.19 = $\dfrac{445\times10^4}{\text{Maximum load}\times 8760}$, तो अधिकतम भार = 2673.63 kW = 2.67 MW

क्षमता कारक= 0.17 = $\dfrac{\text{Maximum load}}{\text{plant capacity}} \times \text{load factor} = \dfrac{\text{Maximum load}}{\text{plant capacity}} \times 0.19$

$\dfrac{\text{Maximum load}}{\text{plant capacity}} = \dfrac{0.17}{0.19} = 0.8947$, संयंत्र की क्षमता = $\dfrac{\text{Maximum load}}{0.8947} = \dfrac{2.67}{0.8947} = 2.984\text{ MW}$

आरक्षित क्षमता = 2.984 – 2.67 = 0.314 MW.

उदाहरण 5.16

तंत्र के लिए दैनिक लोड वक्रडेटा निम्नानुसार हैः

सप्ताहांत दिन

Time	12-6 a.m.	-8 a.m.	-12 noon	- 1 p.m.	-5 p.m.	-9 p.m.	-12 midnight
Load (MW)	50	100	200	150	200	400	100

***Saturday and Sunday*शनिवार और रविवार**

Time	12-6 a.m.	-5 p.m.	-9 p.m.	- 12 midnight
Load (MW)	150	250	450	200

उपर्युक्त प्रणाली के लिए एक सप्ताह के लिए लोड अवधि वक्र बनाएं और साप्ताहिक लोड फैक्टर निर्धारित करें

समाधान:

ऊपर दिए गए डेटा से, पूरे सप्ताह में प्रत्येक लोड की खपत अवधि (24 x 7=168 घंटे) इस प्रकार दी गई है

	लोड अवधि
(MW) 450	4 घंटे × 2 दिन = 8 घंटे
400	8+4 × 5 =28 घंटे
250	28+11 × 2 =50 घंटे
200	50+8 × 5+3×2=96घंटे
150	96+1 × 5+5×5=113घंटे
100	113 + 5×5=138घंटे
50	138+ 6×5=168घंटे

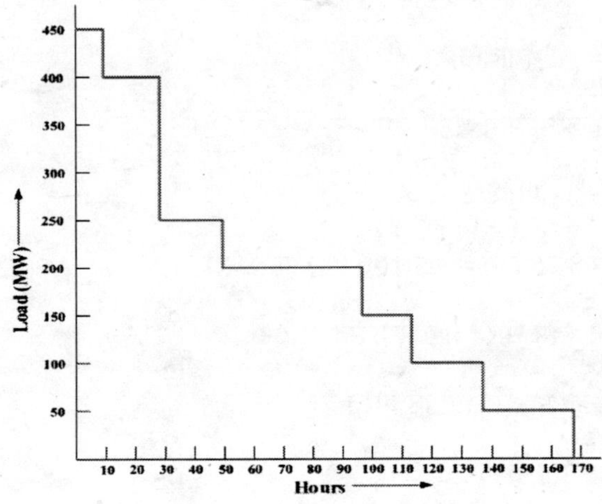

चित्र 5.14 लोड अवधि वक्र (साप्ताहिक)

उदाहरण 5.16 के लिए लोड अवधि वक्ररेखा चित्र 5.14 में दिखाया गया हैलोड अवधि वक्र के भीतर कुल क्षेत्र नीचे दिया गया है

$$(450\times 8=3600)+(400\times 20=8000)+(250\times 22=5500)+(200\times 46=9200)+(150\times 17=2550)$$
$$+(100\times 25=2500)+(50\times 30=1500)$$

एक सप्ताह में ऊर्जा की खपत इस प्रकार दी जाती है

$$3600+8000+5500+9200+2550+2500+1500=65700$$

$$\text{Load factor}=\frac{65700}{450\times 24\times 7}\times 100=\frac{65700}{75600}\times 100=0.869 \text{ or } 86.9\%$$

उदाहरण 5.17

औसत दैनिक भार फैक्टर 0.765 है, औसत दैनिक शिखर भार औसत शिखर भार 0.82 है और औसत मासिक शिखर भारका औसत शिखर भार वार्षिक शिखर भार 0.74 है।

समाधान:

औसत दैनिक भार फैक्टर = : $0.765\times 0.82\times 0.74=0.4642$

उदाहरण 5.18

एक बेस लोड प्लांट और पीक लोड प्लांट नीचे दिए गए सामान्य लोड को साझा करते हैं:

बेस लोड प्लांट का वार्षिक उत्पादन = 185 106 किलोवाट घंटा

बेस लोड प्लाट क्षमता= 40 मेगावाट

बेस लोड प्लांट पर अधिकतम मांग= 38 मेगावाट

स्टैंडबाय संयंत्र क्षमता= 25 मेगावाट

स्टैंडबाय प्लांट का वार्षिक उत्पादन = 15 106 किलोवाट घंटा

स्टैंडबाय संयंत्र पर अधिकतम भार= 19 मेगावाट

दोनों पावर स्टेशनो के लिए निम्नलिखित निर्धारित करें

(क) लोड फैक्टर(बी) क्षमता फैक्टर

समाधान:

बेस लोड प्लांट का लोड फैक्टर = $\frac{185\times10^{6}}{38\times10^{3}\times8760}=\frac{185000000}{332880000}=0.55$

स्टैंडबाय पावर प्लांट का लोड फैक्टर = $\frac{15\times10^{6}}{19\times10^{3}\times8760}=\frac{15000000}{166440000}=0.0901$

बेस लोड प्लांट का क्षमताफैक्टर= $\frac{38}{40}\times0.57=0.5415$

स्टैंडबाय प्लांट का क्षमताफैक्टर= $\frac{19}{25}\times0.0901=0.0684$

उदाहरण 5.19

एक पावर स्टेशन की क्षमता 408 मेगावाट है और प्लांट पर शिखर लोड 369 मेगावाट है। 123 मेगावॉट अधिकतम मांग वाले कुछ उपभोक्ता समूह, 108 मेगावॉट, 84 मेगावॉट और 72 मेगावॉट स्टेशन से जुड़े हुए हैं। यदि वार्षिक भार कारक औसतभार(a) औसतभार(b) क्षमताफैक्टर (c) ऊर्जा प्रति वर्षमांगकारक (d) मांगफैक्टर (e) विविधता कारक निर्धारित करें।

समाधान:

औसतलोड = पीक लोड फैक्टर = 369 0.83 = 306.27 मेगावाट

क्षमता कारक =,प्रति वर्ष ऊर्जा = 306.278760 = 26,82,925.2 मेगावाट

माँग गुणांक = $\frac{369}{408}\times0.83=0.7506$

विविधता कारक = $\frac{123+108+84+72}{369}=\frac{387}{369}=1.04$

उदाहरण 5.20

एक बिजली संयंत्र की अधिकतम मांग 28 मेगावॉट, 63% के लोड फैक्टर और 58% के कैपेसिटी फैक्टर की है। (क) औसत मांग(ख) संयंत्र क्षमता(ग) आरक्षित क्षमता(घ) दैनिक ऊर्जा उत्पन्न करने का निर्धारण करना.

समाधानः

औसतमांग= अधिकतम मांग भार कारक = 28 0.63 = 17.64 मेगावाट

संयंत्र क्षमता= $\frac{28 \times 0.63}{0.58} = 30.41$ मेगावॉट

आरक्षित क्षमता= 30.41-28 = 2.41 मेगावाट, दैनिक ऊर्जा उत्पादित = 17.64 24 = 423.36 मेगावाट

उदाहरण5.21

बिजली संयंत्र में इस उपकरणकी कीमत 15,80,000 रुपये है और इसका बचत मूल्य 79,000 रुपये है।

(क) सीधी रेखाविधि

(ख) मान विधि (method) को घटाएं

(ग) सालाना 6 फीसदी चक्रवृद्धि ब्याज पर सिकिग फंड मेथड

समाधानः

उपकरणकी प्रारंभिक लागत (पी) = 15,80,000 रुपये

उपकरणका बचत मूल्य (एस) = 79,000 रुपये

उपयोगी जीवन (n) = 22 वर्ष

(क) सीधी रेखाविधि

$$\frac{P-S}{n} = \frac{15,80,000-79,000}{22} = 68227.27$$

वार्षिक मूल्यह्रास = 15 वर्ष के बाद उपकरणों का मूल्य= P-वार्षिक मूल्यह्रास X 15,

=15,80,000-68227.27X15 = 5,56,590.95

(ख) मूल्यविधि (method) को कम करना

वार्षिक इकाई मूल्यह्रास (x) =

$$1-(S/P)^{1/n}=1-\left(\frac{79,000}{15,80,000}\right)^{1/22}=1-0.8738=0.1262$$

15 वर्षों के बाद उपकरणो का मूल्य=

$$P(1-x)^{15}=15,80,000\times(1-0.1262)^{15}=2,08,560$$

(ग) सिनकिग निधि पद्धति

ब्याज(Interest) दर (r) = 6% = 0.06

$$q=(P-S)\left[\frac{r}{(1+r)^{n}-1}\right]$$

सिनकिग निधि में वार्षिक जमा =

$$q=(15,80,000-79,000)\left[\frac{0.06}{(1+0.06)^{22}-1}\right]=\text{Rs } 34,523$$

इसलिए 15 वर्ष के अंत में डूबते कोष को नीचे दिखाया जा सकता है।

$$q\cdot\frac{(1+r)^{15}-1}{r}=34,523\cdot\frac{(1+0.06)^{15}-1}{0.06}=\text{Rs } 7,99,794.34$$

15 वर्षों के बाद संयंत्र का मूल्य= रुपये (15,80,000-7,99,794.34)

= 7,80,205.66

उदाहरण 5.22

एक उत्पादक संयंत्र की अधिकतम मांग48,500 किलोवाट है। निम्नलिखित आंकड़ो से उत्पन्न लागत/इकाई की गणना करें, जहां पूंजीगत लागत = 93 प्रतिशत, वार्षिक लोड फैक्टर = 38 प्रतिशत, ईंधन और ऑयल की वार्षिक लागत एवं 7.5 प्रतिशत, कर, मजदूरी एवं वेतन आदि। ब्याज और मूल्यह्रास = 10 प्रतिशत।

समाधान:

Units generated per annum = Maximum demand × Load Factor × Total hours in a year
= 48,500 × 0.38 × 8760 = 16,14,46,800 kWh

वार्षिक निर्धारित प्रभार

Annual interest and depreciation = 10% of capital cost = $0.10 \times 93 \times 10^6 = 9.3 \times 10^6$

वार्षिक संचालन प्रभार

कुल वार्षिक परिचालन प्रभार ईंधन और ऑयल + कर, मजदूरी आदि की वार्षिक लागत।

$= 7.5 \times 10^6 + 6 \times 10^6 = 13.5 \times 10^6$

कुल वार्षिक प्रभार = $13.5 X 10^6 + 9.3 X 10^6 = 22.8 X 10^6$

तो प्रति इकाई लागत है

$$\frac{22.8\times10^6}{16,14,46,800} = 0.14 = 14 \text{ paise}$$

उदाहरण 5.23

एक उत्पादन संयंत्र की स्थापित क्षमता45,000 किलोवाट है और यह प्रति वर्ष 200×10^6 इकाइयों की आपूर्ति करता है। यदि सालाना फिक्स्ड चार्ज 145 रुपये प्रति किलोवाट की स्थापित क्षमता है और रनिग चार्ज 3 पैसे प्रति किलोवाट प्रति किलोवाट है, तो प्रति यूनिट उत्पन्न लागत का पता लगाएं।

समाधान:

वार्षिक निर्धारित शुल्क = 145 X संयंत्र क्षमता= 145 X 45,000 = 65,25,000 रुपये

वार्षिक परिचालन प्रभार) = $0.03 X 200\ 10^6 = 80 X 10^5$

कुल वार्षिक प्रभार = $65,25,000 + 80 X 10^5 = 1,45,25,000$ रुपये

प्रति इकाई लागत = $1,45,25,000/20 X 10^6 = 0.0726 = 7.26$ पैसे

उदाहरण 5.24

एक जेनरेशन स्टेशन की अधिकतम क्षमता120 किलोवाट है और इसकी कीमत 1,80,000 रुपये है। वार्षिक निर्धारित शुल्क 14% हैं जिसमें 7% ब्याज, 7% मूल्यह्रास और 3% कर शामिल हैं। यदि लोड फैक्टर (।) 80% और (॥) 40% है तो प्रति kWh निर्धारित शुल्क निर्धारित करें.

समाधान:

अधिकतम मांग= 120 किलोवाट

Annual fixed charges = 1,80,000 × 0.14 = Rs 25,200

जब लोड फैक्टर 80% है

उत्पन्न इकाइयां/वर्ष = अधिकतम मांग भार कारक X एक वर्ष में कुल घंटे

$= 120 \times 0.8 \times 8760 = 8{,}40{,}960$ kWh

Fixed charges/kWh = 25,200/8,40,360 = 0.0299 = 2.99 paise

जब लोड फैक्टर40% है

उत्पन्न इकाइयां/वर्ष = अधिकतम मांग भार कारक X एक वर्ष में कुल घंटे

$= 120 \times 0.4 \times 8760 = 4{,}20{,}480$ kWh

Fixed charges/kWh = 25,200/4,20,480 = 0.0599 = 5.99 paise

उदाहरण 5.25

एक उत्पादक संयंत्र में निम्नलिखित आंकड़े हैं स्थापित क्षमता= 250 मेगावाट, क्षमताफैक्टर= 45%, वार्षिक लोड फैक्टर= 50%, ईंधन, तेल आदि की वार्षिक लागत। 7 ब्याज दर 106, पूंजी लागत 108, वार्षिक ब्याज और मूल्यह्रास 12 प्रतिशत। स्टेशन की न्यूनतमआरक्षित क्षमताऔर प्रति केडब्ल्यूएच लागत का निर्धारण करना।

समाधान:

जैसा कि हम जानते हैं कि

लोड फैक्टर= औसत मांग /अधिकतम मांग, क्षमता कारक= औसत मांग /स्थापित क्षमता

क्षमता कारक/लोड फैक्टर=अधिकतम मांग/स्थापित क्षमता

अधिकतम मांग=

$$\text{Installed capacity} \times \frac{\text{Capacity Factor}}{\text{Load factor}} = 250 \times \frac{0.45}{0.5} = 225 \text{ MW}$$

Reserve capacity = 250 - 225 = 25 MW

Units generated/annum = Maximum demand × Load Factor × Total hours in a year

$= 225 \times 10^3 \times 0.5 \times 8760 = 4{,}20{,}480 \text{ kWh} = 985.5 \times 10^6$ kWh

Annual fixed charges = Annual interest and depreciation × capital cost

$= 0.12 \times 10^8 = 12 \times 10^6$

Total annual charges = annual running charges + annual fixed charges

$= 7 \times 10^6 + 12 \times 10^6 = 19 \times 10^6$

Cost per kWh = $(19 \times 10^6)/\ 985.5 \times 10^6 = 0.0192$ = 1.92 paise.

उदाहरण 5.26

एक उपभोक्ता की अधिकतम मांग40% लोड फैक्टर पर 300 किलोवाट है। शुल्क प्रति किलोवाट अधिकतम मांगके साथ 110 रुपये प्रति किलोवाट और प्रति किलोवाट 20 पैसे है। प्रति किलोवाट घंटा की खोज करें.

समाधानः

Units generated/annum = Maximum demand × Load Factor × Total hours in a year
= (300) x (0.4) x (8760) = ₹1051200 kWh
Annual charges = Annual maximum demad charges + Annual energy charges
= ₹(110 x 300 + 0.2 x 1051200) = ₹243240.00

Hence overall cost/kWh = ₹ $\frac{243240.00}{1051200}$ =**₹23.14**

उदाहरण 5.27

एक ग्राहक की कुल ऊर्जा खपत 8760 किलोवाट घंटा है। यदि ऊर्जा को 0.20 प्रति यूनिट पर 500 घंटे की अवधि के लिए प्रभारित किया जाता है, तो प्रति वर्षअधिकतम अधिकतम मांगका उपयोग और अतिरिक्त इकाइयों के लिए 0.10 प्रति यूनिट। भार220V पर 20A टर्मिनल है। भारफैक्टरऔर पावर फैक्टर यूनिटी का आकलन करना, (क) वार्षिक बिल की गणना करना, (ख) समतुल्य सपाट दर.

समाधानः

Average Load in kW = (220) x 20 x 1/1000 = 4.4kW
Maximum demand = $\frac{\text{Average load}}{\text{Maximum load}}$ = 4.4/1 = 4.4 kW
(a) Unit consumed in 500 hours = 4.4 x500 = 2200kW
The charge for 2200kWh = ₹0.2 x 2200 = ₹440.00
Remaining units = 8760 - 2200 = 6560kWh
The charge for 6560 units = ₹0.1 x 6560 = ₹656.00
∴ Total annual bill = ₹(440.00+656) = ₹1096.00
(b) Equivalent flat rate = ₹ $\frac{1096}{8760}$ = ₹0.125 = 12.5 paise.

बहुवैकल्पिक प्रश्न

1. मांग फैक्टर को इस प्रकार परिभाषित किया गया है

(क) औसत भार/अधिकतम भार (ख) अधिकतम मांग/कनेक्टेड लोड

(ग) कनेक्टेड लोड/अधिकतम (घ)औसत भार/अधिकतम भार

2. एक लोड वक्रइंगित करता है

(क) अवधि के लिए औसतशक्तिका उपयोग (ख) अवधि के दौरान औसतऊर्जा kWh खपत

(ग) उपर्युक्त में से कोई भी (घ) उपर्युक्त में से कोई नहीं

3. कौन सा प्लांट कभी भी 100% लोड फैक्टर नहीं दे सकता

(क) शिखर लोड प्लांट (ख) बेस लोडप्लांट

(ग) परमाणु संयंत्र (घ)जलविद्युत संयंत्र

4. लोड वक्र के नीचे का क्षेत्र इंगित करता है

(क) औसतमांग (ख) ऊर्जा की खपत

(ग)अधिकतम मांग (घ)ऊपर से कोई नहीं

5. विविधता फैक्टर, प्रत्यक्ष रूप से प्रभावित करता है

(क) इकाई उत्पादन की फिक्स्ड कॉस्ट (ख) इकाई उत्पादन की रनिग कॉस्ट

(ग)दोनों (क) और (ख) (घ)न तो (क) औरन(ख)

6. निम्नलिखित बिजली संयंत्र तुरंत चालू होता है

(क) न्यूक्लियर पावर प्लांट (ख) हाइड्रो पावर प्लांट

(ग)डीजल बिजली संयंत्र (घ)दोनों (ख) और ((ग)

7. एक भाप बिजली संयंत्र में, अधिकतम रखरखाव की आवश्यकता निम्न किस घटक में है?

(क) भाप टरबाइन (ख) संघनित्र

(ग) वॉटर ट्रीटमेंट प्लांट (घ)बॉयलर

8. एक तुल्यकालित संघनित्र निम्नलिखित में से कौन सा है,

(क) इंडकशन मोटर (ख) अंडर एक्साइटेड सिक्रोनस मोटर

(ग) अति उत्साहित सिक्रोनस मोटर (घ) डी. सी. जनरेटर

9. पीक लोड प्लांट की अनिवार्य आवश्यकता निम्नलिखित की है?

(क) इसे तेज रफ्तार से चलाया जाना चाहिए। (ख) इसे उच्च वोल्टेज का उत्पादन करना चाहिए

(ग) इसे छोटे आकार में होना चाहिए (घ) यह शीघ्र प्रारंभ करने में सक्षम होना चाहिए

10. बिजली संयंत्र में यदि संयंत्र पर अधिकतम मांगसंयंत्र क्षमताके बराबर है, तो

(क) संयंत्र आरक्षित क्षमताशून्य होगी। (ख) डायवर्सिटी फैक्टर इकाई होगा

(ग) लोड फैक्टर इकाई होगा (घ) लोड फैक्टरलगभग 60% होगा

11. बिजली की मांगका अनुमान निम्नलिखित द्वारा लगाया जा सकता है -

(क) लोड सर्वे मेथड (ख) स्थैतिक विधियाँ

(ग) गणितीय विधि (घ) उपरोक्त सभी

12. एक विद्युत प्रणाली का उपयोग फैक्टरअनुपात है:

(क) एक विद्युत केंद्र की मांगऔर व्यक्तिगत अधिकतम मांगों का योग।

(ख)विद्युत स्टेशन की औसत मांग और रेटेड क्षमताका

(ग) इंडिविजुअल अधिकतम मांग का योग और पावर प्लांट की अधिकतम मांगका

(घ) पावर स्टेशनके लिए अधिकतम मांग और उसकी रेटेड क्षमताका

13. उच्च भार फैक्टर इंगित करता है

(क) प्रति इकाई प्रति इकाई प्रति माह उत्पादन लागत में वृद्धि की गई है।

(ख) अधिकांश समयके लिए कुल संयंत्र क्षमताका उपयोग किया जाता है।

(ग) अधिकांश समयके लिए कुल संयंत्र क्षमताका उचित उपयोग नहीं किया जाता है।

(घ) उपर्युक्त में से कोई नहीं

14. एक ग्राहक अधिकतम मांग में वृद्धि किए बिना 0.4 के लोड फैक्टर पर प्रति दिन 700 kWh का उपभोग करता है यदि उपभोक्ता लोड फैक्टर को 0.70 तक बढ़आता है तो kWh में ऊर्जा की खपत होनी चाहिए:

(क) 1225 (ख) 1620 (ग)1455 (घ)1275

15. यदि बिजली उत्पादन की अधिकतम मांग 60 मेगावाट है तो आरक्षित क्षमता क्या है? प्लांट का लोड फैक्टर 50% है और प्लांट क्षमता फैक्टर 40% है?

(क) 15MW (ख) 12MW (ग)20MW (घ)7.5 MW

16. जब स्टेशन की अधिकतम मांग 60 मेगावाट है तो 0.4 के लोड फैक्टर पर थर्मल पावर स्टेशन में दैनिक ऊर्जा उत्पाद क्या होगा?

(क) 576MWh (ख) 876MWh (ग)720MWh (घ)400MWh

17. पावर स्टेशन में 5 उपभोक्ता हैं जिनकी अधिकतम मांग 45 मेगावाट, 25 मेगावाट, 20 मेगावाट, 50 मेगावाट और 60 मेगावाट है,जब स्टेशन की अधिकतम मांग 300 मेगावाट है तो संयंत्र का विविधता कारक है

(क) 0.75 (ख) 1.55 (ग)1.50 (घ)0.50

18. एक उत्पादन स्टेशन प्रति वर्ष 61.5 मेगा यूनिट कम करता है, यह 40 मेगावाट के भार से जुड़ा होता है और इसकी अधिकतम मांग 30 मेगावाट होती है। स्टेशन के मांग कारक की गणना करें।

(क) 0.50 (ख) 0.75 (ग)0.65 (घ)0.55

19. एक औद्योगिक उपभोक्ता का दैनिक लोड पैटर्न 10 घंटे के लिए 5000 केवीए 0.7 लैग और 16 घंटे के लिए यूनिटी पावर फैक्टर पर 2000 केवीए है। दैनिक लोड फैक्टर की गणना करें।

(क) 0.95 (ख) 0.79 (ग)0.75 (घ)0.54

20. उस उपभोक्ता का वार्षिक बिल निर्धारित करें जिसकी अधिकतम मांग 60kW है। पावर फैक्टर 0.80 लेगिग और लोड फैक्टर 50% है। अधिकतम मांग के लिए प्रति वर्ष 40 रुपये प्रति केवीए और खपत पर 12 पैसे प्रति किलोवाट के लिए टैरिफ का उपयोग।

(क) Rs. 34,536 (ख) Rs. 44,550 (ग)Rs. 35,366 (घ)Rs 40,250

बहुविकल्पीय प्रश्नों का उत्तर

1. (ख), २ (ख), ३. (क), 4. (ख), 5 (क), 6. (घ),7. (घ),8. (ग),9. (घ),10. (क), 11. (घ),12. (घ),13. (ख), १४. (क), 15. (क) 16. (क) 17. (ग),18. (ख), 19. (ख), 20. (क)

बतायें निम्नलिखित सही हैं या गलत

1. मांग फैक्टर एक से अधिक हो सकता है।
2. समूह विविधता फैक्टर 1 से कम नहीं हो सकता है।
3. उपभोक्ता की अधिकतम मांगसमूह विविधता फैक्टर द्वारा गुणा की मांगवितरण ट्रांसफार्मर में उसकी प्रभावी मांगके बराबर होती है।
4. अधिकतम विविधता फैक्टर हमेशा एक से कम होता है।
5. आवासीय भारके लिए मांगफैक्टर मोटे तौर पर 0.6 है।
6. आवासीय क्षेत्रके उपभोक्ताओं में औद्योगिक क्षेत्रकी तुलना में कम समूहविविधता फैक्टरहोता है।
7. घरेलू मांगअक्सर शाम 6 बजे से 10 बजे के बीच होती है।
8. एकल शिफ्ट वाली औद्योगिक सुविधाओं में शिफ्ट के दौरान मांग अनिवार्य रूप से सुसंगत होती है।
9. एक कालानुक्रमिक लोड वक्रदिखाता है कि मांगपूरे दिन कैसे बदलती रहती है।
10. दिन का समयदैनिक भारअवधि वक्रका भुजांक, absc ıssa है।
11. एक कालानुक्रमिक भारवक्रके तहत क्षेत्रदैनिक ऊर्जा खपत के बराबर है।
12. दैनिक लोड अवधि वक्रके नीचे के क्षेत्रऔर एक कालानुक्रमिक लोड वक्रहो सकता है या बराबर नहीं हो सकता है।
13. बिजली की मांगऊर्जा लोड वक्रमें निर्देशांक,ord ınate है।
14. एक मास वक्र एक्स अक्षपर, घंटे मेंसमय का प्रतिनिधित्व करता है ।
15. बेस लोड प्लांटों की तुलना में, पीक लोड प्लांटों में कम लोड फैक्टर होता है।

जवाब

1. गलत, 2. सही, 3. गलत, 4. सही, 5. सही 6. गलत, 7. गलत, 8. सही, 9.सही, 10. गलत, 11. सही, 12. गलत, 13.सही 14.सही, 15. सही

सवाल और समस्याएं

संक्षिप्त और दीर्घ उत्तर प्रकारके प्रश्न

1. नीचे सूचीबद्ध शर्तों को परिभाषित करें अधिकतम मांग, कनेक्टेड लोड, और लोड फैक्टर।लोड फैक्टर (load factor) उत्पादन की लागत को कैसे प्रभावित करता है?
2. एक विविधता फैक्टर क्या है? कैसे विविधता फैक्टर वृद्धि एक बिजली प्रणाली के लोड फैक्टरमें सुधार को दिखाता है.
3. विद्युत प्रणाली अर्थशास्त्र में लोड विविधता की भूमिका (role) पर चर्चा की जाती है।
4. समझाइए क्यों?
   (क) उपभोक्ताओं की संयुक्त अधिकतम मांगका एक समूह उनकी व्यक्तिगत अधिकतम मांगकी राशि से अधिक नहीं है।
   (ख) दो प्रणालियों के लोड की अवधि वक्रका मिलान नहीं हो सकता है, भले ही उनकी अधिकतम मांगऔर लोड फैक्टरसमान हो।
   (ग) एक संयंत्र का उपयोग फैक्टर1 से अधिक हो सकता है।
5. कोल्ड रिजर्व, हॉट रिजर्व, ऑपरेटिग रिजर्व और स्पिन रिजर्व को परिभाषित करें।
6. संयंत्र क्षमता फैक्टर और प्लांट यूज फैक्टर और के साथ-साथ विद्युत शक्ति प्रणाली में प्रत्येक के महत्व का वर्णन करें।
7. लोड वक्रऔर लोड अवधि वक्रके महत्व पर चर्चा करें।
8. अंतर बताएं
   (क) क्षमता फैक्टर और यूटिलाइजेशन फैक्टर
   (ख) वक्रलोड करें और अवधि वक्रलोड करें.
   (ग) बेस लोड और पीक लोड.
   (घ) बेस लोड प्लांट और पीक लोड प्लांट
   (ङ) निर्धारित लागत और परिचालन लागत
   (च) सीधी रेखाका अवमूल्यन और निधि का अवमूल्यन।
   (छ) ब्राउनआउट और ब्लैकआउट (ज) एकीकृत लोड अवधि वक्रऔर लोड अवधि वक्र.
   (झ) स्थापित क्षमताऔर फर्म क्षमता.
9. मूल्य ह्रास क्या है?
10. किस प्रकारके संयंत्र में सबसे अधिक पूंजी लागत होती है?
11. आप उत्पादन की लागत को कैसे वर्गीकृत कर सकते हैं?
12. ब्याज दर वार्षिक सिकिग फंड मूल्यह्रास आरक्षित निधि को क्यों प्रभावित करती है?

13. इकाई उत्पादन लागत पर लोड फैक्टर का क्या प्रभाव पड़ता है?
14. परिचालन लागत के घटक क्या हैं?
15. ब्राउनआउट का क्या कारण है?
16. ब्लैकआउट क्यो होता है?
17. बिजली के ब्लैकआउट या ब्राउन आउट के दौरान क्या करें?
18. भारत में होने वाले अतीत के ब्लैक आउट को समझाएं।
19. अतीत में अमेरिका और कनाडा में हुए ब्लैकआउट की व्याख्या करें।
20. इटली, ब्राज़ील और इंडोनेशिया में हुए ब्लैकआउट के बारे में विस्तार से बताइए।
21. क्षेत्रीय और राष्ट्रीय ग्रिडमें ग्रिडदोष के कारण क्या हैं?
22. क्षेत्रीय और राष्ट्रीय ग्रिडमें ग्रिडफाल्टो के क्या प्रभाव हैं?
23. विद्युत संयंत्रों के संयुक्त संचालन के प्रत्येक लाभ को समझाएं।
24. आप संयुक्त संचालन के लिए बिजली संयंत्रों का चयन कैसे कर सकते हैं?

संख्यात्मक प्रश्न

1. एक बिजली संयंत्र की अधिकतम मांग100 किलोवाट है। उपयोग फैक्टर0.8 है और कैपेसिटी फैक्टर 0.6 है। निम्नलिखित का निर्धारण करें लोड फैक्टर, प्लांट कैपेसिटी, रिजर्व कैपेसिटी और वार्षिक ऊर्जा घटक।
2. एक बिजली संयंत्र अधिकतम 200 मेगावाट की मांगको पूरा कर सकता है। यदि वार्षिक भारफैक्टर0.55 है तो वार्षिक रूप से उत्पादित ऊर्जा की कुल मात्रा का निर्धारण करें।
3. एक उत्पादन केंद्र के लिए अधिकतम मांग450 मेगावाट है, और यह 600 मेगावाट से जुड़आ हुआ है। वार्षिक ऊर्जा उत्पादन 2×10^9 किलोवाट घंटा है। लोड फैक्टर और डिमांड फैक्टर को निर्धारित करें।
4. एक बिजली संयंत्र की वार्षिक लोड अवधि वक्रएक सीधी रेखामें 50 मेगावाट से 10 मेगावाट तक चलती है। मांगको समायोजित करने के लिए, तीन 20 मेगावॉट के प्रत्येक अल्टरनेटर का निर्माण किया जाता है। स्थापित क्षमता, प्लांट फैक्टर, अधिकतम मांग,लोड फैक्टर और यूज फैक्टर का निर्धारण करें।
5. पावर प्लांट का लोड वक्रविभिन्न समयपर निम्न मान के साथ रैखिक (linear) हैः

टाइम	12	2	5	8	5	6	9	12
लोड MW	25	15	15	60	55	100	100	20

(क) तंत्र के लिए कालानुक्रमिक लोड वक्रतथा लोड अवधि वक्रप्लॉट करें.

(ख) ऊर्जा भार वक्र और द्रव्यमान वक्रको प्लॉट करें।

(ग) सिस्टम के लोड फैक्टर का पता लगाएं.

(घ) यदि स्टेशन की क्षमता145 मेगावॉट है तो क्षमताफैक्टरऔर यूटिलाइजेशन फैक्टर का पता लगाएं।

6. एक पावर स्टेशन की वार्षिक लोड अवधि एक सीधी रेखाहै। अधिकतम 45 मेगावॉट और मिनिमम लोड 25 मेगावॉट है। संयंत्र की क्षमता38 मेगावॉट है। (क) प्लांट कैपेसिटी फैक्टर (ख) लोड फैक्टर (ग)यूटिलाइजेशन फैक्टर का पता लगाएं।

7. बिजली संयंत्र के बिजली उत्पादनउपकरणकी लागत 17,85,000 है और इसका जीवन काल 28 वर्षों का है यदि उपकरणो का बचत मूल्य83,000 है और वार्षिक ब्याज दर 7% है, तो यह निर्धारित करें कि सीधी-लाइनविधि और सिकिग फंड विधि द्वारा बचत की जाने वाली वार्षिक राशि क्या है।

8. 60 प्रतिशत लोड फैक्टर पर काम करने वाले 150 मेगावाट के स्टीम स्टेशन की ऊर्जा लागत ऊर्जा उत्पादन के 12 पैसे/केडब्ल्यूएच के बराबर है। यदि लोड फैक्टर को बढ़ाकर 70% कर दिया जाए तो ऊर्जा उत्पादनकी लागत क्या होगी? ऊर्जा उत्पादनमें वृद्धि के कारण बिजली स्टेशन की ईंधन लागत वार्षिक उत्पादनलागत को 8% तक बढ़ा देती है।

9. एक उद्योग का दैनिक भारइस प्रकार है। पहले 1 घंटे में 200 किलोवाट, अगले 7 घंटों के लिए 150 किलोवाट, अगले 8 घंटो के लिए 50 किलोवाट और 1 किलोवाट और 2 घंटा और 2 घंटा और 3 घंटा और 2 घंटा। प्रवृत्त प्रशुल्क प्रति वर्षअधिकतम मांगकी प्रति किलोवाट 1000.00 प्रति किलोवाट और प्रति किलोवाट 2.25 है। बिजली के लिए प्रति वर्ष365 दिन खर्च की खोज करें।

10. एक ग्राहक को प्रति वर्ष 10 लाख वर्ष की आवश्यकता होती है। वार्षिक भार फैक्टर 50% है। शुल्क 1200.00 प्रति किलोवाट प्रति इकाई और प्रति इकाई 240 के हिसाब से है। ऊर्जा लागत में बचत का पता लगाएं यदि उसका ऊर्जा फैक्टर उसके लोड फैक्टर को 100% तक सुधारता है।

जानें और भी बातें

1. एक विद्युत प्रणाली में सक्रिय और प्रतिक्रियाशील शक्तिकी भिन्नता क्रमशः सिस्टम आवृत्ति और सिस्टम वोल्टेज को प्रभावित करती है। लोड परिवर्तन की परवाह किए बिना सिस्टम आवृत्ति और सिस्टम वोल्टेज को स्थिर रखा जाना चाहिए। विद्युत प्रणाली स्वतः आवृत्ति और वोल्टेज स्थिरांक को बनाए रखती है।

2. लोड पूर्वानुमान बिजली प्रणालियों में एक महत्वपूर्ण मुद्दा है। इसे दीर्घावधि और अल्पकालिक भारपूर्वानुमान में विभाजित किया गया है। लॉन्ग-टर्म लोड पूर्वानुमान भविष्य की मांगके लिए उपयोगिता में मदद करता है और अतिरिक्त उत्पादन इकाइयों सहित अतिरिक्त बुनियादी ढांचे के लिए तैयार करता है जो भविष्य में आवश्यक होंगे। अल्पकालिक लोड पूर्वानुमान बिजली प्रणाली के संचालन की निगरानी और नियंत्रण के लिए है।

3. बिजली की मांगदिन-प्रतिदिन बढ़ती जा रही है, लेकिन बिजली की कीमतों में गिरावट का रुख देखा जा रहा है। इसका कारण उत्पादन इकाई के आकार में वृद्धि, संयंत्र की लागत में कमी, संयंत्र की बेहतर कार्यकुशलता, संयंत्र का आर्थिक संचालन, संयंत्रों का एकीकृत संचालन तथा परिवहन हानि में कमी है।
4. विद्युत प्रणाली में विभिन्न प्रकार के दोष होते हैं। वे सममितीय दोष और असममितीय दोष हैं।सममितीय दोषों के मामले में,फॉल्ट करंट सममितीय(सिमिट्रिकल) होते हैं, सभी फेज में बराबर। थ्री फेज शॉर्ट सर्किट या तीनों फेज ग्राउंड के साथ शॉर्ट सर्किट होने पर सिमिट्रिकल फॉल्ट होता है। दूसरी ओर, जब सभी चरणों में दोष धारा/वोल्टेज समान नहीं होते हैं, तो दोष को एक असममित (असिमिट्रिकल) दोष कहा जाता है। एक असममित दोष एक एकल-लाइन-टू-ग्राउंड फॉल्ट(L-G), डबल-लाइन-टू-ग्राउंड फॉल्ट (L-L-G)या डबल-लाइन शॉर्ट-सर्किट (L-L) हो सकती है।

संदर्भ और सुझाव पठन

1. गुप्ता, बीआर, विद्युत ऊर्जा उत्पादन, एस. चंद और कंपनी नई दिल्ली, 2017।
2. गुप्ता, जेबी. इलेक्ट्रिकल पावर में कोर्स-एस. के. कटारिया और सन्स, नई दिल्ली 2014.
3. हुसैन, अशफाक. विद्युत ऊर्जा प्रणालियां, सीबीएस प्रकाशन और वितरक, नई दिल्ली (2007)।
4. वाधवा सीएल. विद्युत ऊर्जा प्रणालियां. न्यू एज इंटरनेशनल 2006।
5. मूर्ति, पी. पीएस। आरआर. विद्युत ऊर्जा प्रणालियां. बटरवर्थ-हीनमैन, 2017।
6. बंदोपाध्याय, एम. एन. एन. विद्युत शक्तिप्रणालीः सिद्धांत और प्रैक्टिस। पीएचआई लर्निंग प्राइवेट लि. लिमिटेड, 2006.
7. रिवास, एंजेल एस्टिबन लैब्राडोर और तौफीक अब्रो। "स्मार्ट ग्रिडप्रणालियों में खामियां: निगरानी, पता लगाना और वर्गीकरण." "इलेक्ट्रिक पावर सिस्टम्स रिसर्च 189 (2020): 106602."
8. कोविड-19 की रोकथाम और प्रबंधन के लिए किए गए प्रयासों की जानकारी के लिए स्वास्थ्य और परिवार कल्याण मंत्रालय ने स्वास्थ्य और परिवार कल्याण मंत्रालय के हेल्पलाइन नंबर https:// ।ea.bb.cores. ।n.net/Asks/68002e5-537c-4e12-8c40-e8163cf69d6/Blacks.pdf.gov. ।n पर संपर्क किया जा सकता है।
9. वीडी, बिरेन मैथ्यू, ब्रायन जॉन कोरी, निक जेनकिस, जनक बी. एकानायके और गोरान स्ट्रैबैक। इलेक्ट्रिक पावर सिस्टम। जॉन विले और संस, 2012।
10. वाधवा, सी. एल. एल. विद्युत ऊर्जा का उत्पादन, वितरण और उपयोग. न्यू एज इंटरनेशनल, 1989।

परिशिष्ट

परिशिष्ट-A **महाराष्ट्र में थर्मल प्लांट**

स्रोतः https://ce.nic.in/wp-content/अपलोड/pdm/2021/06/list_power_station_2021.pdf

महाराष्ट्र मध्य भारत के राज्यों में से एक है, जहां मुख्य रूप से घरेलू खपत के लिए पर्याप्त मात्रा में बिजली का उत्पादन होता है। वर्षों से राज्य में कच्चे तेल और प्राकृतिक गैस की आपूर्ति बहुतायत में होने के बाद से कई तापविद्युत संयंत्र स्थापित किए गए हैं। इसके अलावा, ये बिजली संयंत्र मुख्य रूप से बाहरी इलाके में स्थित हैं, जो विभिन्न निगमों को भारी बिजली जनरेटर और ग्रिडओवरले को शामिल करने में मदद करते हैं। इन अनुकूल परिस्थितियों के कारण महाराष्ट्र में कई तापविद्युत संयंत्र हैं। महाराष्ट्र सरकार ने यह सुनिश्चित करने के लिए कई नियम लागू किए हैं कि ये बिजली संयंत्र पनप सकें और आने वाले वर्षों में बिजली प्रदान करना जारी रख सकें।

महाराष्ट्र में ताप विद्युत संयंत्रों की सूची

महाराष्ट्र का सबसे बड़ा तापविद्युत संयंत्र, चंद्रपुर सुपर तापविद्युत संयंत्र है। इस संयंत्र की क्षमता2920 मेगावाट है। इस संयंत्र में 500 मेगावाट क्षमताके पांच जनरेटर और 210 मेगावाट क्षमताके दो जनरेटर मौजूद हैं। यहां, पानी चारगांव और इराई बांधों से लिया जाता है, जबकि ईंधन की आपूर्ति निकटतम कोयला खानों से की जाती है। इस संयंत्र के अलावा, महाराष्ट्र के लंबे तापविद्युत संयंत्रों की सूची में अन्य नाम भी हैं, जैसेः

1. तिरोदा पावर प्लांट
2. नासिक थर्मल पावर स्टेशन
3. पारस थर्मल पावर स्टेशन
4. भुसावल थर्मल पावर प्लांट
5. कोराडी सुपर थर्मल पावर प्लांट
6. सोलापुर सुपर थर्मल पावर प्लांट
7. वर्धा पावर कंपनी लि.
8. अडानी दहानू थर्मल पावर स्टेशन
9. जिदल थर्मल पावर प्लांट

परिशिष्ट-बी सौर ताप संयंत्र का अनुप्रयोग उपयोजन

सौर जल तापन (SHW) प्रणाली

अंतर्राष्ट्रीय स्तर पर सौर जल तापन को सबसे आशाजनक विकेंद्रीकृत सौर अनुप्रयोगों में से एक के रूप में पहचाना गया है, जिसमें बिजली की खपत को कम करने और परिणामी उत्सर्जन में कमी की महत्वपूर्ण क्षमताहै। इसे तेजी से एक अनुप्रयोग के रूप में पहचाना जा रहा है जो शहरी क्षेत्रों और उद्योगों को ग्रिडपर उनकी निर्भरता को कम करने और डीजल/गैस की खपत को कम करने में मदद कर सकता है। सौर जल हीटर में सौर ऊर्जा एकत्र करने के लिए एक संग्राहक और गर्म पानी के भंडारणके लिए एक इंसुलेटेड स्टोरेज टैंक होता है। अवशोषक पैनलपर चयनित कोटिंग के साथ सौर ऊर्जा की घटना अवशोषक पैनलके नीचे के रिजर्व पाइपों में गर्मी को स्थानांतरित करती है। रिसर से गुजरने वाला पानी गर्म हो जाता है और स्टोरेज टैंक में भेज दिया जाता है। संग्राहक में अवशोषक पैनलके माध्यम से एक ही पानी का पुनः परिसंचरण एक अच्छे धूप वाले दिन में तापमान को 800 डिग्री सेल्सियस (अधिकतम) तक बढ़ता है। सौर संग्राहकों, भंडारणटैंकों और पाइपलाइनों के साथ कुल प्रणाली को सौर गर्म पानी की प्रणाली कहा जाता है। सौर जल तापन प्रणाली की दो श्रेणियां हैं। ये क्लोज लूप सिस्टम और ओपन लूप सिस्टम हैं।

पहले में, सिस्टम को बोरवेल से प्राप्त कठोर जलसे बचाने के लिए या ठंडे क्षेत्रों में ठंड के तापमान से बचाने के लिए हीट एक्सचेंजर लगाए जाते हैं। दूसरे प्रकार में, या तो थर्मोसाइफन या जबरन संचलन प्रणाली, प्रणाली का पानी वायुमंडल में एक बिदु या किसी अन्य बिदु पर खुला रहता है। थर्मोसाइफॉन प्रणालियां सरल और अपेक्षाकृत सस्ती हैं। वे घरेलू और स्मॉल इंस्टीट्यूशनल सिस्टम के लिए उपयुक्त हैं, बशर्ते कि पानी का शोधन हो और गुणवत्ता में पीने योग्य हो। मजबूरन परिसंचरण प्रणाली बिजली के पंपों को संग्राहकों और स्टोरेज टैंकों के माध्यम से पानी का भंडारणकरने के लिए नियोजित करती है। प्रणाली का चयन गर्मी की आवश्यकताओं, मौसम की स्थिति, तापमानपर निर्भर करता है

तरल पदार्थ की गुणवत्ता, अंतरिक्ष उपलब्धता, वार्षिक सौर विकिरण, आदि। SWH प्रणाली किफायती, प्रदूषण मुक्त और हमारे जैसे गर्म देशों में संचालित करने के लिए आसान है। संग्राहक प्रणाली के आधार पर सौर जल तापन दो प्रकारके हो सकते हैं।

1. **फ्लेट प्लेट कलेक्टर (FPC) प्रकार SWH प्रणाली:** एफपीसी में, फिन्स कॉपर ट्यूब से बने होते हैं, जिसमें चयनात्मक निकल क्रोम प्लेटिग होती है, जिसके लिए कॉपर ट्यूब अल्ट्रासोनिक रूप से वेल्डेड होते हैं। इन पंखों को एक एल्यूमिनियमफ्रेम के साथ एक इंसुलेटेड बॉक्स में मजबूत ग्लास से कवर किया जाता है। इस प्रकारकी प्रणाली में, पानी का तापमान 60 से 65 डिग्री सेल्सियस तक जाता है।

2. **निर्वासित ट्यूब कलेक्टर (ETC) प्रकार SWH प्रणालीः** निर्वासित ट्यूब सौर जल हीटर के अवशोषक हैं। वे सौर ऊर्जा को अवशोषित करते हैं जो इसे पानी के तापन में उपयोग के लिए गर्मी में परिवर्तित करते हैं। प्रत्येक खाली की गई ट्यूब में बोरोसिलिकेट ग्लास से बने दो ग्लास ट्यूब होते हैं। बाहरी ट्यूब पारदर्शी है जो प्रकाश किरणों को न्यूनतम परावर्तन के साथ गुजरने की अनुमति देता है। आंतरिक ट्यूब को एक विशेष यनात्मक कोटिग (अल-एन/अल) के साथ लेपित किया गया है, जिसमें उत्कृष्ट सौर विकिरण अवशोषण और न्यूनतम प्रतिबिब गुण होते हैं। इस प्रकारकी प्रणाली में, पानी का तापमान 85 डिग्री सेल्सियस तक जाता है।

आम तौर पर, पानी को रात में या बादल वाले दिनों में भंडारणके लिए, एक भंडारणटैंक की आवश्यकता होती है। ऐसा करने का एक बहुत ही सरल तरीका, गुरुत्वाकर्षण का उपयोग करना है। थर्मोसाइफॉन प्रणाली- थर्मोसाइफॉन प्रणाली का सिद्धांत यह है कि ठंडे पानी में गर्म पानी की तुलना में उच्च विशिष्ट घनत्व होता है, और इसलिए भारी होना नीचे गिर जाएगा। इसलिए, संग्राहक हमेशा पानी भंडारणटैंक के नीचे स्थित रहता है, ताकि टैंक का ठंडा पानी एक घटते हुए पानी के पाइप के माध्यम से संग्राहक तक पहुंचे। यदि संग्राहक पानी को गर्म करता है, तो पानी फिर से ऊपर उठता है और संग्राहक के ऊपरी छोर पर एक आरोही पानी के पाइप के माध्यम से टैंक तक पहुंचता है।

थर्मोसाइनियम प्रणालियां आर्थिक रूप से घरेलू जल तापन प्रणाली के रूप में काम करती हैं, और इसकासिद्धांत सरल है। थर्मोसाइफॉन सिस्टम के विपरीत, एक विद्युत पंप का उपयोग प्रणाली के माध्यम से पानी को स्थानांतरित करने के लिए किया जा सकता है। संग्राहक और स्टोरेज टैंक को स्वतंत्र रूप से स्थापित किया जा सकता है और टैंक कलेक्टर के बीच कोई ऊंचाईअंतर आवश्यक नहीं है। इस प्रकारकी प्रणाली का उपयोग मूल रूप से वाणिज्यिक और औद्योगिक अनुप्रयोगों के लिए किया जाता है।

ईंधन की बचतः 100 लीटर की क्षमतावाला एसडब्ल्यूएच आवासीय उपयोग के लिए बिजली के गीजर की जगह ले सकता है और सालाना 1500 यूनिट बिजली की बचत करता है।

उत्पादन क्षमता में कमीः 100 लीटर क्षमतावाले 1000 एसडब्ल्यूएच का उपयोग 1 मेगावाट के शिखर लोड शेडिग में योगदान दे सकता है।

पर्यावरणीय लाभः 100 लीटर की क्षमतावाला एसडब्ल्यूएच प्रति वर्ष1.5 टन कार्बन डाइऑक्साइड के उत्सर्जन को रोक सकता है।

केंद्रीय वित्तीय सहायताः एमएनआरई के अनुसार सौर जल तापन प्रणाली के लिए कोई पूंजी सब्सिडी उपलब्ध नहीं है, भारत सरकार के पत्न संख्या 30/31/2012-13/एनएसएम दिनांक 19 सितंबर 2014 के अनुसार।

हमारे कार्यक्रम की स्थिति/उपलब्धिः वर्ष2011-12 और 2012-13 के लिए एमईडीए को राज्य में अधिकतम अधिष्ठापन के लिए लगातार दो पुरस्कार प्राप्त हुए हैं।

परिशिष्ट-सी सौर अनुप्रयोग उपयोजन

स्रोतः महाराष्ट्र ऊर्जा विकास एजेंसी (MEDA)

सौर स्ट्रीट लाइट

सौर फोटोवोल्टिक (एसपीवी) मॉड्यूल के सोलर स्ट्रीट लाइटिंग सिस्टम कंसिस्ट, एक ल्यूमिनरी, भंडारणबैटरी, नियंत्रणइलेक्ट्रॉनिक्स, नियंत्रणतार/केबल, हार्डवेयर और बैटरी बॉक्स सहित मॉड्यूल माउंटिंग पोल। यह ल्यूमिनरी व्हाइट लाइट एमिटिंग डायोड (डब्ल्यू-एलईडी)/सीएफएल पर आधारित है। जमीन पर रोशनी को अधिकतम करने के लिए एक उपयुक्त कोणपर पोल पर ल्यूमिनरी लगाया जाता है। पीवी मॉड्यूल को ध्रुव कोणके शीर्ष पर दक्षिण की ओर स्थित कोणपर रखा गया है ताकि यह दिन भर सौर विकिरण प्राप्त करता रहे, बिना किसी छाया के। एक बैटरी को पोल से जुड़ए बॉक्स में रखा जाता है। पीवी मॉड्यूल द्वारा उत्पादित बिजली दिन समयके दौरान बैटरी को चार्ज करती है जो शाम से सूर्योदय तक रोशनी को शक्ति देती है। सिस्टम शाम को रोशनी करता है और सुबह के समयस्वचालित रूप से बंद हो जाता है।

फायदे

1. यह एक स्टैंडअलोन सिस्टम है और वहां भी काम करता है जहां कोई ग्रिडआपूर्ति नहीं है
2. कहीं भी परिवहन और स्थापित करने के लिए आसान और दूरस्थ क्षेत्रों के लिए उपयुक्त है
3. बिना लागत के प्रतिदिन 10-12 घंटे प्रकाश की व्यवस्था हो सकती है
4. स्थानीयनिकायों के लिए वरदानहोता है क्योंकि वे बिजली की खपत सुरक्षित कर सकते हैं
5. मैनुअल ऑपरेशन की कोई आवश्यकता नहीं है क्योंकि इसमें स्वचालित स्विच ऑन/ऑफ सुविधा है

स्थानीयनिकायों-पंचायतों, नगर निगमों आदि द्वारा एसपीवी स्ट्रीट लाइट लगाई जा रही हैं। बड़ी संख्या में सब्सिडी का लाभ उठाकर ताकि आवर्ती बिजली खपत शुल्क को कम किया जा सके. गैर-लाभ संगठन भी अपने परिसरों के लिए उनका उपयोग कर सकते हैं।

तकनीकी विनिर्देश के लिए यहां क्लिक करें-http://mnre.gov.in/सूचना/सिस्टम-विनिर्देश/

सौर लालटेन

सौर लालटेन एक पोर्टेबल प्रकाश उपकरण है जिसमें पीवी मॉड्यूल, बैटरी, लैंप और इलेक्ट्रॉनिक्स शामिल हैं। बैटरी, लैंप और इलेक्ट्रॉनिक्स को एक उपयुक्त आवास में रखा जाता है, जो धातु या प्लास्टिक या फाइबर ग्लास से बना होता है। सौर लालटेन या तो इनडोर या आउटडोर लाइटिग के लिए उपयुक्त है, जिसमें 360 डिग्री की पूरी रेंज शामिल है। पीवी मॉड्यूल सूर्य की रोशनी को बिजली में परिवर्तित करता है, बैटरी को चार्ज करता है जो रोशनी को शक्तिदेता है। लुमिनायर में कॉम्पैक्ट फ्लोरोसेंट लैंप (सीएफएल) और एक इलेक्ट्रॉनिक सर्किट होता है।

फायदे

1. यह एक प्रदूषण मुक्त, पोर्टेबल प्रकाश युक्तिहै।
2. यह देर रात तक घर में काम करने और स्टडी करने के लिए रात के समय में उपयोगी होता है।
3. सौर लालटेन का उपयोग और संचालन बहुत ही सरल है।
4. यह सौर लालटेन के मॉडल और प्रकारके आधार पर 3 से 4 घंटे की निरंतर प्रकाश प्रदान कर सकता है।

   तकनीकी विशिष्टताओं के लिए यहां क्लिक करें http://mnre.gov.in/सूचना/सिस्टम-विनिर्देश/

सौर घर की रोशनी

सोलर होम लाइटिग सिस्टम (एसएचएस) एक घर के एक या एक से अधिक कमरों में रोशनी के आरामदायक स्तरप्रदान करता है। एसएचएस में एक पीवी मॉड्यूल, नियंत्रण इलेक्ट्रॉनिक्स, बैटरी और लाइमायर (एस) शामिल हैं। कॉम्पैक्ट फ्लोरोसेंट लैंप (सीएफएल) पर आधारित एक, दो, या चार ल्यूमिनियर्स की विशेषता वाले कई एसएचएस मॉडल हैं। इस प्रणाली का उपयोग एक छोटे डीसी प्रशंसक या सीएफएल के साथ एक 12-वोल्ट डीसी टेलीविजन को चलाने के लिए भी किया जा सकता है। पीवी मॉड्यूल सूर्य की रोशनी को बिजली में परिवर्तित करता है, जो इलेक्ट्रोनिक सर्किट और कॉम्पैक्ट फ्लोरोसेंट लैंप (सीएफएल) से युक्त है।

बैटरी चालित वाहन

बैटरी चालित वाहन-सतही परिवहन के लिए वैकल्पिक ईंधन

बैटरी चालित वाहन (BOVs) बैटरी द्वारा संचालित होते हैं और ध्वनि और वायु प्रदूषण से मुक्त होते हैं। वे आदर्श रूप से अस्पतालों, कारखानों, शैक्षिक संस्थानों, वन्य जीवन अभयारण्यों, हवाई अड्डों और ऐतिहासिक महत्व के स्थानों में उपयोग के लिए उपयुक्त शहरों के लिए उपयुक्त हैं। बीओवी को सार्वजनिक परिवहन वाहनों के रूप में संचालित किया जा सकता है- BOVs यात्री कारों, 10 सीटर ऑटो रिक्शा और 12 सीटर वैन के रूप में उपलब्ध हैं। एमएनआरई इसके लिए सब्सिडी प्रदान करता है।

बैटरी चालित वाहन (दोपहिया) के निम्नलिखित लाभ हैं

1. उनके पास शून्य उत्सर्जन है और वे वातावरण को प्रदूषित नहीं करते हैं।
2. वे 60 किलोमीटर की दूरी तय करने के लिए केवल 1.5 किलोवाट बिजली की खपत करते हैं।
3. एक बार में 30-50 किलोमीटर की दूरी तय की जा सकती है। यह क्षमताऔसत, दोऔसत, दोपहिया-सवारों की क्षमताको पूरा करती है।
4. अधिकांश का उपयोग दिन के दौरान किया जाता है और देर रात में चार्ज किया जा सकता है, जो बिजली के लोड को संतुलित करने में लाभप्रद है।
5. इलेक्ट्रिक बाइक मानव श्रम को कम करती है। वे संरचनात्मक रूप से सरल, चार्ज करने में सुविधाजनक और संचालित करने में आसान हैं। उपयोगकर्ताओं को उन्हें संचालित करने के लिए ड्राइवर लाइसेंस की आवश्यकता नहीं है.
6. वे शहर की सड़कों के साथ सुसंगत हैं।
7. इससे शहरों में ट्रैफिक संकुलन कम होगा।
8. इससे ऊर्जा की खपत कम करने में सहायता मिलेगी। उनकी वार्षिक परिचालन लागत मोटरसाइकिलों की लागत का लगभग 15% है।

कार्यक्रम के उद्देश्य

- सतही परिवहन के लिए उपयोगकर्ताओ द्वारा सभी प्रकार के बैटरी-संचालित वाहनों (बीओवी), प्लग हाइब्रिड वाहनों (पीएचईवी), हाइब्रिड इलेक्ट्रिक वाहनों (एचईवी) और इलेक्ट्रिक/व्यायाम-बाइक जनरेटर इन्वर्टर (ई2बीआई) के उपयोग के लिए समर्थन।

- अनुसंधानऔर विकास परियोजनाओं के लिए उन्नत उच्च ऊर्जा घनत्व बैटरी, अल्ट्रा-कैपेसिटर, नियंत्रणप्रणाली और बैटरी संचालित इलेक्ट्रिक, प्लग हाइब्रिड और सतह परिवहन के लिए हाइब्रिड इलेक्ट्रिक वाहनों के लिए अन्य घटकों पर समर्थन।

- बैट्री ऑपरेटेड व्हीकल, प्लग हाइब्रिड व्हीकल, हाइब्रिड इलेक्ट्रिक व्हीकल और इलेक्ट्रिक एक्सरसाइज-बाइक जनरेटर इनवर्टर (ई2बी1) के लिए तकनीकी प्रदर्शन तथा व्यावसायीकरण के लिए पायलट परियोजना के लिए समर्थन।

- विद्युत वाहनों, प्लग हाइब्रिड वाहनों और हाइब्रिड इलेक्ट्रिक वाहनों आदि के क्षेत्रमें शिक्षा और प्रशिक्षण, सेमिनार/सम्मेलन/संगोष्ठी के माध्यम से जागरूकता बढाने से संबंधित गतिविधियों के लिए समर्थन।

सौर पम्प

भारत में, सिचाई अनुप्रयोगों के लिए बिजली और डीजल-संचालित पानी पम्पिग सिस्टम का व्यापक रूप से उपयोग किया जाता है। सौर ऊर्जा से चलने वाला पम्प सूर्य की शक्तिपर चलने वाला पम्प है। यह सौर ऊर्जा का कुशल उपयोग करता है और इसे विद्युत ऊर्जा में परिवर्तित करता है ताकि पानी को ऊंचाइयों पर पम्प किया जा सके। सौर ऊर्जा से चलने वाला पम्प पर्यावरण के अनुकूल और किफायती हो सकता है। यह प्रणाली सौर पीवी (फोटोवोल्टिक) प्रणाली का उपयोग करके उत्पन्न बिजली पर संचालित होती है। फोटोवोल्टिक ऐरे सौर ऊर्जा को बिजली में परिवर्तित करता है, जो मोटर पंप सेट चलाने के लिए उपयोग किया जाता है। पम्पिग प्रणाली खुले कुएं, बोरवेल, तालाब आदि से पानी खींचती है। जल पम्पिग प्रणाली का उपयोग भूमि को सिचित करने के लिए किया जा सकता है जब पानी को एक कुएं या तालाब की गहराई से पंप किया जाना है।

सौर जल पंपों के फायदेः

1. इससे ऊर्जा की बचत करने में मदद मिलती है।
2. इसमें कोई ईंधन लागत नहीं है क्योंकि यह मुफ्त सूर्य की रोशनी का उपयोग करता है।
3. बिजली की जरूरत नहीं है।
4. इसे जीवन भर संचालित किया जा सकता है।
5. यह बेहद विश्वसनीय और टिकाऊ है।
6. संचालन और रखरखाव में आसानी

7. यह पीने के पानी की साफ-सफाई और सिचाई के लिए भी उपयोगी है।
8. यह बारिश पर निर्भरता को कम करता है।
9. यह फसलों की संख्या बढाकर किसानो के लिए धन का सृजन करता है।

सौर पंपों के प्रकार -

सौर पम्प दो प्रकार के होते हैं। सतही पंप जमीन के ऊपर स्थित होते हैं और पाइप के माध्यम से पानी को स्थानांतरित करते हैं। ये धीमी गति से बडी माला में पानी ले जाने में मददगार होते हैं। सतही पंप आमतौर पर खेतो या बडीसिचाई प्रणाली पर पाए जाते हैं जहां पानी को एक झील या अन्य शरीर से खेतो या लैंडस्केपिग में ले जाने की आवश्यकता होती है। इसमें सौर जल पम्प भी हैं। ये इकाइयां भूमिगत हैं, लेकिन सौर पैनल जमीन के ऊपर जुडेहुए हैं। कुओं के अंदर से पानी को सतह पर ले जाने के लिए सबमर्सिबल पंपों का उपयोग किया जाता है।

सौर पंप के तकनीकी विनिर्देश के लिए कृपया निम्नलिखित लिक का पालन करेंः http://mnre.gov.in/info/ systems -specification/

परिशिष्ट-डी ग्रिडकी विफलता

स्रोतः महाराष्ट्र ऊर्जा विकास एजेंसी (MEDA)

पावर ग्रिडकी विफलता

भारत में पांच ग्रिड क्षेत्रहैं। वे हैं -

1. उत्तरी
2. वेस्टर्न
3. दक्षिणी
4. पूर्वी
5. उत्तर-पूर्व.

इन सभी क्षेत्रों में से एनआर, ईआर, डब्ल्यूआर और एनईआर को सिंक्रनाइज़ किया गया है जिसे न्यू ग्रिडके नाम से जाना जाता है। जबकि SR एसी लाइनों के साथ शेष क्षेत्रों के साथ सिंक्रनाइज़ नहीं है और इसलिए थोडा अलग आवृत्ति पर चल सकता है। एसआर केवल एचवीडीसी लिंक के साथ डब्ल्यूआर और ईआर से जुडा हुआ है।

दुनिया भर में प्रमुख बिजली ग्रिडविफलताओं का इतिहास

लेख	प्रभावित लोग (लाखों)	स्थान	तारीख़
जुलाई 2012 भारत ब्लैकआउट	670	भारत	30-31 जुलाई 2012
2005 जावा-बाली ब्लैकआउट	100 के पार	इंडोनेशिया	18 अगस्त 2005
1999 ब्राजील ब्लैकआउट	97	ब्राज़ील	११ मार्च १९९९
2009 ब्राज़ील और पराग्वे	87	ब्राज़ील, पराग्वे	10-11 नवंबर, 2009
2003 का उत्तर-पूर्व ब्लैकआउट	55	अमेरिका, कनाडा	14-15 अगस्त 2003
२००३ इटली ब्लैकआउट	55	इटली, स्विट्ज़रलैंड, ऑस्ट्रिया, स्लोवेनिया, क्रोएशिया	28 सितंबर 2003
1965 में उत्तर-पूर्व का ब्लैकआउट	30	अमेरिका, कनाडा	9 नवंबर. 1965

भारत में 2012 का ब्लैकआउटः जुलाई 2012 भारत का ब्लैकआउट

इतिहास में सबसे बड़आ बिजली संकट था, जो 30 और 31 जुलाई 2012 को दो अलग-अलग घटनाओं के रूप में हुआ। इस बीमारी ने उत्तरी, पूर्वी और पूर्वोत्तर भारत के 22 राज्यों में 620 मिलियन से अधिक लोगों को प्रभावित किया, जो

दुनिया की आबादी का लगभग 9% है, या भारत की आबादी का आधा हिस्सा है। इस आउटेज में अनुमानित 32 गीगावॉट उत्पादनक्षमताको ऑफ़लाइन कर दिया गया।

भारत में विद्युत का इतिहासः

भारतीय विद्युत संरचना को आम तौर पर अविश्वसनीय माना जाता था। इससे पहले 2001 में उत्तरी ग्रिडका पतन हो चुका था।

उत्पादित बिजली का 27% ट्रांसमिशन या चोरी में ख़तम हो गया था, जबकि पीक सप्लाई मांगके औसत9% से कम हो गई थी। इसलिए देश को बार-बार बिजली की कमी का सामना करना पड़ा जो 10 घंटे तक चल सकती थी।

लगभग 25% आबादी, लगभग 300 मिलियन लोगों के पास बिजली नहीं थी। बिजली उत्पादनस्टेशनो को ट्रांसमिशन लाइनो और सबस्टेशनो के एक इंटरकनेक्टेड नेटवर्क पर रखा गया है। ये उत्पादक स्टेशन इन ट्रांसमिशन लाइनों के माध्यम से बिजली की आपूर्ति करते हैं।

वितरण के लिए उत्तरदायी कंपनियां इन लाइनों के माध्यम से आने वाली बिजली को लेती हैं और इसे उपभोक्ताओं को आगे बढाती हैं। इस तरह से लाखों घरों में बिजली पहुंचती है।

ग्रिडकी स्थिरता मांग -आपूर्ति श्रृंखला के नाजुक संतुलन पर निर्भर करती है। लोड की माला उत्पन्न बिजली की माला के सीधे आनुपातिक है।

जब उत्पादित और खपत के बीच संतुलन ख़तम हो जाता है तो लोड अधिक हो जाता है तो यह लाइन की ट्रिपिग की ओर जाता है।

बिजली ग्रिडफेल होने के कारण

2012 की गर्मियों में, विफलता के कारण, अत्यधिक गर्मी के कारण नई दिल्ली में बिजली का उपयोग रिकॉर्ड स्तर तक पहुंच गया था, जिससे देश में कोयले की कमी हो गई थी. (क्योंकि जीवाश्म ईंधन स्टॉक सरकार द्वारा तर्कसंगत हैं और ऑफशोर आयात किया जाता है)।

मानसून के देर से आने के कारण पंजाब और हरियाणा में कृषि क्षेत्रों ने ग्रिड(किसानो द्वारा सिचाई के लिए ऊर्जा-गहन जल पंपो का उपयोग करना) से बिजली को बढादिया था ।

मानसून के अंत में उत्पादनमांगको पूरा करने के लिए ताप बिजली संयंत्रों पर भारबढ़ गयाथा और उत्पादनमांगको पूरा करने के लिए ताप बिजली संयंत्रों पर भारबढ़ गया।

बिजली का अवैध उपयोग भी बिजली ग्रिडकी विफलता का एक प्रमुख कारण है।

भारत की मूल ऊर्जा की कमी राजनीतिक रूप से सही कीमतों पर उपभोक्ताओं को बिजली बेचने की नीति के कारण है। कभी-कभी सस्ते और यहां तक कि मतदाताओं के लिए भी मुफ्त उर्जा दी जाती है।यहां सरकारी स्वामित्व वाले वितरण एकाधिकार विफल हो गए हैं। इस हानिका देश में सकल घरेलू उत्पाद के 1 प्रतिशत तक का अनुमान है।

ग्रिडफेल होने से प्रभावित राज्य

- उत्तरी ग्रिडपर राज्य-दिल्ली, हरियाणा, हिमाचल प्रदेश, जम्मू और कश्मीर, पंजाब, राजस्थान, उत्तर प्रदेश, उत्तराखड
- पूर्वी ग्रिडपर राज्य-बिहार, झारखड, ओडिशा, पश्चिम बंगाल
- पूर्वोत्तर ग्रिडपर राज्य-अरुणाचल प्रदेश, असम, मणिपुर, मेघालय, मिजोरम, नागालैंड, सिक्किम।
- बेस स्टेशन (33 केवी उप-स्टेशन) पर 11 केवी/415 वी ट्रांसफार्मर और संबंधित फीडर की लोडिग की सूचनाकी कमी अक्षम बिजली वितरण का एक प्राथमिक कारण है।
- निगरानी की अनुपस्थिति के कारण, ओवरलोडिग होती है, जिसके परिणामस्वरूप कम वोल्टेज ग्राहक को प्राप्त होता है और ट्रांसफॉर्मर और फीडर के बार-बार टूटने का खतरा बढ़ जाता है।
- वास्तव में, भारत में ट्रांसफार्मर ब्रेकडाउन दर लगभग 20% है, जबकि कुछ उन्नत देशों में यह 2% से कम है।

परिशिष्ट-ई जैव ऊर्जा

बायोगैस पावर/थर्मल (ऑफ ग्रिड) प्रोग्राम

स्रोतः महाराष्ट्र ऊर्जा विकास एजेंसी (एमईडीए)

ऑर्गेनिक डिग्रेडेबल वेस्ट से विकेंद्रीकृत बायोगैस आधारित परियोजनाओं को प्रोत्साहित करना महत्वपूर्ण है। इस तरह की परियोजनाओं को बढावा देने से व्यक्तिगत किसानों, ग्रामीण उद्योगों (उदाहरण के लिए कृषि/खाद्य प्रसंस्करण/किचन अपशिष्ट आदि) को लाभ होगा। इन अपशिष्ट पदार्थों से ऊर्जा की वसूली जैव मेथेनेशन प्रक्रिया के माध्यम से संभवहै क्योंकि अवायवीय पाचन खाद की तुलना में सबसे उपयुक्त विकल्प है। बायोगैस के रूप में लोकप्रिय मीथेन गैस (CH_4) ऊर्जा का एक ऐसा वैकल्पिक स्रोत है जिसे अन्य हाइड्रोकार्बन के रूप में ज्वलनशील गुणों के साथ एक उपयोगी हाइड्रोकार्बन के रूप में पहचाना गया है। बायोगैस आधारित थर्मल/बिजली उत्पादन परियोजनाओं को बढावा देने के लिए, विशेष रूप से छोटी क्षमतासीमा (केवीईक्यू से 250 केवीईक्यू) में, ऐसी परियोजनाओं को किसी भी ग्राम-स्तरीय संगठन, संस्थान, निजी उद्यमियों, या व्यक्तियों आदि के द्वारा शुरू किया जा सकता है। ग्रामीण क्षेत्रों में बिजली के उत्पादन के साथ-साथ तापीय अनुप्रयोगों के लिए भी यह उपयुक्त विकल्प है। बायोगैस परियोजना के सफलतापूर्वक चालू होने के बाद पुनर्भुगतान आधार पर राशि जारी की जा सकती है। बायोगैस संयंत्रों को परियोजना की मंजूरी की तारीख से 18 महीने के भीतर पूरा किया जाना चाहिए।

परिशिष्ट-एफ पवन ऊर्जा

स्रोतः महाराष्ट्र ऊर्जा विकास एजेंसी (MEDA)

वर्ष 1983-84 के बाद से भारत सरकार और महाराष्ट्र सरकार द्वारा निवेशक अनुकूल नीतिगत बदलाव के परिणामस्वरूप पवन ऊर्जा क्षेत्र का प्रभावी व्यावसायीकरण हुआ है। देश में कुल स्थापित क्षमता20492 मेगावाट में से 14156 मेगावाट पवन ऊर्जा परियोजनाएं हैं।

इससे भारत विश्व में पवन ऊर्जा का चौथा सबसे बड़ा उत्पादक बन गया है।

1. जर्मनी (27126 मेगावाट)

2. अमेरिका (40216 मेगावाट)

3. स्पेन (20674 मेगावाट)

4. भारत (14156 मेगावाट)

5. डेनमार्क (3805 मेगावाट)

6. चीन (38280 मेगावाट)

पवन क्षमता का आकलन -

देश में अनुमानित पवन ऊर्जा क्षमतालगभग 49130 मेगावाट है, जबकि महाराष्ट्र में यह 5439 मेगावाट है। 200 W/^{m2} से अधिक वार्षिक औसत वायु घनत्व वाले स्थानों को पवन ऊर्जा परियोजनाओं के लिए उपयुक्त माना जाता है। देश में ऐसे 339 स्थलों की पहचान की गई है, जिनमें से 40 स्थल महाराष्ट्र में हैं। निवेशकों में विश्वास पैदा करने के लिए एमएनआरई के सहयोग से प्रदेश में 7.34 मेगावाट की स्थापित क्षमता वाली परियोजनाओं की शुरूआत की गईहै। इसके अलावा एमईडीए ने अपनी निधियों से राजस्व सृजन के स्रोत के रूप में 3.75 मेगावाट अतिरिक्त पवन ऊर्जा परियोजना की स्थापना की है। इस प्रकार महाराष्ट्र में एमईडीए की पवन ऊर्जा परियोजना की कुल क्षमता11.09 मेगावाट है। महाराष्ट्र सरकार की निवेशक अनुकूल नीतियों और प्रदर्शन परियोजनाओं की तकनीकी व्यवहार्यता ने अब तक पवन क्षेत्र में 11895 करोड़ रुपये से अधिक का निजी निवेश आकर्षित किया है। मार्च 2011 तक राज्य में लगभग 2309 मेगावाट की निजी पवन ऊर्जा परियोजनाएं स्थापित की जा चुकी हैं।

तकनीकी उन्नतिः

तकनीकी प्रगति के कारण पवन ऊर्जा परियोजनाओं की वाणिज्यिक व्यवहार्यता धीरे-धीरे बढ़ रही है। 30 मीटर की ऊंचाईवाले 250 किलोवाट के पुराने पवन टर्बाइनों के स्थान पर 50 मीटर के 1.0 मेगावाट के एकल इकाई आकार के आकर्षक निवेश के लिए योजनाओं को प्रोत्साहन दिया जा रहा है।अधिक ऊंचाईके कारण उच्च पवन ऊर्जा घनत्व,प्रति मेगावाट कम स्थापना लागत और कम भूमि की आवश्यकता के कारण पवन टर्बाइनों के उच्च इकाई आकार का चयन किया जाता है।वर्तमान में देश में 1 मेगावाट की पवन टर्बाइनों का निर्माण किया जा रहा है और अभी भी 1.25 मेगावाट और 1.5 मेगावाट की उच्च क्षमता वाली इकाइयों का सेंटर फॉर पवन एनर्जी टेक्नोलॉजी (सी-डब्ल्यूईटी), चेन्नई में परीक्षण किया जा रहा है। घरेलू पवन टरबाइन उद्योग की उत्पादन क्षमता 500 मेगावाट प्रति वर्षहै, जो मांग के आधार पर प्रति वर्ष750 मेगावाट तक जा सकती है।

अधिक जानकारी के लिए संदर्भ

1. नाग. यूपी एसके. पावर प्लांट इंजीनियरिग, मैकग्रा हिल, नई दिल्ली, आईएसबीएन-978-9339204044
2. तन्मय देब, इलेक्ट्रिकल पावर जेनरेशन, खन्ना पब्लिशिग हाउस, दिल्ली (एड. 2018)
3. सोनी, गुप्ता, भटनागर, ए कोर्स इन इलेक्ट्रिकल पॉवर, धनपत राय और संस, 2005, ISBN: 9788121924962
4. सोलंकी चेतन सिह, नवीकरणीय ऊर्जा प्रौद्योगिकी-स्टार्टअप के लिए एक व्यावहारिक गाइड, पीएचआई स्कूल बुक्स (2008)।
5. सोलंकी, चेतन सिह, सोलर फोटोवोल्टेइक्सः फंडामेंटल्स, टेक्नोलॉजीज और एप्लीकेशन्स, पीएचआई लर्निंग, नई दिल्ली, आईएसबीएन-978120351110

6. गुप्ता, बीआर, विद्युत ऊर्जा उत्पादन, एस. चंद और कंपनी नई दिल्ली, 2017।

7. गुप्ता, जेबी. इलेक्ट्रिकल पावर में कोर्स-एस. के. कटारिया और सन्स, नई दिल्ली 2014.

8. वाधवा सी. एल. सी. विद्युत ऊर्जा प्रणालियां. न्यू एज इंटरनेशनल 2006।

9. वाधवा, सी. एल. एल. विद्युत ऊर्जा का उत्पादन, वितरण और उपयोग। न्यू एज इंटरनेशनल, 1989।

10. हुसैन, अशफाक. विद्युत ऊर्जा प्रणालियां, सीबीएस प्रकाशन और वितरक, नई दिल्ली (2007)।

11. वीडी, बिरेन, मैथ्यू, ब्रायन जॉन कोरी, निक जेनकिस, जनक बी। एकानायके और गोरान स्ट्रैबैक, इलेक्ट्रिक पावर सिस्टम। जॉन विले और संस, 2012।

12. मूर्ति, पी. पीएस। आर. आर., विद्युत ऊर्जा प्रणाली। बटरवर्थ-हीनमैन, 2017।

13. बंदोपाध्याय, एम. एन. एन. विद्युत शक्तिप्रणालीः सिद्धांत और प्रैक्टिस। पीएचआई लर्निंग प्राइवेट लि. लिमिटेड, 2006.

14. रिवास, एंजेल एस्टिबन लैब्राडोर और तौफीक अब्रो। "स्मार्ट ग्रिडप्रणालियो में खामियां: निगरानी, पता लगाना और वर्गीकरण." "इलेक्ट्रिक पावर सिस्टम्स रिसर्च 189 (2020): 106602."

15. एसके. हसन सईद और डा. एसके. एसके शर्मा, गैर-पारंपरिक ऊर्जा स्रोत कटारिया और संस, नई दिल्ली।

16. जीडी। पीएस। चौहान, एस. एसके. श्रीवास्तव, गैर-पारंपरिक ऊर्जा स्रोत, नए युग के अंतर्राष्ट्रीय प्रकाशक, तीसरे एड, 2012

17. तिवारी, जी. एनएन, सोलर एनर्जी-फंडामेंटल्स, डिजाइन, मॉडलिग और एप्लीकेशन, नरोसा पब्लिशिग हाउस, फोर्थ रिप्रिट 2019.

18. माइकल बॉक्सवेल, सोलर इलेक्ट्रिसिटी हैंडबुक और विटनेस ग्रीन स्ट्रीम पब्लिशिग लिमिटेड, यूके-2011

19. डॉ। एचएच. नागनगौडा, सौर ऊर्जा हैंड बुक (2014)

20. जीडी। मुखर्जी, नवीकरणीय ऊर्जा प्रणालियों के बुनियादी तत्व पेपरबैक, नए युग के अंतर्राष्ट्रीय प्रकाशक प्रथम संस्करण (2011)

21. जी. डी. राय, ऊर्जा के गैर-पारंपरिक स्रोत, खन्ना प्रकाशक, दिल्ली, 2012

22. कोठारी डी. पी. और सिग्रल के. सी., नवीकरणीय ऊर्जा स्रोत और इमर्जिंग टेक्नोलॉजीज, पीएचआई 2 संस्करण (2011)

23. मृदुला रमेश, जलवायु समाधान, नीलकमल प्रकाशन-2009

24. खारचेंको, एन. वी., ग्रीन पावरः इको फ्रेंडली एनर्जी इंजीनियरिग, टेक बुक्स और नई दिल्ली, 2008।

25. बनर्जी बी. जे. पी., भारत में ऊर्जा और पर्यावरण की हैंडबुक, ऑक्सफोर्ड विश्वविद्यालय प्रेस, 2005 भारत

26. कनिघम, डब्ल्यू. पी., पर्यावरण विज्ञान, 11 वें एड, मैकग्रा-हिल, 2010।

27. मैटेरियल और कंपोनेंट स्पेसिफिकेशन पर रिपोर्ट डुअल एक्सिस ने पैराबोलिक डिश पर नजर रखी और सिंगल एक्सिस ने दिसंबर 2015 में भारत सरकार के नवीन एवं नवीकरणीय ऊर्जा मंत्रालय के यूएनडीपी-जीईएफ सीएसएचपी के पैराबोलिक डिश पर नजर रखी।

28. रेचल, पृष्ठांतर, जोशुआ, पवन पावर टेक्नोलॉजीज, पीएचआई लर्निंग, नई दिल्ली, आईएसबीएन-978-93 88028-49-3 पृष्ट-बुक 978-93-88028-50

29. ”हुन-की-ली, ताइ-क्यंग बैंग, जियोग-इन ली, क्युंग-हुन शिन और जांग-यंग चोइ1,” ”शॉर्ट सर्किट विश्लेषण(analys ıs)," "एआईपी एडवांसेस, वॉल्यूम” "से प्राप्त चुंबकीय रिएक्टेंस पर विचार करते हुए एक उच्च-गति स्थायी चुंबक सिक्रोनस जनरेटर के लक्षण विश्लेषण.” 9. नंबर 12, (2019), डीओआईः https:// do ı. org/10.1063/1.512997

30. श्री डी. पी. कोठारी, आई. जे. नागरथ, विद्युत मशीनें, पांचवां संस्करण, मैक ग्रो हिल एजुकेशन।

31. ट्रेवर एम. लेचर, पवन ऊर्जा इंजीनियरिग. अपतटीय और अपतटीय पवन टर्बाइनो के लिए एक हैंडबुक। शैक्षिक प्रेस, एल्सेवियर. आइ SBN: 978-0-12-809451-8.

32. वेई टोंग, पवन ऊर्जा उत्पादन और पवन टरबाइन डिजाइन। साउथम्पटन, बोस्टन, आईएसबीएन: 978-1-84564-205-1.

33. बिन वू, योंगकियांग लैंग, नावीद जरदारी, समीर कौरो, पावर कन्वर्सन और कंट्रोल ऑफ पवन एनर्जी सिस्टम्स, आईईईई प्रेस, जॉन विली और सन्स। अमेरिका. आईएसबीएनः 978-1-118-02900-8.

34. अलाटेलो एम. स्थायी चुंबक मशीलित मशीनें जिनमें वायु अंतराल वाइंडिग और एकीकृत दांत वाइंडिलित हैं, तकनीकी रिपोर्ट 288। स्वीडन: चाल्मर्स यूनिवर्सिटी ऑफ टेक्नोलॉजी 1996.

35. मूलर एस, डेक एम, डी डोंकर आरडब्ल्यू, पवन टर्बाइनो के लिए डबल फीड इंडक्शन जनरेटर सिस्टम। आईईईई इंडिया एपल मैग, 2002 8:26 _ 33.

36. https:// www. mahaurja. com/mea/en/grid _ connected _ power/small _ hydro

37. https:// www. tatapower. com/business/hydro. aspx

38. https:// en. wikipedia. org/w ık ı/Koyna _ hydroelectric _ project.

39. http:// www. doed. gov. np. gov. ın/स्टोरेज/लिस्टिज/दिसंबर 2019/गाइडलाइंस-फॉर-ऑपरेशनल-और-मेनटेनेंस-ऑफ हाइड्रोपावर-प्लांट्स. pdf

40. . https:// cea. n ıc. ın/wp सामग्री/अपलोड/2020/04/अध्याय-6.pdf

41. सेना. मिल/पोर्टल/76/उपयोगकर्ता/182/86/ईसी% 201130-2-216.pdf? v = 2019-05-30-143437-757

42. % 20T% 26C% 20of% 20SMALL% 20 HYDRO _ 2015.pdf

43. यह पोर्टल https:// pol ıcy. asiapacifenerys. org/node/3334 पर उपलब्ध है।

44. https:// openjica report. jica.jp/pdf/11737046 _ 17.pdf

45. . उपर्युक्त दिशा-निर्देशों के अनुसार, निजी भागीदार द्वारा चिकित्सीय मानव संसाधन, रिवर्स ऑस्मोसिस (आरओ) जल संयंत्र संरचना सहित डायलिसिस मशीन, डायलाईजर तथा उपभोज्य वस्तुएं उपलब्ध कराई जाएंगी इंस्टॉल गाइडलाइन-V1.pdf

46. राष्ट्रीय व्यावसायिक स्वास्थ्य संस्थान, पर्यावरण, स्वास्थ्य तथा कोयले से भरे थर्मल परिवेश में सुरक्षा मुद्दे...

47. यह पोर्टल https:// www.pib. gov. ın/WriteReadData/2018 /

48. . https:// cea.nic.in/wp सामग्री/अपलोड/pdm/2021/06/list _ power _ station _ 2021.pdf

49. https:// cea.nic.in/wp सामग्री/अपलोड/स्थापित/2012/02/स्थापित _ capacity. pdf

50. https:// en. wikipdia. org/wiki/Steam _ Engine

51. . विभिन्न विषयों के लिए https:// en. wikipedia.org इंटरनेट स्रोत

52. यह जानकारी दी गई है-https:// mnre. gov.in/ind/current status/#: ॐ: text =% 20 extend% 2020 the% 20the% 20the% 20the% 20the% 20the% 20the% 20 ınd, 39.25% 20W% 20(% 20on 203)

53. . भारत में https:// en. wikipediaorg/wiki/Wind _ power _ in _

54. ऊर्जा-ऊर्जा -प्रौद्योगिकी-2

55. https:// www. educat ıon. edu/28724752/समस्या _ Solution _ B _ 1 _ समस्या _ Solution

56. https:// bijus. com/ind-ऊर्जा-सूत्र /

57. पवनोज. नेट/एसेट्स/68002e5-537c-4e12-8c40-e8163cf69d6/ब्लैकआउट. pdf.

58. यह जानकारी https:// www. google. com/url. sa = t&source = web&rct = j&url = https:// cea. n ıc. ın/wp-content/अपलोड/pdm/2021/06/l ıst _ power _ stat ıon 2021.pdf & ed = 2ahuKEw ıtnf7SqtH7AH-zgGHB4AzcQAQAQ & usg = Av2 YF ıB 9MGE ıefEroZ52 La पर उपलब्ध है।

लेखक द्वारा निगमित किए जाने के लिए

पाठ्यक्रम पूरा होने के बाद इस पाठ्यक्रम के लिए पाठ्यक्रम परिणामो (सीओएस) को कार्यक्रम परिणामो (पीओ) के साथ मैप किया जा सकता है और अंतर का विश्लेषण करने के लिए पीओ की प्राप्ति के लिए एक सहसंबंध बनाया जा सकता है। पी ओ की प्राप्ति में गैप के उचित विश्लेषण के बाद गैप को दूर करने के लिए आवश्यक उपाय किए जा सकते हैं।

सीओ और पीओ प्राप्ति के लिए तालिका

कोर्स के नतीजे	कार्यक्रम परिणामों के साथ अपेक्षित प्रतिचित्रण 1-कमजोर सहसंबंध (correlation) 2-मध्यम 3-मजबूत											
	पीओ -1	पीओ-2	पीओ -3	पीओ-4	पीओ -5	पीओ -6	पीओ -7	पीओ -8	पीओ - 9	पीओ - 10	पीओ-11	
सीओ-1	3	1	3	3.	-	-	-	-	-	-	-	-
सीओ-2	3	3.	3	3.	-	-	-	-	-	-	-	-
सीओ-3	3	1	3	1.	-	-	-	-	-	-	-	-
सीओ-4	3	2	3	1.	1	-	-	-	-	-	-	-
सीओ-5	3	3.	2	3	1	-	-	-	-	-	-	-

-उपरोक्त तालिका में डेटा फ़ील्ड का उपयोग अंतराल विश्लेषण के लिए किया जा सकता है

अनुक्रमणिका